FÚRIAS TOTÊMICAS DA ALMA

UMA IMERSÃO SINGULAR NA HISTÓRIA DAS NAVEGAÇÕES

Editora Appris Ltda.
1.ª Edição - Copyright© 2023 do autor
Direitos de Edição Reservados à Editora Appris Ltda.

Catalogação na Fonte
Elaborado por: Josefina A. S. Guedes
Bibliotecária CRB 9/870

S729f
2023
	Souza Júnior, Sady Carlos de
	  Fúrias totêmicas da alma: uma imersão singular na história das navegações /
	Sady Carlos de Souza Júnior. – 1. ed. – Curitiba: Appris, 2023.
	  391p. ; 27 cm. – (Semiótica e discurso).
	
	  Inclui referências.
	  ISBN 978-65-250-5655-5
	
	  1. Semiótica. 2. Análise do discurso. 3. Cristóvão, Colombo, 1451-1506.
	4. Santos-Dumont, Alberto, 1873-1932. I. Título. II. Série.
	
	                                                        CDD – 401.41

Appris
editora

Editora e Livraria Appris Ltda.
Av. Manoel Ribas, 2265 – Mercês
Curitiba/PR – CEP: 80810-002
Tel. (41) 3156 - 4731
www.editoraappris.com.br

Printed in Brazil
Impresso no Brasil

Sady Carlos de Souza Júnior

FÚRIAS TOTÊMICAS DA ALMA

UMA IMERSÃO SINGULAR NA HISTÓRIA DAS NAVEGAÇÕES

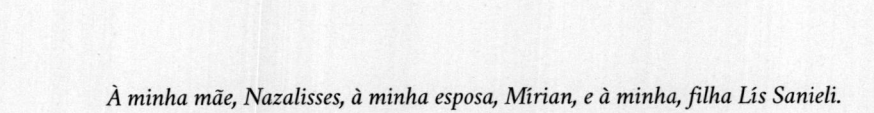

À minha mãe, Nazalisses, à minha esposa, Mírian, e à minha, filha Lís Sanieli.

À frente dele vai fogo devorador; atrás, chama que abrasa; diante dele a terra é como jardim do Éden, mas atrás dele um deserto assolado. Nada lhe escapa. A sua aparência é como de cavalos; e como cavaleiros assim correm.
Diante deles tremem os povos; todos os rostos empalidecem.
Diante deles treme a terra e os céus se abalam.

(Profeta Joel)[1]

---

[1] SALE, Kirkpatrick. *A conquista do paraíso:* Cristóvão Colombo e seu legado. Rio de Janeiro: Jorge Zahar Editor, 1992. p. 74.

Agradecimentos

Aos colegas e amigos da FAUUSP
Aos colegas e amigos da EE. Sólon Borges dos Reis.

SUMÁRIO

TERCEIRA PARTE
INTERTEXTOS DE UMA ICONOGRAFIA SEMIÓTICA

PRELIMINARES

Um biógrafo seguramente percorreria a vida de seu personagem-foco partindo dos dados de seu nascimento até a morte, quando então encerraria o livro. É muito natural esperar que façamos assim. Aqui, porém, não buscamos uma biografia histórica linear, nem sequer um novo arrazoado biográfico de vidas paralelas ao modo de grandioso Plutarco. Tentaremos reconduzir-nos a uma intersecção de acontecimentos em que se perpassariam um ao outro personagem detectando as similaridades de suas correspondências, como só a urdidura de uma "fatalidade" faria prever – se já, por si, não for – um potencial paradigma para outras investigações. Antes, no entanto, gostaríamos de apresentar uma fatia da nossa produção acadêmica que, por meio do método indutivo próprio das receitas universitárias, que se balizam as produções de ciência. Esta pesquisa suspende a realidade particular de um personagem para evocar e, comparativamente, emitir valores imanentes ao estudo da linguagem por si, e do discurso, pretendendo aproveitar esse levantamento de dados históricos de modo a corresponder às expectativas dos objetivos e das hipóteses iniciais. Discorrendo sobre vidas simultâneas, pareceu-nos pretender substratos psíquicos comuns aos sujeitos equiparados. Sim, mas queremos salientar que o ponto central deste estudo não resultou apenas de um procedimento indutivo inicial, pois já tínhamos a hipótese dedutiva em mãos, mas estes estudos acabaram por ultrapassar nosso objeto inicial.

Talvez não pareça preocupar-me as motivações que teria se produzisse um livro ficcional, como tantos outros biógrafos que se valem das imagens e inspirações, pois parecerá aqui o lugar comum do incomum, como se abríssemos um volume já escrito, em que nosso universo esteja determinado por situações em conexão. Alguns poderiam também alegar, mais à frente, um artifício de criatividade, contudo, assim seria se os dados fossem manifestação criadora. Ao contrário do livro comum de ficção, em que todos se inebriam por formas imaginárias, jogos de palavras, devaneios linguísticos, etc., tudo aqui, ao contrário, provém de uma persistente análise documental. De modo que, envoltos nas perplexidades fenomênicas, produto de um intenso viver e realizar fantásticos, vamos nos tornando aos poucos desconhecidos, ou melhor, menos conhecidos do que imaginávamos, porque, ao nos interpomos a uma análise contrastiva de situações diversas, em personagens diversos, cruzamo-nos nós mesmos num modelo estrutural, em que também, almas comuns, nos encontramos forçosamente no modelo semiótico.

Como apresentamos rivalidades conflitantes que enchem as narrativas e história como num processo criativo próprio dos contos de ficção, os personagens distribuídos podem deixar transparecer ao leitor um interesse primeiro em defender esse ou aquele herói na trama histórica contra antagonistas previstos. Ainda que não queiramos isso, não podemos esconder certa perplexidade diante dos fatos que vão se delineando naturalmente na escritura. As causas dos fatos coligidos, de uma maneira ou de outra, comumente, fogem do nosso alcance. Estavam prontos para serem descobertos. E nestas inebriantes construções arquitetônicas da investigação semiótica, muitos processos se manifestam apenas quando interpelados. Entretanto, sentimos o passado vivo aqui, uma história contínua e viva nunca imaginada, conduzindo-nos a uma espécie de justiça nas aventuras e desventuras de suas ações. O próprio leitor sentir-se-á engrandecido frente a esse fenômeno, e isso pretendemos levar, pois seria uma contribuição digna, de ter a chance de se importar no meio de tantos achaques e controvérsias, e que, de fato, isso, por si mesmo, nos faria congraçados e compensados pelo esforço.

Ousamos nos enveredar num estudo transversal da história, a partir de uma realidade determinada culturalmente por suas diretrizes conhecidas formais, mas também produzir em semiose novos significados à vida e, quiçá, alcançar novos ângulos da realidade. Isso faremos por meio do estudo da semiótica, ou seja, de todo um processo de significação, que pode ser linguístico (escrita) ou extralinguístico (gestos, sons, imagens etc.), e pela semiótica complexa (carnaval, teatro, ópera, cinema etc.). O entrever semiótico do estudo linguístico pode proporcionar-nos, se nos direcionarmos ao plano da análise do discurso, uma abordagem maior quando observamos o contexto ordinário da explicação dos fatos, aplicada à técnica da história comparada. No nível da linguística básica, auferimos alguns recursos do que dispomos para o reconhecimento da análise nas suas variâncias gramaticais. E no nível da linguística aplicada, este estudo surgiria como um dos tópicos de abordagem semântica sem aqueles limites do questionamento historiográfico convencional. Esse envolvimento nos levará a algumas preocupações que logo se estenderão além do que tínhamos inicialmente, ou seja, que há possibilidade de ousar metodologicamente na ciência histórica por meio do apoio acurado linguístico. Veremos que há um "plano idealístico" das situações nas quais estamos submersos; que nos julga, mapeia, que acerta contas em dado momento. Há uma precisão como peças de um jogo, na formação narrativa, afunilando nossa própria liberdade no tempo. Talvez haja um desconhecimento do nosso grau teórico sobre o processo natural da "racionalização" histórica humana. Assim também, com Charles Darwin, vemos que a seleção natural na organização biológica não provém das decisões da sua razão, ou da razão humana; em Karl Marx, o desenvolvimento de uma nação provém da economia, do capital, e não de um maior desenvolvimento cultural ou intelectual; em Sigmund Freud, o inconsciente instintivo comanda nosso comportamento, quem nós somos, e não a deliberação do ego racional; e em Allan Kardec, há todo um planejamento intencional que não procede do saber racional humano. E se voltássemos à Platão, pretende esse toda uma matriz diretiva além dos limites percebidos por nossas convenções. Como poderíamos descobrir o fio dessas apreensões de novos significados quando cruzamos dados coincidentes não aleatórios? Foi o que tentamos investigar.

A preocupação de evocar a linguística frente ao estudo do processo histórico trouxe-nos a vantagem de obter um tratamento epistemológico oportuno concernente a esse objeto sígnico atemporal. Este "rastreamento" pretende aguçar a consciência do homem de si mesmo diante de suas potencialidades. Isto é, devemos redescobrir-nos como resultado de um devir contínuo, efeito de um passado relacional, antevisto por um presente de apreensões líquidas. A visão semiótico-linguística readquire uma prática analítica mais aberta neste ponto. Enquanto a história colhe dados e os julga como um devir de fatos um após o outro, formalizando um estado factual, a semiótica abrange os dados no contexto em que o signo interage ao mesmo tempo, um sobre o outro, independentemente do seu sequenciamento, de alguma instrução pré-construída, pois será ressignificada. Do mesmo modo, ao percorrermos nossos olhos por uma enciclopédia, olhamos e admiramos galerias de personagens históricos, de épocas distintas, por exemplo, das navegações inglesas e da aviação francesa. Numa, veríamos o descobridor Newport (Christopher) e, em outra, o aviador Nieuport (Edouard), simultaneamente. A nossa intenção não refaz aspectos da digressão no tempo, ou seja, as imagens contidas não produzem ligações nenhumas, que não seja a do plano receptor morfológico gramatical, ao observador. Mas a expressão de linguagem ou linguística contida ali, lado a lado, pode aprofundar a compreensão do sujeito em seu estado fenomenológico da percepção da coisa em si. Os múltiplos aspectos da manifestação do signo podem exercer um fascínio diferenciado a cada objeto interpelado. Essas ligações intercambiáveis entre imagens exercem certa condescendência estética. Uma combinação sistêmica, por exemplo, se daria a partir do destaque prefixal ou sufixal de "Newport" e "Nieuport". O signo apreendido converterá o significante passado em presente, nesta confluência paralela, em movimento contínuo. Há também um mesmo soar fonético como rima. A separação das épocas "navegação inglesa e aviação francesa", "Navegação Aérea" e "Era Espacial" tudo consta em livros e registros documentados. A separação do modelo estrutural em "níveis" da história já é discriminada didaticamente para a compreensão das inter-relações diversas na sequência da cadeia estrutural. Semioticamente, o nome de Neil Armstrong (Armstrong significa "braço forte"), o primeiro a pisar na Lua, remeteria à imagem de Christopher Newport (que possuía braço ausente com gancho), o primeiro a se fixar em solo americano. A sonoridade fonêmica de "Neil" e "New" tem um mesmo grau de vocalização oral e semântica - entendendo, em português, como "novo". Seus tempos e espaços relativos deixam de existir por si e se condensam agora sincrônicos, revisitados a cada atual leitor. Qualquer registro do passado é o presente que se nos aparece embreado, por isso são pertinentes as comparações. Mario Quintana, o poeta gaúcho, diria "o passado não reconhece o seu lugar, está sempre presente". O estudo do discurso histórico por meio da análise semiótica ganha um signo para comparação sincrônica ao aproximar elementos diversos no espaço/tempo, tornando possíveis novos motes sociais e psicológicos numa ondulação sígnica permanente.

Por outro lado, o aproveitamento da análise semiótica resultou na concepção de um novo universo de discurso, tanto nas comparações das estruturas narrativas de discursos sobre "navegação marítima" na época da Renascença, quanto nas da "navegação aérea" da Belle Époque do final do século XIX. O resultado que obtivemos trouxe-nos um conjunto semântico próprio, unindo várias relações, antes ocasionais ou díspares, imersas num caudal contingente.

A atualização de redes lexicais e campos semânticos dos discursos estudados ampliou um elenco de potencialidades macrossemióticas a serem coligidas a partir dessas análises. O intercâmbio das estruturas narrativas apuradas traz a vantagem de trabalhar o fenômeno linguístico e extralinguístico descrevendo-o em cada oportunidade, de acordo com os entornos relativos à nossa visão cultural de mundo das épocas descritas e comparadas.

A apresentação dos dados obtidos das amostras pode marcar um avanço aplicativo do estudo do signo saussuriano (relação entre significante e significado) no contexto apreendido. Em certa medida, as citações e justificativas ganham vulto e predominância ao lado das construções metalinguísticas naturais de cada fato-ocorrência. Essas relações comentadas, com efeito, reproduziram um conteúdo explicativo de causas e razões muito próprias, pelo que, em muitas situações, nos abstemos de extrapolar para não requerer contínuas assistências de outras áreas do saber.

A semiótica, como ciência, se direciona à busca da verdade. Objetivamos o fato linguístico e suas relações significativas como objeto científico. A aplicação de uma metodologia formal consubstancializará novos quadros de perscrutação, quiçá, historiográficas, formando "n" universos discursivos da comunicação, autorizando novas proposições de análise e portas de acesso.

A importância de o "objeto" ser antes reconhecido como um signo, ou melhor, um "significante/ significado", qualificaria uma marca relativística da ciência da significação já com os postulados epistemológicos modernos da Física - que não podemos dissecar o objeto como requeria a exatidão positivista, ou "comprovar" a realidade do fenômeno como dados absolutos, de pretensão "científica" por imposição camuflante e autoritária do autor requerente.

Na medida do possível, iremos, aos poucos, distendendo a determinação dos fatos e averiguando sua real plausibilidade explicativa de ser. É presumível que a presença de um argumento promova a criação de outras leituras contextualizadas não previstas. É normal que assim seja e esperada a ocorrência. O trato fenomenológico na metodologia estrutural da composição e visualização dos tópicos da análise possibilita-nos a criação de dados submetidos aos mais variados aspectos da linguagem nas estruturas frásicas (das frases) e transfrásticas (além do discurso textual).

Espero que nos concentremos mais nesta pesquisa para a constatação da linha tênue, decorrente do processo de análise do discurso, que, na sua configuração de universo no conjunto de duas fases históricas não subsequentes, tendem a se mostrar autossuficientes nas conclusões alternativas e de muito valor para cada alma percuciente.

Primeira Parte

ANÁLISE ESTRUTURAL DO DISCURSO COMPARADO

1

METODOLOGIA DA COMPARAÇÃO TERMINOLÓGICA

A história como ciência pretende apreender o objeto de sua análise tal como ele realmente fora, no passado, compreendido. Não é o que aqui almejamos no estudo do discurso histórico dentro das proposições apresentadas, não porque sabemos não ser factível (que está implícito também ao próprio historiador), mas porque queremos ver novas possibilidades da verificação do objeto de acordo com o que temos atualmente na Epistemologia. O que torna científica uma análise linguística, nos critérios mais objetivos do nosso ponto de vista metodológico, baseia-se nos procedimentos exercidos pelo cânone saussuriano do conceito de signo: a correspondência entre o significante e o significado, antes de, ou em substituição, ao **objeto** positivista ou ao **sujeito** psicológico, extremos da teoria peirceana do signo filosófico, por isso não o bastante discricional. As historiografias em geral, diante de seus anseios, firmam uma explicação, pelos documentos apresentados, servindo-se dos fatos como dados empíricos considerando uma metodologia científica que pretenda a objetividade exata do "provado" ou "comprovado". Entretanto, hoje, seguindo a linha de Karl Popper, estamos em busca de dados factíveis à proibição, aos quais, então, "corroboramos" ou "refutamos". Na verdade, tornou-se mais fácil ver a fragilidade de penetração do "objeto" nos seus âmbitos mais formais epistemológicos. Há qualquer rarefação menos positivista dirigindo as práticas acadêmicas da ciência atual, portanto.

Esta pesquisa que promovemos, quando a sistematizamos em uma análise da estrutura do discurso histórico, teve como método científico o dedutivo, uma vez que as hipóteses gerais que nos impulsionaram surgiram na fase inicial da pesquisa. Encontramos certas especificidades em passagens narrativas e discursivas, primeiro de uma forma mais ampla, depois mais restrita, em que nos utilizamos do instrumental já conhecido da linguística geral e, principalmente, do campo semiótico da produção de significação. Houve aqui a necessidade da instauração de metodologias convenientes no sentido de dar rumo à questão da comparação entre objetos-sígnicos. Então, após uma sequência de relatos de possíveis articulações léxico-semânticas dos sintagmas "factuais" no discurso, conduziram-nos ao lançamento da hipótese de trabalho sobre o que levantamos. Por se tratar de uma metodologia inerente aos ditames epistemológicos relativistas e, de certa forma, consagrada pelo seu caráter investigativo, os procedimentos de trabalho foram aplicados sobre dois textos referenciais de maneira a resultar o que ora trazemos mais completo. Ademais, possibilitamos sua continuidade imprimindo determinantes que valorizam nossa pesquisa com explicações adjacentes aos personagens-foco: os dois atores-actantes de nossa estrutura narrativa principal – Cristóvão Colombo e Santos Dumont –, fatores geradores dos primeiros dados averiguados.

O termo "navegações" será apreendido em duas frentes distintas, uma adstringente e outra como transposição do contexto naval-marítimo para o aeronáutico, ponto inicial das aproximações dos dados. Ambos conferem a possibilidade da formulação ideológica intra e extralinguística do enunciado. Distinguiremos "navegações" também como "palavra-chave" de duas épocas históricas determinadas não subsequentes entre si, que nos conduziram à possibilidade do estabelecimento de relações lexicais macro e microlinguísticas (termo técnico e de estilo).

Outras oportunidades de constatarmos a transposição de usos dos termos de vocabulário específico de instrumentação, registros discursivos, comportamentais e jornalísticos, entre outros, como fonte de material de pesquisa, foram surgindo aos poucos, absorvendo-nos gradativamente no que muitos desses elementos se qualificaram por alguma lógica associativa. Essas demonstrações o faremos ao longo do caminho como material dos próximos capítulos.

Nossa amostragem, no início, se deteve a duas obras marcantes, quais sejam: o *Diário da Viagem de Descobrimento da América*, do livro *Cristóbal Colón. Textos y Documentos Completos: Prólogo y Notas* de Consuelo Varela, publicado pela Alianza Editorial de Madrid, em 1984, e *Os Meus Balões* traduzido por A. de Miranda Bastos de *Dans L'Air* de 1901, escritos por Cristóvão Colombo e Alberto Santos Dumont, respectivamente, por serem essas literaturas significativas para apreensão do nosso "objeto valor" hipotético. O primeiro visa a dar conhecimento aos leitores do itinerário de sua façanha exploratória, de um novo caminho navegável e dos novos domínios exploráveis no Ocidente; o segundo destaca o fascínio do inventor pela aerostação e suas primeiras impressões do voo direcionado, dirigido e outras experiências adquiridas. O caráter universal desses dois discursos é percebido pelo deslumbramento dos autores frente às suas ousadas aventuras; conferindo certa peculiaridade a suas personalidades. São elementos condicionantes e desencadeadores de fatos, por termos, em cada um, a principal figura do período das grandes navegações quinhentistas e, dos primórdios dos estudos práticos aéreos, as origens práticas da aviação.

O acolhimento da amostra não se caracterizou por uma análise lexical exclusivamente. Ativemo-nos não apenas à palavra com o seu significado de língua, mas nos preocupamos com a forma como ela ocorre no discurso, instaurando o próprio discurso como objeto. Concentramo-nos no domínio léxico-semântico, primeiramente, sem perder quaisquer diferenciais do sintático-semântico, contudo, abstraímos igualmente, e na medida do seu surgimento, os elementos linguísticos que ratificam abordagens metalinguísticas, intertextuais e semiológicas para a intercâmbio dos personagens.

Começamos, então, pela enumeração de termos técnicos, ou do vocabulário específico, característicos das duas áreas linguísticas das duas navegações, começando pelo aproveitamento que a "navegação aérea" fez da observância da técnica e do conhecimento naval.

Concebemos o discurso dos dois personagens também como estilo. Portanto, esta enumeração estilística de vocábulos terá num primeiro momento o propósito de constatar o conhecimento técnico a partir do discurso descritivo, utilizá-los nas articulações sêmio-sintáticas e semiológicas para a transdução formal do estudo de uma literatura comparável. O problema da constatação dos termos técnicos comparáveis requereu uma busca sobre as duas áreas técnicas para que a lexicalização ou abstração da lexia do discurso fosse promissora. Não obstante, fizemos o detalhamento do exercício prático das "palavras", primeiramente, com sua significação geral de <u>lexia</u> (de língua), depois, como <u>vocabulário</u> (termo técnico) e, por fim, como <u>palavra</u> (a <u>palavra-ocorrência</u> naquele ato de se expressar). Perguntamos qual definição poderia exercer a lexia com função de língua, vocábulo ou palavra, à maneira das pesquisas lexicológicas, e o seu encaminhamento lexicográfico de praxe. Ao nos prendermos à enumeração de termos técnicos, o resultado não pareceu significativo, porque identificamos mais termos de "estilo de autor" na amostragem comparativa do que o razoável. Os lexemas referenciais de estilo ou "menos" técnicos levaram-nos à possibilidade de gerenciar o acervo da mostra de forma a obtermos um número suficiente de termos técnicos de navegação e discutirmos outras virtualidades do "vocábulo" para o discurso comparado.

Depois de colhidas as duas relações estimadas dos termos dos dois livros citados e conduzidas as suas implicações narrativas a favor do campo sêmico, pudemos perceber a importância dos termos relacionáveis, sem, contudo, estar imediatamente ligado à lexicologia técnica das duas épocas comparadas, ou seja, nem sempre Cristóvão Colombo e Santos Dumont mostrar-se-ão preocupados com o uso de um vocabulário técnico, mas empregaram o que for suficientemente claro na compreensão do leigo com explicações descritivas ao que lhes parecer de interesse. Posteriormente, confirmamos, por meio de alguns biógrafos de Cristóvão Colombo, certa dificuldade da exposição de argumentos sólidos com uso ou não do conhecimento técnico náutico, deixando explicações inexatas acerca do ato descritivo. Isso tudo seria igualmente verificado no primeiro livro de Santos Dumont. Assim, produzimos um quadro econômico, com maior amplitude na captação de lexias que supostamente teriam uma equiparação técnica com as duas áreas específicas da narrativa.

Nossa busca pelos termos técnicos habilitou-nos chegar cedo à linguagem personalista comum aos dois retratados. Os dois atores figurativos passaram a nos determinar, cada um em sua época, suas possíveis relações de reciprocidade, como se certos termos de uma navegação – a navegação aérea – dependesse da outra.

Além da amostragem sinonímica indispensável a cada categoria de palavras, depois de reunidas, perfilamos uma intersecção dos vocabulários similares entre os dois tempos linguísticos e obtivemos a frequência de intensidade de quantas vezes cada vocábulo era atualizado no discurso descritivo. Portanto, neste sentido, fizemos o uso da contagem vocabular para análise lexicológica quantitativa de "estilo".

Foi elaborado, posteriormente, como apêndice desta pesquisa, um pequeno *glossário* dos termos interseccionais como parte dos resultados das análises obtidas dessa aferição lexicográfica e, como tal, publicada em nossa dissertação de mestrado. Entretanto, não vi a vantagem prática de incorrer aqui, nesta publicação, sem a pretensão formal de banca examinadora.

1.1 Termo técnico atual aeronáutico *versus* termo técnico de *Os Meus Balões*

Em parte, exige-se colocar algumas pequenas ressalvas sobre o encadeamento lógico concernente à relação dos termos usados por Santos Dumont, termos que avaliaremos como técnicos ou "vocábulos" na primeira obra dele, *Dans L'air* (*Os Meus Balões*), entendendo que a esse tempo a ciência aeronáutica (especialidade da engenharia) inexistia. De forma que confrontamos o antes e o depois do voo humano, verificando a pertinência dos dois vocabulários com seus empréstimos ao conhecimento empírico náutico, do tipo, por exemplo: "barco a vela" ou veleiro para contemporizar "voo a vela" ou "planador". Porém, lembrando que, à época da publicação de *Os Meus Balões*, o artefato mais-pesado-que-o-ar ainda não existia.

Além dessa dualidade entre os termos contidos em *Os Meus Balões* e os próprios da especialidade aeronáutica, hoje, podemos relacionar o primeiro livro de Santos Dumont ao segundo, *O Que Eu Vi, O Que Nós Veremos*. Percebemos que a demonstração da dirigibilidade de um mais-leve-que-o--ar (dirigível) e o primeiro voo motorizado de um aparelho mais-pesado-que-o-ar (aeroplano) são produtos antagônicos por natureza, ainda que para Santos Dumont um derivasse do outro. Todavia, o que se tem considerado com vulto no discurso aeronáutico hoje é a constatação das conquistas e do desenvolvimento tecnológico após o voo de 1906. Portanto, toda a historiografia da técnica aeronáutica desencadeia-se a partir dessa data. Antes do voo de Santos Dumont, tínhamos apenas teorias, plausíveis e especulativas, mas teorias.

Contudo, apraz-nos, aqui, refletir o que fora importante para o homem do começo do século; nisso está a importância da catalogação quantitativa e qualitativa dos termos de *Os Meus Balões*, de 1901, para justamente apanhá-lo nas suas atualizações derivativas da construção dos sintagmas e da enunciação discursiva face suas proximidades com a outra navegação.

A diferenciação técnica dos termos disponíveis entre os dois momentos da navegação aérea em Santos Dumont – o mais-leve e o mais-pesado-que-o-ar – poderia gerar diferenciações de abordagem nos dois livros do autor que se distanciam em 17 anos, aproximadamente, mas não obtemos dois Alberto Santos Dumont quanto ao estilo. Sabemos que, a partir de 1910, Santos Dumont começa a sofrer os sintomas da esclerose múltipla e outros problemas neurológicos (permitindo que alguns fatos narrados no segundo livro sejam fruto da amargura por efeito da Primeira Grande Guerra Mundial, no qual lutaria por se eximir da responsabilidade por tantos danos). Em 1918, data da publicação do *O que eu vi...* não havia ainda terminado a guerra. Portanto, devido a isso, entre outros fatores, tudo induziu à posição de determos nosso campo de amostra inicial.

Ao centralizarmos nossa análise de decomposição lexicológica de elementos técnicos do discurso em *Os Meus Balões,* pudemos margeá-lo à primeira obra significativa de Cristóvão Colombo: *O Diário da Primeira Viagem,* de 1492. Em *Os Meus Balões,* há alguma correspondente motivação observacional da primeira impressão de uma viagem insólita, incomum, como era atravessar "águas infinitas". Voar "ares infinitos", em balão livre, ao sabor dos ventos, era o navegar em caravelas.

Se é difícil conduzirmos uma ideia de pesquisa técnico-científica com termos próprios de um estilo particular (por meio de um primeiro livro como o de Santos Dumont), em tese, delegamos ao estilo do aeronauta brasileiro uma primeira sistematização lexicológica à formação do vocabulário aeronáutico do início do século. Deixemos em aberto a discussão da conveniência disso.

Fizemos, a princípio, um levantamento dos **termos náuticos** de transposição metalinguística que retiramos de Santos Dumont, do seu primeiro livro, que se chamou "Quadro de termos técnicos de referenciais náuticos em *Os Meus Balões*". Alguns termos técnicos navais antigos estão em desuso, nem são mais empregados, enquanto outros foram adaptados (com certo maneirismo, para o novo sentido da abordagem contextual). Isso nos possibilitou colocá-los dentro do rol dos termos específicos como contribuição a um glossário específico aeronáutico.

A seguir, enumeramos vários termos em ordem decrescente, de forma quantitativa, recontados conforme sua frequência. Santos Dumont fazia uso de uma escrita muito pessoal, então levantamos termos técnicos próprios dele e chamamos essa triagem de "Quadro da frequência de termos técnicos decrescentes no estilo de Santos Dumont em *Os Meus Balões*".

Foi necessário, do mesmo modo, procedermos ao levantamento técnico dos termos que, para Cristóvão Colombo, fossem específicos em seu *Diário de Bordo* e que se chamou: "Quadro da frequência de termos técnicos decrescentes no estilo de Cristóvão Colombo em seu diário de viagem".

Depois de reunidas essas listagens de peças terminológicas e devidamente comparadas, questionamos a problemática particular do estilo linguístico, bem como seu significado contextual, quanto à sua correspondência. Recorremos ao uso do original espanhol, não apenas por ser idioma original do almirante genovês, mas até por suas identificações semânticas com a língua portuguesa.

1.2 Termos técnicos contidos em Cristóvão Colombo e Santos Dumont

Colhemos 270 termos, sendo, aproximadamente, 30 pares que fazem *intersecção* entre os dois textos analisados, perfazendo o total de 60 termos nos dois idiomas. Encontramos outros referenciais no uso de termos náuticos marítimos no discurso das suas experiências aéreas. São termos empregados, que realçaram articulações semióticas referenciais de estilo.

A questão da abordagem lexicológica sobre a reaplicação lexical de termos de uma área do conhecimento para outra enfrenta algumas diferenças, a depender da estrutura básica que serviu como amostra. A rigor, um inventor de tecnologias sempre acaba por gerar, inadvertidamente, novas terminologias. Como já dissemos, a aeronáutica sustenta, hoje, sua base terminológica na tecnologia contemporânea ao voo do primeiro mais-pesado-que-o-ar. O livro *Os Meus Balões* já se referia ao desenvolvimento e à possibilidade de navegar pelo ar anteriormente ao primeiro voo do aeroplano. Em vista disso, procurávamos as contribuições que a aeronáutica recebera em específico nessa fase.

O conjunto dos elementos que formam os termos técnicos aeronáuticos em Santos Dumont desmembrar-se-ia em outros tópicos para melhor exatidão textual desta análise.

Vimos a enumeração de termos técnicos do aeronauta brasileiro tendo em vista sua comparação ao texto colombiano para conhecermos os dois conjuntos mediante o aparecimento da sua intersecção. Portanto, a aproximação dos conjuntos A e B (vocabulário técnico de Cristóvão Colombo e vocabulário técnico de Santos Dumont) possibilitou certa correspondência que chamamos aqui de **vocábulos técnicos de navegação,** usados como obras contextuais. Isso nos possibilitaria uma amostra da herança de vocábulos contidos dentro duma visão de mundo que foi implementada ao desenvolvimento da outra.

Após, enumeramos termos "especiais" próprios do vocabulário estilístico singular dos dois discursos. Essa quantificação nos proporcionou outra referenciação paralela – do discurso literário, pela instabilidade técnica e alternância de significantes com mesmo significado (ex.: "rajadas de vento", "lufadas de vento", "golpes de vento", "golpezinho de vento" etc.). Essa progressiva variação nos aponta a uma contextualização discursiva descuidada do fator linguístico como único fim, como aquele que redundaria na modalidade do "poder fazer saber" como lugar coloquial, e não para se estruturar como discurso científico. Em Cristóvão Colombo, por exemplo, que economizou no uso do vocabulário técnico, pudemos constatar múltiplos itens que são atualizados com alguma diversidade no conjunto do universo lexical de embarcações, por exemplo: "caravela", "nau", "barca", "navio", "canoa", "almadia", "batel", "velera", entre outras apresentadas em missivas. Santos Dumont, por outro lado, também nos apresenta algumas qualificações do significante para "balão": "balão esférico", "dirigível", "balão dirigível", "balão compensador de ar", "balão cilíndrico", "balão ordinário", "balão livre", "balão oval", "balão modelo", "balão de hidrogênio", "balão em forma de charuto", "máquina voadora", "montgolfier", "navio no céu", "cruzador aéreo", "aeróstato", "globo de gás", apresentados em entrevistas de jornais, conforme o objeto em espécie.

Vimos certo descuido terminológico em Cristóvão Colombo na estrutura ortográfica. Exemplo disso está quando aparece quatro itens significantes de mesmo uso semântico, por desconhecer o sistema linguístico, ou por simples descaso, exemplo: o uso das ocorrências "lesueste", "lessueste", "leste sueste" e "leste y sueste". Quando elencamos os termos (para análise quantitativa), estes aparecem discriminados, mas, quando o tratamos conjuntamente, prevaleceu aqui o termo mais citado, acumulando, na contagem da frequência do vocábulo, o número referente aos seus iguais.

A inconstância vocabular faz-nos crer a ausência de um determinante para seu uso prático. É o que nos permite checar, quando nos deparamos com "flotilha aérea" e "batalhão aerostático", ou seja, quando o substantivo "coletivo" hoje, mais usual, remete-nos aos derivados "esquadrilha" de aviões, que provém de "esquadra" de navios. Percebemos, nos estilos dos autores, a frequência rítmica da atualização vocabular, com certa inconstância ou a inexistência do vocabulário ideal. Entrementes, pudemos verificar que não nos trazem certeza de uma intercambiação técnica. A proporção interseccional do legado da ciência naval à aeronáutica não pôde ser balizada substancialmente nas obras consultadas, tanto como encontramos no discurso de outros navegantes antigos. Igualmente, Santos Dumont e Colombo se assemelham por não serem os melhores indicados para produzirmos este levantamento. Não obstante isso, sabemos que outros pesquisadores poderiam aperfeiçoar esta análise lexicográfica corrigindo esse ou aquele ponto, aumentando dados ou omitindo pontos, mas, com certeza, a conclusão seria a mesma.

Assim, apresentamos, nesta pesquisa, junto ao resultado da intersecção dos termos dos conjuntos A e B, o conjunto dos termos náuticos usados com certa propriedade. Encontramos palavras configuracionais nos dois discursos que não são propriamente técnicas, mas têm importância como se o fossem, por sua característica discricionária.

Resta-nos dizer, enfim, que há certo número de termos provindos da ciência náutica marinha para a aeronáutica transcritos em Colombo, que não aparecem em Santos Dumont, bem como há termos navais usados por Santos Dumont que Colombo não aponta no Diário. E distinguimos outros termos navais que foram adaptados ao uso aeronáutico que Colombo e Santos Dumont não expressam. E, por fim, há termos com certa frequência que são usados pelos dois autores, sem serem termos técnicos.

Em continuidade, é importante notar, apesar de não haver grandes momentos de exaltação técnico-aeronáutica sobre derivações náuticas, o mesmo não poderíamos dizer da influência da mecânica automobilística, principalmente, acerca dos motores e de toda parafernália terminológica resultante da evolução do automóvel (da bicicleta, da motocicleta), não apenas em Santos Dumont, mas também em outros construtores e condutores de aeronaves. Então, ao lermos as descrições projetuais de cada mais-leve ou mais-pesado-que-o-ar, são inúmeros os empréstimos da Mecânica e Física, por exemplo, a tecnologia adicionada à descrição dos aparelhos: válvulas, radiador, cilindros, pressão, bomba de ar, sistema de refrigeração etc.

Não será demais nos referirmos aqui ao grande legado indireto de Colombo, que foi o incentivo ao desenvolvimento das ciências navais, pois se precisou investir tecnicamente o bastante para atravessar longos oceanos do mundo, e foi isso precisamente o que ocorreu na história das grandes navegações. Do mesmo modo, Santos Dumont, não patenteando seus inventos, contribuiu para a aceleração do desenvolvimento aeronáutico pós-14 Bis. Uma vez que, se ele patenteasse, caracterizaria "roubo" o uso desordenado com outros aviadores em diversos lugares pelo mundo, quando a cada dia se via o aperfeiçoamento dos aparelhos. No que concerne especialmente à terminologia aeronáutica, iniciante temos a dizer que o francês Conde De La Vaulx lançou um programa de atividades/objetivos para a criação da Federação Internacional de Aeronáutica (F. A. I.), que, no seu item 3, estabeleceria a prioridade da "criação de um vocabulário aeronáutico internacional".

1.3 Coleções de termos específicos de direção e escritas diferenciadas

Claro que, eventualmente, também surgiram certos termos ou vocábulos técnicos da marinharia, sem ser substantivos próprios nominais ou palavras chaves, como léxicos geográficos, funções profissionais, embarcações etc. Do Diário de Cristóvão Colombo, puderam ser coligidos (termo/quantidade) restritivamente, gerando alguma apreensividade quanto ao uso[2], entre outros exemplos. Sem dúvida, conforme Consuelo Varela: "Como es sabido, el gran navegante no se expressa de manera correcta en ningún idioma"[3].

---

[2] Conjunto quantitativo dos "pontos cardeais" citados no *Diário de Bordo*, por exemplo: o termo "leste" apareceu 209 vezes; sueste, 84; güeste, 59; nordeste, 59; norte, 54; sur, 47; sudueste, 30; lesnordeste, 28; norueste, 21; nornordeste, 17; sursueste, 12; sursudueste, 9; lesueste, 7; guesudueste, 5; leste güeste, 5; güesnorueste, 5; nornorueste, 4; noruestear, 3; lessueste, 2; leste sueste, 2; sudeste, 2; norueste sueste, 2; güestenorueste, 2; nordestear, 1; güesueste, 1; güeste sudueste, 1; sur sudueste, 1; leste y sueste, 1.

[3] COLÓN, Cristóbal. 1984. *Introducción*, p. XXIII.

2

A LEXICALIZAÇÃO DO DISCURSO COMPARADO – ENUMERAÇÕES

A tentativa de discutirmos os **traços mínimos significativos** de um texto escrito seria decodificarmos a manifestação da palavra, que será sempre oportuna num estudo aprofundado. E isso só reafirmaria suas bases teóricas como legítimas. Melhor seria se depositássemos nele o tempo necessário para as definições avançarem em outras frentes linguísticas que surgissem. Isso fará, com certeza, expandir a complexidade intrínseca de um primeiro entendimento e uso prático.

Tratamos do universo como constituído de elementos ou palavras-formas que nos levam ao universo dos significados a todas as suas implicações naturais de uma interpretação. As palavras são sememas (unidades mínimas significativas) do discurso elaborado, ao contrário dos fonemas (traços mínimos significativos), de tal forma que o surgimento dos significados tende a persuadir um contexto específico no qual se encontra o sujeito. Separamos, em tese, o significante do significado, relação primeira e definidora de signo, para o veicular da palavra – ocorrência textual. A importância do significado nunca se atomiza apenas num contexto único, mas em vários; também poderemos, a partir disso, ensejar discussões sobre possíveis intertextualidades. Desse modo, fizemos o colhimento e diagnóstico de vários termos textuais de modo a podermos explorá-los ativamente. O uso factual, sintagmático, que nos aparece sempre como referência do aqui/agora no tempo da enunciação, é o nosso instrumental específico para poder extrapolá-lo. As palavras arroladas tendem a confirmar uma situação paralela sem relutância para se encaixar na estrutura. Elas delimitam o objeto apreendido se amoldando de uma maneira semanticamente viável. Elas tendem, aparentemente, no conjunto de seus significados, a exprimir "um anseio" de condensar, amarrar dados transversais, e outros perfis sintáxicos intertextuais, como temos em outros contextos o arremedo, a ironia, o riso, a fantasia etc.

Neste estudo, pretendemos não sobrecarregar de formalizações teóricas desnecessárias. Por isso, muitas vezes, será imprescindível sinalizar esquemas e modelos canônicos regulares. O que nos reporta, portanto, seria a satisfação de constatar a proximidade das palavras em vários contextos, à primeira vista adversos, estranhos, evocativos, mas que não deixe de constituir, em uma transposição lexical atuante, a compreensão de um novo lugar linguístico. Tentaremos expor, primeiramente, em razões simples suas significâncias, conduzindo-nos aos poucos ao que eles nos levarem, embora seja difícil desvelar as palavras em um universo tão abrangente da linguística. Propomos, também, aqui lançar esta metodologia a outras bases de pesquisas críticas, como também fazer descobrir novas soluções como resultado disso como outra forma de análise alternativa!

Apresentamos um discurso "x" para confronto histórico e exploração linguística no aspecto dedutivo ou predefinido teoricamente para buscar o resultado empírico. Isso feito, pretendemos considerar cada tipo de análise, quando houver diversidade, ensejar sua centralização de caso. O referencial pretendido partiria do normalmente já aceito, em que a emolduração do contexto lexical circunstancialize-se à cultura, ao momento político-socioeconômico presente do escrito. Nesse sentido, o "contexto" remontará à viabilidade sígnica dos fatos históricos pronunciados. Isso vai se cristalizando a ponto de chegarmos à certa familiaridade, de modo que seu acesso permitirá o vir-a-ser necessário para a correspondência ao senso comum reportado. Os dados empíricos são expressões advindas dos fatos reais solicitados de forma a legitimar os signos. As inferências pelas quais nos detivermos serão transposições normais a partir do discurso-base inicial. Queremos essencialmente nos aproximar da característica do "ser" do escrito, como seria o ser integral do fato tal como nos chegou; queremos reaver o simbólico do passado no presente e as propriedades com as quais esse discurso emergiu ao fazer vir à tona as configurações feitas sob o acontecimento em que as palavras se deram.

Não se trata, nesta tese, do enquadramento de um texto histórico ou apenas de uma volição especial do linguista, mas o deixaremos subtrair ao movimento livre das indicações que fomos explorando, detectando, classificando, suas funções semióticas dos entornos. Ela apontará às outras épocas do tempo histórico, mas numa planificação identitária da narrativa livremente.

O nosso objetivo neste estudo é reunir apontamentos inerentes a dois períodos históricos por meio da literatura a eles respectivos, em textos aproximados, subtraindo-lhes um possível material inter-textual. Decodificamos a mensagem por meio de termos específicos (vocábulos) e/ou "palavras-chave" (partindo dos termos técnicos) que nos persuadiram a correspondência. À medida que avançarmos nos capítulos, veremos, de forma mais clara, com exemplos mais bem elaborados, o sentido destas linhas.

2.1 Método e uso da lexicalização

A transfrástica análise de uma frase será realizada pontualmente partindo da figura histórica de Colombo e Dumont, conforme a conceberam. Faremos das circunstâncias mínimas envolvidas um exercício crítico de forma a abordar nossos pressupostos nas suas condições gerais, como se fossem actantes do mesmo discurso, uma vez que, do personagem histórico, temos apenas uma sombra do determinante histórico na palavra, ou seja, do seu signo.

Tentamos expor as correspondências entre termos técnicos dos períodos seculares conheci-dos das "grandes navegações marítimas" (séculos XV e XVI) e dos "primórdios da navegação aérea" (séculos XIX e XX). Agora, mais especificamente, nos dois livros confrontados em particular – de Colombo e Dumont –, essas correspondências estarão limitadas ao valor emprestado de cada "palavra específica" para a "lexia generalizante", que traduzirá um encadeador semântico, podendo, invariavelmente, ser absorvido com o seu mesmo teor semiótico.

Em outros capítulos, não faremos uma análise sintática, mas abrangendo outros campos da ciência da linguagem. Algumas áreas do conhecimento de objetos diversos mereceriam um tratamento mais de acordo, pois, quando associamos elementos díspares, a consequência dessa resultaria num terceiro objeto-síntese como uma possível apreciação tão abrangente como até transcendental. Contudo, já que toda a ciência se finaliza na "arte" literária, o tratamento que fizermos terá obriga-toriamente um fechamento linguístico.

Neste capítulo, tomaremos o que está estendido por todo este trabalho de lexicologia e lexi-cografia, ou seja, uma atitude primeira de consciência do que seria a "lexicalização" que vamos usar. Para Dubois, em seu *Dicionário de linguística*, "lexicalização é o processo pelo qual uma sequência de morfemas (um sintagma) torna-se uma unidade léxica"[4]. Dubois cita ainda, de Bally, sua afirmação de que ele considera, em última análise, a lexicalização "como um processo de desgramatização"[5].

---

[4] DUBOIS, Jean *et al. Dicionário de Linguística*. São Paulo: Editora Cultrix, 1978, p. 362.
[5] DUBOIS, 1978, p. 362.

Ao nosso ver, o sentido que naturalmente subtraímos do uso tradicional como *palavra ocorrência* tornamo-la novamente uma lexia, indo além do discurso atual generalizando seu sentido mais amplo – virtual –, ensejando outras possibilidades semióticas, sem descartar o discurso primitivo. Vimos isso em uso na psicanálise, quando o sujeito da fala tem no mesmo discurso um conteúdo manifesto (explicação) e um conteúdo latente (compreensão). Entendemos que há uma leitura histórica transversal e atemporal, combinando signos diversificados de um dado, apresentado para implicação em outro contexto dissociado, às vezes, da sua primeira manifestação. Isso atualmente é entendido como um princípio básico do desconstrutivismo, porque, quando tentamos explicar, na verdade, inventamos uma realidade e desconstruímos a anterior, mesmo sem ter consciência disso. Voltando, neste capítulo, recortaríamos seguimentos-chave de cada cadeia frasal e confrontaríamos esse recorte em outro enunciado discursivo. Nesse recurso intertextual, confluiremos os mesmos segmentos-chave das sintaxes confrontadas, mas, de algum modo, ligadas por certa reciprocidade conjuntural. A ocorrência que torna possível o deslocamento (semântico) de lexemas de um texto A para outro texto B garante o revide transferencial dos mesmos lexemas do texto B para o texto A, permitindo, portanto, a intertextualidade da amostra, além de outros esquemas funcionais.

A lexicalização está em função da morfologia (grafia ou ortografia), assim como a semantização ou dessemantização (para rebater a desgramatização) tem o mesmo sentido de suspender o signo (significante/significado) do texto estático, possibilitando um novo discurso (dinâmico), que seria a interpretação transversal requerida aqui como objeto.

Para Greimas Courtés, no *Dicionário de semiótica*[6], o termo lexicalização é conceituado como a passagem de uma tal palavra (no nível do seu semema) para o nível do lexema do discurso. Poderíamos embaraçar-nos quanto à existência de um destinador discursivo dêitico desse procedimento, pois, se houver certa e contínua reiteração no processo, isso seria o indicativo da existência de sua necessidade e, por conseguinte, voltado para um decodificador. Na metafísica kantiana, quando tornamos um saber como necessário e obrigatório, demonstraria que estamos à mercê de conquistarmos aqui, nesta área da ciência, um paradigma ou conhecimento novo.

O uso desse instrumento analítico da "lexicalização" em determinado documento/texto histórico pode fazer-se deixar tornar objeto e sujeito ao mesmo tempo, pois aquele que se volta a isso está reconstruindo novamente uma interpretação viva em todos os sentidos da palavra, inclusive a história dele mesmo como desconstrução da realidade que ele tende a alterar sem mesmo ter alguma consciência exata disso. Ao tratarmos da reciprocidade de dois fatos que se interligam, essa função temporal pode ser compreendida como resultado de um processo histórico fruto de uma ideologia ou cultura, como também apenas uma aproximação linguística de termos equivalentes. A lexicalização não poderia ser omitida das inconstâncias linguísticas, pois é por meio dela que se produzem os dicionários (língua), vocabulários (termos) e glossários (palavra), ou seja, o lexicógrafo suspende o significado de um contexto específico e estático para acolhê-lo em sua forma mais dinâmica, para a confecção do "verbete". Então, lexicalizar, em outra medida, é destacar da realidade e transpô-la a uma abstração maior que sua particularidade. Em outra medida, nossos linguistas anteriormente mencionados tratam a lexicalização como poder de transformar um sintagma constituído de morfemas livres em um sintagma fixo (ou lexia), comutável, do ponto de vista paradigmático, no interior de uma classe lexemática. Enfim, transformamos a palavra, de um discurso, em "vocábulo" ou "lexia", aplicando-lhe a intenção metodológica a um outro discurso com pretextos adversos, ou ao menos, inclusive, de ser inteligível.

---

[6] GREIMAS, Algidas J.; COURTÉS, Joseph. *Dicionário de semiótica*. São Paulo: Editora Cultrix, 1979.

Começamos como uma averiguação léxico-semântica atualizada de dois textos, realocados num terceiro discurso difuso e enigmático, a partir da sincronia da intersecção "X". O texto, em sua faceta transfrástica, não se anula, ao contrário, se reforça semanticamente, porque, na sua origem, independerá de um sujeito interpretador (destinatário), mas trará a sua intenção convincente. O objeto da ciência linguística em última análise é a palavra; porém, tenhamos bem claro que o sentido exato nos quais se movem as palavras é antes signo que objeto. Então, todo o objeto científico, seja de qual ciência for, será sempre signo para as ciências da linguagem. E as suposições que nos proveriam o léxico abrem ensejos a flexibilidades servindo a um contexto maior de ordem cultural, mais extenso e complexo. Aqui está a variante da imaginação para conseguirmos ir mais longe.

Nesta amostragem, teremos duas formas de análise lexical por meio de dois textos, um integrado ao outro. No primeiro caso, a análise remete um valor à "palavra-ocorrência" (a palavra com seu significado tentando ser específico àquele momento da fala), que assumiria, eventualmente, o valor de "lexia" (nível de sistema distanciado da particularidade do significado), para vermos aplicado em outro contexto por suas equivalências. Esse processo de busca consideramos dedutivo, os textos comparados, não são aleatórios, mas foram de antemão averiguados quanto à sua efetiva aplicação à técnica. Aconteceria o mesmo trocando a ordem dos textos. Começamos por supor relações semântico-lexicais em textos escritos por Santos Dumont, no livro *Dans L'air,* em alguns capítulos, confrontando-os a um pano de fundo conjuntural/ideológico ao tempo e, mais precisamente, ao actante suposto de Cristóvão Colombo. A sua reciprocidade também foi possível ao extrairmos elementos linguísticos do *Diário de Bordo* da primeira viagem de Cristóvão Colombo. Esses textos foram aproximados um ao outro. Esse procedimento analógico alimentou certa corroboração empírica e indutiva à análise, concordando com a hipótese inicial.

O *Diário* de Colombo é, portanto, aqui, confrontado linguisticamente ao primeiro livro de Santos Dumont. A característica de especificação do texto e, depois, sua planificação atemporal, são as marcas principais que concorrem para o efeito equânime do colhimento das amostras. Faremos uma averiguação léxica do discurso de Alberto Santos Dumont no capítulo III, intitulado "Minha primeira ascensão", e no capítulo IV, "Meu Brasil, o menor balão esférico", do livro *Os Meus Balões.* Cada uma das *palavras em destaque* (os destaques em negrito são sempre nossos) colhidas no *texto-frase* é expressa dentro de uma pressuposta esfera ideológica da época dos fins da Idade Média. Há, então, aqui, dois conjuntos paralelos: o das palavras de Dumont e o da nossa transposição à visão-de-mundo quinhentista percebida por alguém (ator/actante) como Cristóvão Colombo.

1. Dumont: (ao encher o balão de gás) "[...] a **massa informe** começou a se transformar em uma vasta **esfera**"[7].

Colombo: No século XVI, não fora ainda possível aferir provas concretas sobre a esfericidade do planeta. A expedição comandada por Colombo, tentando reatar os extremos dos continentes asiático e europeu, confirmou isso. Embora não tenha chegado exatamente às Índias, é a partir de Colombo que a esfericidade da Terra, antes duvidosa, passou a ter esta forma física. A compreensão duvidosa foi transformada em certeza, uma vasta e imensa esfera.

---

[7] DUMONT, 1904, p. 67.

2. Dumont: (quanto à sensação da primeira ascensão em balão livre). "A ilusão é absoluta. Acreditar-se-ia, não que é o balão que se move, mas que é a terra, que foge dele e se abaixa"[8]. "[...] era fácil verificar o fato no modo pelo qual a terra afundava debaixo de mim"[9]. "É certo que neste o aeronauta vê a terra fugir sob ele"[10].

Colombo: A primeira frase mostra dois aspectos: primeiro, tudo o que se acreditava antes dele sobre o sistema físico do mundo era pura ilusão, irrealidade, e que a argumentação de que a terra gira e seja redonda, apesar das constatações, parecia ilusão. A segunda unidade frasal faz-nos ver com o "acreditar-se-ia", que **parece ser** mais real aquilo que depois vigorou como entendimento do que propriamente a realidade antes admitida. "Não é o balão que se move", transpomos para: não é o Sol que se move, mas a Terra que se move em torno dele, ou seja, "que é a Terra que foge dele e se abaixa". A percepção astronômica anterior era contrária a isso, pois, empiricamente, vemos o Sol se mexer, e não a Terra, tal a ilusão dos sentidos. A figura humana do aviador sobre o movimento do balão em comparação com a percepção dos sentidos, que torna a Terra objeto móvel, estabelece uma ligação que, parece-nos, não é o Sol que se levanta, mas a Terra que se abaixa, reação de uma mentalidade geocêntrica. O balonista enaltece essa ilusão como brincadeira de realidade às avessas.

O segundo sintagma apresenta uma variante não muito diferente da explicação anterior. O predicado "afundar" é quase sempre contextualizado como mergulho no mar e, consequentemente, o sentimento de perda etc. Mas a relação anterior alerta sobre o movimento e distanciamento da embarcação da Terra, de forma que o "afundar" esteja mais ligado à percepção de afastamento que propriamente ao mergulho. Assim deve ser por não estar contextualizado, em Dumont, uma precipitação verdadeira da Terra.

3. Dumont: (há 1.500 m de altura) "No fundo do abismo que cavava sobre nós"[11].

Colombo: Essa locução frasal traz o recorte cultural medieval do abismo existente além-mar e dos perigos eminentes àqueles que se afastassem da costa litorânea e que poderiam ser engolidos nas profundezas do oceano ou de um vazio.

4. Dumont: (descrição da forma da Terra vista de cima) "A terra, em lugar de parecer redonda como uma bola, apresentava a forma côncava"[12].

Colombo: A expressão "parecer redonda" adverte-nos sobre a preocupação de se perceber a Terra redonda. Santos Dumont acrescenta que, ao seu ver, "apresentava a forma côncava". Colombo, em uma de suas cartas escritas aos reis católicos, reflete: "Agora vi tanta desconformidade, como já disse, que passei a considerar o mundo de maneira diversa, achando que não é redondo do jeito que dizem, mas do feitio de uma pêra que fosse toda redonda, menos na parte do pedículo, que é o mais alto [...]". As demonstrações sobre a esfericidade da Terra feitas por Ptolomeu, quer por meio de eclipses, quer de outros modos, não eram suficientemente admitidas, como deduzimos do caso da observação de Colombo, que, apesar de não ter dado a volta ao globo, nem exatamente chegado à Ásia, foi o primeiro a experienciar a ideia da esfericidade da Terra como provável até a circuna-vegação completa do périplo de Fernão de Magalhães.

---

8   DUMONT, 1904, p. 68.
9   DUMONT, 1904, p. 86.
10   DUMONT, 1904, p. 202.
11   DUMONT, 1904, p. 68.
12   DUMONT, 1904, p. 68.

Externar a visão da Terra arredondada, em Santos Dumont, é importante, pois faz materializar os sentimentos da sua primeira ascensão em balão como se fosse oficialmente o primeiro a se elevar e reabrir a especulação antiga da questão da forma planetária. Em síntese, o importante na análise da expressão "A Terra, em lugar de parecer redonda como uma bola" está nas palavras/ocorrências: "Terra", "redonda", "parecer", "bola". É a partir delas que nos advém toda uma indução léxica e semântico-sintática à época de Colombo.

O autor estabeleceu correspondências entre Terra e bola como vimos. A "bola" tem como sinônimo francês "ballon", que foneticamente alude, na língua portuguesa, ao léxico "balão", que novamente devolvemos à fonética francesa, por semelhança. Sabemos que o aviador tem como língua fluente o português e o francês e experienciou, exatamente, na França, a ascensão com balões, de modo que esse cruzamento se torna exequível ou quase automático.

5. Dumont: "A voz não vai a essas solidões sem limites"[13]. "A solidão em que me vi no decurso deste passeio em que, pela primeira vez, estendia meu raio de ação sobre o litoral mediterrâneo"[14].

Colombo: Essa preocupação diante das experiências de viajantes do século XV era forte e costumeira, como, em certa medida, até hoje. O afastamento considerável das cidades, das pessoas, instaura o sentimento das "solidões sem limites", do abandono da vida habitual, da fé, da sensação do desconhecido diante de si. É uma voz interior, própria de quem, apesar de ensejar um destino de chegada, não sabe o rumo certo, ou com o que vai dar pela frente. Essa síntese evoca, em um traço psicológico, o distanciamento do enunciatário do mundo, que corresponde ao mesmo "Colombo solitário", José de Patrocínio assim chamou, certa vez, Santos Dumont.

Cabe aqui acrescentar também a referência ao "litoral mediterrâneo", como espaço limítrofe – entre a terra e o mar – aos dois personagens.

6. Dumont: (quando do deslocamento do balão) "Aldeias e bosques, prados e castelos desfilavam como quadros movediços"[15].

Colombo: A expressão sintáxica "aldeias e bosques, prados e castelos" também remonta às descrições antigas. "Desfilavam como quadros": a "quadros", subjaz a fixação de uma imagem/ideia, porém os espaços se movem, desfilam movediços, com o deslocamento do balão ou, se em Cristóvão Colombo, o deslocamento do navio margeando a costa. Observa-se daí a materialização do movimento cinético das figuras vistas sob o ângulo de quem se coloca como observador. A apreensão estética ou a perspectiva dos quadros que se alternam lembram-nos uma espécie de *descontinuum* em movimento. É a concepção dos navegantes portugueses que davam a essa navegação de "cabotagem", sempre seguir com a costa visível.

7. Dumont: Registra em duas oportunidades "Com os latidos dos cães, eram os únicos sons que chegavam ao alto"[16]. "[...] onde nos chegavam os longínquos latidos dos cães de Paris"[17].

Colombo: Outrossim, constata-se aqui, como apreensão psicológica, a importância ao som dos "latidos dos cães" e o registro em seu livro. Se transpormos "cães" para o singular, teremos um jogo significativo em Colombo relativo ao "Grande Cão" ou "Gran Kan", nome do príncipe asiático

---

[13] DUMONT, 1904, p. 68.

[14] DUMONT, 1904, p. 199.

[15] DUMONT, 1904, p. 68.

[16] DUMONT, 1904, p. 68.

[17] DUMONT, 1904, p. 84.

dos relatos de Marco Polo. Encontrar o Oriente onde governava o intitulado "Senhor dos senhores" era seu objetivo. O sentido de os latidos serem "os únicos sons que chegavam ao alto" poderia aludir a ideia fixa, persistente daquilo que Colombo se arriscou até os últimos dias de sua vida: chegar a esse grande reino asiático.

8. Dumont: (visualização miniaturizada e/ou sensação de supremacia) "Assemelhavam-se a brinquedos de crianças"[18].

Colombo: Podemos, em Colombo (como das alturas advertiu Dumont), contextualizar do seguinte modo: quando nos apresentamos diante de uma grande adversidade, de algo incomum, em que se requisite a coragem, consoante o risco da própria vida, passamos a atribuir às outras coisas importâncias mínimas como são os brinquedos de criança.

O feito colombiano foi consequência de um grande embate e adversidade histórica, um dos seus maiores acontecimentos, senão "o maior de toda a cristandade" até o século XX, segundo a maioria de seus biógrafos, exigindo grande coragem e desprendimento, de modo que, para Colombo, qualquer outra comparação tornar-se-ia uma questão menor.

9. Dumont: (acima das nuvens) "Deslumbramos a vista com um panorama maravilhoso"[19].

Colombo: Expressão costumeira na época dos descobrimentos, devido às enfadonhas viagens prolongadas, quando do encontro das novas terras. Em Colombo, compreende-se sua ênfase, porque ele pretende exaltar ou dar importância à sua descoberta. Depois, entretanto, isso se torna parte do estilo, fazendo dessas exclamações típicas suas, que sempre de tudo, no Diário, se admirava. Exemplos: "**Tudo** o que viu era **tão** bonito que não se cansava de admirar **tanta** beleza"; "foi um **grande** prazer contemplar **todo** aquele verde"; "Diz o almirante que **nunca** viu coisa mais bonita"; "encontrei um porto simplesmente **maravilhoso**"; etc. Esses adjuntos de intensidade em negrito evocam a extensão de seus sentimentos e são muito repetidos em suas descrições. São reforços tanto qualitativos como quantitativos.

10. Dumont: (acima das nuvens) "Pelo fato de não vermos a Terra, toda noção de movimento deixava de existir entre nós"[20].

Colombo: Nessa expressão, há duas colocações consequentes de interpretação física e psicológica: na física, é o da ilusão que obtemos (em navegação marítima na neblina) da natural perda de um ponto de referência, causando a sensação de imobilidade. Psicologicamente, é a de que sua atenção não se prenderia ao que deixou para trás, nem a um destino incerto ou indefinido. Tudo se atém ao transcurso (que se torna infinito). Isso se deve à interpretação da perda de movimento (em alto mar ou acima das nuvens). Nessa citação, há certo grau patético, como se enunciado por quem participasse de uma primeira travessia em um Oceano Tenebroso, surpreendido por uma calmaria indesejável na viagem.

Outrossim, no sintagma, instaura-se a perda do contato com o homem, de suas significações e seus paradigmas. Vimos aqui a reelaboração de uma mesma provável capacidade perceptiva, tanto no mar quanto no ar.

---

18 DUMONT, 1904, p. 68.
19 DUMONT, 1904, p. 69.
20 DUMONT, 1904, p. 69.

11. Dumont: "Nenhum meio de conhecer o rumo tomado"[21].

Colombo: Equivalente ao descobridor, Cristóvão Colombo, em particular, que pretendeu chegar a um desconhecido, no qual o caminho de direção é arbitrado consoante condições externas (dos ventos). Colombo seguiria o rumo que os ventos tomassem, na direção oeste, sem saber precisamente por onde navegava e até onde iria. Essa explicação, sem dúvida, coincide com a nota de Santos Dumont, que também navega (em balões "livres") ao sabor dos ventos.

12. Dumont: "Localizamos o ponto e comparamos **nossa carta** com a imensa **carta natural** que a vista lobrigava"[22].

Colombo: "[...] tengo propósito de hacer **carta nueva de navegar**, en la cual situaré toda la mar e tierras del mar Océano **en sus propios lugares**". Sentença, em espanhol, retirada da introdução do *Diário de Bordo* de Colombo, que sustenta a comparação entre sua cartografia e a própria natureza, que deverão estar identificados. Lá e aqui temos duas comparações – entre o artefato produzido e o território natural – como um mesmo objeto sígnico.

13. Dumont: "Tudo isso avançava para o horizonte com a rapidez do vento"[23].

Colombo: O "horizonte" não existe fisicamente como algo a ser alcançado. Avançar "para o horizonte" quer dizer fazer dele algo concreto no qual possamos nos dirigir. Por outro lado, as caravelas e os balões livres movem-se unicamente impulsionados pelo vento, sendo que, devido ao menor atrito, os aeróstatos são muito mais rápidos.

14. Dumont: "O 'guide-rope', uma grande corda de uns 10 metros de comprido, que flutuava fora da barquinha, arrastando em parte pelo solo, deslastra todo o sistema de uma parte do seu peso e impede, ou pelo menos, modera a queda"[24].

Colombo: A lexia "guide-rope" também pode equivaler à "âncora", pelo uso ou função que tem. O interesse do léxico é pragmático. Independentemente de o termo ser francês ou português, ou do perfil físico do instrumento, sua inserção aqui do objeto é apresentada por Santos Dumont e tem performance no uso (jogar para baixo) e equivalência funcional de trava ou freio. Santos Dumont, algumas vezes, voava em seus dirigíveis quase "arrastando" pelas vias parisienses o seu guide-rope, como espécie de "cordão umbilical" à terra firme. A âncora, por sua vez, compre um papel deveras importante no reconhecimento da profundidade do solo encoberto pelas águas. O seu uso ajuda a previsão de encalhes e na descoberta de locais apropriados para fundações de portos.

15. Dumont: "Supunha que eu queria um balão esférico de dimensões ordinárias"[25].

Colombo: A lexia "balão" está no contexto da esfericidade que nós transpomos aos semas do "globo" associado ao adjetivo "terrestre". Aquela frase denota o sentido de grandeza da aeronave por suas proporções. A imagem do "balão-aeronave" por ele criado dissocia-se do significado do balão comum. Aqui faremos correspondência à imagem da "esfera terrestre" (de grandes proporções), mas não tão grande a ponto de não poder cruzá-lo, circunavegá-lo, vencendo o oceano até chegar às

---

21 DUMONT, 1904, p. 69.

22 DUMONT, 1904, p. 70.

23 DUMONT, 1904, p. 70.

24 DUMONT, 1904, p. 71.

25 DUMONT, 1904, p. 75.

Índias. Na verdade, Cristóvão Colombo reduz o cálculo das dimensões urdidas por seus adversários ao périplo, pois estes defendiam a impossibilidade de qualquer circunavegação, pela existência de um oceano descomunal.

16. Dumont: "Meu Brasil, o menor balão esférico"[26].

Colombo: Esta expressão é a que intitula o capítulo IV de *Os Meus Balões*. O nome do país "Brasil" está para o globo terrestre, assim como o nome "Brasil", deste título, está para o balão esférico nomeado pelo seu inventor. Conduzimos o pensamento de acordo com o exposto anterior. O "balão esférico" equivale ao "globo terrestre" por possuírem aspectos sêmicos em comum: primeiro, por serem esféricos; segundo, por se deslocarem ou possuírem movimento; terceiro, por transportarem seres humanos; e quarto, por suas grandes dimensões. Também inferimos a palavra "Brasil" de um país no globo (em que nascera o inventor). Correspondida a ligação do globo terrestre ao balão, voltaremos, mais à frente, em nova observação.

17. Dumont: "[...] o menor balão esférico" [...] "Não se imaginava se fizesse cousa menor"[27].

Colombo: Realmente, Santos Dumont fizera um balão minúsculo. A lexia "menor", referindo-se ao "balão esférico", em Colombo, nos traria a lembrança de sua defesa diante da junta examinadora em Salamanca, quanto ao tamanho do globo terrestre, como uma das argumentações para garantir oficialmente o financiamento da viagem de descobrimento e obter recursos. O almirante afirmava que a Terra era menor do que se pressupunha e que, em pouco tempo, poderiam cruzar o oceano e unir o Ocidente com o extremo Oriente. É nessa transposição da lexia "menor" ao globo colombiano que se verifica a correspondência das partes, e que a sua defesa era, como tudo ao seu tempo, uma pretensão dedutiva, *imaginária*, pois ninguém até então havia cruzado o grande Oceano.

18. Dumont: "Com um balão, o centro da gravidade não é garantido senão quando o aeronauta se mantém firme"[28].

Colombo: Podemos aperfeiçoar o que até agora fomos induzindo. Essa citação admite um complemento pictórico como concepção simbólica do que referimos: (balão esférico = globo = globo terrestre). O desenho nos apresenta o balão com a barquinha-nacele (sustentada por cordas) e os ângulos geométricos que representam o centro de gravidade. O autor pretende sugerir daí questões explicativas de proporcionalidade física do instrumento, do volume do balão, para sustentação ou equilíbrio do aeronauta/passageiro diante dos movimentos oscilatórios e dos problemas próprios da gravitação.

Em Colombo, era impensável não se indagar, no caso de um mundo esférico, os meios de se sustentar à medida do avanço na curvatura planetária ao se adentrar noutro hemisfério. Em *Historia de Colón*, do historiador Enrique de Gandía[29], chega-nos que "otros suponían que, siendo el mundo redondo, si un navegante se alejaba con exceso hacia el Occidente no podría remontar el camino de regreso".

---

[26] DUMONT, 1904, p. 75.

[27] DUMONT, 1904, p. 75.

[28] DUMONT, 1904, p. 76.

[29] GANDIA, Enrique de. *Historia de Colón. Analisis critico de las fuentes documentales y de los problemas colombinos*. Biblioteca de Obras Famosas, Vol. 84. Buenos Aires, Editorial Claridad, 1951.

Imagem 1

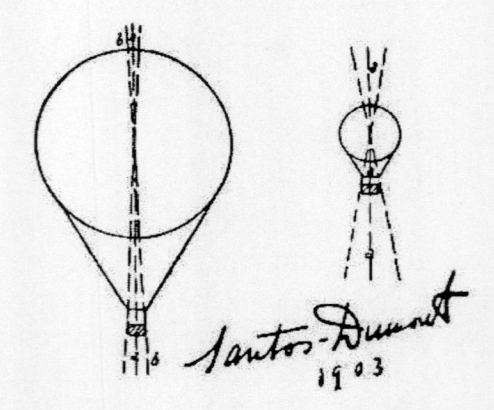

Fonte: DUMONT, 1938, p. 77

19. Dumont: "Experimentamos [...], a singular sensação de estarmos suspensos no vácuo, sem nenhuma sustentação, como se houvéssemos perdido nossa última grama de gravidade e nos achássemos prisioneiros do nada opaco"[30].

Colombo: O vácuo, como espaço vazio, de alguma forma articulado com a navegação, tem alguns semas semelhantes ao "ilimitado", "desconhecido", "para além dos limites", ou seja, um lugar distinto daquele que participamos e conhecemos. A expressão "vácuo, sem nenhuma sustentação", entende-se o ligar-se à queda de um abismo pela gravidade, ou à indefinição quanto à possibilidade de se dar a volta na Terra. Nos dois sentidos, essa preocupação pré-renascentista fora pertinente, ainda que cálculos antigos asseverassem a esfericidade da Terra. A locução "prisioneiros do nada" traz à lembrança a questão levantada em tese, ao tempo de Colombo, da impossibilidade do retorno (pois a "prisão" é uma detenção ao movimento). Se, por um lado, existia o problema da inclinação do planeta, também existia a preocupação de não poderem voltar... Vejamos esta sentença do *Diário*: "mucho me fue neçessário este vento contrário, porque mi gente andaban muy estimulados, que pensaban que no ventavan en estos mares vientos para bolver a España"[31].

20. Dumont: "Quando o gás enche perfeitamente, sua forma é a de uma maçã, quando perde gás, toma o aspecto de uma **pêra** o orifício de que é provido no fundo"[32].

Colombo: No *Diário de Bordo*, encontramos tal citação: "Passei a considerar o mundo de maneira diversa, achando que não é redondo do jeito que dizem, mas do feitio de uma **pêra** que fosse toda redonda, menos na parte do pedículo"[33].

Constatamos a intersecção da lexia "pêra", no sentido de, nos dois casos, detalhar a forma geométrica do balão/globo terrestre. O uso pragmático dessa palavra nos dois discursos suscita o ato que permite investigar o mesmo signo em discursos diferentes, em tempos históricos diferentes. Pudemos verificar a fixação da imagem do respectivo fruto também em outra oportunidade, na *Relación del Tercer Viaje* (1498): "Yo no tomo qu'el Paraíso Terrenal sea em forma de montaña áspera,

---

[30] DUMONT, 1904, p. 70.

[31] COLÓN, Cristóbal. *Textos y documentos completos. Relaciones de viajes, cartas y memoriales.* Diario del Primer Viaje (1492). Madrid. Alianza Editorial, 1984, p. 23.

[32] DUMONT, 1904, p. 122.

[33] COLOMBO, 1984, p. 143.

como el escrevir déllo nos amuestra, salvo qu'él sea en el colmo, allí donde dixe la figura del peçón de la **pera**, y que poco a poco andando hazia allí desde muy lexos se va subiendo a él"[34]. Portanto, a conformação geográfica do mundo aqui é comparada novamente à imagem da fruta "pêra", como projeção mais adequada.

21. Dumont:

> Causava-me espécie que, entre todas as máquinas da usina, só essas desastradas peneiras móveis não eram rotativas. Não eram rotativas e eram defeituosas! Creio que foi esse pequeno fato que, desde cedo, me pôs de prevenção contra todos os processos mecânicos de agitação, e me predispôs a favor do **movimento rotatório**, de mais fácil governo e mais prático.[35]

Colombo: A citação do "movimento rotatório" do objeto aplica-se a um processo mecânico específico da Física. O curioso aqui é que ele exterioriza ou dá o nome ao movimento desse processo, o mesmo nome que damos ao giro que a Terra faz em torno de si mesma: rotação. No Renascimento moderno, divulgava-se a forma esférica da Terra, bem como o novo sistema heliocêntrico, que viria refutar o aparente movimento do Sol em torno da Terra, e o desta em torno de um eixo imaginário rotativo. Outra singular informação: a predisposição favorável a Colombo quanto à circunavegação, pois o movimento rotatório do orbe tanto dificultaria como poderia facilitar uma possível expedição ou uma simples viagem em torno do mundo.

22. Dumont:

> Assim, meditando sobre a **exploração do grande oceano** celeste, por minha vez eu criava aeronaves e inventava máquinas. Tais devaneios eu os guardava comigo. Nessa época, e no Brasil, falar em inventar uma máquina voadora, um balão dirigível, seria querer passar por desequilibrado ou visionário[36].

Colombo: O almirante descobridor do Novo Mundo foi, e ainda é considerado por seus biógrafos, o maior "visionário" de seu tempo, pois defendia algo até então não conhecido e, portanto, propenso ao fracasso. Ele corajosamente se sujeitara a arriscar sua própria vida em função de um projeto idealista, à maneira de Marco Polo, que descobrira novas terras por percorrer outros caminhos através do continente. Não menos importante nesta correlação semiótica transfrástica (semiótica da frase) é, coincidentemente, o surgimento, em Santos Dumont, da expressão "exploração do grande oceano". Nesse sentido, essa expressão remete historicamente a Cristóvão Colombo, pois foi ele um explorador dos mares, senão o maior do oceano conhecido até então, e o que primeiro atravessou oficialmente.

23. Dumont: "Em 1891, decidiu a minha família fazer uma viagem a Paris. A perspectiva causou-me dupla satisfação. **Paris** é, como se diz, o **lugar para onde emigra a alma dos bons** Americanos quando morrem"[37].

Colombo: Em Colombo, na quarta parte do mundo, ou Índias Ocidentais, estava o **paraíso terrestre** segundo sua crença e expectativa. Estas lexias substituiriam muito bem aquele predicado "o lugar para onde emigra a alma dos bons [...] quando morrem". Nessa sentença, que começa o

---

[34] COLÓN, 1984, p. 216.

[35] DUMONT, 1904, p. 52.

[36] DUMONT, 1904, p. 57.

[37] DUMONT, 1904, p. 59.

capítulo II de seu livro, vimos a correspondência das palavras "Paraíso" na língua portuguesa e "Paris" e "Paradis" na língua francesa, bem como a reciprocidade espacial cruzada dos personagens em função de seu deslocamento a uma terra distante e desejada. Acresce-se ainda que as "Índias", em Colombo, são exatamente as Américas em Santos Dumont. O arquétipo psicológico do "Paraíso" é sempre algo a que vamos em busca, e esse algo está em algum lugar distante no espaço/tempo: para Colombo eram as Índias, e para Dumont é Paris/Europa.

24. Dumont: (ao demonstrar o perigo da aterragem em balões esféricos) "Quanto aos perigos aéreos, que se lhe atribuem, são perigos [...] **no ar**; porque a segurança **no ar** é normalmente perfeita"[38].

Colombo: Comecemos pela designação do seu próprio livro publicado. O livro *Os Meus Balões*, no idioma português, é uma tradução não literal da publicação em francês *Dans L'air*, que significa em português "no ar". Nesse sentido, a importância da expressão "no ar" não só está amparada no seu livro (uma parassinonímia) em francês, mas também pelas palavras-chave, que, de certa forma, exprimem o significante. O significado do primeiro "no ar" seria a própria inexistência ou insignificância do perigo. Ganha ele, depois, um aporte de sobrelevação do mundo, o estar acima de todos. Na expressão "a segurança no ar é normalmente perfeita", ele pretende certa intersecção aparente do "ar" com a segurança, que, a princípio, pode denotar certa contrariedade. A lexia "perigo" faz vir, dialeticamente, aquele recorrente sentimento de vida e morte frente a um fator emergente.

25. Dumont: "[...] em virtude da **rapidez das curvas**, os triciclos **tombariam** e se **quebrariam**. Si não sucedesse isto, a **inclinação do solo** forçaria a parada do carburador ou atrapalharia o seu funcionamento, o que, do mesmo modo, **redundaria na queda** dos veículos"[39].

Colombo: Nessa veemente descrição da velocidade de um veículo em movimento, há uma oscilação de significações que remetem ao medo do indefinido transoceânico no que se refere à sua extremidade ou aos limites do "Mar Tenebroso", ao medo do desconhecido. As expressões grifadas, "inclinações do solo", "tombamento", e "queda", seriam transposições, atinentes ao abismo do além-mar, à forma abrupta de escoamento do mar, às curvas, descidas, à impossibilidade de retorno dos navios, ao despencar em cascata como queda brusca pelo espaço consoante a própria inclinação terrestre.

26. Dumont: (Sobre a organização de uma corrida) "As pessoas 'de bom senso' prognosticaram um desastre"[40].

Colombo: Santos Dumont apresenta divergências pessoais ao entrar em contato com os franceses, talvez por ser estrangeiro e querer "protagonizar" atividades em terra alheia. Os reveses na organização de uma expedição, em Colombo, que falhasse como havia ocorrido em Portugal, em que o El Rei Dom João II envia navios para cruzar o oceano, às escondidas de Colombo, depois voltando malsucedidos –, foram empecilhos usados contra Colombo, para o impedir de um possível financiamento oneroso estatal dado a um estrangeiro. Era necessário o aval público estatal, que custeasse para que tal viagem se cumprisse, e uma boa justificativa defendida para isso seria o de posicionar o Estado à frente das outras nações nas expansões comerciais externas, como também na expansão do próprio cristianismo que se rivalizaria com o islamismo. Agregaria a isso, a posterior

---

38 DUMONT, 1904, p. 85.
39 DUMONT, 1904, p. 63-64.
40 DUMONT, 1904, p. 63.

exploração das terras descobertas por meio de invasões e saques, durante toda fase de colonização posterior! Seria uma forma econômica de especular internacionalmente como ainda, de certa forma, encontramos muito presente hoje em dia.

O projeto de Colombo de atravessar o oceano foi, no início, motivo de zombarias, prognósticos de desastres e várias dificuldades logísticas, inclusive, como ocorria a qualquer grande empreendimento marítimo da época. Todavia, como sabemos, depois dessas dificuldades iniciais, vicejaram verdadeiras corridas desenfreadas por descobertas dos países europeus tentando agregar posses pelo resto do mundo. Toda essa visão voltada para fora do país ou para as colônias, que seria sair do próprio eu, produziu uma libertação conceitual das antigas amarras dos preconceitos, provocando, em todas nas áreas humanas, ciência e artes, as sementes do Renascimento (greco-romano), que, na verdade, seriam a fuga ideológica de uma milenar Idade Média teocêntrica e hipócrita.

27. Dumont: "Temiam um fiasco. O sucesso retumbante da corrida desapontou-os"[41].

Colombo: Continuando o item anterior, poderemos comparar este sintagma, reforçando paralelamente a resposta anterior. Com efeito, um comportamento cético voltaria a aparecer diante dos seus artefatos inventivos. Contudo, depois, os mesmos personagens de rigidez opositiva, incrédulos, fizeram revidar, por fim, de maneira eufemística, a não dar a reconhecer que erraram. Esse desapontamento que ele enuncia, fruto das expectativas frustradas, firma-se no desdém e na indiferença, que fará resultar como causas do que temos hoje como o termo "América" dado ao continente e o nome dos "Wright", para os EUA, como os inventores do avião.

28. Dumont: "Uma **aldeia fugia** abaixo de nós"[42].

Colombo: Quanto ao sintagma "uma aldeia fugia" algo semelhante parece ocorrer também no discurso de Colombo. Em 21 de outubro, do *Diário*, quando em contato com os habitantes do Novo Mundo: "creo que con temor se **habían fungido**", e "[...] y la gente d'ella, como nos sintieron, dieron **todos a fugir** y dejaron las casas"; 28 de outubro, "[...] e que **teriam fugido** de medo"; 29 de outubro, "todos os los hombres e mugeres y criaturas huyeron, desamparando las casas", e outros. Portanto, se desconsiderarmos o discurso em seu contexto pragmático, podemos dizer que essa sentença de Dumont poderia substituir as de Colombo. Um ponto interessante, que aparece em ambos os casos, é que os autores fazem ver que o objeto de análise que assinala a fuga, e não o contrário, o sujeito que sai, sai devido não à sua própria ação.

A palavra "aldeia" é lugar comum na formalização lexicográfica como designação de grupo menor de moradias indígenas, de povoações nucleares... considera-se um termo pontual das descrições havidas nas descobertas quinhentistas.

29. Dumont: (o Sr. Lachambre e o Sr. Machuron foram, na maioria dos experimentos de Santos Dumont, em Paris, seus principais coadjuvantes). "Chegando a Paris, decidi-me deixar de lado os aeronautas profissionais e dirigi-me aos construtores. Meu empenho particular era conhecer o Sr. Lachambre, que havia construído o balão de Andrée, e seu associado o Sr. Machuron, autor do livro"[43].

---

[41] DUMONT, 1904, p. 64.

[42] DUMONT, 1904, p. 70.

[43] DUMONT, 1904, p. 65.

Colombo: Os dois irmãos Martín Alonso Pinzón e Vicente Yanez Pinzón foram os capitães de duas naus das três que compunham a primeira expedição colombiana. Vimos, nesta comparação, a recorrência a dois personagens paralelos, coadjuvantes, que aparecem contextualizados junto ao personagem-foco, servindo-os igualmente de apoio a iniciativas práticas e deliberações técnicas. Esse número mínimo de três pessoas, nos dois casos, pode caracterizar o aspecto um tanto informal dessas relações operacionais, ou seja, essa comparação, em especial, é apenas ilustrativa.

30. Dumont: (defendendo a possibilidade do uso de um novo material para a confecção de seus balões) "Ao passo que a **seda da China** suporta uma tensão de [...] a delgada **seda japonesa** suportou uma tensão de 700 quilos"[44].

Colombo: A seda da China e a japonesa foram alguns dos artefatos asiáticos usados por Santos Dumont. Colombo, por sua vez, foi em busca de mercadorias asiáticas entre as quais se inclui a seda. Cabe ressaltar que os viajantes portugueses chamavam de Índias nada mais do que o continente asiático. No recorte de *Os Meus Balões,* destacado anteriormente, encontramos o uso de materiais asiáticos, em que qualifica um deles, a seda chinesa e a japonesa, como ideal para o revestimento do balão. Entendemos, então, a lexia "seda" como palavra-ocorrência daquilo que tradicionalmente sempre esteve marcadamente vinculado à Ásia.

31. Dumont: "[...] ou fazendo efêmeros balões de papel de **seda**"[45].

Colombo: Aqui exemplificamos o contexto adverso da lexia "seda", independentemente da significação do tópico anterior. Não obstante isso, persiste a mesma comparação creditada, pois a palavra "seda" aplica-se também aos papéis de seda. Lembramos a seda, **tecido** ou **papel**, como produto asiático.

32. Dumont: (descrição) "A **barquinha**, cujo mínimo ordinário é 30 quilos"[46].

Colombo: Diminutivo do substantivo "barco" ou "barca", "barquinha" equivaleria a uma embarcação fluvial simples comum aos indígenas na descrição do *Diário.* Há outros semas que a substituem: "canoa", "piroga", "barco", entre outros. Consideramos sua tradução possuir certa carga afetiva de "**nacelle**" (cesto), o equipamento da aerostação, onde se alojavam o aeronauta ou os passageiros.

33. Dumont: (descrição de materiais) "Meu **'guide-rope'**, fino mais muito longo, pois media 100 metros, pesava 8 quilos [...] Substitui a âncora por um arpão de ferro de 3 quilos"[47].

Colombo: Nessa descrição, encontramos a comparação explícita de Santos Dumont aos materiais grifados como registro comparativo de semelhança em alguns pontos e utilização.

34. Dumont: "Estão na mesma situação de quem, sem haver jamais deixado a **terra firme** ou posto os pés num **bote**, pretendesse **construir** e **comandar um transatlântico**"[48].

Colombo: Essa sentença sugere potencial equivalência entre elementos da marinharia e da aeronáutica na mesma pessoa. Encontramos nivelados o mar e o ar como agentes recíprocos. "Terra firme" é uma expressão corrente do vocabulário das histórias/aventuras além-mar e das ciências

---

44 DUMONT, 1904, p. 78.
45 DUMONT, 1904, p. 55.
46 DUMONT, 1904, p. 78.
47 DUMONT, 1904, p. 78.
48 DUMONT, 1904, p. 81.

marítimas, e foi um termo corriqueiro dos descobrimentos. A comparação do ínfimo (bote) com um superlativo (transatlântico), surgem os exemplos de transportes navais para justificar a inexperiência de pretensos aeronautas, pela própria incipiência técnica. A equiparação de extremos reafirma seus contrários dialeticamente e sua equidistância entre o conjunto de termos sugeridos: "o leigo, as Índias, um bote" e "o comandante, a Europa, o transatlântico".

35. Dumont: (título do capítulo V) "Perigos reais e perigos imaginários da aerostação" (p. 83. "E mal percebia o perigo, nele era precipitado"[49].

Colombo: Os perigos reais e imaginários são propensos pelo medo frente ao desconhecido, aqui reelaborado pelo viés da mentalidade da Idade Média. Existem incontáveis seres fabulosos (sereias, ciclopes, gnomos, minotauros, grifos, fênix etc.) criados pela imaginação temerosa do desconhecido. Sabe-se que a marinharia aventureira prima por seu caráter supersticioso e que um acontecimento ligado ocasionalmente a algum fator natural pode desencadear uma reação "mística/sobrenatural". Em Colombo, temos: "viram cair do céu um maravilhoso galho de fogo no mar" (sábado, 15 de setembro), "havia homens de um olho só e outros com cara de cachorro" (domingo, 4 de novembro) "[...] gente que tinha um olho na testa" (sexta, 23 de novembro, segunda, 26 de novembro). Essas descrições imaginárias, marcopolianas, ganham interesse e sustentação, assumindo *status* de crença aos viajantes exploradores frágeis em uma pequeníssima embarcação frente ao gigantesco oceano. De qualquer forma, a citação "perigos reais e perigos imaginários" aqui se coloca por concentrar em seu núcleo aspectos não apresentados existencialmente, pois "perigos imaginários", de fato, não o são, quando da vivenciação real do desconhecido, apenas falta de conhecimento e/ou sorte.

A lexia "precipitado" aqui não traria o sema de "algo imediato", porém é outra palavra que lembra o báratro, a queda do homem, a infração do homem e os precipícios naturais, de que já falamos, que se acreditavam existir na extremidade do mundo.

36. Dumont: "Falo desta aventura, porque foi objeto dos comentários dos jornais, e serve para mostrar que a aerostação à noite é perigosa mais na aparência do que na realidade"[50].

Colombo: Essa frase de Santos Dumont reporta-se a um acontecimento do qual ousou arriscar-se: um voo sobre a tempestade. O conteúdo transfrástico está em que só podemos discutir um assunto que conhecemos. Aliando a Colombo, frente ao périplo ousado de travessia transoceânica, diremos que não podemos julgar pelas aparências, ou impedir algo por meio de crenças insustentáveis. Dessa maneira, a fábula do "ovo de Colombo" adverte-nos que depois de se conhecer tal procedimento, parecer-nos-á fácil o que antes pensávamos impossível. E que, a despeito disso e diante de todas as contrariedades surgidas, um novo continente foi encontrado.

37. Dumont: "Uma das mais singulares aventuras do tempo"[51].

Colombo: A primeira viagem colombina as Américas foi uma das mais importantes e singulares oficialmente registrada para a posteridade. O *Diário de Bordo* de Colombo foi o primeiro diário nesse sentido, ao relatar suas peripécias e seus deslumbramentos. Sua importância também se deve a começar pela coragem da tripulação de se submeter ao ímpeto do desconhecido; depois, pelo achamento da 4ª parte ainda desconhecida como continente entre a Europa/África e a Ásia.

---

[49] DUMONT, 1904, p. 86.
[50] DUMONT, 1904, p. 88.
[51] DUMONT, 1904, p. 83.

38. Dumont: "Por ocasião da partida, parecia haver muito pouco vento. Subimos com lentidão, procurando uma corrente de ar [...] tão só encontramos **calmaria**"[52]. "[...] a **calmaria** nos imobilizara!"[53].

Colombo: Os balões livres têm a mesma impulsão motora que as antigas caravelas: o vento. A lexia "calmaria", fenômeno resultante da ausência de ventos, foi a excrescência de tudo que poderia acontecer a um oceano líquido e instável. Ela foi largamente aproveitada durante os descobrimentos modernos como explicação ou causa de seus próprios descobrimentos, por exemplo, a imputação dela para o descobrimento do Brasil pelo português Pedro Álvares Cabral, quando Colombo já divulgava terras a oeste.

39. Dumont: "[...] a barquinha, que se balançava suavemente sob o balão"[54].

Colombo: O predicativo "balançar", atribuído à barquinha, traz a lembrança do movimento de qualquer embarcação fluvial ou marítima; Santos Dumont transfere a frequência rítmica natural das águas para o seu movimento no ar. O sema "barquinha" também se refere a um berço infantil "que balança". Nesse sentido, temos um arquétipo daquilo que dá início a algo recém-nascido como é o caso da descoberta, da invenção e da criação – de um bebê. No Museu de Cabangu – a casa onde nasceu Santos Dumont –, há um berço que contextualiza este tópico por sua abrangência de significado.

Cabe distinguir aqui que a barquinha é conhecida como um instrumento inventado pelo português Bartolomeu Crescêncio (século XV), destinado à medição da velocidade de um barco. A corda que se desenrola pode depois nomear como "nós" o cálculo das distâncias percorridas.

40. Dumont: (enublado por uma tempestade) "Reavistei a terra"[55].

Colombo: Esta expressão, significativa no seu discurso, introjeta os velhos modos de falar, ou jargões do "Terra à vista!", pelos quais se servem os homens do mar, quando da aproximação da costa continental, a chegada a algum lugar, para se abastecer, ou a felicidade de então aportar ao local desconhecido. Vale lembrar que Dumont sintoniza com Colombo, como se fosse o primeiro a divisar as terras depois de ter se perdido em nuvens pelo céu.

41. Dumont: "[...] ameaçado a cada instante de uma morte horrível, joguei a âncora. Arranhava árvores e arbustos, mas não se fixava"[56].

Colombo: Aqui o instrumento âncora define sua utilização já apresentada antes: a metáfora da tradicional âncora da embarcação naval. Será que não seria este "guide-rope" de que falamos? A "morte horrível" surge como articulação contrastiva ao mal uso do instrumento, para com a vontade de não deixar se abater.

42. Dumont: (em uma de suas quedas com balões) "Puseram-me em condições de voltar para Nice, onde fiz chamar os médicos para me costurarem"[57]. "[...] que se preciso, eu mesmo talharia e coseria o balão"[58]. "[...] eu me sentia como parte integrante da própria tempestade"[59].

---

[52] DUMONT, 1904, p. 83.
[53] DUMONT, 1904, p. 84.
[54] DUMONT, 1904, p. 67.
[55] DUMONT, 1904, p. 86.
[56] DUMONT, 1904, p. 87.
[57] DUMONT, 1904, p. 87.
[58] DUMONT, 1904, p. 100.
[59] DUMONT, 1904, p. 88.

Colombo: Não nos esqueçamos que o grande descobridor genovês fora filho de tecelão, e a tecelagem está ligada ao ato de cerzir, coser, ou costurar de um modo geral; coincidentemente, o aeronauta brasileiro também confeccionava manualmente seus balões. Santos Dumont, nas duas páginas citadas, exemplifica a sintonia de sua vida para com o seu trabalho: há aqui um estado de "pertença" do criador com a criatura, segundo Wilhelm Dilthey, dele para com seus aparelhos! Em sua teoria, seria a acoplagem do indivíduo com a realidade. Como se costuram tecidos, também ele foi costurado! Sua individualidade se funde às suas ações, aos seus afazeres. Assim, ele nos credita confiança. Concebemos um indivíduo melhor naquilo que resultar de sua ação, do que melhor sabe fazer, e por fazer disso o significado de sua vida, como um Van Gogh em relação à sua pintura.

43. Dumont: "[...] é quase a contragosto que se procura a terra. Novo prazer é o imprevisto de uma aterragem [...]"[60].

Colombo: Santos Dumont traduz certa sensação feérica diante da descoberta de terras desconhecidas para o seu pouso como ao tempo da aproximação à terra firme nas descobertas marítimas. As palavras "procura a terra", ou "aterragem", ressaltam a índole característica dessa aproximação descoberta.

44. Dumont: "Uma espécie de alegria selvagem domina os meus nervos"[61].

Colombo: O termo substantivo "selvagem" evoca imediatamente os nativos indígenas descobertos nas Índias Ocidentais; mas, como um adjetivo, reitera em "alegria selvagem" a felicidade do resultado da descoberta como um estado alterado da adrenalina, descrito nessas outras justificativas pelo brasileiro.

45. Dumont:

> Na verdade, ela tem um encanto especialíssimo. A gente sente-se só, no vácuo obscuro, em **limbos de trevas** onde se tem a impressão de **flutuar sem peso**, **fora do mundo**, a alma aliviada do fardo da matéria! Está-se feliz assim, quando, de tempos em tempos, **surgem luzes** terrestres. **Pontinhos acende-se** ao longe e **lentamente se apagam**[62].

Colombo: Verificamos um trecho do *Diário* de Colombo que certamente interage com a passagem anterior, descrita. Foram colocados em negrito e anotados no mesmo dia da chegada à América (11 de outubro). Essas locuções linguísticas comparadas têm significações comuns aos dois fatos, são elas: "limbos de trevas" = "aunque fue cosa tan çerrada"; "flutuar sem peso" = "Navegó"; "fora do mundo" = "longe da civilização", "surgem luzes" = "vido lumbre"; "Pontinhos acende-se ao longe" = "[...] se vido una vez o dos, y era como una candelilla de cera que se alçava y levantava"; "lentamente se apagam" = "[...] el cual no vido nada porque no estava en lugar do la pudiese ver"[63].

Essa análise linguística articula-se em cima da materialidade textual do acontecimento da descoberta, que é uma extensão daquilo que ficou da realidade experienciada pelo descobridor. Então, a coordenação dessas locuções frasais ganha sentido ao interagirem entre si com o que teríamos como referência.

46. Dumont: "O aeronauta transforma-se em explorador. Sois um jovem curioso de percorrer o mundo, conhecer aventuras, perscrutar o desconhecido, contar com o inesperado [...]"[64].

---

[60] DUMONT, 1904, p. 63.

[61] DUMONT, 1904, p. 62.

[62] DUMONT, 1904, p. 88.

[63] COLÓN, 1984, p. 28-29.

[64] DUMONT, 1904, p. 89.

Colombo: Todos os semas de "explorador", ou descobridor de novos mundos, trazem qualificações equivalentes a essas descritas por Santos Dumont, quando define o aeronauta. De certa forma, parece-nos levar a crer que um aeronauta devesse ser, essencialmente, consequência de um navegador marítimo.

47. Dumont:

> Não sabeis senão vagamente onde vos achais; não podeis saber onde ides, muito embora isto dependa por muito da vossa vontade, da vossa habilidade, e da vossa experiência. [...] Podeis [...] **perder a visão da terra**, que desaparece como que **girando embaixo de vós**, e então todo sentido do rumo vos escapa[65].

Colombo: Uma análise detalhada desse período aproxima-nos das sensações que experienciou o almirante genovês durante os dois meses que antecederam, em alto mar, sua descoberta. "Perder a visão da terra" seria encontrar-se fora dela, o que também sinalizaria o estar em "alto mar". A sentença grifada novamente recai nas mesmas questões levantadas sobre o movimento da aeronave e a rotação da Terra. O sentido de rumo para um navegador antigo é interpretado por meio do giro ou movimento aparente das constelações no céu estrelado.

48. Dumont: "Chegado o momento de **aterrar**, goza-se de indizível alegria em ir ter com **homens estranhos**, como um deus saído de uma máquina"[66].

Colombo: Cristóvão Colombo, em seu Diário, reitera esse comportamento do indígena para com estranhos. O movimento de aproximação à terra ou o aterrar é o próprio movimento de desembarcar. Em "homens estranhos", recortaríamos como os habitantes da América. Parece tratar a ele, visitante e aos seus, como deuses, tanto que alega ter sido assim por eles recebido. E temos o "vir do céu", como outro determinante, não só pela semelhança com deuses vindos do céu para a ótica indígena, mas pela ilusão da esfericidade da Terra, uma vez que o longínquo horizonte do mar parece dar-lhe continuidade ao céu. Obs.: Eis, em Colombo, algumas destas sentenças: "Venid a ver los hombres que vinieron del cielo, traedles de comer y de bever". (Domingo, 14 de outubro); "Ellos también tenían a gran maravilla nuestra venida y creían que éramos venidos del cielo". (Segunda, 22 de outubro) "[...] los cuales los tocavan y les besaban las manos y los pies maravillándose y creyendo que venían del cielo, y así se lo davan a entender". (Quarta, 6 de noviembre). "[...] sino creían que venían del cielo, y que los reinos de los Reyes de Castilla eran en el cielo". (Domingo, 16 de dezembro), entre outras. Santos Dumont, semelhantemente ao Diário, se apresenta como um deus, descendo aos "homens naturais".

49. Dumont: "Em que país se está? Em que língua, alemã, russa, norueguesa, obter-se-á resposta?"[67].

Colombo: Essa indagação em Santos Dumont é oportuna. Colombo, diante das novas terras, tentava entender que línguas falavam os povos nativos. O fato de falar idiomas diversos, ininteligíveis, fizera com que, para poder futuramente haver compreensão e diálogo, ele "raptaria" alguns indígenas a fim de lhes ensinar o idioma castelhano. A partir desse intento, surgirá a versão de Colombo escravagista.

---

[65] DUMONT, 1904, p. 90.
[66] DUMONT, 1904, p. 90.
[67] DUMONT, 1904, p. 64.

50. Dumont: "Meus primeiros cruzeiros em aeronave"[68].

Colombo: A lexia "cruzeiro", no Dicionário Aurélio, dá ênfase, primeiramente, à semântica do vocabulário marítimo: "Viagem de navio de passageiros, com turistas em visita a vários portos" e "navegação feita em vários rumos, dentro de uma área limitada, para fim de policiamento das águas". O termo "cruzeiro", por conseguinte, é empregado na aerostação, - vide Zeppelin que de fato o realizaria.

51. Dumont: "Enquanto a aeronave fendia o ar com a sua **proa**, o vento fustigava-me o rosto e meu paletot flutuava como sobre o **tombadilho** de um transatlântico"[69].

Colombo: Aqui vemos o uso do vocabulário técnico marinho sendo empregado como transposição comparativa na aerostação. São eles: proa, tombadilho e transatlântico (por sua etimologia).

52. Dumont: "Pode-se comparar a navegação aérea à navegação fluvial à vapor"[70]. "Si não há vento algum pode-se então comparar a navegação aérea à navegação sobre as águas mansas de um lago"[71]. "Nós, marinheiros de aeronaves, somos como capitães de vapor e não de 'yacht' à vela"[72].

Colombo: Em Santos Dumont, actante semiótico, reiteramos as comparações entre duas navegações por meio das correspondências oportunas, por exemplo aqui, que o **navio a vela** está para o **balão livre** ou planador (voo a vela), assim como o **navio a vapor** está para o **balão dirigível**.

53. Dumont:

> Se o vapor navegar contra ela, fará 10 milhas à hora em relação à margem, posto que na água ele forneça uma velocidade de 20 milhas. Se avançar na direção da correnteza, fará 30 milhas em relação à margem, apesar de não fornecer a água velocidade superior a 20. Esta é uma das razões que tornam tão difícil a avaliação da velocidade de uma aeronave[73].

Colombo: Essa citação de Santos Dumont assemelha-se às distâncias distorcidas calculadas por Colombo (com o propósito de se precaver de motins ou sentimentos de desespero da tripulação). Colombo as apresentou em seu Diário, duplamente: o número real e o que fora registrou a maruja. Para não incorrer em erro por dificuldade do cálculo, ele se mostra ciente de sua inabilidade, justificando um erro proposital. Exemplos de caso: 1– "Domingo, 16 de setembro: Navegó aquel día y la noche a su camino el Güeste. Andarían XXXVIIII leguas, pero no contó sino 36". 2 – "Lunes, 17 de setiembre: Navegó a su camino al Güeste, y andarían en día y noche cincuenta leguas y más; no asentó sino 47".

54. Dumont:

> Um destes ensaios merece menção, pelo fato de ter-me fornecido uma idéia bastante precisa da velocidade da aeronave em tempo de calma absoluta. O sr. Maurice Farman acompanhava-me nesse dia em volta do hipódromo, no seu automóvel, em segunda velocidade. E calculou que com o "guide-rope" a arrastar-se pelo solo eu fazia de 26 a 30 Km/h. Ora o "guide-rope" quando

---

[68] DUMONT, 1904, p. 79.
[69] DUMONT, 1904, p. 110.
[70] DUMONT, 1904, p. 86.
[71] DUMONT, 1904, p. 86.
[72] DUMONT, 1904, p. 87.
[73] DUMONT, 1938, p. 86 e 87.

arrasta atua exatamente como um freio; e atrasa tanto mais quanto maior for a extensão de corda em contato com o chão. Calculamos que naquele momento ele "atrasou" efetivamente cerca de 5 Km/h, o que elevava minha velocidade própria no ar a 30 ou 35 Km[74].

Colombo: Aqui encontramos outra variação do mesmo dado do item 50. Vimos certa persistência da ideia do recontar as distâncias em duplicidade, uma que se transmite, mas que se anula, como alerta de inexatidão, por outra verdadeira. Vejamos outros exemplos em Colombo: "Lunes, 01 de otubre: Navegó a su camino al Güeste. Anduvieron 25 leguas. Contó a la gente 20 leguas", "Martes, 2 de otubre: Navegó a su camino al Güeste noche y día 39 leguas. Contó a la gente obra de 30 leguas", "Miércoles, 3 de otubre: Navegó su vía ordinaria. Anduvieron 47 leguas. Contó a la gente 40 leguas", entre outros.

55. Dumont: "[...] os capitães de aeronave preferirão sempre, para seu próprio prazer, navegar em tempo calmo, e porque, encontrando uma corrente contrária [...] O 'yachtsman' sobre o seu veleiro, no mar, reclama uma boa brisa, porque nada pode sem ela; no rio, o capitão de vapor cortará sempre por perto da margem"[75].

Colombo: Na primeira frase, há uma referência contrária à antiga e pusilânime calmaria, pois o navegar aéreo se distingue por não depender dos ventos exclusivamente como único meio de impulsão. Encontramos as lexias referentes à navegação de embarcações aquáticas, corrente, "yachtsman", veleiro, mar, rio, margem, capitão de vapor, vapor, que, entre outras, percorrem todo o texto. É inegável a herança da navegação marítima na aerostação.

Este segmento: "[...] cortará sempre por perto da margem" lembra-nos a forma de navegação costeira, de cabotagem, comum nos tempos das navegações anteriores a Colombo, pois eram as mais seguras, portanto comuns.

56. Dumont: "[...] de preferência com a **jusante** do que com o **montante**"[76].

Colombo: Os termos "jusante" e "montante" são de uso exclusivo do vocabulário náutico. O primeiro termo significa "baixa-mar, refluxo, vazante da maré", e o outro, o seu oposto: "[...] para o lado da nascente de um rio".

57. Dumont: "Nós, marinheiros de aeronaves, somos como **capitães de vapor** e não de 'yacht' à vela" (p. 110); "Participo do **capitão de 'yacht'** no fato de não poder por um instante abandonar o leme"[77].

Colombo: A qualificação do termo "aeronauta" foi substituída por "marinheiro", em seguida, reaparece as relações entre a "nau a vapor" ou "a vela". Mormente, lembremo-nos, aqui, a evocação à herança náutica, que o **voo do planador** é conhecido como **voo a vela,** apesar de que, neste livro, ele ainda apenas era um balconista, ou inventor de artefatos do mais-leve-que-o-ar.

O escritor brasileiro Raul Polillo também lembra que o nosso brasileiro distinguia precisamente a noção de "capitão". Segundo ele: "Quando Santos Dumont escreveu sobre navegação aérea acentuou a diferença que há entre o **capitão do mar** e o **capitão do ar**, com vantagem para este; o capitão do ar pode passar de uma camada atmosférica para outra, e encontrar ventos favoráveis"[78].

[74] DUMONT, 1904, p. 136.
[75] DUMONT, 1904, p. 87.
[76] DUMONT, 1904, p. 110.
[77] DUMONT, 1904, p. 163.
[78] POLLILO, 1950, p. 118.

58. Dumont: "Receava muito a tangagem, como se diz em linguagem marítima"[79].

Colombo: Um encontro metalinguístico em que Santos Dumont reaproveita o uso de vocabulário específico marítimo.

59. Dumont: "[...] nunca senti enjoo. Isto deve ser talvez porque raramente enjoo no mar"[80].

Colombo: Santos Dumont nos adverte, nessa sentença, que a ausência de enjoo em suas viagens aéreas deveria ter causa semelhante às suas ausências de enjoos em viagens marítimas, estabelecendo essas ligações. O que me parece curioso refletir sobre o que parece explícito: que a ausência do enjoo de um condicione a causa da outra ausência. Além dessa aproximação qualitativa, o aspecto quantitativo pode estar camuflado por meio do costume de viajar. Sabemos que a prática contínua faria perder o sintoma de enjoo, contornado, então, pelo hábito. Ocorre, curiosamente, que não temos precisão sobre a prática extensiva de Santos Dumont em navios além de suas viagens pontuais como passageiros.

60. Dumont: (comparação do movimento do dirigível com o movimento de tangagem de navios). "Se bem que o que se experimenta de mais penoso no mar não é tanto o movimento, mas a pequena excitação do navio"[81]. (Santos Dumont detalha a origem do enjoo em um navio) – "[...] A isto se juntam, como agravantes, o cheiro da pintura, do verniz, do alcatrão, misturado aos bafios da cozinha, ao calor das caldeiras, à fumaça das chaminés, às emanações dos porões"[82].

Colombo: As comparações mostram a familiaridade de certos hábitos da vida cotidiana no mar. Muito provavelmente provindas dos romances do escritor Júlio Verne. Um dado pertinente é o conhecimento prático de ambientação e vivência da marinharia que se destaca da minuciosa descrição recolhida na citada página.

61. Dumont: (referindo-se aos versos de Luiz Vaz de Camões: POR **mares nunca dantes navegados**). "O verso do nosso poeta cantava na minha memória desde a infância. Após o primeiro dos meus cruzeiros fi-lo inscrever sobre a minha bandeira"[83].

Colombo: A frase de Camões, a que Santos Dumont se refere, consta num dos livros-base da literatura poética e da língua portuguesa: *Os Lusíadas*. Insiste ele em se ligar às grandes navegações históricas, e aqui da literatura portuguesa, esta que trata, principalmente, do descobrimento do caminho para as Índias verdadeiras, as asiáticas, em um passado de geografias desconhecidas, e por onde "andava" Colombo. Este sintagma "Por mares nunca dantes navegados" (PMNDN – forma abreviada que aparece em algumas fotos) alude, capciosamente, àquele que, pela primeira vez, conseguiu navegar no ar: ele mesmo, demonstrado no memorável dia 19 de outubro de 1901, e respondendo em continuidade aos méritos do século XV, em que estaria o próprio descobrimento do Brasil por parte dos portugueses.

O verso citado por Santos Dumont, em destaque, na sua flâmula, não surgiu por um impulso de procura, de pesquisa, ou por motivo mercadológico. O verso, como diz ele, "cantava na minha memória desde a infância". Portanto, a importância dos referenciais náuticos contextualizados em vários momentos não lhe surgiu imediatamente, mas foram frutos de uma maturação provinda de longo tempo.

---

79 DUMONT, 1904, p. 112.

80 DUMONT, 1904, p. 112.

81 DUMONT, 1904, p. 112.

82 DUMONT, 1904, p. 112.

83 DUMONT, 1904, p. 114.

Sua forma abreviada PMNDN – em letras maiúsculas – é concebida, então, de modo a marcar sua passagem na aerostação: não a de um Vasco da Gama que encontra o caminho para as Índias, porém a de um navegador aeronauta que encontrou um outro novo caminho a percorrer pelos ares! Também, valeria lembrar que Colombo, na sua ânsia de atravessar o oceano, não descobriu o caminho para as Índias, nem tampouco chegou a bater na Ásia. Mas, intuitivamente, a homenagem de Camões ao almirante português Vasco da Gama, de certa forma, simbolizaria este Colombo como muito próximo ou até semelhante digno da homenagem. O aeronauta viria "a completar" o que outro não fizera.

62. Dumont: "[...] bastava um olhar deitado para baixo, sobre os tetos das casas"; "os telhados pareciam-me tão perigosos", "Pensei continuadamente na ameaça dos telhados enquanto andei por sobre eles"[84]. "[...] e das telhas, sempre prontas a cair sobre a cabeça dos transeuntes"[85].

Colombo: O almirante descobridor foi também marcado pela alusão aos tetos e telhados de ouro do grande império asiático de Kublai Khan para o qual destinou sua viagem de descobrimento, e de fato tentou chegar às terras descritas por Marco Polo.

63. Dumont: "A meus pés eu via alongar-se um vasto, seguro e pacato oceano de verduras"[86].

Colombo: O "oceano de verduras" faz lembrar, quando das viagens ao Novo Mundo, do temido "Mar dos Sargaços", assim definido.

Neste capítulo em que Dumont <u>admira de cima</u> (sobrevoando) o "oceano de verduras", poderia ser confrontado com várias passagens do Diário. Colombo <u>admira de lado</u> (costeando): "Esta isla es bien grande y muy lhana y e árboles muy verdes [...] y toda ella verde, qu'es plazer de mirarla" e por diante aparecem outras citações parecidas.

64. Dumont: "[...] com esses grandes martelos-pilões das fundições de ferro, com os quais os engenheiros se divertem em <u>quebrar a ponta de um ovo</u> sem alterar o resto da casca"[87].

Colombo: Esse sintagma poderia referir-se exatamente à lenda do ovo, que remetemos fácil à figura de Colombo, que, a pretexto de fábula, tem uma moral muito específica, conclui que se torna fácil realizar o "impossível" depois que já foi demonstrado como fazer. A lenda se resume na adivinhação sobre a capacidade de se pôr um ovo em pé: quebrando-se a ponta de sua casca.

65. Dumont:

> Será para mim a ocasião de ***revelar*** que o único e paradoxal perigo que ameaçava os dirigíveis de grande velocidade, é ter, não a sua parte anterior deformada pela atmosfera externa, mas sofrer o **arrebatamento da parte posterior**. [...] – os balões esféricos por causa do orifício de que são providos no fundo[...] [88].

Colombo: A descrição dessas formas ovoides, que apresentam uma abertura embaixo, conduz-nos à imagem referente àquela charada do ovo colombiano. Esse aspecto do ser capcioso, e da adivinhação, vem atualizada ao predicativo "revelar" (em negrito), que reintroduz o tema de algo a

---

[84] DUMONT, 1904, p. 115.
[85] DUMONT, 1904, p. 134.
[86] DUMONT, 1904, p. 115.
[87] DUMONT, 1904, p. 120.
[88] DUMONT, 1938, p. 209.

se dar a conhecer, mas que, na verdade, não querem reconhecer que não sabem. Esse referencial da ponta da casca quebrada está em várias ocorrências além das figurativas ou objetais como os balões dirigíveis e os esféricos.

66. Dumont: "De sorte que, por mais paradoxal que pareça o fato, o perigo para o dirigível rápido não é tanto ter a sua proa rebentada, mas ter sua popa arrancada"[89].

Colombo: A forma ovoide dos dirigíveis suscita, numa primeira instância, a possibilidade da relação com a forma do ovo, remetendo-nos, por conseguinte, à fábula do ovo colombiano. A "popa arrancada" substitui o ovo quebrado em sua base como a base de sustentação do ovo em pé daquela velha incógnita. O termo "paradoxal" descrito alude naturalmente à ideia do contraditório, ou daquilo que, à primeira vista, nos pareceria ilógico, inesperado.

Igualmente, auferimos a delimitação dos seus inventos, da forma ideal, para depois destruí-la, apresentando duas maneiras contrárias da percepção. Santos Dumont, que constrói os dirigíveis, aqui, indiretamente, concebe também a sua desconstrução. Ele se responsabiliza pela situação Vida--Morte a qual se expõe conscientemente todas as vezes em que planeja voar ou correr o risco de vida. Aqui se manifesta a ação de costurar (coser os balões) e de ser costurado (por médicos), como falamos em outro item.

67. Dumont: (sobre o motor-tandem) "[...] mas não formulava a menor previsão sobre como se comportaria fora da **terra firme**"[90].

Colombo: A "terra firme", acima, atualiza um significado específico numa relação dualista entre o que está preso ao chão ou suspenso no ar, e como teríamos nas navegações marítimas na relação entre **ilha** (móvel) e **continente** (imóvel). Astronomicamente, na ideologia geocêntrica medieval, entendia-se a "terra firme" como Terra "estática" e ao Sol "(dinâmico)", ao contrário dos antigos gregos, em que "planeta" se referiria ao astro errante, este, sim, dinâmico como o planeta Terra.

68. Dumont (sobre um princípio de incêndio em seu balão, durante o voo): "O acidente não teve consequências porque extingui as chamas com o meu "**panamá**"[91]. "[...] o ar através do qual ele abre passagem"[92].

Colombo: Panamá é o nome do país no qual foi construído o Canal do Panamá, em 1914, que une os dois maiores oceanos, o Atlântico e o Pacífico. Ao tempo de Colombo cruzar essa região da América Central fora a última missão em viagem, a "Alta Viagem" como uma verdadeira obsessão de encontrar a antiga Ásia poliana, através de uma passagem ultramarina neste gigantesco continente americano. Panamá também é o lugar por onde, pela primeira vez, se travou contato com o Oceano Pacífico, por intermédio de Vasco Nuñez Balboa, em 1513. Esse ponto fora descoberto induzido seguramente pela sabedoria dos nativos, que Colombo parece ter conhecido. A frase mostrada anteriormente, da página 127, faz ligação intuitiva com o respectivo canal e o entendimento que fizemos dessas relações. *Os Meus Balões* seria publicado 10 anos antes da inauguração do Canal.

O sentido do texto de Dumont tornou o "panamá" um modelo de chapéu, um item singular da sua indumentária, salvando-lhe, inclusive, numa de suas viagens aos céus de Paris, a sua vida, pois serviu de abano para apagar um pequeno incêndio emergente (tornando-o de abas caídas).

---

[89] DUMONT, 1904, p. 212.

[90] DUMONT, 1904, p. 120.

[91] DUMONT, 1904, p. 126.

[92] DUMONT, 1904, p. 127.

O fato de "Panamá" possuir tal valor toponímico traz-nos um determinante sígnico inerente à história particular de Colombo. Sua última viagem teve a finalidade maior de ultrapassar o continente. E a última frase do capítulo "o ar através do qual ele abre passagem" guarda essa fluidez intuitiva de transpor o caminho do "ar" atual para o caminho do "mar" pregresso, ou vice-versa.

69. Dumont em *Os Meus Balões*: "O primeiro ensaio do meu n.º 2 estava marcado para o **11 de maio**".

Colombo: Especialmente esse dia, **11 de maio** de 1889, em que, pela primeira vez, o dirigível n.º 2 subiu, foi o dia consagrado à "Ascensão do Senhor". Coincide, em Colombo, com o dia de sua morte, pois ele morreu em 1506, quando recaía o dia da Ascensão de Nosso Senhor. Trata-se, então, de uma correspondência parassinonímica, pois, além da citação de Cristo, temos, por analogia, "Cristóvão" (sua morte) e a ascensão do aparelho voador.

70. Dumont, em *Os Meus Balões*: "[...] para abrir e fechar as válvulas, abrir e fechar a torneira do **lastro d'**água, para comandar, em uma palavra, as diversas funções da aeronave"[93]. "Pela primeira vez no curso destes ensaios, como, aliás, pela primeira vez em aeronáutica, fiz uso de **lastro líquido**"[94].

Colombo: O nosso almirante também procurou lastrar sua nau para enfrentamento das tempestades em alto mar. Ele usaria o "lastro d'água" em sua primeira viagem, quando registrou, no dia 14 e 20 de fevereiro, em seu *Diário de Bordo*: "[...] teniendo propósito de lo mandar lastrar [...] henchir las pipas que tenían, vazías de agua e vino, de agua de la mar, y con esto en ella se remediaron". Segundo alguns estudiosos da história da aviação do século XX, esse foi o primeiro aeronauta a trocar o lastro de areia – comumente usados na aerostação – por lastro de água.

71. Dumont em *Os Meus Balões*: "[...] todo um sistema de cordas fortemente esticadas, sustentava diretamente, como em uma **teia de aranha**", "Ao centro da **teia de aranha**, por baixo do balão, eu incorporara um **quadro de bicicleta**"[95].

Colombo: Tanto a "teia de aranha" quanto os aros das rodas de um "quadro de bicicleta" trazem a ideia simbólica arquetípica da figura radial contida nas antigas cartas do mundo planisférico, cartografias dos descobrimentos. Ou seja, as "teias de aranha" são signos icônicos encontrados nas rosetas náuticas que adornavam as antigas cartografias ou mapografias da era dos descobrimentos. Voltaremos a este assunto quando abordamos sobre o aparelho voador dos irmãos Wright e a misteriosa influência aos mecânicos de bicicletas dos EUA na construção dos Flyers.

72. Dumont, em *Os Meus Balões*: "[...] na **obrigação moral** de continuar a prova, qualquer que fosse o aumento da força das correntes de ar, e qualquer que fosse o tempo que encontrasse: chuvoso, seco, ou simplesmente úmido. Essa **obrigação moral** estender-se-ia ainda ao caso em que o aeronauta [...]"[96].

Colombo: Podemos considerar que um dos objetivos que movia o Descobridor foi a persistência e certo fascínio por encontrar a civilização de Marco Polo, mais do que qualquer outro desiderato, uma obstinação pessoal. Tudo não se resume apenas aos dois meses em alto mar, mas foi uma década

---

[93] DUMONT, 1904, p. 140.
[94] DUMONT, 1904, p. 147.
[95] DUMONT, 1904, p. 140.
[96] DUMONT, 1904, p. 151.

de espera e peregrinação continental até as vésperas do descobrimento. Instigava a maruja a continuar com otimismo para conseguir sua maior recompensa: as descobertas, as riquezas, a divulgação cristã etc. Na véspera do dia 11 de outubro, escreve: "[...] quexávase del largo viaje", "[...] y añadía que por demás era quejarse, pues que él avía venido a las Indias, y que así lo avía de proseguir hasta hallarlas con el ayuda de Nuestro Señor". É o que consta em seu *Diário de Bordo*! Essa obstinação pessoal era a obrigação moral de descobrir as Índias, principalmente quando pressentiu não ter chegado a elas como ele próprio defendia.

73. Dumont, em *Os Meus Balões*: (sobre a volta a ser dada em torno da Torre Eiffel), "[...] nem o cuidado que eu tomava descrevendo um <u>círculo</u> muito largo, poderiam livrar-me do perigo"[97], "[...] Apesar de Paris estar situada no fundo de um prato do qual um **círculo** de colinas forma os bordos [...]"[98].

Colombo: A figura geométrica do desenho circular, entre outros, aparece com certa persistência em Santos Dumont. Lembremos que o local de nascimento de Santos Dumont, em frente à sua casa, por exemplo, possui um pequeno lago de forma circular. O sentido de contornar ou o percurso circular de entorno à Torre Eiffel (que lhe daria a primazia da dirigibilidade) lembra-nos a ideia da primeira "volta em torno da Terra", pelo Mar Tenebroso, como pretendeu Colombo chegar às Índias. Ademais, referindo-nos a esse texto de Santos Dumont, podemos verificar a presença do mesmo ícone circular quando ele apresenta as colinas de Paris como algo contornável como reminiscência descritiva.

74. Dumont, em *Os Meus Balões*: "Receei, pois sempre, como o mais grave de todos os perigos, o **contornar** a **Torre Eiffel**"[99]. "[...] A **Torre Eiffel**, era, repito-o, o mais grave de todos os meus perigos: e representava o meu objetivo"[100].

Colombo: As duas citações, que fazem parte de um mesmo parágrafo, inferem o mesmo questionamento do item anterior (70). O movimento de contornar equivale ao circunavegar – em Colombo –, significando a volta em torno da **Terra**. Fonologicamente, no sistema linguístico da língua portuguesa, ou do espanhol, a lexia "**Torre**" tem proximidade fonêmica com a lexia "**Terra**", como permutas variantes entre "significantes", pois contornam eles o "objeto-valor" representado no seu discurso.

75. Dumont: (sobre navegar em grandes altitudes), "Se tivesse um conselho a dar aos que praticam o dirigível, diria: '**Permanecei perto da terra**"[101].

Colombo: Da dimensão da altura na aviação, passamos à navegação marítima costeira, litorânea, na dimensão da superfície. "Permanecei perto da terra" é o que se chama de **navegação guarda-costas** ou de **cabotagem**. Oficialmente, temos Colombo como o primeiro bem-sucedido em viagens perigosas, como o são, estas, em alto-mar. Viajar em alto mar sem a visualização costeira é tão perigoso quanto viajar em dirigíveis numa altitude considerável.

76. Dumont, em *Os Meus Balões*: "[...] e negligenciara minha **educação de capitão**. Um **capitão de navio** não obtém o seu brevê senão depois de anos de estudos"[102].

---

[97] DUMONT, 1904, p. 162.
[98] DUMONT, 1904, p. 150.
[99] DUMONT, 1904, p. 163.
[100] DUMONT, 1904, p. 163.
[101] DUMONT, 1904, p. 169.
[102] DUMONT, 1904, p. 182.

Colombo: Podemos ver aqui a veemente recorrência náutica ou o recurso a palavras do vocabulário náutico nas explicações de teor aeronáutico. Santos Dumont alude à necessidade de uma preparação experiencial aeronáutica similar à da marinharia. Vimos antes ele se explicar nos termos em que se reconhece um capitão de navio quem for experimentado nas coisas do mar. E que, portanto, ele, como piloto balonista, não poderia ser diferente. Há certa dose de ironia na sua fala, pois defende ele a área náutica como se já alguma vez lhe tivesse pertencido algum posto de comando, ou seja, de capitão ou almirante.

77. Dumont: (Santos Dumont em Monte Carlo), "Mesmo com um balão esférico, o problema da **aerostação supra marítima** tem com o que tentar fortemente o aeronauta"[103].

Colombo: Por meio da citação "aerostação supramarítima", ou seja, voo sobre o mar, encontramos atualizada mais uma aplicação da aerostática, desta vez, sobre o mar. O Mar/Oceano é um dos ícones semióticos no qual ligamos o personagem Cristóvão Colombo, e não apenas ao objeto ou fato por si, mas também por ter sido o conteúdo básico da história da sua própria vida, que, em metalinguística, depois, se tornaria um discurso da história.

A locução "aerostação supra marítima" requer um movimento ascensional e o seu deslocar-se paralelo ao nível do mar e sobre ele. Essa aproximação autoriza um esquema comparativo no sentido de possibilitar a elaboração de um quadrado lógico greimasiano dos contrários implicados: Navegação 1/ e 2, ator 1/e 2, equipamento 1/e 2, espaço 1/ e 2, e deslocamento 1/ e 2.

Tabela 1.

Navegação	Ator	Equipamento	Espaço	Deslocamento
Marítima	*Cristóvão Colombo*	*Navio*	*Mar*	*Superficial*
Aérea	*Santos Dumont*	*Dirigível*	*Ar*	*Volumétrico*

Fonte: o autor

78. Dumont: "Um **oficial da marinha** francesa, homem experimentado, escreveu a este propósito: 'O balão é suscetível de prestar imensos serviços à **marinha**, desde que seja possível assegurar-lhe a direção'"[104].

Colombo: o aviador destaca o depoimento de um "oficial da marinha", dizendo "homem experimentado", como baliza desejável ao resultado promissor da dirigibilidade dos balões, compreendendo a ligação do Ar sobre o Mar como decorrência natural que enfatiza os valores do posto de direção de um navio.

79. Dumont: (trecho conclusivo de um artigo do jornal *O aeróstato do futuro*, de Henri Rochefort, publicado em *Os Meus Balões).* Nosso aviador resgata à seguinte **conclusão** apresentada no artigo: "A resposta de Santos Dumont a tais críticas, foi, aliás, de grande felicidade: 'Se vos era tão fácil fazer o que eu fiz, por que me deixastes fazê-lo?'"[105].

---

[103] DUMONT, 1904, p. 186.
[104] DUMONT, 1904, p. 186.
[105] DUMONT, 1904, p. 190.

Colombo: Essas palavras traduzem bem sua inquietude e a compreensão que desejaria receber de seus adversários. Está também aqui o mesmo **resultado moral** que pretendeu a notória fábula quanto à possibilidade de se pôr um ovo em pé. Independentemente de sua originalidade, a fábula colombiana, conforme historiadores, também sua atuação fora feita por terceiros, e Santos Dumont, inconscientemente, reproduziu a similaridade.

80. Dumont: "Só mesmo razões poderosíssimas deverão induzi-la a renunciar às comodidades do contato do 'guide-rope' com a superfície do mar" (p. 190). "O 'guide-rope' sustinha-me [...] como se, misteriosamente, sua extremidade se tivesse prendido a elas"[106], ao mar.

Colombo: Essa afirmação no livro é sucedida por uma ilustração gráfica assinada pelo autor. Descreve ele um dirigível que arrasta a corda ('guide-rope') sobre a linha da superfície do mar. Há ali configurado, plasticamente, um verdadeiro cordão umbilical ligando o Mar ao Ar, entrevendo que, inadvertidamente, um sairia do outro.

81. Dumont: "Sobre a **extensão ilimitada do mar**, por ocasião da minha primeira ascensão em Mônaco"[107].

Colombo: A locução "extensão ilimitada do mar", intuitivamente, traz o mote das navegações, quando alerta o desconhecimento do espaço planisférico projetado num orbe global. Essa enunciação, mais expressiva se torna quando faz referência ao Oceano Atlântico, que foi o primeiro a ser atravessado oficialmente como empreendimento de Estado. O "ilimitado" assegura mais ênfase à coragem de se aventurar.

82. Dumont: "A **proa** inclinava-se de vez; a **popa** ameaçava chocar-se contra a alvenaria"[108].

Colombo: "Proa" e "Popa" são termos actantes contrários exclusivos da arquitetura naval, como outros já discutidos. Significam, respectivamente, a ponta da frente e a parte de trás de uma embarcação e foram aproveitados, pelo aviador brasileiro, para designar também as partes anterior e posterior das aeronaves.

83. Dumont: "**Eu havia avançado bastante** ao longo da costa, a meio caminho, aproximadamente, do cabo **Martin** [...] **não abandonando com a vista a ponta distante do cabo Martin**"[109].

Colombo: Apresentam-se aqui agrupados três elementos significativos. Ao nome de "**Martin**", identificamos-lhe Martin Alonso Pinzon, capitão de uma das naus da primeira viagem transatlântica. A sintaxe "**eu havia avançado bastante**" traz-nos Colombo ou por ter ido e/ou, ter retornado divulgando sua descoberta ao aportar na Europa, depois de uma tempestade que o separaria de Martin Pinzon. Identificamos o anseio, uma corrida competitiva para essa chegada de Colombo em Portugal e na Espanha, no sentido de anteceder a nau de Martin Alonso Pinzon que se desviara na tormenta após se perder da visão do almirante. A chegada isolada do Martin Pinzon poderia enaltecer-lhe e obscurecer Colombo se este naufragasse. Há o desejo da sobrepujação de um sobre o outro. O "**não abandonando com a vista**" remetê-lo-ia ao medo de se perder ou morrer abandonado na tempestade, fragmentando-se como esquadra sem lhe permitir socorro. De fato, perderam-se

---

[106] DUMONT, 1904, p. 198.
[107] DUMONT, 1904, p. 192.
[108] DUMONT, 1904, p. 194.
[109] DUMONT, 1904, p. 198.

de vista um do outro. Como já vimos, a nau de Martin Pinzon desgarra-se de Colombo, e se este morresse, grande parte do mérito histórico seria atribuído ao seu grande rival de empreitada, visto que o Diário de descoberta e testemunhas também se perderiam etc.

84. Dumont: "Sobre a minha cabeça, o azul infinito; a meus pés, a solidão das ondas cristadas de espuma"[110].

Colombo: Sensação semelhante à de um navegador em alto mar, que descreve a sensação do espaço imenso, da infinitude acima de sua cabeça e abaixo de seus pés. A essa digressão também cabe a explicação do item 5. O limite relativo do homem como medida de todas as coisas tem como modelo ele mesmo. O brasileiro parece intuir mais do que ele realmente é.

Vimos a tendência de medir o espaço infinito de suas percepções segundo os **limites do seu Eu**: da "cabeça" aos seus "pés". Concebe-se aqui uma variação da famosa frase de Protágoras: "O homem é a medida de todas as coisas, das que são enquanto são, e das que não são, enquanto não são", elementos absorvidos pelo **homem renascentista**, como Leonardo da Vinci, contemporâneo de Colombo, que uniu Protágoras e Vitrúvio num desenho esquemático que se tornou célebre: um homem de proporções ideais duplamente mensurável, dentro de um círculo e um quadrado.

Santos Dumont se refere a si mesmo como modelo ou paradigma comparável a todos os homens numa idealização platônica.

85. Dumont: "A aeronave girou como um navio"[111].

Colombo: Os movimentos do aparelho voador fazem lembrar a Santos Dumont os movimentos de uma embarcação naval. Temos aqui uma comparação objetiva descrita no seu duplo aspecto: a do manejo e movimento de girar e a da comparação dos veículos associados.

86. Dumont: "O vento empurrava-me para a **costa**"[112].

Colombo: Parece surgir certa reminiscência do medo de ser jogado contra a **costa**, próprio do navegador naval, que teme o perigo constante de encalhar ou causar avarias resultantes do encontro brusco de rochedos salientes ou paredões costeiros. E acresce-se a isso o fato de que, na era dos descobrimentos modernos, não havia faróis que norteassem a aproximação do litoral à noite. Colombo também sofrera a perda de sua Nau Capitânia na primeira viagem devido ao seu encalhe na costa litorânea.

87. Dumont: "Estava com o **vento** à feição, mais forte do que havia pouco, quando **costeara a praia**. Não obstante, não encontrei dificuldade em dirigir, notando **com prazer** que tendo assim o vento a favor [...]"[113].

Colombo: O aeronauta redige lembrando a emoção causada pelo fenômeno natural da maresia. Fatores como "o vento" e "costear a praia" motivam-lhes certa satisfação psicológica por favorecerem a navegação. Não nos parece que seja algo exclusivo ao aviador brasileiro, mas nos importa a oportunidade da descrição das sensações e a sincronicidade desta atualização. Colombo, em suas andanças, margeando as praias, descreve-as sempre maravilhado e prazeroso, diante de suas belezas naturais desconhecidas de todos.

---

[110] DUMONT, 1904, p. 198.
[111] DUMONT, 1904, p. 199.
[112] DUMONT, 1904, p. 199.
[113] DUMONT, 1904, p. 201.

88. Dumont: "A aeronave foi levada facilmente até o **cais** e depois, franqueado este, até a garagem. Como tudo o que diz respeito a este **novo modo** de navegação, esta **manobra particular era nova**"[114].

Colombo: O cais existe como porto de embarcações marinhas. Esta descrição contextualiza fatores potenciais e coincidentes entre os veículos do mar e do ar. Podemos concordar que o aviador fez uso prático nas suas transposições linguísticas, concluindo por trazer novas designações à nova navegação. Santos Dumont criaria, em vista disso, o termo "aeroporto" em substituição ao "porto". Colombo, como sabemos, fez uma miríade de nomeações às ilhas e aos vários outros locais descobertos.

O fenômeno se reproduziria equivalentemente, embora nem sempre do mesmo modo. Quando ele cita acima "este novo modo" ou "manobra particular nova", depreende-se um envolver cíclico prático superior ao antigo. Lembremos uma espiral em que começamos com círculos menores que evoluem em movimentos curvos retornáveis sempre maiores que os anteriores, contudo, iguais na forma. É um protótipo fractal de algo que sai do antigo, que progride, repetindo-se maior em outro vórtice da espiral.

89. Dumont: "[...] cuja força de inércia não é racionalmente comparável, bastariam para **falsear o resultado**"[115].

> Se, pois, avanço declarando que foi de 30 a 35 km por hora minha velocidade média no ar no curso dessa ascensão, compreender-se-á que quero dizer que foi essa minha velocidade em relação ao ar, fosse de calmo ou agitado, retardada ainda pela resistência do "guide-rope" marinho. Calculando modestamente esta resistência em 7 km horários, minha velocidade no ar, agitado ou calmo, seria por hora, de 37 a 42 km[116].

Colombo: Vemos no *Diário de Bordo* a presença sempre de dois cálculos numéricos, com explicação do resultado falseado, tendo em vista a dificuldade diante de fatores desconhecidos, de ambos os lados, de calcular um valor exato. Essa característica, por outras duas vezes, mencionamos nesta análise textual. O "falsear o resultado" não está centrado no medo em relação à chegada a algum lugar, ser retardado ou acelerado, por efeito de sua velocidade, mas na sua insegurança em relação ao outro, à inépcia do registro do fenômeno ou experimento a ser demonstrado em dados exatos. Utilizar-se de elementos ambíguos foi uma estratégia ou possível mecanismo de defesa. De algum modo, constata-se certo amor-próprio ou pretensão em não deixar a possibilidade de inconsciência do erro, ingenuidade e imprecisão técnica, ou, quando muito, ser-lhe revelada sua incapacidade.

Imagem 2

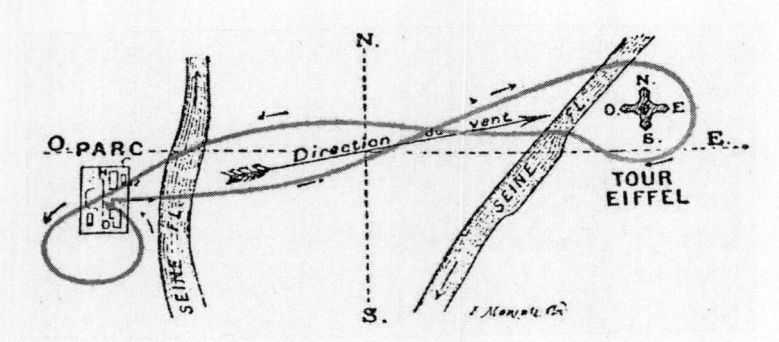

Fonte: VISONI, Rodrigo Moura. *Os balões de Santos-Dumont*. São Paulo: Capivara Editora, 2010.

---

[114] DUMONT, 1904, p. 203.
[115] DUMONT, 1904, p. 208.
[116] DUMONT, 1938, p. 208.

Para fecharmos cem itens, invertemos, a seguir, o procedimento. Portanto, seguir-se-á agora algumas citações do *Diário de Bordo* da primeira viagem de Colombo, no dia 19 de outubro de 1492; e compará-la-emos com a data respectiva de 19 de outubro de 1901, registrada em 1904, na mesma publicação do *Dans L'air* de Santos Dumont.

Inversamente ao que vínhamos procedendo, reinterpretando à luz actancial, de Colombo, seguiremos a análise sintáxica em paralelo ao aviador brasileiro, da mesma forma esquemática, os textos escritos de Santos Dumont, colhendo dele uma ingerência transfrástica que decodifique aspectos convergentes aos dois acontecimentos. Agora, invertendo o processo, extraímos o cumprimento daquelas mesmas relações estruturais já descritas, de modo a verificarmos o sentido biunívoco da sincronicidade, pois, nesta análise semiótica, a carga semântica se verificará como de um plano temporal, atual do leitor, e não a partir de um plano cronológico sequencial.

90. Colombo: "fui em derredor de la isla"[117].

Santos Dumont: No texto de Cristóvão Colombo, há sintagmas que se reiteram em Santos Dumont. Em 1493, por exemplo, no dia 9 de março do *Diário de viagem* de Colombo, os fatos possuem semelhanças aos fatos do mesmo dia e mês em registro no ano de 1916, exatamente como consta citado no livro *As lutas, a glória, e o martírio de Santos Dumont*[118], de Fernando Jorge. Oportunamente, faremos aqui essa comparação. Agora, em 18 de outubro, cada um deles, Colombo e Santos Dumont, antecipa o que transcorrerá no dia seguinte. (Está transcrito no Diário "[...] fui en derredor de la isla[...]", de um lado, e pelo despacho/aviso à Comissão Científica de que Santos Dumont faria o contorno sobre o eixo da Torre Eiffel, de outro lado). Assim, os acontecimentos que mostramos centralizam-se nessa disputa (corrida) em que precisam contornar algo (uma ilha e a Torre Eiffel). Essa articulação como está aqui exemplificada poderá ser encontrada também noutros contextos. Portanto, colheremos algumas palavras e locuções correspondentes ao *Diário de Bordo* da primeira viagem de descobrimento de Colombo e –como exemplo de caso, de um fato transcorrido em 19 de outubro de 1492. Compararemos à mesma data, de 19 de outubro de 1901, marco da história da navegação aérea, acerca da dirigibilidade dos balões, registrado em 1904, tema principal da publicação do livro *Dans L'air (Os Meus Balões)* de Santos Dumont.

91. Colombo: o século XV foi o do descobrimento oficial do Novo Mundo.

Dumont: O numeral XV do "Capítulo XV, Ganho o Prêmio Deutsch", de *Os Meus Balões*, narra a aventura da confirmação científica da possibilidade da dirigibilidade dos balões/aeróstatos. É o 15º capítulo ou capítulo XV, tal qual é também o numeral romano, que investe o século do descobrimento da América por Colombo em 1492, considerado o acontecimento histórico mais importante desse século e um dos mais importantes da humanidade.

92. Colombo: O que recuperamos aqui é o ocorrido (percurso em torno da ilha) em 19 de outubro (dia e mês) do calendário, conforme a descrição no seu *Diário*.

Dumont: Em 19 de outubro, o jovem brasileiro ganhou na França o **Prêmio Deutsch de la Meurthe** que trazia o seguinte regulamento:

> [...] a Comissão Científica do Aero-Clube de Paris conferia ao primeiro balão dirigível ou aeronave de qualquer natureza 'que entre o 1º de maio e o 1º de outubro de 1900, 1901, 1902, 1903 e 1904 se elevasse do Parque de Aerostação de Saint-Cloud e, sem tocar em

---

117   COLÓN, Cristóbal. *Textos y documentos completos*. 1984, p. 39.
118   JORGE, 1973.

terra, por seus próprios meios, após descrever uma circunferência tal que nela se encontrasse incluso o eixo da Torre Eiffel, retornasse ao ponto de partida no tempo máximo de meia hora'"[119].

93. Colombo: No dia supracitado no *Diário,* o almirante relata: "[...] y yo com la não fui al Sueste, y la dado orden que llevasen aquella buelta fasta mediodía, y después que ambas se mudasen las derrotas"[120], ou "Dei ordem para que efetuassem aquela volta [...] e que depois ambas mudassem de rumo [...]".

Dumont: Cumprira o regulamento: "descreveu uma curva em que o eixo da Torre Eiffel ficou no interior do circuito".

94. Colombo: "y se recogiern para mí"[121].

Dumont: "[...] e voltasse ao ponto de partida".

95. Colombo: "Y luego, antes que andássemos três oras [...]"[122].

Dumont: "Meu 'guide-rope' apanhado, aterrei às 3 horas [...]" A expressão "três horas" é reatualizada como "significante" saussuriano, e não como "significado", nesse capítulo. Enquanto, em Colombo, trata o transcurso do tempo, em Dumont, o enunciado expressa as horas do dia.

96. Colombo: "y se corría después la costa [...]"[123].

Dumont: Colombo faz uma figura de estilo, quando cita que a costa corria ao invés de ser sua nau. Podemos inferir a possibilidade de haver acontecido uma espécie de competição em que Colombo, prometesse uma espécie de prêmio à tripulação das outras duas naus, talvez para poder motivar a maruja e ter a certeza de ser atendido.

97. Colombo: "y se corría después la costa [...] fasta um cabo"[124].

Dumont: Para associarmos a nau de Cristóvão Colombo que corre até um cabo, imaginemos a reentrância da terra no mar (horizontalmente), definindo-a como "cabo", confrontando-a a reentrância da Torre Eiffel no ar (verticalmente). Neste está presente a dimensão da altura, enquanto naquele está a dimensão da largura. A propósito, Santos Dumont, em seu livro, escreve: "Todas as nossas sensações de movimento se exercem praticamente em duas dimensões, a extraordinária novidade da navegação aérea reside em nos proporcionar a experiência... de uma dimensão suplementar, a terceira" – a altura.

A imagem da Torre Eiffel ou sua marca urbana significativa impõe a condição de marco parisiense ou mesmo a de um farol da conhecida "cidade da luz". O farol aponta horizontalmente sua luz. Seria o superar uma dimensão por outra. A pertinência dessa comparação está na sua percepção ideal da constatação coletiva.

98. Colombo: "[...] a qui yo llamé el cabo Hermoso[...]"[125].

---

[119] FONSECA, G. 1967, p. 93.

[120] COLÓN, Cristóbal. *Textos y documentos completos.* 1984, p. 39.

[121] COLÓN, 1984, p. 39.

[122] COLÓN, 1984, p. 39.

[123] COLÓN, 1984, p. 39.

[124] COLÓN, 1984, p. 39.

[125] COLÓN, 1984, p. 39.

Dumont: A Torre Eiffel, marco do circuito do concurso e símbolo oficial parisiense, é um monumento estético identificador daquela cultura. Em continuidade ao que falamos anteriormente, neste "Cabo Hermoso", temos como referência a superfície, o nível do mar. No primeiro, sua direção vetorial aponta para cima, enquanto, no outro, aponta linearmente para o lado.

99. Colombo: "[...] y esta tierra es más alta que las otras islas faladas"[126].

Dumont: A projeção do almirante faz-nos equivaler a Torre parisiense como a **construção mais alta da Terra** no começo do século XX. O registro aqui reforça a dimensão da altura naquele enunciado (referindo-se agora a alguma montanha na ilha), além do superlativo, como comparação.

100. Colombo: "[...] Y llegando ya aqui a este cabo, vino el olor tan bueno y suave de flores o árboles de la tierra, que era la cosa más dulce del mundo"[127].

Dumont: Nesse capítulo XV, Santos Dumont descreve relembrando aquele dia: "Si, por um fenômeno que bem conhecem todos os aeronautas, a **frescura das árvores** começou a fazer o balão progressivamente mais pesado". E mais à frente diz: "[...] para mim, nenhum receio: dominava as árvores do bosque, e todos sabem que elas **sempre me tranquilizaram com a copa de verdura**".

No primeiro sentido, a lexia "árvores" e suas qualidades excitam uma espécie de satisfação empírica (olfativo, tátil e gustativo), e, em Dumont, as aperfeiçoa como prazer tátil (frescura) e visual (verdura).

Nos dois relatos justapostos, encontramos a simbiose do objeto "árvores" ligado à percepção sensorial agradável, como se lhe desse alguma importância maior, do que costumeiramente fazemos. Essa sensação epicurista tem uma razão de ser: ela reflete o deleite pela propriedade que ambos os personagens alcançaram: posses territoriais e o prêmio aeronáutico. Ao mesmo tempo, aparece contraditoriamente o medo de perdê-los, inclusive de suas próprias vidas. Então, por fim, aqueles valores do mar e do ar serão descolados para a "terra firme", onde paira a calma vegetação ou a premiação pela competitiva corrida.

---

126   COLÓN, 1984, p. 40.
127   COLÓN, 1984, p. 40.

3

MODELO ESTRUTURAL: UMA TRÍADE TOTÊMICA DA HISTÓRIA

O estudo que abordaremos levanta algumas questões oportunas a uma estrutura paradigmática do discurso comparativo histórico, criando, paralelamente e a partir da amostragem diacrônica, um modelo teórico semiológico de apreensão do signo. Este estudo nos aponta para um esquema de visualização narrativa dos acontecimentos, valorizando, em seus aspectos elementares, a técnica do emprego de situações modelares correspondentes entre si.

Enumeramos vários conjuntos[128] de relações sintagmáticas horizontais, em que seus elementos estabelecem ligações entre si, de modo que essas mantenham relações simétricas a outros conjuntos de elementos e que acarretam a imbricação dos resultados ou alternem possíveis variações. Como num silogismo aristotélico, cada ponto sêmico, decorrerá dela diretamente os próximos significados prováveis, e é nessa interdependência de relações que surgirão suas propriedades específicas frente ao quadro amostrado. Como podemos notar, estão aqui na prática o que referimos como *paradigma* e de *sintagma* de um conjunto representativo como modelo no qual coexistem os eixos paradigmáticos e sintagmáticos. O eixo paradigmático seguirá num sentido vertical, enquanto o eixo sintagmático estará como uma linha de intercâmbio horizontal. O cruzamento dessas linhas confirma a essência dessa tabela como elementos interligados.

Apreciaremos o encontro de três acontecimentos encabeçados por três protagonistas que elegemos por seu poder semiótico e persuasivo aos dados que correspondem. São marcos históricos com certa repercussão marcadamente ideológica, para nós, arquetípica, a ponto de centralizarem ou repercutirem aspectos similares da enunciação discursiva. Esses atores ora apresentados para configurarem o item *Biográfico* são Marco Polo, Cristóvão Colombo e Alberto Santos Dumont.

Aquele que diz respeito ao personagem paradigmático "A" corresponde à **Marco Polo**[129] (n. 1254 – m. 1324), veneziano; que demonstrou a possibilidade de deslocamento de caravanas em viagens comerciais à Ásia, a consciência de imensa extensão de terras desconhecidas (por meio da divulgação e publicação de suas viagens), a percepção cartográfica asiática que possibilitou a ideia de um novo planisfério, de uma nova apreensão cultural e, por conseguinte, as comunicações entre a civilização ocidental e oriental, intercambiando os mais diversos produtos e inventos. Ao personagem "B", corresponderemos **Cristóvão Colombo** (n. 1451 – m. 1506), genovês; o advento colombiano precedeu a ideia da gravitação universal, desvendou um novo mundo inconcebível e intacto da influência da civilização, corroborou a tese da esfericidade da Terra, as descobertas que desencadearam sistematicamente o fenômeno das navegações marítimas impulsionando todas as demais descobertas, a urgência de um novo mapeamento geográfico, o início da exploração econômica continental e a redistribuição contínua das colônias territoriais à política europeia. Por fim, impulsionou a hoje conhecida era do Renascimento, bem como, indiretamente – ao nível da crença – a "Reforma Protestante". E ao "C", na pessoa do brasileiro **Alberto Santos Dumont** (n. 1873 –

---

[128] Tal como se dá no estruturalismo linguístico, como já fizemos na definição de modelo, este texto poderá ser apresentado junto de um quadro em que as palavras grifadas em itálico seriam os "elementos" de cada conjunto ou campo (nomeando a linha da tabela) no qual se inserem as correspondências.

[129] GANDIA, E. 1951. O autor comenta: "Colón pudo ser en sí un nieto espiritual de Marco Polo", p. 269.

m. 1932), diríamos que ele entrou para a história do fenômeno aeronáutico ao inventar e inovar toda instrumentação/aparelhagem aerostática e da aviação em geral, na exemplificação prática dos diversos veículos aéreos que serviriam para minorar as distâncias entre os homens. Neste sentido, experimentara o voo em equipamentos disponíveis que ele próprio construiu: o balão livre esférico *Brasil*, o balão produzido alongado *SD 1*, o dirigível *SD 9* – o *Baladeuse* – aos aeroplanos: o invento do biplano 14 Bis e do monoplano *Demoiselle*. Com isso, ressaltamos que o mesmo venceu a aceleração da gravidade, tanto se utilizando do "mais-leve-que-o-ar" como pelo "mais-pesado-que-o-ar", concorrendo com outros, que, a seu tempo, buscavam o mesmo objetivo. E finalizando, impulsionou instrumentações iniciais à tecnologia da engenharia aeronáutica, militar, industrial e esportiva.

No segundo eixo sintagmático – "geográfico", Marco Polo se liga à **Terra/Continente** por suas persistentes andanças, em caravanas arriscadas, percorrendo quase exclusivamente o velho continente asiático, por meio do deslocamento por terra. Cristóvão Colombo, o "Almirante do Mar Oceano", tem o **Mar/Oceano (**que já figura em seu título) como característica ou meio pelo qual se locomove. Sua importância não se dá apenas por seu maior feito como descobridor navegante, a descoberta de um novo mundo, mas também por, pela primeira vez, oficialmente, ter realizado o cruzamento transoceânico do Atlântico. E, por último, Santos Dumont se tornou por si mesmo, e para aquele momento cultural, o inventor do avião ou o brasileiro conhecido como "Pai da Aviação". Compete a ele o primeiro deslocamento motorizado, dirigido, de um aparelho criado pelo homem através do **Ar/Atmosfera**. Só por isso não há como duvidar do fato veiculado na imprensa, suas circunstâncias anotadas e manifestadas experimentalmente, reforçadas depois, pela quebra de um primeiro recorde sobre si mesmo, sem concorrentes. Assim, completamos a primeira relação (1) como paradigma e sintagma de dois conjuntos: a relação de nomes dos *personagens históricos* (coluna vertical) com o conjunto do nível (2) o m*etatermo* "*geográfico*" (linha horizontal). Este é o primeiro relacionamento entre si. A partir do segundo conjunto de situações, virão outras. Essas ocorrências vão se sobrepondo a ponto de, ao final, podermos supor, dedutivamente, sua sincronicidade dinâmica com outros dados. Nossa lógica dedutiva se processa da seguinte forma: a cada termo hipotético adicionado aos já antepostos, estas encaminhariam sua conclusão explicativa das premissas lógicas. Em uma lógica indutiva, ao contrário, primeiramente, entramos com as premissas e, após, concluímos o silogismo aristotélico formal, apreendendo sua generalidade universal.

Na seguinte relação sintagmática dos *estados* físicos (3), temos o ajuste dos três estados estáticos correspondentes supracitados, o estado **sólido** (da concretude da terra), o estado **líquido** (do mar aquático) e o estado **gasoso** (conteúdo atmosférico). Lembremo-nos depois do processo de transformação, o *estado dinâmico* dos elementos (4). No exemplo primário da água, temos seu movimento ao estado sólido, que definimos como **condensação** ao gelo; que, por sua vez, ao se verter ao líquido, temos a **liquefação**, seguindo na **vaporização,** que seria a transmutação da forma líquida para gasosa ou vapor. Percebe-se a pertinência da diacronia do fenômeno como movimento no quadro sinóptico, uma vez que, numa comparação, nesta relação ainda que restritiva, cada um só está aqui em função do outro. E, por fim, como o calor, por si mesmo, determinaria o *estado da matéria* a se movimentar, julgamos o "fogo" um arquétipo propositivo, que, na Antiguidade, foi concebido como quarto elemento, que aqui perpassa os três anteriores.

Se houvesse a probabilidade da implicação semântica do nome do personagem ao condutor histórico, pelo que ele é reconhecido, poderíamos chegar às seguintes ilações: no *estado da matéria* elevamos o termo "gelo", (5) em Marco Polo, que nos remete aos **polos** ou pontos extremos geográficos, norte e sul da Terra. São os extremos do planeta que compreenderiam os limites entre o que ousou ele descobrir como viajante.

Na morfologia semântica de "Cristóvão", por sua vez, temos a referência homônima e sim-bólica à São Cristóvão, que, segundo a lenda, atravessou "as águas", levando Cristo ao ombro. Ao sobrenome "Colombo", referiríamos, tal como pretendeu o próprio descobridor, tanto à pomba (*colomba* = em italiano), vinco batismo de Cristo nas "águas" do Jordão, como também à pomba de Noé, que marcou o fim do dilúvio. Em decorrência, concebeu-se a predestinação da travessia do Oceano Atlântico, para atender ao chamado de expansão do cristianismo ao Novo Mundo; além de ultrapassar os limites do desconhecido, procurar descobrir o que viria depois dessas águas, ou quais terras haveria além do oceano (fim).

Temos depois o "vapor", ar quente, o elemento mais-leve-que-o-ar, que remete aos gases de um modo geral, como prática comum dos balonistas que, como Santos Dumont, investigaram exaustivamente e fizeram disso ofício e razão principal de sua vida e estudos. A invenção não é apenas modificar um objeto e/ou superar a natureza, mas produzir a partir de si mesmo os meios que lhes trariam a capacidade de ultrapassar quaisquer fronteiras. Mas poderíamos dizer que Santos Dumont, tal qual um "santo" exatamente, pode subir aos céus ou deslocar-se no ar.

Além dessa abordagem paradigmática do discurso, encontramos no eixo sintagmático os elementos terra, água, ar, que se identificam no item importante na forma de movimento em Santos Dumont, quando este escreve que o seu lastro "substitui o tradicional lastro de areia por dois reservatórios de cobre muito fino, contendo 54 litros de água cada um"[130]. Aqui Marco Polo estaria para a "areia" (remontando aos desertos), assim como Cristóvão Colombo está para a "água" (do Mar Oceano). E isto foi do que se serviu Santos Dumont, para o voo atmosférico.

No eixo "comportamento" (6), o termo "marco" e "polo" seriam pontos fixos externos. A palavra "polo" pode denotar marco, enrijece, estabiliza, "o que fica" ou padrão demarcatórios de descobertas, e remete ao gelo condensado dos extremos do orbe. Do "marco" surge na própria ideia da **ação/feito** que envidaria o ponto de chegada perene, ou o registro, o ato. Na "água", como termos referenciais básicos ligados a São Cristóvão e "colomba", por bem representar a "água" como meio, intermédio de acesso ao novo. Esse nominal está na maleabilidade, na subjetividade do entendimento do **discurso/fala**. No lexema "vapor", personificaríamos a interioridade do inatingível fim existencial, que, em Dumont teme sucumbir, por extensão dos efeitos do invento, vale dizer, pelo uso contraditório e a culpa, que lhe trouxe, ao final, como imponderável, uma fumaça do qual não conseguia barrar o uso. Temos então **pensamento/ideia**.

Nas origens da filosofia antiga, temos um alicerce do psiquismo como construção de modelos básicos do pensamento, que exerceu certa influência na história. Na filosofia grega, anterior a Sócrates, por isso "pré-socrática", encontramos os quatro elementos como princípios ou fatores geradores universais da constituição do todo universal (7): a **Terra** (em Anaxágoras de Clazômenas), a Água (em Thales de Mileto), o **Ar** (em Anaxímenes de Mileto) e o **Fogo** (em Heráclito de Éfeso). Esses quatro elementos, reunidos, perfazem a explicação do mundo em Empédocles de Agrigento. Eles foram os primeiros sábios antigos, estudiosos da origem cosmológica e ontológica, além da crença religiosa. Teríamos os quatro elementos básicos nesta pesquisa, que ora expomos, sendo que o fogo (calor) estaria nessa proposição sintagmática contígua, ou o meio pelo qual os outros três elementos (terra, água e ar) se tornam contínuos no processo sintagmático.

Citamos o aspecto filosófico na forma como os quatro itens apareceram como elementos básicos da compreensão da realidade, até o surgimento da formalização da tabela periódica dos elementos químicos. Supunha-se antes que esses quatro elementos fossem realmente a constituição

---

[130] COSTA, Fernando Hippólyto. *Alberto Santos Dumont. Pai da Aviação*. Página 16. Centro de Relações Públicas da Aeronáutica, 1974.

básica da matéria como aferição de conhecimento racional; antes usado informalmente para todas as ilações da vida humana. Assim, citando Fernando Colón[131], a ciência natural de seu tempo acreditava haver não mais do que estes elementos como os principais: terra, água, ar e fogo. No capítulo 94, da importante biografia de seu pai, fechando simbolicamente à cena de comoção, quando Colombo enfrentava grandes temporais em terras desconhecidas, reúne ele os mesmos quatro elementos de forma quase metafísica, subordinando a natureza numa espécie de projeção arquitetada: "se teme al fuego por los rayos e los relâmpagos, al aire por su fúria, al agua por las olas y a la tierra por los bajos e escollos de costas desconocidas"[132].

O biógrafo de Santos Dumont, Fernando Jorge, igualmente apontando sua valentia e coragem inexplicáveis, ao sobrevoar os céus de Paris, recorre ao personagem Anteu da antiga mitologia grega, em cada acidente: "Os desastres não lhe serviam de empecilhos: ele os via com uma espécie de fatalismo. E à semelhança de Anteu, filho da Terra e de Netuno, o nosso patrício recuperava suas forças todas as ocasiões em que punha os pés no solo"[133].

A explicação metafórica se dá pela vinculação de Santos Dumont à Anteu frente aos genitores Terra (Polo) e de Netuno (Colombo), como já referido na construção paradigmática articulada à lógica sequencial dos elementos materiais e lógica semântica cristalizadas nos actantes. Classificaremos a constituição da matéria ou a forma de como ela se apresenta em nossa realidade física em consonância linear ao modelo. Terra, água e ar são elementos materiais, portanto mensuráveis. A primeira matéria, propriamente dita, cujo termo é "terra", pode ser reconhecida como o próprio arquétipo do "objeto" ou sua concretude. Esta tem corpo extenso, portanto possui qualquer forma. Seu corpo é observável por meio dos instrumentos de *mensuração* (8): o **metro** ou a **medida de peso e massa**. A água, por outro lado, possui uma qualidade específica, um corpo extenso sem forma definida. E como unidade de medida dela, temos os **cálculos de volume e capacidade**. No vapor do ar, também tangível, contudo, sem corpo extenso, **sem forma**, seu processo de **condensação e rarefação** usa o barômetro para mensuração. Na *qualidade material* (9) temos **corpo extenso e forma** pela dureza do sólido, **corpo extenso informe** pela maleabilidade líquida, **informe**, pelo espargimento no ar.

Igualmente, num protótipo de classificação *Animal* (10) ou seres animados, que se movem –, temos três principais exemplos que se relacionam neste segmento: da terra, os seres **terrestres** como os mamíferos; na água, os seres **aquáticos** com os peixes; e os seres **alados**, os que voam, identificados ao ar. O item arquetípico do *maior ser móvel* (11) trazido aqui pela magnitude ou grandeza plástica, para as respectivas épocas de Marco Polo, Colombo e Santos Dumont, viria a ser o **elefante** (maior animal em solo terrestre, de importância cultural asiática), a **baleia** (maior animal aquático marítimo e do orbe terrestre fazendo pertinência às navegações marinhas) e o aeróstato **dirigível**, estereótipo metalinguístico modelo para o submarino, que, por decorrência ergométrica do cetáceo marinho, se tornou o maior ser móvel voador desde seu aparecimento.

Na linha referente aos meios de transportes e *mobilidade* (12), encontramos os meios de deslocamento pertencidos a cada personagem por suas condições e épocas. Notadamente, poderemos antecipar neste quesito que o veículo de deslocamento de cada personagem foi um elemento intrínseco a cada vida em específico, como depois se gravaram os relatos. Aos irmãos Polo, usualmente, percorrendo em terra grandes extensões, conduziram-se, principalmente, por **animais de tração ou montaria**, e assim se fizeram ir longe. Nos mares oceânicos que volteiam o planeta, Colombo

---

[131] Fernando aqui descrito é o mesmo Hernando, assim chamado em espanhol. É o filho de Cristóvão Colombo e autor do livro biográfico.

[132] COLÓN, H. 1947.

[133] JORGE, 2003, p. 84.

se conduziu por **embarcações,** termo geral advindo de "barco", ou todo e qualquer móvel artificial para deslocamento aquático (navios, galeras, caravelas, naus, carraca, batel etc.); e, finalmente, no ar, temos o primeiro **aeroplano**, diremos um ancestral do avião, onde está Santos Dumont.

Continuando, pudemos identificar os fatores que deram origem à persistência em sair à busca, em cada personagem, na ordem progressiva que perfilaram seu destino. Produziu, cada um deles, um fenômeno que não existia, criando, neste modelo, estas três fases consecutivas que sobrepomos no tempo linearmente respectivo à *continentalidade* (13). Um primeiro aspecto seria o **intraconti-nental**. Ou seja, sabia-se da continuidade da existência da fronteira asiática, porém nunca havia sido explorada sua grande extensão. Marco Polo, historicamente, faz esse desafio correndo muitos riscos, pois eram inúmeras as burocracias oficiais, os salteadores, as intempéries naturais e outras dificuldades pelo caminho. A seguir, mais abrangente, temos os oceanos **intercontinentais.** Até o tempo de Colombo, não haviam sido feitas oficialmente grandes travessias oceânicas nem tinham conhecimento da existência de outras terras continentais além das percorridos pelo imaginário e suposições. Colombo, neste item, foi inovador intuitivo e aventureiro corajoso a ponto de, do mesmo modo que os Polos, correr risco de vida ao ousar enfrentar a bravia e tempestuosa natureza em alto mar, em todas as suas viagens. E adiante, em Santos Dumont, com maior abrangência, temos o **supra continental,** o acima ou ao lado dos limites da terra firme. Ninguém havia superado as fronteiras do espaço aéreo físico e ilimitado com tanta habilidade e segurança como o brasileiro. Por toda sua extensa produção balonista e outros aparelhos, não temos outro, em todas as épocas, que se compare a ele neste tipo de investigação tecnológica. Esta atividade prática de se içar aos céus levou sempre seus inúmeros predecessores à morte, como tentativa. Portanto, Santos Dumont nos trouxera o conhecimento da nova navegação com o custo de sua própria vida. Destarte, se o representássemos eles num esquema, modelo evolucionário, este sugeriria uma espiral em que, a cada volta, o círculo da atuação humana torna-se mais abrangente, configuracional, de modo que a nova voluta circular do sistema, e sua característica retornante, seria maior e mais extensa. De modo que advém daí a ideia aprazível de progressão contínua da atuação do homem histórico. Mas abrimos mão de uma conceituação definidora especial, entretanto, o aproveitamento das figuras em questão força-nos uma compreensão esquemática mais elaborada e persuasiva do significado destas relações como um programa narrativo muito maior do que supomos ter acessado até agora. Portanto, a este risco de vida, equivalemos a um crescente movimento dos desconhecidos e imaginários projetos, para o conhecido e real, como um elemento de coragem que não podemos omitir reconhecer pelo que já contribuíram.

Poderíamos resumir também, a partir das argumentações do item 12, o determinante *ontológico-geográfico* (14) que lhe seria uma extensão complementar. As grandes viagens, além dos limites da consciência espacial, configuram-se como três expedições que partiam em torno de uma busca pontual, temos primeiro a massa desconhecida do objeto territorial asiático, porém "**concebível e existente**"; em segundo, temos a marca presumível do território americano como "**desconhecido, mas existente**"; e quanto ao terceiro objeto temos o "incriado" que seria o '**desconhecido e inexistente**", vale dizer, da possibilidade de acesso ao alcance ilimitado do espaço. Neste tópico, as palavras falam por si, não precisamos fazer considerações. Um constata, outro descobre, e o terceiro inventa.

Quando fizemos a ponte entre o andar pela terra, percorrendo-a por mar, para ir a outro lugar, e pelo ar, inaugurando a potencialidade de ir além –, temos, em cada um deles, um percurso lógico crescente como numa sucessão derivada e gradativa. Chegando mais perto disso, teríamos, depois, o fogo, que é a pulsão vital que se completa na significação do moto perpétuo, qual modelo que entrelaça os três exemplos juntos, como uma conecção em circuito gradativo, onde interagem um "aquém" e um "além", uma centralização - que se exterioriza e constrói e outra centralização que interioriza e sintetiza.

Depois deste item dos veículos como meios de transportes, imaginemos graficamente as *reentrâncias* (15) dos veículos ao se deslocarem num trajeto conceptual. Isso devemos, inicialmente, a Santos Dumont, por ter se dedicado ao novo meio de transporte. Não seria o mais importante, necessariamente aqui, um local a se chegar, mas pretender alcançar o espaço aéreo ou se deslocar pelo inescrutável e ilimitado ar, navegando-o como possibilidade alternativa!

Como um veículo "X" investe sobre cada superfície diversa? Como se dá a *reentrância* destes veículos no espaço? Bom, sabemos que, em terra, no sólido, a reentrância na superfície tende a ser **nula**, porque o deslocar-se não cede a pressão dos passos, ou mesmo não há alterações no solo. Ela nos capacita com sua natural facilidade. Já, nos meios aquáticos, porém, enquanto a embarcação se desloca, ela fere o mar para baixo, e é precisamente por invadir seu casco água adentro que o veículo se equilibra, se desloca e se torna navegável. Há, pois, uma pequena reentrância para baixo do casco devido à tensão física do peso do veículo até encontrar equilíbrio, **reentrância basilar**. No ar, ao contrário, um aeroplano, por sua velocidade, faria, na fuselagem e nas asas, uma reentrância vetorial para frente, para cima, como também para baixo, ao se decolar ou interromper o voo para a aterrissagem, por exemplo. Esta **reentrância é frontal,** porque assume a complexidade da própria tração dianteira que conduz o aparelho em alta velocidade para frente.

Podemos abstrair outros formatos, não menos importantes, decorrentes da *sustentação* (item 16) como a necessidade de instrumentos para se suster (item 17). Assim, mostramos as formas para o efetivo deslocamento, e da necessidade ou não do uso de um veículo além de si mesmo. Partindo mesmo de uma evolução histórica, diligenciamos as seguintes fases: em terra, o plano de sustentação por meio de aparelhos é **dispensável**, pois se espera do ser humano suster-se por seus próprios membros, ou não se utilizar de veículos como condição de mobilidade. Usa-se se o quiser, puder e/ou necessitar. Sobre a superfície da água, diferentemente, a sustentação pode dar-se esportivamente por meio de simples natação, apoio em tronco, boia, entre outros, mas por um tempo limitado, porque não lhe é natural o uso, ou preferencialmente por meio de veículo navegável, de forma que podemos dizer que a sustentação do homem sobre a água é **parcialmente dispensável**. Diferentemente da água, a sustentação isolada do homem no ar não lhe é possível, porém exige um veículo navegável com motor em alta velocidade, no caso de um helicóptero, que desprezará ou superará a energia gravitacional. Então, para a sustentação do homem no ar, como processo de deslocamento físico, é **indispensável** a presença de um veículo próprio.

Outra variante da *sustentação* do indivíduo é o equilíbrio *perante a velocidade* (17). Um exemplo simples que me vem à lembrança neste item é o andar de bicicleta: não podemos segurá-la em equilíbrio razoável se não nos mantivermos em movimento. Porém, a ação necessária para equilíbrio puro, mais simples, durante nosso deslocamento em movimentos mínimos, e chegar ao seu destino, para o homem se manter em solo, é nulo, é **dispensável,** não necessitaria de qualquer veículo e, por conseguinte, não se requer o item da velocidade. Para nos mantermos na água, é **parcialmente dispensável** (pode independer da direção que se toma), causado pela própria instabilidade líquida, o navegar balançante do veículo na água causaria pequeno desequilíbrio. Agora, é imprescindível a velocidade como condição para se deslocar e chegar ao seu destino: estando regular, ela propicia maior estabilidade ao aparelho, e ao homem, inclusive, menos enjoo. E no ar, como já citamos, o incremento da velocidade é **indispensável,** ou seja, é forçoso que exista para o seu equilíbrio, já que o deslocamento tracionado é obrigatório ou necessário ao "mais-pesados-que-o-ar" se manterem estáveis para o mergulhar atmosférico.

Santos Dumont, em *Os Meus Balões*, escreve assim: "Todas as nossas sensações de movimento se exercem praticamente em duas dimensões. A extraordinária novidade da navegação aérea reside em nos proporcionar a experiência da terceira dimensão". Por esse motivo, distribuímos os elementos das *dimensões físicas* (18) em nosso quadro estrutural. Entendemos que a dimensão do **comprimento** se reserva ao deslocamento-em-si, terrestre, pela direção certa que se toma ao caminharmos no sentido da linha reta para onde quisermos ir. Já nas grandes navegações marítimas, em continuidade, ampliam-se os movimentos saindo da restrição linear para a dimensão da **largura,** pelo fato de o movimento exercido se desenvolver com desvios na lateralidade, às expensas da fluidez aquática e da direção dos ventos. A dimensão da "largura" de um desenho é definida por trazer amplitude ao comprimento. Não seria um deslocamento puramente linear, na medida em que qualquer embarcação a vela sofre a interferência da condição climática e atmosférica. Ao tempo das descobertas intercontinentais, ninguém sabia aonde chegaria exatamente, contudo estavam preparados para surpresas. Este dado aleatório, por outro lado, impulsionou descobertas que se realizaram relativas ao continente americano, africano, entre outros[134]. A navegação aérea, depois, adicionaria àquelas duas dimensões, o movimento do subir da terceira dimensão – a **altura.** Voltando a Santos Dumont, em sua citação, ele conclui a vantagem de se chegar a uma dimensão ainda não navegada[135] – a da subida –, no sentido de a obtermos apenas por meio do voo.

As três dimensões espaciais e a quarta temporal promovem-nos o grau de liberdade que a física-matemática aspectualiza, como ciência exata, aos seres reais e abstratos concebíveis. Nesta liberdade dimensional, o movimento do objeto no espaço e sua conceituação de "liberdade" voltam-se ao valor ético do comportamento humano, decorrência imediata da cultura. Não existe na natureza um ser especialmente unidimensional, ou bidimensional ou tridimensional, como não existe o zero-dimensional. São dados colhidos da especulação mental em que o material se insere. A **linha**, a **superfície** e o **relevo** são passagens da agudez *estética* (19) dos nossos sentidos.

Tudo é no mínimo *quadrimensional*, conforme nossa absorção da geometria plana descritiva. Na realidade, a última dimensão já contém a ideia do *Tempo* em simultaneidade com a do *Espaço*. São dimensões físicas e temporais abstraídas, como condições aprioristicas da realidade, é matematicamente contextualizada como zero-dimensional, unidimensional, bidimensional, tridimensional e quadrimensional. Para tanto, em continuidade, obtemos outros três tópicos implícitos os itens geométricos e/ou estéticos: a forma dinâmica do **linear**, do **superficial** e do **volumétrico** objetal (20), e que, apesar de entidades metafísicas, não existem como seres reais estáticos/pedagógico, tal como não existem o ponto, a reta e o plano. Esta condição da dimensionalidade do espaço/corpo extenso, conforme expomos, complementa o que deduzimos, levando-nos à imagem do religar, por exemplo, Santos Dumont, ao volumétrico, como uma indução lógica da sucessão dos elementos comprimento, largura e altura agrupados.

Este tópico em separado suscita um aspecto pertinente aos esquemas básicos da consciência como arquétipos que acompanham o desenvolvimento do psiquismo: das *linhas* (21) nas quais se situam os territórios a se percorrer linearmente. Há neste plano o que chamamos de **linha diagonal,**

---

[134]   Mesmo depois de já terem sido descobertas ilhas e terras firmes, os cálculos das coordenadas da sua situação espacial não seriam ainda precisos.

[135]   No livro *O Céu não tem Fronteiras*, Rolf Strehl intitula o capítulo terceiro como: "Pioneiros conquistam a Terceira Dimensão". Em síntese, vários pesquisadores tomam para si estes elementos paradigmáticos como base da percepção aeronáutica.

que se refere à instabilidade complexa e irregular do próprio ambiente terrestre (desde os mais profundos vales/abismos até as mais altas montanhas). Das incursões intercontinentais de Marco Polo, percorrendo o continente asiático, nesse tracejado concebemos a imersão do peregrino itinerante rumo ao sentido certo de saber da possibilidade de avanço. Por outro lado, entendemos também, no plano sintagmático do modelo, que chamaremos de **linha horizontal**, o que se refere ao plano simples e regular da linha do nível do mar, sem tomarmos as contingências do movimento oscilatório do qual já nos expressamos - o percurso aquático que fixamos seu ponto estável de equilíbrio "zero". Designaremos de **linha vertical** - a da ascensão de uma aeronave, pela dimensão da altura, ou por navegar acima de qualquer ponto de apoio que não seja o próprio ar. Assim é que a linha do horizonte se constitui para nós uma linha metafísica, assim como a concepção geométrica, por se configurar "objeto imaginário".

No campo das *coordenadas geográficas* (22), em Marco Polo, teríamos a **Latitude**, para Colombo, a **Longitude** e, para Dumont, a **Altitude**. Em Marco Polo, temos as coordenadas a partir da linha do Equador que é igual a 0°. A Latitude variaria de -90° a 90°. De modo que a latitude limítrofe do Polo Sul seria negativa -90°, e a do Polo Norte é igual a 90°, positiva. Em Colombo condensa-se os dois com ênfase à lateralidade, pois o genovês quer chegar às Índias pelo oceano, à Oeste, tendo o destino à frente sem saber onde vai dar, como a Longitude, que é contada a partir do Meridiano de Greenwich e varia de -180° a 180°. Os valores do oeste são negativos, e os do Leste são positivos. O ponto onde nos encontramos no espaço é resultado da confluência das coordenadas da Latitude e da Longitude. Todas as sinalizações em cartografia, tanto para projetar os acidentes naturais como para posicionarmos, estão descritas e constam em Diários de Bordo. A Altitude tem o marco 0 no nível do mar. Nela começaria a medida de altura-padrão para a localização espacial na atmosfera através do altímetro.

Outros actantes seriam os *pontos cardeais* (23), que, aos moldes cartográficos, temos os dois primeiros, atendem às direções **Leste** e **Oeste**, respectivamente. O terceiro, Santos Dumont, imputaremos a direção **Norte**, por naturalmente apontar para cima, além da transversalidade real de um planisfério geométrico. Estas direções cardeais Norte, Sul, Leste e Oeste são criações arbitrárias e não se assentam no modelo euclidiano de percepção, mas servem para apontar efetivamente a dimensão espacial plana dos mapas-múndi. O sentido "N" remete à altura, pela ideia sagital do vetor "para cima", que se projeta além dos referenciais duma bússola, embora determine os direcionamentos no plano. As estrelas boreais mais próximas ao horizonte dos polos serviram para apontar ou determinar direções. Os povos do Hemisfério Norte, observando-as (constelações da ursa menor/maior), tomaram-nas como Norte, por um referencial. Permanece hoje esta tradição: o Norte "N", na agulha da bússola ou nos mapas, é preciso por apontar magneticamente sempre a mesma direção, em tal hemisfério. Num outro contexto, diríamos que, se continuássemos esta direção lógica, se quisermos extrapolarmos diríamos que o apontar contrário seria nos voltarmos aos antípodas, à inumação.

Prosseguindo nos tópicos, temos o sinal econômico do vetor como demonstrativo ou dêixis. O vetor físico, quanto ao direcionamento matemático do deslocamento, será um signo que também implica na diferenciação sintagmática. Cada um possui um sinal diverso conforme o momento. O *sentido vetorial* (24) de direção em Marco Polo, veneziano, desloca-se, primeiramente, para **a esquerda** (ou Oriente) e volta ao ponto de partida. Ao genovês, desloca-se para **a direita** (ou Ocidente) e volta; ao brasileiro, **para cima** (subir) e aterrissa. Nenhum deles sucumbiu no trajeto ou permaneceu no destino em suas principais incursões. Esses três sempre conseguiram terminar com sucesso aquilo em que se embrenharam.

Abrimos espaços para os eixos sintagmáticos básicos da esquematização da vida, haja visto sua paridade oportuna às correspondências anteriores. Dentro dos *caracteres orgânico-biológicos 1* – da vida (26), voltemos às figuras verbais ou de ação dos seres vivos, porquanto o **alimentar**, o **beber** e o **respirar** correspondem claramente ao sólido, líquido e gasoso, que, por sua vez, respectivamente, nos remeteria aos três elementos, subordinados à vida, as unidades intrínsecas que exprimem as organizações biológicas. São ações combustíveis indispensáveis à sua permanência. Estes dados associados como correspondentes paradigmáticos circulam aos entornos do totem episódico. Outrossim, os *orgânico-biológicos 2 -- dejetos corporais* (item 27) expelidos do organismo dos seres vivos verificam-se na forma de **fezes**, **urina** e **gás carbônico** (troca do oxigênio etc.), isto é, novamente tocamos frente ao mesmo ardil sintagmático. O uso daqueles princípios geradores arcaicos pré-socráticos, como moldes estruturantes desses esquemas, consegue reter muitas informações em numa tabela nuclear de relações adstringentes entre si. A vantagem de utilizarmos um modelo estruturalista é submeter alguns valores ao acomodamento de um quadro esquemático distinguindo suas aplicações a novas situações, conforme as ocorrências.

Contrariamente à **vida** temos **morte,** que sobrevém em continuidade, noutra cadeia estrutural adstringente, de modo que o tópico anterior, caracterizado como "in pressentia" saussuriano[136] de alguns elementos, teríamos agora, o "in absentia". Se não atendermos aos requisitos que mantêm a Vida, entraremos em conjunção com a Morte. Poderemos chamar como subdivisão o tópico *caracteres tanatológicos* – da morte (28). Portanto, é justamente na ausência dos elementos combustíveis da Vida que sobrevém a marca do tópico. O processo de desencadeamento da morte estabelece uma sincronicidade de importância sequencial e assaz coincidente ao eixo sintagmático que reiteramos no item precedente. A morte, quanto a sua relação de dependência aos aspectos biológicos, se consumaria imediatamente, pela falta de ar, de oxigênio, gerando a **asfixia**; depois de algum tempo, dar-se-ia a morte pela **sede** (ausência da água) e por último, em maior tempo, o organismo possuindo o ar e a água, mas sem se alimentar, resultaria na morte pela **fome**, desnutrição, ou desta decorrência.

Seguindo a mesma ideia anterior, instaurada a morte, há uma devolução dos elementos físicos à natureza ou o quadro da *decomposição* (29) do organismo e sua reciclagem natural. Do mesmo modo que citamos a composição da vida, compreendemos a putrefação dos seres vivos como desintegração orgânica em restos sólidos/**autólise**, líquidos/**necrochorume** e gasosos/**metano e cadaverina** dos quais sofre o cadáver.

Os quatro elementos básicos dos arquétipos iniciais podem nos reconduzir ao fluxograma da instrumentação fisiológica, no que se refere à formação do sêmen/óvulo, ou melhor, da apropriação da *sexualidade* (30) como um sintagma das forças biológicas da organização genética humana que permite encaixar elementos da sexualidade superior em continuidade às suas motivações psíquicas. De modo que, na coluna "Marco Polo", constatamos a **anatomia** dos órgãos sexuais, que caracterizariam os diferentes polos. Em Colombo, teríamos a **fisiologia** na função da produção do sêmen, que sustenta a confirmação do aparelho anatômico. Em Santos Dumont, ocorreria a canalização do desejo, busca, na **excitação libidinal**, como aquele que se reelabora e inventa. Numa quarta coluna - "fogo", temos o **clímax do ato**, ou o produto da concepção resultado do relacionamento, ou sublimação. Este percurso nos aproxima da produção de significado, reduzindo-nos a três ou quatro elementos que chegam e desvelam à totalidade.

---

[136] O suíço Ferdinand Saussure foi o criador da Ciência Linguística.

Destas articulações, inferimos as forças psíquicas que subjazem as basilares interpretações freudianas nas *fases do inconsciente* (31) como preceitos psicanalíticos que interferem na configuração arquetípica de um complexo psicológico, não apenas subjetivo ou individual, porém do coletivo humano. Fundamentada pela Psicanálise, são etapas da evolução psíquica da personalidade subjetiva, desde o seu nascimento, que perpassam quatro fases: oral, anal, genital e latente, desenvolvendo-se do nascimento até a pré-adolescência. Quando transferimos seus conceitos ao nosso procedimento, vimos a primeira **Fase Oral** distinguir-se como a boca que mama instintivamente, uma espécie de antropofagia estética da realidade, ou, ao que nasce, o primeiro acesso ao mundo, o prolongamento do EU. É a absorção do mundo em Marco Polo ao descrever *O Livro das Maravilhas*. A **Fase Anal,** aquela quando aprendemos a reter as fezes, ou ao que é seu por uma obrigação coercitiva (da mãe), como os "padrões" das conquistas e apropriação das terras descobertas, e onde, consequentemente, desencadearia o período de invasões e colonização criando a cultura da política imperialista. É quando se desenvolvem com mais veemência as questões da posse, do direito e propriedade. E a **Fase Genital** se destaca quando da descoberta do paradigma do pênis/vagina nas atenções instintivas, ou o que entre nós evoluiria num redirecionamento espelhado, para fora de si mesmo, quando os povos se movem para emancipação, produzindo sua identificação especial e redução de distâncias e alteridade. Uma última fase latente acomodaria os complexos psíquicos desenvolvidos por esse tempo, formalizando a imagética ideal da autossuficiência da maturidade.

Passando às ciências sociais, enumeramos três envolvimentos históricos diversos em suas *bases econômico-sociais* (32). Toda a academia científica defende que é premente o vínculo dos acontecimentos históricos aos preceitos básicos que o fazem surgir, derivados de um "sistema" político, econômico, social, religioso, etc. Independentemente de uma visão informal, sempre há possibilidade da variedade propositiva fundamentada. Buscaremos o primordial das inferências históricas, de como elas se formam e/ou ocorreram. O pioneiro Marco Polo situa-se no período medieval em que se inicia o declínio do feudalismo como concepção econômica fechada, para desencadear uma renovação comercial além das fronteiras políticas, o **Mercantilismo**, que prospera nos principais centros culturais emergentes, graças às relações orientais e à abertura ao grande comércio de especiarias, artefatos, ouro, prata e outros metais. Depois, com Colombo, principal homem da era dos descobrimentos, faz ele concorrer impulsionando a época fabulosa do **Renascimento**, redimensionando limites geográficos, culturais e econômicos do planisfério, lançando as bases de uma nova era que foi a Idade Moderna. E, por último, com Santos Dumont, temos concentrado na maior parte de sua vida fértil, a fase áurea francesa do "século das luzes", num esplendor cultural, tecnológico da Revolução Industrial, ou na França, a característica peculiar da **Belle Époque,** na virada do Século XIX para o XX, fase de prestígio capitalista, crença na ciência e do positivismo. Esses termos responderiam às diferenciações que faremos a cada tempo, quanto à sinalização de mudança e ideários.

Essas foram algumas das fases promissoras da história que nos remetem a situação de desenvolvimento nos sentidos, seja material, ou espiritual, enaltecendo períodos promissores de mudanças. Junto aos estágios eufóricos, assinalam-se passos contrários, negativos, como os prenúncios de morte avassaladora! Coincide nestes personagens o contraste trágico com desencadeamento de grande sofrimento à humanidade em termos de abrangência espacial e temporal; alguns casos, pondo em risco parte da vida social.

Entendemos como uma singularidade histórica. Aos três personagens, aliamos um acontecimento histórico relativo aos *surtos epidêmicos* (item 33), diferenciando-se alternativamente os subitens como o relacionamento **sexual** e as grandes **guerras** que marcaram época pelas acusadas procedências e contemporaneidades. Na linha dos *surtos epidêmicos* (33), temos, primeiro, a **Peste Negra,** que foi uma terrível epidemia de peste bubônica provinda do Oriente, "se alastra rápido pela Europa e Ásia, matando 3/4 da população desses continentes (1334 – 1352)"[137]. É importante notar que este fato transcorre na proximidade de duas grandes "guerras" (pela extensão do tempo): as Cruzadas, antes, e a Guerra dos Cem Anos, depois. A seguir, aparece-nos a **Sífilis** – que foi, desde 1493, uma das enfermidades que causaram mais danos à população da Europa moderna e, depois, ao Oriente (levada pelos portugueses). "Após seu rápido extermínio mortífero, começou a atenuar-se somente em 1508". Ressaltamos que o agente transmissor desta epidemia se desencadeia pela realização do ato sexual livre[138]. Na terceira grande epidemia histórica, destacamos a **Gripe Espanhola,** que, "no começo do século XX, como se calcula, não fez menos de 20 milhões de mortos entre os 600 milhões de infectados[139]. Nenhuma foi tão mortífera como a de 1918, até hoje considerada a mais catastrófica pandemia da história". É importante destacar a sua proximidade com a primeira e a segunda grandes guerras mundiais, que foram grandes por sua abrangência espaço-temporal.

Como deu para perceber, associamos a originalidade epidêmica e nefasta coincidente deste tópico patológico aos nossos heróis aqui representados: a primeira e mais mortífera e estentórica A Peste Negra vem exatamente ao tempo da volta de Marco Polo da Ásia; os primeiros contágios de Sífilis surgem imediatamente após a volta do descobrimento da América; e a devastadora Gripe Espanhola aparece no tempo em que Santos Dumont, fechando o período de suas invenções aeronáuticas em Paris, volta ao Brasil.

A primeira patologia, a Peste Negra (peste bubônica), vem do *continente asiático* (34) e se transmite pelo contato de **materiais infectados**, predominantemente sólidos, como sujeira, insetos, fezes ou fluídos orgânicos de animais e roedores. Na dimensão temporal, ela está relacionada intrinsecamente aos valores emocionais de pecado, medo, feitiçaria etc. A segunda grave epidemia, a Sífilis, veio do *continente americano*[140] e confina-se ao **sangue líquido** contaminado. É transmitida pela mulher no relacionamento sexual, contudo sua sintomatologia é restrita ao homem, que, por sua vez, contamina um próximo relacionamento. Podemos subentender outras causas, como certa luxúria ou sexualidade desenfreada, a exploração da nudez ameríndia e a promiscuidade europeia decorrente. O terceiro surto epidêmico, a Gripe Espanhola, nasceu no próprio *continente europeu* e se alastrou pelo mundo inteiro; como qualquer gripe, confina-se naturalmente à sintomatologia **respiratória** e pela marca psicológica inspira o ar para si como ato de introspecção. Continuando o eixo horizontal hipotético-estrutural, acrescentamos mais uma doença contagiosa que se interliga, em continuidade ao esquema proposto, ao lado da Sífilis, como doença provinda do sangue por meio do relacionamento sexual: a AIDS[141]. A princípio, a AIDS parece sinalizar ligações com as demais epidemias deste quadro semiótico, contextualizando simetricamente aos valores mencionados, por exemplo: a dimensão do tempo, a sexualidade, a origem continental etc. Ela contemporiza a mesma sequência dos ícones dos elementos primordiais da natureza, aqui como o fogo. A relação sexual tal como a Sífilis impactaria inicialmente o descontrole epidêmico atingindo no mundo indivíduos

---

[137] Conforme a revista https://ensinarhistoria.com.br/peste-negra-a-epidemia-que-devastou-a-europa/ 2023.

[138] Não esqueçamos que também, simultaneamente ao descobrimento de Colombo, outra pandemia reduziria a população americana vertiginosamente.

[139] TEIXEIRA, Luís Antônio. *Medo e morte: sobre a epidemia de Gripe Espanhola de 1918.* Rio de Janeiro, UERJ/IMS, 1993.

[140] É consensual nos registros históricos que o próprio Colombo foi o responsável por essa epidemia da América, quando de sua chegada, do descobrimento, à Europa.

[141] A AIDS, conhecida como "Síndrome da Imunodeficiência Adquirida", surgiu em 1983. E, por outro lado, exatamente neste ano é publicado em jornal espírita, um artigo do pesquisador César Burnier que descreve o elo entre Marco Polo, Colombo e Dumont, que nos despertou certo interesse. E prosseguindo na pesquisa, pudemos conferir depois as singularidades que reportamos.

atraídos pelo mesmo sexo, principalmente o masculino. E o relacionamento promíscuo foi uma das causas desencadeadoras da contaminação sanguínea; o seu primeiro caso surgiu no **continente africano.** De modo que as quatro grandes doenças pandêmicas, que remetem ao tema exarado, estão aqui contempladas como provindas dos quatro grandes continentes.

Os quatro cavaleiros do *Apocalipse* (item 35). Consideramos este arrazoado ainda que evoquemos os significantes religiosos desgastados pelas inúmeras tentativas de exegese. Há muitas nuances do que se sucederia nas interpretações sobre o que seria o fim dos tempos. Concordamos haver uma luta interna textual para diferentes visões, mas, ao fim, permanece a ideia de que haja mudanças, conforme a crença na veracidade do que prediziam os antigos profetas. Não discutiremos aqui nenhuma visão religiosa em específico. Com certa modéstia, reinterpretaremos uma versão de *Os quatro cavaleiros do Apocalipse*, citado pelo evangelista São João, no seu último livro bíblico, o *Apocalipse*, capítulo 6, e sequência.

As figurativizações estruturais enunciadas sob a imagem dos quatro cavaleiros da revelação parecem envolver algo similar aos nossos apontamentos dialéticos. Portanto, citaremos esse evangelista como uma espécie de intermédio-preparador para a ideia de mudanças e apelo à renovação futura preconizada espiritualmente. Conta-se que quatro cavaleiros apareceriam segundo a sua visão. Cada um desses cavaleiros surge com um cavalo de matiz diverso, portando adereços heráldicos. Os cavalos diferenciados pela cor parecem referir-se ao corpo ou uma raça humana em especial de que o espírito se reveste aparentemente. Assim, o cavalo qualificaria a entidade montada nele. É o espírito usando um corpo para se mobilizar, como um cavaleiro em seu cavalo. Vejamos o texto bíblico no *Apocalipse*, capítulo 6, os seus oito primeiros versículos:

> 1 Vi quando o Cordeiro abriu um dos sete selos e ouvi um dos quatro seres viventes dizendo, como se fosse voz de trovão: Vem!
> 2 Vi, então, e eis um cavalo branco e o seu cavaleiro com um arco; e foi-lhe dada uma coroa; e ele saiu vencendo e para vencer.
> 3 Quando abriu o segundo selo, ouvi o segundo ser vivente dizendo: Vem!
> 4 E saiu outro cavalo, vermelho; e ao seu cavaleiro, foi-lhe dado tirar a paz da terra para que os homens se matassem uns aos outros; também lhe foi dada uma grande espada.
> 5 Quando abriu o terceiro selo, ouvi o terceiro ser vivente dizendo: Vem! Então, vi, e eis um cavalo preto e o seu cavaleiro com uma balança na mão.
> 6 E ouvi uma como que voz no meio dos quatro seres viventes dizendo: Uma medida de trigo por um denário; três medidas de cevada por um denário; e não danifiques o azeite e o vinho.
> 7 Quando o Cordeiro abriu o quarto selo, ouvi a voz do quarto ser vivente dizendo: Vem!
> 8 E olhei, e eis um cavalo amarelo e o seu cavaleiro, sendo este chamado Morte; e o Inferno o estava seguindo, e foi-lhes dada autoridade sobre a quarta parte da terra para matar à espada, pela fome, com a mortandade e por meio das feras da terra.

A interpretação desses versículos possui "n" abordagens de inúmeras possibilidades. No oitavo versículo, temos escrito: "Foi-lhes dada autoridade sobre a quarta parte da terra para matar à espada". Aquele cavaleiro teria autoridade sobre a quarta parte. Colombo, quando descobre a quarta parte da Terra, se não fosse a ideia dele aparentemente, talvez o seja essencialmente. Outra dúvida: poderia os quatro ser apenas um? Além desta imagem, à guisa de arquétipo psicológico associado a cada cavaleiro, temos, no capítulo 4:7, outra enumeração de quatro "seres viventes" consagrados por Santo Irineu de Lion[142] para representar os quatro símbolos heráldicos (Leão, Touro, Homem e Águia), no versículo: 7 "O primeiro ser vivente é semelhante a leão, o segundo, semelhante a novilho, o terceiro tem o rosto como de homem, e o quarto ser vivente é semelhante a águia quando está voando".

---

[142] Irineu de Lion associa, cada animal da liturgia tradicional, a um evangelista a partir de como cada um interpreta a vida de Jesus, um como pregador da boa nova – o leão, como o que se sacrifica por nós – o bezerro, outro como divino – a águia, e outro como exemplo ao ser humano – o anjo.

Apocalipse **(capítulos 4 e 6)**. O primeiro cavaleiro está montado num cavalo branco, representando a raça branca europeia medieval, com um arco e flecha, que significa em Marco Polo o "arco", como meio-círculo, a Lua (noite) da bandeira da China e a "coroa" o Sol (dia), símbolo da bandeira do Japão. O "leão", refere-se ao evangelista São Marcos, que leva o símbolo da cidade-estado de Veneza, como padroeiro. O Leão simboliza o que ruge, aquele que prega no deserto, divulga a verdade. Neste cavaleiro se concentram as riquezas materiais do Oriente. O segundo cavaleiro surge num cavalo vermelho, que representaria o silvícola americano. Ele poderia servir de uma espada para ser aquele que distinguirá as duas metades: não o certo do errado, ou a Verdade da Falsidade, porém, a espada dividiria o orbe planetário em dois hemisférios: o Velho e o Novo Mundo. O Touro toma a forma (no mapa) da Espanha das touradas. O estado da Espanha possibilitou a descoberta oficial da América por intermédio de Colombo. No Evangelho, o touro se associa a São Lucas, porque este evangelista inicia o Novo Testamento apresentando o sacrifício do bezerro como exemplo do sacrifício de Cristo.

O terceiro cavaleiro vem montado num cavalo preto, que representa a raça negra ao tempo da escravidão. Este cavaleiro traz consigo uma balança que significaria as invenções do *mais-leve* e do *mais-pesado-que-o-ar,* as leis naturais, o cientificismo positivista. A Águia lhe simboliza a contemplação do alto, o subir aos céus. Em São João destaca Cristo como o Senhor que sobe aos céus. O quarto cavaleiro está montado num cavalo amarelo, que remontaria ao povo oriental. Este cavaleiro se associa à alma/morte física e ao movimento do tempo psíquico/espiritual como narrativa do *post mortem*, ou quiçá, a morte da própria morte. O Homem é símbolo de São Mateus. Este inicia seu Evangelho apresentando o Cristo humano como efeito de uma investida genealógica hereditária, quando se trabalharia o fenômeno espiritual. Traria, volver ao mistério da transmigração das almas e uma racionalização de esperança como partícipe de uma nova era. Claro que a consequência de uma avaliação de elementos cruzados entre atores históricos, nestas visões faustosas, ganhar-se-ia algum sentido plausível como hipótese. Importa que jogamos com a simbologia já existente e, neste contexto, tentamos descobrir seu valor pragmático, como tirocínio da avaliação.

Aeroportos (item 36). A cada um dos três personagens corresponderemos agora a infraestrutura do setor "aeroportuário". Faremos no plano diacrônico a mesma conexão usada. No plano sincrônico figura a metalinguagem em que os nomes dos nossos três homens são recodificados para denominação de aeroportos. Na verdade, o indivíduo em si como pessoa perde-se, dando origem ao equipamento público. Suas individualidades trazem os signos sociais aos quais representam, como "o grande mercador veneziano", o "descobridor da América", ou "inventor do avião". Hoje, ao se ouvir o nome "Marco Polo", enquanto viés pragmático, os venezianos irão apontar para o **Aeroporto Internacional Marco Polo** de Veneza. O maior aeroporto de Gênova é o **Aeroporto Internacional Cristóvão Colombo**. Também o Brasil teve o seu primeiro aeroporto no Rio de Janeiro chamado **Aeroporto Santos Dumont,** que continua em grande atividade.

O "parassinônimo", em linguística, acrescenta uma nova significação social, paralela, que remete a uma parte do sentido original. A metalinguagem é o deslocamento de um significante "X" para outro "Y", conservando aspectos e semas de origem, mas pouco tem do original, todavia. Ao anunciarmos "Santos Dumont" no Rio de janeiro, a ideia é que, primeiramente, nos reportemos ao aeroporto, e não mais ao heroico aviador. Dependemos, com certeza, do órgão emissor, do discurso e contexto em que se enuncia quando o atualizamos.

Mais uma articulação de similitude: a ligação dos três personagens atrelados aos aeroportos traz o fato incomum de que estes equipamentos foram idealizados fora de uma condição natural exigível obrigatoriamente. São fruto da engenharia projetual de planificação a aterros construídos excepcionalmente para a finalidade de ser campo de pouso de aeronaves. Os três aeroportos têm suas pistas construídas artificialmente, em plataformas aterradas sobre águas marinhas. Curiosamente, temos aqui a junção entre o Mar, a Terra e o Ar, numa sincronicidade extemporânea singular em que se apresentam três aeroportos que pairam sobre o mar nas respectivas nacionalidades dos atores articulados: Marco Polo em Veneza, Cristóvão Colombo em Gênova e Alberto Santos-Dumont no Brasil.

Enfim, pudemos assistir a um dos esquemas semiológicos organizados para a idealização de um quadro estrutural fluxogramático. Cada ponto que nos surge vem de um tópico anterior, que, por sua vez, colabora para precisar os pontos que se seguirão. Este método de implicações semânticas estruturais, entenderíamos como alocações de dados a serem integrados a esquematizações básicas da pesquisa, variando os materiais, categorias, estímulos psicológicos, tempo e espaço etc., com pesos diferenciados a cada sintagma emitido, respeitando, cada quadro, as exigências dos diferentes fenômenos apreendidos. É neste sentido que poderíamos verificar as estruturas pelas quais se sedimentam os agentes culturais e ideológicos, a fim de buscar a compreensão de todas essas comparações.

Para concluir, diremos que este texto inicialmente tinha a pretensão de ser uma introdução ou amostra da extensão da pesquisa apoiada em aspectos arquetípicos gerais, isto é, aos dados inerentes a qualquer cultura e criteriosamente voltada a outra relação apriorística superestrutural. Com o avanço das ciências humanas a se persistir, poderemos aguçar mais este interesse e solicitar a inspiração de outros estudos paralelos que poderão ser ainda mais fascinantes.

Tabela 2

Quadro paradigmático e sintagmático de três fases históricas			
Tópicos	**Personagem A**	**Personagem B**	**Personagem C**
1 **Biográfico**	Marco Polo	Cristóvão Colombo	Santos Dumont
2 **Geográfico**	Terra Continente	Mar Oceano	Ar Atmosfera
3 **Estados Físicos**	Sólido	Líquido	Gasoso
4 **Estado Dinâmico**	Condensação	Liquefação	Vaporização
5 **Estado Da Matéria**	Gelo	Água	Vapor
6 **Comportamento**	Ação/Feito	Discurso/Fala	Pensamento/Ideia
7 **Elementos Pré-Socráticos**	Terra, Anaxágoras	Água, Thales	Ar/Anaxímenes
8 **Mensuração**	Trena, Balança/M e Kg.	Capacidade/Litro	Barômetro/Altímetro
9 **Qualidade Material**	Corpo Extenso e Forma	Corpo Extenso Informe	Informe
10 **Classe Animal**	Mamíferos	Peixes	Aves
11 **Maior Ser Móvel**	Elefante	Baleia	Dirigível
12 **Mobilidade**	Animal De Tração	Embarcação	Aeroplano
13 **Continentalidade**	Intracontimental	Intercontinental	Supracontinental
14 **Geo-Ontológico**	Concebível e Existente	Desconhecido Existente	Desconhecido Inexistente
15 **Reentrância**	Nula	Reentrância Basilar	Reentrância Frontal
16 **Sustentação/ Veículo**	Dispensável	Parcialmente Dispensável	Indispensável

Quadro paradigmático e sintagmático de três fases históricas			
Tópicos	Personagem A	Personagem B	Personagem C
17 Sustentação/ Velocidade	Dispensável	Parcialmente Dispensável	Indispensável
18 Dimensões Físicas	Comprimento	Largura	Altura
19 Estético	Linha	Superfície	Relevo
20 Geometria	Reta	Plano	Volume
21 Linhas	Diagonal	Horizontal	Vertical
22 Coordenadas Geográficas	Latitude	Longitude	Altitude
23 Pontos Cardeais	Leste	Oeste	Norte
24 Sentido Vetorial	A Esquerda	A Direita	Acima
26 Caracteres Biológicos 1	Alimento	Bebida	Respiração
27 Caracteres Biológicos 2	Fezes	Urina	Gases
28 Caracteres Tanatológicos	Fome	Sede	Asfixia
29 Decomposição	Autólise	Necrochorume	Metano/Cadaverina
30 Sexualidade	Anatomia	Fisiologia	Libido
31 Fases do Inconsciente	Fase Oral	Fase Anal	Fase Genital
32 Bases Econômicas	Mercantilismo	Renascimento	Belle Époque
33 Surtos Epidêmicos	Peste Negra	Sífilis	Gripe Espanhola
34 Continente	Ásia	América	Europa
35 Apocalipse	Leão	Touro	Águia
36 Aeroportos	Veneza: Marco Polo	Gênova: Cristóvão Colombo	Brasil: Santos Dumont

Fonte: do autor

4

A CARACTERIZAÇÃO EPISTEMOLÓGICA DO "NOVO" COMO CONQUISTA DO SABER

O que podemos definir acerca do novo? No discurso, um "objeto" tanto pode existir como pode não existir de fato. Aquilo que não é novo já existe conhecido ideologicamente na cultura; ele não traz ao seu produto material algo diferente do que já está contido nele. Toda justificativa se deve a partir do fato de que substancialmente há uma consciência de dados que correspondem ao objeto conhecido. O Novo, porém, reconhecemo-lo por sua diferença comparativa, ou negação do que imaginamos estar.

Ele gera uma ação reflexiva por proporcionar novas perspectivas. Encontramo-lo tanto no progresso tecnológico e nas concepções teóricas como na natureza atual intacta, como desvelamento de algo encoberto ou descobrimento. Antropologicamente, nos percalços da aventura e peregrinação humana, suas variações interpretativas, defrontamo-las no uso do Novo axiológico mais básico; com suas qualidades positivas ou negativas históricas até as que se cristalizam nas fundações e nos marcos simbólicos no litoral paulista.

Dividiremos, entretanto, o Novo em dois aspectos gerais: o Novo Imanente (no Objeto e no Sujeito) e o Novo Transcendente (no Objeto e no Sujeito). Antes de tudo, o Não Novo, pela letra B, se definirá por ser um objeto já existente, conhecido e definido como R.

A realidade R conhecida é o Não Novo: R = B

Tudo o que é descoberto, criado ou inventado é novo, então, diferente de B, o Não Novo. Na verdade, podemos encontrar o Novo no próprio cotidiano. Este ato fenomenológico surge de uma experiência do cotidiano, a depender do observador. A importância do "não novo" é este trazer a consciência o seu desconhecimento.

1. <u>O Novo Imanente no Objeto</u>: um objeto qualquer de análise no orbe das descobertas pode situar-se como novo por sair do conhecível para se tornar conhecido e definido. Há coisas em que o existir pode ser concebível por decorrência lógica, porém não verificada para se assumir existente. Exemplo disso temos o caráter da descoberta da Ásia por Marco Polo ou do caminho marítimo para as Índias por Vasco da Gama. O primeiro caso se explica por ser o continente asiático um existente antigo e distante (sem ninguém ainda ter percorrido toda sua extensão), um contínuo prolongamento sem limites. No segundo caso, em Vasco da Gama, apesar de já ter sido descoberto o "Cabo da Boa Esperança" por Bartolomeu Dias, de grande significação para o itinerário da rota, necessário para prosseguir seu desiderato.

Diremos "Imanente" por nele conter dados materiais aceitos e pesquisados nas suas variações pelas ciências históricas e sociais. A civilização oriental, descoberta na Idade Média por Marco Polo, é um exemplo de objeto novo, mesmo antevisto como prognóstico realizável daquilo que, por mais fantástico que fosse, poderia ser encontrado e, portanto, já especulado como dotado de existência. Não estaria o Novo, portanto, no desvelar em si do continente asiático, mas no objeto específico (civilização asiática) e, nesta reciprocidade, como essência a se redescobrir.

Na lógica "A versus Ã", A vai para Ã onde Ã é qualquer objeto antes existente, concebível, conhecível e definível, mas diferente dele mesmo.

Se os limites de E (Europa) são diferentes de A (Ásia), então A = N (Novo).

2. <u>O Novo Imanente no Sujeito</u>: um objeto qualquer de análise no orbe das descobertas marítimas pode situar-se como novo quando o sujeito sai do desconhecido para se tornar conhecido e definido. Este gênero de descoberta seria mais legítimo que o tópico anterior, pois ele dá consciência ao que já é existente naturalmente, possibilitando imediata identificação ou revelação. O "novo imanente no sujeito" equivaleria ao ato de descobrir ao acaso, uma das mais importantes causas de veiculador do Novo. A descoberta da América, por exemplo, ressalta, em sua conjuntura, toda uma gama de dificuldades, como a de se acreditar em terras impensáveis a oeste da Europa, o desvencilhar-se das superstições e dos dogmas religiosos da sua cultura, o constituir uma expedição para tal fim e acreditar-se na sobrevivência. O descobrimento de novas terras é sempre um dado novo e imanente. Espera-se de sua concretude a apreensão do novo como objeto existente naturalmente. Em síntese, o Novo Imanente é o que não pode ser inventado pelas faculdades intelectuais humanas, porém é o que já existe como fenômeno, ou ainda o que se preceitua por efeito de conjecturas e probabilidades. Não se distingue da idealização, enquanto esta for constatável, mas sim da ilusão ou irrealidade. O objeto ideológico deste tópico surpreende dentro do que for sua voz natural, mas, se todos o desconhecem, novo será só depois de ser divulgado.

Constitui-se como existente sob passividade, e, com efeito, ele se tornaria um Novo inerente primeiramente ao sujeito que facultou a atualização do acontecimento do antes objeto inaudito. Tornar-se-á o fenômeno um *marco histórico e geográfico* quando aposto o "padrão" da posse de terras pelos descobridores.

A versus B, onde o novo B equivale a qualquer objeto antes existente, mas desconhecido, definível em A.

3. <u>O Novo Transcendente no Objeto</u>: um objeto qualquer não existente naturalmente, portanto não conhecido, faz-se tal por meio do invento. O Novo aqui veicula-se por meio da concepção mental ou da criação técnico-científica do artefato. A transferência se daria propriamente nas capacidades do elemento humano à faculdade de pôr à prova social sua funcionalidade tecnológica. Exemplos disso temos a invenção do avião, do telefone, do rádio etc., sejam elas perfilhadas por um ou mais sujeitos. A situação aqui é a de resolver um problema existente por meio da justificativa do invento. Transcende este item por partir da criação mental, e não por sua existência anterior. Maior relevância o objeto terá, se objeto de uso e replicação.

Na equação "A versus C", onde A cria C, C equivale a qualquer objeto não existente e desconhecido, mas concebível em si por A, que o faz existir.

4. <u>O Novo Transcendente no Sujeito</u>: poderíamos abstrair um objeto qualquer como tese na reelaboração de um existente naturalmente como parte de nossa compreensão metapsíquica do mundo, portanto algo não perceptível ou conhecido sem o compartilhamento de várias experiências correlares em sua sincronicidade empírica fora de uma formalidade partida do sujeito. Este Novo se torna uma síntese literária cognitiva concebível, mas não só isso. Iria além de uma ação experimental discricionária. Assim é que perfilaria uma explanação

teórico-filosófica apoiada em conteúdo empírico, pois não há um sujeito que entre num laboratório sem um interesse específico, ainda que não haja um exato lugar de chegada. O Novo Transcendente no Sujeito, do mesmo modo que o anterior dá lugar ao uso das faculdades intelectuais, principalmente nos seus resultados superestruturais, ligados, sobretudo, ao seu recorte cultural, de forma a se caracterizar uma função abstrata previsível. Exemplos disso têm nesta versão, este nosso objeto-foco entrelaçado às espirais históricas de um intrincado movimento evolutivo sobre a ideia do Novo tal como retemos das teorias psicanalíticas e materialistas aplicadas e visualizadas em suas especificidades dedutivas.

A versus D, onde aqui o A seria a condução da realidade como especulação do autor, e onde D seria um objeto não existente e não conhecido, mas concebível em A, como procedimento analítico-desconstrutivo e semiológico.

Em síntese, há todo um estágio processual de estruturação diacrônica num encaminhamento contínuo, linear, tal como temos enunciado na correspondência indutiva que fizemos entre os três atores históricos e a presente concepção. Esse elo processual como cadeia crescente é o que, nestas aproximações, se caracteriza por uma composição dialética progressiva.

O novo apareceu diferenciado nas atuais figuras dos exploradores. Há identificações parassinonímicas biográficas que foram se produzindo. Mas, na reunião dos três actantes, temos o diferenciado no processo de apreensão psíquica que estruturalmente como fizemos vimos a confirmação de cada um deles no elo em cadeia identificados como ícones em tempos não subsequentes, com peculiaridades que chamamos de sincronicidades. Exploraremos isto em nossa análise semiótica.

Essas sincronicidades não poderiam ser refutadas, mesmo que não nos permitem vasculhar sua veracidade em todos os lugares, ou analisar suas condições existenciais, pois que o Novo característico nesta apreciação distintiva e conceitual faz inferir como motivadores um do outro, onde um só pode existir em função do outro/ente/actante anterior.

O Novo Testamento e o Novo Mundo. Os séculos XV e XVI da descoberta e colonização da América geraram o lexema nominal do "Novo Mundo" que se identifica como a quarta parte do mundo até então "desconhecida e não sabida". E ainda que referendada por Vespúcio em seu livro homônimo, a expressão desse topônimo *Novo Mundo* melhor reafirmaria o valor da descoberta colombina. Mesmo que a compreensão do "Novo Mundo" como palavra-ocorrência não dependesse exclusivamente de qualquer a publicação, era consenso que, nas "Antilhas", não estava a Ásia, aquela descrita por Marco Polo –, mas existiam ali outros povos silvícolas.

O acesso a este gigantesco território "desocupado", de matas virgens, moveu toda a Europa em busca de usufruir, conquistar e se aproveitar economicamente da matéria-prima e mão de obra à disposição de todo aquele que vier a ocupá-lo. Tão logo suas fronteiras foram se demarcando, maior era a necessidade de implementação de saberes resultantes das viagens para a contínua atualização de novos atlas geográficos e mapas-múndi.

A descoberta ou advento deste "Novo Mundo" por Cristóvão Colombo reafirma, *materialmente* o que foi também, para o conjunto dos livros sagrados do "Novo Testamento", *espiritualmente*, como tempo histórico em Cristo, tão marcante foi que, a partir dele, se demarcava a contagem dos dias no calendário ocidental.

Ambos tiveram importância como águas divisórias de seus tempos e de um novo espaço, previstos, ora por profetas, ora por sábios antigos. Neste sentido, vemos o valor do almirante genovês ultrapassar seus próprios ideais (chegar às Índias) pelo que convencionalmente conhecemos e pelo que representava potencialmente, paralelo ao Cristo como verdadeiro modelo de homem, conforme o quadro condensado a seguir de implicações verticais: o Evangelho (Boa Nova) de Cristo implica o Novo Testamento e a percepção "espírito/tempo", como a descoberta de Colombo, implicará o "Novo Mundo" achado na dimensão da "matéria/espaço":

Tabela 3

O NOVO METAFÍSICO	NOVO FÍSICO
Cristo	Cristóvão Colombo
Novo Testamento	Novo Mundo
Espírito	Matéria
Tempo	Espaço

Fonte: do autor

Acreditamos que os valores espirituais estejam acima dos materiais, assim Cristo está acima e é uma força incomparável. Da tessitura do modelo estrutural semiótico é permissível fazer essa conjunção de objeto-valor em paralelo, inclusive pela derivação ocasional da palavra Cristo em Cristóvão, pelos opostos espaço/tempo, pela alteração de paradigmas histórico sociais, como também pela associação de Colombo ao Cristo quando se disse que o almirante genovês representaria a maior causa ou o maior acontecimento da História depois de Cristo.

Os dois actantes no tempo/espaço separam ao que a imagem de seus nomes está vinculada: a um novo mundo geográfico (material), a um novo valor religioso (espiritual), separando-se, consequentemente, de um Velho Mundo e do Velho Testamento. Esta explanação exemplificaria o tratamento convencional de outra articulação semiótica possível sobre o aspecto do Novo.

Segunda Parte

O DISCURSO EM SUA VARIEDADE FENOMÊNICA

5

UM ESTUDO DÊITICO COMPARATIVO DA DENOMINAÇÃO

Um sujeito qualquer de um enunciado sofre a ação do predicado como forma lógica interna de uma expressão linguística, que oportuniza a identificação natural da coisa. Segundo a lógica aristotélica, um sintagma é constituído de um predicado que fala do sujeito. Quando há certa notoriedade no personagem-sujeito, temos exemplos de abertura de vários significados sociais sobre a imagem "física" individual, sobre os fatos a ela subordinados, seja de reconhecimento particular, seja coletivo, direta ou indiretamente, num tempo presente atual, ou aquele trazido pela memória. Aqui fazemos o sujeito em si transpor ao que nos apresentam, de forma consuetudinária, para os livros de história. Vamos além do tempo presente de cada personagem em enunciação. Ao lembrarmos que correlacionamos um sujeito-indivíduo a tempos distintos, no exercício destas ações, desafiamos o lugar da predestinação do ser, apresentando-lhe despido, ainda como um desconhecido, no qual se afogariam num grande mar de possibilidades se não lhes descobrir o tal ponto em comum a tudo. Lembremos os presságios trágicos de Édipo (não quer ver), ou Narciso (a visibilidade fatal), nos antigos mitos gregos, ou o carácter escatológico judaico, que pretende um futuro de esperança, a injunção daquilo que aponta a um Salvador esperado. Assim, encerra-se o "Antigo Testamento", contribuindo, sem saber, para um corte estrutural do sagrado, abrindo o discurso, para antes e depois de Cristo.

Nos estudos deste capítulo, avançamos a análise lexical centrada no nome do sujeito, sobre os atores que pesquisamos; e do ato de nomear, focando nossas atenções sobre indivíduos no tempo que se distinguem, entre si, porém dentro de um conjunto semelhante de fatualidades. Algumas especificidades linguísticas aparecem indiretamente: etimológica, morfológicas, semânticas, fonológicas, lexicológicas etc., conforme o surgimento das formações discursivas. E deste resultante emaranhado linguístico, exploraremos a importância lexicológica e dêitica do nomear e onde eles aparecem no discurso para nós.

O que é um dêitico? O dêitico é aquilo que aponta, demonstra, mas este apontar no espaço/tempo concretos da enunciação não é a busca da verdade geral ou universal – que caracteriza a ciência –, pois o dêitico cativa o efêmero e circunstancial da singularidade: o "eu", o "aqui" e o "agora", se abastece do contexto singelo da enunciação particular e remete ao objeto singular dado momentaneamente, os demonstrativos: isto, aquilo, entre outros. Este "indicador", para E. Benveniste, formalizado, tal como estamos acostumados na narração textual, tem uma carga semântica bastante clara e atualiza o momento semiótico da ocorrência. É, portanto, imperioso refletirmos a condição prática do dêitico, enquanto o que aponta é referido pelo pensamento e pela linguagem dentro de contextos, nos quais se veria embreado no discurso, como se estivesse acontecendo no momento da leitura. A denominação de algo tem uma função dêitica, porque ela sempre se referirá a um ente em especial.

A velha discussão toponímica da relação Colombo/Vespúcio está no fato de que, a este último, foi conferido dar seu prenome ao continente. Américo Vespúcio conseguiu chamar atenção sobre suas pretensas viagens feitas a serviço de Portugal ao Brasil, porque aparentemente relatara o reconhecimento litorâneo das novas terras. A nuança descritiva do que supunham os antigos, de encontrar uma terra completamente desconhecida, na época, foi muito especulada pela imaginação popular. Isto lhe suscitou tomar toda aquela vastidão geográfica como terra inexplorada. O topônimo "América", ao novo continente recém-descoberto, teve sua origem na publicação de Martin Waltsmüller, em 1507, que essa seria a melhor designação entre as várias outras para o novo continente. Prevaleceu esse nome, portanto, sobre o do descobridor genovês (falecido um ano antes, em Valladolid). Além de homenagear o florentino Vespúcio, Waltsmüller oportunizou bem uma solução fonética sobre as designações continentais, justificando-se até sonoramente. Diz ele que, ao "A" prefixal de América como o "A" de Ásia e África, temos o elemento sufixal português feminino "rica", "ia" e "rica" das respectivas lexias. Eis então um dos argumentos instrumentais do alemão, justificando a premência designativa de "América", até hoje pela força do hábito.

Para bem nos atermos a um "significado" afetivo e/ou conceptual da problemática acerca da "denominação", trabalharemos o que tangencia a problemática casuística mais comum. Partimos do que problematiza a exata definição dos seres particulares. O caráter do relacionamento capcioso, por exemplo, a lexia "almirante", que aparece em vários semas objetais, definido como o maior grau hierárquico/patente da marinha. Podemos usar a lexia "almirante" de forma diversa. Em mourisco, "almirante" significa "senhor dos mares"; mas pode ser, inadvertidamente, o dono de um automóvel grande ou, de forma humorada, saudarmos como "banheira" (o "grande navio" do almirante) etc., indo, assim, em referenciais novos abrir novos caminhos de interpretações. Difícil é encontrar um fio cognitivo que possa, na sua particularidade, ter um único significado de apenas um significante, exceção ao latim, próprio das classificações dos espécimes científicos (como o *trypanosoma cruzi*[143]), criado propositalmente para fixar um significado único. O latim como língua morta, em tese, não se desenvolve nem evolui com novos significados. Por isso, ele serve para designar nomes científicos, uma vez que não há, em torno dele, geração de metáforas. Seu significado pretende ser imutável, preciso. Ao identificarmos um conjunto lexical, sua precisa semântica ficaria setorizada em graus estanques, o que envidaria "os conjuntos" (universos de discurso) em que os signos balanceariam, ora a um nível hiponímico, ora hiperonímico. E sua força sêmica variaria nestes conjuntos, para dentro ou para fora, de acordo com sua manifestação no discurso, como conjunto que "contém" algo ou "está contido" em algo.

Hiperonímia é, podemos dizer, um lugar linguístico que destaca a nomeação tipológica de indivíduos. Quando nomeamos um universo de discurso X, podemos levantar dados e concentrar neste conjunto outros elementos[144], que se repetem automaticamente (por tradução) ou por assimilação (compor um nome pela beleza sonora, ou lembrança de importante pessoa, por alguma associação).

Buscamos sempre em um conjunto qualquer (nomes de gatos, irmãos etc.), certa identificação egóica. Trazemos de nossa vida cotidiana um grupo de pessoas que fará algum sentido conosco, por fazer parte de um conjunto de situações. Poderíamos buscar um exemplo de um conjunto de coisas que formem um universo de discurso de elementos, ou que tenham semelhanças coexistentes.

Uma hiperonímia vai designar um conjunto de nomes. Sabemos que há nomes irrepetíveis, de poucas repetições ou nenhuma, do tipo "Buda", "Pelé", "Cristo" e outros. Não lembramos fácil algum outro homem que tenha se destacado milagrosamente na história por ter se chamado "Cristo", fazendo o que fez, senão o próprio Jesus. Se fosse fácil, formaríamos um conjunto concebido por homens com os mesmos nomes.

---

[143] Nome do vírus descoberto da doença de Chagas e homenagem do grande cientista brasileiro Carlos Chagas ao seu amigo pesquisador e cientista brasileiro, Oswaldo Cruz.

[144] Elementos estão aqui como abstração de figura matemática, como item de um conjunto matemático, porque não há nada único no mundo relativo que não esteja num conjunto. A unicidade exclusiva compõe-se do Absoluto Deus.

Em contínuo, num subconjunto a este, reuniríamos os nomes derivados do nome de Cristo, ou seja, podendo ser o do almirante genovês "Cristóvão", ou "Christopher", ou "Christoforo", ou "Cristóbal", como traduções similares e automáticas da mesma palavra em línguas diversas. Este seria um conjunto hiponímico, pois não nomeia outro, mas existe a partir do transfrástico que se reconheceria em todos os discursos, como um elemento interno, básico, em sua origem. Em nossa pesquisa, como usamos a língua portuguesa, escolhemos reter aqui o nome do grande genovês em idioma português.

Superando a dimensão das derivações personalistas ou pessoais, pelas várias designações de uma mesma pessoa hipotética, passaríamos ao subgrupo dos elementos que têm o mesmo nome, mas são pessoas diferentes. Nesta sequência, encontramos fontes históricas decorrentes de Cristo, como "Cristóvão Colombo", "Christopher Newport", "Christopher Columbus Kraft Jr.", entre outros, como elementos do subconjunto hiperonímico dos personagens que seguem o mesmo nome. Num outro conjunto, teríamos possibilidades de auferir o pressuposto de que o nome "Cristóvão" tenha um sentido causador ao que se apresenta como de outro sujeito. Em "Christopher Newport", já está nele a sequência de um mesmo nome paterno, como aconteceu com "Christopher Columbus Kraft Jr". Ambos reelaboram o contexto em que vivenciam acreditando que sua sorte ou seu destino, em parte, seja devido à derivação do nome do almirante genovês. Assim também acredita o conhecido diretor da NASA, como, também, um dos fundadores da primeira colônia americana "Jamestown" – o capitão Newport –, que fez nomear o seu filho com o seu mesmo nome, que é também o nome do avô.

A primeira colônia americana foi fundada em 1606, por Christopher Newport, exatamente 100 anos após a morte de Colombo. Foi uma iniciativa primaz com o objetivo de organizar as bases de um grande povo vivendo em novas terras. Assim começou a nação estadunidense. A esta marca da "descoberta" para os ingleses (e sua colonização), articulamos a outrora façanha colombiana e o seu legado à Espanha. A característica da reprodução do substantivo nominal deixa mais claro esta pulsão instintiva do culto ao nome do explorador, além do vácuo de um século de sua morte, autorizando a colonização americana como se chegada a hora. Então, dessa maneira, podemos inferir um tal "Cristóvão" Colombo um poder igual à bússola que outorgou a Newport um momento para o seu grande feito histórico.

Newport não possuía um braço, um detalhe característico e caricatural de "pirataria". Já no século XX, temos Neil Armstrong (braço forte), que, impulsionado por Christopher Columbus Kraft Jr., seria o primeiro a pisar na Lua, navegando pelo espaço por meio de um Módulo Lunar chamado "Colúmbia". Temos aqui estruturado outra façanha de exploração como foi a anterior. Ele pisaria em solo lunar no dia 20 de julho. A Lua seria atualmente um sexto continente, como diria o historiador Eduardo Mendoza Varela, em sua palestra *Sombras y Luces de uma biografia*[145]. "En 1969, el comandante Armstrong trojo de la Luna, nuestro sexto continente, un puñado de polvo y unas cuantas piedras [...]".

É importante tratarmos como continuidade sucessiva que o nome do almirante tem presença em quem o sabe usar, mas, ao mesmo tempo, esses personagens deixam claro a todos que a importância da sua existência, até certo ponto, foi motivada pelo nome copiado, mesmo que depois seja engrenado o valor de seus próprios atos. Christopher Columbus Kraft Jr. é reconhecido pela alcunha "Criskraft", o que o fez libertar-se da primeira imagem, que tem com o pai o mesmo nome. Notamos que Newport também pareceu ter sua independência como personalidade, mas fez dar continuidade

---

[145] V CENTENARIO DEL DESCUBRIMIENTO DE AMERICA. Boletín de historia y antigüedades. Academia Colombiana de Historia. Bogotá, 1992. p. 764.

rebatizando seu primeiro filho com seu nome. De forma que o conjunto dessas repetições mantém um fluxo contínuo de conteúdo de outra existência. O traço repetido aqui nas partículas fonêmicas "New" e "Neil" prevalece entre si, equiparados e atuantes indiretamente em suas variações semiológicas que passaríamos a apreciar, tanto quanto ao temperamento biotípico.

Lembrar dessas faculdades do substantivo próprio (antroponímico) como um complexo linguístico que orienta um conjunto de significações é, além de demarcar a unidade lexicográfica e hierárquica, uma forma possível de se reconhecer um campo semântico e determinar sua classe linguística. Assim podemos concluir que, em *stricto sensu*, a Navegação Aérea tecnologicamente surge como produto das demonstrações de voo efetivas de Santos Dumont, tanto quanto entender a Navegação Aérea como um punhado de ações conquistadas por cada agente, pesquisador etc., que contribuíram em parte para a sua consecução, inclusive o próprio.

A avó paterna de Alberto Santos Dumont chamava-se D. Euphrasie François Honoré Dumont, mãe de Henrique Dumont. Desse primeiro nome "Euphrasie", vemos, em português, "Eufrásia", que etimologicamente vem do grego, "de Εὐφραισζ, composto de Eὺ, 'bien, bueno,' y φραιζσδ, 'lenguaje, discurso, elocuencia': 'la que habla bien', 'la que tiene facilidad de palabra[146]. Não obstante isto, verificamos, pela decomposição da palavra, outro recorte fonêmico da morfologia psicológica. Assim, a segmentação tripartida de Eufrásia ensejaria a conjunção nominal dos três continentes conhecidos do Velho Mundo antes de Colombo: Europa, África e Ásia. De modo que esta aliança de parentesco entre Santos Dumont e Eufrásia, ao analisarmos nesses moldes, sugeriu-nos outra prospecção inesperada e coincidente. Essas relações imperceptíveis, expressam o retorno à mesma dualidade – mote da pesquisa. Ou seja, esta atualização sígnica extraída do nome "Eufrásia" induz-nos a sua transferência aos nomes geográficos, ligando-a tanto a um personagem como a outro, forçando questionamentos sobre a condição do comportamento "aleatório".

Na ciência da geografia cartográfica, Colombo figura como divisor de águas, ou seja, ele fará dividir os estudos geográficos em antes e depois de 1492. O planisfério se transformará após a descoberta da América, passando continuamente por mudanças profundas e essenciais que transformariam toda velha cultura medieval estacionária num período de grande fervilhamento cultural pelas novidades conseguidas. Esta mudança se traduziu pela nova concepção do espaço territorial influenciada pelas navegações ultramarinas. Conceber-se-ia, portanto, diacronicamente, dois tempos geográficos: um em que tudo se reduz a três continentes e outro em que a civilização toma conhecimento da América pela descoberta colombiana: "Los europeos siempre supieron de la existencia de China y del Lejano Oriente; nunca, en cambio, conjeturaron América"[147].

Voltando à questão das denominações, Euphrasie Dumont foi o nome da mãe de Henrique, pai de Santos Dumont. Ao estreitarmos Eufrásia/Henrique, conseguiremos adiantar a mesma equivalência àquele precedente. Senão vejamos, etimologicamente, de Henrique encontramos um significado semelhante àquele dado a Américo. Ambas as lexias têm procedência germânica de "Haimirich", "de hai", "morada, casa, pátria", y rick, "jefe, caudillo, poderoso", "el jefe del hogar", "el director de su morada" o "el príncipe de la casa"[148]. Entretanto, nossa explicação não se atém ao nível do vernáculo usado pela gramática histórica, mas à semiose morfológica da relação Henrique/Américo – alvo do recorte vocabular. Poderemos também documentar a expressão nominal como similitude normativa apresentada no discurso abstraído. Mas, na forma narrativa, podemos

---

[146] Do livro de Gutierre Tibón, intitulado *Diccionario etimológico comparado de nombres próprios de persona*.

[147] MONEGAL, Emir Rodríguez – *Noticias secretas y publicas de América*, Espanha, 1984.

[148] Tibón, Gutierre – *op. cit.*

reconduzir uma aproximação intertextual do estudo, espelhando-nos no seguinte fato: em 1721, Bartolomeu Lourenço de Gusmão, da Academia dos Anônimos de Lisboa, foi contemplado com a tarefa de escrever em português a *História do bispado do Porto*. Nas suas investigações documentais, Bartolomeu de Gusmão comunica, em 18 de março, "sobre a dúvida de haver um bispo de Coimbra chamado Henrique com a interpretação de que Almerico se poderia tomar por Henrique"[149]. Diante disso, o clérico brasileiro e inventor do aeróstato (balão de ar quente), coube unir coincidentemente estes dois nomes motivado pela dificuldade da leitura gráfica e pela semelhança etimológica. A conotação que interpomos agora a estes dois nomes está na transparência com que pôde ser auferido o termo "América". Assim, América, subjacente à mesma origem etimológica de Henrique[150], traz, junto ao nome Eufrásia (que aglutina os três continentes), um resultado "complementar" (à família Dumont), completando as quatro partes do novo planisfério geográfico do século XIV.

Na passagem actancial de "Henrique" para Alberto – prenome de Santos Dumont –, pai e filho, recorremos à decodificação entre Henrique e Américo, num vínculo fonêmico idêntico ao caso de Eufrásia, por seccionamento silábico. Assim, se excluirmos de Américo os fonemas que não pertencem a "Alberto", e vice-versa, teremos como resultado o significante prefixal aeronáutico "aero". O significante prefixal da ciência aeronáutica decorrerá da sincronia dos fonemas suprimidos. Teríamos aqui uma espécie de "licença prosaica" que não cabe crítica por não se submeter às regras elementares da formulação silogística, de modo que não podemos concluir que um universal possa sair deste particular. Ou seja, o prefixo "aero"[151], da junção fonêmica dos nomes pessoais aglutinados e lapidados, nos remete à formação da lexia "aeronáutica", desentranhada como acaso, mas vale sua emersão aqui.

O tratamento dado ao conjunto sêmico anterior, que possibilitou a relação entre **Eufrásia, Henrique e Alberto**, enuncia um índice narrativo que determina traços linguísticos da relação sequencial "Europa, África e Ásia > América > Aero" como espaços explorados e descobertos. Estes trazem consigo diacronicamente nomes paradigmas identificáveis como desbravadores históricos: "Ulisses – Marco Polo – Cristóvão Colombo – Santos Dumont", seguindo, a princípio, o fio condutor linear previsível dado pelo encadeamento narrativo da história.

A respeito do sobrenome de Santos Dumont, temos que concordar que *Dumont* é um nome tão vulgar, em França, como *Silva* no Brasil", destaca Gondin da Fonseca. Este será o sobrenome de Alberto. Mas, por um sentimento patriótico, quando adulto e reconhecido, unirá o sobrenome brasileiro "Santos" ao francês "Dumont", por meio de um sinal de igualdade. Cita Gondin da Fonseca, que "nasceu o primeiro filho, a quem o pai (Henrique), segundo um hábito tradicional da Europa, quis dar a ele o seu próprio nome". Entretanto, o seu nome inicialmente era o francês "Henri", que foi aportuguesado para "Henrique". Então, o primeiro filho dele não foi o nosso aviador, que recebeu o nome de Alberto. Há uma preocupação egocêntrica paternal de lançar a sorte futura para os filhos por meio dos bons augúrios carregados pelo nome. Colombo também dará o nome do seu famoso segundo filho, seu grande biógrafo, de "Hernando" ou "Fernando", o nome do rei católico espanhol daquele momento.

De certo modo, temos para nós que a repetição, é importante afirmar, tem sua necessidade, e esta reiteração é uma tentativa de conter a velocidade das coisas. É necessário sempre que alguma coisa se repita para que haja sentido, pois o conhecimento exerce uma velocidade escapando sempre

---

[149] TAUNAY, Afonso de E. *Bartolomeu de Gusmão: Inventor do aeróstato. A vida e obra do primeiro inventor americano*. São Paulo: Edições Leia, 1942.

[150] A mesma origem germânica dos nomes "Henrique" e "Américo", no que concerne à etimologia, evoca o fato de que o nome "América", dado em 1507 ao novíssimo continente, compunha a obra de Martin Waltsmüller, que também era alemão.

[151] A palavra "aero" também remete à denominação "avião", assim como é chamado no idioma italiano "aereo".

do que chamamos desconstrução. A cada fala, reformulamos os sentidos e introjetamos outros e mais outros sentidos. Então "o homem não aguentaria muita velocidade senão perderia o sentido das coisas. Por outro lado, também não aguenta muita lentidão porque aí a atenção escapa".[152]

Não podemos esquecer que outras vezes há o lado político implícito em muitos personagens do tipo que nos fala Otto Bettmann.[153] "Voltando do exílio após a Revolução de 1848, Luís Napoleão (sobrinho de Napoleão I) foi eleito Presidente da Segunda República, em grande parte por seu nome famoso". O nome que nos designa dá certa importância ao destino que escolhemos.

Quanto à prioridade da invenção do avião disputada entre Santos Dumont e os irmãos Wright, no que concerne a dêixis – como denominação, tornar-se-ia de interesse político-ideológico – fazer retrocedermos às explicações do acontecimento. Num quadro semiótico, o termo "Santos Dumont" liga-se à ocorrência do objeto, o 1º voo. O termo contrário, "os Wright", liga-se não ao fenômeno já conhecido, mas ao sujeito, a si mesmo ou ao "nome" (pretensão de ser o verdadeiro autor). Isto não bastando, e correndo paralelamente, há os defensores do francês Clément Ader, como precursor do voo, senão, como o que saltou por primeiro a bordo do "Avión 3", refutado no início pelo próprio aeroclube da França. Nessa época, nasceu a crítica historiográfica da aviação reconduzindo primazias aéreas, ascensões balonísticas, saltos, despegues ou pulos do "mais-pesado-que-o-ar" a todo e qualquer pretenso esquecido "aeronauta" injustiçado.

Tabela 4

Metatermo	SER	NÃO SER
Autor	*Santos Dumont*	*Wilbur Wright*
Vetor	o Objeto: *1º voo*	o Sujeito: *autor*
Motivo	o que? *o fenômeno*	quem? *seu nome*

Fonte: do autor.

O criador de "Éolo" ou "Avións", depois da negação de seus voos e do corte dos subsídios de pesquisa, quiseram (ante o voo bem-sucedido de Santos Dumont) que o "Avion 3" tivesse voado. Colhemos um exemplo publicado pela veterana revista mensal parisiense *L. Aérophile*, datada de 1938:

> Dentro de dois anos, em 9 de outubro de 1940, fará cinquenta anos, queira-se ou não, que o "Eolo"[154] de Clément Ader voou [...]. "Os primeiros que se elevaram em globo foram dois franceses: Pilatre de Rozier e o Marquês de Arlandes". [...] "É um francês, Ader, o primeiro que se separou do solo sobre um mais-pesado-que-o-ar.

Na verdade, esse forçoso reconhecimento a Ader não ocorreu. Entretanto, o que, a respeito de Ader, lhe responderia favoravelmente (sendo pertinente citar aqui) seria que, em várias enciclopédias, livros e revistas especializadas, se vulgarizou a palavra "avião" a um morcegoide a vapor que nunca

---

[152] Entrevista a Luiz Tatit por João Bandeira para o Jornal da USP – semana de 9 a 15 de 1993.

[153] BETTMANN, Otto – Arquivo Ilustrado da História do Mundo. Ed. Tecnoprint, 1982.

[154] "Éolo" foi o aparelho "Avión I". Os "Avións" II (Zefir) e o III (Aquilon) de Ader são consequência da ineficácia do Eolo. Com respeito ao "Avión", escreveu A. de Miranda Bastos: "O 'avión' não voará! Assim, declarou e assinou no documento oficial de 28 de outubro de 1897, o Gen Mensier, presidente da comissão – o Gen. Delambre, o Gen. Grillon, e os Srs Sarreau e Léauté, da Escola Politécnica".

voou. Esta amostragem nos confirma a persuasão do poder linguístico além dos caracteres léxicos. É importante notarmos aqui o ardil em favorecer um dado histórico, em proveito da troca de significantes, pois, ao tomarmos uma coisa por outra, permitimos os trocadilhos de fazer do inventor da lexia "avión" o inventor também do primeiro aparelho voador. A elaboração de vocabulários não se limitou ao "Avión". Termos do legado de Ader ao vocabulário aeronáutico:

1 – Aviation (aviação) – Ciência geral da translação aérea
2 – Aviateur (aviador) – Aquele que viaja no ar sobre aviões
3 – Avier (não vingou) – Viajar no ar com aviões
4 – Avión (avião) – Veículo, aparelho aéreo alado
5 – Avionnerie (não vingou) – Arte de construir aviões
6 – Avionneur (não vingou) – O que trabalha na "avionnerie"[155]

Santos Dumont, segundo o biógrafo Fernando Jorge, na oportunidade em que concedeu uma entrevista ao *New York Times*, "profetizou" o surgimento do tráfego de aeroplanos e criou até o neologismo "aeroporto".[156] Era o "pai da aviação" propondo um novo vocábulo, assim como fizera Samuel Pierpont Langley – o "pai da aviação" inglês –, quando inventou o substantivo "aerodrom".

Sobre "São Cristóvão". Não existem proximidades etimológicas entre Cristóvão Colombo e Santos Dumont, mas existem inúmeras interlocuções linguísticas grifadas documentalmente que mesclam o último ao primeiro. Para facilitarmos a abordagem, divagaremos sobre os sentidos léxico-nominais do contexto linguístico e histórico. Preocupa-nos dar formas reais, além da apreensão biográfica comum repercutida nos personagens nas amostras extralinguísticas inerentes aos respectivos traços verbais. A começar pela explicação do nome "Cristóvão", que foi conduzida por Hernando Colón (Fernando Colombo) desta forma:

> [...] si queremos reducir su nombre a la pronunciación latina, que es **Christophorus Colonus**, diremos que, así como se dice que San Cristóbal tuvo aquel nombre porque pasaba a Cristo por la profundidad de las aguas con tanto peligro, por lo cual fué llamado Cristóforo, y así como llevaba y conducía a las gentes, que ninguna otra persona habría sido capaz de pasar.[157]

O São Cristóvão da forma lendária é um personagem de grande estatura, em cujo ombro leva um menino a atravessar um rio caudaloso. Usando uma vara ou cajado[158], ele atravessa titubeante o rio, sofrendo os infortúnios da correnteza e da superfície onde pisa. Entretanto, o peso na garupa aos poucos aumenta e dá, por fim, na figura de Cristo em seu ombro. Daí o significado da assinatura de Cristoforo Colombo ser *Xpo Ferens*, interpretado do grego e latim "o que leva a Cristo", segundo Fernando Colombo, seu filho, seria equivalente ao italiano *Cristoforo*, significando "o portador de Cristo". O almirante, como sendo o primeiro a destemer a travessia do Oceano - Mar Tenebroso e de havê-lo feito, concorda com a identificação do santo que atravessará "águas desconhecidas" com o propósito de levar o cristianismo a outras terras!

---

[155] BLANQUER, Antonio García. *La conquista del aire*. Barcelona: Luis Miracle Editor, 1945.

[156] O termo "Aeronáutica" é de Leibniz. O grande filósofo alemão, Gottfried Wilhelm Leibniz, criador da ideia espiritual da "mônada" identificada, no seu livro *Monadologia* – como ente paralelo ao átomo material. Publicou, também em 1675, o livro *Aeronáutica*, criando o que a aviação tomou como designador científico para todas as áreas demonstrativas e tecnológicas que tratassem do voo. Pode-se ver o quanto o pensador estendeu seu pensamento crítico, criando entradas linguísticas, tanto para as ciências exatas (matemática e física), como para as ciências humanas (metafísica). STREHL, Rolf. *O céu não tem fronteiras: a grande aventura da aeronáutica*. São Paulo: Edições Melhoramentos, 1965, p. 20.

[157] COLÓN, Hernando. *Vida del almirante Don Cristóbal Colón*. México/Buenos Aires: Fondo de Cultura Económica, 1947, p. 29.

[158] Há de se pensar se a vara ou o cajado não apareceria de forma metafórica, em Santos Dumont (por meio da figura de São Cristóvão), quando presenteia o embaixador do Brasil na Inglaterra, Joaquim Nabuco, com uma vistosa bengala.

O biógrafo e filho de Cristóvão Colombo, usando do recurso etimológico do primeiro nome do pai, defende a ideia de uma determinação psicológica, conforme a explicação do substantivo nominal e a decorrência factual demonstrada em sua historiografia. Fernando Colombo não escondeu a probabilidade da influenciação nominal dos caracteres subliminares inatos da vocação e do seu desempenho diante de sua época. A personificação histórica do homem no tempo resulta de como ele se comporta diante dos fatos, esforçando-se em superar obstáculos materiais e espirituais. Sua existência é regida por uma força exercida pelo nome que refletirá sobre o comportamento particular já antevendo um prognóstico. Era o que entendeu o autor quando escreveu: "Poderíamos aducir como ejemplo muchos nombres que no sin causa oculta fueron puestos como indicio del efecto que había de suceder, como en lo que toca a aquél de quien fué prognosticada la maravilla y novedad de lo que hizo"[159].

Vejamos o que diz um texto sobre Santos Dumont. Pretendia ele, certa vez, levar para próximo de Cabangú – sua casa no interior de Minas Gerais – alguma escola para crianças, pois isso parecia lhe fazer voltar ao tempo de sua felicidade juvenil, quando vivera naquelas paragens bucólicas do interior mineiro com alegria e paz. Destaco, no livro de Francisco Pereira Silva, a seguinte alusão a Santos Dumont, quando já "aposentado da aviação" e voltava à sua casa de nascimento:

> Uma solução! Uma escola, ali pertinho, não era o ideal? Ele mesmo iria até a sala de aulas para chamá-las para brincar, para invadir as jabuticabeiras de Cabangu, que estava na hora do recreio. E cada travesso atracava-se nas suas mãos, na aba do paletó, nos ombros, por entre as pernas. Seria então chamado de "o carregador de meninos[160].

Nesse parágrafo, excepcionalmente, encontramos um dos atributos de identificação de São Cristóvão, que é, precisamente, como já nos referimos pela lenda, aquele que carregou o menino ao ombro (um Jesus em transformação), que, desta forma, atravessou um rio. Temos em destaque nessa ilustração narrativa a mesma equivalência à São Cristóvão, nome que fez Fernando Colombo justificar seu pai ser assim chamado. Desta forma, aparece-nos a recorrência ao santo que foi uma característica de significar o destino de Cristóvão Colombo no desenvolvimento de uma pequena história cotidiana existente igualmente na personalidade do aviador brasileiro.

A seguir, o autor de *Vida del Almirante Don Cristóbal Colón* explana duas possibilidades significativas para a figura da "paloma" em Colombo. O sobrenome do descobridor era um índice semântico que se converteria, por sua vez, também numa compreensão "sagrada" e legítima do porquê ter sido ele "escolhido" para desvelar um novo continente à civilização.

> [...] diremos que verdaderamente fué **Colombo**, o Paloma, en cuanto llevó la gracia del Espíritu Santo a aquel Nuevo Mundo que él descubrió, mostrando, según lo mostró el Espíritu Santo en figura de paloma en el bautismo de San Juan Bautista, cuál era el hijo amado de Dios, que allí no se conocía. Y porque sobre las aguas del Océano, del mismo modo, como la paloma de Noé, llevó la rama de olivo[161] y el óleo del bautismo para la unión y la paz [...][162].

Tal foi a explicação esperada que o biógrafo entendeu, francamente, a trajetória de Cristóvão Colombo, seu pai. Do mesmo reforço profético messiânico, encontramos, com outras características, em Santos Dumont, as articulações combinadas. A abordagem que faremos não impede que, meta-

---

[159]   COLÓN, Hernando. *Vida del almirante Don Cristóbal Colón*. México/Buenos Aires: Fondo de Cultura Económica, 1947, p. 29.

[160]   SILVA, Francisco Pereira da. *Santos Dumont*. Coleção: A vida dos grandes brasileiros, São Paulo: Editora Três Ltda., 2003. p. 184

[161]   Coincidentemente, Fernando Jorge afirma, em seu livro, que "o ficcionista do 'Rei Negro'– Coelho Neto – aconselhava o aeronauta – Santos Dumont – a abrir 'as asas largas' no espaço e voar, porém, 'não como açor, mas como pomba'. E quando voltasse ao ninho, que trouxesse 'o ramo verde da oliveira'".

[162]   COLÓN, Hernando. *Vida del almirante Don Cristóbal Colón*. México/Buenos Aires: Fondo de Cultura Económica, 1947, p. 29.

fóricos, descubram os mesmos materiais léxicos deslocados, com um sentido histórico estendido e perfeitamente condizente com uma realidade psicológica experienciada. Há vários exemplos desses encontros que perpassam sua história num contínuo.

Um grande amigo de Santos Dumont fora o poeta Coelho Netto, que, certa vez, discursou em sua homenagem, lembrando os mesmos elementos figurativos anteriores: "o ficcionista do 'Rei Negro' [...] aconselha o aeronauta a abrir 'as asas largas' no espaço e voar, porém, 'não como açor, mas como pomba'. Quando voltasse ao ninho, deveria trazer o 'ramo verde da oliveira'".[163]

Sobre "São João Batista". Se voltarmos a explicar os traços sêmicos entre Cristóvão Colombo e São João Batista, lembremo-nos a explicação que deu Hernando Colón para uma de suas suposições da origem coincidente da palavra Colombo, na referência ao pombo (colomba), que apareceu quando Cristo fora batizado, dando a saber a João Batista e ao mundo quem Ele era, aquele que viera trazer a salvação ao mundo: "E João deu testemunho dizendo: Vi o espírito descer do céu em forma de **pomba** e repousou sobre ele"[164]. "Colombo" tem como parassinônimo "o descobridor da América" por um viés histórico. Todavia, o **significante** "colombo(a)" detém o **significado** denotativo de "pomba" (em italiano), pássaro que, no batismo de Jesus por João Batista, fora o sinal da <u>revelação para o mundo</u> do Messias Salvador, assim como o personagem de nome Cristóvão revelaria um novo mundo ignorado que precisava ser descoberto e salvo! Vejam, em Hernando Colón, que, por conta da expansão do cristianismo por Colombo, pode ele ter salvado muitas almas: "Pues es de creer que muchas ánimas, de las cuales Satanás esperaba apoderarse, no habiendo quien las pasase por aquellas aguas del bautismo, fueron hechas por él (Colombo) moradores de la eterna gloria del paraíso"[165].

É complexa a cadeia sígnica de símbolos aferidos a João Batista (a água, o rito do batismo, a fogueira do nascimento, a pomba do espírito santo, sua cabeça em oferta, a doutrina dos essênios, a solidão, o deserto etc., aproveitadas em isotopias diversas). No caso de "Xristo-Ferens", isto significa "aquele que apresenta o Cristo". O próprio João Batista evidenciara não ser ele o profeta, ou o messias com o qual fora confundido, mas que, por ele, se evidenciaria o verdadeiro messias para o mundo, chamado "O Cristo". A identificação nominal, entre o ato de investidura do "Cristo", São Cristóvão, e Cristóvão Colombo adquire um significado maior. Mais do que levar o "menino" à outra margem de um rio, é levar o cristianismo ao novo continente. Este carácter sintáxico se bifurcaria em uma dualidade que a um tempo funde "Xristo-Ferens" como "o que leva o Cristo" ou "o que leva para Cristo".

Em Santos Dumont, a absorção de "São João Batista" apareceria como nome do cemitério da cidade do Rio de Janeiro, no qual seria sepultado. Esta referência é expressiva, porque ele mesmo escolheu e construiu o seu túmulo com antecedência, aproveitando, principalmente, a inumação de seus pais, transferidos para ali. Isto nos sugeriu um quadrado lógico no qual relacionamos Colombo como metatermo identificativo do pombo de João Batista à <u>vida</u> (renascimento batismal), e o outro, Santos Dumont, por meio do cemitério João Batista, à <u>morte</u>. Desse modo, percebemos um jogo intertextual de contrários ao atualizarmos elementos linguísticos indutores de uma sincronia dual.

A ação de deliberadamente se preocupar em construir seu próprio jazigo tumular, visando a não deixar seus despojos se perderem, está irremediavelmente ligada a Colombo por este estar sepultado em lugar não sabido. Acresce-se a isto a diligência de se fazer sepultar ao lado dos pais, ou de seu pai. Novamente isso traz à mente que Colombo também tem uma sepultura em São Domingo, cidade

---

[163] JORGE, 1973, p. 249.

[164] São João, cap. 1, vers. 32.

[165] COLÓN, Hernando. *Vida del almirante Don Cristóbal Colón*. México/Buenos Aires: Fondo de Cultura Económica, 1947, p. 29.

que nomeia o genitor do almirante. De modo que isso, inconscientemente, poderia ser indicativo de que Dumont, ao se sepultar ao lado paterno, aponte onde estejam aqueles seus verdadeiros restos mortais tão procurados: em São Domingos, capital da República Dominicana.

O toponímico "São João Batista" igualmente está presente na cultura histórico-geográfica de Porto Rico[166].

Trazemos igualmente o exemplo de um trecho de uma crônica atual sobre o aviador numa lembrança associativa a São João Batista numa apreciação conotativa, que, indiretamente, para nós, aproxima os dois atores: "[...] dos meninos se fazem os homens, aprimorado, em seu cotidiano, desde sua infância que nas noites de São João ele e outros pequenos construíam sonhos em balões de papel".[167]

Nesse parágrafo, vemos as sucessões metalinguísticas aportarem novamente à figura do "fogo" que remete à fogueira de São João, em que retrata o balonista brasileiro nas pueris brincadeiras das noites de São João em sua infância. São João Batista, primo de Cristo, como sabemos, teve seu nascimento anunciado por uma pequena fogueira ao longe. Como por efeito colateral, a forma sintagmática horizontal da invenção do avião vem das experiências lúdicas com aeróstatos/balões, que vieram das ascensões pelas fogueiras das festas de São João de sua terra natal.

No livro de Jorge, na biografia de Santos Dumont, temos a reprodução de uma saudação num artigo de *O País,* escrito por José do Patrocínio:

> [...] As suas primeiras ascensões foram outros tantos desastres, escola providencial desse sangue frio inexcedível, senão singular na história da aerostação. **Colombo solitário**, o oceano sem ondas do espaço armou-lhe mil ciladas, para dar-lhe essa têmpera que atualmente assombra e desnorteia os seus competidores. Sente-se uma vontade sobrenatural dirigindo as experiências do aeronauta. Ele quer mais do que deve. Quando a sua aeronave se abate, há um poder oculto que opera sobre ela com o espanto da flutuação do barco dos apóstolos no Tiberíades[168].

Essa exaltação a Santos Dumont já estabelece uma conexão a alguém importante como Cristóvão Colombo, da maneira como temos feito. Trata-se de uma figura retórica para enquadrar o inventor aeronauta no rol dos grandes vultos da humanidade. Assim, o estímulo à aproximação deste e de outros fatos induz a uma propensão dêitica dirigida a referentes nominais. Santos Dumont, no texto de José do Patrocínio, é o "Colombo solitário", pela dedicação a uma empresa de risco (vide a história de outros aeronautas), bem como pela procura de uma causa incerta, em que ninguém estava certo de consegui-la.

A frase: "Quando a sua aeronave se abate, há um poder oculto que opera sobre ela com o espanto da flutuação do barco dos apóstolos no Tiberíades" lembra-nos certos sinais que vão ao encontro da etimologia "Cristóvão", aproximando certa metalinguística entre a navegação marítima e aérea, ou seja, do barco à aeronave. Igualmente, não se trata de uma comparação fortuita, porque tanto Cristóvão Colombo como Santos Dumont não morreram por acidente marítimo ou aéreo. Suscita o autor o mítico milagre de Cristo que, ante a tempestade iminente, salva os apóstolos, compara-os aos embates dos aparelhos aéreos, às suas dificuldades de navegação, à constante superação do aeronauta frente às tantas barreiras naturais. A correspondência com Colombo é bem lembrada em função do medo do desconhecido oceano, pois dali sobreviriam talvez muitas mortes, pelo feixe de

---

[166] MORISON, S. 1991, afirma de Colombo que em 18 de novembro: "la flota llegó a una gran isla que los indios llamaban Boriquen [...] y a la cual el Almirante nombró San Juan Bautista; porque las reliquias de San Juan el Bautista eran objeto de particular veneración en Génova. A comienzos del siglo siguiente su compañero de navegación Ponce de León fundó la ciudad de San Juan en un magnífico puerto de la costa septentrional. Esta ciudad se conoció como San Juan de Puerto Rico, y las dos últimas palabras reemplazaron gradualmente a San Juan Bautista como nombre de toda la isla.", p. 561.

[167] ARAÚJO, Dilermando Osório. *Santos Dumont, um Voo para a Eternidade.* Do livro: *Santos Dumont e o Centenário do 14 Bis.* p. 24.

[168] JORGE, 1973, p. 239. O grifo é nosso.

revezes sofridos em viagens anteriores, indefinidas, exploratórias. O artigo de José do Patrocínio flui essa intenção miraculosa no nível da comparação, onde convivia o brasileiro atingido por inúmeros acidentes documentados. Por isso reitera: "Há um poder oculto que opera", sobre a aeronave, como operou sobre o "barco dos apóstolos".

Outra articulação poderá ser recuperada quando o autor, aludindo ao "barco dos apóstolos no Tiberíades", nos lembra a figura de Cristo, que fonêmica e graficamente induz a "Cristóvão". Vimos naturalmente José do Patrocínio articular Santos Dumont a Cristo e a Cristóvão Colombo, como antes fizemos deste a Cristo.

A extensão terminológica que fizemos dos estudos da navegação no mar vai paulatinamente sendo estendida à aviação, porém a origem intuitiva da correspondência entre Cristóvão Colombo e Santos Dumont, pelo fato novo do que parecia antes impossível, parece ser perfectível nestas comparações, como se uma vida particular pudesse ser apreendida de outra. Tal como ilustramos José do Patrocínio, também a aproximação nominal desses dois atores históricos se faz presente na poesia de Miguel Galvão, declarada pessoalmente a Santos Dumont, quando este chegou ao Brasil, no dia 15 de setembro de 1903, por Bastos Tigre:

> Se **Colombo** venceu abrindo a porta dos mares,
> Tu vencerás também; dominará os ares.
>
> Se **Colombo** arrancou a América do pego,
> Tu arrancarás também (eu disso t'encarrego),
>
> A luz donde ela mora, a glória donde está,
> E o nome do Brasil aos céus remontará[169].

O argumento poético estabelece coordenadas silogísticas, "se isto, então aquilo", introduzindo anaforicamente pelo "tu", o Santos Dumont ao texto. Possivelmente, esse poema seja homônimo de Santos Dumont, como o que se segue: um texto poético da capa da revista *Tagarela*, semanário carioca humorístico, de 10 de setembro de 1903. O soneto compara o aviador – título da peça literária – com os navegadores Colombo e Cabral, descobridores da América e do Brasil:

> SANTOS DUMONT[170]
> Bem-vindo sejas tu à Pátria que enalteces,
> E que ora te recebe entre ovações e flores!
> Pátria de um céu imenso onde águia e condores
> Invejam do teu voo as vitoriosas messes.
>
> Bem-vindo sejas tu que hoje nos apareces
> Tendo à fronte o laurel dos grandes vencedores;
> Do sol viste de perto os vívidos fulgores,
> Dos nossos corações tendo os hinos e as preces.
>
> De **Colombo** e **Cabral** os Clarões do talento
> Guiaram através dos vagalhões dos mares
> As valorosas naus, velas soltas ao vento...
>
> Subiste mais da glória os rútilos altares,
> Porque no mundo inteiro és tu, neste momento,
> O início mortal dominador dos Ares!
>
> Flaviano de Olival

---

[169] JORGE, 2003, p. 161.

[170] *Idem.*

O autor, Fernando Jorge, também menciona o deputado Augusto Severo, que no Brasil homenageou seu conterrâneo, defendendo incentivos do Estado aos pesquisadores no exterior. Esse parlamentar e balconista, mais tarde, palestrou em admirável conhecimento:

> [...] que só a justaposição dos centros de tração e resistência poderia eliminar os tais inconvenientes, e a mencionada justaposição não existia no balão de Alberto. Era como o "ovo de **Colombo**": enquanto não se conseguisse que a tração nos aeróstatos fosse aplicada na resultante das resistências desenvolvidas durante a marcha.[171]

Outrossim, o biógrafo brasileiro, Gondin da Fonseca, em seu livro *Santos Dumont* de 1967, em seus últimos capítulos, quando apresenta o sofrimento e contradições da vida do biografado, levado pela retórica fácil, escreve:

> [...] ante os problemas vitais da existência **Santos Dumont** é um paradigma. A vida de um carpinteiro, ou de um pedreiro, podem ser tão grandes quanto a de **Cristóvão Colombo**, se ambos, à semelhança no navegador genovês, cumprirem o seu destino, seguirem os impulsos do seu temperamento, não se traírem a si mesmos.[172]

Ao concluir seu pensamento, deparamo-nos aqui com a associação dos nossos dois personagens especiais. Ele relaciona actantes numa estrutura intermediária, enquanto nós o fazemos como estrutura profunda, em termos da ciência linguística, porque não há neles outra intenção que não seja a de exaltar retoricamente. Mas, quando nos enveredamos pelas associações justapostas que se firmam em reiterações variadas, estas se evidenciam dentro de um quadro de hipótese literária plausível, uma versão mais elaborada do poético narrativo –, deixando de ser "comparações".

Excepcionalmente, encontramos uma enunciação direta do próprio Santos Dumont sobre si mesmo, associando-se a Cristóvão Colombo. Na verdade, aparecem duas vezes, e muito sutilmente, no seu segundo livro. Entretanto, dele há uma resposta aos jornalistas americanos na oportunidade em que esteve em São Luís, nos EUA. Em uma longa carta, encontramos este parágrafo muito original, onde se refere a si mesmo como um Colombo:

> Não teria motivo para me furtar a fazer uma ascensão em St. Louis. O prêmio do sucesso é principesco e o tempo para os experimentos é amplo. Mas esqueçamos o prêmio, pois se eu o ganhasse o daria à caridade, consideremos a glória do triunfo. Eu seria lembrado para sempre na história da aeronáutica, e talvez o último navegante intrépido do oceano aéreo falaria o nome do vencedor de St. Louis – o **Colombo** da atmosfera[173].

O próprio Colombo, sobre o uso variado de seu nome (Colombo, Colón, Colomo, Columbus etc.), também aponta Deus como provedor do destino de um vencedor:

> Yo no soy el primer Almirante de mi família. Pónganme, pues, el nombre que quisieren, que al fin David, rey sapientíssimo, fué guarda de ovejas, y después fué hecho rey de Jerusalén, y yo siervo soy de aquel mesmo que le puso a él en tal estado.[174]

---

[171] JORGE, 2003, p. 73, grifo nosso.

[172] FONSECA, 1940, p. 287, grifos nosso.

[173] HOFFMAN, Paul. *Asas da loucura*: a extraordinária vida de Santos Dumont. Rio de Janeiro: Editora Objetiva Ltda., 2003. Grifo nosso.

[174] Hernando Colón no seu livro biográfico, 1947. p. 34. Colombo argumenta que, assim como David se tornou rei começando como um simples pastor, ele também se tornou uma grande pessoa. Não será pelo seu passado familiar, nem por uma indicação de nome, mas pelo que julgar Deus, assim se fará.

Outros exemplos tangenciam Santos Dumont, apontando-o junto a Cristóvão Colombo, em valores reais comparativos. Há textos que acentuam uma aproximação indireta, um achado singular que não poderíamos descartar. Ora, dois enunciados podem ter uma face isotópica comum ou valor norteador. Supondo outros referenciais a "Cristóvão"[175], poderíamos atualizar indicações plausíveis dificultando ainda mais os anti-sujeitos de oposição a uma análise neutra do fenômeno.

Em *Os Precursores da Aviação*, livro do apologista da brasilidade dos estudos aeronáuticos, José Feliciano de Oliveira[176], vimos o autor comparar nosso Santos Dumont a Colombo, mas não só ele, inclusive os seus detratores como falsos "colombos nacionais", conforme as disputas de prioridades vão aparecendo inadvertidamente em discursos mais ideológicos: "[...] A indústria aperfeiçoou, enfeitou seu invento, e hoje Santos-Dumont é um dos precursores ou um autor de recordes, de que outros logo triunfaram com a deslumbrada vantagem de **Colombos** nacionais, mesmo 'in ovo'".

Similarmente, encontramos, no jornal *O País*, em um artigo do Sr. Afonso Lopes de Almeida, intitulado "Defendamos o que é nosso!", o seguinte trecho que casualmente compara o nosso aeronauta ao intrépido genovês:

> Agora, entretanto, a cidade de Paris ergueu um monumento no local, desse primeiro voo, monumento comemorativo, não da invenção do aeroplano, mas sim do 'record' 'alcançado por Santos Dumont'! **Colombo**, descobrindo a América, bateu um 'record'; ninguém havia viajado ainda tão depressa da Europa às Antilhas [...][177]

Nesse artigo, para entendimento do leitor, o autor concede críticas, ainda que humoradas, ao monumento erguido na França a Santos Dumont, não por ter inventado o avião ou voado pela primeira vez, mas por ter batido um record em 12 de novembro de 1906[178], contra ninguém menos que a ele mesmo. Um monumento assim faz suscitar, ou enseja, que Santos Dumont não tenha sido o inventor do avião.

Um relance histórico: a colonização do Novo Mundo e a lenda negra. Quando do maior descobrimento geográfico do mundo, todos os resquícios medievais dos centros europeus voltaram-se à nova concepção econômico-material do mundo e do universo. A chegada da notícia de terras continentais desconhecidas fez apagar toda rançosa e antiga visão Ptolomaica, e construiu-se uma nova geometrização ideológica de "mundo". Exaltaram-se as palavras *Mundus Novus* como um mundo que havia se ampliado, acrescido, para um não existente, ao imaginário. Os séculos XV e XVI trouxeram o estremecimento radical a toda formação metafísica antiquada, frente ao desconhecido e intacto novo achado territorial. Na era de ouro das grandes navegações, o "Mar Tenebroso", atual Oceano Atlântico (homenagem ao Atlas – personificação mitológica grega) – fora transposto! Estas águas fizeram emergir todo um vazio consciencial das grandezas geográficas inexploradas. Cultivava-se a simples ideia de se alcançar a "Cipango" de Marco Polo, terra do "sol nascente", e foi conseguido muito mais.

---

[175] O primeiro mapa em que aparece o novo continente americano feito por Juan de la Cosa possui, em seu cabeçalho, a imagem de São Cristóvão - santo identificado ao Almirante, conforme o parecer de seu filho biógrafo, Hernando Colombo. Obs.: o cartógrafo Juan de la Cosa participou da viagem deste descobrimento.

[176] OLIVEIRA, José Feliciano de. *Os precursores da aviação*: seus pais e seus avós. São Paulo: Fundação Santos-Dumont, 1966.
José Feliciano de Oliveira, curiosamente, foi um escritor brasileiro que, primeiramente, descreveu a verdade histórica sobre o *Descobrimento do Brasil*, muitos anos antes que em Portugal se apresentasse os mesmos argumentos em favor da premeditação. A publicação desse seu livro foi em 1900. Sua arguta versatilidade como pesquisador não se restringia à origem dos inventos aéreos, mas também arguia sobre a história dos descobrimentos.

[177] OLIVEIRA, J. F. São Paulo: Fundação Santos-Dumont, 1966, p. 151, Grifo nosso.

[178] Segundo nos consta, foi uma maneira de deixar em aberto a prioridade aeronáutica, notadamente para um francês, Clément Ader, - motivo de homenagens na França – por ter sido financiadas suas pesquisas.

O "Renascimento" poderia muito bem estar nas águas do batismo referidas na premissa: "não poderá ver o reino de Deus aquele que não nascer de novo", da água e do espírito. Destas águas atlânticas renasceria o "paraíso perdido"[179], impulsionando diretamente o soerguimento do mundo inteiro das fantasias da imaginação, que reavivou toda cultura sem desconsiderar a clássica antiga. Fez desencadear um surto de transformações de toda ordem, para vingar a era histórica da Idade Moderna. Como resultado, abre-se uma espécie de cadeia ideológica dada pela força dos ventos novos do ultramar.

Não temos um glossário próprio redefinindo "Novo Mundo" e "Renascimento". Mas isso nos permite repensar uma estrutura ideológica significativa em sua reciprocidade extralinguística, que comporta um novo plano diacrônico de ocorrências. Alguns pagaram por suas ousadias, mas muitos "artífices da cultura" surgiram em diversos lugares, tornando-se de difícil controle. Foi devido a isso que então surgiria o tribunal do santo ofício: coibir as liberdades. Porém, o Renascimento, com todas as descobertas, em síntese, facilitou a abertura para o novo.

Em João Evangelista, há uma afirmação de Cristo que verbaliza sobre o "renascimento" para o "novo mundo" através das águas. Estes elementos, reatualizados como palavras-chave aqui, aludiram favoravelmente ao feito épico colombino, facultando a si mesmo uma real ingerência messiânica da concepção inventiva na época.

O fascínio otimista traz seu lado oposto. Nessa época, a conquista espanhola foi a colonização europeia mais importante. O pesquisador Sale Kirkpatrick[180], em seu famoso livro, conta-nos que:

> A Espanha terminou pagando, no século seguinte e nos séculos que se seguiram, pelo modo como procedeu e o rigor com que executou a conquista, e deixou um legado, e não menos para si mesma do que para suas colônias, que foi, como a lenda, negro na maior parte [...].

O autor se refere a uma reconhecida "Lenda Negra"[181] E ainda que o procedimento realizado por Colombo e sua atuação histórica não tenha sido abusivo frente ao completo desmando do que foi a ação espanhola longe dos olhos de qualquer justiça da matriz central, o argonauta genovês foi estigmatizado como culpado por todo sofrimento surgido, herdando uma marca incalculável de negatividade neste processo civilizatório. O mesmo autor traçaria uma identificação linguística do nome Colón, que se ramificaria como primeiro causador, dizendo: "Colón é um cognato de muitas palavras que têm a ver com colonização".[182]

O destempero espanhol trouxe uma marca cultural e política tão adversa e poderosa que se estendeu por muito tempo e muitas regiões, inclusive em seu próprio país, a ponto de surgirem inúmeras revoltas e separações geopolíticas num povo que ainda não se reconhece como um todo único. Na arte barroca, encontramos apontamentos semelhantes. A Espanha perdurou muito tempo como "Lenda Negra". Neste sentido, fez ratificar, até hoje, um triste sentimento muito particular pelo olhar dos escritores, cineastas, pintores, influenciados por medo, indignação e pânico. Goya, por exemplo, traz, em suas telas bruxuleantes da última fase, um clamor político de sofrimento incontido e desesperador, ao mesmo tempo, ateísta e demoníaco. Picasso, apesar de traçar uma linha

---

[179] "Santa Maria", nau capitânia de Colombo, ao encalhar no dia do nascimento de Cristo, 25/12/1492, possibilitou o surgimento da primeira colônia do Novo Mundo: *Navidad*.

[180] SALE, 1992, p 154.

[181] Assim ficou conhecido o imperialismo espanhol a partir da descoberta colombiana. A história da colonização trouxe consigo a inacreditável dizimação de 8 milhões de habitantes para 28 mil num primeiro ciclo de apenas 20 anos. SALE, 1992, p. 156.

[182] SALE, 1992, p. 111.

geométrica mais limpa, também transcende o ardor feérico do sofrimento humano ao esquartejar a realidade em pedaços cúbicos. Carlos Saura, Luís Buñuel, Miró, Dali, Gaudí, Lorca etc. seguem o mesmo impulso característico, carregados de uma indisposição para com o mundo no simbólico e na surrealidade dos argumentos. Um forte sentimento de humanidade vem se traduzindo muito particularmente nas diversas apreensões estéticas.

Os contrários "paz e guerra". Os dois desbravadores continentais Cristóvão Colombo e Marco Polo parecem-se entre si por conduzir dois signos antagônicos retidos na raiz de seus próprios nomes: o primeiro se refere à pomba (colomba), um símbolo consensual da paz; e o segundo, a Marte (deus da guerra) em latim: Marcus, de Mar(c)io-s, derivado de "Marte", deus romano da guerra. Em grego, temos o mesmo deus chamado de "Ares", em português, a própria atmosfera, ou o caminho de navegação dos aparelhos voadores. Os contrários "paz" e "guerra" geram entre os dois personagens um plausível referencial antagônico de fundo psicológico.

No plano da expressão, temos o mesmo deus no plano do conteúdo. O "Campo de Marte" em Paris, ou "Campo de 'Ares'", foi um espaço de exercício de Santos Dumont usado no início da aviação. Neste espaço aberto territorial cedido pelo aeroclube da França para os ensaios dele, foi onde Santos Dumont e outros aeronautas puderam construir seus hangares.

Tabela 5

Significante histórico	(Cristóvão) **Colombo**	(**Marco**) Polo
Significante etimológico	*Pomba*	*Marte*
Significado heráldico	*signo da paz*	*signo da guerra*
Signo semiótico	*Positivo (conjunção)*	*Negativo (disjunção)*

Fonte: do autor

Se, por um lado, vimos parcialmente o lado claro e obscuro das consequências da descoberta e colonização espanhola, nesta mesma medida comparativa, como ficaria o aeroplano? O avião é uma invenção boa ou má? O jogo moral a que um homem altruísta estivesse submetido no início do século XX, quando se julgava-o, entrava-se na prática política à qual servia. O fato é que, em situação ideal, absoluta, não comportaria signos indefinidos, limitados, finitos, próprios da falibilidade humana. A preocupação é maior quando se julga algo novo, que serve à sociedade, ao mesmo tempo e contraditoriamente, tanto para o bem, como para o mal.

Santos Dumont renunciaria ser o inventor do aparelho mais-pesado-que-o-ar, dado à humanidade –, se este presente fosse para destruí-la. Aqui sua personalidade se divide, mas o seu suicídio não sugere outra coisa. Sobressaiu-lhe da alma a ingenuidade de que a humanidade recebeu um "presente grego" que eclodiu opostamente à sua expectativa, a destruição das cidades. Tal como acontecera na poética Ilíada, há muito tempo, com o Cavalo de Tróia, o original presente grego, fruto da maquinação do seu maior viajante, Ulisses –, aconteceria hoje com Santos Dumont. Seu invento não foi dado à humanidade para destruí-la, mas ensejou que qualquer construtor usufruísse de seu equipamento não patenteado como quisesse. Isto aprofundou, quiçá, o seu remorso. Ao mesmo tempo, o aviador se prepara para a morte: enforcar-se-ia por estrangulamento ou decapitação, no enforcamento, estanca a ligação da cabeça ao corpo, do espírito à matéria.

Patenteando seus equipamentos, instrumentos e aparelhos voadores, poderia o brasileiro obter lucros se quisesse. Mas ele doava suas criações, disponibilizava-as a quem lhe aprouvesse! Mas como poderia ele conter a vontade destrutiva da guerra se ele próprio divulgava potenciais qualidades destruidoras de seus inventos voadores? Seus interesses rumavam seguindo apenas os desejos de expansão do Ego por meio de cada peça/objeto de sua invenção, e isto o identificava aos agentes produtivos. Dessa forma, chegou a repassar seus projetos aos militares pelos objetivos claros de promover a paz. Essas contradições éticas do Bem e do Mal permeiam sua personalidade. Um dos poucos que pensou o mais-pesado-que-o-ar como arma ofensiva foi Samuel Langley, pois foi o primeiro a declarar que a mera existência de aviões militares impediria a eclosão de guerras. Richard Jordan Gatling, igualmente, construtor da primeira metralhadora, defendia que essa arma aboliria a necessidade de grandes exércitos. Outro notável pacifista foi Alfred Bernhard Nobel, o inventor da dinamite, em 1867, acreditava que um explosivo tão poderoso contribuiria mais pela paz do que inúmeras reuniões conciliatórias. Santos Dumont estaria compreendido nessa forma de ver. O poder destrutivo do avião impediria a existência de conflitos nacionais e internacionais. Ingenuidade seria pensar que só ele poderia argumentar que aeronaves são potenciais armas de guerra. Sempre quando se cria qualquer produto, pensa-se no seu aproveitamento como um bem. O aspecto negativo do Ser é inerente à crítica racionalista que faz disso o da escolha.

Os tempos das navegações ultramarinas dos séculos XV e XVI, por exemplo, quando proliferaram os descobrimentos e as conquistas de territórios longínquos e inauditos, foram os tempos dos viajantes falsários, corsários, piratas, saqueadores, expropriadores, dizimadores de povos, incendiários, ladrões, escravagistas, mas também eles eram os próprios descobridores, capitães, almirantes, religiosos etc. Voltando ao século XX, vemos o mesmo procedimento acontecendo diante da Primeira e Segunda Guerras Mundiais. São as destruições dos povos, por meio de bombardeios, expulsões, exílios, incêndios, afundamentos de navios, bombas atômicas, ataques noturnos com destruições em massa e roubos de pertences das mais variadas formas. Estes aviadores não são diferentes dos corsários do tempo antigo. Os momentos se igualam na repercussão histórica. Era previsível que tais coisas acontecessem. Posteriormente, veremos os próprios aviadores roubando primazias e privilégios etc. que não são seus. O não patenteamento de peças e construções inteiras, em Santos Dumont, puderam gerar controvérsias e descréditos. Parece não interessar tanto o uso altruísta, e moral, quanto o ganho econômico, sua repercussão política com o novo artefato.

Elementos do jogo do acaso: sorte e azar. Gondin da Fonseca relata que:

> [...] começa a inventar-se a lenda de que ele dá azar. Não sei como isso chega-lhe aos ouvidos e prostra-o em crises de abatimento enormes depressões incomensuráveis! Por fatalidade, desastres sucedem, às vezes, quando ele se encontra perto, falando num grupo de camaradas, passando na rua, fazendo uma visita.[183]

O mesmo estranhamente se escreveu de Colombo. Citamos o livro *Colón y los florentinos*[184]: "[...] tal vez su desgracia fue unirse a la familia Colón, familia que tuvo la rara habilidad de hacer, si no desgraciado, sí desventurado a todo aquel que entraba en su círculo íntimo".

Nomes depreciativos do mal: diabo/demônio/satanás. Acreditamos ter influenciado marcadamente um sub-significado do nome de "Santos=Dumont", uma personalidade dual, excêntrica e compulsiva, que terminaria depois por adquirir a esclerose múltipla. Sofreu os embates sofridos

---

183 FONSECA, Gondin. 1940. p. 259.
184 VARELA, Consuelo. 1988. p. 107.

pela grandiosidade do seu ofício, embora tenha sido, contraditoriamente, amante da simplicidade e demasiado humano. Desenvolveu um temperamento em meio a alguns entraves sociais. Achou-se, por certo tempo, incompreendido. Lembremo-nos que ele se dedicou às preocupações astronômicas retido em sua casa *Boite* na França e à *A Encantada* no Brasil, onde, recluso, estudava cosmologia e outras matérias metafísicas tentando penetrar os mistérios da Criação. Era acometido, vez por outra, por fortes pressentimentos negativos de perseguição, a ponto de ser internado em sanatórios[17] para recuperação emocional. Num artigo do *Le Journal* de Paris, publicado no número de 27 de novembro de 1934 e intitulado *"Le drama de Santos Dumont, vainqueur el repentant"*, Maurice Martin assim recorda: *"Il se croyait alors, disait-il, plus infame que le diable. Un sentiment de déchéance l'envahissait et l'angoisse ne le quittait plus que dans un flot de larmes"*, isto é, acreditava-se mais infame que o Diabo.

A dicotomia bem/mal marcada em seu espírito parece soar em seu sobrenome: Santos=Dumont. A palavra "Santos" traz o significante substantivo masculino que tem num de seus semas o de ser aquilo que é consagrado a Deus[185], o "santo". Santos e Dumont se ligariam pelo extremo significado dos dois polos. Dumont traz o sentido de "Demônio" como um contrário, ligados pela notação léxica do sinal de igualdade (=) em sua assinatura. A lexia francesa "Dumont" lembra a pronúncia fonética de "demônio" no português abreviado. O "u" de Dumont pronuncia-se "y" junto ao "t" mudo, de forma que, ligeiramente, "Dumont" suscita o maligno "gênio do mal", que se expressa foneticamente igual ao "santo".

A superstição, aliada à genialidade curiosa e inventiva de Santos Dumont, o faria descobrir, por meio de seu nome, um indicativo até para se desprezar: por exemplo, se invertermos "Santos Dumont", teremos "Tnomud sotnas", que, desmembrado em fonemas distintos e semas significativos /t/, /nom/, /u/, /d/, /sotnas/, lembraria a reconstituição fonêmico-sintática do apontar dêitico: "tem nome de satanás!", ou "teu nome é de satanás!"

Se resgatarmos Colombo, veremos que este, antes da descoberta, andava influenciado pelas ideias de que o *Oceano Tenebroso* que banhava os Açores, Cabo Verde e Canárias era o mesmo que banhava as costas orientais da Ásia. E acreditava-se que, nesse espaço, estavam as ilhas fabulosas das *Antilhas*, do *Brasil* e outra chamada, em espanhol, de *Mano de Satanás* ou *Mão de Satanás*. Com certeza, o medo do desconhecido era uma barreira a viagens transoceânicas na Idade Média, e expressões como essas, ligadas aos "anticristos", pareciam ser reais.

Em fevereiro de 1502, o almirante escreveu ao papa descrevendo suas descobertas, sobre as vastidões das terras, 333 léguas de terra firme e 1400 ilhas. Imaginava ter encontrado as proximidades do Paraíso, e que não tinha sido possível alcançar a Terra Santa devido ao Satanás. Enrique de Gandia sita que "Colombo atribuía ao demônio o fracasso de seus planos". E cita as palavras do próprio: "Satanás ha destorbado todo esto, y con sus fuerzas ha puesto esto en término que no haya efecto ni el uno ni el otro si nuestro Señor no lo ataja". Nessa carta, o nosso herói expõe amargurado toda a injustiça que sofreu, acreditando "que fue malicia del enemigo".

Nome do seu cachorro: "Sabreur du Diable". Outro fato singular é que Santos Dumont, em 1924, se interessou por corrida de galgos. Comprou e criou um cão de nome francês "Sabreur du Diable", traduzido como "Sabre do Demônio", ou "Estripador do Demônio", ganhador do *Grand*

---

[185] Santo: designativo do que é "sagrado", "segundo os preceitos religiosos do bem, a lei divina", "segundo a tradição judaico cristã, atributo de Deus e um dos seus nomes, sublinhando a transcendência da natureza divina": século XIII. Do latim *sanctus-a-um*. *Dicionário etimológico nova fronteira de língua portuguesa*.

Prix de St. Cloud! O referencial fonético da palavra francesa "Dumont" identifica-se, pois, com a de "Demônio". A própria lexia "cão" possui, num de seus semas populares, um sentido diabólico, como "Cérbero" do hades, ou "Cão do inferno", demônio. Aliando sua aparência feroz ao nome "Sabreur du Diable", um tal galgo negro tornava-se amedrontador.

Outro sema da lexia "cão", conforme o dicionário Caldas Aulete, é "s. m. príncipe, duque ou comandante oriental/ F. ár. Kan". "Gran Khan" (reis dos reis) é referência aos grandes imperadores orientais que motivaram as viagens dos Polos e Colombo. Um sentido menos infernal, significa o "rei dos reis".

Um lapso de esquizofrenia ameaça sua altivez egoística. O medo de perda parece sustentar a necessidade de certo combatimento, mas com a superior proteção de um Cão do Inferno. A designação ameaçadora "Sabreur du Diable" adverte-nos sobre o que se passava na alma para enfrentamento da sensação de perda gerada pela falta de forças e impotência nas decisões.

Também há momentos engraçados. Certa feita, um jornalista do *L'Illustration*, André Fagel, publicou um artigo, em 4 de julho de 1903, no qual expõe um pequeno susto:

> Vou ao Bois de Boulogne [...] Passeio por baixo das árvores. De súbito vou ao encontro de uma corda. Não se trata de um 'fio da Virgem'. Ouço um rumor de folhas esfregadas, e ouço palavras de cólera: – 'Não vejo coisa alguma! Vou acabar quebrando-me a cabeça. Ergo o nariz; percebo um **monstro noturno**, cujos olhos lançam luminosidades de acetileno; não é um mocho gigantesco; é o veículo feérico de Sr. Santos Dumont. [...][186]

A Semântica do "negro". O título *Dans L'air*, seu livro mais importante traduzido para "Os Meus Balões", (voltando ao francês, retraduziríamos como *mes ballons*), mas literalmente poderia ser "No ar", em português. E se voltássemos à língua francesa, a mesma expressão fonética do significante seria *Noir*, o significante francês "negro". Portanto, o nome *Dans L'air* compartilha ou participa desta relação psíquica e pessimista do "negro", ou obscuro. Este processo cognitivo se atualiza na mente como arquivos do inconsciente. O processo linguístico é quase automático. E se formos designá-los, poderíamos perceber sutilmente os liames por que passam os signos até sua formalização estrita na sintaxe, semântica, fonética e semiótica.

Tabela 6

Manifestação Linguística	Título do Livro	Idioma referência
Sintaxe	*Dans Lair*	em francês
	↓	
Semântica	*No ar*	em português
	↓	
fonética	*Noir*	em francês
	↓	
Semiótica	*Negro*	em português

Fonte: do autor.

---

[186] POLILLO, São Paulo, 1950, p. 143. Grifo nosso.

A Escuridão em Korcula. Signos alternantes em Cambalu / Cipangu / Cabangu. Os entrelaçamentos fonológicos e fonéticos dessas lexias fazem referência à sua linguagem original silvícola ou asiática, que não conseguimos perceber claramente em *descontínuo* (palavra por palavra no fraseado). Entre "Cipangu", e "Ciapangu", pode estar reminiscente a palavra que lembra o nome da fazenda onde Dumont nasceu: "Cabangu". Teria esta a mesma intensidade fonética expressiva? O termo nominal é mais bem identificado pela singularidade do ser dêitico, por requerer a motivação subjetiva, explícita do estado afetivo, não apenas por ser um substantivo próprio, porém por ser, às vezes, "palavra-chave". Em Marco Polo, no seu *Livro das Maravilhas*, temos uma cidade mencionada, em especial destaque, pertencente ao imperador "Gran Can", que governou por dois anos. Chamava-se "Cambalu", ou forma aproximada, haja visto as motivações silábicas sonoras possíveis que as traduções instrumentais provocam. A apreensão do significante traduzido à versão romanesca tendo ou não uma exatidão regular fica bastante explícita a iminente comparação, pois há proximidade da acuidade sonora afetiva entre Cambalu e Cabangu.

A Fazenda Cabangu tem o seu significado em língua tupi, "mata escura". Hoje parece situar-se numa espécie de bairro retirado da mancha urbana da cidade de Santos Dumont, no estado de Minas Gerais/Brasil. Associaremos, então, o significado de Cabangu àquela cidade onde se reconhece ter nascido o viajante Marco Polo, na Croácia, especificamente na ilha de Korcula, que, em grego, chamavam de "Kòkyra Melaena", ou, em latim, "Korkyra Nigra", que significa "ilha negra". Há um sema – uma linha coincidente – entre os significados que nos aparecem amostrados: "mata escura" e "ilha negra". Os dois locais natalícios se comunicam por uma mesma qualidade adjetiva. O "escuro" e o "negro" constituem fatores de identificação terminológica de origem ou procedência[187] desses agentes. Excetuando-se as ligações-base entre eles como agentes históricos, que determinariam pontuações lógicas necessárias e obrigatórias, ressaltaríamos os referenciais etimológicos toponímicos para a localização no espaço e significados relativos como pontos simétricos.

Seguindo a mesma lógica, cabe-nos explicitar o gentílico do cidadão natural de Korcula, com o exemplo da imagem do medalhão fixado na parede externa da casa reconhecida como a do nascimento de Marco Polo. Neste disco contém a face esperada que se pretende do viajante "veneziano", com a inscrição do seu nome seguido do gentílico "NIGROCORCYRENSIS", que remete à mesma etimologia: a ideia do negro.

Imagem 3

Fonte: http://viajesenlamochila.blogspot.com/2014/10/112-la-casa-de-marco-polo-korcula.html

---

[187] O recolhimento dessas informações foi obtido por meio do acesso às inúmeras páginas geográficas específicas disponíveis na internet.

Curioso ainda é que, em sua juventude, Santos Dumont sai de Cabangu e é levado por seu pai para morar no interior da província de São Paulo, em uma nova Fazenda chamada "Dumont"[188], para exploração da cafeicultura, no município de Ribeirão Preto. O sema qualificante "Preto" do Ribeirão fará reiterar aqui o "escuro"/ "negro" retidos aqui, de forma a qualificar a abordagem que creditamos significativa nesta exploração linguística.

A urgência dos metatermos contrários: o claro, a luz. Do mesmo modo, face aos primeiros aviadores americanos, há uma predisposição psicolinguística de se acreditar na veracidade, na certeza, na retidão, que a imagem sonora da identidade de Wilbur e Orville traz sobre tudo o que quiseram firmar. O sobrenome *Wright/* soa semelhantemente à lexia inglesa /right/, que subsume o campo lexical da certeza, da confiança, do claro. A diferença entre os significantes "wright" e "right" está na simples ausência da grafia "w". Estes dois traços distintivos têm pronúncia similar, interpondo-lhes sorrateiramente, conforme o discurso, a emersão de um poder persuasivo no combatimento a Santos Dumont, sem ser no trato pessoal, mas por meio do viés psicológico, que facilita a sensação de certeza.

A lexia "avião" origina-se de um vocabulário específico de Clément Ader, mais precisamente de "avión", homônimo de seu famoso aparelho que não conseguiu despregar do solo. Este, possuía a forma animalesca do único mamífero capaz do voo: o morcego, que representa, no imaginário popular, o contrário figurativo do bem, com atribuições opostas negativas, como personificação do "gênio do mal". Vários semas se encontram neste estereótipo: a vida noturna, o refúgio na escuridão, o fugir da luz, a cegueira, a aparência negra e disforme, o alimentar-se de sangue, o apoiar-se invertido, o viver em cavernas etc. Parece-nos estranho que tais conteúdos simbólicos "negativos" estejam tão fortemente ligados ao pioneirismo da aviação.

Os irmãos Wright tiveram seus primeiros treinos aéreos na encosta de um monte identificado pelo nome "Kill Devil Hill", que pode ser traduzido por "Colina mate o Demônio", no estado da Carolina do Norte/EUA. Parece incrível a casualidade do destino: uma colina na "América" que pareceu escolhida a dedo contra o rival brasileiro. As correspondências assim articuladas intuitivamente podem trazer uma linha emblemática contrária, que não podemos deixar de mencionar, principalmente por espicaçar sentimentos frágeis, como o do brasileiro que fez seu nome controvertido tornar-se conhecido.

Imagem 4

Fonte: do autor

---

[188] Esta localidade deu origem, hoje, a uma pequena cidade ao lado de Ribeirão Preto, chamada Dumont.

Livro das profecias/O que eu vi, o que nós veremos. Nos próximos conjuntos se situam os títulos de dois livros: *O Livro das Profecias,* de Cristóvão Colombo, e *O Que Eu Vi, O Que Nós Veremos,* de Santos Dumont. Há uma veemente vontade escatológica na apreciação das equivalências, quando constatamos que são dois livros os objetos nomeados; e de conteúdo a se considerar messiânico. Os títulos dos livros nos reafirmam o argumento da dúvida. Remetem-se ao futuro ameaçador por se indignarem quanto ao presente, como se admitissem a necessidade de um aviso premonitório a fim de desencadear alguma reação ao leitor, uma prospecção no tempo, ou prognosticar um futuro frágil por meio daquilo que há de mais concreto que é a própria realidade factual.

Cabe lembrar que, segundo Fernando Jorge[189], em seu livro *As lutas, a glória, e o martírio de Santos Dumont*, Alberto Santos Dumont teria publicado em um periódico parisiense, *Je Sais Tout*, de 15 de fevereiro de 1905, um longo artigo intitulado "Isto que eu farei, aquilo que se fará", que não deixa de ser uma variante do título anterior, escrito 13 anos depois, n'*A Encantada*, em 1918. Naquele artigo, Santos Dumont afirma: "Direis que é fácil tirar conclusões do futuro. Mas evocar o passado é também uma maneira de encarar o futuro". Realmente, mediante o processo de desenvolvimento dos fatos no tempo, podemos antever o futuro "in potentia". Entendemos aqui certa expectativa para com uma realidade que vá subtrair outra como consequência de algo que poderia ter se realizado e não foi. Há uma dilação de um tempo psicológico que anseia por se completar e que acredita que um dia se fará.

Do mesmo modo, podemos antever nos títulos a expectativa de um grave presságio coletivo ancorado nas desventuras da Primeira Grande Guerra Mundial, de um lado, e a crença da proximidade do fim dos tempos, de outro. Colombo se encontrava convencido de ter estado próximo ao Paraíso na Terra. E quanto ao Santos Dumont, temos nele os germes iniciais do seu desfecho fatal. Há sempre uma sensação escatológica presente como ameaça à existência, e o que não se quer é ser o seu desencadeador. Colombo, com certeza, "creia que el mundo estaba próximo a su fin".[190]

Sobre abreviaturas e assinaturas. Em se tratando de mistérios, a assinatura/firma de Cristóvão Colombo pode ser considerada mais um dentre eles. Quanto às razões nominais de sua assinatura, enfrentamos um dos seus segredos intransponíveis. Ninguém até hoje pretendeu ter a última palavra a respeito deste verdadeiro "hieróglifo". Há um momento, em seus escritos, em que ele descreve o monograma:

> [...] mi firma, la qual agora acostumbro, que es una X con una S encima, y una M con una A romana encima, y encima della una S y después una Y griega con una S encima con sus rayas y vírgulas, como yo agora fago, [...].

S.

S. A.S.

X M Y

Xpo FERENS[191]

A assinatura "Cristo Ferens" se assemelhava à escrita italiana "Cristoforo". Não obstante isso, pessoalmente, na Espanha, aceitou ser chamado de "Colón", que equivaleria à lembrança do almirante francês Cazenove-Coulon, que os espanhóis chamavam também "Colón". Tornou-se então "Cristóbal Colón" e, ainda que sem ser naturalizado, um verdadeiro cavalheiro espanhol! Desse modo, sem

---

[189] JORGE, *op. cit.*

[190] MAYA, Rafael. *Colón y el destino*. Boletin de Historia y Antigüedades. Bogotá: 1992, p. 747.

[191] Há umas duas dezenas de interpretações da firma colombiana apresentadas na *História de Colón* (GANDIA, Enrique de. *Historia de Colón*. 2. ed. Buenos Aires: Editorial Claridad, 1951) que não faz sentido trazermos aqui.

nunca ter esquecido sua nacionalidade, ele era chamado por um nome, mas assinava com outro. Alberto Santos Dumont era chamado de "Santô" pelos franceses e ele, por sua vez, longe do Brasil, se tornara um exemplo da fidalguia francesa.

Abreviaturas da medalha de São Bento. Santos Dumont, preso a abreviaturas, também se entregava à misteriosa simbologia heráldica do medalhão de São Bento (presente da brasileira Princesa Isabel de Orléans, filha do imperador D. Pedro II, quando de um encontro deles após um acidente em Paris). As inscrições do medalhão são, segundo a *Enciclopedia cattolica città del Vaticano*[192]. referentes às seguintes palavras: "Fra le braccia della croce son disposte le quattro lettere C.S.P.B., ossia Cruse sancti patris Benedicti, sul braccio verticale: C.S.S.M.L., sull' orizzontale: N.D.S.M.D., intorno: V.R.S.N.S.M.V.S.M.Q.L.I.V.B. [...]".

Nosso interesse aqui vem da expressão codificada no objeto, para constar como manifestação comparativa, já que a antiga assinatura de Colombo segue o mesmo padrão de raciocínio de encolher para cada vocábulo de "uma estrutura transfrástica" como "traços distintivos". Esta medalha de São Bento usada por Santos Dumont, cifrada com letras maiúsculas, começa pela frase-entorno por VRS – quer dizer *"Vade Retro Satana"*. Inadvertidamente, é um consolo para sua própria consciência saber que não há nele qualquer participação com o mal.

Abreviaturas da placa tumular de Cristóvão Colombo. O estigma das abreviações continua até após a morte, acompanhando os significantes cifrados. Enrique de Gandía, na sua biografia de Colombo, nos conta que, em 2 de janeiro de 1878, o cônsul da Espanha pediu que se realizasse um exame dos restos mortais do almirante para enviá-los à Academia Real de História de Madrid. Naquela oportunidade, o translado desmanchado dos restos mortais continha uma placa onde se dizia: "U a p te de los rtos del pmer. Alte. Cristoval Colon Des", e em outro: "U Cristoval Colon". O historiador argentino, após, nos credita o seguinte: "Estas últimas inscripciones se interpretan en la siguiente manera: 'Una parte de los restos del primer almirante Cristóbal Colón descubridor'".

Vale mencionar que, nesses atos de criptografia, ainda que pareçam ser "lugar comum" em registros rápidos (pela urgência de sepultar) de suas transcrições em placas de pedra, por ser este ato de abreviar entalhes ser menos oneroso e tão urgente, não necessariamente, deva conter algum segredo guardado.

Abreviatura "Por Mares Nunca Dantes NAVEGADOS" – PMNDN. Na *estrutura de superfície* do discurso, ou seja, até antes das "unidades significativas" (lexemas) de cada enunciado, encontramos as "unidades distintivas" (fonemas) da abreviatura, independentemente do seu sentido inicial. Temos dois exemplos em Santos Dumont do uso de iniciais fonêmicas para sua abreviação como anagramas. Semelhantemente à assinatura de Colombo, vimos ocorrer, nas primeiras letras de cada palavra, a inscrição simbólica de PMNDN – iniciais dos versos camonianos "Por Mares Nunca Dantes Navegados", que Santos Dumont desfraldou em seu dirigível n.º 6 nos passeios sobre a baía de Mônaco. A abreviatura do verso dos Lusíadas de Luís Vaz de Camões[193] acabou por virar um sím-

---

[192]   *Enciclopedia cattolica città del Vaticano*. Vol. II. Firenze, 1949

[193]   O famoso verso camoniano citado se encontra nesta estrofe poética dos Lusíadas:

As armas e os barões assinalados
que, da ocidental praia lusitana
por mares, nunca dantes navegados
passaram ainda além da Taprobana

"Taprobana" é como se chamava a antiga Sri Lank, ilha ao Sul da Índia, que, coincidentemente, tem como capital ou sua maior cidade – Colombo –, designação que não teve origem com o nosso genovês.

bolo agudo da extensão do Mar para o Ar. A primazia de um feito antes inacessível, como a travessia dos oceanos nos tempos áureos das descobertas. Ninguém antes dele havia se enveredado por tal situação nova de enfrentamento à natureza atmosférica e voltado incólume. Numa investida mais profunda do discurso, restauramos a estrutura semântica entre os dois camaradas. Em que pese as afirmações que destacam certa fixação de nosso herói nas simbologias de abreviaturas secretas ou sincopadas, a afirmação dos versos camonianos "Por Mares Nunca Dantes Navegados", como um "banner" escrito com as iniciais PMNDN, desfraldam também outras linhas do raciocínio lógico. Encontramos uma citação de Colombo em carta aos reis católicos, nestas palavras: "Todos os Mares em que hoje se navega, eu os percorri". Ou seja, por mares nunca dantes navegados, ele já percorrera. Era o que queria que acreditássemos, e escreveu isso em 1501. A ideia de superestimar suas próprias capacidades dizendo que já percorreu todos os mares foi expressa pelo insistente estrangeiro, tentando exarar seu conhecimento marítimo. Santos Dumont também demonstraria sua capacidade em todas as situações trilhadas pela navegação aérea. Pode-se, entrementes, dizer que Santos Dumont, como ele próprio exaltou, foi o único até hoje a experienciar, sob o céu de Paris, às vistas de todos, os balões livres (exemplo: o "Brasil"), os balões dirigíveis (Dirigível 6), biplanos (14 Bis) e monoplanos (Demoiselle), todas as modalidades até então conhecidas. Foi o único a possuir todos os brevês aeronáuticos na França. Voltando ao que foi dito de Colombo e à comparação ao nosso aviador, se formos sobrepor uma intenção à outra, veríamos que só poderia escrever algo como *por mares nunca dantes navegados* quem de fato já navegou todos os mares do mundo, um ponto em que Colombo excepcionalmente acreditava haver percorrido pelo que se conhecia na época. Da mesma forma cria o brasileiro Dumont, e com razão.

Abreviação de Aparelhos: "SD". Observar o nome dos seus balões é compreender a formalização de seu próprio. O costume da firma de Cristóvão Colombo era o seu assinar abreviado. Esta abreviação do nome próprio repercutiu depois em outros aeronautas seus contemporâneos, que usaram suas iniciais seguidas do número respectivo do aparelho de sua fabricação, semelhantemente ao Opus, entre os músicos. Cristóvão Colombo não assinava como o chamavam. Mas não era comum antes de Santos Dumont nomear algo com o seu próprio nome[194]. O aeronauta, por vezes, fixava um SD antes do numeral. Outros exemplos vieram entre os inventores posteriormente: Louis Bleriot com o "Blériot XI Bis"; de Zeppelin, Z IV; de Parseval, Pars XIII; de Ruthemberg, Ruth. III; de Robert Esnault-Pelterie, um REP etc.

Esta abreviatura do SD fará parte de uma especulação heráldica mais à frente, quando apresentarmos a cidade "Saint Dié", onde nasceu pela primeira vez a publicação cartográfica com a toponímia continental de "América". Essa cidade traz, em sua simbologia heráldica, as letras maiúsculas "SD" entre uma cruz.

Curiosamente, aqueles que pleiteavam prioridade aérea, não se utilizaram desse recurso personalíssimo da abreviação nominal; é o caso dos irmãos Wright, de Ader, Whitehead, como, inclusive, seria natural.

Pombo (Colomba). Seria lexia nominal referente ao "pombo" italiano. Vimos na conceituação de Hernando Colón a explicação do porquê de o maior evento, até então conhecido, ter sido gerado por seu pai, resultado de uma predestinação. Ao tempo das navegações, forjaram-se signos heráldicos

---

[194] Em 18 de setembro de 1898, Santos Dumont levantou voo com seu primeiro dirigível SD1. O conde Zeppelin, apesar de ter patenteado projetos de dirigíveis em 1895, só voou pela primeira vez com o seu LZ1 em 2 de julho de 1900. LZ quer dizer "dirigível Zeppellin".

para brasões e escudos tanto para famílias de nobres, como para os destemidos cavaleiros viajantes. Consequentemente, encontramos o "pombo" para Colombo, pelas causas apontadas[195]. O brasão da "cana-de-açúcar" aparece em Sebastião del Cano; a "vespa" para Américo Vespúcio; a "cabra" em Pedro Álvares Cabral; o "gamo" em Vasco da Gama, entre outros, são caracteres que constam como signos atávicos ligados ao nome. A razão ou o crédito dado que identificaria certa personalidade poderia ser determinado por figuras representativas? Sabemos que, antigamente, o próprio Cristo trocara o nome de Simão para Pedro; o apóstolo Bartolomeu passou a ser chamado Natanael. Essa troca denominativa aparece em várias instituições religiosas, nos mosteiros católicos, entre monges orientais, hinduístas etc. Haveria, pois, sobre a natureza conceptiva, certa predisposição para se associar estímulos externos a fatores involuntários ou um apelo formal a certos nomes específicos. O maior reformador dos dogmas absolutos católicos ou defesa da causa "negra" não poderia ter um melhor nome que Martinho Lutero ou Martin Luther King, já que "Martin" é "um homem marcial", o "guerreiro", em latim. "Martinus" pertence a Marte, deus da guerra. Lutero, etimologicamente é uma variante do germânio "Lotário", a "glória do exército" ou "o guerreiro famoso". Parece haver em alguns casos um mínimo de contribuição ideológica predispondo-nos à ação.

O lexema "pombo" assume variantes conotativas que se alternam, conforme o discurso manifesto. A remissão do significado direcionado ao personagem genovês surgiu criteriosamente como desejo aparente de lhe incutir um teor profético, dado a importância do achado evidenciado a posteriori. De outra forma, a palavra "pombo" insere-se na história de Santos Dumont, quando alguns biógrafos lembram as brincadeiras infantis que apontavam o seu futuro! O caso é que, naquela brincadeira do *O pombo voa?* em que consistia ser rápido e não confundir os seres alados dos demais, o menino Dumont dizia prontamente que o homem voava. Apesar de errar, ele não reconheceu o dito como erro. Há uma carta que o aeronauta recebeu de um amigo de infância, que autentica esta lembrança:

> [...] Lembra-se você, meu caro Alberto, de quando nós brincávamos juntos o "pombo voa"? Lembrei-me disto, de repente, no dia em que chegaram ao Rio as notícias do seu sucesso. "Homem voa!" companheiro! Você tinha toda razão quando erguia o dedo, e acabou de prová-lo voando em torno da Torre Eiffel.
> Seu amigo Pedro[196]

A carta oportuniza uma retroatividade no tempo, que qualifica um fazer idealizado, motivando seu futuro como aviador. Enquanto a carta associaria o voo humano ao jogo do *O pombo voa?*, nós associamos o próprio inventor ao "pombo" columbino discriminatório, num contexto metalinguístico em que acumula a ideia da decorrência de um personagem histórico em outro.

Fernando Jorge[197] assim escreve sobre este item: "[...] O ficcionista brasileiro do 'Rei Negro' – Coelho Neto, [...] aconselhava o aeronauta a abrir 'as asas largas' no espaço e voar, porém 'não como açor, mas como pomba'. Quando voltasse ao ninho, deveria trazer 'o ramo verde da oliveira'". A rápida menção nessa pequena nota traz novamente os principais referenciais etimológicos da lexia "colomba" em italiano associada à pomba bíblica do dilúvio que motivou as conquistas do nosso genovês.

O escritor Gondin da Fonseca, numa última menção a Santos Dumont no seu livro, quando retrata o funeral do aviador, discorre sobre um incidente surpreendente diante do corpo morto do aviador na casa dos Villares. Ainda que pareça um dado inventado por beatos, segundo ele, merece

---

[195] Nem sempre o símbolo heráldico faz correspondência com o suposto sobrenome, principalmente quando não há, em outra nação, o mesmo referente nominal: o correspondente à "pomba", em espanhol, por exemplo, é "paloma", e não "colomba".

[196] WYKEHAM, Peter. *Santos-Dumont*: o retrato de uma obsessão. Rio de Janeiro: Editora Civilização Brasileira, 1966. Pág. 145 e 146.

[197] JORGE, 1973, p. 249.

ser lembrado. O autor estranha serem raros os pombos na região da Av. Paulista nesse tempo, mas, "como por milagre, um bando deles veio pousar no palacete da Avenida Paulista meia hora antes de iniciado o cortejo. E quando o corpo do aviador se foi carregado por mãos amigas, eles abalaram subitamente, juntos numa só revoada, para não voltar ali nunca mais".

Trazemos à tona o pombo noutro enfoque, diferente daquele que fizemos, quando atrelamos a referência do seu significado "símbolo da paz" ao significante "Colombo". É evidente que os pombos aqui surgiriam por simples efeito do estreitamento religioso que busca nos mistérios da fé um sinal universal de gratificação pelo trabalho cumprido (e destino realizado): ele congraçou ao homem, finalmente, a capacidade de voar.

Vespas/Vespúcio. Um primeiro acesso histórico dos fatos para tratarmos a questão da prioridade aeronáutica entre Dumont e Wright faz-se necessário, e isso tomará aqui um lugar preponderante. Quando se procura constatar a veracidade sobre a ocorrência do fato, poucos livros parecem realmente imparciais. Há livros sintéticos, resumidos, didáticos, cheios de informações rápidas, porém precárias e distorcidas, podendo conduzir a erros, desvios incomuns a uma pesquisa plena. Não precisamos divulgar meias verdades com o propósito de firmar legitimidades. Procuramos ser críticos para nós mesmos quando pesquisamos e cruzamos informações. Alguns escritores tendem a usar uma linguagem inconveniente, às vezes ambígua, ensejando conotações obscuras e conclusões rápidas em cima de contingências e preconceitos. Nesses, encontram-se alguns editores americanos e europeus de enciclopédia e revistas, conforme os valores ideológicos que os conduzem.

Na verdade, o mundo só tomou conhecimento de um voo público bem-sucedido dos irmãos Wright em 8 de agosto de 1908, na França, após dois anos de intensa publicidade no mundo, da invenção do nosso brasileiro. Antes disso, não se soube de testemunhas oculares que pudessem discorrer sobre o evento de 1903. Os historiadores, em sua maioria, se prendem, quase única e exclusivamente, a palavras, desenhos e fotos dos próprios irmãos voadores e notas publicadas muito depois. Então levantamos um dado de caráter nominal a partir de uma dessas primeiras publicações. Atualizamos uma relação indireta dos irmãos Wright com Vespúcio por meio da sonoridade etimológica contida no nome do antigo navegador com a Vespa.

Aluísio Napoleão, em seu livro *Santos Dumont e a Conquista do Ar,* comenta um pequeno artigo do editor Root, da revista *Gleanings in Bee Culture,* em que sustenta os Wright como meros curiosos da aviação. Estranhamente, os voos wrightianos saíram nesta revista dedicada especialmente à cultura de vespas/abelhas:

> Editor Root of **Gleanings in Bee Culture**, a magazinelet for apiarists, witnessed the first circular flight on September 20th, as told in the diary record, and became the first intelligent convert to the airplane. He tried to inform the world that a new vehiche of great possibilities had arrived. He only succeeded in bearing the tidings to the small group of his own bwee-keeping readers.[198]

Mais estranho ainda é que essa matéria só apareceu mais de dois anos após Kitty Hawk, como escreve Paul Hoffman, na sua biografia de Santos Dumont – queremos crer –, às vésperas do voo de Santos Dumont.

---

[198] NAPOLEÃO, Aluízio. *Santos Dumont e a conquista do ar.* Coleção Aeronáutica, vol. 1. Belo Horizonte: Itatiaia e Inst. Histórico Cultural da Aeronáutica, 1988.

Diante disso, e antes de tratarmos sobre a veracidade da primazia, interessa-nos ressaltar esse como único e maior referencial aos voos dos Wright antes de Santos Dumont e o registro desses voos independentemente do lugar e da procedência. Esse tratamento especial da revista liga-se a um conteúdo restrito à apicultura, às abelhas/vespas: consideradas cientificamente como *hymenopteras*. Assim, temos os Wright marcados nessa revista especialista em apicultura, fazendo-nos remeter indiretamente às "vespas" ou ao sobrenome do florentino Américo Vespúcio, que também se alterna como descobridor contemporâneo a Colombo.

No *Diccionário etimológico comparado de nombres proprios de persona,*[199] o termo "Vespasiano" vem do latim, Vespasianus, "de uespa", "avispa"; Vespasianus, nome do imperador romano, assim chamado por sua mãe, Vespasia, filha, por sua vez, de Vespasius. Vespasiano e Vespucius possuem uma idêntica raiz morfológica que nos remete à vespa. O circunstancial dessa publicação alinha a faculdade actancial do "ser aeronauta" junto ao actancial do "ser navegador".

Tal como fizemos entre Wilbur Wright e Vespúcio, podemos alinhavar o actante lógico X (de Santos Dumont) a outro actante lógico Y (de Cristóvão Colombo) de épocas distintas. Mas aproveitando o enfoque das vespas, lembraremos um episódio pitoresco, descrito pelo sobrinho do grande aviador, Henrique Dumont Villares. O fato transcorreu quando Santos Dumont visitava seus sobrinhos no internato inglês em Tavistock: "Percorrendo o jardim do colégio, Santos Dumont ia desalojando, com a ponta do dedo, abelhas e vespas pousadas nas flores de rododendros, até que uma lhe deu no dedo dolorosa ferroada"[200].

Outro biógrafo, Peter Wykeham, também retratou o fato com estranheza. Desse modo, verificamos, materializado no discurso, certa confluência nominal do capitão-mor Américo Vespúcio, recaído aqui indiretamente entre abelhas, vespas e flores, ou a naturalidade florentina, a "cidade das flores". Com certeza, pode-se desalojar com o dedo as abelhas e vespas, notadamente, porque elas não voam imediatamente ao serem tocadas, como voam as moscas (em inglês, *Fly*, nome do aparelho dos Wright; e o verbo "voar"). No tocante ao parágrafo, o registro anterior nos pareceu pertinente atualizar aqui, como correspondente intertextual, já que o fenômeno aparece descrito sem nenhuma marca maior de objetividade, porém ingênua e despida de qualquer intensa pretensiosidade, como talvez agora estejamos fazendo.

Procedemos a um campo de ressignificação que não existe entre os pesquisadores da história, mas tem se revelado nas ciências humanas, útil como fenômeno semiótico, no campo das associações, nos pequenos quadros sincréticos do cotidiano.

Vice-Rei do Mar Oceano e Rei dos Ares. Expressemos mais sucintamente sobre o que vier a melhorar o emprego do conteúdo semiótico exposto, porque isso despertará exemplos de como trabalharmos esses indícios conforme forem surgindo, para a boa análise das denominações. Não importa sermos mais sucintos, mas é bom sermos rápidos. Por isso, traçamos alguns conjuntos de elementos nominativos ligados a cada personagem, dentro das circunstâncias a elas respectivas, para facilitar a compreensão.

Vejamos os epítetos conhecidos de Colombo e Santos Dumont, ou seja, o VICE-REI DO MAR OCEANO E REI DOS ARES. São elementos de mesma sequenciação "nobiliárquica" conjuntiva, ou seja, vice-rei/mar e rei/ar. Essas ligações se reportam a fatos decorridos da ação de cada um ou sobre os

[199] TIBÓN, Gutiere. *Diccionario etimológico comparado de nombres propios de persona*. México; Fondo de Cultura Económica. 1988.

[200] VILLARES, Henrique Dumont. *Quem deu asas ao homem: Alberto Santos-Dumont, sua vida e sua glória*. Revista dos Tribunais Ltda., São Paulo, 1953. p. 204.

expedientes consequentes do que se envolveram na história. A relação entre os epítetos forma um natural esquema de graduação hierárquica (o vice-rei precede o rei). Colombo recebeu o título oficial dos reis católicos, e Santos Dumont recebeu por uma aclamação popular divulgada por meio de publicações da época, de modo que atestam o caráter de título oficial a um e a outro a consagração pública, como certa marca de investidura. Estes epítetos artificiais, na prática, não lhes renderam quaisquer poderes políticos ou de decisão como eles próprios pretendiam. As várias cartas de Santos Dumont, por exemplo, com solicitação de freamento dos combates, nunca foram ouvidas.

Nesta relação significativa, sobressaiu-se o aspecto gradativo temporal. O ser/actante "aeronáutico", nesta figuração, surge depois do ser/actante "marítimo" como sequência ordinária. E, então, atomizando as implicações que esses tipos sugerem, o caráter de vice-rei/rei viria, nesta articulação, como uma manifestação de continuidade como relações sintagmáticas. Não esqueçamos que – ao inverter os títulos – Colombo nunca foi rei, nem Santos Dumont, vice-rei. Mas, neste caso, podemos concluir que: tendo Colombo (e seus méritos reconhecidos) existido como "vice-rei" - antes, e Santos Dumont com sua alcunha popular de "rei" - depois, admitimos o viés persecutivo, plausível da associação comparativa, em sincronia às homenagens.

Muitos poderiam perguntar do porquê equivalermos aqui Cristóvão Colombo ao Mar e não à Terra, devido à sua grande descoberta. Colombo havia sido nomeado, antes do descobrimento, almirante/vice-rei, não apenas do Mar Oceano, porém das Ilhas e Terras firmes e de tudo o que se descobrisse no Oceano. Desta forma, ele se tornaria um dos maiores vassalos do mundo, com mais poderes que os próprios reis católicos de Espanha. Mas, depois do descobrimento, as cartas reais confirmam a redução de nomeação de vice-rei apenas sobre o "Mar Oceano", o que motivou seu desgosto e, dali em diante, toda uma luta contínua pelos direitos perdidos. Alguns historiadores tendem a justificar isso pelas bulas de Alexandre VI expedidas em junho, julho e setembro de 1493, quando este dividiu o mundo a se descobrir entre Espanha e Portugal. Ao mesmo tempo, ele perde também o "império dos mares", quando não é chamado para dirigir a "Casa de Contratação da Índias" na Espanha.

Enquanto isso, paralelamente a Colombo, o almirante português Vasco da Gama também receberia do rei de Portugal, Dom João III, o título de "Vice-Rei dos Mares das Índias Orientais", as verdadeiras Índias. Portanto, teríamos, sarcasticamente, dois vice-reis de igual objeto territorial. Com certeza, um invalidaria o outro.

Rio "Orenoco". O nosso maior genovês descobriu o delta do rio Orenoco em 1498, durante sua terceira viagem à América. Orenoco ou "Orénoque" é um nome indígena que significa "rio" ou "água rápida". Colombo descreve esta região como um "paraíso terrestre" em carta de agradecimento à Rainha Isabel de Castela. Hoje, o rio se vincula ao território venezuelano. É importante frisar aqui que este rio não tem importância apenas por sua descoberta em si, mas porque, neste caso, fora ali que consta ter Colombo pisado primeiramente o solo continental, em 1498, desbancando a hipotética primazia defendida por Vespúcio.

Santos Dumont (afirmação registrada em arquivos do jornal do *Estado de São Paulo*), consta que, em 1892, tomaria o vapor "Orénoque", partindo de Paris para o Rio de Janeiro. Embarca ele num navio que possui a mesma referência nominal daquele rio descoberto por Colombo. Desse modo, temos, comparativamente, a fluência da palavra "Orénoque" ainda possuir aqui a mesma sincronia específica aos dois concidadãos analisados. Em Santos Dumont, o discurso representaria mais do que o maior rio da Venezuela, pois, como material discursivo, instauraria a denominação referencial ao grande vapor. Entre nós, há uma nova recuperação intuitiva do genovês nessa equivalência.

Vapor *Atlantique*. Esta recuperação é pertinente para a comparação ou confronto dos fatos. Cristóvão Colombo fora intitulado Vice-Rei do Mar Oceano, evidentemente do Oceano Atlântico. Em Santos Dumont, o aparecimento do substantivo "atlantique", um galicismo para a língua portuguesa, fez-se tanto na forma da "estrutura de superfície" como "estrutura profunda" do ato semântico. Em fins de 1903, ele embarcava no vapor francês *Atlantique* para vir ao Brasil e o escolheu certamente por sua recorrência significativa –atravessaria o oceano por um instrumento que lhe rebatia a denominação, fortalecendo os simbolismos caros da predestinação, como invariavelmente se reproduziam. Previra desembarcar no Brasil exatamente no dia 7 de setembro, feriado brasileiro comemorativo de sua emancipação de Portugal. Conscientemente, planejara embarcar no mesmo *Atlantique* em 23 do mesmo mês, curiosamente, para retornar à França. Esses lapsos de sincronicidade constroem determinada segurança psíquica fortalecendo-se frente ao acaso, ao sofrimento ou algo que lhe fruste o intento.

A travessia do Oceano Atlântico, por dirigíveis, era um futuro objetivo de Santos Dumont dito em entrevista publicada. Certa vez, um jornalista português lhe perguntou sobre se tencionava continuar os voos. Santos Dumont disse que sim e que planejava, apenas, varar o Atlântico no seu dirigível: vir ao Rio de Janeiro com ele, em três dias. "Esta transcrição vai além da comparação lexical que emerge das duas vidas, mas a sua travessia, e não qualquer travessia, mas a primeira". Este ato precípuo ou a intenção fatal do cruzamento do oceano, propriamente dito, tem como marca precursora o descobridor genovês, como aquele que primeiro historicamente atravessara o oceano.

Além da menção da travessia, propriamente dita, vimos outras congruências consoantes menções fantásticas em que ele euforicamente se destaca ao se assemelhar aos antigos aventureiros hispânicos. Gondim da Fonseca, depois de transcrever tal texto da entrevista anterior, conclui com certa argucidade:

> Pura fantasia de menino de ginásio. Algumas de suas previsões são justas. Assemelham-se muitas delas, porém, às que um nauta do século XV ou XVI fizesse sobre a navegação marítima, profetizando a travessia do Atlântico num mês, em naus de duzentas velas e quatrocentos metros de comprido [...][201]

Com certeza, o biógrafo expressaria aqui o lado psicológico marcante do personagem exatamente como o que pensamos ser os ideais futuros daqueles viajantes da época dos descobrimentos: o desejo de conquistar, desvendar o desconhecido. Mal saberia ele, a esse tempo, que os dirigíveis seriam totalmente esquecidos e a aeronáutica tomaria rumo diferente.

O "Fulton da navegação aérea". O biógrafo brasileiro Fernando H. da Costa lembra, em seu livro *Alberto Santos Dumont, O Pai da Aviação*, que ele fora chamado de "Fulton da navegação aérea", por Wilfrid de Fonvielle, membro do aeroclube da França e Juiz do Prêmio Deutsch, de 1901. Esta sua declaração consta na *Science Illustrée*, citada depois no *Jornal do Brasil,* no dia 7 de setembro de 1903: "Pela primeira vez após cinquenta anos a navegação aérea foi retirada das mãos de empíricos. Recebeu a sua base científica das mãos de um homem a quem se regateia o qualificativo de sábio, mas que eu proclamo o "Fulton da navegação aérea".

Quando Fonvielle compara Dumont ao Robert Fulton que aplicou a máquina a vapor à navegação marítima, ele, na verdade, indiretamente, está reelaborando intertextualmente a navegação aérea como decorrente da marítima.

---

[201] FONSECA, Manuel José Gondin da. *Santos Dumont*. Rio de Janeiro: Casa Editora Vecchi, 1940. (p. 237)

Esquematizamos num quadro lógico o entendimento das relações entre as navegações. O argumento surgiu da ideia do significado justaposto entre Robert Fulton e Santos Dumont, pelo viés da ciência, de modo a nos ratificar essa linha de pensamento.

A relação metalinguística principal entre os semas "Atlântico" e "Atlantique", vinculados do discurso narrativo em que aparece Santos Dumont, foi determinada por uma causalidade da qual participariam todos os passageiros daquela viagem ao Brasil. Não restringiríamos a importância ao caso do aeronauta. Ocorre que há um detalhe circunstanciado orientador no qual se destaca: é que ele já se evidenciara como um personagem-foco parisiense, especificamente da aerostação, reconhecido publicamente, e que viria a ser saudado no Brasil como um herói pela conquista da premiação da dirigibilidade dos balões. Esse dia festivo Santos Dumont fará propositalmente recair no Dia da Independência, quando apostaria num país culminado por festejos programados, em específico, se não para sua pessoa, pelo menos, para o Brasil. Acresce-se que essas coincidências nominais e numéricas em Dumont reforçam-lhe os anseios psicológicos de que tudo ocorrerá dentro de uma conformidade prevista e desejada, e mais de reconhecimento aos seus feitos, além de já se descobrir como personagem histórico.

Quando nos reportamos às navegações marítimas ou aéreas, surgem aproximações. Aqui poderemos reproduzir igualmente uma referência contida numa carta bem-humorada de Joaquim Nabuco a Santos Dumont[202]. O embaixador em Londres, dirigindo-se a Santos Dumont, em 4 de maio de 1905, diz a certa altura: "Muito lhe agradeço o livro 'Dans L'Air', que lerei sur mer. Os mares e os ares se parecem – depois de Santos Dumont". E a pretexto de fazer um trocadilho com o título francês do primeiro livro do aviador brasileiro, Joaquim Nabuco escreve "sobre o mar", em francês, extravasando alguma genialidade ao associar, intuitivamente, o navegar aéreo com o marítimo. Esta explicação, no entanto, nos aproxima do seu discurso comparativo que ele desfiou ao igualar essas circunstâncias.

Le Brésil/América. A denominação dada por Santos Dumont ao balão conhecido como o menor feito na época para transporte humano foi "O Brasil" – considerado seu primeiro balão livre construído. Este primeiro modelo estrutural se ateve à forma esférica. O caráter de ser esférico oportuniza a concepção intuitiva do território (valor geográfico) e do globo (valor geométrico). Esses elementos se fazem reportar ao Colombo geográfico, quando este idealizou dirigir-se a oeste, para a Ásia, a nova concepção física planetária, pois somente seria possível seguir rumo a oeste, para Índias Ocidentais, se naturalmente a Terra fosse redonda e menor do que parecia ser. A forma globular pequena do balão com o nome de um país remeteria então à esfericidade planetária com os países nele.

Há que se abrir um parêntese comparativo pertinente aqui para citar o que foi escrito sobre este pequeno aeróstato: "O Brasil era muito manejável no ar e muito dócil. Era, além do mais, fácil de embalar após a descida: foi com razão que espalharam que eu o carreguei numa maleta". Parafraseando, ao tempo dos descobrimentos, temos o frei Bartolomeu de Las Casa que, "en passant", cita, em sua obra *Historia de las Índias,* que Colombo explanava tão bem seus conhecimentos sobre a imensidão do planeta "[...] como si este orbe tuviera metido en su arca".

Colombo sabia defender suas teses para encampar sua viagem como algo quase dado como certa, reconhecida. Encontramos igualmente um percurso contrastivo e dialético dessas significações: por um lado, temos o globo de ar (gasoso) e, de outro, o globo da Terra (sólido). Os elementos nominais referentes a "Le Brésil" e "América" ensejam a pertinência de o serem terras continentais

---

[202] *Obras Completas de Joaquim Nabuco XIV – Cartas a Amigos*, vol. II. Instituto Progresso Editorial S.A., São Paulo, p. 217. Agosto, 1949.

e respectivas a um país e outro ao continente americano: Brasil e América. A pequenez do primeiro balão esférico de Santos Dumont ao lado do nome continental, que representa sua descoberta maior, facilitaria a nós amealhar o vínculo das miríades pequenas ilhas descobertas frente ao que se constatou depois, como a junção de terras de proporções continentais. A pequenez ao lado da grandeza surgiria como intertextos paralelos referenciais na geografia e na aerostação. A pequenez ao lado da imensidão das formas em Dumont já havia aparecido em Colombo.

Tabela 7

Atores	*Santos Dumont*	*Cristóvão Colombo*
Tempo inicial	primeira invenção	primeira descoberta
Objeto original	Aeróstatos pequenos	pequenas ilhas
Objeto final	avião	continente

Fonte: do autor.

Quando Santos Dumont formaliza que "o único balão que recebeu oficialmente um nome foi o Brasil"[203], isto se lhe compensaria frente à questão nominativa quando o sobrepomos ao referencial colombiano, pois a designação "América" obriga-nos sempre a uma inflexão injusta pela não designação do seu nome ao continente descoberto. Comparando as articulações, Santos Dumont parece diminuir o valor significante nominal a uma terra/país, ao associá-lo ao primeiro menor balão, visto que sua descoberta inicial foram as infinitas pequenas ilhas esparsas.

Não nos esqueçamos que o caráter da revelação colombiana das novas terras como legado ao futuro. As grandes descobertas continentais introduziram os canais constituidores da maior renovação temporal, já havida através dos séculos: o chamado Renascimento.

Quando Santos Dumont sobrecarrega expressões superlativas do tipo: "o menor", "o mais", "o único", essas qualidades isolarão a compreensão do objeto. Esse exemplo aparece no balão com o nome da pátria onde nasceu. Neste confronto, temos de "América" um efeito **cognitivo** e, no "Brasil", um efeito **afetivo.** O balão "Brasil" está para o que ele criou, assim como as terras brasileiras estão para o lugar onde nasceu. Existe, portanto, uma dicotomia aparente entre *descoberta* e *invenção* nessas inter-relações abstraídas. Enquanto um personagem se prende ao fato de ser descobridor e outro inventor, o balão poderá representar idealmente, no plano das significações das duas instâncias, ora o veículo/transporte (atual), ora o planeta/território (virtual).

L'Amérique. O núcleo aqui dessas relações nominativas é precisamente a reincidência do nome do continente ao qual o balão esférico *L'Amérique* se reporta[204]. Vale a pena ainda algumas considerações.

Antes do balão esférico motorizado *Le Deux Amériques*, Santos Dumont construiu seu segundo balão livre esférico, maior que o primeiro e de maior força ascensional, ao qual o nome *L'Amérique* estaria associado. Possuía 500 m³. No seu primeiro livreto chamado "A Conquista do Ar", o nosso aviador registra que o aeroclube francês abrira um concurso de balões para o estudo das correntes atmosféricas. Concorreram 12 balões. O *L'Amérique* não saiu vitorioso, mas, subindo muito alto, foi aquele que permaneceu mais tempo nos ares, demorando-se por 23 horas.

---

[203] Na legenda da foto do primeiro balão esférico de Santos Dumont, ele descreve: "O meu balão, o menor, o mais lindo, o único que teve um nome: Brasil". Henrique Dumont Villares, em seu livro, p. 65.

[204] A dirigibilidade científica dos balões, portanto da existência dos "dirigíveis", foi conseguida apenas em 1901, quando do balão SD n.º 6.

Segundo o biógrafo Fernando Hippólyto da Costa, constatamos uma pequena divergência na identificação deste veículo. *L'Amérique*, segundo consta, foi o nome de um aeróstato esférico ou balão livre tripulado por Santos Dumont na oportunidade de uma competição denominada "Taça dos Aeronautas", realizada em 18 de junho de 1899 – ano aliás, em que o brasileiro confeccionara o Dirigível *SD 4*. Nessa competição, pudemos identificar os seguintes balões participantes: Centaure, Malgache, Alcor, aeroclube, Volga (pilotado por uma mulher, a Sra. Savary), e o *L'Amérique*. A premiação seria feita ao aeronauta que pousasse em local o mais distante possível do ponto de partida. Apesar de Santos Dumont acreditar ter percorrido 400 km de Paris, disseram que ele havia pousado a 325 km, em Felletin (Creuse). Ainda assim, Santos Dumont foi o aeronauta a ficar mais tempo no ar – 22 horas. O ganhador do certame foi o Conde Henry de La Vaulx, voando no *Centaure* durante 12 horas, vindo a pousar em Vendée a 390 km do ponto de partida.

Além da oportuna correlação com Colombo no que se refere à denominação continental ao seu Balão, temos lembrado de um fato marcante em Colombo, que diz respeito ao erro consciente da contagem das distâncias obtidas que identificaria o brasileiro ao genovês – este alterava os cálculos de distância durante todo trajeto de viagem. Além da dupla notificação (que, para os críticos, aquela que apresentava como falsa era na verdade a mais correta), talvez, em Paris, por seus cálculos, tenha realmente merecido ganhar o prêmio.

Cabe lembrar, o que nos deixa muito feliz, a ausência em Santos Dumont, de qualquer rancor ou alguma resistência à menção do nome *América* em toda sua vida.

Estados Unidos da América. Nestas aferições, ressalta-se que o termo "América" possui uma interação móvel tanto para o continente homônimo, como ao país Estados Unidos da América. Os EUA proclamaram a sua independência em 4 de julho, como a primeira nação americana livre. Em Santos Dumont, temos que este programou sua primeira ascensão no balão esférico "Brasil" para o dia 4 de julho, que se efetivou. Por conseguinte, o evento foi programado propositalmente em comemoração à independência da América, os EUA, ou ao maior país americano. Foi seu primeiro passo rumo ao que mais tarde será considerado como um dos maiores de seu tempo.

Tabela 8

América	Santos Dumont
EUA	
Emancipação inglesa	1ª. ascensão
04 de julho	04 de julho

Fonte: do autor

Le Deux Amériques. Outra referência que estabelece relações intuitivas entre Colombo/ Dumont está no fato de que o aeronauta brasileiro deu ao seu terceiro e último balão esférico o nome de *Le Deux Amériques*. E este, muito explicitamente, é dirigido a todo continente americano. Sob o intertexto dessas vinculações, ressaltamos a mesma motivação do item anterior, com a diferença que *Le Deux Amériques*, ou "As duas Américas", possa ter uma carga emocional mais forte. Uma primeira consideração remonta ao fato de sofrer a condição de ser um parassinônimo do nome continental e o de nomear um imenso aeróstato esférico. Um produto metalinguístico. Assim, *Le Deux Amériques* atualiza a descoberta colombina, recaindo sobre todas as terras transatlânticas, a oeste do oceano. O balão descrito em francês abrangeria as duas Américas: a Latina e a Anglo-Saxônica. O descobrimento do Novo Mundo obrigou uma nova concepção astronômica do planisfério, ou seja, passou-se do mundo plano para o globo esférico. Dessa forma, este balão específico, por ser esférico, obedeceu à figura da concepção geográfica terrestre bem como exalta especialmente o continente americano como parte de uma motivação afetiva, no mínimo, por representar, entre os franceses, um latino-americano.

São Domingos. Assim como a lexia "América" está vinculada ao nome do pai de Santos Dumont, isto é, à etimologia da palavra "Henrique" (segundo registro de Bartolomeu de Gusmão), assim também o nome "São Domingos", a primeira cidade fundada na América pelos colonizadores[205], e atualmente capital da República Dominicana, está vinculada ao nome do pai de Colombo, conhecido por "Domingos". De modo que, nessa sincronia, admiravelmente, o *maior/continente* se contrapõe ao *menor/cidade.* Ambos os termos remontam à origem geográfica da história, com identificações paralelas e congruentes: uma mesma articulação nominal que traz três relações contíguas: o signo de paternidade dos personagens foco, os extremos como dimensões espaciais geográfica e a atenção histórica de conteúdo etimológico.

Vimos, na estrutura profunda dessas relações semióticas, dois nomes geográficos serem articulados com os nomes paternos de Cristóvão Colombo e Santos Dumont. Sabemos comumente que a lexia "terra", "pátria" etc. se identifica com genitores "mãe" ou "pai". Podemos constatar essas variantes nas mitologias, por meio de elaboradas reverberações poéticas de um coletivo: terra-mãe e país-pai. No entanto, ressaltamos um dado relativo à psique do personagem aviador, cabível à compreensibilidade dos termos: Santos Dumont identificaria aqui o estado maior ao menor. "América" como terra imensa, continental, é comparada a Santo Domingo, como cidade, a primeira e a menor que, desde então, passou a existir no continente colombino e fundada pelo próprio almirante em sua terceira viagem[206]. Pudemos perceber que Santo Domingo, em Colombo, e América, em Santos Dumont, ambos se caracterizam como referenciais aos seus genitores masculinos.

Nina e Demoiselle. Além das expressas concomitâncias entre os instrumentos e aparelhos construídos (balões esféricos e alongados) – articulados pela proximidade de conteúdos nominais semânticos –, há outro exemplo importante no que concerne aos aeroplanos, entre os quais destacamos o *Demoiselle*. O *SD 19 – Demoiselle* é o nome do primeiro, do menor e mais popular monoplano construído. Sua popularidade não apenas consagrou Santos Dumont, mas todas as esperanças aviatórias. Enquanto os Wright se apresentavam num **biplano** *Flyers* na França de 1908, Santos Dumont já havia construído, um ano antes, um **monoplano** que foi sua consagração aeronáutica. Ao voar pela primeira vez com o *Demoiselle,* em 16 de novembro de 1907, Santos Dumont inventou, pela segunda vez, o avião, como um monoplano de menor tamanho, mas com todo o necessário para a realização de um voo pleno.

---

[205] É considerada "[...] la ciudad más antigua entre todas las existentes en América". (Utrera, Fray Cipriano). Em Hernando Colón, em "Vida del Adelantado" temos: "El Adelantado había señalado allí el sitio de la ciudad, a la parte oriental del río, donde hoy está y llamó a Santo Domingo" (cap. LXXIII). Oviedo por sua vez destaca: "Pero inquiriendo yo e deseando saber la verdad por qué esta cibdad se llamó Sancto Domingo, dicen que, además de aver ido allí a poblar en domingo é día de Sancto Domingo, se le dió tal nombre, porque el padre del primero almirante y del adelantado, se llamó Domingo, y que en su memoria el fijo llamó Sancto Domingo a esta ciudad" (Livro II, cap. XIII de *Historia general y natural de las Indias*).

[206] A nau capitânia, *Santa Maria,* havia encalhado na América, em 25 de dezembro de 1492. Na verdade, a colonização da América iniciou no dia comemorativo ao nascimento de Cristo, pois, devido aos congêneres da nau capitânia encalhada e por haver menos uma embarcação para a volta de todos os tripulantes, se construiu um primeiro embrião de assentamento europeu. Apesar de a primeira investida de colonizar ter surgido ao fundar *Natividad*, São Domingos foi a primeira cidade que realmente prosperou.

A interligação nominal a Colombo está que *Demoiselle*, a despeito de ser um maquinário aeronáutico, nos evoca subliminarmente à Caravela/Nau, como principal meio de transporte das antigas navegações, e especialmente à *Niña*, por ter sido por meio dela que Colombo sobreviveu e voltou à Europa na expedição de sua maior descoberta[23]. Desse valor semântico, ressurgiria toda uma proximidade afetiva entre estes dois veículos: *Demoiselle* (lexia francesa) e *Niña* (lexia espanhola), contendo o mesmo significado popular.

Os dois meios de transportes ligam-se aos actantes históricos exarados. A respectiva *Demoiselle*[24] passou por três aperfeiçoamentos sucessivos entre 1908 e 1909 (n.º 19, 20, 21 e 22). Além de ser seus últimos modelos, foram marcados pela pequenez e simplicidade de engenharia, conhecidas pelas repetidas presenças nos céus das paisagens parisienses. A menor caravela da esquadra colombiana chamava-se *Santa Clara*, mas todos a apelidavam de *Niña*, devido ao nome de seu proprietário e mestre chamar-se Juan Niño de Moguer. Os veículos *Niña* e *Demoiselle* sugerem, como denominação, uma aproximação nominal feminina, pela delicadeza de significados: *Niña* se refere, em espanhol, à menina-moça, enquanto *Demoiselle*, igualmente, se refere, em francês, à menina-moça ou senhorita. Assim como a *Demoiselle* foi o menor aeroplano de sua época, *Niña* foi a menor caravela da primeira expedição colombiana de 1492, da menor esquadra do grande périplo espanhol do Novo Mundo. Diante disso, ressalta-se o valor afetivo dado por Cristóvão Colombo a ela. De fato, o almirante defendia que a menor embarcação é a ideal para descobertas, para seguir um percurso litorâneo, costear ilhas, mudar direção etc., por sua leveza e versatilidade. De forma que Colombo, depois, a compraria para si, usando-a em outras duas viagens ao Novo Mundo.

O historiador Samuel Morison chegou a dizer sobre a *Niña*: *"Uno de los más grandes entre pequeños barcos de la historia del mundo"*[207], pois que por ela Colombo voltou são e salvo da sua maior descoberta. Não podemos negar o valor intrínseco da humildade e comedimento que nossos protagonistas deram a esses equipamentos. Santos Dumont não apenas construiu o menor balão esférico, mas também o menor monoplano, e o menor dirigível conhecido – o n.º 9, *Balladeuse* (um carro pequeno de passeio). No quadro a seguir, podemos ter uma ideia de como o signo semiótico pode ser encontrado dividido entre significante e significado para a associação necessária:

Tabela 9

			C. Colombo	S. Dumont
		IDENTIFICAÇÃO		
	ATORES		**C. Colombo**	**S. Dumont**
SIGNIFICANTE	1	Transportes	*Caravela*	*Monoplano*
	2	Nome	*"Niña" (espanhol)*	*"Demoiselle" (francês)*
SIGNIFICADO	1	Tradução (português)	*Menina/ moça*	*Menina/moça*
	2	Dimensão	*a menor*	*a menor*
SIGNO SEMIÓTICO	1	Lugar na história	*Retorno da primeira viagem*	*Primeiro monoplano construído*

Fonte: do autor.

Roldan/Rodin. Há outros dois personagens equidistantes aos nossos actantes, que se assemelham na abordagem da pronúncia fonológica. Comparamos os sobrenomes de Francisco Roldan, século XV (contemporâneo de Colombo), e Auguste Rodin[25] (contemporâneo de Dumont), século

---

[207] MORISON, S. 1945, p. 159.

XX, sobrenomes oriundos do espanhol e do francês, respectivamente. O recorte linguístico expresso em cada fonema da palavra enseja um encontro fonético semelhante na sua oralidade, embora diferencie na estrutura gráfica da construção morfológica. Historicamente, Francisco Roldan aparece como considerado um dos primeiros adversários de Cristóvão Colombo a partir da segunda viagem ao Novo Mundo. Este espanhol exigia que lhe entregasse parte do poder de comando frente aos nativos e, em geral, depois, a tudo o que se referisse às terras descobertas, promovendo, inclusive, rebeliões internas entre os próprios espanhóis, que terminaram por depreciar a imagem do descobridor na Espanha. Já em Santos Dumont, por outro lado, temos Augusto Rodin como um escultor francês, seu contemporâneo, que apareceria indiretamente num trabalho de encadernação de livros de estampa, de artes, como figura motivadora de um trabalho gráfico-artesanal. Santos Dumont, em estado adiantado de esclerose múltipla, se internou em certa clínica de saúde, na qual ocupava o tempo produzindo encadernações. Um dos livros, de época, escolhidos por ele para essa finalidade, foi o *L'Art*, o escultor francês. O livro de Rodin, entre outros (Botticelli, por exemplo), serviria de meio para, com sua venda, angariar recursos a alguma entidade beneficente[208]. Portanto, aqui, Francisco Roldan está para Colombo assim como Augusto Rodin está para Santos Dumont, como aferição fonética. Essa não seria menos importante no rol dessas aproximações linguísticas comparadas. Entendemos existir aqui certa ligação intuitiva, mais subjetiva do nosso aviador neste jogo processual de pronúncias idiomáticas, gerando uma criativa semiose fonética entre nomes desses atores históricos.

Contudo, ainda em Cristóvão Colombo, aparece-nos um detalhe não menos significativo quando voltamos à comparação. Acontece que ele, antes de se tornar importante figura, saindo de Portugal para Espanha, aporta em Palos e se dirige a pé ao mosteiro de La Rábida, onde pede pão e água e deixa seu filho de 5 anos aos cuidados do frei Juan Pérez. Nesta oportunidade, sem outros meios de subsistência, tornou-se vendedor de livros de estampa, de arte. É o que diz o bacharel André Bernaldez, Cura dos Palácios e Capelão do arcebispo de Sevilha, em seu relato das aventuras do descobridor:

> Em el nombre de Dios Todo-poderoso, ovo um hombre de tierra de Génova, **mercader de libros de estampa,** que trataba en esta tierra de Andalucía, que llamaban Cristóbal Colón, hombre de muy alto ingenio, sin saber muchas letras, muy diestro de la arte de la Cosmographia, e del repartir del mundo.[209]

Embora não saibamos de que tipo de estampas esses livros se referem, se eram suas, ou se foram livros por ele confeccionados, é justo inserirmos esse informe aqui como mais uma das várias habilidades a que ambos estavam expostos, descritos num dado momento da vida de cada um. Surpreendentemente, Santos Dumont reaparece encadernando livros de estampa, ou especificamente de arte, em seus momentos de retiro em casas de repouso para tratamento de saúde. O historiador argentino Enrique de Gandia intitula um dos capítulos da sua biografia colombina de *El Mercader de Libros de Estampa*, passando a se referir assim até a última frase dele, quando diz: "[...] Había dejado de ser un mercader de libros de estampa para convertirse en Almirante".

---

[208] No Museu Cabangu, consta, deste escultor francês, Auguste Rodin, um molde exposto em gesso do busto de Victor Hugo com cerca de meio metro de altura, com a dedicatória: "À Monsieur Santos Dumont, A. Rodin, 1903". Talvez, essa reverência a Hugo seja motivo de prêmio e homenagem aos "homens do mar". Um dos seus romances mais conhecidos chama-se *Os Trabalhadores do Mar*. Vitor Hugo era um político muito integrado aos ideais revolucionários, por isso, temos o "Pátio dos Milagres", no Notre Dame de Paris, o romance *Os Miseráveis*, entre outros.

[209] GANDIA, Enrique de. *Historia de Colón. Analisis critico de las fuentes documentales y de los problemas colombinos*. Biblioteca de Obras Famosas, Vol. 84. Buenos Aires, Editorial Claridad, 1951. p. 196.

Chapin, Champlain, Ciapangu, Japão. Em continuidade às determinações fônicas na recorrência denominativa ante as diferenciações de pronúncias, na "expressão auditiva", sabemos que, em Santos Dumont, o nome de um dos seus principais mecânicos e amigo era Albert Chapin[210]. A pronúncia fonológica francesa de "Chapin", "Xapã", aproxima-se de "Japão", quando perpassa a fonética portuguesa. O chiado do dígrafo "Ch" corresponderia ao "J", como pode ser pronunciado "Japão" nos moldes fonéticos de "Cipangu" ou "Ciapang", ao pronunciarmos o "Ci". O sufixo francês "in" corresponde ao "ã" português, respeitando o recorte linguístico de Santos Dumont, por sua língua materna. De modo que, ao ouvido brasileiro, "Chapin" soaria próximo à "Giapan" no português que escreve "japao". Os entrelaçamentos fonéticos, fonológicos importantes referenciam ao nominal. Estes termos parecem mais bem identificados por seu direcionamento dêitico da palavra e por requererem a motivação psicológica, explícita do estado afetivo, e por serem, mais do que um substantivo próprio, também, às vezes, palavras-chave de um conteúdo não manifesto.

Foneticamente, o mesmo sobrenome do mecânico Albert *Chapin* evoca Samuel de *Champlain*[211], no que concerne à pronúncia francesa. A correlação entre Chapin e Champlain traz a mesma sonoridade fonêmica, ao passo que, se fosse Chapin com Champlin, teríamos pronúncias diversas. De todo modo, ressurge no âmago relacional de Santos Dumont uma singularidade intuitiva amealhando a si, elementos atávicos da era das navegações, qual seja, essa circunstância fonológica fez emergir indiretamente esse conteúdo latente ligado àquele antigo navegador francês dos sécs. XVI e XVII.

Aída Acosta, José de Acosta. Uma vez, uma jovem cubana chegou a conduzir um dirigível, sozinha, sobre as ruas de Paris (de Neuilly a Bagatelle), em 29 de junho de 1903. Ou seja, fora considerada a primeira "mulher aeronauta" da história da aviação. A "heroína, uma jovem e lindíssima cubana", no dizer do brasileiro, era Aída Acosta. Tomando seu nome, ao desmembrá-lo em sua morfologia e constitui-lo silabicamente no idioma português, teríamos uma semântica muito peculiar à nossa associação do aeronauta ao antigo navegante – a sintaxe: "A ida à costa". O artigo "A", o verbo "ir" em particípio, a preposição craseada "à", o substantivo "costa", representando o limite, o litoral e, por fim, no seu fraseado, teríamos um aspecto transfrástico, que reproduz o desejo de se chegar à terra firme.

A realização da proeza do voo solo, singular, de Aída Acosta, foi possível graças a algumas considerações de Santos Dumont sobre como exercer o manejo do dirigível n.º 9, ou, como ficou conhecido, o *Balladeuse*, entre nós, uma "charrete aérea". Este novo dirigível, na verdade, o "oitavo" de Santos Dumont, consagrou-se como o menor e mais popular de todos os seus dirigíveis[212]. A instrumentação mais aperfeiçoada, facilitou, por conseguinte, à jovem senhora sobrevoar moderadamente os céus de Paris, com o devido acompanhamento do brasileiro percorrendo junto em solo.

Outra questão relevante recai sobre o sobrenome "Acosta". Na história do colonialismo americano, encontramos o nome de Pe. José de Acosta[213], que ligamos a Cristóvão Colombo por ter lhe defendido. É homenageado em seu livro intitulado *História de Las Índias,* quando do primeiro centenário do descobrimento da América. Este padre escritor, que carrega o sobrenome "Acosta", lega reconhecida erudição aos méritos do injustiçado genovês. Esta abordagem reconduz a sustentação

---

[210] O fiel mecânico e amigo de Santos Dumont, Albert Chapin, certa vez, devido ao seu trabalho com o brasileiro, foi agraciado com "les palmes d'officier d'Académie", comenda que distingue escritores, educadores, cientistas e técnicos. Este mecânico tem parte no sucesso das criações do brasileiro.

[211] Samuel de Champlain (1567-1635) foi um grande descobridor e colonizador francês que, em 1608, fundou a cidade de Quebec e descobriu um lago que tem hoje o seu nome, dentre outros na América mais setentrional.

[212] Ao contrário dos ocidentais, nos orientais, verificamos uma tendência à miniaturização dos elementos. Há, de um lado, a expansão ao exterior e, de outro, a introspecção ou redução ao interior. Dumont herda, queremos crer, esta característica de contenção em seus produtos ou modelos.

[213] Escreveu o livro *História Geral das Índias*, em 1516.

comemorativa da descoberta (relação paradigmática), por meio deste conjunto de nomes/actantes relacionáveis: Aída **Acosta** e Pe. José de **Acosta**. Contudo, a vinculação destes "termos dominantes" é mais bem compreendida quando lembramos que Pe. José de Acosta (a exemplo também de Francisco López de Gómara[28]) não reconheceu a denominação de *América*" ao novo continente, mas conservou o nome dado, um século antes, pelo almirante das Índias Ocidentais, publicando, inclusive, um prolixo livro sobre sua história, ratificando, na intitulação deste, a procedência de sua reivindicação.

A jovem Aída de Acosta[214], por coincidência, nasceu justamente em terras descobertas por Colombo – *Cuba*, ilha em que na oportunidade juramentou ser "terra firme", ou seja, um continente. Quis ele que assim fosse.

Como já dissemos antes, a justaposição nominal, neste estudo de inter-relações atemporais, cria e aprofunda uma dimensão linguística bastante curiosa e de fácil tradução para um arranjo analítico-descritivo, basta compará-los. Às vezes, aparecem "n" fatores outros não considerados num capítulo específico, então guardamos para evidenciá-los em outras oportunidades. Também retornam variáveis discutidas em outros lugares, que nos casaríamos com o leitor ao repeti-los.

Há fatores relacionáveis não ao "Acosta", ou ao denominativo, mas a conquista da "quarta parte" do mundo ao se descobrir em um litoral ou "costa continental" e querer fazer passar uma "ilha" por "terra firme".

Entre o país "Cuba" e a jovem cubana "Aída", numa referência implicativa entre Colombo e Santos Dumont, poderemos conduzi-los a formas impregnantes ao ato expresso. Embora saibamos que a definição de "terra firme" não esteja ligada à instabilidade do solo, da terra, podemos reter, desta alocução, a potencialidade imaginária de "terra firme" e contrapormos esta à "terra não firme", solta. Vale ressaltar o seguinte: da aferição que tivemos a respeito de Aída Acosta, está em que ela sendo a primeira mulher a se conduzir sozinha em um dirigível, simbolicamente, foi suspensa além da superfície do solo, "solta" no ar, ao contrário do ser da ilha Cuba, segundo Colombo, terra firme e não suspensa.

A característica denominativa neste horizonte de eventos: "Acostas", Cuba, os nascidos em tal pátria, a terra firme, a comemoração do descobrimento, a manutenção do nome "Índias Ocidentais", do trabalho intelectual sobre o Novo Mundo e do despregar da terra, entre outros, todos reunidos emergiram uma flagrante rede conjuntiva, que faria ligar diversos pontos conjecturais pertinentes à associação.

Tabela 10

Cristóvão Colombo	Santos Dumont
↓	↓
Descoberta da América	Invenção do Balladeuse
↓	↓
Cuba	Cubana Aída
↓	↓
Desejo contraditório de Conjunção e Disjunção	
↓	↓
Apegar-se à terra (firme)	Suspender-se da terra

Fonte: do autor.

---

[214] Aída de Acosta seguiu de perto a história da aviação, segundo Fernando Jorge, desposou um advogado americano de Nova York, Dr. Henri Breckinridge, que foi, também, depois, advogado particular do célebre aviador Charles Lindbergh, o primeiro a fazer a travessia aérea sozinho sobre o Atlântico.

O desejo contraditório entre Santos Dumont e Aída Acosta gerou a possibilidade semiótica de um quadro de contradições duplas tanto no nível da <u>conjunção</u> (aproximação) como no nível da <u>disjunção</u> (separação). O quadro ôntico, do Ser, de Greimas, gerou este outro detalhamento da relação desse fato comparativamente com o ator genovês:

Tabela 11

Contrários	**Santos Dumont →**	Conjunção c/ o voo	Disjunção c/ a terra
		AIDA	**BALLADEUSE**
Subcontrários	**Cristóvão Colombo →**	Conjunção c/ terra firme	Disjunção da ilha
		CONTINENTE	**CUBA**

Fonte: do autor.

Podemos perceber que, em Santos Dumont, quando Aída alça aos céus, ela fica em conjunção com o "voo" e em disjunção com a terra, por meio do dirigível "Balledeuse". A descoberta do continente está em conjunção com a terra firme que pretendeu ter chegado pela primeira vez e em disjunção com a ilha de Cuba que acreditou ter sido terra firme.

Independentemente dessas notações lexicais "palavra por palavra", é interessante perceber as veias intuitivas de associação e dissociação que conduzam o argumento a determinado fim. Neste propósito de citá-los, é que destacamos o princípio das conjunções e disjunções. A conjunção narrativa (o sujeito alcança o objeto), ou a disjunção (o sujeito perde o objeto), aparece a todo momento nos atos humanos. O termo "Aída", por exemplo, é referencial imediato à famosa ópera homônima de Verdi, estreada em 1871, no Cairo/Egito. Aqui o termo Aída, coincidentemente, evoca os contrários entre o "prender-se a terra firme" e o "suspender-se no ar". Podemos dizer que, em relação à Aída, essa primeira premissa está para Colombo, assim como a segunda está para Santos Dumont. Sabemos que a personagem cubana, em Santos Dumont, liga-se ao parassinônimo da "suspensão no ar" por seu voo solitário. A Aída da ópera guarda também uma ideia semelhante do "prender-se à terra", pois que, a personagem fictícia, "Aida", desta ópera, tem seu desfecho ser enterrada viva com Radamés. E para que essa assertiva nos desperte a agudeza de sua pertinência, voltemos às próprias palavras de Fernando Jorge, um dos biógrafos de Santos Dumont, que registrou alguns fatores da aproximação. Eis como descreve seu "gabinete de trabalho":

> Santos Dumont não descansa, nem na sua residência da Rua Washington, onde dispõe de um espaçoso gabinete de trabalho, no qual existe uma comprida mesa atulhada de papéis. Em cima desta, colocou o retrato da sedutora cubana Aída de Acosta e um vaso alto e bojudo, cheio de flores. Na parede do fundo, havia um quadro com estrelas pregadas na moldura e que mostrava uma das pirâmides do Egito.[215]

Toda essa conexão induziu-nos a uma fruição intuitiva entre as imagens da "pirâmide do Egito" e da fictícia egípcia Aída de Verdi, e, por decorrência, à jovem cubana. A referida ópera "Aída" teve sua primeira audição (motivo da encomenda) na inauguração do Teatro de Cairo, junto ao Canal de Suez, em 17 de novembro de 1869, canal de transpasse marítimo entre a Europa e a Ásia, a chamada "passagem", o pretendido "caminho às Índias". Cabe lembrar que o antigo bloqueio por terra e as alternativas de se chegar à Ásia foram o que fortemente motivou a Era das Navegações. A atenção dessas linhas adverte-nos da importância subjacente que o Canal de Suez retinha em Santos Dumont.

---

[215] JORGE, Fernando. *As lutas, a glória, e o martírio de Santos Dumont*. 2. ed. São Paulo: Nova Época Editorial Ltda., 1973.

Tabela 12

Caminho para as Índias		
Colombo	X	*Dumont*
Bloqueio do Mar Vermelho	X	Abertura do Canal de Suez
	AIDA EGITO	
Prender-se à Terra	X	Desprender-se da Terra
Navegabilidade marítima	X	Navegabilidade aérea

Fonte: do autor

Sabemos que o título de Vice-Rei das Índias Ocidentais a Colombo faculta-lhe todo poder sobre suas descobertas, estando acima dele apenas os reis católicos. É compreensível admitir como provável o que dispôs Enrique de Gandia em sua análise biográfica: "Colombo não havia nascido para colonizador [...] a lembrança que deixou de sua atuação não pôde ser pior [...] chegou-se a chamar a Colombo, o 'rei faraó' [...], porque seu desprestígio era enorme"[216].

Mas, não porque o nosso personagem tenha sido um ditador, ainda que tenha sido, tudo estava desconectado da civilização, era um estrangeiro num gigantesco mundo desconhecido. Um vice-rei de todas as terras descobertas realmente produz a sensação de ser um "reinado" superior em dimensões fora de tudo o que havia sido visto antes.

O percurso que, a princípio, nos sugere o encadeamento de Aída à Verdi, devido à sua ópera, pode ser aprofundado trazendo à tona a lembrança de um dos personagens mais conhecidos nas relações familiares com o almirante: **Simon Verde**, um florentino:

> El florentino fue uno de los más íntimos amigos que tuvo el Almirante [...] Verde está presente en todo o entorno familiar de Los Colón. Como un amigo íntimo de la família, se desplazó a Valladolid, para recoger los restos mortales del Almirante" etc.[217]

Há, então, igualmente mescladas, as imagens fonéticas de "Verdi", do Giuseppe, que retomaria, inconscientemente, o "Verde" de Simon Verde, porque, ao evocarmos o nome de *Aída* imediatamente, vem-nos sua famosa ópera de temática egípcia representada naqueles dias, que inaugurou o significativo Canal de Suez, como meio de intercâmbio continental.

Cap. Martin. Já que este tópico divaga especialmente sobre referências nominais, lembremo-nos desta outra junção. Em suas incursões sobre Mônaco, Santos Dumont descreve sua passagem com o *SD 6* sobre a "Vila Cap Martin", perto de Mônaco, onde residia a viúva de Napoleão III, a Imperatriz Eugênia Montijo, que lhe visitara especialmente querendo lhe conhecer. Escreve o aviador: "Assim com a mão no leme e sem desviar os olhos de Cap Martin, usufruí o prazer de viajar por cima das vagas"[218]

Já abordamos este assunto no item 80, do capítulo 2. Porém, reiteramos aqui a importância da articulação linguística entre este nome "Cap. Martin" com "Martin Alonso Pinzon" em Colombo, como estímulos referenciais ao discurso comparativo, respeitando seus recortes atualizados pelo contexto.

---

[216] GANDIA, 1951, p. 361.

[217] VARELA, Consuelo. *Colón y los florentinos.* Madrid: Alianza Editorial, 1988. p. 89.

[218] HOFFMAN, Paul. *Asas da loucura*: a extraordinária vida de Santos Dumont. Rio de Janeiro: Editora Objetiva Ltda., 2003.

A manifestação do traço reaparece no idioma francês como uma espécie de "metafísica da presença", já que há um espaçamento de dados opostos entre as duas características históricas. Invariavelmente "Cap" quer dizer em francês (no ramo da geografia) "cabo", mas teria, como se abreviado, o significado apreendido de "capitão", em português. Por conseguinte, o direcionamento automático à reminiscência longínqua reaparece camuflado na narração como uma pálida menção reminiscente.

O Martin A. Pinzon capitaneava a caravela ligeira "Pinta". Ele era a segunda autoridade depois de Colombo. Essa caravela era a mais ligeira, consta que foi a primeira a divisar o novo mundo e a primeira a chegar à Europa no retorno. Martin Pinzon apareceria como personagem de difícil tratamento, não se deixando ser comandado pelo almirante Mor. Motivou certa insubordinação inicial prejudicando as relações de comando durante toda a viagem de descoberta. Neste sentido, surge certo deslocamento guardado ou um sentimento antigo de poder, ainda presente, quando relata sobre o local: "sem desviar os olhos de Cap Martin". Os elementos suprassemiótico deste fato histórico acomodam-se bem em ambos os contextos comparados. Quando Colombo prescrutava o comportamento do Pinzon, Martin se rebelou, perdendo-se voluntariamente de vista de Colombo por diversas vezes, sem se deixar submeter. O recorte textual que fizemos de Colombo é o de temer ser sobrepujado e de perder o controle sobre o que está sob sua responsabilidade. Colombo temia diante de uma tempestade, que sua descoberta fosse perdida, pois, se Niña naufragasse, já que não teria como se salvar, talvez, perdesse todo o seu mérito da conquista. Por isso, ansiava que a outra caravela estivesse por perto. Sabemos que a outra nau, a nau capitânia do almirante, havia encalhado...

A figura que se abre a todos nós, quando nos deparamos numa situação linguística em que a semântica das palavras remete a dois estados do Ser, a dois blocos, é que se faz necessário revermos a "metafísica da escritura", ao contemporizar os mesmos efeitos aludidos por Jacques Derrida, e situar o "retardamento", "repetição" e "posteridade" como processo de engendramento do espaço de dois opostos.

O simples aparecimento morfológico das duas palavras designativas "Cap" e "Martin" já nos apresenta a emersão psíquica. Elas absorvem igualmente dos contextos as duas escrituras aventureiras. Para além desta questão morfológica, há a expressão sintáxica em que uma semântica reproduzida pode equiparar-se a uma referência inconsciente de um passado esquecido. Estes dois lexemas requerem a condição de que foram acolhidos para reproduzir a escrita em discursos iguais, a partir de um sentimento indireto e verdadeiro.

A Cantata "Colombo" de Carlos Gomes. Em certa oportunidade, mais exatamente em 18 de setembro de 1903, Santos Dumont visitou Campinas, uma cidade do interior do estado de São Paulo. O que o motivou a fazê-lo foi o convite à deposição de uma pedra fundamental ao monumento à memória do maior operista da América e um dos maiores compositores eruditos brasileiros que ali nasceu: Antônio Carlos Gomes. Três argumentos podemos amealhar a essa manifestação do nosso aeronauta. A primeira circunstância relevante está que Carlos Gomes compôs uma cantata chamada "Colombo", a propósito do aniversário de comemoração ao quarto centenário do descobrimento da América, em 1892. E consideremos também a importância de esta obra ser a sua derradeira: a cantata Colombo, do descobrimento do Novo Mundo, sendo sua última composição representaria o ápice de sua maturidade musical. Ademais, suas várias composições fazem-nos lembrar os tipos próprios da história dos descobrimentos, das colonizações e explorações indígenas, tais como a Cantata referida e as óperas "O Guarani" e "Os Escravos". Da segunda metade do século XIX até as primeiras décadas do século XX, no mundo da música erudita, as produções operísticas formaram o gênero musical mais importante. Então, todos conheciam o seu valor musical e a sua representação patriótica: poderíamos jogar aqui que Santos Dumont homenageia aquele que homenageou Colombo e os nativos ameríndios.

Rainha Isabel, Princesa Isabel. Em nossa relação de nomes importantes femininos, além do referido nome de Aída Acosta, o nome de Isabel destaca-se. "Isabel"[219] aparece na historiografia de Santos Dumont como também na de Colombo, e em ambos os casos são personagens que se equivalem primeiramente por um título nobiliárquico aristocrático. Uma é a Isabel de Castela, a Rainha de Castela de Espanha, com poderes iguais compartilhados com seu esposo, rei Fernando de Aragão, juntos conhecidos por "reis católicos". A outra, Princesa Isabel Cristina Leopoldina de Bragança, é a princesa brasileira, filha do Imperador D. Pedro II, em exílio na França, depois da Proclamação da República no Brasil.

Em comum está que ambas, de mesmo prenome, oferecem suas joias (mas talvez não fosse necessário), no século XV, para empenho e financiamento da expedição da viagem de descoberta de Colombo, e a outra, no século XIX, visando à proteção espiritual contra acidentes aéreos balonísticos. Esta última oferece uma "Medalha de São Bento" a Dumont, que, conforme voltaremos a falar, a usará no pulso durante toda sua vida. Cabe aqui uma reflexão, um parêntese não menos significativo: sabe-se que Santos Dumont pretendeu levar consigo esta corrente até sua morte, ser enterrado com ela. Do mesmo modo, certa vez, Colombo se dirigiu aos seus familiares/amigos para ser enterrado com os grilhões que um dia lhe algemaram os punhos. Tanto em um como em outro, os casos estão relatados.

Identificamos, primeiramente, "joias" ou "medalha" como adereços ornamentais do vestuário. Aqui nesta correspondência, elas se equivalem pelo objetivo específico, além do que elas são por si. Sabemos que os historiadores citam o empenho das joias da Rainha Isabel como uma lenda ou um boato sem confirmação. Ainda que seja isso mesmo, teríamos essa identificação, então, pelo "parecer ser" semiótico.

Santos Dumont receberia a dita "Medalha de São Bento", precisamente em primeiro de agosto, em consequência de um acidente aéreo que o aeronauta sofreu às vésperas. Esse dia fora também o da realização da Missa católica a toda maruja da expedição colombiana, para que partissem protegidos das intempéries do Mar Tenebroso. Essa Missa abençoaria espiritualmente a fatídica descoberta de 1492. Então, com seus propósitos, votos/promessas, a tripulação viajou, foi e voltou "milagrosamente", sem haver nem sequer morrido alguém durante. Do lado do aviador, igualmente, ele nunca sofreria acidentes fatais por motivos de seus inúmeros passeios aéreos.

Nos modelos estruturais entremeados, pudemos estabelecer o metatermo "Ser", em "Isabel", e as suas implicações, conforme as alegações correspondentes.

Michael Collins. Ainda que os aspectos fonológico ou fonético do "inglês" não estejam presentes pela entonação, ao menos, temos em "Collins" a representação significante morfológica que lembra a pronúncia galega do almirante, "Colan", reajustada à morfologia espanhola "Colón". Michael Collins foi o conhecido astronauta da Apollo 11 que, pela primeira vez, circulou sozinho no nosso satélite lunar, comparando a viagem astronáutica àquela primeira de Colombo. Enquanto Buzz e Armstrong alunissavam com o Eagle, foi ele primeiro a ir ao ponto mais longínquo da terra, contornando, com

---

[219] Um exemplo comparativo pode estreitar as situações nas quais se dispõem algumas relações nominais, exemplo: o nome de *Isabel*. João Batista foi filho de Santa Isabel (na relação de poder identificada como mãe e filho), assim, historicamente, Colombo se subordina à rainha Isabel de Castela, *A Católica* – título concedido pelo papa espanhol Alexandre VI. Por outro lado, Santos Dumont fora acolhido, certa vez, pela princesa Isabel do Brasil, *A Redentora* – título concedido pelo papa Pio XII, como registro da mais nobre consideração à herdeira do Império do Brasil.

o módulo de comando lunar "Columbia" (por ele denominado), a escuridão da face oculta da lua que nunca se nos apresenta. Algum tempo depois, em 20 de julho de 1973, num cerimonial do National Air and Space Museum do Smithsonian Institution (Washington D.C./EUA), Michael Collins, como seu diretor, batizaria uma antiga cratera deste satélite natural de "Santos Dumont", em homenagem ao aniversariante do dia (centenário de nascimento de Santos Dumont). Foi como realmente comemorasse a si mesmo, visto que se comemorou também o primeiro pisar do homem em nosso satélite lunar.

Georges Colin. Um dos marcos aeronáuticos, em Paris, está representado no monumento erigido pelo aeroclube da França, em homenagem ao nosso incansável gênio pelos resultados obtidos, que motivou a corrida de tudo o que se referiu ao progresso do voo e a conquista dos ares. O monumento[220] a que nos referimos tem a forma de um homem, com os braços estendidos, um par de asas abertas, a exemplo da figura lendária de Ícaro, jovem grego, filho de Dédalo. Este, arquiteto mítico do labirinto de Creta, enclausurado na sua própria armadilha labiríntica, tomou como único modo de se livrar dela, a saída por cima, por meio do voo. Planejou então uma fuga com seu filho e, construindo dois grandes pares de asas untadas com cera, alçaram aos céus. Mais tarde, por ter Ícaro se aproximado do Sol, este lhe derreteu a cera que untava suas penas e caiu, morrendo na queda. Desde então, por querer se destacar, Ícaro se tornou símbolo e um arquétipo psicológico da representação do voo humano.

É neste contexto que encontramos a relação nominal alusiva a Colombo/Colón, conforme expresso, referente à fonética. Ocorre que o monumento, conhecido por "Ícaro de Saint-Cloud", foi obra de um artífice escultor francês chamado *Georges Colin*, expoente da escola do realismo bruto. Colin deu a Santos Dumont uma das melhores formas de ser identificada sua obra: o monumento se ergue em Saint-Cloud, no bairro de Val d'Or. A inauguração ocorreu no dia 19 de outubro de 1913. Embaixo da estátua, na pedra, o perfil do aeronauta brasileiro encontra-se gravado em um medalhão de bronze. Curiosamente "Colin", sugere a pronúncia pelo qual Cristóvão Colombo foi chamado e ainda hoje é, em espanhol, Colón.

Essa mesma estátua ganhou uma cópia para uma Exposição Internacional de Aeronáutica em Paris. Ao findar essa exposição, na qual figuravam vários aparelhos construídos até então, essa estátua-cópia foi doada a Santos Dumont, que a fez constar em seu túmulo no Cemitério São João Batista.

Há outra assertiva útil desse escultor no relacionamento com Santos Dumont, que não se restringiria apenas no troféu monumental executado por quem tem em seu nome a similaridade fonética francesa de "Colin" vista sob a ótica espanhola. Santos Dumont não teve consciência alguma desta alegoria denominativa que combinamos linguisticamente. Ocorre que o brasileiro possui outro busto em bronze desse escultor, que o fez comparar-se ao herói lendário clássico. Ele está em cima da lareira de sua primeira casa em Cabangu. De forma que a identificação de agradecimento vai além da própria importância artística, mas, inclusive, gráfica e acústica, pois cada vez que seu sobrenome era pronunciado, sentia despertar fatores remissivos dos quais não guardamos valias diagnosticáveis, contudo ainda voltaremos a este assunto em outra parte deste livro, o que nos leva a termos uma resposta, um argumento a mais a sedimentar uma relação fonética Inter idiomática que perpasse três línguas (espanhol, francês e português), transformando o significante lexicalizado num elemento das "unidades distintivas" da dupla articulação da palavra em *estrutura profunda* no campo da significação.

---

[220] Na placa fixa no monumento, constam as seguintes palavras: "Ce Monument. A Été Elevé. Par. L'Aéro-Club De France. Pour Commémorer Les Expériences. De. Santos Dumont. Pionnier. De La Locomotion Aérienne". (Tradução: "Este monumento foi erigido pelo Aeroclube da França, para comemorar as experiências de Santos Dumont, pioneiro da locomoção aérea").

Cabe aqui mais uma circunspecção: houve uma adaptação nominal de Colombo para Colón: em continuidade ao anteriormente referido é que creditamos outra articulação que aponta a característica dos que são portadores de sobrenomes adaptados aos países no quais mereceram sua imortalidade. Colombo permitiu que isso ocorresse porque pôde consagrar-se como anelo maior da história hispânica, do que da Itália. A Espanha patrocinou a empresa que o produziu. Não o vemos assinar "Colombo", mas sempre se dirigem a ele como "Colón", a variante espanhola de seu nome. Santos Dumont herdara o sobrenome francês, Dumont, conquanto brasileiro; toda sua maior produção e experimentações técnico-científicas aeronáuticas detiveram-se nos limites de Paris. Importa notar aqui a possibilidade flagrante da busca de empatia, começando, antes de tudo, por sobressair neles a simplificação nominal, seguindo a cultura de um modo geral e ao que se entenderia como segunda pátria. Por isso, não é difícil a concepção comportamental e ideológica de um Cristóvão Colombo espanholizado e de um Santos Dumont francês. De qualquer forma, esta referência é pertinente e transcende as preocupações nacionalistas de ser isto falso ou verdadeiro em esteio às preocupações éticas de ser esta situação boa ou má. Marco Polo, Colombo e Santos Dumont, antes de tudo, foram homens do mundo, não de uma só nação. Aqui compreenderíamos melhor a fonética espanhola que de um "Colón" (não italiano) pode sofrer influência física-fonética e intuitiva sobre a fonética francesa de um "Colin" (não português).

George/Jorge – Os Testamentos. As conjunções paralinguísticas que vão se formando parecem mais compreensivas às situações que se estabelecem espontaneamente. Por meio de certo número delas ou por um olhar quantitativo, esses elementos sintagmáticos (Colombo e Dumont) tornam permissíveis novas performances em movimento no tempo. Perceberemos a amplidão de uma melhor formatação do destino, quando este olhar disciplinado for mais aperfeiçoado em imersão na estrutura de superfície do enredo histórico.

As duas historiografias em foco formalizam uma sincronia flagrante em torno da palavra "Georgi" ou "Jorge". Mais precisamente, em Colombo, esta designação se vincula ao *Banco de São Jorge* em Gênova e, no caso de Santos Dumont, recai na figura de seu sobrinho *Jorge Dumont-Villares*. Colhemos do historiador argentino, entre outros, os seguintes dizeres: "Em 1502, [...] Colombo fez a doação ao Banco de São Jorge da décima parte do total de suas rendas anuais[...]". E, por motivo de não haver obtido respostas, afirma Colombo, em uma carta de 27 de dezembro de 1504, dirigia-se assim a Nicolau Oderigo: "[...]descortesía fué desos Señores de San Georgi de no haber dado respuesta, ni por ello han acrecentado la hazienda, y esto es causa que se diga que quien sirve a común non sirve a ningún". Gandia arremata: "No hay que sorprenderse – explican los críticos italianos – que después de estas palabras Colón no se haya acordado del Banco de San Jorge en su testamento"[221].

Por outro lado, Santos Dumont, quando de sua última viagem à França, o inventor saiu do Tabelião Caserani de Orthez, em 15 de abril de 1931, com um testamento que firmava, como seu único e universal herdeiro, o sobrinho Jorge Dumont-Villares. Entretanto, por discordar de tal procedimento exclusivo, este convencerá o tio a reelaborar outro testamento. Assim, "possuindo certa excentricidade em escolher datas ou números como símbolos", como disse Fernando Hippólyto da Costa, "resolveu lavrar seu outro testamento no dia 7 de setembro de 1931. Alberto compareceu ao

---

[221] O Banco de San Jorge, de Gênova, em 8 de dezembro de 1502, respondeu a carta de Colombo, datada do dia 2 de abril daquele ano, em que oferecia a décima parte de suas rendas. Não tomando conhecimento desta carta, Colombo suprimiu do seu testamento, em 1506, a doação que faria.

Cartório em Sorocaba, onde o Tabelião R. Mascarenhas lavrou um novo testamento, que revogou as disposições do primeiro" – isso como constam em suas biografias.

Bom, aqui pudemos visualizar algumas circunstâncias que, a exemplo de tudo o que nos precedeu, já nos chega bastante circunscrito. Situaríamos, primeiro, a identidade lexical da palavra "Jorge, George ou Giorgi", conforme diferenciação idiomática do italiano ou português dos registros documentados; em segundo lugar, enfatizamos a dimensão afetiva do traço familiar: o Banco de São Jorge se situa na cidade materna de Cristóvão Colombo, Gênova; e Jorge Villares surge aqui como sobrinho e amigo próximo do aviador. Depois, ambos os fatos se dão como expedientes relativos ao tempo em que se desencadeiam, ou seja, na velhice ou às vésperas da morte. Seguindo isso, encontramos o recurso financeiro doado em ambos os casos no intuito de promovê-los, tanto ao banco genovês, quanto ao sobrinho querido, com capital significativo. Em quinto lugar, sobressai-se a figura documental do testamento na destinação formal da herança. O "testamento" aliado à lexia "Jorge" coincidiria, pelas condições resultantes da aproximação linguística, para o alinhamento entre os personagens equiparados. Em sexto lugar, mas não menos relevante, é notar a vigência do mesmo comportamento obtido no desenrolar dos fatos, conforme o esquema proposto, ou seja, a décima parte do total das rendas anuais devidas ao banco genovês de S. Jorge não vieram a constar no testamento colombiano por não ter o almirante obtido respostas de sua missiva; da mesma forma que, depois, com Jorge Villares, Santos Dumont age igualmente, ou seja, revoga as disposições do primeiro testamento para lavrar um segundo. Em outras palavras: houve um refazimento do testamento em ambos os casos. E, claro, antes de tudo, vimos constar uma reação de insatisfação psicológica numa atitude de indefinição e inconstância em cada personagem, ou, no mínimo, sua flexibilidade emocional e sua disposição a alterações que forem necessárias.

Documentos testamentais. No livro *Cristóbal Colón, Textos y Documentos Completos*, Consuelo Varela, na Introdução, mais precisamente no subtítulo "Falsificaciones colombinas", interpreta como sendo apócrifos tais documentos testamentais. Vejamos sua redação:

> Em pergaminho está confeccionado um apócrifo famoso, el llamado codicilo militar, en virtud del cual el Almirante no sólo donaba después de su muerte a la ciudad de Gênova um libro de preces que le había regalado el Papa Alejandro VI, sino que também instituía la fundación de un nuevo hospital de pobres en su pátria y es más, disponía que, se extinguisse su descendência por linea masculina, lhe sucedera en el Almirantado y em todos sus demás privilégios la República de San Jorge[222].

Essa versão testamental foi descrita 16 dias antes de sua morte, em 4 de maio de 1506, na cidade espanhola de Valladolid. Em nossa avaliação, o tratamento de objeção e dúvida, na verdade, fortalecem ainda mais as motivações comportamentais que relacionamos anteriormente ao brasileiro. Depois, poderíamos apresentar alguns aspectos além dos citados: a) a fundação de um hospital para os pobres é característica de Santos Dumont no seu alto senso econômico de direcionar seus haveres para uma causa urgente e necessária, como o fazia nas premiações obtidas nos concursos do aeroclube de França (quando doava aos mecânicos de Paris ou restituía as hipotecas das ferramentas aos trabalhadores parisienses); b) observamos o não apontar a pessoa jurídica do Banco[223], mas a *República de São Jorge*. São Jorge é uma personificação religiosa sempre representada apreendendo um "dragão" na lua e se constitui como figura elementar do imaginário da cultura chinesa. Também

---

[222] COLÓN, Cristóbal. *Textos y documentos completos. Relaciones de viajes, cartas y memoriales.* Madrid/Espanha. Alianza Editorial, 2ª ed. 1984, p. LXIII.

[223] O mesmo edifício que abrigou o Banco São Jorge havia sido uma prisão na qual, antes, o veneziano Marco Polo havia sido preso pelos genoveses. O local ficou famoso por ter dado origem ao *Livro das Maravilhas*.

em Marco Polo, aparece a alcunha "Jorge" como associado à "Preste Juan". Vejamos, no capítulo 65, em uma das reproduções das "Viagens de Marco Polo":

> [...] la província de Tenduch, donde hay ciudades e muchas aldeas, en la que solía residir aquel gran rey de gran nombradía en todo el mundo que llamaban los latinos Preste Juan. Aquella província es tributaria del Gran Kan, aunque todavía reina allí uno de la estirpe de aquel monarca que aún se titula Preste Juan, cuyo nombre es Jorge[224].

A maioria desses pontos enumerados aqui, de alguma forma, concordam que Colombo, como próprio de navegadores, não costumava reter-se às raízes e aos bens materiais que outros facilmente se apegam, mas fazia da vida em alto mar um sentido por si. Então, entregaria seus bens aos pobres, à república, sem fixar tanto à família biológica como única herdeira, contrariamente ao que se tem propalado quanto aos embates de privilégios. Em Santos Dumont, há claramente, além do que já expusemos, a questão da cessão material dos direitos autorais, ou às patentes de invenções, sem, contudo, ceder o reconhecimento da autoria de suas realizações. Nenhum de seus aparelhos seria patenteado, mas entregava seus planos/projetos a quem quisesse deles usufruir. Isso parece aproximar muito bem do ideário de Colombo e do entendimento de seus atos. Não encontramos ressentimentos propositivos jurídicos dele contra os Irmãos Wright, que, direta ou indiretamente, propunham anular o feito do brasileiro.

---

[224] POLO, Marco. *El libro de Marco Polo anotado por Cristóbal Colon*, e *El libro de Marco Polo de Rodrigo de Santaella*. Madrid: Alianza Universidad, Alianza Editorial, 1987.

6

MODELOS SEMIÓTICOS ENTRE COLOMBO E SANTOS DUMONT

Este estudo estabelece relações de semelhanças entre elementos do discurso histórico dos mesmos períodos anteriores mencionados. À medida que formos desenvolvendo, produziremos significados cumulativos. Nossa base elementar será produzida pelos conhecimentos historiográficos e linguísticos revestidos de nossas argumentações lógicas aléticas. Para tanto, colhemos dados de documentos amostrados de acordo com a necessidade na medida em que forem aparecendo. Mas antes de quaisquer explicações adicionais, obrigamo-nos a lançar algumas observações.

O modelo estrutural sistêmico para os estudos linguísticos, desde o *Curso de Linguística Geral,* de Ferdinand Saussure, trouxe contribuições não só contingentes para as ciências humanas, como também necessárias epistemologicamente. É imprescindível o uso deste móvel para certo direcionamento de nossas interações para canalizar resultados de forma coerente, auxiliando a compreensão das bases dos paradigmas universais de cada discurso. Todo discurso contém em si, em cada momento da enunciação, atualizada pela fala ou leitura, alternativas de interpretação. Isto possibilita, por exemplo, o desdobramento pessoal de intenções distintas, desde a divergência ética da interpretação ingênua até a quiçá despretensiosa ambiguidade psicológica e estética. Na verdade, em tudo instauramos despretensiosamente dois posicionamentos contrários que confluiriam: o *in praesentia* e o in absentia saussurianos, no mínimo, já que, ao enunciarmos uma coisa, escondemos outra, por isso, aparecerão as repetições. Desde a longínqua Antiguidade, a questão dos contrários fora levantada, sobretudo na visão de mundo pré-socrática, por exemplo, nas várias justificações permitidas tanto míticas quanto racionais. Em Aristóteles, sua lógica formal alética já pedia um modelo estrutural veridictório que reduz a possibilidade das proposições básicas ao V (verdadeiro) ou F (falso). A semiótica linguística permite uma explicitação lógica a partir dessa junto à dinâmica do método dialético, por onde pretendemos estender-nos, dado seu melhor aproveitamento econômico e intuitivo, ao atingirmos a estrutura profunda do modelo.

Dois pares de personagens das duas épocas distintas são confrontados: Santos Dumont e os Wright (dois irmãos, Wilbur e Orville), de um lado, e Cristóvão Colombo e Américo Vespúcio, de outro. Essa especificação visceral se deve ao tratamento que já obtemos destas partes e do seu confronto junto do programa narrativo como resultado material do discurso. Os personagens seriam conceitos levados como termos semióticos (atores) justificados pela produção discursivo/narrativa no fenômeno apresentado, e não pessoas biológicas, particulares, como já dissemos outras vezes. Os aeronautas, na Ciência Histórica, por exemplo, não se reduzem a "sujeitos", porém, são elementos discursivos de um programa narrativo.

A notável vida aeronáutica do brasileiro voador deixou marcadamente nítido o afloramento de personagens antípodas (pela produção idêntica de fatos), quais sejam, os irmãos americanos Wilbur e Orville Wright, também considerados pioneiros da aviação pelos norte-americanos. Sobrelevaremos os metatermos contrários, comparativamente, que seriam a peça-chave da tensão discursiva. Para se desenvolver um estudo discricionário, reduzimos os dois personagens, para apenas um ator "Wright". No desenvolvimento desta narrativa textual, os irmãos Wright contemplam a mesma autorização, como metatermo ou actantes do discurso. Mas a atualização de "Wilbur Wright", por decorrência da narrativa histórica, deverá, depois, diferenciar-se de "Orville Wright" e de "Irmãos Wright".

Sabemos que Santos Dumont, em 23 de outubro de 1906, conquistou, em Paris, o Prêmio Archdeacon por ser o primeiro homem a voar publicamente em um mais pesado que o ar, portanto, ele fora o primeiro a resolver, num voo controlado, o principal problema da navegação aérea. Porém, dois anos depois, apareceram os irmãos Wright, que o desafiaram, alegando serem os primeiros a conseguir a façanha, em 17 de dezembro de 1903, três anos antes do nosso brasileiro. As amostragens das evoluções aéreas obtidas pelo aeroplano dos americanos, no ano de 1908, em Paris, pareceram surpreender sobremodo. Em vista disso, talvez depressa, alguns o acataram pelo desempenho, reconhecendo cegamente sua primazia. Por que duvidar do voo de 1903? Assim, por meio desses dados, obtemos um percurso narrativo de aferição num modelo de contrários. É importante, antes de tudo, considerar o que deve prevalecer como fator histórico e, em razão da anterioridade, saber quem foi exatamente o primeiro homem a voar em um mais pesado que o ar.

Circunstancialmente, Santos Dumont perde a primazia de ter dado "asas ao homem" devido à anterioridade dos Wright, que se valem da data de 17 de dezembro de 1903. O percurso narrativo desse discurso, então, sairia do eixo dos contraditórios, do metatermo SER, em Santos Dumont, de modo que, este deixaria de SER o "1º aviador", para se tornar no eixo do contraditório, o NÃO SER, e a data 17 de dezembro de 1903 sobressairia como um marco histórico (subcontrário à data de Santos Dumont), para afirmação de "Wright", ou, mais claramente, dos irmãos Wright, os "primeiros aviadores".

Esquema 1

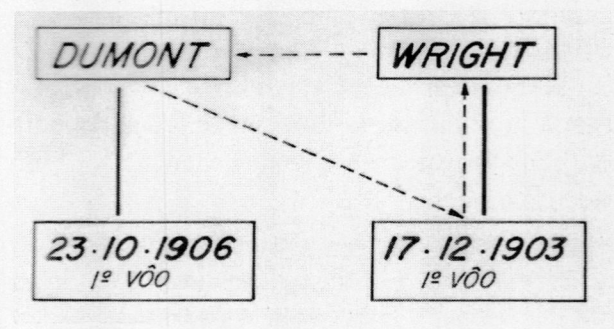

Fonte: do autor

Santos Dumont, que, a princípio, é o inventor do avião, o deixa de SER para NÃO SER e, a partir de então, PARECER. Os irmãos Wright, que, momentaneamente, pareciam os inventores do primeiro avião, deixam de PARECER para NÃO PARECER ser somente, mas SER, efetivamente, os pioneiros. Este é o quadro actancial simples da interpretação semiótica, que expomos dinamicamente em modalidade veridictória:

Esquema 2

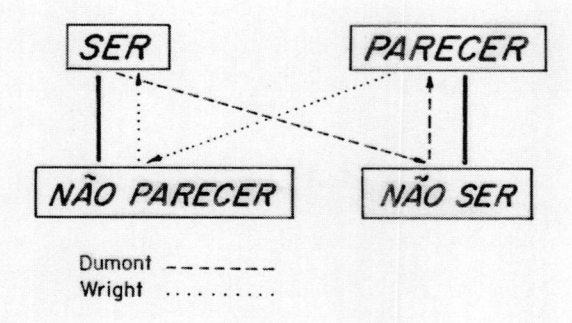

Fonte: do autor

A história da "conquista do ar" custou o envolvimento de muitas vidas durante séculos, por isso sua coragem em continuar suas experiências pode ser comparável à de alguém que avança num oceano desconhecido sem saber se vai voltar. Apenas este dado já faculta uma relação semiótica, um quadrado lógico, entre as duas "navegações": Alberto Santos Dumont, como figura significante, ou ator desta análise, reconduzirá nossos apontamentos de semiótica para um grau mais profundo de apreciação semântica. A navegação aérea é consequência da navegação naval. Então, retiramos do discurso histórico preponderante dois outros personagens identificados. Ao conduzirmos outros dois personagens contemporâneos entre si dos séculos XV e XVI, Cristóvão Colombo e Américo Vespúcio, diremos, primeiramente, que Colombo atorizaria[225] o personagem principal, e o segundo, Américo Vespúcio, o seu antípoda. Estes estariam no eixo dos contrários. Em qual narrativa poderíamos caracterizá-los na relação de oposição? Sugeriríamos o passo mais óbvio da identificação, qual seja, que Cristóvão Colombo descobre um mundo inexplorado pelos europeus, que chamou de Índias Ocidentais (Ásia). A "rota ocidental" é assim chamada por causa da exploração de terras espanholas a oeste da Europa, que, na concepção inicial de Colombo, os levara ao continente asiático. Para Cristóvão Colombo, um "caminho às Índias" havia sido encontrado depois da travessia transoceânica. Este fato deu ao personagem caracteres, momentâneos históricos, de descobridor (primeiramente, de um "caminho"). Colombo descobre terras inexploradas, que não passavam, segundo alguns diziam, de um simples prognóstico já dotado de existência; e dá a estas terras, consequentemente, o nome de "Índias Ocidentais", confirmando a esfericidade do planeta, cujos argumentos defendia, quando da empreitada de sua primeira viagem.

Em Américo Vespúcio, veríamos primeiro que, igualmente como pálido "navegador", teve certa importância nos descobrimentos quinhentistas, e que, consoantes suas explorações e outras experiências em viagens alegadas, pretende que seja, este mesmo continente descoberto, não a Ásia, porém uma nova terra, desconhecida. Em 1503, Américo Vespúcio escreveu a Lourenço Pier de Médici um texto documental chamado *Mundus Novus*, ensejando, portanto, a ideia de ser as terras ocidentais um novo continente diferente da Ásia. A concepção da descoberta de um mundo velado ou desconhecido abalaria a credibilidade em Colombo, indo de encontro com a ideia das riquezas das Índias e seu promissor comércio de especiarias, invalidando, em parte, seus títulos de nobreza, os assentamentos, os sucessivos acordos cartoriais, seus direitos legítimos. Desse modo, podemos

---

[225] Na semiótica o "ator" substitui o conceito de personagem em uma narrativa.

crer que, até por simples conveniência, Colombo não participaria das ideias "vespucianas". Esta conveniência era o que assegurava sua herança familiar, títulos e terras. Por isso, o continente descoberto não lhe herdou um nome derivado do seu, nem tampouco permaneceu como "Índias Ocidentais". "América", então, foi assim batizada em 1507, data da publicação da *Cosmographiae Introduction*, do alemão Martin Waltzemüller. Daí por diante, consumou-se no tempo o léxico feminino: América.

A seguir, apresentamos um jogo de termos lógicos contrários e contraditórios originados desta tensão dialética. O nome de personagens seria o investimento semântico aos originais meta-termos greimasianos:

Esquema 3

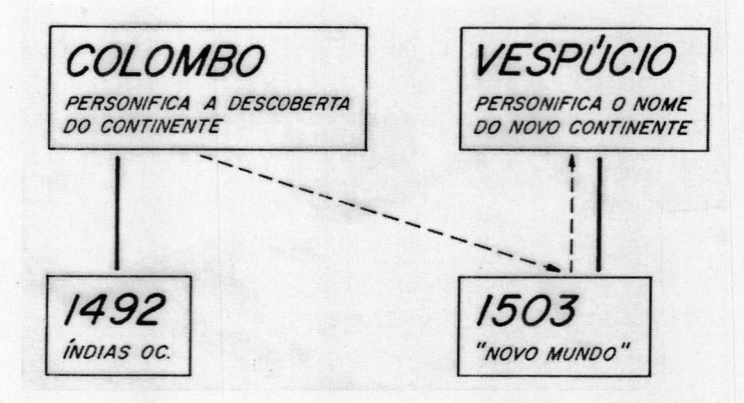

Fonte: do autor

Colombo e Vespúcio estão no eixo dos contrários por expressarem, em relação à mesma contextualização, fatores opostos. É lógico que o que concerne aos princípios levantados, conferimos, pelo que se conservou na história, que a concepção traduzida do livro *Mundus Novus*, de Américo Vespúcio, foi em descrédito para "Índias Ocidentais" de Colombo, embora a ideia de um continente intermediário entre a Europa e a Ásia não ser concepção original de Vespúcio.

Os termos "1492" e "1503" são datas representativas de duas descobertas, apesar de a segunda (intelectual) decorrer da primeira (factual). Colombo descortina as afamadas "Antilhas", em 1492, como excepcional descoberta de um novo alcance transoceânico. Vespúcio reage, defendendo um novo continente nunca cartografado, inexplorado, primitivo, sem nenhum vestígio ou nenhuma atribuição às civilizações conhecidas. Dentro desta realidade discursiva, a caracterização actancial da data colombiana (1492) percorrerá, no quadrado, um movimento no eixo dos contraditórios até o termo da data da publicação de *Mundus Novus* (1503), em que as ideias de Colombo cairiam em descrédito. A partir de então, considerar-se-á válidas as interpretações dadas por Américo Vespúcio, até lhe imputando o nome ao mesmo.

A descoberta como fato histórico traz o fenômeno como coisa em si, mas, ao divisarmos, se ressalta sua origem como terra nova. Portanto, torna-se uma redescoberta ideal, ou "coisa para si", conforme o esquema seguinte:

Tabela 13

C. Colombo	A. Vespúcio
↓	↓
Descoberta Factual	*Descoberta Ideal*
↓	↓
1492	*1503*
↓	↓
Objeto	*Nome*
↓	↓
em si	*para si*

Fonte: do autor

A Ásia ou as Índias Ocidentais descobertas por Colombo, oficialmente, como um relevante acontecimento dos fins do século XV, deixam de o SER semioticamente (como termo maior no quadro semiótico), para NÃO SER, no eixo dos contraditórios. Tendo em vista o transcurso histórico, a versão do acontecimento de 1492 chegaria a 1503 (data da publicação do "Novus Mundus") sofrendo profundas mudanças dentro dos estudos geográficos. Restaura-se a versão vespuciana não apenas como PARECER, uma vez que passaria a ter o atributo veredictório de SER, completando o quadro de tensões dialéticas como estrutura profunda do percurso gerativo do rolar histórico. Assim, torna-se o continente descoberto por Colombo uma redescoberta vespuciana, valendo-lhe, então, a legitimidade do nome "América".

No quadro a seguir, vemos uma demonstração das "descobertas" como paradigma para a explicação, em uma análise semiótica, da origem do nome "América" ao novo continente:

Esquema 4

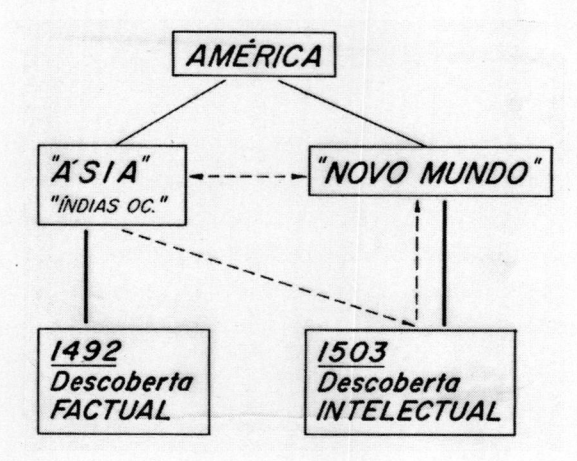

Fonte: do autor

O que foi relatado deixa-nos entrever alguns pontos semelhantes dentro das duas análises, quais sejam, nos termos maiores do eixo dos contrários em Santos Dumont X Irmãos Wright e em

Colombo X Vespúcio; e nos termos menores, no eixo dos contraditórios "1906 X 1903" e "1492 X 1503". Os atores "Irmãos Wright" e "Vespúcio", conforme as narrativas, provocam, respectivamente, uma declinação às conquistas de "Santos Dumont" e "Cristóvão Colombo", a ponto de esses atores sofrerem, por algum momento, certo descrédito oficializado.

Quando tentamos colher formalmente estes resultados, conseguimos compor razoáveis equiparações, que autorizam a possíveis novas equiparações extralinguísticas. O encontro a que as duas constatações chegam faz-se, momentaneamente, num plano ideal de nivelamento sincrônico no discurso. A seguir, no quadro, verificamos importantes momentos da vida entre os quatro atores em discurso aqui:

Tabela 14

S. Dumont → 1906 → 1º Voo
W. Wright → 1903 → 1º Voo
C. Colombo → 1492 → Descoberta da América
A. Vespúcio → 1503 → Publicação do "Mundus Novus"

Fonte: do autor

Continuando, reverteremos o processo de modo a fazer com que as datas históricas de "1503" e "1903" descrevam a actância intermediária como termos maiores "Vespúcio" e "Wright" no quadro semiótico junto aos termos menores – agora, "Cristóvão Colombo" e "Santos Dumont". Vimos que há possibilidade da comparação destes termos-personagens confrontados, segundo antecedentes históricos corroborados documentalmente. Com a tensão dos sujeitos postos de acordo com a lógica alética e sua manifestação dialética posterior no quadro semiótico, compreenderemos, então, que, pelos dados que projetamos na análise, apesar de simples, terá como base uma tensão complexa: a interpenetração volumétrica e simultânea de dados conhecidos; para que justifiquem a abordagem dos termos maiores e menores de implicações e percursos históricos nas suas imanências e manifestações. Objetivamos, conforme novas oportunidades, outros exemplos afins, que estabeleçam melhor essas equiparações.

Tal qual nos apresenta a História, temos que a aferição da retirada do PODER SER primeiro aviador Santos Dumont, foi dado aos americanos Irmãos Wright. De igual maneira, vimos em Colombo ser retirado o PODER SER seu nome o do continente, ser desviado para o Vespúcio de 1503. Apresentamos, no esquema seguinte, a dualidade de termos dominantes e termos subdominantes, como abstração discursiva. Este fator sugere, quando posto em evidência no discurso dialético, que os termos subdominantes se caracterizam como tais por terem deixado de o SER (embates políticos, ideológico, histórico) como o processo descritivo do acontecimento no modelo:

Esquema 5

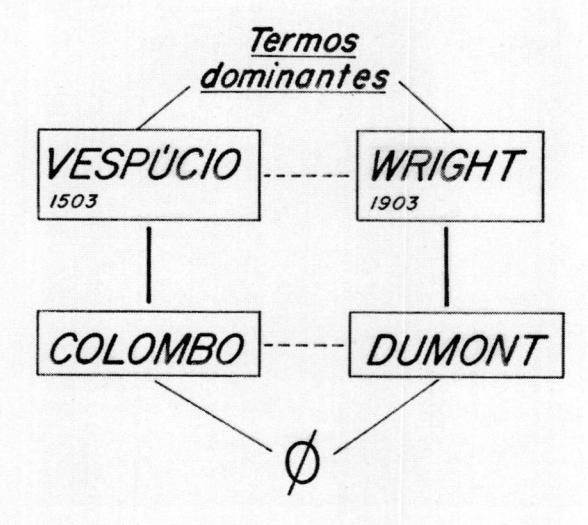

Fonte: do autor

Conjunções entre as navegações marítimas e aéreas. Santos Dumont, quando nomeado sócio fundador honorário do aeroclube do Reino Unido, em 25 de novembro de 1901, segundo o Daily Messenger, brindou "a nação britânica, a qual, depois de ganhar o **império dos mares**, aspira ao **império do ar**"[226]. Santos Dumont fez, nessa oportunidade, um discurso de enaltecimento do então contexto novo que se abria às navegações aéreas. O aeronauta participava de um evento social exterior à França e historicamente competidor dela. Nessa oportunidade, aproveitou para lembrar do passado recente da Inglaterra, como potência naval, o que nos remeteu novamente às navegações quinhentistas. A Inglaterra seria a primeira nação a partir para as descobertas transatlânticas, depois da Espanha, por intermédio, também, de um almirante genovês, João Caboto.

As notações dos dias, meses e anos nos diários de bordo[227] das viagens, em que se verificam as ocorrências mais ou menos importantes de norteamento historiográfico, criam conjuntos de relações, que comportam atitudes de implicações tais, que nos condicionam a explorar mais e detalhadamente seus significantes. Ademais, por si só, as datas não nos advertem apenas o fato como algo ocorrido, porém nos contextualiza. Além de nos levar ao fato, o percurso estabelecido entre os seus limites temporais (cinquentenário, centenário) pode também avaliar como argumento recuperado intuitivo. Considerando que o passado mais longínquo não pode reportar-se ao passado recente, a título da homogeneidade de nossas aferições (para a construção do quadro semiótico), seguiremos, arbitrariamente, o olhar do presente para o passado. As relações "1903" e "1503", que já motivamos com os acontecimentos auferidos, poderão ser contornadas, ainda, por outros índices. Além do percurso de 400 anos e/ou o circunstancial de reterem o mesmo código numérico, o enlace dos personagens e fatos leva-nos a reconduzir não só ao ator personagem, mas também aos modelos sociais, culturais das duas épocas revistas, os primórdios das duas navegações. Trataremos de dados preliminares para inteirarmos algumas equivalências nesses dois períodos.

---

[226]   HOFFMAN, 2003, p. 162.

[227]   Colombo inventou o *Diário de Bordo*. Antes dele, existia apenas o que se entendia por "o piloto anônimo", que surgia por meio da oralidade popular, ora com citações sérias, lendárias, ora disparatadas.

As primeiras variáveis de confronto devem recair sobre os meios de transporte, o espaço em que se locomovem, os objetivos a alcançar e outras circunstâncias inerentes. Vejamos as relações dos conjuntos e os tópicos sugeridos:

Tabelas 15 e 16

Caracteres sincréticos da navegação marítima
1) Mobilidade/travessia de um ponto a outro;
2) Mobilidade por outros meios além dos usados na superfície terrestre.
3) Entre a origem (partida) e o fim (chegada) estão a superfície aquática.
4) Descobrimentos de terras não existentes historicamente.
5) Temor da morte por naufrágio, e do desconhecido.
6) Vencer distâncias independentemente do seu alcance.
7) Avanço da tecnologia/engenharia naval específica da construção de navios.
8) Desenvolvimento da navegação, meteorologia, cartografia,
9) Movimentos nas dimensões horizontais: a linear, e de superfície.
10) Atender à pragmática do fenômeno da gravitação/empuxo/peso.
11) Força propulsora das embarcações: ar.
12) Percorrer distâncias para identificação e exploração geográfica.
13) Valorização dos espaços (expansão territorial).
14) Estratégia militar: tomada de posse das colônias, uso de arma de fogo etc.

Caracteres sincréticos da navegação aérea
1) Mobilidade/travessia de um ponto a outro.
2) Mobilidade por outros meios além da superfície terrestre e aquática.
3) Entre a origem (partida) e o fim (chegada) estão a atmosfera.
4) Inventos, tecnologia não existente naturalmente.
5) Temor da morte por queda, ou avaria do aparelho voador.
6) Vencer distâncias horizontais, de altura, e velocidades.
7) Avanço de tecnologia/engenharia aeronáutica para construção de aviões.
8) Desenvolvimento da mecânica da navegação, meteorologia, cartografia.
9) Movimentos da dimensão vertical (altura), deslocamento volumétrico.
10) Superar ou poder vencer (opor-se) à energia gravitacional.
11) Força propulsora dos balões livres e estabilizadora dos aeroplanos: ar.
12) Aperfeiçoamento da cartografia, e diminuição de percurso das distâncias.
13) Valorização do tempo, e velocidades.
14) Avanço de poderio e estratégia militar, uso de arma de fogo etc.

Fonte: do autor

A preocupação desse detalhamento dos dois conjuntos foi precisamente delinear o que prevaleceu nos domínios do conhecimento em Dumont e Colombo a partir da mensuração quantitativa apreciada pelo levantamento frequencial terminológico por si e pelo interesse imediato das situações a que estiverem envolvidos em registro.

O quadricentenário de falecimento. A decodificação presente neste campo sêmico está às expensas do discurso aqui apresentado. Entretanto, assinalar, por exemplo, que o ano de 1512 possui certa equivalência ao ano de 1912 exige um diagnóstico de fatos que sugiram esta contextualização meta-histórica. Diríamos primeiro que, aritmeticamente, teríamos duas numerações de mesma dezena sufixal numérica, resultando disto a diferença de 400, que, por sua vez, corresponderia ao decurso temporal: 400 anos, tanto quanto, queremos crer, certa consciência do tempo decorrido. No caso presente, diremos que os números "1512" e "1912" formam relações significativas, possíveis de redimensioná-las: em 1512, ocorreu a morte de Américo Vespúcio; em 1912, teríamos a morte de Wilbur Wright. Esta relação num discurso histórico subjaz potencialmente uma consciência apriorística de uma análise estrutural semiótica que permitiria ser detectada. Assim é que vêm à tona determinantes que identificam os dois personagens como equidistantes entre si, junto a "n" fatores passíveis de comparação.

Voltando a um acontecimento anterior, remontamos ao que é primário, e assim, em nosso quadrado de relações, os termos irão trocando de posições. Concentrarmos nele aspectos da distância temporal, com as respectivas combinações. O primeiro nível dos metatermos dos termos maiores será apresentado como actante de atores de um passado mais longínquo, e os do segundo termo seriam os atores, no eixo dos contrários, do passado mais recente. Os acontecimentos contemporâneos até agora retratados também supõem dialeticamente um sujeito opositor semiótico. Veremos depois como ficariam, nos acontecimentos fixados, as datas e suas devidas correspondências.

Os Centro de Ofícios: Casa de Contratação, Hangar. Em 1903, Santos Dumont, como retrata Peter Wykeham, em seu livro intitulado *Santos Dumont – O Retrato De Uma Obsessão,* ergueu aquilo que chamou orgulhosamente de "a primeira das estações aéreas do mundo"[228]. Ao lado do grande hangar, havia as oficinas, uma usina de hidrogênio e todos os elementos necessários à aerostação. Por outro lado, em outro tempo, para acareação comparativa, em Sevilha, por onde passavam todos os maiores descobridores do mundo, estabeleceu-se, em **1503** a *Casa de Contratação das Índias,* onde se anunciou como "Primeiro Piloto Maior" o navegador florentino, Américo Vespúcio, de modo que lhe implicamos, ao nome, o fato e, como decorrência, a data. O fato de ser "primeiro piloto" também se estenderia a Santos Dumont. Este foi o primeiro piloto de um dirigível navegável, conforme o prêmio do aeroclube da França por sua demonstração de dirigibilidade – este fato também se torna pertinente porquanto a forma enunciativa do termo dialético "piloto" está relativa a quem dirige. A urgência da criação de instituições são pontos elementares à continuidade de descobertas e invenções que ocorreram naqueles séculos como o foram a "Escola de Sagres" antes, para Portugal; e o "Aeroclube da França", depois, em Paris.

O quadro exposto a seguir adquire volumetria. Vemos uma mesma dimensão temporal expandida num esquema linear espiral cíclico. A criação da sua primeira estação aérea do mundo, em 1903, foi

---

[228] O autor inglês diz que Santos Dumont inventou o "hangar aéreo", que seria uma espécie de "estaleiro" para fabricação de aeronaves e garagem para guardá-los cheios. A afirmação de que Dumont inventou o "hangar" também percorre a biografia de inúmeros brasileiros em deferência ao aeronauta brasileiro, mas Charles Renard, um aeronauta francês, já havia construído, em 1884, o "Hangar Y" para o seu dirigível "Le France", bem como o alemão Zeppelin também tinha um hangar. Santos Dumont, quando fala sobre "a primeira estação aérea", ele está, na verdade, socializando o equipamento, que está construído em terreno público.

a do primeiro hangar aeronáutico. Remetendo-nos a um quadrado semiótico, por meio do eixo dos contrários, regredimos à época dos descobrimentos ao precisarmos da sua correspondência com a Casa de Contratação das Índias, fundada antes, 400 anos, exatamente. O percurso em si poderia ver realizado no eixo dos contraditórios por qualquer navegador, mas especificamente este aqui, nesta data, naquela instituição, junto àquele título, tudo somado se afunilaria a um grau de sincronicidade capaz de unirmos os dois personagens em contrastes. Na verdade, o título de Vice-Rei do Mar Oceano e Almirante Mor ensejaria a prioridade às funções do 1º Piloto Maior da Casa de Contratação das Índias, que lhe foi preterido a Vespúcio. Uma causa efetivamente parece demonstrar certo grau de injustiça. Surge todo um processo institucional, como maquinação do Cardeal Fonseca, desafeto de Colombo, para obter favores pessoais e demonstração de poder. Temos, a seguir, um esquema do percurso narrativo destas articulações:

Esquema 6

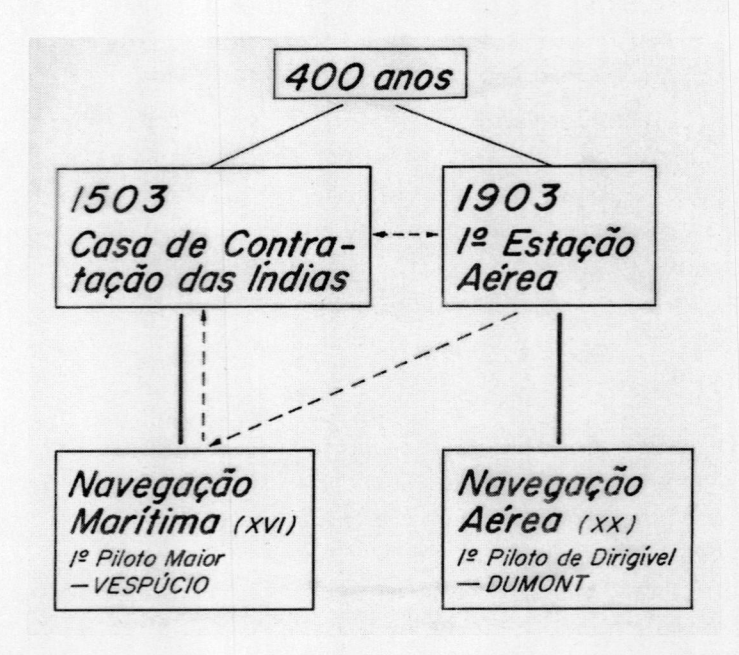

Fonte: do autor

1903 – O voo dos Wright. Um momento importante para a história geral o será também para a história da aeronáutica, quando citamos o consagrado por consenso social. A data histórica nasce primeiro por quem a tenha provocado. O voo do mais-pesado-que-o-ar realizado pelos irmãos Wright tem lugar em Kitty Hawk, repetimos, na Carolina do Norte, em 17 de dezembro de 1903, segundo eles, contudo sem qualquer repercussão jornalística ou social. No entanto, a repercussão mundial do primeiro voo motorizado assistido foi quando do reconhecimento de Santos Dumont, como inventor do avião, culminado publicamente aos 23 de outubro de 1906, no campo de Bagatelle, em Paris. A primazia desta invenção remonta à sua demonstração pioneira. A reivindicação da anterioridade dos irmãos Wright pressupõe quem patenteou primeiro, mas sem as considerações de instituições sociais organizadas, tais como a científica ou jornalística sobre a data aludida. É claro que o fato histórico em si depende da autenticação dos institutos. Vigora, contudo, um impasse desvirtuado das considerações oficiais e históricas no momento que se converteu a descrição histórica num ideal patriótico acima dos sedimentos reais da demonstração. Desse modo, os acontecimentos de 23 de outubro de 1906 facultaram aos americanos reivindicar uma outra data, a data de 17 de dezembro de 1903, e o mundo, então, passou a contemplar o conflito. O silêncio de 1903 a 1908 foi ocupado por justificativas que redesenharam a personalidade dos Wright, defendendo-os e apresentando-os como homens de caráter despregados das correrias dos prêmios e competições. Para outros, as experiências na América haviam sido feitas em segredo de Estado, para se garantir como "segredo", ou porque os resultados, com os motores fracos, ainda não estavam concludentes, ou havia especificações técnicas inconclusivas que foram adulteradas no processo. Tudo parece ser possível, para tentar justificar a demora. Mais à frente, faremos uma discussão epistemológica sobre isso.

Este silêncio intelectual para o mundo, ou a falta maior de explicações posteriores, não só se reverteu num barulho histórico, como se fundou outro marco da aviação, para os que levaram a sério as afirmações da ideia do "manter segredo". Apesar de tudo, a reivindicação americana "pegou" e se estabeleceu como real e naturalmente possível depois de inúmeras ingerências políticas, principalmente as de Henry White, embaixador americano, tentando elevar a imagem desmoralizada dos EUA desgastada pelos conflitos do Canal do Panamá, no México etc., econômicos internos de corrupção com os arquimilionários John D. Rockefeller e Jay Gould. Então foi fácil espoliar Dumont, como diria Gondim da Fonseca, pois ele já se tornara um personagem/balonista histórico. Nada podia ser feito, politicamente, sentia-se que ele estava também indefeso em terras estrangeiras. Essa façanha parecia dever pertencer aos Estados Unidos! Curiosamente, lá atrás, ao tempo das descobertas marítimas, o mesmo sistema contraditório do "manter segredo" aconteceria nas incursões secretas de Portugal que cruzavam o oceano tentando descobrir terras além-mar. Havia motivos políticos para descaracterizar o feito colombino, mas os historiadores assumem notícias de que ultrapassaram o mar ignoto, e Colombo, inclusive, pôde servir-se destas para justificar aos reis católicos sua expedição. Também Américo Vespúcio usará de alguns expedientes para intentar suas motivações de ter viajado em segredo, tal como depois faria os Wright. Assim, o nome do novo continente pareceu que deveria pertencer a Américo Vespúcio.

Há, outrossim, uma hipótese plausível da dualidade actancial entre um suposto tal "piloto anônimo" posto em segredo[229], como pré-descobridor das Américas. Relações de fatos como estas são passíveis de desencadear equiparações do já visto, pela contínua repetição do objeto, como de seu encaminhamento.

Mais um passo à frente e constatamos uma situação semelhante. As próprias palavras de um dos irmãos Wright conduzem-nos a um arranjo persuasivo correspondente às duas épocas estudadas. Transcrevemos um trecho do livro *Quem deu asas ao homem*, de Henrique Dumont Villares[230], onde ele curiosamente comenta o primeiro voo dos americanos:

> Orville Wright – contornando o privilégio exclusivo dos pássaros que falam – apenas respondeu: 'afirmar que o voo de Santos Dumont foi o primeiro da história, seria o mesmo que admitir que qualquer outro navegador, que não Colombo, tivesse descoberto a América, porque ela não foi homologada por nenhum clube de descobridores.

---

[229] O "manter segredo" vinha não apenas dos descobrimentos e invenções que são actantes positivos da história das significações, mas também aparecem nas guerras ou lutas portuguesas, romanas etc. pois pegaram todos de imprevisto. Foi o que aconteceu nas batalhas do Infante D. Henrique em Ceuta, a batalha de Cascina, etc.

[230] VILLARES, 1953, p. 276.

Ou seja, assim como não fora designado "descobridor" um desconhecido "piloto anônimo", ou (talvez, algum Américo Vespúcio, o primeiro a reconhecer o continente) e não houvesse instituição que legitimasse o feito de Colombo, ele acabou por ser o "descobridor da América", assim, também, os Wright justificariam o seu primeiro voo como o primeiro da história sem que isso acarrete a necessidade de constatação jornalística ou quaisquer comissões científicas. Orville atenta que, o fato em si existindo, ele é, e isto independe da observação daquele que julga. Acredita ele que a observação seja apenas mais um detalhe histórico-cultural. Entretanto, os fatos como elementos demarcados no tempo devem implicar também sua ocorrência social como fenômeno, porque o fato histórico é um fato social, e não subjetivo de alguém na sua singularidade.

Na afirmação "contornando o privilégio exclusivo dos pássaros que falam" Gago Coutinho, a pretexto de defender o aviador brasileiro, acusa os americanos de "papagaios" ou meros repetidores de boatos, como acorrera efetivamente no pretérito, lá atrás nos rumores do "piloto anônimo", e, notadamente, para rebater outras oportunidades em que os próprios Wright se dirigiram a Santos Dumont comparando-o aos papagaios das terras brasileiras. Contudo, o que nos fascina objetivamente, nesta análise, é que neste tipo de discurso evidencia-se o exemplo qualitativo no qual eles mesmos se comparam com os navegadores quinhentistas para justificarem, na sua atualidade, o descalabro da explicação de uma resposta reconstruída.

As implicações entre termos e subtermos devem ser sempre formalizações comparáveis entre si. É assim que podemos ver a dicotômica histórica da aviação. Aos termos semióticos SER e PARECER, continuando como contrários, investe-se o "sujeito" Wright (Orville das palavras de Coutinho), por meio do PARECER no eixo dos contraditórios.

A evidência ou certeza no discurso semiótico efetiva-se quando a "coisa" não apenas "é", mas também "parece" ser "fenômeno", é o que "aparece", etimologicamente. Então, a evidência científica sempre se estabelece no quadrado dos metatermos semióticos, quando, no discurso, atingimos no octógono o que seria o resultado simultâneo do SER e PARECER em conjunção, como Verdade.

Imagem 5

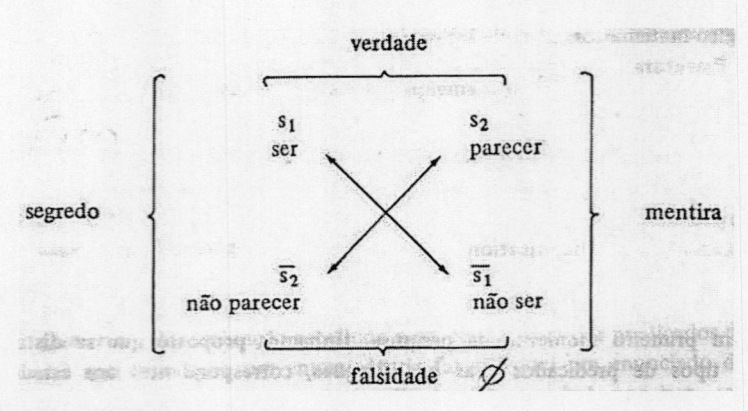

Fonte: Dicionário de Semiótica de Coutés e Greimas.

Portanto, na fala de Orville Wright, ingenuamente, ele parece querer pôr em risco o descobrimento do continente por Colombo, se a defesa ou justificativa dos argumentos a favor de Santos Dumont forem válidos. Não se trata aqui, nesta observação do americano, da realidade fenomênica da prova de um voo anterior à do 14 Bis.

Cristóvão Colombo, porque descobriu, mas não reconheceu, durante sua vida, o continente como um outro novo, fará do acontecimento de 12 de outubro de 1492 apenas PARECER o chegar às Índias, mas não SER. Vejamos o movimento desta narrativa no esquema a seguir:

Esquema 7

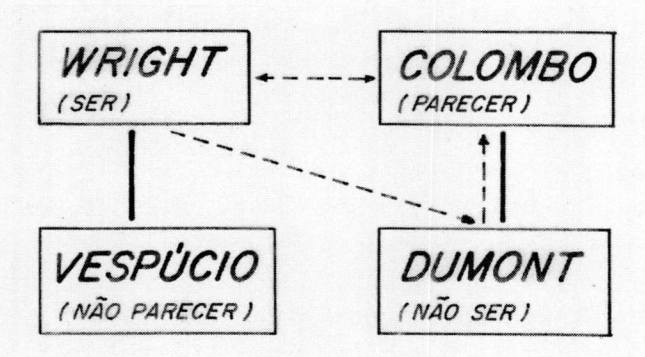

Fonte: do autor

Não há como apagar Colombo da História, então o voo às escondidas dos Wright pode ter existido.

A História confirma, oficialmente, pela repercussão, Colombo como descobridor, sem, contudo, haver, por seus "historiadores" contemporâneos, que conduziam a concepção das Índias Ocidentais asiáticas, expresso nisto qualquer desmerecimento. Ora, caso se afirme que Colombo descobriu, conscientemente, um novo continente, então afirmaram também que os Wright fizeram os primeiros voos, pois Orville confirma não haver registros oficiais como evidência histórica. Neste sentido, os Wright fazem com que Colombo seja o primeiro descobridor, ratificando a história como ela se apresenta –, para que eles, então, também possam SER os primeiros voadores. Podemos ver que está incluso na estratégia da interpretação wrightiana do SER de Colombo a potencialidade também de ele NÃO SER. (A possibilidade oficial de ser diferente a interpretação do fato histórico do descobrimento seria dada ao fato que consta como o primeiro a ter consciência do Novo Mundo e divulgou esta ideia, neste caso, Americo Vespúcio). Nos metatermos PARECER, está Dumont, na História, e no SER, os Wright. Existe, sem dúvida, uma aproximação lógica entre esses esquemas comparados que parecem interligados. Entretanto, a lógica interna das premissas de um silogismo que concluem uma Verdade não necessariamente deverá ser a verdade factual.

O valor de verdade desse último esquema linguístico é favorecido documentalmente a partir da própria enunciação do personagem, com o pretexto de nos aproveitarmos da reminiscência às navegações. O *Diário de Bordo* de Colombo é o documental ou registro da descoberta, além da homologação de testemunho público, dos reis católicos e tudo mais... O ponto desfavorável que se dá a Colombo, repetimos, é insensato, mas é o da possibilidade de o continente já ter sido descoberto antes dele, que oficialmente não houve (inclusive contando as por venturas existentes viagens secretas), e o seu não reconhecimento das terras como novas, mas asiáticas. A enunciação dos Wright (por intermédio de Gago Coutinho) ganha aqui efeito oportuno por sua transcendência empírica, ao reatar Santos Dumont a Colombo –, em cujo esquema se apresentam, então, de fato, interligados.

17 de dezembro. Mais uma vez solicitamos atenção a esta data. Atualmente, a ciência histórica não credita tanta importância à marca temporal do número e deduz do moto processual o conceito dialético dos acontecimentos humanos. Retomamos a maior atenção à expressão numérica na atomização do marco fixado do dia, mês e ano determinados. Parece-nos fundamental tratarmos os signos/sinais cronológicos estendendo-os à sua origem temporal, como potencialidade psicológica discursiva. O homem assume uma existência construída de impressões que se registram no corpo do tempo, conforme suas ênfases particulares e as ideologias gerais que bem sabem as teses historiográficas. Alguns determinantes ajudam na identificação dos vestígios linguísticos, ganhando, a seu tempo, interesse, embora isto não se suceda na mesma medida a todos os personagens-foco. Outras vezes, não se relega a determinado fato a importância devida. Em semiótica, a constatação dos contrários e contraditórios no enunciado enseja, aos componentes de um discurso, a coerência de dados numa tensão dialética. Isto exigirá, depois, instâncias superiores de avaliação, de modo a desdobrarmos em estruturas mais profundas.

A singularidade do acontecimento histórico pode ser revista como introspecção psicológica daquele que provoca ou que sofre o efeito. A compreensão do sujeito psicológico também auxilia em certas conclusões inferidas ao fato em estudo. Quando Colombo voltou de sua terceira viagem acorrentado, ocorreram mudanças, julgamos, na interioridade psíquica de sua personalidade: haveria uma queda da possível arrogância da posição de "Vice-Rei das Índias" e de "Almirante", para a posição humilhante de um criminoso comum numa tripulação em viagem de retorno à Espanha. Com efeito, não poderíamos dissertar a esse respeito sem decompormos nele o que haveria de ser significativo: o efeito de frustração. Para tanto, transcrevemos aqui algumas palavras de Enrique de Gandia, do seu livro *Historia de Colón*, à guisa de exemplo: "Na terceira viagem de Colombo se produziu o fato mais comentado de sua história. O almirante voltou à Espanha acorrentado. Nunca, como neste caso, se escreveu tantas mil vezes a palavra ingratidão. A Europa inteira volta sobre a Espanha volumes cheios de rancor"[231].

D. Fernando Colombo, seu filho, escreveu que Cristóvão Colombo determinou "guardar as correntes para relíquia e memória do prêmio de seus muitos serviços... e quiz que fossem enterradas com seus restos"[232].

A verdade é que Cristóvão Colombo quis suportar acorrentado por várias semanas, até que, frente aos reis católicos, pudesse ser libertado, pois eles lhe impingiram, ainda que indiretamente, este castigo. De certa forma, Colombo se aproveitou desse constrangimento, deixando registradas suas amarguras, desencadeadas por suspeitas e desmandos contra ele, o vice-rei que "abriu as portas do oceano".

Cristóvão Colombo e Santos Dumont são atores de um mesmo metatermo, deixando de SER para se descobrirem NÃO SER, já que se assemelham na perda de seus "títulos". Santos Dumont, assim, perde, de certa forma, o reconhecimento da "conquista dos ares", sofrendo o ressentimento maior, que é a negação, o esquecimento de tudo quanto fez e do que, em seus melhores dias, trouxera ao homem: a possibilidade de voar! Reafirmado pelos irmãos Wright, o primeiro voo do homem foi transferido politicamente à data de 17 de dezembro de 1903, da França para os EUA. Coincidentemente, segundo registros, o ato de aprisionamento e desmoralização de Colombo culminará também no dia 17 de dezembro de 1500, frente à corte espanhola. Houve todo um tempo de transcurso em que ele permaneceu acorrentado, mas se cristalizou aqui, em seu psiquismo, esse fato, não apenas na transferência das "algemas" ao relógio de pulso – por ele idealizada –, mas na fixação numérica

---

[231] GANDIA, 1951, p. 358.

[232] COLÓN, Hernando. *Vida del almirante Don Cristóbal Colón*. México/Buenos Aires: Fondo de Cultura Económica, 1947.

da data. Assim encontramos numa mesma data a conjunção dos personagens. Ali também incidiu a sua libertação, já prevista, mas a satisfação de segurar por longo tempo um sentenciado e ver cair um estrangeiro cheio de si era maior. A importância disso reside psicologicamente na fixação plena da ocorrência como fato dramático, representativo. E havia a sensação de perda moral de todas as suas conquistas. Colombo sofrer a desonra da destituição de todos os seus méritos seguido pelo aprisionamento algemado, e junto a todas as consequências daí geradas como o desprestígio, por exemplo, foi o início de uma contínua decadência que se seguiu até o fim de sua vida. Em Santos Dumont, passou-se o mesmo: "17 de dezembro" trouxe-lhe total desestímulo à aviação. Quando tomou conhecimento desta, nosso aeronauta julgou que todos os seus esforços lhe fossem retirados. E realmente o foram! Ele não inventou o avião nem foi o primeiro a voar. Ele não era mais o que pensava ser. A Ciência Histórica fora enganada por ele. A constatação desta ocorrência causou-lhe tal esmorecimento de espírito (principalmente em 1908, quando das evoluções dos Wright na França), que se determinou, pouco depois, abandonar completamente a aviação. Embora o seu disgenitalismo evidente, tudo isso repercutiu psicanaliticamente como um complexo de castração freudiano, que lhe estancou persistir mais no mesmo tirocínio!

Podemos acrescentar que o agrilhoamento de Colombo não se reservava apenas à qualificação de um dia específico (17), mas também a um transcurso de tempo que foi todo um período posterior que ele permaneceu adoentado, sem mais forças, pois até a Rainha Isabel, sua defensora, em 1504, faleceria. Igualmente, o que Wilbur defendeu, voo pregresso três anos antes do 14 Bis, deixou o brasileiro perplexo, pois todos pareciam acreditar na sua falácia, não que o voo do brasileiro não houvesse acontecido, mas que o 14 Bis não voara por primeiro. Em Santos Dumont e Cristóvão Colombo, depara-se com a destituição de méritos **a posteriori** daquele dia, ou a um dia qualquer depois do seu primeiro voo, de um pressuposto alegado antes, **a priori**, quando do conhecimento do dia e mês arrolados como feitos históricos admitidos. E a prova contundente era a falácia, dos pássaros que não falam. Porém, basicamente, resultarão assim as implicações das perdas, ou daquilo que, por tanto tempo, a eles fizeram sentido.

Num quadro de oposições, no movimento lógico narrativo, veremos assim:

Esquema 8

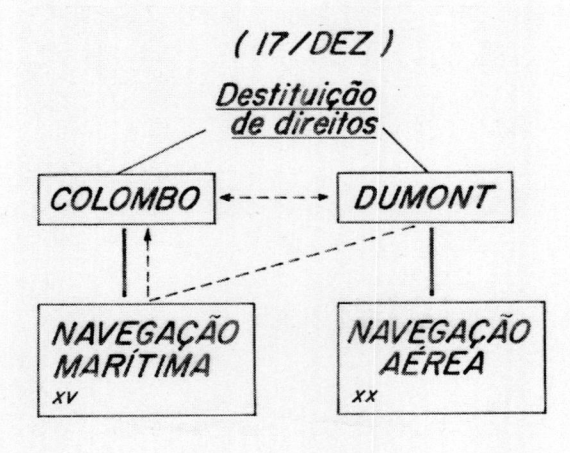

Fonte: do autor

Esses pares distintos de épocas distintas constituíram-se, no modelo lógico, como atores de termos dominantes que se equivalem, quanto à "destituição de direitos" através do percurso visto em tensão dialética, nos eixos dos contrários propostos. O percurso se legitimou semelhante quando comparamos os personagens entre si, começando e terminando numa mesma demonstração. Portanto, temos aqui mais uma equivalência entre os atores pelas destituições de direitos em registros semanticamente comuns.

Stefan Zweig, em sua biografia de Vespúcio, assim se refere neste ponto quando se reporta a Vespúcio que ganhou na Espanha a direção da Casa de Contratação das Índias, logo após a morte de Colombo: "Assim o morto, que em vida tinha sido acorrentado, é agora roubado e enganado pelo gênio da traição. Não é seu nome, mas o nome de um ladrão que adorna o novo continente"[233].

---

[233] ZWEIG, Stefan. Américo, uma comédia de erros na história. *In: Os caminhos da verdade*. Rio de Janeiro: Editora Delta S.A., 1960.

7

OS METATERMOS "VIDA" E "MORTE" COMO TENSÃO EM COLOMBO E SANTOS DUMONT

Apresentamos rapidamente dois exemplos em que conferimos, na relação linguístico-semiótica, os metatermos abstraídos do jogo de elementos do discurso histórico, específico a Alberto Santos Dumont. Igualmente repercutimos sua possibilidade de elaboração sintagmática ao esquema "vida" e "morte", num modelo estrutural básico nos discursos semióticos de Greimas. Os esquemas de oposição dual "vida" e "morte" são termos abstratos quando aplicamos em uma análise contrastiva dentro dum quadrado semiótico, em que sobressaem os termos canônicos "Ser" e "Não Ser", "Parecer" e "Não Parecer". Assim, no mesmo quadrado lógico, a "Vida" representaria o sujeito ativo, a "Morte" representaria o cadáver inerte, a "Não Vida" seria o exemplo da pedra, e a "Não Morte" seria um deus imortal. Esses metatermos duais podem ser investidos semanticamente em qualquer fenômeno identificável discursivamente, pois atacam frentes opostas extremas, de início e fim, com um poder maior de abrangência. Outros termos actanciais podem ser tomados a partir de determinado fato escolhido pelo seu repertório e intercambiáveis a uma rede de relações sígnicas.

Outros termos técnicos aparecem numa análise discursiva: a actorialização (personagens), espacialização (lugares) e temporalização (datas) que oportunamente se apresentam como pano de fundo onde se expressaria o conteúdo da narratividade. Seriam eles o "objeto-valor" desta análise de nossas indagações comparativas. Vale dizer que ocupamos aqui os valores linguísticos de uma análise científica francesa, mas que, diga-se de passagem, estes termos estão nas 10 categorias de Aristóteles, portanto, da história da filosofia, na qual poderíamos nos ocupar também como um dos mais perfeitos esquemas semióticos da Antiguidade.

Quando verificamos o relato da morte de um personagem histórico, como a do aeronauta Santos Dumont, vimos que o suicídio provocado continha nele informes psicolinguísticos além daqueles entendimentos obtidos numa peculiar leitura de superfície. O fato narrativo toca os extremos opostos "início e fim" como semas diretamente ligados à "Vida e Morte", onde se traduziria, de alguma forma, o reconhecimento do Ser. Pudemos apreender laços primordiais das imagens paterna e materna e uma vinculação qualificadora ao signo Morte. De modo que produzimos a semiose de novos conteúdos em torno da morte do aeronauta e a de seus pais, como actantes de estrutura profunda. Isto, mais tarde, poderia ser mais bem aproveitado para a elaboração de uma análise psíquica, quiçá mais conveniente.

Em seu primeiro livro, Santos Dumont disse: "É costume oriental fazer recair sobre os pais todo o mérito, toda a glória, que um homem conquiste na vida"[234]

A morte de Santos Dumont deu-se por meio da sua provocação em Guarujá, antigo distrito de Santos, cidade portuária, em 1932, exatamente 100 anos depois do nascimento do pai, Henrique Dumont, em 1832. Esta seria a marca subliminar de ligação do aviador com seu pai. A morte de

---

[234] Isto nos faz lembrar Marco Polo, que, primeiramente, passou grande parte da sua vida no Oriente; segundo, que viajara com seu pai e tio para o Oriente, consagrando sua vida nesses relacionamentos entre pai e filho, como principais.

Dumont fora igual à de sua mãe Francisca Santos, por suicídio provocado por patologia neurológica na cidade portuguesa de Porto. Outrossim, Santos Dumont sofria de um mal dos nervos incurável, a esclerose múltipla, que se explicava devido ao trabalho incansável e mesmo aos constantes choques e embates advindos de seu trabalho rotineiro de experienciar seus novos aparelhos voadores.

A ligação de seus pais com o aviador é pertinente nesta avaliação, se considerarmos as origens diferentes dos genitores. Sua mãe é de origem portuguesa, e seu pai, francesa. Esta preocupação de aliar polaridades ascendentes em sua pessoa é o que podemos visualizar na ligação de seu sobrenome e assinatura: Santos-Dumont, em que "santos" marca sua origem portuguesa, e "Dumont", a origem francesa. A origem, não só biológica, mas lexical francesa do pai de Alberto, se vincularia, antes de tudo, ao metatermo semiótico no qual designamos "Vida". A associação destes elementos ao actante converge "a função de navegador aéreo", de identificação pátria à identificação denominativa paterna, já que da França vieram os "irmãos Montgolfier", expoentes da navegação aérea e pretensos criadores do aeróstato. Enquanto mãe derivaria o nome "santos", que redirecionamos ao inventor do aeróstato brasileiro, Bartolomeu Lourenço de Gusmão, nascido em Santos (cidade do maior porto da América Latina). O inventor santista consagrado e lembrado por uma falsa "passarola" vivera grande parte de sua vida em Portugal[235]. Citemos, nesta abordagem, o que escreveu o jornalista brasileiro José do Patrocínio, a pretexto destas aproximações:

"Este gênio é a corporificação de um símbolo. Fundiu-se no seu organismo o sangue brasileiro, que produziu Bartolomeu de Gusmão, e o sangue francês que produziu Montgolfier"[236].

D. Francisca Santos, neurastênica, morreria na cidade portuguesa de Porto, em 1902. A afinidade do filho ao pai e à mãe é sempre psicologicamente fidedigna como comportamento natural, principalmente ao adulto solteiro. Entretanto, nosso balonista enuncia em um parágrafo reflexivo que ele conseguiu ser o que é como fruto ou consequência da presença marcante de seu pai, principalmente, mas, com certeza, há em todas as suas ações os elementos da passividade[237] inconsciente representada pela imagem materna[238]. E caso seja pertinente aqui, lembremos que o aviador construirá um jazigo para si ao lado dos restos mortais de seus pais, que os reunira no cemitério de São João Batista, no Rio de Janeiro.

Este apego especial aos seus ancestrais imediatos surgiu primeiro, em função da data, dia e mês de seu nascimento (20 de julho), data do nascimento de seu pai (em 1832). A relação semiótica dos metatermos "vida" e "morte" aqui se aproximam como fenômeno persuasivo, portanto.

O suicídio de D. Francisca, sua mãe, ocorrido em cidade portuguesa, pareceu-nos plausível articularmos à lexia "Porto" (cidade) que, junto ao sobrenome "Santos", marcam sinais de sincronicidade manifestados na personalidade do aeronauta como circunstanciais da ocorrência fatal, ou seja, do seu suicídio em Santos, cidade sede do maior porto brasileiro que se articularia, por fim, aos termos "morte/vida", "início/fim".

---

[235] Entretanto, vale notar que Toledo, nome da cidade espanhola em que morreu Bartolomeu de Gusmão, em 1724, coincide com o nome do governador paulista "Pedro de Toledo", em cuja administração deflagrou a revolução constitucionalista de 1932, levando Santos Dumont ao suicídio.

[236] JORGE, 1973, p. 239.

[237] Os exemplos da teoria freudiana sobre a pulsão invertida da passividade feminina aparecem em Santos Dumont na atitude de não patentear seus inventos, não recolher valores decorrentes de ganhos capitais por seu mérito, não absorver o resultado de premiações, não se defender ante o conflito da primazia de invenções etc.

[238] Podemos entender melhor traços biográficos conclusos ao supormos o comportamento inconsciente como reflexo do temperamento ativo masculino do pai e passivo feminino da mãe, expressos em Sigmund Freud e William C. Bullitt, no livro escrito a duas mãos, chamado *Thomas Woodrow Wilson, um estudo psicológico*", em que todas as situações políticas, em que o governante americano teria que tomar decisões austeras, ressurgir, querem crer, involuntariamente, elementos do "ativo e passivo", representando inconscientemente a presença imaginária dos gêneros opostos ligados ao pai e à mãe.

O dêitico do espaço (nome da cidade ou região situada) surge com recorrência psicolinguística da dêixis do tempo (marca dos 100 anos decorridos)[239], fazendo confluir, curiosamente, na morte do aeronauta como algo que surge naturalmente.

Da mesma forma que Santos Dumont morre no centenário de nascimento de seu pai (que aniversaria no mesmo dia), sendo sepultados ambos no mesmo jazigo, Colombo, por sua vez, também tem seus restos mortais depositados na cidade de São Domingos, que ele mesmo fundou, em homenagem ao seu pai *Domingos*[240]. De alguma forma, os restos mortais de Colombo, então, permanecem junto ao imaginário de seu pai, nessa articulação.

O 20 de maio foi a data da morte de Cristóvão Colombo, mas também a data em que o rei de Portugal, D. João II, pede a Colombo (que estava na Espanha a serviço dos reis católicos) que retorne a Portugal. Portugal fora onde Colombo se casou e morreu sua esposa, portanto lhe ocorriam ali fortes emoções maritais, naturalmente. Nesta situação, equivalemos duas datas precisas: a da morte de Cristóvão Colombo com a do pedido de retorno a Portugal. Em Santos Dumont, temos o tipo de morte sua (suicídio por neurastenia) remeter à mesma morte de sua mãe em Portugal, por suicídio por problemas neurológicos. A associação numérica datada de forma identitária em Colombo apareceria agora em Santos Dumont em atos repetidos por estímulo mnemônico desconhecido, porém identificáveis semioticamente.

Em semiótica, não há um tratamento científico atinente ao sujeito do personagem. Não há o tratamento do "personagem" como o temos na história ou sujeito psicológico, mas sim o elemento actancial dele, ou o ator de um processo narrativo apresentado no discurso-foco da análise com seus inúmeros programas. Não comparamos, portanto, Alberto Santos Dumont com Cristóvão Colombo, mas sua autorização actancial, como partícipes de um discurso, de um programa narrativo com os sinais de identificação linguística e extralinguística. Comparamos, então, os actantes 1 com os actantes 2, programas narrativos X com programas narrativos Y, sempre ao nível discursivo.

Agora, em outro encaminhamento analítico de aplicação dos metatermos num eixo paradigmático histórico, temos alguns aferimentos esquemáticos como base para uma análise estruturalizante de reconhecimento propriamente do discurso comparado em Cristóvão Colombo e Santos Dumont, por meio do uso de modelos aplicados comumente na literatura ordinária. Nos exemplos dos quadrados semióticos costumeiros dos metatermos SER, PARECER, NÃO SER, NÃO PARECER, podemos inferir, a partir da estrutura profunda dos seus discursos, os metatermos configuracionais VIDA, MORTE, NÃO VIDA, NÃO MORTE, com seus devidos investimentos semânticos, e concluiremos, como veremos, pela proximidade argumentativa válida para os dois personagens actantes, um mesmo quadro sinóptico de conteúdo:

Os termos VIDA e NÃO MORTE caracterizam-se, antes de tudo, por serem dinâmicos, positivos e permanecerem em estado contínuo. Ao contrário, os termos MORTE e NÃO VIDA, por sua vez, caracterizam-se essencialmente por um caráter sêmico próprio negativo, por serem estáticos e descontínuos.

Em Santos Dumont, o termo VIDA significa <u>sua obra, sua produção</u> tecnológica sucessiva, cada criação ou invento com dada intenção sendo construída e testada e, por fim, a sua criação máxima, o avião.

---

[239] Parece-nos bastante coincidente o fato de que o nosso maior balconista que nos legou a dirigibilidade dos balões expira onde justamente nasceria o inventor do balão, o primeiro aeróstato de papel que subiu sob a força do ar quente. Portanto, temos aqui a junção "morte" de um ao nascimento "vida" de outro, no que se refere ao actante semiótico "espaço".

[240] GANDIA, 1951, p. 383.

O metatermo NÃO MORTE, também dinâmico, contém os referenciais da imortalidade, de reconhecimento social em que estão aclamados os registros de sua produção, tais como seus monumentos[241], medalhas, dignificações, fotos etc.

O metatermo MORTE diz respeito à destruição que os armamentos, decorrentes da aviação, foram e são capazes de provocar. Significa conteúdo da guerra. Os combates aéreos, aos quais Santos Dumont foi repetidas vezes contra, estão assinaladas pelas várias correspondências emitidas durante certa fase de sua vida.

O metatermo NÃO VIDA evocaria a designação dêitica que aponta, indiretamente, a si a responsabilidade, do mal uso feito por outros aos aparelhos de sua criação.

Em comparação ao almirante genovês Cristóvão Colombo, como actante semiótico, o metatermo VIDA significa a ênfase dinâmica incansável do descobrir novas terras desconhecidas, conquistá-las, e nomeá-las, conforme seus registros, em *Diário de Bordo*.

O metatermo NÃO MORTE, tal como em Dumont, refere-se às suas homenagens recebidas pelo reconhecimento histórico-social do feito. NÃO MORTE também vai aparecer como um contínuo, enquanto o descobridor se embrenha na busca especial do continente asiático (bem material) ou do paraíso (bem espiritual), sem nunca desistir. Outrossim, o mesmo metatermo foi representado pela investidura de título e insígnias, e pelas novas armas heráldicas de família - oficialmente documentadas na data de 20 de maio (futuro desencarne).

O metatermo MORTE traz à tona a conquista, a destruição e escravização, por exemplo, dos povos nativos americanos. Representa, em geral, todo o resultante da dominação espanhola, tanto como processo de subjugação de culturas, apropriação de bens, e da proliferação de doenças intercontinentais, conforme os registros conhecidos por ele e de diversos autores[242], levando a uma ruptura semântica com o ufanismo ou o sentimento inicial da descoberta.

O metatermo NÃO VIDA refere-se à responsabilidade de Colombo como Almirante do Mar Oceano, vice-rei frente a todo lastro histórico pejorativo de ações da colonização espanhola, tanto quanto o engano ou falsas interpretações sociais e naturais sobre o novo mundo.

---

[241] Particularmente, destacamos aqui o monumento do Ícaro erguido pelos franceses e que, ambiguamente, foi reproduzida uma réplica como arte cemiterial para seu túmulo.

[242] Um descobridor essencialmente ético que, se confrontasse com o efeito de sua conquista, relutaria em impor seu nome nesta geografia. Assim todo o ocidente ultramar tornou-se "América".

8

NUMERAIS SEMIOTICAMENTE DESIGNATIVOS

As Numerações. A ideia das numerações provavelmente nasceu de um apego particular aos objetos como "propriedade" do Eu, no sentido de os conceber numa situação em que estivessem juntos, e/ou separados, ambiguamente, como um conteúdo sígnico de poder, e pelo que se decidiu, conforme a posse dos fatos e uso, serem seus (adição), ou não seus (subtração). Primeiro concebemos a contagem numérica como necessária e de precisão abstrata, que se interpõe um ao outro como limítrofe duma ação que precisa fazer objetos diferenciados. Depois surgiram os números 1 (um), 2 (dois), 3 (três) etc., como representação do real particular em uma graduação mais abstrata ou superior, por sua independência ou não associação a nenhum objeto, mas a todos por igual. Então, a numeração, como saber ou conhecimento, nasceu a partir de um sujeito que se apropria do objeto, mesmo que seja uma constelação de estrelas do infinito que se delimita e nomeia. Na verdade, o número surge como coisa em si, determinante de uma individualidade, quando preenche o vazio de ser contado ou partilhado quando nos convém. Com certeza, os números sequenciais, apesar de se extrapolarem às coisas e subentenderem a possibilidade do "conjunto vazio implícito", se tornariam também agentes primários da economia. Essa apropriação quantitativa expressa, aos poucos, distinguir-nos-ia um ao outro, motivando as desigualdades sociais que persistem ainda hoje, conforme a pulsão do compartilhamento do "bem".

Desde o momento que se registrou a contagem de seus dados no tempo (1, 2, 3...), ou quando, num segundo momento, saído do **espaço** para o **tempo**, se mediu a idade da vida ou o tempo acumulado por cada pessoa ou coisa, houve já uma abstração secundária, tornando-o gérmen de um "atemporal psíquico" numa transcendência particular que ultrapassa o "físico" limítrofe. Tudo isso, lá atrás, se reuniria à escrita, enquanto encetava os primeiros status prenunciadores da história. À medida que compunham cada esforço assinalado no vir-a-ser temporal, íamos paulatinamente compreendendo melhor o processo das medidas contábeis matemáticas. Estas mensurações mutantes de dados dialéticos são importantes como movimento crescente ou decrescente da posição complexa conjecturável do indivíduo/objeto num mundo relativo. A tendência é que todo jogo processual que se compõe de imensas diferenças acabe por se tornar apenas um produto "quantitativo", quando, na verdade, não o é, por sua significação, enquanto cada objeto responder por si mesmo.

Outrossim, há toda uma demanda pela melhor explicitação de tudo que envolve a questão da superação das nossas "coincidências", e, como se espera, ao superarmos o número do acaso, lidaremos com o problema do preconceito e outros interesses que escapam para a diluição "alarmista". Por isso também não nos digna responder agora, consolidando-nos numa delimitação matemática ou estatística, pela afluência e expectativa quase ilimitável de elementos assinalados pelo teor semântico embutido neste discurso e no de cada observador e leitor. Desse modo, ao mesmo tempo que nos expressamos num artigo sobre a possibilidade de um enfoque numeral, não poderemos tratá-lo como queria uma certificação matemática ideal, pois isso evoluiria para uma debreagem entre o factível histórico e o envolvimento de sua compreensibilidade.

O grande astrônomo da "Revolução dos Corpos Celestes", o polonês Nicolau Copérnico, comemorava em 1873, quando nasceu Santos Dumont, em 400 anos transcorridos. Copérnico, à maneira de Colombo, "revolucionaria" esta nova acepção da palavra, toda uma visão cultural da sociedade medieval. No movimento de translação do planeta em torno do Sol, sairia o arquétipo da circunavegação colombiana. Esta simultaneidade leva à indução repetitiva de vários semas significantes que promovem uma sugestiva emulsão comparativa, ensejando novos andamentos a outras etapas do conhecer. Santos Dumont se fez identificar duas vezes com momentos cruciais nos capítulos da história.

Entre 1506 e 1906, vão-se 400 anos. Colombo expirou em 1506, mas, neste ano, Leonardo da Vinci escreveria as primeiras linhas do tratado *Do voo sem batimento de asas, com a ajuda do vento*. Há outros seus estudos sobre o voo dos pássaros e sua anatomia, em que ele os reúne em 4 volumes sob o título *Codice sul volo degli uccelli*. 400 anos depois de todo esse registro, a saber, no ano de 1906, Alberto Santos Dumont tornou possível o voo humano. O valor-produto decorrente da duração de tempo cria uma relação, que se torna tanto mais factível quanto mais elementos a ela se agregarem. Quatro centenários aqui são expostos como intervalo, no qual a figura do agente da ação define seus ícones de significação. Tal como a ligação de "18 de outubro" do nascimento e morte de Pe. Manuel da Nóbrega, quando esta atualiza a decorrência do tempo, em termos linguísticos e nos referenciais intuitivos da comemoração[243].

O mesmo tratamento daremos em relação a Colombo: no dia e mês de sua morte, 20 de maio (1506), dia da ascensão de N. Senhor[244], ocorreu, efetivamente em 1498, a chegada de Vasco da Gama à Índia asiática, decorrendo, entre essas datas, exatamente oito anos. Esta constatação parece importante, pois a partir daí se confirmam alguns cruzamentos do fenômeno das Índias. Em compensação, no mesmo ano, em 1498, Colombo chega à terra firme, ou pisaria em solo continental pela primeira vez. Contamos aqui a distância da morte de Colombo a esses acontecimentos: oito e 400 anos. Se houvesse a perda de não ter encontrado as Índias exatamente, haveria ao menos o ganho de ter sido o primeiro a entregar o Novo Mundo à História da Civilização.

Concordamos que o primeiro aportamento ao continente americano (terra firme), em 1498, tendo Colombo ou não consciência disto, é um dado importante de registro. As palavras "América/Índias" exercem um poder maior, que se rivalizaria com a data da morte do personagem – fator gerador. Assim, encadeamos a data da chegada à terra continental à morte de Cristóvão Colombo. E desde já poderemos, a partir deste decurso, precisar a importância do personagem por ter levado a cabo sua missão.

As datas de "4 de julho" e "7 de setembro" são aqui consideradas parassinonímicas, porque geram a lembrança do fato histórico, com o mesmo ou maior grau de intensidade que o significado do fenômeno. Elas atualizam o acontecimento a que se reportam, com suas figurações, como são normalmente as datas oficiais de feriados religiosos, dias nacionais etc. Nomes de livros e filmes, como *1984*, de George Orwell, e a película *Fahrenheit 451*, de François Truffaut, entre outros, seriam exemplos de numerais que demandam uma assimilação especial semântica. A parassinonímia numeral de uma locução possui equivale à expressa do sujeito ou coisa nomeada identificadas por sua generalidade, e que, quando enunciadas muito estreitamente, evocarão o principal traço requerido. O nome actancial "Cristóvão Colombo", já em si, evoca a ideia primeira do descobrimento da América, tanto quanto o numeral "1492" se tornaria um significante "anual" que remete à data enunciada do descobrimento que se completa com o "12 de outubro". Ainda que mudássemos ou ampliássemos o sentido, acabaria por disputar sua semântica invariavelmente de acordo com o momento e o local

---

[243] À data 1506 da morte de Colombo e 1906, do primeiro voo, identificamos ao léxico numeral "400", porque destes números decorre a subtração 400. A "morte" e o "voo" possuem em si, em um de seus semas, o transpor-se à outra dimensão, como a saída do espírito ou o corpo do chão etc.

[244] Santos Dumont teve a primeira ascensão do dirigível SD-2 no dia consagrado à "Ascensão de Nosso Senhor".

da enunciação. O caráter dêitico deste vínculo fomenta uma lembrança ideológica sustentada culturalmente por sua repetição empírica. Parece não importar muito se o Novo Mundo já havia sido descoberto antes de Colombo. O fato colombiano se oficializou como paradigma-marco da cultura. Logo, a expressão léxico-numeral "12 de outubro", mais do que uma proposição protocolar qualquer, evoca o caráter dêitico, metalinguístico, que remete sempre ao histórico, sem que, necessariamente, o mencionemos de modo explícito, assim como qualquer significante implicaria automaticamente um significado. Existe, conclusivamente, a possibilidade de resgatarmos o confronto de certas numerações, no sentido de levantarmos a singularidade numeral própria e fazê-la produzir sua semiose contrastiva dos textos.

Em 20 de julho, nasce Santos Dumont, sabemos, filho de Henrique Dumont, que aniversaria, ele pai, naquela mesma data. O nascimento do pai aconteceu no ano de 1832 e quando contou 41 anos nasceria o filho, exatamente, quando o pai aniversariava. Desta forma, o signo léxico-numeral "41" de Henrique Dumont está para Santos Dumont, assim como o acontecimento expresso na data deste está para os 41 anos de vida de seu pai. Uma relação numérica com a figura paterna prevalecerá até sua morte, que se dará 100 anos depois do nascimento daquele.

De conformidade com este paralelo histórico do aviador brasileiro, em outros tempos, Colombo contaria com a idade de 41 anos, quando do descobrimento das "Índias Ocidentais"/América, em 1492. Estes 41 anos da idade de Colombo, quando realizou um dos maiores feitos da humanidade, balizarão o encadeamento do sema importante da "libertação", ou pela morte, ou descoberta, ou nascimento etc.

Os anos de 1492 e 1892. Em 1492, completar-se-á 400 anos da descoberta da América por Cristóvão Colombo, um acontecimento histórico-social. Em 1892, expira o Eng.º Henrique Dumont, o pai de Santos Dumont, um acontecimento particular. Tanto no primeiro caso como no segundo, os dois personagens centrais puderam receber uma recompensa econômica ou material que ocasionaram um impulso perspectivo para o resto de suas vidas. Colombo se tornou um "vice-rei" de Espanha; e Santos Dumont recebeu uma grande herança de seu pai, motivo pelo qual não precisaria mais trabalhar para o resto de sua vida. Aqui temos a importância da numeração do ano em destaque, 1492 e 1892, bem como uma avaliação "estimativa" da importância econômica decorrente destas épocas.

Num plano místico, ou similar, entendemos que a morte de Colombo se dera no dia consagrado à "ascensão do Senhor", 20 de maio de 1506. Assim como aparecerá depois, em Santos Dumont, que o mesmo subira pela primeira vez no dirigível "SD 2", o "L'Amérique", no dia cristão consagrado à "ascensão do Senhor", 11 de maio de 1899. Teremos, então, uma parassinonímia quanto ao significado do dia.

A "Ascensão do Senhor", no imediato "post-mortem" da alma, premedita os bons augúrios da vida religiosa, por isso, a associação de um pelo outro atualiza o aspecto da bem-aventurança espiritual, pois a morte do pai, exemplo para seu filho, recupera a condição mística de dar cumprimento ao que almejara, fazendo-o por merecer, enquanto a América descoberta cumpria difundir o cristianismo e o salvamento de almas à Deus.

Portanto, a morte de Colombo, como a de seu pai, o descobrimento da América, a posse da riqueza material advinda, a ascensão de Nosso Senhor, a ascensão do balão, o nome do balão, a ligação messiânica com o rito, o cumprimento de atos na vida e as datas conjugadas compõem uma complexidade de ações que poderíamos muito bem considerar como envolventes resultando um comportamento "a posteriori" ou à medida de sua consecução. Uma crítica mais forte diria que geralmente os acontecimentos de morte, por exemplo, não poderiam compor uma cruzada de fatos semióticos, pois eles se dão involuntariamente. Com certeza, sim, quando em caráter sincrônico, mas, como efeito "a posteriori", sua ingerência obsessiva, no sentido de gerar ideias fixas, causaria certa incompreensão ou culpa ansiosa desconhecida. Possivelmente, esses entrelaçamentos casuísticos, que pareçam ter a faculdade de nortear certa fatalidade, sejam apenas aparentes.

A seguir, apresentamos um esquema do "legado espiritual" com as implicações dos termos. Cada termo da coluna da esquerda faz referência a Colombo, e os da coluna à direita, a Dumont. O termo central, nome do balão "L'Amérique", é a junção radical dos nomes América e Henrique, conforme visto no capítulo anterior. As "ascensões" remetem ao dia religioso da ressurreição de Cristo, à morte (Colombo e Henrique) e à subida em balão. Os valores morais dizem respeito às indicações feitas do pai ao aviador nas vésperas da sua morte, que o aeronauta mencionará posteriormente "in memoriam".

Retrocedendo ao ano de 1873, do nascimento de Santos Dumont[245], o numeral 200 anos, antes, faz simetria com 1473, o ano em que, lá atrás, se comemoraria a emancipação paterna de Cristóvão Colombo e a saída de Colombo de sua casa. No livro *Colombo: O quarto centenário do descobrimento de um novo mundo*[246], Sophus Ruge nos diz: "Colombo foi tecelão e até 1473 encontramo-lo como tal diversas vezes mencionado em Gênova e Savona; apesar disto pretende haver passado sem interrupção 40 anos no mar!"[247]

Em se tratando de Santos Dumont, a data do nascimento sugere um lado pré-cognitivo de grande significação para si e para o mundo, como de fato constatamos. Esta ligação prematura nos remeteria ao seu antípoda actante, Américo Vespúcio, que oportuniza, ao ser enquadrado neste conjunto, de ter nascido no mesmo ano de Colombo, em 1451. Por conseguinte, também contava 41 anos, aquele que daria seu nome à América, por suas viagens de descobrimento.

Nesta relação prematura, que firmamos entre a aviação e a era dos descobrimentos, fez obter, com Wilbur Wright, o seu primeiro voo consagrado publicamente, em Paris, no ano de 1908, quando contava ele 41 decorridos, pois nascera em 1867. Observamos aqui a linearidade sintagmática na constatação da duração do tempo, para repensarmos o modelo representativo dos acontecimentos ditos casuais ou imotivados. São similaridades do tempo transcorrido na biografia de Santos Dumont e W. Wright, em Cristóvão Colombo e A. Vespúcio, possibilitando uma extensão semântica do mesmo numeral (41) nas quatro prospecções aferidas.

Dados numéricos, quando significantes cronológicos, acarretam situações novas, não menos abstratas, quando a avaliamos no transcurso do tempo de como estão dispostos os fatos. A avidez por dados exatos, numéricos, cria certa necessidade de mensuração. Alguns aspectos tendem a nortear elementos de um mesmo conjunto hipotético e ensejariam certo nivelamento e uma presunção lógica, mais do que aritmética. A força da enunciação dá-se ou aparece quando comparamos o dado isotópico da relação. Importa aqui que os elementos do discurso sejam respectivos ao conjunto da amostra. Queremos dizer com isto, por exemplo, que nem sempre o cálculo, da diferença entre dois (números) anos do calendário aconteçam exatamente numa subtração aritmética. A diferença anual entre 1976 e 1975, pode contar um ano de diferença, mas, se o meu irmão "Sélvio", que aniversaria no segundo dia de janeiro, tivesse nascido dia 31 de dezembro último, aquela proposição acima, da subtração entre os dois anos, não se confirmaria, porque intuitivamente distanciaríamos o fenômeno

---

[245] O ano de 1873 conheceria também a publicação de uma competição que tornaria o explorador Phileas Fogg um dos personagens mais conhecidos da atual literatura do século XIX. Seria esta a data da publicação de "A Volta ao Mundo em 80 Dias". A sua história de balonismo foi avidamente acompanhada por milhares de leitores. A volta ao mundo era antiga pretensão de Colombo realizar por via marítima para se encontrar com a Ásia de Marco Polo.

[246] RUGE, Sophus. *Colombo*: o quarto centenário do descobrimento de um Novo Mundo. Rio de Janeiro: Laemmert & C. Editores, 1893.

[247] RUGE, 1893, p. 23.

numérico em, aproximadamente, 12 meses, e não em dois dias. Nossa avaliação prescinde, desse modo, da existência de uma dimensão argumentativa atenta aos dados. Preferimos que assim seja. E, independentemente, de nós, mas pela própria sincronicidade, assim tem acontecido. Urge levarmos a sério o estabelecimento destas relações. Outrossim, a forma da contagem do tempo anual de um exercício (ano letivo), que começa em janeiro e termina em dezembro, possui um resultado diferente daquele que começa em um dia de um mês qualquer e termina 365 dias depois. Entretanto, estas diferenças não têm invalidado a qualidade da condução dos resultados, porque o parassinonímico da numeração antecede tudo, para nós, até a dita contagem da duração aritmética.

Outros valores numéricos poderão ser amealhados se interagirem significações novas para o encaminhamento e a construção das proposições sintagmáticas. Se nos lembrarmos de que o fundador da cidade de São Paulo, Pe. Manuel da Nóbrega, nasceu e morreu em iguais números de dia e mês, 18 de outubro, forçoso nos parece firmar, sob a tutela enunciativa do signo numérico, que estas datas de nascimento e morte se encontram identificadas, sincrônica e diacronicamente. Esta contagem se torna, mais geral, mais cheia e precisa do que as que prescindem da enunciação do dia e mês, já que "nascimento e morte", por casualidade, recaem normalmente em dias desiguais. Neste caso, a duração do tempo que coincide em mesmos dias e meses contaria apenas como registros anuais mais precisos para uma equiparação.

As disposições numéricas das datas exercem um poder de influenciar as pessoas em suas atitudes e crenças, tendendo, ainda, a classificá-las com valores morais do bem e do mal. Vejam o exemplo descrito pelo astronauta Michael Collins, quando, em 16 de julho de 1969, ia embarcar no APOLLO 11:

> Francamente, até esse momento não tive muita certeza de que íamos hoje para o lançamento. Não sou supersticioso, mas desde quando nossa filha Ann nasceu em meu aniversário, que é o de Halloween (véspera de Todos os Santos), tenho consciência das datas, e no mês passado, ou nos últimos dois, estive semiconvencido de que íamos retardar um pouco e lançar no mesmo dia da Gemini 10 – 18 de julho. Mas agora esta ideia parece doida, pois é certo que existe uma sensação de realismo terminante no dia de hoje, ao me convencer de que nunca mais caminharei por aquele corredor comprido. Não, o dia é hoje[248].

Quando o astronauta americano traz alguma "consciência intuitiva sobre números ou datas", ele mesmo se apresenta corrigindo do engano do qual se alimentava, mas implicitamente deixa claro uma abertura como fator determinante do qual seríamos potenciais alvos, sem disso termos controle.

Com certeza, o lançamento do Saturno V, que levou o APOLLO 11 à Lua, foi realizado dia 16 de julho e concluiu sua chegada para 20 de julho, exatamente no dia ideal proposto alguns meses antes, e isto, inadvertidamente, coincidiu, pelo que depois viemos a saber, com outras motivações histórico-sociais, além dos particulares do astronauta. De qualquer forma, vimos aqui a naturalidade de poder se perceber o mundo, aparentemente conflituoso, em outras harmoniosas combinações.

O 8, o 14 e o dia 20 de maio. A chegada às ilhas caribenhas foi um primeiro marco do périplo transoceânico, mas, em seguida, ou como decorrência disto, a chegada exatamente ao continente foi considerada um ponto a destacar. Não obstante, se esse pisar em terra firme não ocorresse, o valor de sua descoberta possivelmente se reduziria, tendo em vista que, para alguns, não basta tê-la divisado ao longe, mas haver pisado em terra firme.

---

[248] COLLINS, Michael. *O fogo sagrado*: a jornada de um astronauta. Vol. II. Rio de Janeiro: Editora Artenova S.A., 1975, p. 90.

A articulação da data da chegada ao continente pela primeira vez (em 1498) com a data de morte de Colombo, em 1506, exerce a mesma ênfase aproximativa da data da chegada por Vasco da Gama à Índia asiática, por ter ocorrido no mesmo dia da morte de Colombo, 20 de maio, porém em 1498, decorrendo dali oito anos, exatamente. Para Colombo ter chegado em 1498 em um lugar adverso do que esperava e ter se enganado quanto às Índias, e tudo mais, superava nele o fator nobre de ter descoberto terras virgens frente a uma velha Europa tão disputada entre si e corrompida como legado dos desmandos do antigo autoritarismo romano/eclesiástico.

Em Dumont, o numeral "14" é uma espécie de palavra-chave, porque nele chegaremos ao 14 Bis, número que se revalida por duas vezes, conforme o termo latino de repetição "bis". O número 14, em Colombo, reproduziria uma lógica aritmética, processual, usado para o número 8, já que obteríamos como modelo estrutural o mesmo resultado qualitativo. Ocorre agora que teríamos um interregno de 14 anos entre a morte de Colombo e o descobrimento de 1492[249]. É de se exarar a carga de **valor negativo** do número 8, pois que este se refere ao que não fora reconhecido oficial-mente pelo almirante – a descoberta de um "Novo Mundo" –, mas nem tanto isso como o fato de não ter chegado às Índias que qualificara e divulgara a todos. Quanto ao número 14, obtemos um referencial de **valor positivo**, visto que remete à primeira data da descoberta do novo continente subtraída da data do evento de sua morte, em 1506. Cabe observar ainda que essas relações impõem um processo ausente da consciência do homem-ator histórico. Santos Dumont pareceria ajustar-se a estes períodos por alguma força impulsiva da intuição, talvez. Não creio que Santos Dumont tenha tido este propósito quando nomeou o primeiro avião do mundo de *14 Bis*.

Igualmente, em Santos Dumont ocorreu o seguinte: ele omitiu a contagem do n.º 8, entre seus aparelhos, ao contrário do que faria com seu primeiro aparelho mais-pesado-que-o-ar, que o duplicou: *14 Bis*. Por diversas vezes, encontraremos em Santos Dumont uma convicção forte, supersticiosa, ao número 8. O efeito disso foi a inexistência do dirigível "SD 8".

Tabela 17

Santos Dumont	
Valor Negativo	Valor Positivo
8	**14**
Ignora/Anula	Duplica
0	**14 Bis**

Fonte: do autor

Podemos corresponder à única unidade inexistente na enumeração dos seus inventos aéreos (o aparelho n.º 8), uma falha (?) na ordenação de seus aparelhos, como fora também o único dia inexis-tente na enumeração do mês de outubro no *Diário de Bordo* da viagem do descobrimento, exatamente o dia 12 de outubro. A importância aqui se deve não a uma presença léxico-numeral do signo, mas à "catarse" da ausência, uma ausência como omissão do signo em manifestação. Entretanto, como poderemos ver, no mês de outubro, o oitavo mês do calendário juliano, estão as maiores ocorrências históricas, tanto de Colombo, como de Santos Dumont, ocorridas nos dias 12, 19 e 23. E, igualmente, foi o mês da concepção genética do aviador, nove meses antes de seu efetivo nascimento.

---

[249] O desconto de 14 ou oito anos, contados a partir da morte de Colombo, tende a recair em duas datas parassinônimas ao sujeito actante, 1492 e 1498.

Outros exemplos aparecem dessa numeração: Santos Dumont, certa feita, escreveu, precisando a relação métrica dos seus aparelhos num fraseado específico, intercalando os numerais 8 e 14. Disse ele que: "A *Demoiselle* era 8 vezes menor que o *14 Bis*". A digressão comparativa deste "trocadilho metalinguístico", independentemente do seu valor argumentativo/matemático, traduz-se numa ilação intuitiva, que reduz o "8 vezes", em relação ao *14 Bis,* na simetria extensiva que concede a este clássico, outro significado por nós apontado, ao atualizarmos Colombo.

Em Cristóvão Colombo, o transcurso de tempo fatídico de oito anos, de 1492 a 1500, fez-se de amargas e injustas decepções. Como diria Kirkpatrick Sale, em *A Conquista do Paraíso: Cristóvão Colombo e Seu Legado*[250]: "Oito anos depois de seu desembarque em Guanahani [...] Colombo completou sua 3º· viagem e seu vice-reinado das Índias... em grilhões". É decepcionante saber que, depois da extensão de oito anos, Colombo seria erradicado, expulso das suas terras, destituído de seu poder como vice-rei e daquilo que fora objeto de sua vida.

Ao comparar tamanhos continentais, Sale afirma que o descobrimento da América desencadeou "um impacto na direção leste, por assim dizer, se não por outros motivos", porque ampliou o mundo "em mais de oito vezes o tamanho da própria Europa". Esta ocorrência transfrástica apresenta um valor tanto quantitativo, como qualitativo: Fernando Ortiz, no prólogo do livro *Bartolomé de Las Casas* de Lewis Hanke, afirma da grandiosidade do périplo colombiano: "a los españoles a consideran el descubrimiento y conquista de América como la octava maravilla del mundo"[251]. Nessas duas asserções, vemos o algarismo "oito" investido ao continente como extensão fenomenológica de como ele poderia ser perceptível.

Além desse conjunto de relações, no qual se sobressaem numerais, temos ainda outro argumento inexplicável e misterioso: o da chegada ou aportamento das três principais viagens quinhentistas: de Américo Vespúcio (na 2ª viagem, a mais significante) de 1499, enquanto reconhecimento continental; de Vasco da Gama, a viagem de abertura do caminho marítimo para as Índias, quando chega a Calcutá; e de "Fernão de Magalhães" na sua viagem de circunavegação em torno do globo terrestre. As três principais expedições marítimas lograram aportar em anos diferentes, contudo no mesmo dia e mês: **8 de setembro.** Ou seja: finalizaram, no mesmo dia e mês, três grandes viagens de roteiros geográficos diferentes, em portos diferentes: respectivamente, Palos, Cádiz e Lisboa. Vale reconsiderar que todos esses empreendimentos, ou investidas ao desconhecido, foram projetos decorrentes ou consequências da primeira travessia transatlântica. É uma complexa análise que requereria um maior aprofundamento, pois há que se questionar essa sincronicidade como fenômeno. Por ora confrontemos os dados expostos, a fim de, ao compará-los, absorvermos o que poderia ser pertinente a um objeto dessa monta, numa análise, que fizesse sentido para cada um dos atores/actantes de signo. Com certeza, este objeto de analítico supera a estrutura de superfície de um olhar convencional, pois transcenderia tudo o que até então esteve nas mãos humanas.

Alguns valores podem sobressair como partes integrantes de outras leituras (neste caso: numeral). Entre 1508 e 1908, notificaremos a diferença de 400 anos, se extrairmos o distanciamento temporal destas datas. Em 1508, Américo Vespúcio é nomeado "Primeiro Piloto Maior de Espanha" da Casa de Contração das Índias, pelo rei de Espanha, Don Fernando, o católico. Em 8 de agosto de 1908, Wilbur Wright faria seu primeiro voo público em Le Mans, na França e no mundo. Acrescentemos aqui o surgimento, a partir desta data, da reivindicação da prioridade do primeiro

---

[250] SALE, 1992, p. 178.

[251] HANKE, Lewis. *Bartolomé de Las Casas: Pensador Político, Historiador, Antropologo.* Buenos Aires: Editorial Universitária de Buenos Aires, 1968.

voo por Ader e pelos Wright, em prejuízo da demonstração de Santos Dumont, realizada dois anos antes (em 1906). A data de 1908 e, quiçá, a astuta rapinagem dos Wright ganharam preferência, visto a probabilidade dos voos de 1903.

Ainda com respeito ao n.º 8, em Santos Dumont encontramos o adiamento em assumir a cadeira n.º 38 da Academia Brasileira de Letras, ocupada pelo patrono Tobias Barreto, onde se tornaria membro em 1931.

Em 1928, Alberto embarca no transatlântico *Cap Arcona* com destino ao Rio. Ao se aproximar da baía de Guanabara, foi recepcionado com um terrível desastre do hidroplano *Santos Dumont*, que vinha homenageá-lo – um espetáculo fatal. Esta impressão, repercutiu-lhe psicologicamente. Aproveitando-se disso, um jornal brasileiro descreve o conhecido temor supersticioso de Dumont, perante aquele algarismo, como a prevenir fatalidades. Ei-lo: "E Dumont ia-se tratando, quando, súbito, desejou vir ao Rio em novembro de 1928. Um e nove dez, e dois doze, e oito vinte. O ano termina em oito. Deve ser fatídico. Mas os seus algarismos somam 20, o que talvez lhe neutralize o agouro".[252]

Por outro lado, presumir importância aos algarismos numéricos fora dos contextos usuais vem de algum apelo cultural, não, necessariamente, por uma contingência lógica. Parece-nos estranho que um numeral possa afetar nosso estado psíquico nos mais simples atos da vida. Há um variado grau de avanços que precisam de mais estudos para certificá-los. Independentemente disso, quando se procura com veemência, conseguimos algum resultado. Os marinheiros são de uma coragem fenomenal para certos eventos, enquanto, para outros fatos, são completamente dominados por um pânico ou medo radical.

Para diferentes épocas, poderíamos mensurar um mesmo signo, diferentemente. De sorte que as datas seculares de 1400[253] e 1900 podem, como de fato encontramos literalmente, ser representadas além pelos algarismos romanos (como referências aos séculos XV e o XX), pertinentes ao encaixe tempo-espaço secular, por meio dos primeiros dígitos numéricos, representando o "milésimo de mil e quatrocentos" e o "milésimo de mil e novecentos". Desta perspectiva sígnica, em Santos Dumont, segue a nomeação do seu primeiro biplano *14 Bis* (milésimo de 1400) e o monoplano *19 Bis* (o milésimo de 1900). Esta referência aos 1400 e aos 1900 simplifica uma posição histórica e simbólica dentro de uma fixação pela qual se fixa o indivíduo, duplicando sua presença e seu objeto valor. A forte sensação de esperança repercutida tende a promover um poder escatológico à realidade, repetindo (o "Bis") a simplicidade factual do Ser para além da sua imanência.

Reforçamos aqui a ideia de que Cristóvão Colombo transpassou em vida o século XV para o século XVI. Santos Dumont, virando o século XIX para o XX, fez imprimir certas motivações místicas sobre ele próprio e o destino da humanidade. Ocorre que ambos se acreditavam coadjuvantes ativos de um fim do mundo próximo, colaborando ativamente a favor desta mesma consciência.

O uso da enumeração romana restringe-se a algumas situações de ordenação histórica, epiteta, burocrática, numeração secular e capitular. Um descobrimento, quando referido a determinado século, se caracteriza como numeral em si, para depois se contextualizar. Um historiador, Manuel Tomás Alves Nogueira, por exemplo, abriria seu livro *Villegaignon* com o seguinte enunciado: "O século XVI é uma das épocas mais notáveis da humanidade". Faz advertir, ele, por conseguinte, a importância de seu significado numeral. Seria uma atomização numeral daquele século como apreensão de significação.

---

[252] FONSECA, Gondim da. 1940, p. 336.

[253] O escritor francês Júlio Verne diria: "1492 é um milésimo célebre nos anais geográficos. É a memorável data do descobrimento da América" (VERNE, Júlio. *Cristóvão Colombo*. São Paulo: Landy Livraria e Distribuidora Ltda., 2005. p. 19).

Voltando a Santos Dumont de *Os Meus Balões*, no seu capítulo XV, este número XV guardará o evento de 1904 (quando da publicação deste livro) e sua primeira vitória, sob o título *Ganho o Prêmio Deutsch*, quando da demonstração da dirigibilidade de aeróstatos. Aos dois personagens, Colombo e Dumont, do "XV", sobressaíram os numerais romanos. De modo que o 15º capítulo se destaca, por constar na obra do autor a atualização da ideia circular (o "contorno do mundo" ou da Torre Eiffel); como de sua realização, da descrição singular do fenômeno; e proximidade sêmica dos acontecimentos, um cobrindo o curso da expansão marítima, e o outro, a extensão atmosférica.

"América" como nome de continente, surge em 1507, na publicação da cosmografia de Waltzmüller. Um ano após a morte de Colombo, sorrateiramente, são nomeadas as terras por ele descobertas, com o prenome de seu antípoda literário: Américo. No livro *La Conquista del Aire,* Antônio G. Blanguer afirma da chegada de Wilbur Wright à França, em 1908, e descreve o aparelho encabeçando estas palavras: "Veamos las características del, hasta hoy, misterioso pájaro yanqui; nos las subministra el capitán Ferber y se trata del modelo 1907". Apesar de os Wright afirmarem um voo de 1903, o aparelho apresentado em 1908, ao público, fora construído em 1907. Os anos 1507 e 1907 foram relevantes, porque por eles se redirecionam as datas decisivas de 1508 e 1908, quando, respectivamente, temos a data que se investiu Américo Vespúcio como "Primeiro Piloto Maior de Espanha" e a data da demonstração pública dos irmãos Wright, em 1908. Dessas efemérides, vão-se 400 anos: o da controvertida publicação de *Mundus Novus* e o factual e primeiríssimo voo americano, que se distanciaram 400 anos (1503 e 1903), além das já mencionadas relações entre 1507 e 1907, de forma a obtermos a consagração dos dois personagens em 1508 e 1908 (e não em 1903).

Américo Vespúcio e Wilbur Wright ainda possuem outras convergências importantes dignas de menção, apesar de involuntárias, próprias dos acasos naturais de nascimento e morte, como, aliás, já discutimos. Assim, as datas de morte de ambos fecham justos quatro séculos. O primeiro expirou em 1512, e o segundo, em 1912.

Tabela 18

MORTE	
Américo Vespúcio	*Wilbur Wright*
1512	1912
400 Anos	

Fonte: do autor

A curta duração de prestígio histórico e social dessas figuras foi de quatro anos, diferença esta entre 1508 e 1512 e entre 1908 e 1912. Concentram-se os quatro anos que intercalam, não só os primórdios da aviação dos Wright, os anos de 1908 e 1912, mas a retirada do prestígio público do brasileiro, até sua decisão de parar suas pesquisas. Nesse momento, não antes, iniciaria a ascensão ideológica americana na historiografia aeronáutica. Isto aconteceria também com Vespúcio após a morte de Colombo. Em Santos Dumont, inferimos quatro anos singulares da sua vida: de 1906, quando da sua invenção do avião, até 1910, data em que ele encerraria sua contribuição ao desenvolvimento aeronáutico. E o brasileiro o fez de forma autodeclarada[254]. Enquanto ele toma voluntariamente essa decisão, os seus dois antípodas serão colhidos pela abrupta morte física (1512 e 1912).

---

[254] Em 4 de janeiro de 1910 (também da morte do aviador e escultor Leon Delagrange), seria também o último voo solo de Dumont, em que ele também escapa milagrosamente da morte num acidente com a sua *Demoiselle*.

Tal como em Santos Dumont, que comunica sua "aposentadoria" de suas invenções aeronáuticas – depois que sofrera seu último acidente aéreo com o *Demoiselle,* em 1910 –, Wilbur Wright toma a mesma iniciativa e, a partir, então, de 1910 igualmente, cessa de voar em público, para treinar alunos ou demonstrar seu aparelho voador[255].

Um interregno ou um vazio cautelar sobrevém sobre os personagens em outras datas. Na biografia de Santos Dumont, aparece uma repentina pausa na regularidade dos inventos e ascensões ou dos passeios urbanos com balões sobre Paris, publicados, inclusive, em inúmeros cartões postais da época, por exemplo. É um período de menor atividade, quebrado apenas pelos passeios do Dirigível *SD 9,* em 1905. Sabemos que o aviador brasileiro, também esquecido momentaneamente pela imprensa, suscita a ilusão de uma temporada inativa. No seu último livro, *O que eu vi, o que nós veremos*, Santos Dumont, a certa altura, explica:

> A questão do aeroplano estava, havia já alguns anos, na ordem do dia; eu, porém, nunca tomava parte nas discussões porquê [...] sempre acreditei que o inventor deve trabalhar em silêncio [...]. Abandonei meus balões e meu hangar no parque do Aeroclube. Em completo silêncio trabalhei 3 anos[256].

Consta que Santos Dumont conduziu, entretanto, a concepção de seis balões alongados, que aparentemente nunca foram usados. Esse período vai de 1902 a 1905, aproximadamente, coincidindo com o espaço que vai da demonstração da dirigibilidade dos balões e o voo do 14 Bis. Este período calmo e introspectivo corresponderia, em nossa análise comparativa, à "Alta Viaje", ou quarta e última viagem de Colombo, em que sofrera os piores momentos de sua vida, de grande desespero pessoal, quando a iminência da morte o espreitava todo dia. Esse período, que vai de 1502 a 1504, simetricamente, reaparecerá como o conhecido "período de descanso", por volta de 1902 até 1904, quando então decidiu ele investir no mais-pesado-que-o-ar. Notamos aqui a distensão de um mesmo tempo entre os dois personagens e com uma diferença de igual duração de tempo, que não é importante tanto quanto os fatos equiparados, quando já temos os 400 anos intercalados, num mesmo retorno elíptico, trazendo elementos correspondentes num *continuum* natural[257].

Colombo não foi só algemado pelo homem "civilizado" e destituído de seu poder quando da volta de sua terceira viagem em oposição ao "silvícola". Na quarta viagem, viria a ser preso pelos nativos do Novo Mundo e por pouco não encerrou sua vida ali. Conseguiu safar-se aproveitando um oportuno eclipse solar que amedrontou os nativos[258]. Entre outros tormentos sofridos, Colombo enfrentou o que descreveu como "pavorosa tempestade", que pôs sua esquadra "em terríveis dificuldades, sem nada a esperar, senão a morte". Um assustador furacão o perseguiu, não podendo divisar o Sol e as Estrelas por muito tempo. Encontrou "fortes ventos e uma terrível corrente" com que sofreu três meses (a sua versão fala em "88 dias"), durante os quais "a tempestade nos céus não me deu descanso" e "chuva, trovão e raio continuaram sem cessar, de modo que parecia o fim do mundo"[259].

---

[255] ARRUDÃO, Matias. *Pequena história da aviação*. São Paulo: Livraria Martins Editora S. A., 1948. p. 132.

[256] SANTOS-DUMONT, Alberto. *O que eu vi, o que nós veremos*. São Paulo: 1918. p. 13 e 14.

[257] É interessante notar que as relações Vespúcio-Wrigth e Colombo-Dumont também podem, em outra instância, presumir correspondências reflexivas meramente numéricas do tipo. Por exemplo, Vespúcio morre seis anos depois de Colombo, e W. Wright nasceu seis anos antes do nascimento de Santos Dumont; Colombo e Vespúcio efetuaram quatro viagens ao Novo Mundo; os Wright, em 17 de dezembro de 1903, efetuaram quatro voos que estranhamente aconteceram inesperadamente.

[258] Talvez esteja aqui o germe do que vai aparecer em Santos Dumont como especulação astronômica.

[259] SALE, 1992, p. 188.

Em 20 de setembro de 1898, data nacional italiana, Santos Dumont, ascendendo aos céus com seu Dirigível *SD1* (contando seus 25 anos de idade), fecharia o intervalo de 25 anos de vácuo entre o aeróstato do capitão Renard e seu desenvolvimento ulterior da aeronáutica. A última ascensão experimental em balões na França fora no ano do seu nascimento, em 1873. Vinte e cinco anos é a duração de um quarto de século, assim nos parece meritória essa contagem. O decurso desse tempo valoriza o impulso aeronáutico em Santos Dumont, que começava novamente a construir balões aerostáticos. Quanto à data "20 de setembro", exploramos o significado da nação italiana, ela despertará uma atenção especial, quando dela tratarmos em capítulo posterior. Agora basta lembrarmos que a Itália foi berço de Colombo e Marco Polo.

Estes informes agrupados não se excluem, entre si, no conjunto das relações. Entre Colombo e Dumont, há uma equação linguístico-comparativa entre numerais, que situa as datas da morte e seus maiores feitos como intercambiáveis. De modo que a correspondência entre 1506 e 1906, como datações importantes, norteiam o processo narrativo de um signo literal para uma sincronia descritiva histórica. Um passo deveras interessante, que não deveria ser subestimado aos acontecimentos, são os detalhes que antecedem o ápice, o clímax, dos fenômenos que ainda se darão. Chamaremos isso de "signos de caráter de véspera". Nas vésperas do ano de 1506, em 1505, Dom Fernando I autoriza, especialmente a Colombo, andar de "mula", fato proibido por lei, para incentivo à criação de cavalos. Foi um pedido especial devido à enfermidade do almirante, por não poder deslocar-se a distância ou equilibrar-se por longo tempo. Quatro séculos depois, antes da efeméride de 1906, Santos Dumont experimentava o seu 14 Bis desacoplado do balão n.º 14, mantendo-o em equilíbrio e sustentação com o auxílio de um singular "burrico". Neste destaque aos dois fatos, perfazemos um elaborado painel, mais complexo –, além do inusitado ou irrisório da figura escolhida do animal. Alguns o têm como excêntrico devido a exemplos como este. Resumindo, conseguimos assinalar, como processo dedutivo (ligação entre os personagens-foco das narrativas), associando-os a dados circunstanciais descritos na aproximação dos referentes. Assim é que estabelecemos dedutivamente uma ligação aparecendo de forma extemporânea. Pelo foco do percurso narrativo do invento/morte como acontecimento marco, obtemos os léxicos-numerais conferindo o caráter de véspera. A questão do equilíbrio (particularizado, aqui, por sua ausência) e sustentação, deslocamento no espaço e a própria referência à "mula", "burrico" ou "asno" das biografias, produz uma mesma extensão semântica do fenômeno.

O automobilismo aéreo. O escritor Fernando Jorge, ao descrever o início da aeronáutica, em certo momento, fez lembrar as palavras de M. Obéric, ao publicar em Paris, em 1901, dia 20 de julho, um artigo sobre o nascimento do "automobilismo aéreo", referindo-se às experiências rotineiras de Santos Dumont sobre Paris. O artigo intitulava-se: "O automobilismo aéreo acaba de nascer. O balão não pertence ao domínio das quimeras". De fato, logo mais Santos Dumont venceria o prêmio "Deutsch de La Meurthe", contornando a Torre Eiffel e confirmando o nascimento da dirigibilidade aérea.

Essa publicação sobre o nascer da aeronáutica (automobilismo aéreo) coincidiria com o dia de nascimento de Santos Dumont, 20 de julho. Mais do que isto, a data de 1901, em registro, nos remeteria ao ano 1451 do nascimento de Colombo, pois, a esse tempo, 450 anos se passariam. Em 1451, nasceu Colombo (conforme documento de 31 de outubro de 1470 e no doc. Assereto). Essa aproximação numérica de 450 anos redondos dá-se pelo transcurso calculado do tempo mais preciso ou daquele naturalmente mais afeito às comemorações, a data do "nascimento".

As experiências continuadas de Santos Dumont sobre Paris despertaram o interesse pela aerostação, inclusive, por investimentos nesta área da engenharia nascente. Sem uma denominação precisa, chutava-se "automobilismo aéreo[260]" pelo fato de que o referencial automobilístico sofreu rápidas transformações no mundo, havendo, inclusive, a certo momento entre ambas, uma autoalimentação.

A que serviria o desdobramento dessa sincronicidade dupla do dia/mês e anos entre os dois personagens? Desconhecemos qualquer possibilidade consciente dessa associação como fizemos aqui, quiçá orquestrada por um destino. No entanto, serviu mais do que um simples estímulo psicológico do aeronauta brasileiro, talvez fosse um "presente" intuitivo e auto afirmativo, quando completara 28 anos de que estava no caminho certo.

∗ ∗ ∗

Entre as datas averiguadas, sobressai-se em números certa virtualidade simétrica. Em Colombo, temos estabelecidos caracteres próprios da existência, da vida, fora da manifestação voluntária de um querer como datas do nascimento (1451) e de morte (1506); do outro lado, em Santos Dumont, comparamos as datas que mensuram o efeito de seu trabalho em registro, em 1901, da dirigibilidade dos balões; e, em 1906, do voo motorizado. Casualmente, a diferença de 55 anos entre as primeiras datas e a de 5 anos entre as segundas datas demandam uma mesma proporção geométrica diferencial de quase 10%.

Há alguma predisposição psíquica para a morte fora dos estímulos psicológicos? As simetrias entre Santos Dumont e seu pai, Henrique Dumont, quanto à data de nascimento, apareceriam na morte do tempo retido no calendário. Em 1932, morre o aviador brasileiro, quando do centenário de nascimento de seu pai (1832); e, consoante sua mãe, Santos Dumont tem a mesma morte por um surto psíquico (suicídio), a mesma causa indireta – disfunções neurológicas. Nascimento e morte de Santos Dumont equivalem-se aos dos seus genitores, despertando uma atitude de atenção aos atos esporádicos.

Vimos certa sincronicidade do aviador e à figura de seu pai, não apenas pela passagem de 100 anos de seu nascimento, mas por terem os dois o mesmo dia e mês de nascimento. O episódio do suicídio remete a uma volta ao passado, no mínimo, aqui, à infância. O aviador se suicidaria talvez no mesmo dia de nascimento, mas, por consciência e atenção ao pai, propôs não o fazer. No entanto, três dias depois, decide-se impulsivamente.

O estudo do discurso da marca no tempo pode fazer emergir semioses variadas nas situações discursivas. Revolver o caráter histórico pelo objeto linguístico é sempre reavivar o fenômeno. Em data de nascimento de Santos Dumont, funde-se outra comemoração festiva importante: a data de emancipação pátria de um país sul-americano: Colômbia, ou a República da Colômbia. Este país latino-americano tem o dia 20 de julho como efeméride de sua independência nacional. Essa data não possui vínculos de reciprocidade entre os nossos dois vultos históricos; nem presumimos quaisquer relações entre o aviador e Colômbia, ademais, como creditamos e que trazemos à baila agora. De fato, não há relação histórica entre o homem e aquele país, a não ser esta que elaboramos. De forma que, ao inferirmos essa pertinência, criamos um produto extra psíquico de significações, além de outros sinais acompanhados pelas formalizações próprias humanas.

---

[260] Talvez não se trate exatamente de um neologismo.

Imagem 6[261]

Fonte: cópia de selo do autor

Também, em se tratando de uma das maiores viagens empreendidas pelo homem na história, só comparável à viagem colombiana, a viagem da Apollo 11 à Lua, em 1969, guarda algumas considerações: o nome da principal área da astronave, o "Módulo de Comando e Serviço", chamava-se "Colúmbia". Ali tripulou Michael Collins, o homem que sofreu a maior solidão da humanidade ao circunavegar ou contornar, pela primeira vez, a parte escura e desconhecida do globo lunar, perdendo todos os contatos conosco, enquanto Armstrong e Aldrin pousavam na Lua com o "Eagle" (Águia). A data precisa do primeiro pouso do homem na Lua, por Neil Alden Armstrong, deu-se igualmente a 20 de julho, data natalícia do nosso aeronauta, que acabou por se refletir na viagem astronáutica. Michael Collins talvez homenageie o comandante da **Mission Control Center** da APOLLO igualmente chamado Eng. Christopher Columbus Kraft Jr. Em Michael Collins, recuperamos a percepção fonética francesa "Colin", ao remetermos a "Colón". Ele fez incluir ao "módulo lunar" uma maior formalidade ao contrário de "Charlie Brown" ou "Bala de Goma" - denominação dos módulos de comando anteriores do programa Apollo.

O homem caminhou pela primeira vez na Lua por uma região chamada "Mar da Tranquilidade", por oposição ao "Mar Tenebroso" (atual Oceano Atlântico) da época colombiana. A dicotomia dos significantes Tenebroso/Tranquilidade como elementos toponímicos significativos, quando comparados, despertaria a atenção sobre a natureza física, que espelharia um potencial de coragem e expectativa ao empreendimento original.

Consideramos o valor dessa ocorrência, o Projeto da Apollo 11, como uma das mais importantes consequências da invenção do avião no que se refere ao avanço aeronáutico e desenvolvimento técnico-científico, bem como por sua viagem à terra americana. Tanto o pouso do "Águia" como o sucesso do périplo astronáutico cunharam, indiretamente, um exemplar homenagem tanto a Colombo quanto a Santos Dumont, não pela *estrutura de superfície* na qual se apresenta o caráter de ineditismo do aparente, mas, propriamente, pela *estrutura profunda* que remete às antigas viagens ou navegações inaugurais. Nessas articulações, consideramos os dois como "um e o mesmo" presentes.

---

[261] Imagem 6. Selo comemorativo apresenta a mesclagem do dia de nascimento de Santos Dumont com a do dia do primeiro pouso em ambiente lunar: 20 de julho. O selo seria uma referência iconográfica que relaciona, como agente discursivo metalinguístico, dois eventos históricos coincidentes. É indiscutível que a aquisição do saber tecnológico aeronáutico possibilitou o ingresso do homem à conquista espacial, que se acredita equivalente à conquista de Cristóvão Colombo, por isso mesmo, o módulo de comando lunar foi chamado de "Columbia".

Seria, por acaso, uma homenagem da NASA, à figura do aeronauta-inventor brasileiro, o pouso na Lua do homem pela primeira vez naquele dia específico? Não, com certeza! Esta "fatualidade" teve outra origem. O próprio astronauta da Apollo 11, Michael Collins, no seu livro *O Fogo Sagrado*, justifica a escolha do dia:

> Como são necessários aproximadamente trinta dias para que a Lua percorra uma vez esse ciclo (isto é, 360 graus), descobre-se (dividindo-se 360 por 30) que em qualquer ponto da Lua o ângulo solar modifica 12 graus por dia. Assim sendo, se queremos que o Sol esteja aproximadamente 10 graus acima do horizonte, atrás de nós, quando tocamos determinado lugar, só existe um dia no mês que serve para pousar [...]. No mês de julho, aquele em que pretendíamos pousar, a Base da Tranquilidade alcançaria um ângulo de 10 graus no vigésimo dia, assim sendo, para dar tempo à viagem de três dias, e mais tempo para acertar tudo na órbita lunar, teríamos de lançar em 16 de julho[262].

Alguns léxicos e numerais significantes se assumem reciprocamente neste estudo. Um expoente da aeronáutica americana foi Charles Augustus Lindbergh. Ele, de alguma forma, nos deixa atentos a uma reflexão sobre a sincronicidade dos acontecimentos. Lindberg realizou uma *tournée* aérea sobre os 48 estados dos EUA, de 20 de julho a 23 de outubro. Também essas são outras duas datas importantes da nossa história da aviação, como sabemos. Seus eventos para a aviação são um intensivo esforço projetual do americano, que reuni de forma mecânica tudo o que ressoa "América". Seu nome "Charles Lindbergh prende-se à história da ligação aérea entre o Novo e o Velho Mundo, nossos conhecidos. Lindbergh se notabilizou por sua primeira travessia solitária, sem escalas, no avião *Spirit of St. Louis*, sobre o Oceano Atlântico, em 20 de maio de 1927. Esta seria a data, entre nós, que remete à morte do almirante genovês. Este expira em Valladolid (etimologicamente: "Vale das Águas"), em 20 de maio de 1506. O arquétipo "das águas", na vida/morte, ressurge como representativo signo de quem corajosamente enfrentou o desconhecido. Cabe citar aqui que, no cortejo de partida, na pista de voo nos EUA –, Lindbergh, em 20 de maio, cita estas palavras (as últimas palavras da primeira das duas partes que compõem seu livro *The Spirit of St. Louis*): "Parece mais um enterro, que o começo de um voo a Paris". Lindbergh, porém, em seu livro *A Águia Solitária*, estava completamente alheio ao significado dessa data. O seu voo fora autorizado naquele dia, devido, praticamente, às favoráveis condições meteorológicas apresentadas no momento. Essa data exerce um outro apelo afetivo, como ordem associativa, pois, também nela, Vasco da Gama firmará um lugar à história portuguesa.

Em 1932, cinco anos mais tarde dessa respeitável e corajosa façanha, vemo-la repetida pela jovem Amélia Earhart. Esta jovem americana, no seu "Lockheed Vega", foi a primeira mulher em voo solitário a cruzar sozinha o Atlântico, e o fez também em 20 de maio, coincidente com o ano de morte de Santos Dumont e o dia e mês da morte de Colombo[263]. Desse modo, coincidentemente, essa data nos aparece representativa tanto em Charles Lindbergh e Amelia Earhart, como em Cristóvão Colombo e Vasco da Gama.

As relações dispostas podem convergir a três tipos de conjuntos: o primeiro conjunto, de acontecimentos que repercutiram socialmente, como fatos históricos desencadeados sincronicamente; um segundo conjunto entre os personagens, de acontecimentos que "dependem" da similitude entre ocorrências diacrônicas, o nascimento e a morte, e outras decorrências pela atuação

---

[262] COLLINS, Michael. *O fogo sagrado*: a jornada de um astronauta. Vol. II. Rio de Janeiro: Editora Artenova S.A., 1975. p. 62.

[263] Em 1932, também houve a partida do hidroavião "Jahú" da cidade de Gênova, da Itália para o Brasil, e considerada a maior raid da história da aviação brasileira.

dos indivíduos; e o terceiro conjunto, de acontecimentos histórico-linguísticos que se evidenciam naturalmente comparados pelo confronto de uma nova significação, informação e tematização de objeto, resultado da comunhão semiótica.

Este **caráter de véspera** pode ser encontrado em outras instâncias, que não a modificam, mas que pode encaminhar-se como identificador do acontecimento marco. É o caso do dia 13 de setembro. Em ambos os personagens, em 1492 e 1906, destacam-se neste dia os indícios de uma grande transformação, que, em Colombo, se verificaria 30 dias depois. Vejamos os fatos narrados por dois historiadores: 13 de setembro de 1492, "época memorável, disse Humboldt, nos fatos da astronomia náutica dos europeus. Cristóvão Colombo descobriu a declinação da agulha magnética e a influência da longitude na distribuição do calor ao longo de um mesmo paralelo"[264]. Este fenômeno poderia ter suscitado a ideia da inclinação do globo terrestre aos navegadores. Já em Santos Dumont, a importância desse dia, segundo alguns, compara-se ao próprio evento aeronáutico de 23 de outubro, pois "Foi a 13 de setembro de 1906", disse Marcel Reichel, que Santos Dumont, vitorioso, pioneiro do Balão Dirigível, "abriu oficialmente as rotas do ar às asas da humanidade", porque nesse ensaio ele também voou. Esse discurso justifica a constatação do jornalista sobre o bem-sucedido voo de ensaio com o aparelho mais-pesado-que-o-ar, 14 Bis. É um dia memorável, pois ratificou 10 dias depois e publicamente, o registro-marco aeronáutico. Apenas vale demonstrar aqui essa confluência natural de datas não menos importantes, pelo seu "caráter de véspera"[265].

A data de **9 de março** solicita-nos uma divagação pertinente sobre duas etapas da história. A divulgação oficial do descobrimento da América (em que já D. João II pretendia sua **divisão continental** a favor de Portugal) e os fatos ocorridos com Santo Dumont (presidente do primeiro congresso internacional de aviação, no Chile), que discursou, incisivamente, defendendo a **unidade continental** americana. E de conformidade com o cerne desta discussão, é exatamente nesse dia, como afirma a maioria dos historiadores, que se dá também o nascimento de Américo Vespúcio em Florença, em 1451. De forma que este personagem, que legou seu nome ao continente, casualmente, também nasceu no mesmo dia e mês, que viraria marco histórico, e oficial, na presença do El Rei João II, para a descoberta do Novo Mundo. Também nesse dia e mês (em 1500) partiria o almirante português Pedro Álvares Cabral para a tentativa de achamento do Caminho para as Índias e para o descobrimento do Brasil.

Ironicamente, em 1892, no século XIX, as comemorações aos 400 anos da descoberta da América foram realizadas no dia em que, depois, em 1906, viria a se dar na França o primeiro voo percebido. Mas por que disso? A resposta está em Sale, quando assim justifica:

> Em uma tentativa de respeitar a veracidade histórica da data real da Descoberta da América, uma resolução do Congresso Americano determinou festejos nacionais no dia do descobrimento (12 de outubro), para, segundo o calendário gregoriano – que desconta 10 dias do calendário Juliano, no século XIX e XX, ser comemorado em 23 de outubro[266].

Até então, o dia 23 de outubro, em 1892, não detinha nenhuma significação, pelo menos, não a que viria a ser 14 anos depois, com o 14 Bis.

---

[264] GANDIA, *op. cit.*, p. 119.

[265] Os irmãos americanos não passam por este momento característico do fato empírico. Entretanto, estranhamente, parece-nos que já sabiam que naquele dia iriam voar pela primeira vez na história, tanto que levaram (em segredo) um fotógrafo para um primeiro registro dos quatro primeiros voos antes dos 105 que farão em segredo (para si mesmos, pois que não havia concorrentes). Aliás, tantos voos para chegar ao que chegaram em 1908 estão completamente sem sentido – como objetivos para tal. O fotógrafo, que seria um "habeas corpus" para qualquer alocução posterior (ou à aeronáutica americana), consta inclusive uma estátua homenageando-o, na posição em que estaria quando clicou os pretendidos voos na "Colina mate o demônio".

[266] SALE, 1992, p. 334.

O caráter deste fenômeno de revalidação do calendário, no sentido de restaurar cognitiva e afetivamente certa identidade ao tempo exato da ocorrência, seria a intenção dessa medida. Esse acirramento contra o tempo de querer trazer para junto de si um momento supremo fez derrogar a contagem do novo calendário imposto, num misto de vontade antropomórfica e simbólica de voltar ao passado. Absorvemos daí uma correlação entre o calendário gregoriano que acabou por corrigir a data da descoberta colombina no antigo calendário juliano[267]. Essa intenção romântico/realista do século XIX, sem desmerecer o caráter mecânico do calendário atual, por mais explicativo que possa ser, de prolongamento daquelas várias comemorações que se iniciaram em 12 de outubro de 1892, tinham também a preocupação de fazer instaurar certo fragor do tempo realmente vivenciado por Colombo, na ânsia de resgatar uma identificação contrastiva (no espelho psicológico do tempo) o mais próximo possível ao sentimento do primeiro dia dessa descoberta[268] para o mundo conhecido.

Toda essa isotopia numérica leva-nos a um natural estreitamento da relação Dumont-Colombo, dentro duma dimensão ideológica formal. Ao nos reportamos à mudança de Calendário, pelo papa Gregório VIII, ressaltamos que cada um desses dias ("23 de outubro", primeiro voo, "12 de outubro", descoberta da América, o efeito do calendário gregoriano e do percurso dos quatro séculos) atualizará uma semiose, qual seja, a identificação por si das datas em que instauram a validação dessa aproximação.

De acordo com as palavras de Kirkpatrick Sale:

> O dia da descoberta foi realmente o 23 de outubro. Colombo trabalhava segundo o calendário juliano, que, no século XVI, descobriu-se que se desviava das constantes celestiais. O novo calendário, adotado pela primeira vez em 1582, cortou dez dias do antigo. De modo que, quando celebramos o desembarque de Colombo no dia 12 de outubro, estamos, na realidade, celebrando o primeiro de outubro[269].

Gregório XIII tirou 10 dias do ano, corrigindo o calendário juliano. Conservou um ano bissexto a cada quatro anos e determinou que não fossem bissextos os anos seculares (que terminam em dois zeros, ou seja, o último ano de cada século), exceto aqueles que são divisíveis por 400. Com isso, retirava-se um dia a cada 100 anos e adicionava-se um dia a cada 400 anos.

Na citação de Sale, quando ele identifica o dia 23 de outubro como sendo "realmente" o dia da descoberta de Colombo, este fato, como um dado empírico recolhido, e documentado, traz o pressuposto de uma verossimilhança entre o 12 e o 23 de outubro, num mesmo plano sincrônico. Quando aliamos o "23 de outubro" *da descoberta* com o 23 de outubro *do primeiro voo,* comparamos dois fatos, a priori, sem pressuposto algum. Não há documentação alguma referindo-se à escolha de tal dia como provocação à identificação do descobrimento. Aqui poderia haver alguma perda do carácter sincrônico com a coincidência numérica, porém não aconteceu. A semelhança aqui não seria no que diz respeito ao léxico-numeral, mas a ideia de interpretar "12 de outubro" como o mesmo dia "23 de outubro". Devemos pôr em relevo a necessidade de se levar em consideração a diferença entre a expressão (a sentença) e o seu uso efetivo. Uma expressão (sentença) pode ser significativa ou desprovida de sentido, mas a verdade ou falsidade que lhe atribuímos está em função do uso que lhe dermos. A afirmação de que há alguma relação entre 12 de outubro do descobrimento e

---

[267] O que se pressupõe não é que a data de 23 de outubro voltaria à data de 12 de outubro, mas esta representaria, no então século XIX, a mesma correlata ao 23 de outubro.

[268] Sabemos que a semântica da lexia "conquista" guarda uma abrangência própria a cada discurso. Parece-nos que ela é, por si só, ambígua, sem depender do que juntássemos a ela, geográfica ou historicamente. Temos aqui um caráter mais ideal (de ser uma conquista para a humanidade), como em particular (uma conquista europeia).

[269] SALE, 1992, p. 63.

o 23 de outubro do primeiro voo é perfeitamente legítima, ainda que não sejam quaisquer outros casos passíveis de equiparação. O fenômeno específico da "aviação" tem, necessariamente, uma implicação ideológica,[270] restrita às navegações dos séculos XV e XVI, porém o que nos oferece essa articulação, mais especificamente, é a interpretação do discurso ao qual todos nós estamos inseridos ideologicamente.

Não se trata de se chegar a uma veridicção final do Ser ou se comprovar definitivamente algum traço metafísico. A epistemologia científica tem proposto um dinamismo dialético subjacente a todas as proposições, nada é visto aleatoriamente, ao modo estocástico. Diante disso, confrontamos as questões históricas com as questões linguísticas, rearticulando fórmulas de visualizações, na tentativa de desembaraçar emaranhados ao entendimento. Isto posto, a ressignificação das respectiva datas neste discurso aparece de três formas diversas: primeiro, numa estrutura superficial, como correção de datas de dois calendários; segundo, houve, para o evento de 1892, uma preocupação com a adequação numérico-afetiva em comemoração aos 400 anos num congresso americano; terceiro, aproveitamos tal recurso, relacionamos como material para o substrato historiográfico, e oportunizamos a construção de critérios significativos e metafísicos, para uma releitura assertiva entre os personagens e fatos que produziram as duas transformações históricas.

---

[270] As questões relativas à "pressuposição e implicações" foram mais bem resolvidas pelos estudos da filosofia analítica de Peter Frederick Strawson e por Régine Robin em sua publicação *História e linguística*.

9

UMA SEMIOLOGIA GEOGRÁFICA EM DESTAQUE

Podemos abrir uma resolução maior à imagem histórica, quando, na reinterpretação do discurso em sua estrutura profunda, associamos a ela uma isotopia geográfica respectiva. Como sabemos, no período dos grandes descobrimentos, uma das ciências que mais se desenvolveu foi a geográfica, devido à profusão das viagens, a suas descobertas e à urgência das novas cartografias. Primeiramente, pretenderemos, na procura de significados (além de sua etimologia), identificar o que pode ser reconhecível e valorizado por sua função, atualizando, com o cuidado de uma análise percuciente, outras digressões estruturais que forem aparecendo.

O nome de locais ou regiões espaciais aqui apresentadas servirá para fundamentar a recorrência entre actantes, corroborando com a proposta da metodologia inicial. Entendemos que alguns aspectos toponímicos ou denominativos de território (continentes, países, capitais, cidades, rios etc.) podem significar conteúdos além dos previstos pelo senso comum, que possuam, como mostraremos, intrínseca relação com o objeto em discurso. Se, por causas preexistentes, geramos o fato histórico, este, situado como acontecimento, será, por sua vez, a causa de outros fatos. Se destes pudermos destacar um "envolvimento psicolinguístico" atuante considerável, então também poderemos encontrar, a partir dali outras formulações que atualizaremos à medida de sua percepção e aproveitamento.

Para começarmos um esquema de discussão do fenômeno metafísico-geográfico, separaremos os atores Wilbur e Orville (os Wright) e Santos Dumont, de um lado, e Américo Vespúcio e Cristóvão Colombo, de outro, como dois conjuntos, de forma a operacionalizarmos a visibilidade do modelo semiótico. Relembramos: o primeiro conjunto representa os que julgam ter realizado o primeiro voo motorizado; e o segundo conjunto, o dos exploradores do Novo Mundo, que descobriram a América, portanto, dois conjuntos de épocas distintas envoltos cada um em suas relações: a da reciprocidade contemporânea e do fator histórico controverso.

Esquema 9

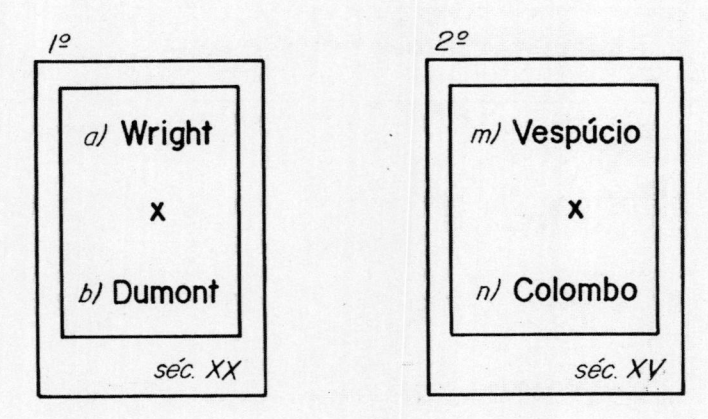

Fonte: do autor

Posto estes dois conjuntos lado a lado, abstraímos as relações de tono geográfico. O primeiro conjunto traz os elementos **a** e **b**, que são originários do mesmo **continente** América (3ª relação), mas de regiões diferentes: um nasceu ao Norte, e o outro, ao Sul. E, apesar de datas diferentes, ambos, cada dupla se notabilizou por seus feitos em um mesmo país estrangeiro (4ª relação): França e Espanha. Destacamos assim que tanto os irmãos Wright como Santos Dumont nasceram no continente América, do tópico ORIGEM. Do mesmo modo, vimos semelhante ocorrência no tópico CONSAGRAÇÃO, em que ambos conseguiriam suas façanhas na mesma França, em 1906 e 1908 (voos públicos), portanto foram reconhecidos primeiramente fora de suas terras natais e em outro continente.

No segundo conjunto, os elementos se dispõem em: **m)** Américo Vespúcio – "Primeiro Piloto Maior de Espanha", país no qual se naturalizou, e **n)** Cristóvão Colombo – descobriu as Índias Ocidentais para Espanha. Colombo, à maneira do esquema do conjunto anterior, tem a mesma ORIGEM itálica (3ª relação) de Vespúcio nascido em Florença, porém nascido em Gênova; e Vespúcio, em Florença (4ª relação). Esta específica correspondência do lugar ganha seu crédito quando confrontada ao conjunto dos países nos quais diferenciamos dos países americanos. A lexia "Itália" perfaz o tópico ORIGEM inferíveis aos dois elementos **m** e **n**, no mesmo exemplo dos supracitados **a** e **b**. Quanto ao tópico CONSAGRAÇÃO, esta ocorre entre os dois personagens: na "Espanha" (4ª relação), portanto fora de suas terras de origem. Estas correspondências interagem num idêntico campo semântico geográfico. A França e a Espanha se constituíram estados definidos e centralizados administrativa e politicamente, e importantes nestas épocas. O continente América levaria à sua divisão em vários países, que o formaram continentalmente, e é confrontado com a Itália, que, ao tempo moderno, aparecia dividida em vários governos independentes na península Adriática.

Observemos, a seguir, o esquema exemplificativo do que expusemos:

Esquema 10

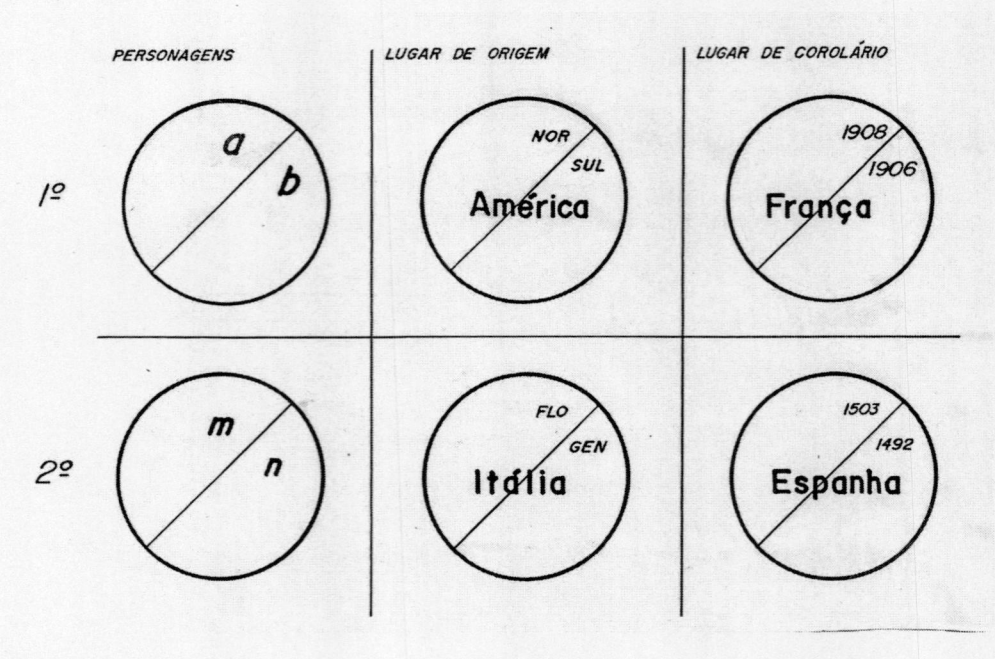

Fonte: do autor

Estas relações de semelhança existem em função das articulações internas identificadas nos elementos dos dois conjuntos. Isto é bem próprio das conceituações estruturalistas. Como vimos, cada conjunto se compõe de elementos segundo seus fatores históricos; cada conjunto de dois personagens associa-se antagonicamente, tanto na contemporaneidade como na proveniência histórica. Em geral, a essência de um modelo estrutural eficaz serve à economia da representação e atende a uma interação de significados que existem simultâneos entre si.

Esquema 11

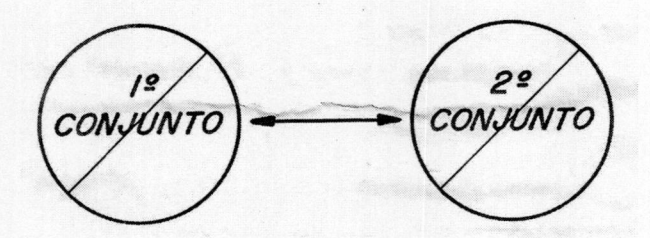

Fonte: do autor

Exploramos as articulações obtidas dos quatro personagens nas suas identificações geográficas primárias. Cristóvão Colombo e Américo Vespúcio possuem semelhanças, dentro de suas contrariedades. Encontramos, no aspecto da "contemporaneidade", um fator de ligação com o período das navegações, de serem descobridores etc. Suas diferenças os caracterizam como antípodas e são qualitativamente de grande vulto, como é a de serem as terras de Colombo e por terem o nome de Américo Vespúcio. (Lembremo-nos, Colombo propusera chegar à Ásia, pela direção oeste, chamando-a de "Índias Ocidentais", mas que, em 1507, nomearam de América). Nesta ordem, o termo "Colombo" implicaria o termo "Índias Ocidentais", e "Vespúcio", o termo "América".

Avaliamos a situação de Wilbur Wright e Santos Dumont. Wilbur nasceria no estado de Indiana dos EUA, em 1867. O nome "Indiana" tem por referência etimológica aquele que é natural ou originário das Índias. Indianápolis, a capital do estado de Indiana, ironicamente, reforça estas ligações primitivas, ou colombianas, da qual deriva.

Coincidentemente, diga-se de passagem, há também neste estado, em uma de suas vias principais, estaduais, a cidade denominada "Brazil". Aproveitamos esta outra irônica sincronia que evoca, aqui, o nosso brasileiro antípoda dos Wright. A denominação "Brazil" aqui nos permite constatar o vínculo de um percurso que reúne linearmente continente-país-estado-município, ou seja, o estado americano onde nasceu Wilbur Wright comporta o signo "América" (Continente), que já supõe "Estados Unidos da América" (País), e deste, "Indiana" (Estado da União), onde se encaixa, dentre outras pérolas toponímias, o termo "Brazil" como uma de suas cidades.

A atual cidade "Wilbur Wright", antes Millville, tem a mesma distância a leste da capital do estado, Indianópolis, que tem a distância daquela "Brasil" até a mesma capital, porém no sentido contrário, a oeste. Em comparação de semelhança de distância das duas cidades, parassinônimas entre si, da capital Indianópolis, reserva sua identificação não apenas metageográfica, mas também metahistórica, porque, se formos trocar a cidade Wilbur Wright para América e voltarmos a fazermos as inferências necessárias, teríamos igualmente uma também meta-história, aposto num modelo de graduação de extensão geográfica do que cada espaço contém ou do que esteja contido.

Vejamos aqui um modelo conceptual neste fluxograma meta-geográfico:

Esquema 12

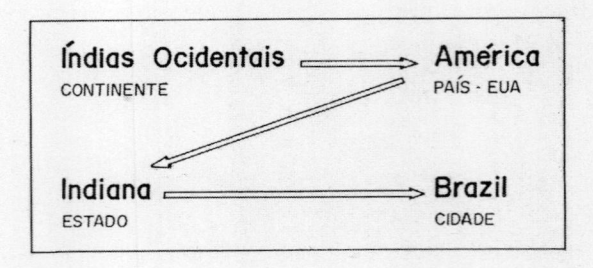

Fonte: do autor

Como vimos, no eixo dos contrários figuram "continente" e "país", e no eixo dos subcontrários temos subtermos – partes do continente – "estado" e "cidade", que dependendo da extensão semântica, desenvolveria um significado próprio. Portanto, a mesma lexia toponímica ocupa diferentes situações como palavra-ocorrência. Nesta formatação apresentada em fluxo descontínuo do pensamento, interpomos os critérios que justificam este percurso. Como já vimos, "Indiana" exerceria uma relação de complementaridade com "Índias Ocidentais", principalmente quando sabemos que Colombo denominou os nativos descobertos de índios ou indianos pela ideia que fazia do lugar aonde havia chegado – às Índias. Depois, foram "americanos". Neste modelo esquemático, no eixo dos contrários, os dois termos asseverados implicam o eixo dos subcontrários. Assim, o termo "Brasil", como a referência portuguesa às Índias Ocidentais, exerce aqui a função de vetor sul-americano – ou um dos componentes do Novo Mundo. Apresenta-se então uma relação de complementaridade de cunho geográfico. Colombo se liga às Índias Ocidentais, e Américo Vespúcio, à América, pelo próprio nome a que veio a ser chamado o continente. Nos Estados Unidos da América, Wilbur Wright nasceu, mais precisamente no estado de Indiana, onde encontramos estas peculiaridades designativas nas cidades de Brazil, Terre Haute e, perpendicularmente: Columbus. Ocorre que o teor metageográfico subestima um "país continental" como é o Brasil, para uma cidade.

Esquema 13

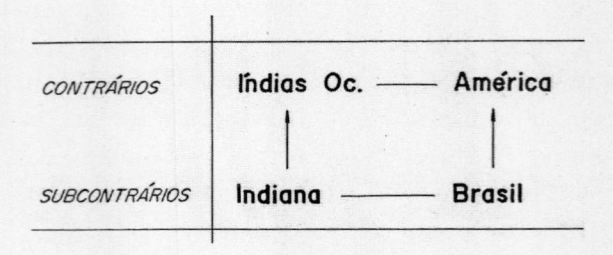

Fonte: do autor

Podemos aferir, neste momento introspectivo, um itinerário em que, derivando de Vespúcio o nome continental, ele se torna destoante pelo menos num dos estados dos Estados Unidos – "Indiana", onde se encontra nele seu antípoda. Pode ser aparentemente contraditório o nascimento ali – do futuro aviador –, porém dialogaria perfeitamente na estrutura profunda do quadrado semiótico.

Para Wilbur Wright, "Indiana", por atualizar "Índias Ocidentais", intuitivamente, rebate o seu antípoda consagrado: "América". E embora ensejamos esta dualidade histórica, ninguém pode afirmar categoricamente que Vespúcio teve participação direta na denominação que ilustrou o seu nome ao continente, porém acreditamos que sim, que houve toda uma preocupação seletiva em torno disso.

A seguir, reproduzimos um estereótipo geográfico que nos conduziria a uma segunda geração de termos categoriais relativos ao Mar, à Terra e ao Ar:

Esquema 14

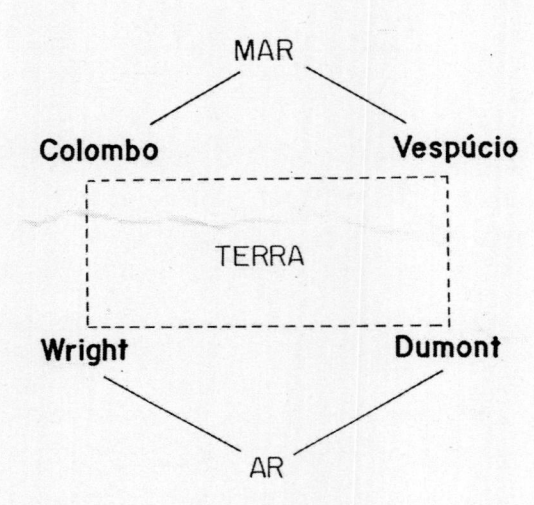

Fonte: do autor

A vinculação dos quatro personagens à TERRA, no que tange ao modelo explicativo, conduz-nos ao estabelecimento de algumas regras comuns para uma abordagem geográfica. Quanto aos significantes MAR e AR, onde temos dois atores-sujeitos do século XV como navegadores, e do século XX, dois aeronautas, confirma-se o redirecionamento lógico e esperado entre o MAR, a TERRA e o AR. O esquema enunciativo é autoexplicativo na percepção das relações e traz, com efeito, o sentido pré-socrático dos três elementos básicos da natureza, para rediscussão como processo de significação.

Em uma comparação discursiva, encontramos a relação MAR-AR frequentemente nos textos comuns de suas biografias, por exemplo, na questão da prioridade de Colombo, Sophus Ruge (p. 8) diz "a primeira expedição que Colombo empreendeu em 1492 abriu as portas do oceano". Enquanto, em Fernando Jorge e em outros, encontramos: Thomas Alva Edison envia ao aviador brasileiro uma fotografia com esta dedicatória: "a Santos Dumont, o Bandeirante dos Ares, homenagem de Edison". Estas figuras do "abrir portas" e do "bandeirante" são expressões denotativas de uma ação ligada a partir da TERRA, para o MAR e para o AR, vale dizer, do ultrapassar fronteiras.

Uma cidade inglesa: Bristol. Foi reconhecido como o mais próspero porto marítimo da Inglaterra depois de Londres. Ali se lançaram muitas especulações sobre os enigmas geográficos além-mar. Pudemos verificar que Colombo esteve em Bristol, na Inglaterra, tentando recolher dados, coligir informações a respeito dos progressos ocorridos com novas experiências construtivas ou tecnológicas, descrições de viagens etc. Mas ele também foi buscar ideias e apoios para balizar sua empreitada transoceânica. Sabe-se que os ingleses de Bristol foram os que procuravam com afinco, desde 1480, a lendária ilha do "**Brasil**", que alguns juravam tê-la avistado. Também tentou, a partir dali chegar a "Thule", que a maioria dos historiadores descreve ter ele realmente ido. Referem-se a esta "última terra" também conhecida por Islândia, e a Vinland[271] (terra das uvas[272] e vinhos) do viking Leif Ericson, como objeto das viagens de Colombo e que de fato a tenha realizado.

Tabela 19

VINLAND	VINA DEL MAR
Cristóvão Colombo	Santos Dumont

Fonte: do autor

Depois da descoberta da América, Giovanni Caboto, também genovês, foi o primeiro navegador que partiu de Bristol, percorreu a Groenlândia e adjacências e chegou ao Canadá na América do Norte, partindo deste porto como viajante oficial da Inglaterra. No livro *Santos Dumont: o retrato de uma obsessão*, o inglês Peter Wykeham descreve o seguinte sobre seu pesquisado:

> Foi matriculado na Universidade de **Bristol** como estudante ocasional ou "ouvinte", exemplo típico do planejamento educacional de Alberto. Ali assistiu numerosas conferências sobre assuntos técnicos e científicos. Qualquer que fosse a impressão causada por ele em seus professores e nos conferencistas ingleses, ela foi infelizmente perdida, quando todos os arquivos da Universidade foram destruídos durante um ataque aéreo a Bristol.[273]

A passagem de Santos Dumont pela cidade portuária de Bristol, tanto quanto a de Colombo, deveriam ser curtas, mas não insignificantes, pois ambos puderam ter se revigorado com as mesmas preocupações de sondar o que existia de novo sobre navegações em geral e outras especificidades. Foram nos dois casos momentos rápidos, de consequências intuitivas marcantes que puderam talvez sedimentar ou aprofundar melhor suas ambições aventureiras.

O estado norte-americano de Ohio. Para os navegadores dos séculos XIV, XV e XVI, que enfrentaram o desconhecido alto mar ou "mar ignoto", a possibilidade de se perderem sem achar terras, ou, ao menos, demorar muito a aportar (de dois a três meses), era imensa. A importância da água doce era premente. Muitas viagens foram interrompidas por causas como esta e outras, tiveram até o sofrimento horrível das doenças e mortes por sede e fome.

Ohio significa "rio maravilhoso", não apenas pelo paisagismo, pois qualquer rio ou água doce que viesse sustentaria a vida dos viajantes e a continuação de sua viagem. Colombo, em todo o seu diário, glorificava a natureza e, sempre ao aportar, manifestava sincero regozijo pelas fontes de água doce, flora, fauna etc., chamando os habitantes pelo nome de "índios", porque esperava ser o continente asiático. O estado de Indiana, que, a princípio, homenagearia as Índias, está ao lado do estado de Ohio, de capital "Indianápolis". O americano aviador Orville Wright, irmão inseparável de Wilbur, nasceu na cidade de Dayton, situada nesse estado de Ohio. Neste, está o importante rio, Ohio, que daria seu nome ao "estado". Aqui identificamos a separação do significante homônimo ao

---

[271] Mais à frente, citaremos outra região onde temos a cidade de Viña del Mar, situada no Chile, também visitada por Santos Dumont. Igualmente são ambas terras das uvas e dos vinhos.

[272] Coincidentemente, o autor desta tese também nasceu na cidade da maior Festa da Uva do Brasil, Caxias do Sul.

[273] WYKEHAM, Peter. *Santos-Dumont*: o retrato de uma obsessão. Rio de Janeiro: Editora Civilização Brasileira, 1966. p. 29.

rio, propriamente dito, daquele do Estado da União). O nome "Ohio" procede da palavra iroquesa "Ohionhiio", que significa rio formoso, maravilhoso, como já dissemos. Imaginemos uma ligação entre o seu significado com o de Rio de Janeiro (cognominada cidade maravilhosa), também não como um rio, segundo lhe foi conferido ao próprio nome, em primeiro de janeiro de 1502, denominação errada, quiçá,[274] feita por Américo Vespúcio e Gaspar Lemos, mas como um grande território geográfico e cidade, por muito tempo capital do Brasil.

O estado de Ohio, onde nasceu Orville Wright, possui uma capital denominada Columbus. "Columbus" é, como sabemos, uma palavra latina derivada de "Colombo". Entre outras homenagens geradas para o nosso personagem descobridor, também como capital de outra unidade Estadual americana, Carolina do Norte, tal como inspirou seu nome ao Distrito Federal da Capital dos EUA: Washington D. C. (District of Columbia). A seguir, vemos um quadro associando esse relacionamento:

Tabela 20

Ohio	EUA	Estado/País
Columbus	*District Of Columbia*	*Capitais*

Fonte: do autor.

A capital americana, Washington D. C., possui um limite de tracejado simétrico (um quadriculado, ao qual se coma a cidade de Arlington), onde se limita como **Distrito de Colúmbia ou D. C".**. O nosso almirante ganhou, ideologicamente, não o nome do continente, do oceano, ou do maior país, mas a cabeça, ou o nome da capital onde se fixam os detentores do poder político norte-americano como a maior nação desenvolvida do mundo. Nesta forma de expressão política, aparece a dualidade entre os termos "América" e "Colombo", hoje metalinguagem de novos significados. São polos diferenciados contendo significantes alternantes, um em função do outro.

No extremo Oeste dos EUA, há um estado americano denominado "Washington". Também aqui há o que chamamos uma similar "demarcação colombiana", e, conquanto sejam modos diferenciados, o termo se deriva de "Christopher Columbus". No Sul do estado de Washington, limitando com o estado de Oregon, corre o **Rio Colúmbia** e, ao Norte, limitando com o Canadá, no estado **Colúmbia Britânica**. Vimos, mais uma vez, o nome do libertador americano ali, nos entornos, junto às toponímias derivadas do nome do descobridor italiano. Por que haveria esta reciprocidade entre os nomes locais destes personagens? Há alguma metafísica toponímica que incite a anuência de certas denominações geográficas?

A Colúmbia Britânica/Canadá e Colômbia. O estado canadense *Colúmbia Britânica* – como citamos acima –, fronteiriço aos EUA, pelo estado de Washington, apresenta uma variável significativa dos numerais, ou seja, esse estado canadense tem o seu marco histórico comemorativo exatamente no dia, mês e ano do nascimento de Santos Dumont: 20 de julho de 1873. Vale conferir! Seria mais outra referência de Colombo ao aviador brasileiro, entre as inúmeras apresentadas. Cabe igualmente relembrar aqui a nossa inflexão anterior à "República de Colômbia", como similaridade de datas entre os fastos comemorativos nacionais.

---

[274] É crença que pretendiam que a "Baía da Guanabara" fosse o desaguar de um grande rio. O problema foi não encontrar nele água doce. Então sua compensação contrária tornou-se nomear o seu maior penedo de Pão de Açúcar.

O estado da Carolina do Norte, em dois tempos. Abriremos um parêntese sobre alguns elementos enigmáticos da história que investigamos. É o fato de Sir Walter Raleigh, sem nunca ter ido à América do Norte, em 1585, ter liderado uma expedição colonizadora ao largo do litoral da Carolina do Norte. Seu intento de formalizar uma colônia na ilha de Roanoke, na Carolina do Norte, por azar, com seus primeiros habitantes, não prosperou e ficou conhecida por "colônia perdida". Tal como aconteceu com Juan Leon Ponce, que recebeu ordens da Espanha para colonizar a Flórida e não o fez; quando resolveu fazer, sete anos depois, sofreu um ataque fatal. Isto aconteceu também com Raleigh[275]. Newport foi mais bem-sucedido. Ele veio comandando pessoalmente uma expedição de colonização em 1606, em que retomaria a ilha Roanoke, na Carolina do Norte, mas chegou ao destino errado[276], pois se dirigiu mais à frente, fundando a colônia "Jamestown", na terra que veio a ser a atual Virgínia. Portanto, "Carolina do Norte" traz uma marca em que "erros" de orientação se sobressaíram. Sua colonização foi preterida por outro território na condição de ratificar a primeira conquista inglesa, pois, sem deixar vestígios, tudo foi perdido. Não houve uma efetiva colonização no litoral previsto por Raleigh. Depois de mais de 20 anos, seguindo os mesmos rastros, a expedição de Newport, mesmo afoita para o desembarque na sua chegada, rastreou o litoral da Carolina do Norte, mas a fundação da colônia acabou se desviando para as terras do atual estado da Virgínia. O tal pioneirismo não se deu imediatamente nas terras daquele local.

Esta falha descrita marca o descobrimento da região da Carolina do Norte, que não avançou ao interior, mas pode reter um primeiro incidente desfavorável durante sua descoberta que levou a vida de muitas pessoas. E seu verdadeiro responsável, o Sir Raleigh, nem estava lá para dirigir. Então, apenas depois de 1606, houve a posse territorial definitiva inglesa ao fundar a colônia de Jamestown, na Virgínia, quando sobreveio naquele ano de 1606, a afirmação da marca do centenário da morte de Colombo, pelo corsário Christopher Newport.

A marca temporal da aeronáutica americana anterior a 1906 ficará nebulosa. O mesmo litoral da Carolina do Norte seria tocado posteriormente por exercícios aeronáuticos pretensiosos. Se avançarmos no tempo e elegermos a contribuição da navegação aérea para a civilização, também naquele recorte litorâneo, sua importância ressurge no começo do século XX como local de treinos de voos iniciados pelos irmãos Wright. E ainda que tenhamos um parecer predestinado de que foram eles os primeiros da aeronáutica, também não temos certeza de que tiveram sucesso num mais-pesado-que-o-ar tal como fez o aviador brasileiro aos olhos de todos. Neste tocante, os tropeços dos enfileirados biógrafos americanos não poderão realmente comprovar que os dois tenham sido os primeiros, apenas falar. O motivo se dá por eles mesmos terem se negado durante anos a fio a demonstrar tal possibilidade. Fizeram isto apenas cinco anos depois, dizendo haver sido em 1903, com destaque para a primeira vítima de passageiro sucedida por queda de aeroplano, nas apresentações de seu voo inaugural.

Duas cidades "irmãs": Dayton e Saint Dié. Um fato não desprezível que une dados geográficos, produtores e transformadores de signos figurativos, é a contextura onde se inserem linguisticamente as conformações visuais, morfológicas e semânticas da cartografia. Dayton, a cidade onde Orville nasceu, no estado de Ohio, figura também como nome de uma pequena cidade do estado Washington, a Oeste do país. O Distrito Federal do país chama-se Colúmbia e está na cidade de Washington. Neste sentido, referenciamos estas entremeadas geográficas do extremo Oeste americano, em cuja comarca,

---

[275] Raleigh é atualmente o nome da capital do estado da Carolina do Norte nos EUA.

[276] A enciclopédia francesa Delta Larousse expressa que houve um erro de direção e ocupação territorial por Christopher Newport.

Dayton faz parte, chamada igualmente Colúmbia. As mesmas denominações geográficas perfazem ramificações metalinguísticas que se espalham inadvertidamente e reaparecem em locais diversos articulados entre si. Mas o porquê dessas associações? Há alguma resposta natural ou racional para essas associações? E se não houvesse ligações, haveria significados ocultos emergentes para certos fatos ocorrerem em determinado lugar no espaço? São questões que fazemos, para continuarmos a busca, e desbravamento deste continente invisível das significações.

Na cidade de **Dayton,** em Ohio, nasceria Orville Wright, como afirmamos. Lá os irmãos moravam, trabalhavam e construíram os "Flyers", seus aparelhos voadores. À Dayton destacamos aqui um dado curioso. Compararemos Dayton à cidade francesa de Saint Dié[277], onde, ao tempo de Américo Vespúcio, foi impresso o "Imago Mundi", mas também a famosa "Cosmographiae Introductio", que, pela primeira vez, se gravou o nome "América" num Atlas, justificando-o. Saint Dié, da região de Lorena, ou *Lorraine*, surgiu em torno do monastério dedicado a São Deodato (o latino "Dié" é a forma reduzida de Deodatus). Sua sonoridade contrastiva, quando invertida, faz com que "Saint Dié" se decodifique como um anagrama peculiar de "Dayton", pois, ao invertermos suas sílabas, obteremos exatamente sua pronúncia, omitindo-se o "s" francês no final: "Dei Tains".

O famoso círculo de eruditos do "Gymnase Vosgien"[278] desta cidade francesa de "Saint Dié" atualizava ali publicações universitárias e cartográficas para o mundo. O patrocínio e subvenções do rei Renato II ao Américo Vespúcio garantiram a publicação de sua obra, bem como uma dedicatória deste no "Lettera".

A recorrência toponímica: Minas (Brasil) e Mina (África). No Brasil colonial, o estado de Minas Gerais era a "Província de Minas Gerais" conhecida, segundo escreveu Martinho de Mendonça, como "a maior joia da Coroa Portuguesa". Esta foi a região do Brasil onde nasceu Santos Dumont. Aqui temos dois lados que nos autorizam alguma correspondência com Cristóvão Colombo, tanto no grau do significante (grafia) quanto no significado (sentido). Colombo afirmava a região do Sul como a que conheceu antes de empreender sua Descoberta maior: "Perpendicularmente bajo el ecuador se encuentra el castillo de **Mina** del Muy Sereno Rey de Portugal, que hemos visto".

Colombo afirma conhecer São Jorge da **Mina**, e o seu castelo sob dominação portuguesa na África. É conhecido como o primeiro forte português na Costa da Guiné (Senegal). E esclarece que esta região "no es inabitable como quieren algunos"[279]. Mina era um lugar comercial reconhecido como "Costa do Ouro", aliás, ainda hoje se identifica como "Cabo do Castelo da Costa". Além da lexia "Mina", lembremos do ardor de se descobrir ouro da natureza intacta dos povos ocidentais silvícolas do novo mundo. Encontrar jazigos de minas com pedras, metais preciosos ou pérolas transformou-se numa obsessão de todos os navegantes. A "província de Minas Gerais", no Brasil, foi, e ainda hoje é, um dos mais importantes polos da economia brasileira, figurando como ciclos econômicos importantes, em que fortunas imensas se debandaram para a Europa. Ali, nesta região nasceria Santos Dumont, em meio às riquezas aneladas pelo antigo navegador. A "Mina" africana, onde estava Colombo, detivera a sua marca importante ao Sul como limite cartográfico de domínio

---

[277] Conhecida hoje como "Saint Dié de Vosges", a cidade do batismo da América foi considerada, no século XIV e XV, junto de Nuremberg, Viena e Basileia, como as capitais do mundo cultural situadas no coração da Europa. (Fonte: Enciclopédia Georama, p. 211.)

[278] Um dos famosos integrantes e criador do referido Gymnase onde funcionava sua gráfica era o erudito Vautrin Lud. Hoje a cidade de *Saint Dié de Vosges* é sede da premiação anual dos melhores geógrafos do mundo por meio do Prêmio Vautrin Lud, instituído pelo Festival Internacional de Geografia. Devido às suas extensas publicações em torno desta ciência, Saint Dié é reconhecida atualmente como a *Capitale mondiale de la Géographie*.

[279] Raccolta, I, ii, 524., segundo Samuel Morison (MORISON, Samuel Eliot. *El almirante de la Mar Océano*: la vida de Cristóbal Colón. Buenos Aires: Librería Hachete S. A., 1945).

colonial. Constituem-se "Minas" e "Mina" como os mesmos significantes lexicais, o sentido da busca de riquezas seria sua metalinguagem. O contraste existe quando associamos estes estados ao sentido em que em um, vemos o estado de conjunção, o desejo de busca ou chegada, e, em outro, a disjunção, o sentido de saída ou partida, pois a vida dele não seria permanecer nesta terra, não obstante, foi esta riqueza – agora de novo ciclo econômico – dos cafezais que financiaria sua aventura aeronáutica de dedicação exclusiva a seus inventos.

O lugarejo ou vila natalícia de Minas Gerais chamava-se **Palmira**[280] – fundada em 1889. Em 1932, em homenagem ao seu ilustre filho, foi-lhe permutado o nome da cidade de **Palmira** para a atual **Santos Dumont**. O mesmo fato ocorreu em Indiana, nos EUA, com Wilbur Wright, que nasceu na pequena **Millville,** transformada, posteriormente, em **Wilbur Wright**. Apesar de ser uma relação comum, dêitico-linguística, acreditamos na importância desta informação, porque os dois tinham seus nomes ligados a territórios significativos, cada um em seu país natal, pela importância histórica que desencadearam e por serem seus locais de nascimento. É sempre esperado e natural homens exemplares nascidos em pequenas localidades desconhecidas fazerem destacar-se depois pela renomeação como homenagem. Neste sentido, podemos perceber, no irmão mais velho, Wilbur, sua supremacia sobre Orville. A morte prematura de Wilbur ajudou a torná-lo ícone da aviação americana e para a aviação em geral, que, a partir de então, se sobrepujou sobre os outros meios de locomoção.

Tabela 21

Cidades natais	Renomeação
Palmira	*Santos Dumont*
Millville	*Wilbur Wright*

Fonte: do autor.

As cidades de PAU/França e PALOS DE LA FRONTERA/Espanha. Apesar de alegarem mais de mil voos, Orville Wright apenas demonstraria, à luz do dia, o seu primeiro voo nos EUA, em 1908. E realmente foi em 1908. Esta preocupação exagerada de que deveriam apresentar ao mundo o seu primeiro voo em seu país como marco aeronáutico – e não na França – onde Wilbur já se posicionava, demonstra que efetivamente nunca voaram em seu país oficialmente. Aliás, neste dia, quando, deste primeiro voo público com passageiro, Orville deu um salto aéreo, inaugurou desastrosamente, também, sua primeira vítima fatal do voo motorizado: o tenente Selfridge – quando, a 30 metros de altura, o leme se quebrou, e ambos caíram em queda fatal. Estou narrando isto por quê? Os irmãos realmente foram os primeiros a demonstrar que os Wright tinham certa obsessão histórica e não queriam que o seu primeiro voo realmente observado fosse fora de seu país, retirando, inclusive, como querem que acreditemos, por algum qualquer compromisso comercial, pois não havia nada a ganhar voando pela primeira vez nos EUA. De forma que Wilbur, na França, esperava que seu irmão realizasse o seu voo inaugural nos EUA, para que depois ambos pudessem demonstrar na França.[281] Por sorte, Orville, convalescente em hospital, consegue reabilitar-se do tombo, junta seus equipamentos e o Flyer III e vai à França encontrar-se com seu irmão, que já o esperava com ansiedade.

---

[280] A título de curiosidade, "Nova Palmira" foi o primeiro nome da cidade gaúcha de Caxias do Sul – cidade natalícia do autor da pesquisa em curso.

[281] Esta importante formalidade enaltece a possibilidade de falsidade quanto ao primeiro voo alegado em 1903, quando, na verdade, pareceu terem se jogado com a sorte dos ventos.

Os irmãos Wright voaram na França, em 1908. E vendem, por fim, os direitos de fabricação de seu aparelho a uma empresa francesa pela importância de 500 mil francos. Em contrapartida, os dois aeronautas americanos ficariam encarregados de instruir pilotos franceses inscritos – na cidade de **Pau,** na França. Para justificar o porquê deste local, temos, nas palavras de Santos Dumont, em seu último livro, este trecho:

> Os franceses tiveram a sorte de encontrar bons campos perto de Paris, porém, as vantagens de um campo ótimo são tão grandes que eles foram instalar os seus novos campos quase ao extremo da França, em **Pau**, onde encontraram imensas "landes" [...].[282]

Desse modo, a cidade de Pau, na França, passou à história da aviação francesa com os Wright – e aqui, nas palavras do trecho anterior, com Santos Dumont, sem aquele teor crítico/mordaz jornalístico francês que já o havia habilitado, e toda a história aeronáutica como paradigma francês. Mas esta apenas se preenche de significatividade, numa análise transversal dos fatos, quando a dimensão histórica idealizada se concentra no sentido lato de suas conquistas. Neste tópico, identificamos a aproximação entre **Pau** e **Palos,** dois locais, a princípio, sem grande importância, mas por meio delas surgiram elementos que nos remetem a Colombo na sua descoberta maior.

A cidade de **Pau** na França teria um equivalente à antiga cidade de **Palos de la Frontera,** na Espanha. Palos foi aquela cidade original em que de seu porto saiu a primeira expedição colombiana do grande descobrimento. Poderia ser qualquer outro porto melhor na Espanha, mas Palos de la Frontera foi condenada a pagar por danos causados à coroa espanhola e proibida suas atividades até nova ordem. Devido a esta culpabilização, ela perdeu suas atividades comerciais de ofício. E para piorar sua situação, foi obrigada a ceder duas naus à coroa Espanhola, quando estava a requisitar.

Enquanto, em Pau, temos o desencadeamento *prático aeronáutico* como um ícone ou termo implicativo lógico referente às primeiras decolagens ou as origens efetivas da aviação militar em aeródromo francês, no porto de Palos, por outro lado, como termo implicativo lógico simétrico, recai justamente sobre a origem das grandes navegações e descobertas do novo continente por Colombo. Ambos os termos: Pau, em francês, e Palos, em espanhol, têm a mesma significância etimológica de "pedaço de pau", "madeira", de "toco", de "pênis" etc. O problema destas aproximações lexicológicas suspensas, sem possíveis cargas comportamentais e psicanalíticas, em certa medida, como vimos, foram deliberações institucionais francesas e espanholas como pontos de partida – as tais cidades, como *fecundantes* ao que se iniciaram como novos fenômenos.

Terra Vermelha/Terra Rubra. Encontramos citações adjetivantes de alguns locais entre os nossos dois principais atores discursivos, quando eles se reportam a uma identificação familiar. A fazenda da família Dumont, em **Ribeirão Preto**, é reconhecidamente o lugar da proverbial *fertilidade da terra vermelha* (vide, por exemplo, Peter Wykeham). É, portanto, certeira a associação desses personagens públicos às referências geográficas relativas à sua terra natal. E satisfatoriamente pudemos identificar a "terra vermelha" no discurso biográfico tanto de Cristóvão Colombo quanto em Santos Dumont.

Hernando Colón[283] cita: [...] y porque advertirá alguno que dice **Columbus de Terra Rubra**, digo que igualmente lo vi yo en algunas firmas del almirante, antes de que adquiriese estado, donde se firmaba **Columbus de Terra Rubra**".

[282] DUMONT, 1918, p. 20. Site: http://www.dominiopublico.gov.br/download/texto/bi000197.pdf.

[283] COLÓN, Hernando. *Vida del almirante Don Cristóbal Colón*. México/Buenos Aires: Fondo de Cultura Económica, 1947. p. 66, grifos nosso.

Igualmente, Consuelo Varela na Introdução de seu livro sobre textos de Colombo, expõe este poema latino – hexâmetros de Bartolomeu:

> [...] Ianua cui pátria est, nomen cui Bartholomaeus
> **Columbus de Terra Rubra**, opus edidit istud
> Londinium anno Domini millesimo quater
> Centésimo octies décimo ataque insuper anno [...][284]

Até alguns historiadores contrários à identidade genovesa de Colombo, como Carreras Valls, escreveram, como nos relata E. Gandia[285], que esse, na primeira obra que dedicou a este tema, sustentou a tese de que Colombo não nasceu em um lugar de Terra Rubra, conforme defendiam os genoveses, mas em outra *Terra Roxa*, quando cita: "pero no en la Terra Rubra de la ciudad de Génova, sino en la Terra Roig, es decir, Tierra Roja, ribera del Ebro, gente a Tortosa, en Cataluña". Porém, Gandia, mesmo, acredita que Colombo tenha nascido "En el valle de Fontanabuona hallábanse también los lugares de Terrarossa y Fontanarossa: barrios de la ciudad de Génova [...]"[286].

Os biógrafos Henrique Villares, G. da Fonseca e Arrudão, por exemplo, entre outros, reconhecem a origem de Santos Dumont e sua vida autônoma, como fruto do resultado econômico das "terras vermelhas" dos latifúndios da cafeicultura herdada de sua família brasileira, senão vejamos: "Reservar o destino... a vitória e a glória eterna ao intrépido filho da **terra roxa** e dos cafezais em flor"[287]. Ouvira falar nas perspectivas de São Paulo, no espírito de iniciativa da gente paulista, na fertilidade da **terra roxa** [...]. H. Villares[288].

Tabela 22

C. Colombo	S. Dumont
Terra Rubra	*Terra Roxa*

Fonte: do autor.

Nesse quadro, seguimos o mesmo método do esquema semiótico dos sintagmas geográficos denominativos com respeito à cor toda terra: "terra rubra" ou "terra roxa", vermelha, entre outras, como identificação de um espaço territorial natalício ou de convívio. Há um repetir-se, um reiterar-se na qualificação de um espaço localizado, embora diverso, inoculando-se a cor como item que prevalece.

Esses metatermos geográficos, apontados aqui no esquema, se firmam como signos adjetivantes de pontos referenciais de território. Ao nos transportarmos ao Oriente de Marco Polo, também veríamos inúmeras citações que remetem à coloração vermelha, se nos ativermos às principais que presentemente nos tem chegado, e mesmo às representações da heráldica dos símbolos nacionais e ideológicos do Oriente atual. No exemplo do gentílico "russo" como representação etimológica que designa o "rouge", o roxo, temos ainda as cores oficiais das bandeiras da China, do Japão, do Tibete, entre outras, bem como toda uma parafernália decorativa, de vestuário, da arquitetura urbana,

---

[284] VARELA, 1984. Introducción, p. LX.

[285] GANDIA, Enrique de. *Historia de Colón. Analisis critico de las fuentes documentales y de los problemas colombinos.* Biblioteca de Obras Famosas, vol. 84. 2ª ed., Buenos Aires: Editorial Claridad, 1951, p.93.

[286] GANDIA, 1951, p. 66.

[287] ARRUDÃO, 1948. p. 197.

[288] VILLARES, Henrique Dumont. Quem deu asas ao homem: Alberto Santos-Dumont, sua vida e sua glória. *Revista dos Tribunais Ltda.*, São Paulo, 1953. p. 25.

equipamentos públicos e das cores que sobressaem das festas nas manifestações populares. Há uma intenção de podermos resumir isso tudo à predominância "vermelha", como traços de um esquema simbólico que nos atualiza Marco Polo de novo ao imaginário.[289]

Da mesma forma que foi importante frisar a cor do café, como fruto vermelho ou torrado preto, vale lembrar este produto, ou matéria-prima, como base de um dos principais alimentos consumidos do nosso mundo atual, gerando um grande impulso ao desenvolvimento econômico no Brasil. A exportação da melhor produção cafeeira brasileira fez, em sua época, a riqueza da família Santos Dumont. Assim, pode dedicar-se, produzir e financiar os seus projetos aeronáuticos. O "café" é a figura importante semiológica, pois este fruto restaura ou substitui, com a mesma urgência, todas as "especiarias" comestíveis mensuradas a peso de ouro ao tempo dos Polos e Colombo.

Lutétia. Falando em terra roxa, ou preta etc., poderíamos aqui também destacar a palavra *Lutetia* como primeira designação, quando vila, da cidade de Paris, portanto, antes de ela ser assim chamada. Etimologicamente, dava a impressão de região de "terra molhada" ou "lama", "terra mole" pelo Rio Sena. Esse sentido é o simetricamente oposto à "terra firme" largamente usado pelos descobridores. Alberto Santos Dumont viajou seguidas vezes, embarcado, conscientemente, nesta metalinguagem intuitiva, associando este "significante" ao paquete chamado "Lutétia". Isso consta em várias biografias suas. Aqui exemplificamos quando o reconhecido aviador português Gago Coutinho registraria que: "Na tarde de 4 de junho de 1931, navegava S. Dumont a bordo do paquete Lutétia, levando assim, na sua última viagem para o Brasil, o Pioneiro do Ar, que era Santos Dumont"[290].

O Val d'Or e o voo. A região de Val d'Or, num antigo subúrbio de Paris, é onde está a "Place Santos-Dumont" com o monumento "Ícaro" em homenagem aos feitos do aviador em Paris. Mas é lá, nesses entornos, que também se situava a residência de seu amigo brasileiro "Sílvio Penteado, onde esporadicamente o aeronauta se recolhia antes de se confinar às diferentes "casas de repouso" devido à sua doença neurológica. Este dado se encontra assim descrito pelo pesquisador Francisco Pereira da Silva na biografia do aviador[291]: "Deixa então Paris. Vai se isolar por algum tempo numa propriedade situada em **Val d'Or**, e que pertence a seu amigo Sílvio Penteado, de São Paulo".

Agora, se retrocedermos à 1492, poderíamos, em articulação com Cristóvão Colombo, ressaltar a aventura da sua descoberta na busca do ouro, de cidades "cobertas de ouro", de minas ou riquezas minerais que pudessem levar à Espanha, para a confiança daqueles que o financiavam. Entretanto, isso não aconteceu, e a conquista da América acabaria por se tornar para ele, neste item, uma particular decepção. Havia prometido tanto e não conseguiu chegar ao seu principal objetivo (da "Alta Viagem"), que era chegar às verdadeiras Índias, pelo contrário, aconteceram inúmeros tropeços e desilusões e total desgovernança (doenças, torturas, crimes, injustiças etc.), que acabaram por desferir contra si mesmo. E é nesse sentido que Santos Dumont, circunspecto ao Val d'Or em Saint Cloud, entrará em sincronia virtual com o talante genovês.

Prosseguindo – no mesmo prolixo escritor mencionado antes –, vimos essa recorrência ao local da residência do amigo já na sua fase final da vida. Esta atitude de fuga ou reclusão alterna--se conflitando consigo mesmo – não consegue mais viver acrisolado no interior de sua casa em

---

[289] O autor deste trabalho de pesquisa nasceu na cidade rio-grandense onde temos a festa nacional da uva e um dos símbolos desta cidade é o roxo, ou cor de vinho, na sua bandeira e outros designers heráldicos, inclusive de uma das agremiações esportivas de futebol – o Caxias, tem suas cores no brasão o "roxo" sua cor principal.

[290] Site: https://www.cabangu.com.br/pai_da_aviacao/9-luso/1-manuscrito.htm.

[291] SILVA, Francisco Pereira. *Santos Dumont*, A Vida dos Grandes Brasileiros 7, Ed. Três, São Paulo, 1974, p. 186.

Cabangu, ou n'*A Encantada*. Concebe-se que um antigo homem do mar não se detenha num paradeiro definitivo, ele é o próprio dinamismo, não consegue fechar-se por muito tempo num espaço estático, mas prefere o *continuum*, como um homem do mar, diferente de um seminarista de vida monástica. Ao se isolar, não se tornará mal compreendido, mas, em contato com as pessoas, se ressente ter sempre que se explicar aos que o encontram. Todas são unânimes em reconhecer sua bravura, ainda que forçadamente retirem seus méritos. Santos Dumont lamenta: "No primeiro dia, grande alegria; mas quando são prevenidos que não trouxe aeroplano e que não vou voar, há um grande descontentamento"[292].

Noutra oportunidade Santos Dumont reproduz o que se tornaria uma piada, mas que é algo sério, pois é normal a curiosidade. Trata-se do desapontamento das pessoas (que também passa a ser seu), quando são tentadas a perguntar algo a fim de justificar sua grandeza histórica na aviação. Vejam o seguinte:

> [...] Já rimos bastante; agora vamos falar sério; os habitantes da cidade e eu estamos muito descontentes contigo; pois vens passar aqui alguns dias e não fazes um voo! Que custa mandares um telegrama e fazer vir o teu "realejo"? Tocarias a manivela e nos mostrares o que és capaz de fazer![293]

Santos Dumont parece exasperar-se diante disso que pontuou toda a sua vida no Brasil, e com razão. Portanto, ligamos aqui a desilusão de Cristóvão Colombo por não haver trazido à Espanha todo o "ouro" que prometeu levar, ou as riquezas esperadas das Índias que julgava conseguir obter – ou mesmo, depois, com o dirigível, e com o avião que nunca trouxera ao Brasil, ou aqui voara. Eram desejos emocionais abortados por uma falta de organização, ou da solidão, pois parecia cansado e sozinho, tudo dependia de si mesmo. Deixou todo seu arsenal aeronáutico de máquinas e trabalhadores na França, mas no Brasil não era seu interesse destacar-se em bravura aqui. Parece-nos que alguma tentativa de se impor aqui não deu tão certo, como deu na França. E que no Brasil nunca se fizera ouvir tanto quanto gostaria. Mas não deixa de ser uma impressão individualista e egocêntrica, pois aqui teria vergonha de falhar.

O que ocorreu foi que, para não piorar as situações, teve que, num caso, transladar os nativos para a Europa (escravidão), devido aos desmandos e à completa crueldade dos espanhóis e à agressividade selvagem do ser humano acuado, e, por outro lado, por presenciar guerras e revoluções que terminavam na completa dizimação de massas populacionais, quando sua descoberta não tinha esse objetivo.

A seguir, temos alguns aspectos que notadamente influenciaram o caráter do personagem bem como as reações de estranhamento e certa posterior acomodação, que foram naturalmente reconhecidas pela identificação lógica dos fatos aqui articulados. Deduzimos, por conseguinte, que podemos admitir um estado psicológico recorrente, muito semelhante entre os dois atores! Senão vejamos:

Dúvidas recorrentes entre os populares para com o herói:

1. Cristóvão Colombo: – por que não trouxeste o ouro prometido?

2. Santos Dumont: – por que não nos demonstra o teu voo no Brasil?

---

[292]   DUMONT, A. Santos. *O que eu vi, o que nós veremos. 1918*, p. 98.

[293]   DUMONT, *op. cit.*, p. 98.

Podemos, a seguir, deduzir o caráter dos sofrimentos internos psicológicos decorrentes de condições sociais adversas, consequência de seus feitos históricos:

1. Cristóvão Colombo – exploração e destruição de toda cultura ameríndia.
2. Santos Dumont – arma para destruição em guerras e revoluções civis.

10

DOS LIMITES ENTRE NATUREZA E CULTURA

É importante nos atermos a alguns determinantes histórico-geográficos, ao averiguarmos as questões dos limites não apenas espaciais, como os cartográficos, seus contornos significativos, o teor visual dos seus acidentes naturais etc., mas também temporais, como a virada dos séculos, o final de uma vida ou reviravolta produtiva em torno da criação das novas invenções, ou modelo econômico. E isto se dá porque, paralelamente às fundamentações terminológicas, carecemos de amostragem discursiva que acolha estas questões que, na maioria das vezes, tendem a recair num viés escatológico, religioso, como o "fim dos tempos" em outra ação interpretativa. Com certeza, elementos reincidem e podem despertar sincronicidades. Acreditamos que esses escritos modernos sobre descobertas evocam naturalmente este anseio. Eles devassam diametralmente o desconhecido e nos possibilitam avançar dentro de outras propostas culturais de visão de mundo. Não obstante isso, é natural que o homem esteja sempre querendo ultrapassar seus limites.

Quando tratamos de limites como fronteiras pragmáticas, vem-nos os "*marcos*" fixando-nos ao tempo e espaço, próprio de nossa antropomorfia, e os "*polos*" do mundo, conforme a natureza, de forma a vir à tona, num modo de falar, as próprias lexias denominativas de *marco, polo*, duas palavras que significam o próprio limite a se transpassar, trazendo conotações pontuais singulares e extensivas.

Alguns dados se diferenciam em zonas limítrofes em espaços contínuos ou descontínuos. A existência do "limite em si" do ser separa dois espaços, como um rio ou um precipício, o litoral da costa praieira, a fronteira "administrativa" de uma linha invisível traçada no mapa etc. O espaço ou tempo narrados dão-se pela presença de dois entes que, a partir de um universo X, teriam em seu entorno o delineamento de uma configuração, que leva a identificarmos uma linha de corte ou de prosseguimento, que se limita ou nos leva ao infinito.

Nosso recorte da história e da filosofia prossegue desenvolvendo estudos do "Ser" de modo a tornar viva uma ideologia da dualidade; às vezes, estes coincidem, ou divergem, os polos semânticos aplicados entre os termos lógicos do Ser e Não Ser, do Ser e o Nada, do Ser e um Outro Ser. Eles evocam tensões dialéticas no âmbito do particular/empírico ou universal/hipotético. Nesta questão dos limites, continuamos a usar a terminologia das modalidades veridictórias, que empregam o <u>esquema da imanência</u> Ser/Não Ser e o <u>esquema da manifestação</u> Parecer/Não Parecer.

O ano 1500, da descoberta do Brasil, foi uma passagem de século que despertou em todos o sentimento da chegada de uma nova fase, um tempo novo. Nessa época, nem se conhecia o Oceano Pacífico; seu atlas continental e insular esperava ainda ser descoberto. Também da África apenas se conhecia o seu perímetro, mesmo assim nem todo ele havia sido percorrido. A Ásia oceânica estava aflorando em parte há uns dois anos com Vasco da Gama. Muito pouco se sabia dele. E a América, ainda sem nome, também tinha seus limites litorâneos imprecisos e indefinidos. Tudo estava circunscrito ao limítrofe espaço-temporal, que motivava as especulações idealistas de ganância e posse, por um lado, e medo e mistério, por outro.

O "Novo Mundo" americano, hoje, se encontra demarcado de várias formas: ora como América Latina e Anglo Saxônica, ora como América do Norte, Central e do Sul. Abstraindo-as em Norte e Sul, relacionamos aos irmãos de um lado e Santos Dumont de outro, e a Vespúcio e Colombo, por sua vez, entrevendo daí os significantes implicativos à geografia já usada da primeira forma, mais elementar. Comecemos pelo fato de a maior nação do continente colombino chamar-se **Estados Unidos da *América***, ou seja, por remeter o seu nome ao do continente e por ser aqui a nacionalidade dos irmãos Wright; e ao Sul, pelas viagens de Vespúcio, que percorreu o litoral do Brasil, e ser nacionalidade de Santos Dumont.

Santos Dumont está para a América do Sul, e os Wright estão para a América do Norte, assim como Cristóvão Colombo está para a América (geral) que ele concebeu e descobriu, e Vespúcio, por sua vez, está para um Brasil (particular) que ele, após a descoberta de Pedro Álvares Cabral, diz ter aportado de 1501 a 1502. Essa vetorização poderia ser antagonizada, mais diluída, pois, tal como Cristóvão Colombo, Santos Dumont, na prática de suas ações, era mais universal que nacionalista. Os irmãos Wright parecem não se prender puramente às motivações patrióticas, nem Colombo teve consciência de um continente integral, nem Vespúcio descobriu o Brasil. Será que, ao cruzarmos os dados, os fatos não pareceriam forçados? Será que, em vista disso, não estaríamos nos prendendo a operações cruzadas, de forma açodada? Há que desenvolver um olhar mais percuciente tocando essa diversidade de fatores.

Para entendermos a comparação, lembremos o que já foi dito: que, enquanto o nome do continente América (geral) é derivado de Américo Vespúcio, a capital do império americano (particular) é chamada *District of Columbia,* que advém do nome do almirante genovês.

Consideramos as inferências de nomes particulares às regiões continentais coincidentes a estes atores determinados. As inserções narrativas surgem pelas disposições progressivas no tempo, por fatores econômicos, culturais, de extensão territorial, de representação morfológica e pelo entrelaçamento histórico-semiótico. Tal como vimos antes, a cidade de Columbus, no estado de **Indiana,** decorreria, um do outro, do primeiro nome continental, e a capital "Columbus", de Ohio, são signos que se espraiam sorrateiramente sobre aqueles aviadores americanos.

Os irmãos Wright, como sabemos, percorrem a Carolina do Norte para ensaios ou experimentos daquilo que se quer seja o primeiro voo humano motorizado num mais-pesado-que-o-ar, mas por que Carolina? O estado de Carolina se separara da Inglaterra em **20 de maio**, quando redigida ali a Declaração da Independência dos EUA (a data, o dia e o mês são os da morte de Colombo). Com certeza, estes dados transcendem as ações pragmáticas dos irmãos Wright, uma volição da causalidade indireta, mas não menos digna de menção. Entrementes, o seu caráter limítrofe a que faremos referência parece cumprir aqui um papel delimitador como um signo perfeito, objeto de separação. Atualmente, há dois Estados da União norte-americanos chamados "Carolina", porque a inicial Carolina se subdividiu administrativo-geograficamente, como resultado das divergências no apoio à Guerra de Secessão americana, permanecendo até hoje distintas como "Carolina do Norte" e "Carolina do Sul".

Parece haver uma tendência classificatória nos EUA de se superestimar o Norte. Carolina do Norte (conforme se deu historicamente na Guerra de Secessão) rivaliza com Carolina do Sul (que tem capital "**Columbia**"). Neste estado, "a 27 de julho de 1901, em Kitty Hawk, Wilbur e Orville realizaram as primeiras tentativas de voo", conforme a literatura americana sobre aeronáutica. O vilarejo litorâneo, Kitty Hawk da Carolina do Norte, veria um propalado voo em 17 de dezembro de 1903. No que comporta a sua formação geográfica, percorrendo a cartografia aérea, veremos ser ela banhada pelo Oceano Atlântico. Desperta nossa atenção este litoral ser um modelo ícone da linha limítrofe entre a terra e o mar. Kitty Hawk é uma ilha alongada que, junto a outras, perfazem um contorno simétrico à costa, seguindo paralelamente o mesmo desenho da Terra firme como se fosse uma separação artificial do continente. Em seu limite oriental, encontramos o misterioso Cabo Hatteras, mais conhecido como "Cemitério do Atlântico", para a navegação de cabotagem.

A explicitação racional do que compreendemos como limite é dada pelas modalidades veridictórias aléticas SER – NÃO SER, que formalizam uma lógica mais comum e operacional. Como atenderemos a problemática pretendida do ser limítrofe? O que isto nos acrescentaria face ao caso Santos Dumont-Wright? Kitty Hawk foi escolhida para experiências de voo, e este lugar se distancia consideravelmente de onde moravam: **Dayton.** Tendo em vista que Kitty Hawk se. encontra no que diríamos "o limite dos limites", visualizamos a semântica planar do enfoque geográfico para o gestáltico-histórico. Como transpassarmos o enfoque do limite geográfico-espacial para o histórico-temporal dentro de um contexto psicológico como parte de sua escolha? Como aliarmos um fenômeno natural à prática humana?

Trocando a órbita das enunciações, e tentando responder as várias questões, comecemos pelo menos a dizer que: Colombo se diferencia de Vespúcio quanto ao direcionamento ou objeto de suas viagens. O primeiro reconhece ter chegado às Índias, para manter relações mercantis, conquistar territórios aos espanhóis, difundir o cristianismo aos infiéis etc. Entretanto, sua intenção foi malbaratada ao se defrontar com uma grande extensão de ilhas e/ou "terras virgens". Desse modo, ele penetra perpendicularmente no continente no desejo de ultrapassá-lo, vide as motivações de sua "Alta Viagem", a procura de Veragua, a tentativa de atingir o outro Oceano pelo Panamá etc. Wilbur Wright, momentaneamente, se assemelha a Vespúcio no que concerne ao tangenciamento e contato litorâneo, porque este, ao contrário de Colombo, se reservará ao reconhecimento superficial, plano, da costa litorânea, cartografando o Brasil e indo por ali nomeando locais por onde passaria como navegador de cabotagem.

Aproveitando o mesmo esquema perceptivo mostrado anteriormente, continuando a atender ao tópico dos "limites" como polos opostos, poderíamos citar as palavras do escritor americano Paul Hoffman, quando disse: "O 14 Bis foi o primeiro e talvez o único aeroplano da história em que o piloto tinha que ficar de pé todo o tempo"[294]. E por nossa vez poderíamos acrescentar que o "aeroplano" de Wilbur fora o primeiro e talvez o único que o piloto tinha que dirigi-lo deitado o tempo todo, tal qual numa asa delta.

Encaixando aqui certa meta-geografia aos fatos, temos que os Wright se distanciam dos seus estados de origem, centro dos EUA, que honorífica Colombo e se deslocam à Carolina do Norte, na costa litorânea, limite Leste dos EUA, rivalizando-se com o Columbia da Carolina do Sul; além de sua história nos reconduzir também à data da morte de Colombo. Neste sentido lógico, nos Wright, o desejo de um ressignifica o desprezo do outro.

Em determinado conjunto (universo metalinguístico) existindo o Ser e o Não Ser, ou Ser 1 e Ser 2, poderíamos naturalmente explicar o que demarcaria os limites de um objeto quanto ao Parecer ou Não Parecer, pois restaria o investimento do "limite", por este possuir a qualidade semântica do que aparece na superfície. A situação-limite poderia ser a que medeia duas coisas distintas existentes, não sendo, porém, nenhuma delas. Não há um ser limitado sem possuir um limite e, logicamente, onde um termina desdobra-se a existência de outro. Do mesmo modo, parece

---

[294] HOFFMAN, 2003, p. 280.

não podermos realmente provar o primeiro voo dos Wright como um caso verdadeiro ou falso, como algo definido. Limitar-nos-emos, então, nós mesmos, à ideia de um "talvez", que figurativize melhor o termo Parecer[295].

Acrescentando a esta análise a figura cartográfica do limite, usamo-la como possibilidade semântica de indução, dirigida a alguns elementos motivadores linguísticos que extrapolaram suas próprias bases históricas, transpondo-as ao psíquico. De forma que, por meio da semiótica, transferimos elementos de caráter geográfico e histórico para reelaborar o seu discurso. Em um personagem actancial, vemos a profundidade prenhe do Ser, enquanto no outro o lado do superficial, limítrofe, litorâneo e plano.

A cidade chilena de "Vinha Del Mar". Poderíamos desenvolver uma tese fácil quando associamos a cidade de Viña Del Mar com "Vinland" e, por este caminho, chegaríamos próximo não apenas a Colombo, mas a toda uma tradição viking dos antepassados que alguns hoje com muita dignidade defendem ser a mesma América descoberta por Erik Bloodaxe ou Leif Erikson. Neste sentido, devido à grandiosidade da coragem e das aventuras conquistadas pelos Vikings, valeria a América ser chamada assim, pelo derivado de "Erik". Vinland era também uma terra imaginária das uvas e dos vinhos, referida como extremidade dos polos habitáveis.

Em 1916, ocorreu, em Santiago do **Chile**, um primeiro "Congresso Pan-americano de Aeronáutica". **Viña de Mar** é uma cidade intermediária pela qual passou Santos Dumont a este Congresso – e nisso está sua importância semiótica comparativa. Abstrairmos dos sentidos originais o empréstimo designativo do nome da cidade chilena "Viña del Mar" – uma das mais importantes regiões produtoras de uva e vinho do Chile. Porque nos interessa o fato de que o verbo "vir" (da língua portuguesa) também dá significado à palavra "vinha", ao ser conjugado na 1ª e 3ª pessoas do singular no pretérito imperfeito. A lexia "viña", do idioma espanhol, pode então se adequar a um dos semas da lexia "vinha", do idioma português, não só pela mesma enunciação fonológica na aliteração consonantal de ñ e nh, mas também por ter um mesmo caráter fonológico que as identificam: "vinha" ou "viña" como "terrenos plantados de videiras". Esta locução composta (geográfica), "Viña del Mar", sobrepondo ao investimento semântico da língua portuguesa, passaria por seu grau de semelhança a ressignificar "o que veio do mar", ou "o que **vinha** do mar".

O fato que desmistificou a obscuridade atlântica colombiana, sem dúvida, foi o descobrimento das terras a oeste e, depois, o seu poder de retorno. Além da notícia de Colombo sobre as novas terras descobertas, a viagem evocava também o encontro de um mundo desconhecido, porém real. Era, antes de Colombo, um mundo fantasioso e temeroso, mas agora não. Tornara-se uma possibilidade descoberta. Daí, prendermo-nos à ação do medo de não se poder voltar ao ponto de partida. O medo ingênuo de não poder retornar à Europa. A nossa lexicalização aportuguesada do nome da cidade chilena deve-se, sobretudo, à língua lusa, atualizando referenciais de Santos Dumont em oposição ao tratamento que daríamos de uma análise etimológica da lexia. Este índice gestáltico e semiótico está nele favorecido, porquanto é dele o idioma materno português e do nosso discurso. Resumindo, identificamos, neste agente toponímico, um processo de figurativização, ou seja, "viña del mar" supõe uma metalinguagem denominativa, que aponta a praticidade da chegada efetiva, possível, de alguém que retorna do desconhecido e tenebroso Mar Oceano.

---

[295] Vale lembrar que cabiam às esquadras portuguesas, então a Américo Vespúcio, e aos outros conhecidos viajantes no tempo da descoberta do Brasil, costear o litoral brasileiro não apenas para o reconhecimento do território, mas também para sua defesa frente à pirataria estrangeira e aos invasores. Américo Vespúcio parece ter se limitado ao reconhecimento da costa limítrofe brasileira, com a mera intenção de descobrir se estas terras seriam uma continuidade asiática.

Esquema 15

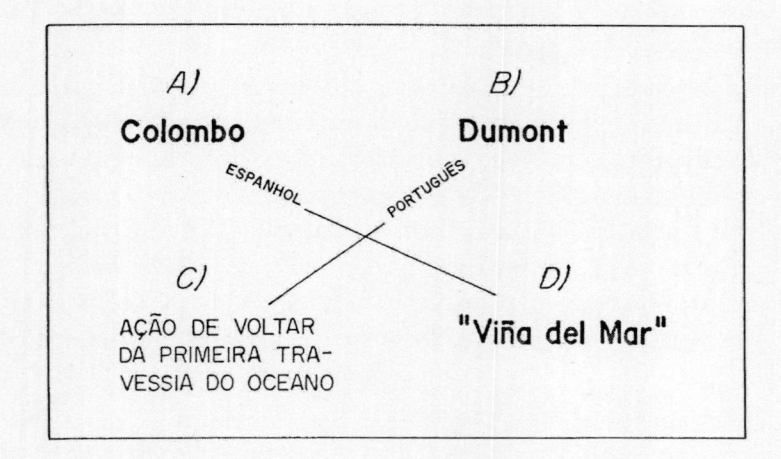

Fonte: do autor

Ao montarmos o quadro semiótico, colocamos, nos primeiros termos desta relação de contrariedade, Colombo e Dumont, distintos, conforme os modelos estruturais já apresentados. Nos subtermos, temos uma relação de complementaridade entre o fato percebido da chegada de Colombo, implicado nele mesmo, e a denominação "Viña del Mar", que figurativizaria uma experiência atualizada em sua real consecução. Entre os termos B e C, estabelecemos um novo relacionamento além do já descrito funcionalmente. O termo C não se liga historicamente ao termo B, mas foi absorvido dentro de uma planificação atemporal, relativística, promovendo uma articulação nova na lógica dos elementos. Entre os termos A e D, estabelece-se uma aproximação muito semelhante e objetiva. O percurso semiótico pretendido aqui e plenamente realizável no modo *"Dumont – Viña del Mar – Colombo"*, ou vice-versa, estaria implícito como "significante" no idioma espanhol, agregando outro "significado" de maior amplitude em português. "Viña Del Mar" significaria que, ao contrário de outras viagens pretendidas terem sido realizadas, Colombo, nesta, efetivamente voltou.

Prosseguindo, neste contexto, encontramos dois tipos de relações: a diacrônica e a sincrônica, sendo que as relações sincrônicas estão dependentes das diacronias identificadas no conjunto dos elementos.

Relações Diacrônicas: compararemos mais detalhadamente os dois casos A e B, que apresentamos a seguir, em continuidade a essas arguições que fizemos anteriormente, como pertencentes ao eixo paradigmático:

a. Cristóvão Colombo, ao retornar do descobrimento das Índias Ocidentais, em 1493.

b. Santos Dumont, no Congresso Pan-Americano de Aeronáutica, no Chile, em 1916.

Os estreitamentos diacrônicos ocorridos entre A e B existem, quando os tipos verbais fônicos e escritos – eclipsados por alguma resistência ao desdobramento a tempos diversos – puderem ser descritos e identificados. Diante disso, "Viña del Mar" exerceria um poder de ressignificação do transcorrido em 1493.

As **Relações Sincrônicas** seriam as correspondências planificadas de dados simultâneos, ocorridas, ao mesmo tempo, na relação sintagmática. O envolvimento destes dados, articulados internamente ao fenômeno, tem a virtualidade para se firmar em sincronicidade. A sincronicidade existe aqui em função da planificação sincrônica. Na verdade, nada do que dissemos sobre Viña del Mar poderia ser reconhecido se não encontrássemos situações metalinguísticas que a sustentem suficientemente em ato.

Entretanto, se, por acaso, este discurso do uso metamorfoseado dos semas em perspectivas idiomáticas diversas não puder convencer as relações entre a cidade de "Viña Del Mar" com a motivação que dá o sentido em português, ainda assim traríamos o próprio significado que tem a cidade "Viña del Mar" em espanhol, remetendo-nos ao personagem Cristóvão Colombo, e continuaria a motivar essencialmente a atuação de Santos Dumont. Samuel Eliot Morison, um dos maiores biógrafos da atualidade de Colombo, em seu livro *El Almirante De La Mar Océano*[296], nos fala num de seus capítulos sobre sua viagem ao "Thile". Em certo momento, tenta descobrir a razão desta viagem e a desvenda como um "segredo" a se pensar. E é nesse "segredo" que se desvela "Viña Del Mar":

> Otro problema queda entretanto sem resolver. Recogió Colón alguna información en Islandia que le fuera luego útil para su Gran Empresa Un nuevo mito "nórdico" está ahora en proceso de formación. El Almirante, se sugiere – muy luego se discute y por último se lo da por hecho comprobado –, recogió informaciones en Islandia acerca de Groenlandia y la Vinlandia de Leif Ericsson; ése era su "secreto". **Vinlandia**, la tierra de las uvas silvestres de los escandinavos, era lo que se proponía redescubrir navegando a través del Atlántico.[297]

Neste contexto, é notável que a relação de terras além-mar do tipo *Vinlandia* com *Viña del Mar* são perfeitamente cabíveis como identificações, como limites geográficos intercambiáveis "in ato", tanto num como noutro tempo.

Ou seja, de posse dessa informação, é quase certo que realmente a intenção que o respeitável biógrafo conjetura sobre Colombo seja verdadeira, que a motivação, apesar de não ser única, pode ser reconhecida como acertada. Assim, inverteríamos os chavões dos historiadores quando creem que somente poderíamos conhecer o presente pelo passado. Ao que nós, por nossa vez, aludimos ironicamente que o contrário poderá ser perscrutado, porque aqui pudemos também descobrir elementos do passado estudando o presente.

Aproveitando-nos deste mesmo fato da visita de Santos Dumont ao Chile e da chegada de Colombo à Europa, poderemos colher outras conexões emergentes. Vejamos, a seguir, a tabela comparativa de registros paralelos, no qual apuramos identificações no conjunto do discurso, tanto no eixo vertical, paradigmático, como no eixo horizontal, sintagmático:

Tabela 23

Santos Dumont[298]	Cristóvão Colombo
1º) Proposição de advento. Fato histórico: deslocamento – chegada de Santos Dumont ao Chile visando ao **Congresso Panamericano de Aeronáutica**.	1º) Proposição de advento. Fato histórico: deslocamento – chegada de Colombo à Europa de regresso de sua **viagem de descoberta da América**.
2º) Em **Viña del Mar**, cidade chilena, chega Santos Dumont como passagem para outra cidade.	2º) O almirante "**vinha do mar**", retorna do Mar Tenebroso, das Índias. Cumpre-lhe ressaltar aqui a ressignificação do substantivo em verbo.

[296]   MORISON, Samuel. 1945, p. 86.

[297]   É reconhecido por este mesmo historiador que a família do almirante genovês, além de desenvolver atividades têxteis, também esporadicamente comercializava queijos e vinhos. E isto pode ser constatado em posteriores negócios comerciais documentados. Grifo nosso.

[298]   Estes dois conjuntos de fatos entrelaçam-se nesta tabela. Os argumentos comparados são dos registros do Diário e de duas páginas da biografia de Fernando Jorge sobre o aviador. Consideramos possível estender neste quadro uma linearidade significativa, particularmente, por ensejar a tensão entre união e divisão continental flagrante. É mais um ponto associável ao campo da sincronicidade.

3º) Santos Dumont chega à cidade de **Valparaíso** do referido Congresso, que é o principal porto e centro comercial do Chile.

3º) A nove léguas de Lisboa, está o "**Vale do Paraíso**". Colombo para lá se dirige para se encontrar com El Rei, guardando-se vítima de uma epidemia em Lisboa.

4º) A abertura solene do Congresso deu-se em **9 de março.**

4º) Colombo é recebido pelo rei de Portugal, em **9 de março.**

5º) **Destaque pessoal**: Santos Dumont "foi eleito presidente honorário do Congresso Pan-Americano de Aeronáutica" – que lhe foi uma **consagração** como aviador e político.

5º) **Destaque pessoal:** "O soberano mandou recebê-lo com todas as honras pelas figuras mais importantes da Casa Real" – seria sua **consagração** como descobridor.

6º) O evento **corrobora** a sua importância como maior precursor da aviação, apesar de já terem sido lançadas dúvidas sobre a prioridade.

6º) Aportar em Portugal **legitima oficialmente** o almirante como o maior navegador e agente de conquista histórica.

7º) Forma do advento e identidade da **locomoção**: chega ao Chile por mar a bordo do **vapor** "Huasco".

7º) Forma do advento e identidade da **locomoção**: veio por mar na **caravela** Niña.

8º) **Reação de caráter social**: identificamos grande recepção – "logo ele se viu **cercado pela massa**[...]".

8º) **Reação de caráter social** – no *Diário de Bordo,* consta: "Hoje veio uma **verdadeira multidão** à caravela".

9º) Citação de estados da natureza, "chover" e "**anoitecer**" na expressão: "**cair n'**água... Eu me banho pelas tardes... **de noite** é que a gente precisa estar limpo".

9º) Citação de estados da natureza "**chover**" e "**anoitecer**": "[...] como chovia, não pode chegar antes que anoitecesse".

10º) Santos Dumont esteve sempre **acompanhado** do diplomata brasileiro Luiz Gurgel do Amaral.

10º) Colombo esteve "**confiado aos cuidados** do prior do Crato, na ocasião a personalidade mais importante ali presente".

11º) Estabelece-se um tema discursivo principal defendido por Santos Dumont: uma "**Associação Cooperante**" entre países latino-americanos.

11º) Discute-se a existência do antigo "**Pacto**", um acordo entre El Rei D. João II e os reis católicos sobre terras a virem a ser descobertas.

12º) Em Santos Dumont, observamos a preocupação incisiva de uma **união** pan-americana e proteção aos estados americanos pelo aeroplano.

12º) Da notícia do descobrimento, nasce a surpresa de ver suas terras disputadas. Aqui temos a origem da **divisão do Novo Mundo**.

13º) O fato transcorreu no ano de "1916": números que, somadas as suas unidades, contarão o total de 17.

13º) O fato transcorre em "1493": números que, somadas as suas unidades, contarão o total de 17.

14º) O sentido aramaico da lexia "Chile" como "última terra", ou "**extremo Ocidente**", oportuniza a sede do Congresso. O Chile, que circunda a América do Sul, é uma área limítrofe, externamente oposta, no planisfério.

14º) Em Colombo, a maior descoberta da época seria a chegada ao **extremo Ocidente**, às últimas terras a oeste, que equivaleria ao fim do mundo, ter voltado e legitimado oficialmente.

Quadro de sincronicidades do autor.

Santos Dumont e Colombo parecem possuir um mesmo objeto-valor: a América, seja ela hemisfério ocidental de um lado, ou terras descobertas orientais, de outro. Colombo se sente pressionado quando o rei João II, desde já, ironicamente, lembra um antigo pacto com os reis católicos sobre divisões territoriais de possíveis futuras descobertas. De certa forma, para não configurar um lapso ou algum ressentimento por negar a Colombo o financiamento de sua expedição, João II responde a Colombo dessa maneira. O que sabemos é que, depois um documento fora acordado em 1493, sobre a "divisão do planisfério", sob a égide do papa Alexandre VI – a Bula Inter Coetera; e depois ainda, em 1494, sob nova pressão portuguesa, negociaram, em Tordesilhas, outro Tratado. Bem... no fim das contas, concordamos que tão logo o almirante retornava à Europa, começaria, entre os países ibéricos, uma corrida desenfreada por conquistas além-mar.

Esses fatos são significantes porque, no psiquismo do espírito errante, acode a contrariedade do envolvimento do personagem que desencadeia sua vida, e ao mesmo tempo se vê destituído de seus direitos: tanto em Santos Dumont da invenção do avião, quanto em Colombo da descoberta de um novo continente. Para confrontar com El Rei João II, vejamos a apreciação da coroa Espanhola na fala de Gonzalo Fernández de Oviedo, que declara que: "[...] las Indias eran las Hespérides pertenecientes desde antiguo a España y que Colón no había dado a los reyes un nuevo mundo, sino sólo devuelto lo que por derecho les pertenece"[299].

O historiador Enrique de Gandia, inclusive, afirma parecer ser este um dos motivos pelos quais o filho de Cristóvão Colombo, D. Hernando Colón, escreveu *A Vida do Almirante*. Hoje percebemos essas razões como incabíveis, mas, de certa forma, temos que reconhecer as altercações existentes na política entre aquelas monarquias ibéricas fazendo recair sobre a personalidade de Colombo um jogo provocativo de contraditórios, diminuindo o resultado de seus legítimos esforços. O esmorecimento da descoberta de Colombo foi aos poucos provocada entre duas monarquias – ao longo de sua chegada. Ela também provocará, por outro lado, a divisão das terras continentais que formarão os germes da América Latina (dos que falam línguas latinas) – que só não se chamou "américa espanhola" por causa do "português" no Brasil.

Voltando ao século XX, Santos Dumont deixa entrever em seus escritos, proferidos diante dos congressistas de Washington/EUA e do Chile, certa fixação contida de um homem, diante das ameaças da guerra, tentando fazer valer sua invenção, não como arma de destruição, mas instrumento de união entre os povos americanos, forçando-nos à união e ao estreitamento das incomensuráveis distâncias.

Outro aspecto não desprezível é a demonstração de um caráter imperativo como um estado psicológico flagrante de alguém que firma um posicionamento do qual teme expor-se em contradição, como aparentemente se percebe. No livro *As lutas, a glória e o martírio de Santos Dumont*, Santos Dumont parece agir impulsivamente, fixo em um ideal, repetido enfaticamente: "Vou repetir esta parte da minha mensagem – ela é importante". Assim, Dumont frisava ideais de uma unificação americana convertendo países sócios numa espécie de "associação cooperante"[300]. Explanou igualmente estes mesmos pontos em dois congressos – uma atitude que parecia muito incisiva em Santos Dumont. Pelo lado de Cristóvão Colombo, também ele não sofre passivamente a ação ou o efeito de sua descoberta, mas tenta não criar contrariedades. Por exemplo, quanto à relutância de quando o convidam a estar em presença de El Rei de Portugal, diz ele, em seu diário, "assim fez, para evitar desconfianças, embora não tivesse vontade de ir[...]". É o melhor que temos para diagnosticar a "surpresa" de Colombo frente ao inaudito "pacto" já existente mencionado por D. João II. Em última análise, Colombo pode mostrar o que perdeu em Portugal ao não o subsidiar na expedição quando lhe procurou. Então este gesto, momentaneamente, pareceu surtir como uma leve desforra ao El Rei. Nada seria preciso fazer quanto a isso; o seu mérito na história estava garantido.

Observamos, em geral, que o tentame colombino não deixaria de ser, a partir dali um alvo circunstanciado pelo divisionismo contínuo do Novo Mundo. Santos Dumont depois exerceria uma autoridade coercitiva, mesmo sem voz, em apoio a um "tratado" da união continental.

Tabela 24

S. Dumont	C. Colombo
"Associação Cooperante"	*"Pacto"*
União	Divisão

Fonte: do autor.

[299] OVIEDO Y VALDEZ, Gonzalo Fernandez de. *História Geral e Natural das Índias, Ilhas e Terra-Firme del Mar Oceano*. Londres/Reino Unido; Forgotten Books, Livros Esquecidos, 2018.

[300] JORGE, F. *As lutas, a glória e o martírio de Santos Dumont*. São Paulo: T. A. Queiroz, 2003, p. 242.

Tanto o inventor quanto o descobridor aqui ambos se aproximam quanto à mesma causa: o continente americano. Conseguimos verificar uma transversalidade histórica para a compreensão profunda de uma lógica peculiar. Esta correspondência estabelece analiticamente as exemplificações que vimos fazendo entre tensão de contrários. Não basta, porém, para compreendê-las, as correlações vetorizadas a uma direção (presente → passado), mas apresentá-las numa dupla aplicação de retorno atemporal (presente ←→ passado), ensejando os índices ora expostos.

> Para a seta → seriam os "caracteres diacrônicos do discurso comparado", um exame no plano do conteúdo.
>
> Para a seta ←→ poderíamos entender como "caracteres sincrônicos do discurso comparado", um exame no plano da expressão.

Neste cruzamento de dados, Santos Dumont, pela autoridade de Presidente honorário do Congresso e de inventor, pretendia subliminarmente desbaratar o insucesso antigo da divisão das descobertas continentais, chanceladas, então, pelo Tratado de Tordesilhas. O ponto em comum disso tudo é que ele se vale de um posicionamento imperativo. Tanto num caso como em outro, há alguma necessidade de se conhecer melhor os desdobramentos da veiculação política.

Vimos esta vetorização psíquica desconhecida e diacrônica **a → b** aparecer noutros momentos. Abaixo constam alguns referenciais de "signos de caráter de véspera" numa curiosa carta pessoal que pareceria referir-se ao dia seguinte atual como se este fosse o da descoberta da América. Se formos atentos, estas referências deveriam aparecer com mais insistência. Há uma debreagem do tempo histórico, de um subconsciente profundo. O exemplo amostra uma carta do aviador destinada ao amigo Antônio Prado.

> Valmont, 11 de outubro de 1926
> Prezado Antônio:
> Venho te pedir um grande favor: como já deves saber, um senhor senador propôs, sem me consultar, a minha nomeação de General! Isto parece até coisa sarcástica, pois eu em fevereiro propus a abolição da aviação como arma de guerra. Venho, pois, te pedir, como sei que és muito amigo do nosso futuro Presidente, para pedir a ele que mande parar tudo isto e mais homenagens, pois eu, como você sabe, ando já há dois anos doente dos nervos e só peço a Deus uma coisa, é que me deixem em paz. Já aqui estou há dois meses e não tenho a coragem de sair (Berna, Divonne e Valmont). [...][301]
> Santos Dumont.

No conteúdo da carta de 1926, Santos Dumont protesta a ideia de receber homenagens ou nomeá-lo General, porque, em Colombo, o veríamos ser nomeado "Almirante, Vice-Rei[...]", em resposta ao Descobrimento. Porém, voltando a Santos Dumont, nota-se que, em sua carta, as afirmações são pertinentes a um futuro próximo, como se lhe aguçasse ao do dia seguinte. Ou seja, esta suposição está embasada na argumentação que transladaram do futuro do presente (SD) para o futuro do pretérito (CC), precisamente por ser datada de 11 de outubro, véspera do Descobrimento. O aeronauta parece não se achar merecedor de homenagens quando crê, altruisticamente, que o seu invento não cumpria a função para o qual fora criado. Colombo, sim, que receberia a partir do dia seguinte, 12 de outubro, os efeitos dos fatos desencadeados. Em síntese, Santos Dumont, em 11 de outubro, pede para não ser homenageado, como se, pelo que vier, no dia seguinte, ele o fosse. Tudo parece reflexo do temor, de uma ansiedade de véspera por algo que ocorrerá.

---

[301] JORGE, F. *As lutas, a glória e o martírio de Santos Dumont*. São Paulo: T. A. Queiroz, p. 412.

Portanto, há aqui quatro caracteres comparativos, ou seja, 1º) a data de 11 de outubro, ou o dia e mês, 2º) o caráter de véspera, a proximidade de um futuro conhecido, 3º) o fato da nomeação e 4º) das possíveis homenagens futuras. Em outras palavras, devido à grande extensão de mortes causadas pelas guerras/conquistas, o primeiro aviador parece não querer ser reconhecido como tal ou, no mínimo, receber algo em troca. Ou seja, aqui o não reconhecimento seria indiretamente delegar a culpa a Wilbur Wright e a Américo de todas as consequências humanas negativas que formam as ocorrências de seu invento e da sua descoberta. Esse tipo de atitude reafirma o fato de que ele realmente é o precursor histórico de seus feitos.

Prosseguindo, notamos, na frase "me deixem em paz", uma espécie de fuga psicológica da situação presente. Querer desviar-se de um obstáculo enunciando preocupações temporais representar-nos-ia uma forma de desbaratar o futuro. Diríamos que a frase "me deixem em **paz**" não se limitaria somente a representar o antípoda do problema circunscrito em "propus a abolição da aviação como arma de **guerra**". Normalmente, "guerra" e "paz" são lexias antípodas intercambiáveis, pois um não existe sem o outro dialeticamente, além de o termo **colomba** já carregar a simbologia figurativa que remete à paz.

Esta condição, de recuo do presente, corrobora a frase subsequente àquela: "já aqui estou há **dois meses**[...]". Esta referência supracitada ressoa inconscientemente a partir do aporte reminiscente ao revermos que Colombo achou a América, também, depois de **dois meses** em alto mar, e sua aflição terminaria em 11 de outubro, do que se conclui que ele, Santos Dumont, se fazia ressentir de uma possível grandiloquente homenagem naquele momento inadequado.

Os recursos para uma boa análise semiótica não desprezam insumos psicológicos. A análise psicológica da linguagem tende, por vezes, a se mesclar como possibilidade do entendimento comportamental. O fato é que essa carta escrita a Antônio Prado foi escrita enquanto Santos Dumont estivera recolhido ao sanatório suíço de Valmont-sur-Territet, fato que, naturalmente, sobrelevaria suas faculdades mentais. O mergulho metalinguístico abstraído desta condição psicopatológica tende a reforçar nossa argumentação.

A construção da carta traz a citação do nome do até então presidenciável Washington Luís (eleito Presidente do Brasil no mês seguinte, em 15 de novembro de 1926). Esta importância corresponde à função que exercerá o personagem e à denominação coincidente e homônima, de Washington, com o primeiro presidente americano George Washington, que, por sua vez, emprestaria seu nome à capital norte-americana. Os EUA também foram a primeira colônia das "Índias Ocidentais" a se desligar do domínio europeu. Logo, o sentido parassinonímico de "Washington" remete à independência política para a qual lutou bravamente. Ademais, com referência ao *termo substantivo próprio*, demonstra por si sua aproximação de "Colombo", como nomeador do Distrito Federal.

Também, nesta mesma lógica, há pouco tempo tomamos conhecimento que Santos Dumont fez, em 2 de agosto, uma viagem partindo do Brasil para os EUA. De retorno ao Brasil, nos meses de setembro e outubro, ele aproveitou e percorreu o continente fazendo longas paradas pelos portos dos países sul-americanos.

A análise pode ser congruente ao aqui exposto. Dois de agosto é também dia de véspera (se esta for uma data precisa) da partida de Colombo para a sua descoberta da América. Agora, no século XX, Dumont se dirige para o país que consagra o nome continental descoberto e depois, a exemplo de uma navegação de cabotagem, desce o litoral exatamente como fariam os navegadores quinhentistas. E complementando, Colombo lá atrás, faria uso, precisamente, desses dois meses, setembro e outubro, para consumar o seu maior achado.

A exemplo do que nos referimos temos um conjunto de 10 itens geográficos americanos, que perpassam, em alguns aspectos, a dinâmica vida do brasileiro. Citaremos alguns "signos americanos" que resultaram certa consonância aos aspectos da vida de Santos Dumont. Quanto à data de 4 de julho, os dois primeiros itens lhe remetem: 1º) a primeira ascensão do seu primeiro balão esférico, denominado "Le Brésil", realizou-se neste dia comemorativo da independência dos EUA; 2º) nesta data, em 1936, Getúlio Vargas institui o dia do aviador (23/10); 3º) o segundo balão-esférico de Santos Dumont chamou-se "L'Amérique"; 4º) ele concorre com o balão "Les Deux Amériques" à taça Gordon Bennett; 5º) decorou uma das salas do chalé da *A Encantada* com bandeiras de todos os países americanos; 6º) o título de primeiro e genuíno passageiro de um passeio de aeronave, no dirigível SD 9, coube a um menino americano de 7 anos, chamado Clarkson Potter; 7º) enviou carta ao ministro da guerra da França, disponibilizando a sua flotilha de dirigíveis para combate em caso de hostilidade com qualquer país, que não fosse das duas Américas; 8º) no "II Congresso Científico Pan-Americano", Santos Dumont pronunciou discurso alegando defesa e proteção da América por meio do aeroplano: pediu que fosse construída "uma esquadra de aviões", destinados a patrulhar as costas do continente descoberto por Colombo; 9º) a revista espanhola *Al rededor del mundo* divulgou, em seu número 132, de 12/12/1901, que Santos Dumont "tencionava cruzar primeiro o Mediterrâneo e depois o Atlântico, isto é, pretendia, em um dirigível transpor-se da Europa à América"; 10º) sua residência, em Paris, se encontrava sita à rua "Washington, n.º 9", homônimo ao da capital americana. A lexia "Washington", como deflagrador de significados subjacentes, repete-se aqui nas suas relações com seu amigo contemporâneo e presidente do Brasil, "Washington Luís", como mencionamos.

A emancipação, independência, supõe a liberdade e superação de limites. No caso de um fato histórico relativo ao desligamento como colônia de uma nação opressora, poderíamos dizer que ocorre o fortalecimento destes limites, a fim de se tornarem distintas, politicamente, as "nações" diversas. Podemos imaginar que haja uma intersecção coincidente das palavras inglesas homônimas, onde elas aparecem. Observemos o esquema articulável como o que apresentamos a seguir:

De conformidade com estes fatos, propomos um modesto fluxo gerativo onde dele se desdobra um esquema direcionador ou vetorial de sentido. Vejamos como o fluxo das lexias nominativas de um espaço geográfico cede à particularidade de uma estrutura cromática crescente/decrescente, nesta correspondência entre dois atores históricos partindo de Santos Dumont. Já discorremos alguma coisa sobre o peso/valor de cada denominação. Retemos aqui a palavra "Washington"[302] e, por ela, podemos, sem forçar muito, acompanhar um sentido crescente ou decrescente, quase matemático, do que concerneria a uma gradação geográfica. Santos Dumont residia na Rua Washington, em Paris, e vamos até Colombo pela parassinonímia em que os termos estão imersos.

Tabela 25

Santos Dumont	Indivíduo
Rua Washington	*Rua*
"Capital Washington"	*Cidade*
"EUA"	*País*
"América"	*Continente*
"Índias Ocidentais"	*Continente*
Colombo	**Indivíduo**

Fonte: o autor.

[302] No Boletín de Historia Y Antiguidades, em sua publicação comemorativa dos 500 anos da descoberta da América, no capítulo intitulado "El Colon de cada cual", escrito por Eduardo Guzmán Esponda, copiamos estas palavras sobre um monumento a Colombo no Panamá: "[...] Pero debo confesar que jamás he visto una estatua más bellamente situada que la del Descubridor en la explanada del Hotel **Washington**, de la **ciudad de Colón**, dando frente a la inmensidad acuática". Aqui apenas reiteramos a aproximação dos dois agentes-foco mais uma vez à palavra "Washington", em ambos os navegadores.

A expressão da liberdade na história americana. Tentamos amealhar alguma forma de justificativa metafísica do porquê aparecer em Santos Dumont periodicamente elementos de sincronicidade ligados à ideia de "liberdade" e, em Colombo, em que pese a maior contribuição que sua descoberta proporcionou à civilização europeia, teríamos, igualmente, a ideia de "liberdade".

Especulamos sobre o porquê das denominações e referências numéricas coincididas pelo brasileiro, e outras vezes vindo acontecer, sem causa voluntária, sem sabermos de uma razão para estas equivalências a se repetirem seguidas vezes, conforme cada capítulo.

Santos Dumont, todos sabem, tinha uma preocupação muito particular de alinhavar os seus feitos e situações marcantes com datas de alguma importância histórica. Assim é seu primeiro voo com o Brasil, em 4 de julho, por exemplo, que é o dia da independência dos Estados Unidos; o primeiro voo do dirigível *SD 1*, que ocorreu no "dia da Ascensão" de Cristo; o voo do *SD 9* sobre Paris, em 14 de julho, comemorando dia da revolução francesa numa revista militar, entre outros momentos. Também ele se alia indiretamente às personificações de heróis libertadores, como Washington, da independência americana; D. Pedro I, que proclamou a independência do Brasil; a Princesa Isabel, que libertou os escravos no Brasil etc.; ou reteve marcas como significantes nominais, não apenas pelo objeto sígnico original, mas por quaisquer metalinguagens possíveis nela inclusas: tais são os nomes de ruas (Washington...), navios (Orenoco...), cidades (Valparaíso...), estados (Minas Gerais...), pessoas (Henrique...), objetos (embarcações...), fatos (invenções...) etc.

Abrindo um parêntese aqui, uma data importante para os americanos em geral (América saxônica e latino-américa) é a do descobrimento da América, quando quase todos estes países comemoram como feriado nacional ou data festiva. No Brasil, coincidentemente nesta data, é feriado por causa da padroeira católica N. Sra. Aparecida. Não há no Brasil uma marca hispânica, ou a mesma consciência continental. Não se conhece ou se ouve a língua espanhola no Brasil. O Brasil vive independente da América Latina. No Brasil, nem se comemora a descoberta do Brasil com a ênfase que poderia ser dada, muito menos comemoramos a descoberta da América. Na verdade, Pedro Álvares Cabral aparece superior a Cristóvão Colombo, como um fato histórico português.

Aliás, neste dia 12 de outubro, ao contrário do que pensa a maioria, é o dia real da emancipação do Brasil de Portugal.[303] Foi neste dia, diante de D. Pedro e de sua Corte, que foram assinados os termos oficiais da separação.

A princípio, diante da parassinonímia numérica de datas e denominações, entendemos esta imersão como algo restrito a uma atitude de circunspecção psicológica do aviador, sem nenhuma outra possível abstração, além do gênio singular do homem que foi, além de alguma escolha qualquer esperada por uma extravagância pessoal.

A verdade é que temos colhido de Santos Dumont recortes de situações que, ainda que sejam provocadas por ele mesmo, das quais não é ele sempre seu agente causador. Frequentemente, por vezes, é pego de surpresa! Não teria ele conhecimento do que paira subjacente a tudo isto que o dirige ou leva. Mas, quando o associamos à descoberta da América, aparecem sentidos intrínsecos de intelecção ainda informes, que estão além do sondado por quaisquer operações superficiais rotineiras.

---

[303] O valor simbólico é que perdurou como gesto de um apelo semiótico da cena ocorrida em 7 de setembro: o grito do Ipiranga, o levantar da espada num cavalo, a frase pronunciada: "Independência ou Morte!", a importância da imagem do poder, ou do sujeito do Imperador aberto em campo, em situação de comando das milícias posteriormente chamada de "dragões da Independência" do reino unido português. Tudo isto: imagem, cores, entonações, voz, gestualidade, sintaxe etc. criou um corolário de identificação simbólica, que fez voltar a data de independência para 7 de setembro. Aliás, se nossa liberdade estava no Brasil imperial, sendo comemorada dia 12 de outubro, passou depois para 7 de setembro, pelo fato posterior de D. Pedro I entrar em disjunção com o povo brasileiro, abdicando do seu exercício de mandatário, voltando para Portugal. Curiosamente, 12 de outubro era o dia natalício dele. Aquele que libertou o Brasil de Portugal, o fez no dia de si mesmo, tendo depois, ele mesmo, separado do que libertou.

O Guillaume-Thomas Raynal, ou mais conhecido por Abade Raynal, autor da *História filosófica e política dos estabelecimentos e do comércio europeu nas duas Índias*, em 1783, criou um prêmio com o propósito de saber se o descobrimento da América havia sido benéfico ou prejudicial à humanidade. Apesar de vários inscritos de "muy díspares méritos y de categorías intelectuales diferentes, entre los cuales figuraron Condorcet y el Conde de Chastellux, el abate Genty, Brun de la Combe e otros personajes menores así como varios ensayistas anónimos"[304], não houve ganhadores ou o surgimento de uma obra especial. Entretanto, deste evento, uma espécie de plebiscito ressaltou quase por unanimidade a importância coletiva deste fato da ideia de liberdade e independência dos povos, da liberdade humana como cultura, indivíduo, conjunto ou nações, desde o início de sua descoberta.

De modo que, para concluir, o grande historiador, Abade Raynal enaltece ao final que "[...] el gran bien aportado por el descubrimiento de América a Europa ha sido la libertad". E prossegue dizendo que "Para Condorcet la libertad y la igualdad son las grandes enseñanzas que América puede dar a Europa"[305]. A seguir, o autor conclui sobre este fator "liberdade", ressaltando que, de todos os entraves e sofrimento americano, faria dali nascer o real significado de independência que prorrompeu num novo conceito de liberdade entre as nações do mundo.

Esta análise consta no *Boletín de Historia y Antigüedades*, capítulo intitulado: "América en el pensamiento europeo" escrito por Gabriel Giraldo Jaramillo, apresentado na Colômbia no dia 12 de outubro de 1952. É um texto dignificante que selaria uma marca transversal de grande interesse para leitura. Sabemos que há inúmeras colorações para chegarmos a tal conclusão, mas foge aos nossos objetivos maiores distender mais o assunto. O importante é que temos visto a abstração empírica da liberdade, um motor realmente engrandecedor do que seja a ideia americana, brasileira, latina, em geral, para o mundo. É essa ideia que ainda se sobressai: os valores maiores da liberdade.

Chile – A última terra, o fim do mundo

Imagem 8. Carta marina de Olaus Magnus e Imagem 7. Capa do livro *Chile: paisajes del confin del mundo,* de Pablo V. Vaillant

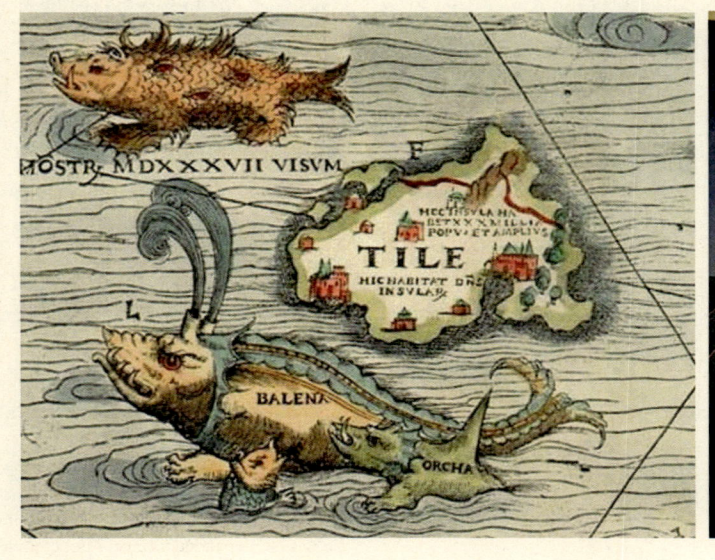 

---

[304] JARAMILLO, Gabriel Giraldo. *Boletín de Historia y Antigüedades. In:* "América en el pensamiento europeo". Colômbia, 1952.

[305] *Idem.*

Fonte: https://pt.wikipedia.org/wiki/Thule

A ilha Thule, como *Tile* na Carta marina de Olaus Magnus, com um "monstro, avistado em 1537", uma baleia e uma orca ao lado. Comparamos aqui as imagens representativas de uma mesma acepção etimológica. O país andino "Chile" traz a significação no subtítulo do livro do biógrafo Enrique de Gandia.

> Venient annis
> Secula seris, quibus Occeanus
> Vincula rerum laxet, et ingens
> Pateat tellus Typhis[306] que novos
> Detegat orbes, nec sit Terris
> Ultima Thule[307]

Aqui vemos a concepção pictográfica da existência da ilha assustadora do "fim do mundo", a "Thile/Tile", com seus animais medonhos e perigosos. Quando pesquisamos a vida de Colombo, quase sempre nos deparamos, à guisa de introdução ou epígrafe, com esta citação de Sêneca (do livro *Medeia*). Esta fala profética influenciará o nosso genovês à crença de que alguém futuramente encontraria terras além, porém ele mesmo se sentiu predestinado a fazê-lo – o que de fato aconteceu. Ele conheceu e desvelou as últimas terras continentais, a "Thule/Thile" – "extremo da Terra" –, encontradas a Oeste da Europa. E isto fez Colombo grifar seu *Livro das Profecias*. Do mesmo modo, Santos Dumont acorreu a um compromisso de representatividade, de um congresso, no Chile de 1916, como já vimos.

O limite tem no seu significado lexical, dos dicionários comuns, várias acepções, tais como: linha de demarcação entre terrenos ou territórios contíguos ou próximos, marco, baliza, fronteira ou raia, que separam um país de outro. É termo, extremo, confins, meta, fim, alguma coisa que se deve ou não ultrapassar (limites da razão) etc. Usamos, para a conceituação de limite, o limite político-administrativo da cartografia de um país ou território. Todo espaço detém uma rede de histórias que legitimam suas demarcações. Toda demarcação espaço-temporal ou limitação nasce, contraditoriamente, do espaço que se quer superar. A palavra "emancipação" pode então se reservar a um conjunto de significações pertinentes a cada compreensão que haja daquele "limite".

Vemos a questão de os limites territoriais de um país transitarem como ilusão ou ficção. Em última análise tudo não passa de uma linha imaginária. Os limites são fictícios, porque cada limite é uma criação da racionalidade causada por uma deliberação de poder ou conquista opressiva do homem, embora termos limitações simples, naturais, exercidas por força da natureza, como a costa litorânea de um país ou, mesmo, um rio que separe dois municípios.

Uma das formas de como poderíamos compreender os limites planisféricos pode ser dada via nossos personagens conhecidos. Neste conjunto de três elementos, a, b e c, ou seja, "Marco Polo", "Cristóvão Colombo" e "Santos Dumont", confrontaremos dados sintagmáticos e a si relativos:

a. Marco Polo, em suas viagens "maravilhosas", historicamente, foi o primeiro a dar a conhecer, ao mundo ocidental, o **Extremo Oriente**. Os Polos chegam à ilha onde prefigura o mais avançado limite planisférico: Japão. "o país do sol nascente".

---

[306] Typhis fora o piloto de Jasão, esposo de Medeia, conforme os mitos gregos e a dramaturgia de Sêneca e Eurípedes.

[307] GANDIA, Enrique de. *Historia de Colón. Analisis critico de las fuentes documentales y de los problemas colombinos. op. cit.* Tradução: "Um dia virá num futuro distante, onde o oceano ampliando seus limites, mostrará sua grandeza; outro Typhis descobrirá novas Terras e Thule não mais será a última".

b. Em Cristóvão Colombo, temos sua ida à Islândia – denominada "**Thile**" – "a última terra", antes do descobrimento da América, e, como diria Enrique de Gandia, "a quantidade de detalhes coincidentes, verídicos e históricos apresenta esta viagem como o mais real das excursões de Colombo"[308]. É importante frisar que esta viagem é reconhecida pelas próprias publicações contemporâneas a ele reportadas: a primeira grande obra deste registro seria a de seu filho, Don Hernando Colón, em seu livro *Historia del Almirante*, e a segunda seria as *Historias de las Índias,* do Pe. Bartolomeu De Las Casas.

Adam de Brema é considerado o primeiro cronista que deu à Islândia o nome de "Thile". Gandia diria que "a Thile indicada por Colombo, e que ele assegura haver visitado, era inquestionavelmente, Islândia"[309], embora "thule", "thule" ou "a última terra" dos antigos, fosse também um nome dado às últimas ilhas desconhecidas. Desse modo, esta lexia, em Colombo, designaria o extremo ocidental conhecido antes do Novo Mundo. "Thile" ou "Chile" é o outro extremo da cartografia, o fim do mundo; e, no atlas planisférico, é simetricamente oposto ao "extremo Oriente" de Marco Polo.

c. Deveria ter feito antes, mas o faço agora: é me admirar deste país, o Chile, aparecer na biografia de Santos Dumont, ou seja, ter ele viajado e conhecido este país sul-americano. Conforme resolução do "Congresso Científico Pan-Americano", em Washington, Santos Dumont aceitou o convite de representar o Aero Club of América, no "II Congresso Pan--Americano de Aeronáutica", que viria a ser instalado no **Chile**. Santos Dumont, neste congresso, foi eleito presidente honorário, como já vimos. A etimologia de "Chile" traz a mesma acepção anterior, de Colombo: uma palavra provinda do aramaico que significa os confins do mundo, fim do mundo, extremidade etc., cabendo o uso do mesmo significado de posição geográfica no planisfério e, inclusive, por sua forma geométrica limítrofe, alongada, envolvendo quase toda a costa oeste sul-americana.

O esquema, a seguir, recompõe um modelo simples justificado no tópico. Lembremos que a relação sintagmática *horizontal* (e..., e...) do esquema repousa na série a + b + c, como relacionáveis paradigmáticos na *vertical* (ou..., ou...) que aparecem como três elementos em "x", articulados sobre os elementos "y".

Esquema 16

	a)	b)	c)
x)	Marco Polo	Colombo	Santos Dumont
y)	EXTREMO ORIENTE	THILE	CHILE

Fonte: do autor.

Enfim, o determinante paradigmático (ou..., ou...) autoriza um confronto sintagmático verificável entre os personagens, consoante os argumentos dos elementos geográficos do segundo conjunto

---

[308] GANDIA, *op. cit.*, p. 145.

[309] *Ibidem*, p. 142.

"y", reconhecidos igualmente e colhidos como fatos explicados pelo primeiro conjunto "x". Marco Polo, Cristóvão Colombo e Santos Dumont atualizam, como conjunto, os significantes geográficos "Veneza", "Gênova" e a "Itália", que poderia resultar na elaboração de outro quadro circunstancial.

As cidades natais de Cristóvão Colombo e Marco Polo, respectivamente, são Gênova e Veneza. Estas cidades-estados são geopoliticamente opostas e foram grandes concorrentes comerciais em algumas fases mercantilistas até o Renascimento. Elas separam horizontalmente, por meio de uma linha imaginária, a península itálica do continente europeu. Além disso, definem-se como de caráter competitivo devido à sua posição geográfica. Delimitamos um corte imaginário vertical entre Gênova e Veneza, dividindo o seu alcance no mundo, a princípio, em duas direções respectivas: o mundo ocidental a oeste e o mundo oriental a leste da península itálica. Este critério de distinção manifesta-se na articulação dos feitos dos personagens que lhes representam. Desse modo, Veneza, associa-se a Marco Polo, leva-nos forçosamente ao Oriente asiático, por sua posição à direita da itálica. E a cidade de Gênova, associada a Cristóvão Colombo, leva-nos ao Ocidente, mais precisamente à América, por sua posição mais ocidental da península itálica – atendendo à abstração formal dos "antípodas".

Como estes "atores" foram viajantes exploradores, é de se levar em conta o <u>fator deslocamento</u> como traço qualificador. A existência destes heróis prende-se ao fato de haverem se deslocados a sítios nunca descritos por registros oficiais onde a Europa foi parâmetro acadêmico. Ora, visto que a maneira mais simples de deslocamento é feita primeiro pelos membros inferiores humano – as pernas, em Santos Dumont para subir os degraus e entrar n'*A Encantada*. Procurar entender o melhor sentido do projeto desta escada é chegarmos a este: o sentido de subir (como deslocamento). E neste simbolismo está o mapa da península itálica. Sua escada foi talhada em meios degraus alternados entre si, de modo que, para nela subirmos ou descermos, precisamos começar com um determinado pé no primeiro degrau. O modelo dualista anterior entre MP e CC garantiria, nesta perspectiva, a Santos Dumont, o referencial do subir, ou voar, como um avançar histórico. Pelas explicações arquitetônicas, os degraus das escadas cortadas em meios degraus justificam sua maior inclinação espacial. Por outro lado, também está aí a importância da atenção ao pisarmos no degrau certo, subirmos ou descermos – e qualquer desatenção surgirá o desequilíbrio. E não há quem possa expressar-se melhor sobre quedas do que um aeronauta.

Vejamos o esquema na posição dos atores na "bota itálica", reatualizando elementos de suas marcas. O avatar "Santos Dumont" perpassaria seus prepostos atores ensejando um plano em contínuo.

Tabela 26

Cristóvão Colombo	Marco Polo
GÊNOVA	VENEZA
AMÉRICA	ÁSIA
OCIDENTE	ORIENTE
OESTE	LESTE
ESQUERDA	DIREITA
DEPOIS	ANTES
SEGUNDO	PRIMEIRO

Fonte: do autor.

O esquema se apresenta de forma ordinária crescente ou decrescente, entretanto cabe suscitar a ideia do movimento de subir, como o subir de uma escadaria. Esta **"escadaria virtual"** no esquema, remete ao deslocamento gradual da altura, - arquétipo de Dumont, de modo a corroborar a homogeneidade ao tratamento da sincronicidade de movimentos numa visão sob um plano euclidiano. Atentemos à ordem subjacente que imprimimos a cada passo da crescente vetorial que vai do mais abstrato ao mais concreto, visando ao entendimento estrutural das relações, e vice-versa.

O astronauta americano Neil Armstrong, em sua viagem na APOLLO 11, mais precisamente no pouso na Lua, expressou este mesmo sentido de ter descido os degraus da escada do Eagle (Águia) e pela primeira vez pisado na Lua, curiosamente, às 22:56 do dia **20 de julho** de 1969, momento em que usou a frase que ficou grifada na História e resume para nós a metáfora do empreendimento do deslocamento humano. Sobre o acontecimento, descendo a escada nos seus passos decisivos, declara o astronauta a pisar na Lua: "Este é um pequeno passo para um homem, mas um gigantesco salto para a Humanidade".

Também o astronauta Michael Collins, da mesma APOLLO 11, em seu livro *O Fogo Sagrado*, referindo-se a Colombo, entrelaça, tal qual vimos fazendo, a ciência marítima à aeronáutica, ele, como já apresentamos nós, diz o seguinte:

> [...] a NASA nasceu na Lei Espacial de 1958. No entanto, a exploração espacial neste país teve início real quando **Colombo** aqui desembarcou. [...] Quando a exploração **horizontal** chegou a seus limites, era hora de procurar a **vertical**, e assim tem sido desde então, cada vez mais alto e mais depressa[310].

Todavia, e aproveitando-nos do ensejo da "epígrafe" de Neil Armstrong, aqui valeria um parêntese. Se formos nos valermos de uma história da aviação (ainda que paralela), o que se tem dito para enublar a primazia de Santos Dumont tinha corrido inversamente à citação de Armstrong. No caso do francês Clément Ader, o qual, sem qualquer demonstração, alguns franceses indicavam

---

[310] COLLINS, Michael. *O fogo sagrado. A jornada de um astronauta.* 2º vol. Coleção Veja. Rio de Janeiro. Ed. Arte Nova S.A. 1975, p. 173. Os grifos são nossos.

como "pai da aviação", realizou inversamente, a frase de Neil Armstrong, ou seja, aquele <u>pequeno salto</u> de seu aparelho não pode ainda se tornar um "belo salto" para a humanidade, porque ninguém o viu voar. E mais, um aparelho voador não deveria "andar aos pulos" – deveria voar. Aquela pesada geringonça a vapor, morcegoide, poderia ter se despregado do chão e voado? Ou saltado?

Tenho percebido a ocorrência de muitos defensores entusiastas darem importância superestimada aos saltos nos estudos da aviação. O grande defensor brasileiro de Santos Dumont, o Sr. José Feliciano de Oliveira, que combateu a prioridade francesa de Clément Ader sobre a do brasileiro, deteve-se muito tempo nisso, tal qual os jornalistas franceses, nos saltos que, porventura, o emérito pesquisador francês tenha feito. Isto não deveria ser motivo de preocupação. Nas Olimpíadas, existem as modalidades de saltos em distância, em altura, em vara etc., e isso nunca qualificou os atletas ginastas na ordem de "voadores" olímpicos, nem qualquer canguru que salte por animal voador.

Colômbia, país sul-americano, guarda sua importância no seu apelo geográfico, quando faz sua homenagem ao genovês e, sem o saber, na sua relação a SD quando faz a data da sua independência política, o **20 de julho**, recair no dia e mês do nascimento de Santos Dumont. Igualmente, atravessando a maior cordilheira continental, a dos Andes, encontraremos nela, digno de registro aqui, o seu ponto mais elevado: o Pico de nome Cristóbal Colón (5.775 m), num outro gesto compensatório ao não batismo do continente. O ponto em comum é que, ao citarmos aqui o maior pico da Cordilheira, direcionamos, necessariamente, a atenção do objeto à dimensão da altura. A aviação se destaca neste contexto ao envolvermos o antigo navegador à dimensão da altura. Ironicamente, lembramos que o Pico Cristóbal Colón (PCC), o mais alto da Cordilheira, guarda enfaticamente a relação da altura no sentido de qualificar o descobridor.

Quando o homem nomeia algo, antropologicamente, fá-lo de modo a que este objeto se torne parte de si, como se o exterior, a partir de sua vontade dominadora, parecesse reter nele a razão em si da existência das coisas. Nomear seria pôr sobre o ser-objeto um conjunto de significações retornáveis, conferindo ao agente o domínio imaterial da sua existência. A primeira forma para que a sustentação promovesse o novo como algo original ou singular é explicá-lo lançando mão de uma relação comparativa, diferenciadora dos elementos. Assim, a primeira distinção significante é dada pela intenção do autor e, posteriormente, pelo nome requerido, que recairia numa acepção etimológica. De modo que, descobrir uma ilha no Oceano Atlântico e não a nomear é deixá-la assignificativa e, portanto, não a descobrir. O tomar posse é assenhorar-se do objeto-natureza, tornando-o seu. Ao mesmo tempo em que o objeto se transforma no nomeado, ele recria significações plenas que implantam, e seguramente depois, voltam a se diferenciar por quaisquer outras novas referências.

No limite do objeto abstrato ou concreto, encontraremos a determinação, a finalidade, o contorno etc., justificando o ser existente nas suas várias extensões limítrofes. Entretanto, não cabe ao próprio limite em si o estabelecimento do fim das coisas. Sabemos que a parte mais importante da célula não está na periferia da membrana, porém no núcleo. Mas todo centro tem sua periferia. Delimitar traz à discussão o centro e os polos, a tensão dialética do "ser" e "parecer", núcleo e periferia, e outros opostos sintagmáticos. Neste caso, no núcleo central da célula, reside o protótipo da vida, e nele temos, nos diversos modos de ser, seu elemento fundamental. O Panamá, país da América Central, tem o significado de "coração do mundo, centro do universo". Panamá aqui é um núcleo. Mas, em se tratando de limites, "Panamá" é também considerada a última terra alcançada por Colombo na esperança de ultrapassá-las. Viemos nos defrontando-nos com uma ambiguidade discursiva onde o mesmo Ser-Objeto é **núcleo**, "centro do universo" e **extremidade,** "última terra".

Neste sentido, apropriando-nos do mesmo exemplo do Panamá, vemos, em outra situação, um herói brasileiro ser corolário de uma visão quase idólatra, guarnecido, no seu retrato oficial aeronáutico, com o referido "chapéu Panamá": Alberto Santos Dumont, um símbolo patronal. O retrato com o chapéu simbólico remonta à imagem duma possível célula vista de cima, num ângulo em que, ao centro, se situa o cérebro humano; que, se por um lado, guarnece a cabeça, a extremidade alta do corpo, por outro, também se infirma como contraste aos membros inferiores: as pernas/pés – por extensão à bota itálica, península dos ilustres viajantes.

A complexidade de um suicídio. Neste capítulo, tentamos nos circunscrever sobre os limites espaciais quando nos voltamos às questões geográficas das descobertas colombinas ou do intento de atar os dois limites planisféricos do orbe terrestre, entre outros assuntos derivados que reverberaram neste estudo. Mas é importante trazermos os limites, ou a extremidade da Terra, para atualizarmos a etimologia de *Chile*, suas repercussões sêmicas no espaço, voltando psicologicamente no tempo.

Colombo e Gorrício, juntos, reuniram algumas passagens da Bíblia e começaram a escrever o *Livro das Profecias,* que já citamos atrás, na comparação com o livro *O que eu vi, o que nós veremos*, do brasileiro. Colombo, misturado a outras leituras, cultuava a doutrina do fim do mundo. O descobridor messiânico convencera-se da proximidade deste e de que sua descoberta contribuísse para acelerar ou alcançar o "paraíso perdido".

A pertinência deste fato, quanto ao fim do mundo ou dos tempos, compactua ao igualmente ao Santos Dumont. Recaiu sobre ele a iminência de duas guerras mundiais; e no Brasil, a eclosão da Revolução de 1932. Podemos estender esta preocupação do nosso aviador pela importância que ele entendeu ter sobre os desígnios da humanidade. Existe, nesta abordagem, o sentido de que Santos Dumont também acreditasse na tese da destruição humana por via aérea, ou do próprio "fim do mundo". A consequência derradeira disso foi manifestar-se pondo fim à sua própria vida.

11

OUTROS ACTANCIAIS ENTRE AMÉRICO VESPÚCIO E W. WRIGHT

Nas relações de sincronicidade comparamos a época renascentista das grandes navegações com a dos primórdios da navegação aérea. Assim, como um exemplo apreendido destas relações, da descoberta continental e da invenção do avião nos EUA, percebemos uma sincronização atemporal entre fatos históricos não subsequentes. Nestas comparações, e mediante as similaridades admitidas e propostas, estes personagens dispostos paralelamente, atendem a alguns traços psicológicos e sociais semelhantes. Esta análise linguística não se apoia em alguma fala textual, especifica, mas na semântica comportamental das dileções e interpretações de fatos decorridos que, nos dois casos, ali estão, não só como fenômeno histórico, mas como consequências advindas dessas relações.

Além de termos notável apreensão significativa no que diz respeito às conceituações das diversas gamas de situações apresentadas, no famoso livro *Evolução em dois mundos*, de André Luiz, retiramos o seguinte:

> "Cientistas eminentes, interessados na continuidade dos empreendimentos redentores que largaram em mãos alheias, volvem ao trabalho e à experimentação entre os homens, e, no mesmo espírito missionário, religiosos e filósofos, professores e condutores, homens e mulheres que se distinguem por nobres aspirações retornam, voluntariamente, à esfera física, em sagradas ações de auxílio que lhes valem honrosos degraus de sublimação na escalada para a Divina Luz."
> trazendo continuamente outras aquisições [...][311].

Nosso objetivo é, por meio da semiótica, apoiado nos fatos/SER (como significante) descobrindo pela correspondência/Parecer (como significado), conduzirmos uma potencialidade ou um grau de verificação plausível do fenômeno palingenésico a cada um dos actantes atualizados: tendo como pares aqui Cristóvão Colombo e Américo Vespúcio, e Santos Dumont e Wilbur Wright. Neste sentido, também, vale dizer, o pesquisador Hermínio Miranda, usando de uma metodologia própria, mas muito próxima, desenvolveu uma pesquisa similar em dois volumes, intitulada *As Marcas do Cristo*, sob a ótica comparativa de dois personagens: Paulo de Tarso e Martinho Lutero[312].

Usando uma metodologia dedutivo-indutiva pode-se corroborar, pela amostra empírica, as hipóteses iniciais da análise do discurso, nas relações conjuntivas e disjuntivas dos metatermos semióticos atuantes sob lógica alética nas correspondências fatuais.

Assim, em nossos estudos, identificamos relações de sincronicidade em Américo Vespúcio, que dedicou duas vezes seu livro **Lettera** *di Amerigo Vespucci delle isole nuovamente trovate in quattro suoi viaggi* a dois destinatários diferentes de seu tempo: Piero Soderini, gonfaloniere e governador de Florença, e duque René ou o rei Renatus II. E comparando-os ao caso dos irmãos Wright, teríamos um Wright, que escreveria, no início do século XX, uma mesma carta descritiva de sua invenção dirigida às outras duas personalidades francesas (Capitão Ferber, e Jorge Besançon).

---

[311] LUIZ, André. *Evolução em dois mundos*. 4ª ed. Rio de Janeiro: Dep. Editorial da FEB – Federação Espírita Brasileira, 1977, p. 151.

[312] MIRANDA, Hermínio C. *As marcas do Cristo*. Vol. I e II, Brasília, Deptº Editorial da FEB (Federação Espírita Brasileira), 1974.

Como se constrói uma metodologia lógica de avaliação da história com autenticidade linguística? A questão da identificação do SER ou do PARECER no quadrado semiótico de Greimas deverá estar presente no discurso posto. Este esquema persuade a potencialidade do movimento dialético como primazia de uma descoberta ou invenção. Vimos que esse esforço encaminhar-nos-á a uma postura intencional de superação dos actantes rivais. De Vespúcio, temos Colombo, e especificamente em Wilbur Wright, temos Santos Dumont. Ao aproximarmos certas ocorrências, acabaremos por deduzir como esses personagens se posicionaram na sua história pessoal e social, a pretexto de poder "ser lembrado depois pelas gerações vindouras" (Vespúcio).

O ponto principal deste nosso texto aqui explora a bifurcação da publicação de um texto como um fato/fenômeno e, ao mesmo tempo, um descaminho histórico. Há uma polêmica histórica do porquê o "Lettera" de Vespúcio aparecer com duas dedicatórias/publicações iniciais diferentes. Muito se escreveu tomando como falsificação a segunda publicação com outra dedicatória. Vespúcio descreveu no opúsculo fatos de um (Sodieri) que não se refere a outro (rei Renné II), que "esqueceram de suprimir" em outras edições, apesar de o exemplar que dedicado a René II ter sido considerado de má fé.

Acontece que o rei René II (o segundo alvo da dedicatória de Vespúcio) tinha sob seus cuidados uma congregação de intelectuais conhecida por "Gymnast um Vogelianum", que coligia e publicava conhecimentos científicos, como o fizeram com o *Imago Mundi* do Bispo D'Ailly, entre outros, traduzidos ao latim por Jean Basin, humanista desse Conselho. Entusiasmado por lhe ter dirigido uma bela dedicatória, em livro tão especial, René II orientou Martin Waldseemuller reunir a Lettera de Vespúcio junto a outros textos para a publicação na *Cosmographiae Introductio*, de 1507, e induziu para que o novo continente viesse a se chamar *América*, inserindo-o pela primeira vez no seu mapa-múndi, com a seguinte justificativa:

> Hoje estas partes do mundo [Europa, Ásia e África] já foram completamente exploradas e um quarto continente foi descoberto por Américo Vespúcio. Como a Europa e a Ásia receberam nomes femininos, não vejo razão por que não deva denominar esta terra Amerige, a terra de Américo, ou América, em honra do homem sagaz que a descobriu[313].

Com os Wright, no século XX, acontecerá fato semelhante. Quatrocentos anos depois, Wilbur escreveria duas cartas exatamente iguais expedidas: a primeira ao Capitão Ferber, próximo ao governo francês, a quem venderia sua invenção; e a outra dirigida a Jorge Besançon (diretor da revista *L'Aèrophile*), para possível divulgação, ambos membros do aeroclube de França. Essas duas mesmas cartas poderiam retroagir sua invenção a 1903, como o fizera em 1905, uma revista de apicultura *Gleanings In Bee Culture* (índices que atraem coincidentemente a etimologia "Vespa"). A estratégia averiguada aqui é que, em ambas as produções literárias, as primeiras cópias são direcionadas a alguém politicamente importante, e as segundas cópias são dedicadas aos que detêm o poder dos meios de divulgação de modo a publicizar a ocorrência. A relação de identidade conjuntiva dos nossos atores principais do programa narrativo principal foi ensejar um "poder fazer saber" para um "poder fazer querer", que é o persuasivo discurso jornalístico/publicitário que acabaria por se impor definitivamente. Daqui vemos a importância do registro e a constatação da causa eficiente/sujeito, antes mesmo da preocupação da descoberta ou da invenção em si, pois já sabiam da possibilidade do voo em Santos Dumont.

Com efeito, Jean Besançon publicou, em 1905, a carta dos Wright na revista *L'Auto*, que seria uma fonte para onde os historiadores se reportariam no sentido de dar crédito aos Wright como primazes da aviação unicamente pelo ato discursivo do achado.

---

[313] WALDSSEMULLER, Martin. *Cosmographiae introductio*. Saint Dié, 1507.

Quem tem um conhecimento sigiloso ou se reconhece especialista em determinado saber, inadvertidamente, é considerado privilegiado sobre adversários ou leigos. E quando este conhecimento é cerceado ou controlado, passa a haver, por parte do lado oposto, a especulação e/ou o incentivo à espionagem. Desse modo, também, as expedições espanholas e portuguesas faziam secretamente viagens obtendo oficialmente grandes descobertas como as do Brasil, do caminho para as Índias, do cabo da Boa Esperança, das Canárias, entre outras. Vespúcio escreve que fez suas viagens ao mar nestas incursões destes países adversários, adquirindo certo entendimento técnico. Não só isto, Vespúcio começou junto à casa dos Berardi – no comércio de escravos, mas com a morte de seu chefe – Juanoto Berardi (ele, um "factótum"/empregado) herdou todo o seu negócio[314]. Mas, numa época de competição com largas chances de prosperar em viagens aventureiras, a possibilidade de enriquecer rápido estava fácil. Isto moveu Vespúcio a se enveredar por esta atividade. O historiador Consuelo Varela nos diz que: "Vespucci, quizá convertido em navegante, por que era ésta a única possibilidade que se le ofrece para enriquecerse rapidamente"[315].

Na verdade, a trajetória biográfica de A. Vespúcio é pouco conhecida e muito contraditória, segue como consequência de uma omissão de informações, e outras secretas, que ele, estendendo-se de um país ibérico a outro, assegura algum prestígio público. Tendo em vista a disputa de poder sobre as novas terras descobertas, posta em jogo entre as nações europeias, com as restrições a direitos ultramarinos entre Portugal/Espanha, ele herdará um mesmo tratamento "dissimulado" florentino. Portanto, estamos num ambiente de informações escusas e controladas, quando não contraditórias, cheias de omissões e falsificações. Em tudo há um jogo de interesses.

Particularmente, o florentino Simon Verde, um amigo familiar de Colombo e companheiro das suas viagens ultramarinas, era um estrangeiro em Sevilha. Tal como Colombo e Vespúcio, também se expressava negativamente sobre os espanhóis: "no se fia de los españoles *por la facilidad que estos tienen de contar mentiras*"[316]. Ademais, sabemos que os navegantes, via de regra, são conhecidos como grandes contadores de histórias.

Américo Vespúcio, depois de publicar sua terceira viagem, em Sevilha, é considerado detentor de certo conhecimento náutico estratégico, o que lhe rendeu o posto de **Piloto Mor da Casa de Contratação das Índias,** onde, além de ali guardar originais cartográficos e autorizar ou não suas cópias, se designará estrategicamente herdeiro do conhecimento da Escola de Sagres. Seria ele um mestre-instrutor aos viajantes/comerciantes. Vespúcio passa a ter o status que goza dos favores reais e confiança aparentemente sem limites. Mas fazendo jogo duplo, converter-se-á em "espía de la Señoría"[317]. Claro que não sem antes oficializar sua naturalização espanhola. Mais tarde, quando morre, é sucedido no posto pelo seu sobrinho Juan Vespúcio, que já participava, junto ao tio, dos seus negócios.

Ocorre que muitas riquezas exploratórias do Novo Mundo chegavam de lugares diversos, e todos competiam para que o conhecimento sigiloso fosse conveniente. Por isso, afora o que está registrado em seus livros, muito pouco se decifrou de senhas e códigos deste regime de competição existente entre os viajantes/comerciantes desta época. Porém, não é só isso: acontece que nisto tudo

---

[314] Vespúcio, originalmente, trabalhava em comércios que empreendiam certa logística para manter as tripulações dos navegadores abastecidas de víveres básicos para travessia do oceano ou viagens demoradas. Por isso se destacam mercadorias de estoque de **alimentos em conservas** como requisitos indispensáveis. Cito isto porque jornalistas do início do século XX admiraram-se (e por isso fizeram registro) de algumas extravagâncias de Wilbur Wright, em que uma delas é alimentar-se, principalmente, de alimentos em conserva.

[315] ZWEIG, Stefan. *Américo, uma comédia de erros na história. In: Os caminhos da verdade.* Rio de Janeiro: Editora Delta S.A., 1960.

[316] VARELA, Consuelo. *Colón y los florentinos.* Madrid: Alianza Editorial, 1988. p. 85, grifo do original.

[317] VARELA, Consuelo. *Colon y los florentinos.*Alianza America: 1988, p. 80.

se descobriu um lado obscuro a ponto de os biógrafos de Vespúcio concluírem: "Parece mentira que el espionaje español fuera tan torpe y tardara tanto en descubrir a los agentes extranjeros", e "semejante sinvergüenza supo ocultar su felonía durante un buen puñado de años [...]"[318] – referindo-se ao Juan Vespúcio, que, por "traição", chegou inclusive a perder o posto oficial que herdara do seu tio.

Em síntese, constatamos três inconvenientes do comportamento, se assim pudermos definir: a mentira, um comportamento dissimulado quanto à manutenção de segredos, e a traição ou contraespionagem, auferindo certa corrupção nos meios institucionais.

Quanto aos irmãos Wright (Wilbur e Orville Wright), considerados os inventores do avião, consta que fizeram um primeiro voo humano do mais-pesado-que-o-ar em 17 de dezembro de 1903, na Carolina do Norte; e que fizeram também suas experiências de voo em segredo, visando, com o tempo, a obterem uma situação financeira favorável, patenteando e comercializando seu invento ao seu país, ou a qualquer outro que quisesse pagar o seu preço – pelo que temos em registro!

No esquema lógico greimasiano, em que apresentamos os metatermos SER e PARECER, encontraremos o actante semiótico do **segredo**: o que É, mas não PARECE. Ocorre que ninguém sabia se o aparelho que Wilbur Wright afirma possuir realmente voara, porque não se soube de nenhuma demonstração. O que favorece a dúvida ou a mentira é, no mesmo sistema lógico, a **falsidade** ou mentira – ao que PARECE, mas não É. Aliás, vale lembrar que, estranhamente, depois do voo de Santos Dumont, em 1906, os mesmos americanos escrevem ao francês capitão Ferber querendo obter informações sobre particularidades do aparelho 14 Bis, ao invés de reivindicarem primazia. Posteriormente, Wilbur Wright afirmaria ter inventado o avião e que fizeram seu primeiro voo motorizado em 1903. No quadrado lógico, a **evidência** seria quando o fato, ao mesmo tempo, É e PARECE ser. Toda essa articulação sugeriu-nos aplicar aqui, pragmaticamente, como ficaria este quadro semiótico respectivo aos estudos nos metatermos de veridicção.

Independentemente de acharmos que não é trabalhando em segredo que confirmaremos uma verdade ou defenderemos contra ou a favor. Wilbur Wright trabalhou também a sua imagem, ou seja, passaria a ideia de alguém que não deveria ter nenhuma pretensão de ser pioneiro. Do mesmo modo, vimos em Américo Vespúcio.[319] Apesar de este não ver nada de excepcional – emprestou seu nome à descoberta de outro –, estes outros americanos engendrariam uma forma de passar seus nomes à história da aviação como pioneiros inventores. Assim, Wilbur Wright pareceu ter ofuscado Santos Dumont como o primeiro que voou num aparelho mais-pesado-que-o-ar. Do modelo anterior, seguiu-se que: o que era "SER" passou a deixar de ser para apenas "PARECER", de modo que Américo Vespúcio e Wilbur Wright se tornam, no conjunto destas articulações, "termos dominantes", e Cristóvão Colombo e Santos Dumont se tornam "termos subdominantes".

Para a ciência, sobre algum dado impossível de se considerar, não seria saber quem fez, ou quem foi o primeiro a fazer, que se daria importância, mas à demonstração sobre sua possibilidade de o fazer. Sobre algo até então impossível à luz do dia, publicamente, este fenômeno, então, impossível de se acreditar, vale em primeiro lugar como façanha ou fenômeno, propriamente dito. Até Napoleão Bonaparte, o grande General francês, chegara certa vez a negar qualquer possibilidade do voo humano, devido à inexistência de um ponto de apoio. Assim, ninguém acreditaria se não o

---

[318] *Idem.*

[319] Vespúcio termina sua Carta de 1502 defendendo-se, porque nunca trouxe nada de "suas viagens e descobertas", dizendo que "os homens do país falam sobre o ouro e outros metais, ou drogarias de muitos milagres, mas sou daqueles de São Tomás, que creem que lentamente o tempo fará tudo". "São Tomás" era o São Tomé, que também não acreditava no que via presentemente, então ele espera que tudo a depender do futuro, será. Mas que, por ora, apenas leiam o que ele escreve como certo.

visse ser realizado. Santos Dumont, em 1906, foi quem demonstrou publicamente, em Paris, esta possibilidade, divulgada largamente pelo mundo, em todos os grandes jornais da época. Isto é o que realmente vale, porque, até então, todos os estudos aeronáuticos eram mera especulação. E como era de se esperar, depois, diante da coragem e facilidade do experimento do brasileiro em alçar do chão, vários apareceram aduzindo prioridades indefensáveis: Langley, Ader, Maxim etc. e os próprios Wright, que fizeram sua primeira apresentação pública somente dois anos depois, em 1908. E o fizeram com um novo "modelo recauchutado", de 1907, não exatamente com o de 1903. De modo que, repetimos, não é ter inventado o avião (pois do aparelho não há quase nada do protótipo original no design atual), mas o de ter sido feita esta demonstração, publicamente, sendo, portanto, o voo do 14 Bis o paradigma comprovador desta possibilidade.

Porém, o que propiciou este fato histórico? No livro *La Conquista Del Aire*, publicado na Espanha, em 1945, Antonio García Blanquer descreve que o francês, capitão Ferber, recebera uma carta do americano Wilbur, em 1905, falando sobre seus voos, e então contata seus superiores do Ministério da Guerra francês. Pelo fato de estes não lhe terem dado atenção pelo "ridículo" do inusitado, vai ao encontro do financista Ernest Archdeacon (presidente do aeroclube de Paris), que, ouvindo a história dos irmãos Wright[320]: "[...] se le ríe en las barbas y, no contento con esto, llega incluso a publicar (el 3 de diciembre de 1905) un artículo en el periódico parisiense *Les Sports* en el que pone francamente en duda las proezas de los Wright"[321].

Precisamente, uns três dias antes, o diário *L'Auto* havia publicado a carta de Wilbur a *Jorge Besançon,* que Ferber confirmou ser idêntica à que ele também recebeu. Em decorrência disto, o diário *L'Auto,* indignado frente à atitude de seu competidor *Les Sports,* e com o fim de sobrepujá-lo, enviou seu redator aos Estados Unidos, que, infelizmente, não presenciaria o voo – a menos que pagasse o valor inacreditável de 1 milhão de francos[322].

Da negativa dos Wright à demonstração sem pagamento, surgiram inúmeras especulações, principalmente na França, de modo que, falhando a tentativa de pôr fim às digladiações internas entre *L'Auto* e *Les Sports,* o redator, Sr. Coquelle, da *L'Auto* voltou dos EUA apenas com alguns croquis do aparelho de Wilbur patenteado, e publicado em 7 de setembro de 1906, mesmo sem verem nenhum voo efetivo. Como se poderia patentear algum aparelho sem ter demonstração de sua funcionalidade? Possivelmente, isso não tenha acontecido antes do voo de Santos Dumont. Para forçar a barra contra essa troca de informações do que se entendia como blefe americano, o capitão Ferber tomou a iniciativa, por sua vez, e, junto ao Sr. Letellier, diretor de outro diário, *Le Journal,* enviou a Dayton, nos EUA, não um "investigador de voos", mas um "agente de negócios", já que o que queriam os Wright era comercializar o "voo" e/ou vender mesmo o aparelho.

Manter-se em segredo para negociar o seu invento explicaria o comportamento dos Wright, seu silêncio e o próprio desconhecimento de todos. Entrementes, todos se perguntavam: seria então possível saltar no ar? Voar alguns metros sem usar balões de sustentação, como havia experimentado Santos Dumont? Quanto custaria esta demonstração histórica como furo de reportagem para o mundo? A resposta de Wilbur para o agora Sr. Letellier, do *Le Journal*, foi: – Se pagasse 1 milhão de francos, não voariam 1 km, mas 50 km...

---

[320] Estava na ordem do dia as pesquisas aeronáuticas devido ao incremento de Santos Dumont no continente europeu. Nos EUA, conta-se que Wilbur conhecia pessoalmente Gustav Whitehead, que lhe disse ter voado com seu aparelho.

[321] BLANQUER, Antonio García. *La conquista del aire*. Barcelona: Luis Miracle Editor, 1945.

[322] Mais à frente, tão logo se informam do voo bem-sucedido do *14 Bis* de Santos Dumont, em 1906, os irmãos Wright aprovaram renegociar para 250 mil francos a demonstração, e 250 mil, a instrução de novos aeronautas. Esta "instrução", coincidentemente, fora a mesma incumbência de um "piloto maior" da Casa de Contratação das Índias, de Vespúcio.

Isto, que ficou conhecido como "O Contrato dos 50 km", sem acidentes, foi levado ao general Etienne, então Ministro da Guerra francês. Naquela oportunidade, ninguém teria como financiar 1 milhão de francos. Isto, associado à incredulidade dos franceses, e mais, por um chauvinismo patriótico, não houve como negociar algo que talvez fosse verdade. Não era uma aposta, caso voasse estaria tudo perdido... Como garantir a verdade de uma informação deste porte – um voo de 50 km, quando nunca ninguém havia visto um voo de 1 km? O que se percebeu pelo exagero levado a sério era que os yankees talvez houvessem voado de alguma forma ou não quisessem demonstrar, valendo-se do subterfúgio do não pagamento, ou de um tempo maior para efetivas experimentações. Era isto o que eles queriam: segurar com eles.

O importante aqui, que destacamos, é a comparação do texto/contexto em que encontramos elementos aproximados. Vemos o "contrato dos 50 km" que intercalaríamos com esta citação de Vespúcio, que está no último parágrafo que fecha a sua Carta da terceira viagem, terminada em reticências: "[...] não digo um dia somente, mas 50 como muitos sabem [...]" O que podemos apreender dessa expressão é que, por meio dela, ao contrário do que Vespúcio fala "como muitos sabem", na verdade, duvidam! Quando o discurso contrasta o um dia com 50 dias, supomos que ele extrapole o real – para garantir alguma presunção de verdade, qualquer que seja ela. Isto porque, seguramente, ele sabia que seria posto em dúvida, e neste sentido pensamos que Vespúcio já tenha motivado outros erros. Assim, esta maneira enfática de se expor incidiria negativamente sobre a certeza daquilo que se quer acreditarmos ter ocorrido.

Outra citação que encontramos em duas oportunidades reitera a explicação anterior, novamente junto ao Wilbur Wright: no livro *Os Precursores da Aviação,* de José Feliciano de Oliveira, diz o seguinte: "Wilbur Wright confessa que, em 1901, 'duvidava' ainda e dizia a seu irmão Orville que 'les hommes ne voleraient pas avant cinquante ans'"[323].

Parece-me que, para pôr fim a dúvidas, fazer valer a força da evidência sobre esta história e assistindo à praticidade experimental do brasileiro, foi instituído o Prêmio Archdeacon, pelo mesmo homem que seria o cético ensimesmado dos americanos de que falamos atrás: o presidente do aeroclube de Paris. Este prêmio teria o controle deste aeroclube. Até então, não fora possível ver ninguém voar num aparelho mecânico mais-pesado-que-o-ar; e se Wilbur falasse a verdade, eles apareceriam. O prêmio seria de 3,5 mil francos para o primeiro voo de um mais-pesado-que-o-ar por 25 metros. Note-se que este prêmio foi pessoal, de Archdeacon, pois o aeroclube oferecera também outro prêmio de 1,5 mil francos para o percurso de 100 metros. Contudo, os americanos não vieram conquistar nem um, nem outro. Santos Dumont parece ter chegado antes, pois levou os dois prêmios; o segundo prêmio foi a quebra de recorde de si mesmo.

Vimos antes o pequeno duelo que disputaram dois órgãos da imprensa – *L'Auto* e *Les Sport* –, ambos querendo estar com razão e defender, quiçá, o indefensável, ou seja, reagir para disputar uma nova notícia ou descobrir alguma verdade, sem, contudo, desmentir seu furo de reportagem. Vale a observação que todos os esforços que se viam no momento estavam nas mãos de estrangeiros (do continente americano), e não da França, por isso o desapego ou certo descompromisso com qualquer apologia de demonstração científica, naquele momento, até por Santos Dumont, outro estrangeiro.

C. Varela, reportando-se aos florentinos do século XIV, nos fala: "[...] la afirmación del Prof. Federigo Melis de que los florentinos en Andalucía no dejaban documentación escrita y que preferían hacer sus transacciones a la luz del sol, directamente entre las partes"[324].

---

[323]   OLIVEIRA, 1966. p. 42.

[324]   VARELA, Consuelo. *Colon y los florentinos.*Alianza America: 1988, p. 129.

Se eram características dos compatriotas florentinos, era também de Vespúcio. Já para os irmãos Wright, curiosamente, a primeira apresentação na França fora deliberadamente sob o crepúsculo do anoitecer (obscuridade literal) – não queria Wilbur que seu voo fosse fotografado ou filmado, pois vendera esta primeira reportagem a uma revista americana caso tivesse êxito na Europa. Ao contrário, quando nos referimos a Santos Dumont, quando se defende que seu voo foi "sob luz do dia ou na claridade do sol" – para todos verem e constatarem, temos uma metáfora da publicidade, de uma humanidade, sem patentes, sem comércio etc. temos um outro homem.

Gondin da Fonseca afirma que, em setembro de 1908, são os próprios Wright que apresentam meia dúzia de fotos à *Century Magazine*, afirmando serem de 1903, 1904 e 1905. Nenhum jornalista havia antes fotografado nada. As fotos históricas que temos foram feitas por eles mesmos e mostradas cinco anos depois. Para o lançamento, sempre usavam o pilon como catapulta e trilho para deslizamento numa colina. Não se levantavam por seus próprios meios, nem aterrissaram com rodas, mas esquis. E, no *The Scientific American* de 3 de novembro de 1906, alegam que o Flyer II pesava o dobro do 14 Bis e era acionado por um motor de 24 cavalos, metade dos 50 hp de Santos Dumont. Não seria acreditável tal voo.

Percebemos que o interesse pela verdade dos fatos está em segundo plano, havia outros jogos de interesses. Quando, em 1901, da publicação do atlas de América nas cartografias do Novo Mundo, o seu nome já corria em cartas, livros, de boca em boca, em todos os lugares como "América", apenas em 1513 (um ano após a morte de Américo Vespúcio), quando os originais de Martin Waldseemuller haviam ganhado fama, este mesmo geógrafo intitulou o continente com outro nome! Por que isto acontecera? Não estaria tudo certo com sua primeira defesa para o nome do continente? Por que agora haveria de trocá-lo? Seriam sinais de um envolvimento de interesse político como a tal primazia dos Wright no começo do século XX? Stefan Zweig, um escritor austríaco exilado do nazismo, em seu livro *Amerigo: a comedy of errors in history*[325], questiona: "Nunca se saberá por que razão o próprio Waldseemüller quis privar o novo continente do nome América, que ele mesmo inventara". Não podemos sempre usar a defesa de uma condição de segredo para alegar fatores lucrativos, como foi o voo secreto dos Wright; isto também poderia ser um dispositivo motivacional para camuflar inverdades!

Houve grandes momentos da história em que os fatos se sustentam pelos interesses escusos dos quais nem sempre se conheceu seus verdadeiros meandros. Não obstante, essas dúvidas tendem a gerar certo temor quanto ao direcionamento do uso que fazemos delas. Aqui nos pautamos pelas isotopias do segredo, do obscuro, do falso, do comercial, da honra, do poder – que se mostram semelhantes nas existências comparadas.

Mas, não existem apenas estes aspectos que recortamos da relação entre os personagens – há outras inserções flagrantes. Existem outros elementos importantes: o primeiro voo de Wilbur foi em 1903, exatamente 400 anos depois da publicação de *Mundus Novus* de Vespúcio, em 1503. Vimos que, a partir de 1508 e 1908, seus nomes se tornam reconhecidos internacionalmente, o primeiro, a nomeação do Continente e, do outro, a autenticação como primeiros aviadores, por algo, diga-se de passagem, já descoberto antes (por Colombo) ou já inventado (por Santos Dumont). Já em 1512 e 1912, ambos, Américo Vespúcio e Wilbur Wright, morrem de doença natural, perfazendo também 400 anos.

Vespúcio (no início do parágrafo de fechamento da Carta da segunda viagem) diz: "sou daqueles que creem que lentamente o tempo fará tudo". Coincidentemente, Wilbur Wright também assume o lema de Vespúcio. E o que temos visto é que este substrato psicológico era procedimento de Wilbur

---

[325] ZWEIG, Stefan. *Americo: uma comedia de erros na história*. Rio de Janeiro: Editora Delta S.A., 1960.

Wright. Se escondeu segredos, se manipulou informações como dado objetivo, se exigiu valores impagáveis para continuarmos negativados, nunca saberemos – mas, sim, que deu certo! Ele esperou pelo tempo, e este realmente lhe atendeu.

Resta a resposta desta pergunta: quem tem o mérito da invenção do avião, Santos Dumont ou os irmãos Wright?

Aristóteles, nas definições de suas quatro causas: eficiente ou motora, material, formal e final, ressalta que a **causa final** (objetivo) tem valor infinitamente superior ao da **causa eficiente/motora**, ou seja, do sujeito que faz. O porquê da existência da coisa é superior ao sujeito da operação. Daí poder-se dizer que, no mínimo, como efeméride aeronáutica, Santos Dumont foi o que primeiro deu consciência ao homem da **possibilidade do voo** (causa final), enquanto os Wright apenas alegaram depois serem eles os primeiros (causa eficiente), numa época, 1908, em que muitos já voavam na França: Santos Dumont, Farman, Bleriot, Voisin etc. Concluindo: quem demonstrou primeiro a possibilidade "inacreditável" de poder voar, voando, foi Santos Dumont, quando ensejou a "causa final". Quem deixou para se decidir futuramente a "causa eficiente ou motora", ou quem foi, foi Wilbur.

Poderíamos concluir apenas pelos fatos apresentados a mesma potencialidade política da formalização dos dados. A verdade é que, independentemente dos valores morais depreendidos dos circunstanciais destas relações pretéritas, o continente, hoje, se chama América, e os Wright são considerados inventores do avião.

Por meio do resultado destas articulações identitárias é que explicamos como manifestação de um mesmo espírito humano participa em momentos diversos da história e deixa suas próprias marcas. Qual seria outra melhor explicação de causa desses fatos elencados? O que justifica essa vertiginosa série fenomênica de sincronias que encobre a verdade dos fatos?

Com certeza, quando falamos em América, reafirmamos Américo Vespúcio, que deu nome ao continente e o nosso reconhecimento gentílico. Estas altercações dele com os primeiros aviadores americanos poderão aflorar sentimentos da nação norte-americana – dos EUA –, que historicamente faz defesa aos irmãos Wright por seu feito histórico. O que poderíamos dizer sobre isto? Se observarmos os dados aqui coligidos nesta sincronicidade e as permutas das nacionalidades dos atores, veremos que estas muitas variações nos obrigam a sermos mais universais e menos locais. Logo, o envolvimento patriótico, ideológico e defensivo tem obstruído a verdade nas suas manifestações mais básicas.

12

A AERONAVE: O PLANO, A CATAPULTA E O ESQUI

Voltando à velha questão sobre quem inventou o avião – Santos Dumont ou os irmãos Wright –, tentamos buscar outras possíveis alocuções intertextuais desta problematização, acrescentando, junto fatos históricos conhecidos e peculiares, conforme vínhamos fazendo, alternando contextos implicativos, tentando obter correspondências na enunciação do fenômeno sem alterar o caráter factual da atualização de cada um dos dois tempos apresentados. Nestas analogias, novos dados podem motivar relações, justificar fatos comparados, além de destacar as abordagens sociais e econômicas que se distinguem nas historiografias convencionais. Nosso objetivo será usar um procedimento inverso ao de acumular "comprovações". Buscamos saber se, por meio da negativa, ou fatores de exclusão, teríamos outros aspectos relevantes na problematização do mais-pesado-que-o-ar.[326] Poucos conhecem essa metodologia, ou lógica popperiana, do não procurar "comprovar", mas deixar sermos proibitivos o bastante, para tornarmos os dados os mais irrefutáveis possíveis, e mais epistemológicos nas assertivas. Se não conseguirmos chegar ao "mais científico", poderemos restabelecer, ao menos discretamente, o caráter do discurso em "parecer" e/ou "ser" em seu conteúdo manifesto.

Desnecessário é alegar que confrontamos textos distintos, detalhes casuais, e situações adversas, tentando diagnosticar como observador, as circunstâncias emergidas da antecipação temporal determinada pelos signos da língua em sua atual expressão, já que, de qualquer modo, estas questões nunca serão exauridas. O enfoque linguístico é aqui pertinente às relações entre os dados, contudo estes comportam figurações outras, além das que reservamos. Urge refletirmos sobre como recompomos o desenvolvimento da historiografia da história da aviação sem influências ideológicas que definiriam aspectos operacionais aceitos como verdade.

As novas descobertas do ser humano serão, sem dúvida, as que estiverem à luz das fundamentações mais básicas e dinâmicas da consciência – um espiralado retornante mais abrangente dos liames onde já nos debruçamos. O signo semiótico como um moto-perpétuo de um "eterno retorno" surge-nos nesta situação de entendimento intuitivo e transversal do saber.

No âmbito geral, a identificação sígnica de um acontecimento histórico "X" apresentado a um outro contexto "Y" remeteria a outro segmento maior da metalinguagem. O que levantamos como "a priori" do fenômeno verificado servirá depois para expor o discurso intertextual, porque normalmente o dado textual se refere ao primeiro conteúdo entendido.

Expressar aqui um modelo discursivo será um meio de tornar objetivas as analogias que fizermos como índices reguladores ou modelos aplicativos. Seria possível estender essa ideia da sucessão pragmática de fatos de um determinado contexto sobre outro como um *continuum* correspondente. É o que vimos fazendo sempre! Como reconhecer uma data histórica primordial, ora pretendida pelos defensores de Santos Dumont, ora pelos defensores dos Wright? Os argumentos factuais, antes de anularem ou confirmarem um fato transcorrido, exploram sua existência, pro-

---

[326] A teoria epistemológica de Karl Popper demarca, metodologicamente, como uma Ciência pesquisa ou deveria comportar-se, não tentando comprovar algo, porém, ao contrário, apenas corroborar; e por meio do princípio da irrefutabilidade, consignar acertadamente primeiro o que não pode ser. Devem os postulados científicos ser o máximo proibitivos para se tornarem falseáveis, e nunca falseados.

nunciando-se "arbitrariamente", conforme suas próprias identificações ideológicas. Vamos supor que o que propomos para trabalho não imponha nenhuma verdade sobre a relação aparente, apenas a relacione; não omite o fenômeno, nem o proclama, ainda que haja a relação concreta como exemplo da influência de uma causa sobre o fato a que deu origem. E se submetermos a consagrada "verdade histórica" por alguns momentos em suspensão, a fim de diagnosticarmos outras notas, que, articuladas, fossem reinterpretadas, por outra lógica melhor explicativa? Assim, mostraremos as diferenças obtidas em cada sujeito desta trama e os procedimentos tecnológicos (esqui, rodas da bicicleta, catapulta etc.) usados na resolução de seus problemas. Ao seguirmos o modelo em que, comumente, tais correspondências ganham ênfase, onde os sedimentos mútuos e estáveis se afixam, tudo continuará pertencendo ao velho e mesmo registro estrutural do tempo. Exemplo disso temos: 1) a prioridade que os irmãos Wright (ou quem lhes represente) de enublar Santos Dumont quanto ao feito de 1906, antecipando-o para 1903; 2) Santos Dumont (ou quem lhe represente), consagrado pela avaliação pública, jornalística e científica, por sua vez, jogaria para além de 1908 o pretenso voo de 1903. Não há como perdurar o discurso sem tocar no crisol dos apologistas de ambos os lados.

O plano e do esférico. Vejamos este texto escrito por Américo Vespúcio, em sua epístola de 18 de julho de 1500:

> Resolvi, magnífico Lorenzo, que assim como lhe dei contas por carta do que me ocorreu, lhe enviar duas figuras de descrição do mundo feitas e ordenadas da minha própria mão e saber. E será um mapa em **figura plana**, e um Mapa-mundi em **corpo esférico**, [...][327]

Nesta mensagem dirigida de Sevilha a Lorenzo di Pier Francesco de Medici, em Florença, encontramos referenciais da "figura plana", atlas da Terra e do "corpo esférico" que seria o globo terrestre. Este se distingue do penúltimo parágrafo, no qual se destaca a versatilidade que possuía na confecção cartográfica das suas terras achadas.

Antes de se conceber a dimensão esférica do planeta, pensava-se ingenuamente na planura – pela falta de entendimento físico-matemático. A terra a todos parecia figura plana – pelo próprio andar contínuo sobre o solo. No entanto, a cartografia, o mapa-múndi, não se sublevou ou deixou de ser um "projeto", um simples plano desenhado. Provindo das línguas latinas e lexicalizado no substantivo em inglês "plan" (plan), ou planta, "plant" (plan), de planeta, ou "planet" (planet), podem aparecer na dimensão, ou nível axiológico como planície ou superfície "plain" (plan), qualidade do que é raso, liso, do "plane" (plan). Esta lexia "plane" (plan) aparece-nos também como "palavra-ocorrência" no discurso... foi a mesma lexia econômica, que corresponderia, mais tarde, ao "aeroplano" – provindo do inglês "plane" (plan), de onde sucedeu o verbo intransitivo "planar" (de planador).

Esta aproximação sêmica de "plano" ultrapassa não só a expressão escrita/fônica, mas o extralinguístico, do aparelho voador ou "aeroplano", sa'lientando o emprego do inglês como forma de alinhavar o neologismo do voo motorizado de Wilbur à norma conceitual da língua destes autores.

A relação entre o plano da figura geográfica plana com o "plane" do aeroplano parece não ter ficado apenas numa "estrutura linguística de superfície", mas a temos na "estrutura profunda". No plano cartográfico, ou na ideia do globo, alinhamos as relações "Colombo-Dumont" e "Vespúcio--Wright". Para Wilbur e Orville Wright chegarem ao voo motorizado, experimentaram por algum tempo registros referentes ao problema do mais-pesado-que-o-ar, baseando-se, em parte, também nos insucessos dos saltos planados de seus contemporâneos acidentados.

---

[327] VESPÚCIO, Américo. *Novo Mundo*. Porto Alegre: L&PM Editores, 1987. Grifo do autor.

Podemos dizer que o primeiro aeroplano de Wilbur, o Flyer, saiu do congraçamento de várias opiniões distintas e alheias sobre teorias do voo, que, embora sendo tratadas como "máquinas voadoras", nem sequer saíram do chão. O francês Alphonse Pénaud publicou *Théorie du Vol*, criou o "planóforo", um aparelho voador que deveria ser lançado por uma catapulta; o alemão Otto Lilienthal construiu um planador "lepidóptero", para se lançar do alto de uma "colina artificial"; e ganhou fama por suas experiências de voo na beirada de um areal em Steglitz. Depois conseguiu adaptar uma rampa artificial nas proximidades de Lichterfelde", segundo pesquisas de Rolf Strehl. Sir Hiram Maxim, americano, criador do "Ciclone de Aço", inventou de colocar trilhos protetores sob as rodas; e o francês Louis Pierre Mouillard, que escreveu *L'Empire des Airs*, legou também a contribuição de saltar nos areais do deserto do Egito, que aparentemente motivou aos irmãos Wright atravessarem os EUA e tentarem seus voos nos areais do litoral da Carolina do Norte. Também influenciou muito os Wright o pesquisador francês naturalizado na América, Octave Chanute, que introduziu o método da "treliça de Pratt", eficaz pelos estaiamentos estruturais[328], adaptados aos Flyers que viriam. Os melhoramentos acrescidos por Chanute, ao aparelho dos Wright, foram adotados restando apenas "implantar" neles o motor a explosão ao modelo planador. Diziam que, com aqueles biplanos construídos, fizeram, para não dizer "muitos", "mais de mil voos" planados[329], usando como ponto de decolagem a mesma colina chamada "Kill Devil" em Kitty Hawk, um areal na Carolina do Norte/EUA por onde se lançavam. Depois disso, os irmãos se afastaram de tudo por cinco anos, esperando pela sorte grande!

Vimos a diversidade dos estudos precursores que levaram o homem a chegar a voar na América. Diferentemente, na França, Santos Dumont, por exemplo, adquiriu conhecimento e experiência a partir dos diversos balões livres e dirigíveis criados por ele mesmo, oportunizando que, do Dirigível 14, surgisse o notável 14 Bis como uma ave saída do ovo. Tivemos, então, duas versões ou fatores causais opostos da origem do aeroplano!

Em Vespúcio/Colombo, as palavras "figura plana" e "globo esférico" ligar-se-iam à impressão da forma pela qual o oceano se estabeleceria equilibrado no planeta. Apesar de ser audaciosa a tese de Colombo de rodear a Terra, não originalmente sua, da concepção geográfica de globo terrestre, este fato parece sempre emergir como possibilidade a demonstrar navegando sempre a oeste. Ao transpormos a figura "terra plana" de Vespúcio aos Wright, resultaria noutro viés, diferente do brasileiro dos balões esféricos, mas se voltaria à concepção do planador. Para arguir isto ao contexto dos Wright, voltamos à questão sobre o modo do deslocar do Flyer como requisito para compreensão do seu planador motorizado e o planisfério.

Dos contrários "subir" e "descer", como metatermos semióticos, temos que o movimento natural obtido quando do ponto de partida é de que inicialmente o mais leve (balão) suba e o mais pesado (planador) desça. Tal como exercitava Lilienthal, mediante uma pequena corrida inicial, os Flyers se projetaram no ar em voo mistral, a partir da colina Kill Devil Hill, mesmo que defendesse depois que, quando sem vento, se impulsionava por uma catapulta/pylon. E quando eliminaram a corrida descendente, colocaram um pylon com um trilho no lugar. Na verdade, até desnecessário se tornaria um motor para se suster no ar por alguns instantes, porque, sem motor e nestas mesmas condições, com menor peso, Lilienthal também "voara", e é o que caracteriza o voo planador.

Nas ascensões dos dirigíveis de Santos Dumont, ele comumente se punha em pé (posição vertical), que fez derivar o 14 Bis, enquanto os Wright se mantinham deitados (posição de bruços, na horizontal). O trem de pouso inicialmente eram as próprias pernas como o que vemos em paraque-

---

[328] ANDERSON, John D.. *Fundamentos de Engenharia Aeronáutica*, 7ª ed., Porto Alegre/RS, AMGH Editora, 2015.

[329] Tratamos de falar em outro capítulo deste estudo.

dismo; depois foram adicionados esquis deslizadores absorvidos pela areia. Assim, estes aeroplanos iniciais se diferenciam da atual postura ergonométrica dos pilotos em aeronaves. Estes exemplos polarizam os inventores e seus voos como articulação de contrários. Os contrários em jogo aqui são os "balões/planadores", "subir/descer", posições "horizontal/vertical". No período das grandes navegações, havia a máxima atenção ao cair do objeto verticalmente no chão da caravela (pela atração da gravidade). Isto salvaria toda a tripulação do medo do abismo e de sua queda no espaço infinito, pelo sentimento de insegurança diante do nadir, perpendicular ao nível do mar, se algo diferente disso acontecesse. Aqui se exemplifica a situação de coragem/medo quanto à singradura em viagens onde um repentino abismo os acolhesse e a todas as águas à frente. Mas onde estaria aqui o elemento horizontal/vertical? Na idealização que o globo e o plano do planeta nos trazem, há já um primeiro *insight* desta força "gravitacional". Nesse ínterim, a ideia ingênua de um novo mundo num plano é a da continuidade à frente, e não o do contornar outro lado do globo, ou seja, não se chegaria às Índias, mas a outras novas terras. Assim, a ideia da Terra Nova no mesmo plano contínuo pareceria mais lógica. Se o mundo não for plano, o medo do deslocamento em águas que desaguassem num abismo qualquer seria mais assustador, e, neste sentido, espera-se que ao soltar um objeto no ar, se estivermos num mundo em declive, o objeto não tomaria o sentido comum vertical, mas tenderia a percorrer obliquamente para frente ou, quiçá, num risco horizontal, porque o entendimento ingênuo da ideia da "Terra plana" baseia-se no andar relativo continuado – como já dissemos.

Quando dizemos que "no esqui deslisa-se em plano liso", vemo-nos submeter a um recurso óbvio, tautológico, inoculado ao fenômeno instigador dos elementos analisados referentes aos arquétipos do "plano". Vemos, nesta idealização, pressupostos pertinentes ao voo planado, principalmente. Um plano liso como superfície "plain" (plan) fará referência adjetiva ao escorregadio, derrapante, "plane" (plan). O deslizar, referindo-se ao liso "plane", exerceria a mesma função de aplainar, alisar..., em nossas estruturas lexicais. A palavra portuguesa "esqui" vem do inglês "ski", e o entendemos como patim de gelo com lâmina, ou o de rodas. O mesmo morfema da grafia "i" ou "y" estende-se à lexia inglesa "sky" – que significa céu, firmamento, atmosfera..., como semas articuladores do espaço do voo, que seguem direcionando intuitivamente os fatos como derivações.

Wilbur não fazia uso de rodas nos Flyers, mas esquis. O esqui, então, se ligaria aos seus voos planados. A vinculação do esqui no contexto em que se inserem as palavras "ski" e "sky" procede de um processo intuitivo encoberto pelo cotidiano da metalinguagem, impressos como esquema imaginário do "salto primordial" – contrário do "pisar" em terra firme. De salto em salto, o voo dos Wright não pretendeu ser apenas um grande salto, ou passo descolado para a humanidade, mas, infelizmente, um conceito de voo. Se, nos tempos dos descobrimentos, o primeiro a pisar num continente, ou mesmo hoje na Lua, teve sua importância, ao "destacar", ou descolar do chão[330], acresce que, no início, para o inventor do voo, o ato de "saltar", ou de produzir o "salto", havia-se dado certa importância como fenômeno também ao descobridor do século XVI, pois "saltando" em terra firme, oferecia-lhes o regozijo de atingir o alvo desconhecido, como sua descoberta. Também temos isto na primeira frase de Neil Armstrong, quando pisa na Lua: "Um pequeno passo para o homem, mas um gigantesco salto para a humanidade".

Quanto à presença do "esqui" nos voos dos irmãos Wright, identificamos-lhe em sua reciprocidade paronímica à lexia inglesa "sky". Concernente aos Flyers, num primeiro momento, a julgar pela dicotomia "estático/dinâmico", caberia esta relação alética de contrários:

---

[330] Vespúcio vem depois de Colombo, dizendo que pisou antes no continente americano, assim como Wilbur Wright reaparece depois de Santos Dumont, dizendo que voou antes, ou tiraram os pés antes. São posições dialeticamente contrárias para a detenção da prioridade.

Tabela 27

Esqui	Sky
lugar passivo	lugar ativo
(para o pouso)	(espaço do voo)
Estaticidade	Dinamicidade

Fonte: do autor.

Percebemos um fio mediador e criativo entre as épocas históricas (e os atores Vespúcio e Wright), conduzindo-nos como movimento de descoberta, exploração e invenção, mais do que agora como algo realmente novo. Havia a ideia de um continente possível além-mar. Segundo Júlio Verne, os mais eruditos já supunham a existência de um novo continente a Oeste da Europa, por razões de equilíbrio e de ponderação do globo terrestre.

Esse fio mediador processual atomiza os recursos internos psíquicos na linguagem em suas mais diferentes situações, sempre em consonância às ideias presentes no conteúdo histórico. Vejamos o susodito exemplo da lexia "plano" e suas várias acepções sinonímicas no discurso. De Américo Vespúcio, vem o sentido prático da projeção do mundo em terra plana – ou "planisfério". O que vem à frente não é o que está atrás de mim ou do outro lado do mundo. Sua formação generalizada como cartógrafo-desenhista só coexistia como transposição de um objeto existente na superfície planificada do papel – segundo a "geometria plana" euclidiana. Vespúcio não projetava na esfera, pois esta atendia ainda a um complemento hipotético da imaginação. Depois, mais à frente, o desdobramento do que plana no ar, ou o avançar-se pelos ares, tornar-se-ia uma constante de transposição semântica para o elemento "altura" do que está no solo ou do próprio solo – quando este se eleva. Ao nos ocuparmos em determinar a função, ou a qualidade, do uso do esqui que escorre pelo plano, faremos associar-lhe a contraposição ao uso da roda. Isto nos dará acesso a outra faceta do problema que se objetiva até de como a forma construtiva do "plane" emergiu para a história.

Vemos, a seguir, a foto de um monumento na cidade de Kitty Hawk (Carolina do Norte/EUA), construído em homenagem ao transpasse de um século de voo dos aeronautas americanos. Nela, obtemos uma simbolização da "terra plana" – a matéria-prima originária para a concepção do "aeroplano".

Imagem 9

Fonte: https://www.outerbanks.org/listing/the-monument-to-a-century-of-flight/256/

"E será um mapa em figura plana, e um Mapa-mundi em corpo esférico [...]" Decodificamos uma parte da imagem paradigmática da figura plana e mostraremos agora, o "corpo esférico", que está na relação ao que vínhamos abordando. No ano primax do descobrimento, em 1492, foi projetada, pela primeira vez, uma esfera armilar por Martin Behaim, doada à D. Manuel (para quem Vespucci ofereceu seus serviços), que a adotou para símbolo das armas de Portugal. Desse modo, o que fora até então bidimensional tornou-se tridimensional. Esta esfera metálica, de círculos concêntricos, foi deslocada dos "mapas de superfície planisférica" da antiga geometria euclidiana, para uma maquete giratória tridimensional.

Como já havíamos dito, não estava presente, nos Flyers, as rodas indispensáveis para aterrissagem. Isto foi motivo de surpresa para os americanos quando souberam, por meio de fotografias, que o *14 Bis* de Santos Dumont usava rodas para decolar e aterrissar. Vejamos um recorte das palavras de Wilbur em carta dirigida ao capitão Ferber[331]:

> [...] Já tivemos a oportunidade de ver numa gravura do New York Herald, que o aeroplano repousa na terra sobre três rodas, e deduzimos então que necessário se faz, a Santos Dumont, uma corrida prévia para decolagem, isto realizado sobre um campo extenso e bem uniforme. Com a catapulta de lançamento que empregamos, Orville e eu saltamos diretamente o ar, com a velocidade adequada, de uma forma mais prática. [...]

Um dos problemas dos aparelhos dos Wright nem estaria no esqui, ou nos patins, mas na ausência de rodas, mas, contraditoriamente, Wilbur defende a catapulta como a melhor resolução do problema, haja visto que o maravilhoso e mais radical humano seria o fenômeno de voar e não o pousar. O design conceptual "circular" foi deslocado para outro contexto da simbologia perceptiva. Para onde? Os contornos do "corpo esférico" metálico/armilar onde se projetava o mapa-múndi de Behaim, encontramo-los fixados nas rodas dos velocípedes e bicicletas. Os Wright eram mecânicos de uma oficina de bicicletas. Esta fixação atomiza a forma da percepção das rodas das bicicletas, nublando a ideia de sua aplicação no aeroplano. Adiciona-se ainda o fato de que as experimentações num "areal" cabem melhor nas necessidades mecânicas locais, o uso do esqui. Acresce-se a isto que o areal litorâneo é sentido como um fractal repetitivo, contínuo, que se replicaria a todos os litorais como "portos", instados como locais "sine qua non" das descobertas renascentistas. Assim justificamos Kitty Hawk.

O design das duas rodas de bicicletas tem, ao centro delas, rosetas que articulam seu giro esférico e o meio de encaixe das varetas. Daquelas rosetas partem radiais que se cruzam até o aro da extremidade (onde os pneus se encaixam). Curiosamente, obtemos a mesma visualização nos mapas com adornos tipo "aranha" e rosas-dos-ventos espalhados por sobre o tracejado territorial, remetendo-nos ao tempo colonial das descobertas. Tal como chamamos esta junção de hastes às bicicletas – de "rosetas" –, também nos mapas são assim denominados. Em algumas cartas de marear, encontramos um exagerado número delas como efeito decorativo. Quando não, que diríamos da confecção do planisfério dividido em dois hemisférios circulares (Velho e Novo Mundo)? É o caso dos geógrafos Rumold e Gerardus Mercator (1512-1594), famosos cartógrafos, sucedidos por outros que continuaram o mesmo "clichê" da projeção do mundo: um planisfério contido em dois círculos.

---

[331] JORGE, *op. cit.*, p. 207.

Imagens 10 e 11

Fontes:
https://www.meisterdrucke.es/artista/Gerardus-Mercator.html
https://pgl.gal/os-ventos-da-roseta/

Estas rosetas seriam o estímulo para a apreensão matemática cartesiana, que, posteriormente, para controlar o ajustamento do homem no espaço, disponibilizará nos estudos cartográficos o que reconhecemos hoje como paralelos e meridianos.

Esse aproveitamento visual do design das rosetas das cartas de marear deslocar-se-á para as bicicletas, os automóveis e o aeroplano – entre inventores do século XIX. O engenheiro francês, Clément Ader, por exemplo, além de pesquisar o voo humano, desenvolveu novos artefatos da fabricação de bicicletas. Ele introduziu pneus de borracha aos aros de metal destes velocípedes, amaciando sua funcionalidade. Glenn Curtiss, grande aviador americano, também seria mecânico de bicicletas[332], tal como os irmãos Wright. O grande Roland Garros foi um ciclista emérito, pois chegara a conquistar o título de campeão da França em corrida de bicicleta no ano de 1906, além de outros. Santos Dumont usaria largamente o selim, as rodas, o quadro etc., em seus dirigíveis. Ou seja, a tecnologia que envolvia a bicicleta ofereceu elementos técnicos e mecânicos para a aeronáutica, mais do que supúnhamos.

Imagem 12.

Fonte: Por Yesterdays Antique Motorcycles en Classic Motorcycle Archive, CC BY-SA 3.0,
https://commons.wikimedia.org/w/index.php?curid=2952470
Nota: Este velocípede exemplifica o existente à época de Clément Ader.

---

[332] HOFFMAN, 2003, p. 311.

Na bicicleta, reconhecemos as mesmas projeções técnicas e arquetípicas dos primeiros aeronautas. Este modelo de mobilidade experiencia os velhos arquétipos inerentes à locomoção feita por tração animal, uma reminiscência das bigas romanas, egípcias, que continham igualmente duas rodas paralelas. Há nelas uma força gestáltica intuitiva correspondente às varetas radiais, rosetas, duplicidade circular, lado a lado, incididas num mesmo plano, tal como o atlas mundi onde consta refletido o Ocidente e Oriente, os dois lados do orbe terrestre.

Em se tratando do uso simbólico do material circular duplo como o protótipo de bicicletas, exemplificamos, a seguir, a placa comemorativa do pouso lunar, em 1969, depositada na Lua pelo programa "Apolo 11", que contém dois hemisférios circulares como representação de um "frente-verso", distinguindo graficamente o "velho" do "novo" mundo – no orbe planetário, de modo a conjeturar a visão do planeta aqui à frente do satélite natural, como uma conquista continental. Esta placa simbólica tende a repetir, como nas antigas navegações, o instrumento do "padrão" onde o conquistador se apossa do território usurpado, deixando a marca de seu domínio e poder. A mensagem na placa em inglês faz-nos deduzir que o leitor-destinador é o próprio homem terráqueo civilizado, ou seja, a mensagem camuflada *We came in peace for all mankind* é a dos EUA para o mundo. Da mesma forma como se deram as conquistas quinhentistas hispânicas e portuguesas, os padrões visavam à "marcação de território", como é de uso animal (ao urinar). Eram voltados, principalmente, às monarquias europeias e a outros descobridores, mais do que propriamente, aos próprios nativos descobertos, ou povo americano.

Imagem 13

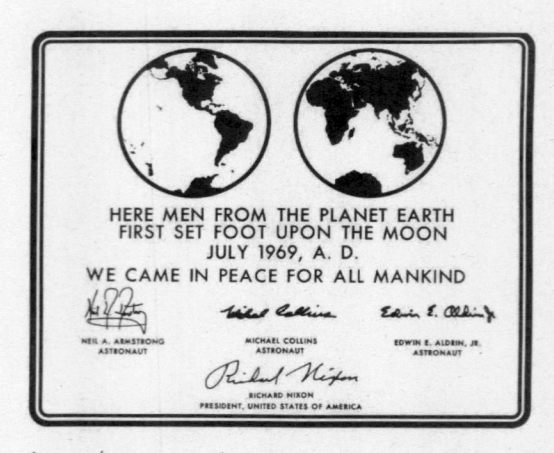

Fonte: https://www.dn.pt/vida-e-futuro/apenas-12-homens-ja-pisaram-a-lua-conheca-os-11114491.html

Outrossim, além da profusão sígnica que lobrigamos em rosetas aleatórias, mapas incompletos, mal descritos e silabados, temos as bússolas e astrolábios, instrumentos de "sem precisão" ainda imperfeitos, resultando em desvios de tracejado, invenção de território, certa natural desatenção e falsificações cartográficas. O desvio de atenção, provocado inadvertidamente, continuará no investimento semântico deslocado mesmo à roda e ao esqui; por isso as aplicações trocadas, fora de ordem, parecem normais.

A ambivalência da palavra "ski" não apontaria apenas ao significado do tipo "para pouso", mas ao seu deslizamento num trilho que emite um movimento para fora, à decolagem, ao meio pelo qual a coisa zarpa. Entretanto, não seria o maior problema a ausência de rodas, ou o escorrer como um sabonete pelas mãos, como o pylon impulsor/catapulta ajudaria a este movimento de empurrar, desferir para fora. Se involuirmos à reminiscência ancestral até Américo Vespúcio, veremos que este também não cruzou os mares por seus próprios meios ou trabalho, mas viajou às expensas de outros que o levaram, dos quais não se tem conhecimento histórico de que capitão nem em quais condições acontecera. Viajara ele, antes, talvez, como um ilustre desconhecido em expedições que permanecem ocultas das histórias oficiais portuguesas, não fosse sua pretendida astúcia em se colocar, sem deixar sabermos sobre qual comando se confiou. Na verdade, suas viagens têm sido negadas, sua "Lettera" a citam como apócrifas, e há vários trechos copiados de vários outros viajantes, da mesma forma, aliás, como os irmãos Wright procederam.

Conjunções e disjunções lógicas. No quadro lógico a seguir, inserimos agora um esquema apresentando o eixo dos contrários em que "Santos Dumont", como termo actante, entra em *"disjunção"*, com os equipamentos usados pelos americanos na especificidade em que a catapulta e o esqui se encontram em *"conjunção"* no termo lógico actante em "Wright" – por serem instrumentos usados para invenção do aeroplano. Ambos, intuitivamente, um frente ao outro, outra vez confrontados, de forma diversa, voltam à contraposição sígnico-narrativa, tendo como referencial o ano de 1906 (14 Bis); e, em 1903 (Flyer 1), Wilbur Wright antecipa os elementos "catapulta e esqui" à data de 1903; e Santos Dumont, inconscientemente, os posterga para além de 1908, conforme explicação que faremos.

Para que possamos perceber esta ideia, vejamos a relação em que os termos estão implicados:

Tabela 28

CATAPULTA, ESQUI e TRILHOS	
W. Wright	S. Dumont
em Conjunção	*em Disjunção*
(em uso)	*(não uso)*
Flyer	14 Bis

Fonte: do autor.

A essência desse discurso entende o aparelho aéreo, um avião, como produto técnico único. O estado de conjunção e disjunção existe numa relação de "pertença" e é compreendido como os elementos suspensos do conjunto fazem parte do aparelho aéreo ou não: se sim, está-se em conjunção, se não, está-se em disjunção.

Esta junção lógica dos elementos **catapulta** e **esqui** vai estabelecer para cada um deles o grau de importância (elementos acessórios ou peças fundamentais) que tiveram não somente para a constituição ou definição do aparelho aéreo, mas, principalmente, para a definição do voo.

A decolagem, o deslocamento e o pouso em Wilbur Wright. Um planador voando descendentemente, plana sem prescindir do uso da motorização. O aparelho mais-pesado-que-o-ar dos irmãos Wright seguia a mesma linha: atendia por um planador, porém, motorizado, tal como ficamos conhecendo depois. A contradição aqui é que um planador motorizado parece ser um avião, um aeroplano. Entretanto, o voo motorizado importaria no estabelecimento de algumas condições primordiais prescritas hoje pelo costume, que foram alcançadas por Santos Dumont no seu primeiro aparelho inaugural: 1º) a decolagem por seus próprios meios, 2º) o deslocamento contínuo pelo ar e,

3º) o pouso, u a aterrissagem "ralentando" sem tombamento, além das excentricidades limitadoras de um concurso, "Taça Archdeacon", mas que se imporia como autoridade para consagração do fenômeno: cálculo do tempo, distância, altura, local, velocidade etc., anotados por terceiros e não apresentados apenas por si mesmo, como fizeram os Wright.

O "Flyer" dos irmãos Wright, ainda em 1909, era impulsionado por uma catapulta[333], portanto não se erguia sozinho na decolagem, ou, caso se tenha erguido alguma vez, não fora todas as vezes. Conforme a revista norte-americana *The National Geographic Magazine*[334], citemos Anatole France que, em 1909, diria: "Wright détient le record de la distance, seul ou à deux. Il ne s'est point encore envolé par ses propres moyens"[335]. Informa Randers Pehrson[336], numa *História da Aviação*, editada pelo "National Aeronautics Council" dos Estados Unidos: "Quando a velocidade do vento estava compreendida entre 22 e 27 milhas, torna-se desnecessária a partida morro abaixo, e na pista de decolagem, um trilho único, de madeira, era montado em terreno plano"[337].

E como a outra "rampa de lançamento" dos Wright não era nada mais do que um trilho, popularizou-se na França dizer-se de forma anedótica que "desta maneira até uma locomotiva voaria"! A inserção da catapulta favorecia, pois, que talvez reduzisse o percurso da corrida para a decolagem, conforme temos nos nossos aviões atuais e o próprio *14 Bis*.

O deslocamento da aeronave deveu-se também à comunhão com o forte vento da região litorânea, com alerta de precaução a acidentes. Oportunizou-se, ainda, da sobeja colina Kill Devil, que ajudaria à função de planar inicialmente o aparelho, como uma pandorga. Não obstante isso, não se nega o fenômeno do soerguimento. Poder-se-ia compreender na verdade o deslocamento como algo natural, ou seja, um deslocamento propriamente dito, de ir de um lugar para outro, seja por um voo lançado, seja disparado pela catapulta – este, ao contrário, de baixo para cima.

Quando dizemos que os irmãos levantaram voo usando uma catapulta, por causa do pouco comprimento dos trilhos, é possível subordinar seu material tecnológico possível a outras variáveis, por exemplo, a falta de rodas. Também já foi dito que o uso desse trabuco era devido, agora, não à colina, mas à planura do terreno e, noutro lugar, como dissemos, ao comprimento do próprio terreno. Porém, com certeza, a ajuda ou não do vento poderia contar como uma das variáveis para o voo dar certo. Ou seja, seriam vários impedimentos, além da falta de subsídios financeiros para pagar a adequação de um motor mais apropriado ao aparelho.

Cabe ressaltar que a *Grande Enciclopédia Portuguesa e Brasileira*[338] ao enunciar o verbete "Aeroplano Wright", após se referir às experiências de Kitty Hawk em 17 de dezembro de 1903, declara, textualmente: "[...] Depois deste voo, levado o avião para o local abrigado, onde se supunha em segurança, um pé de vento pegou-lhe, arrastou-o, deixando-o em tal estado que as experiências tiveram que ser interrompidas".

Sem recursos financeiros para substituição de peças, deu por encerrados os treinos. Seria o caso de avaliarmos o voo motorizado por esta ocorrência? Parece que a ideia de que o aparelho "voou" a descontrole dos irmãos seja outra forma capciosa de autenticar informações e se desculpar do mundo. Então, vemos a pergunta: um voo à mercê dos ventos não seria sinal de que algum

---

[333] A Carta dos Irmãos Wright à revista *L'Aérophile* consta: [...] A partida era feita precisamente contra o vento. De todas às vezes o aparelho pôs-se em marcha sem impulsão alguma inicial ou outro qualquer auxílio. [...]. "Pequena História da Aviação", Matias Arrudão.

[334] The National Geographic Magazine, vol. CIV, dez. de 1953.

[335] "Wright é detentor do recorde de distância, solo e com passageiro. Ele ainda não se erguia pelos meios do próprio aparelho."

[336] Randers Pehrson era membro, em Washington, da Divisão de Aeronáutica da Biblioteca do Congresso.

[337] PEHRSON, Randers, *História da Aviação*. National Aeronautics Council. Washington, ca. 1950] ano aproximado.

[338] Grande Enciclopédia Portuguesa e Brasileira. Vol. 37, Lisboa – Rio de Janeiro, 1957.

material razoável diante de uma força "X" poderia voar sozinho, independentemente do próprio aviador? Porém, o descontrole do aparelho ou um modo de voo mistral sem direção não seria um voo humano. Na verdade, esta notícia/explicação tem o motivo de levar à ideia de que o voo é algo tão simples que dispensaria grandes sábios inventores. Por outro lado, com certeza, o aparelho deve ter danificado, mas não fora, necessariamente, um "pé de vento", senão que, na sua última aterrissagem sobre esquis, ele deve ter se rasgado todo.

Assim, os irmãos Wright não resolveram antes nem depois duas das três condições elementares do problema do mais-pesado-que-o-ar: a decolagem e o pouso, próprio do que são os aviões agora e do 14 Bis. O biplano *Flyer* posando como pandorga não cumpriu, grosso modo, a atenção ao pouso um aparelho voador deveria prover. Sabemos não haver uso parecido noutros "sistemas aéreos", além dos sportman das Asas Delta, em que também, muitos deles voam deitados. Há certa vantagem prevista na aerodinâmica no deslocamento de um aparelho voador, quando este retrai o "trem de pouso"; as rodas causam maior resistência ao ar, mas, sem dúvida, a falta delas no engenho americano facilitou o seu encarapitar nos pousos. Tratar a aterrissagem sobre rodas coube ao *14 Bis*. Porém, não confundamos pouso com o baixar peremptório! Rolf Strehl, no seu livro, apresenta um subtítulo do nono capítulo como ênfase importante à aviação: "O calcanhar-de-Aquiles do tráfego aéreo: decolagem e aterrissagem"[339]. De modo que não são os articulistas jornalísticos brasileiros que defendem estes aspectos, até os próprios defensores dos Wright negam algumas suas desculpas esfarrapadas.

Se os irmãos Wright puderam dar saltos e quedas em dezembro de 1903, o fizeram, no mínimo, pior ou às expensas da sorte, do que quando se apresentaram em 1908, com catapulta, trilhos e esqui que trouxeram dos EUA para a França. Nada nos impede de recusar voos, quando secretos, que só foram reconhecidos cinco anos depois do marco do 14 Bis. Quando finalmente o aparelho Wright voou, experimentado em público, é que curiosamente pareceu "consumada", pelos técnicos, a primazia americana, que antes, duvidosa, tinha agora chegado ao termo. O piloto se mostrou sorrateiramente desinteressado de qualquer notoriedade, na ilusão de não carecer de qualquer defesa da sua prioridade, senão receber algum incremento pecuniário.

Sabemos que, por mais rudimentar que tenha sido a aeronave de 1908, ela chegou àquele estado depois de certas modificações e da reconstrução por inteiro do primeiro autêntico Flyer, haja visto o "pé de vento" de 1903, que fatalmente nos induz à falsa informação.

Haveria credibilidade maior se a demonstração dos Wright tivesse sido feita imediatamente, quando muito, mais próximo ao "23 de outubro de 1906". Porém, como isto não fora feito, o ar que resultou foi identificável a um daqueles mafiosos tratos conterrâneos.

A um indivíduo tarimbado como Wilbur, experimentado com seus planadores, ao acrescentar um motor a eles, não se diferenciaria muito do original, ainda mais quando o protótipo de Chanute prescindia de vento favorável, declinação do campo, balestra de lançamento e deslizamento no solo. Além disso, o teimoso aparelho dava preferência aerodinâmica a um piloto deitado (forma atual de Asa Delta), condições essas que não constam como particularidades aeronáuticas, de nenhum mais-pesado-que-o-ar de nossos tempos.

Depois, ironicamente, os assistimos requerendo a prioridade do que sempre quiseram esconder, dissimulando desinteresse. Hoje, sabemos que, com um bom motor, qualquer objeto, mesmo sem aerodinâmica apropriada, poderia ao menos saltar melhor, ou produzir um voo. Por que não?

---

[339] STREHL, Rolf. *O céu* não tem fronteiras: a grande aventura da aeronáutica. São Paulo: Edições Melhoramentos, 1965. p. 335.

A catapulta e o esqui em Santos Dumont. Este assunto é rico e absorve aspectos de um repertório imerso no imaginário medieval, desvelado e convivido pelo também italiano Marco Polo, segundo descrições feitas de suas viagens. Por isso, transcrevemos um trecho sobre a recriação de um equipamento usado por ele em batalhas e guerras, a "catapulta", que, igualmente ao seu projeto, nos parece à primeira vista, algo do qual tenha surpreendido e se gabado o veneziano:

> Y entonce yo, Marco Polo, que tomé sobre mí este cargo, allegué ciertos venecianos que hallé en aquellas tierras, hombres discretos y exercitados en las armas y hice fazer tres grandes trabucos[340] que tiravan mil libras de peso cada uno, e fízelos llevar al campo y disponer en aceptar para tirar; y esto fecho, comencé a trabucar la ciudad. La qual, como vido que le derribaban las casas e cosa que nunca avían visto ni oído, ovieron gran miedo e luego se dieron al Gran Can.[341]

Apesar do que fora descrito, e no empenho de o fazer modestamente para melhor compreensibilidade do leitor, somamos aqui mais uma asserção que avivaria a questão das primazias, porquanto este instrumento, "trabuco" ou catapulta, acompanha-os idealmente como parte de suas realizações, tanto direta como indiretamente, tanto antes como depois do fato primordial o qual nos reportou para a história.

Para a história da aviação, a catapulta seria o exemplo opositivo, contrário, ao que elencamos, da invenção do mais-pesado-que-o-ar, pois este instrumento lança para o alto o "objeto voador", fazendo subordinar o conceito de voo, como algo jogado, lançado, arremessado para cima. De modo que a coisa "catapulta" atentaria negativamente para a própria definição correta do que é voar. Dessa forma, teríamos a definição de "salto", "pulo", "desapegue", no qual estaria a catapulta mais propriamente responsável. Embora fazendo este adendo, algumas enciclopédias e literatura em geral, na tentativa de desqualificar o voo do *14 Bis,* requalificam diversos imaginários saltos ou desapegos do chão, como parte conceitual do voo. Mas isto não é voo! Então teríamos um elenco de vários experimentadores – financiados por instituições – que levariam o título de inventores por terem desenhado, projetado ou até construído engenhocas as mais variadas e estapafúrdias possíveis como se alguma vez houvessem despegado do chão antes do brasileiro, dado que não qualificaram o voo igual ao que fez Santos Dumont. Não obstante, há uma profusão de "boas" ou notáveis enciclopédias que constroem e repercutem essas falsas ideias, de forma direta, como as façanhas aeronáuticas.

Historicamente, o acontecimento que justificou o "novo" e trouxe à humanidade a consciência prática da possibilidade de voar, marco para a humanidade, não veio de Kitty Hawk. A primazia dos Wright não trouxe ao mundo a verdade do novo como fato, porém, ao contrário, coube a eles sim seguir a velha prática ideológica e sofística que alega que "a Verdade está com o mais forte" (Antístenes). De certa forma, o agente de uma reivindicação falsa espera a questão criar forças circunstanciais e ares da plausibilidade, que, por sua própria espera, acaba, pela dúvida lançada, junto a possíveis forças majoritárias, conseguindo o que pretende.

Pelo menos até três anos – depois de 1906 –, os irmãos Wright ainda usavam a catapulta (ou "pylon"). A catapulta e o esqui, como partes do seu aparelho voador, vieram a figurar realmente como um conjunto tecnológico – com sua verve patriótica, simbólica de acessórios aeronáuticos visando à manutenção de sua prioridade. Curiosamente, em Santos Dumont, a prática do uso desses mesmos dois objetos – catapulta e esqui – apareceria num viés "a posteriori", quando o brasileiro não mais se dedicaria à aviação. Referimo-nos, agora, pois, a duas produções suas como "inventor diletante"

---

[340] Trabuco é sinônimo de catapulta, besta, balestra, pylon etc.

[341] POLO, Marco. *El libro de Marco Polo de Rodrigo de Santaella.* Madrid: Alianza Universidad. Alianza Editorial, 1987. Cap. 93 – p. 242.

tentando ocupar o tempo ocioso com algo útil. Referimo-nos aos projetos do arpão salva-vidas: uma pequena "catapulta", na verdade, que dispararia, à frente, boias aos banhistas em possível afogamento[342], e ao motor-portátil para esqui que impulsiona os esquiadores para frente nas subidas íngremes e cansativas ao invés de focar apenas no prazer das descidas no qual deslizaram. Seria, ao que parece, algo como uma "mãozinha" ascensional, um propulsor para o esportista esquiador subir mais rápido os planos inclinados nas encostas das montanhas[343]. Aparentemente, seria muito prático para as subidas oblíquas dos alpinistas.

A atenção voltada ao motor-portátil para esqui usado com a intenção de subir, ironicamente, igualar-se-ia aos mesmos objetivos do subir dos irmãos Wright, como equipamento ascensional. De modo que este impulso intuitivo assume certa referência contraditória ao fenômeno Wright, ou, talvez por um tirocínio inconsciente, o aviador engenhosamente fez por reacomodar aqueles mesmos artefatos sígnicos em outras performances.

Temos uma imagem bastante veiculada do "Arpão Salva-Vidas"[344] apontando para o mar numa praia. E junto ao aparelho está o seu idealizador. Este aparelho (em tamanho menor) não seria muito diverso ao descrito por Marco Polo em suas funções, ao tempo, beligerantes, como peça de ataque aos inimigos de Kublai Kan. Assim, apesar de que se tenha valorizado o inventor pelo objetivo final do aparelho, nele nada há, essencialmente, de novo que não seja esta aplicação.

Imagens 14 e 15

Fontes:
http://www.acritica.com/channels/entretenimento/news/exposicao-exibe-invencoes-de-santos-dumont-alem-do-aviao
CULTURA 10. *Edição comemorativa do centenário de nascimento de Alberto Santos Dumont*. Brasília, ano 3, abr./set. 1973, p. 64.

Acima temos certo aparelho, uma espécie de "esqui mecânico", para escalar montanhas.

Há nele um desprendimento muito forte para sempre se envolver com as alturas. Enquanto, em Wright, a catapulta e o esqui fazem parte dos apetrechos ou acessórios de um único aparelho – o aeroplano –, em Santos Dumont, estes elementos – o aeroplano, a catapulta e o esqui, se distinguem em três produtos diferentes. Entendendo que o 14 Bis não reúne aqueles elementos supracitados, enquanto, depois de 1906, estes aparecerem numa construção distinta de design, restabelecendo funcionalidades técnicas, em *disjunção* com o aparelho voador.

---

[342] Seria bom destacar aqui, de passagem, que, para Santos Dumont, o "afogamento" começaria a ter um sentido muito maior, desconhecido, chegando a beirar ao sema da "asfixia" – o motivo voluntário de sua morte.

[343] A ideia que antecede ao prazer de esquiar seria a da subida. Temos, então, aqui sua atenção direcionada a um aspecto diametralmente oposto à utilização do esqui – que deslizava descendentemente por força da gravidade.

[344] Este aparelho consta do acervo do Museu Paulista da Universidade de São Paulo.

Cabe fazer outra observação a este invento pós-aeronáutico de Santos Dumont. O lançamento de uma boia "salva vidas" ao mar adentro seria dar uso altruísta a um "objeto desprezível" sem direcionamento, que boia, sem propulsor, pois seu propulsor é a catapulta de lançamento. Assim, uma boia se assemelha a um aeróstato quando, enquanto o primeiro flutua desgovernado na água, o segundo – balão livre – flutua desgovernado no ar. No outro artefato, o impulso que o motor dá ao esquiador, para subir montanha acima, como finalidade do esporte, na verdade não o é. O que vale neste esporte continua a ser o esquiar descendo neve abaixo. Parece fundir-se ao planador a característica simples de descer de um relevo em plano inclinado. Isto não é um aeroplano, mas continua sendo um planador. Enfim, os dois inventos de Dumont unidos, na sua caraterística gestáltica, rebatem magistralmente os Wright, exarada em seu flyer no tempo de 1903. Trouxeram, os irmãos americanos, à Paris, a mesma marca, com a diferença que não mais se limitavam às características do "planador".

A situação econômica que financiou a primeira demonstração pública do voo de Santos Dumont extrapolou os determinantes econômicos brasileiros (ciclo do café), mas veio junto a todo um processo paulatino de aperfeiçoamento industrial de maquinários e novos projetos. Por isso, esta época reteve muitos inventos simultâneos. Contribuem, como fatores político-sociais ao fenômeno aéreo, a peculiar vantagem da sua classe social, trazendo-lhe sua independência financeira. Há, sem dúvida, outras abordagens das áreas da investigação humanística. Com os Wright, ocorreria que, passada a comicidade inicial, eles restabeleceram a credibilidade esperada à política americana – só comparável, neste tempo, à Thomas Alva Edison. A demora para se impor como inventores e realizadores surgiu também da falta de recursos para investimento na estrutura do aparelho. Queremos crer que, em 1906, não estavam satisfeitos, por preciosismo e demasiada cautela. De modo que, apesar dos "mil voos" às escondidas, que realizaram, não abriram mão da sua "plataforma de lançamento". Se o conceito do voo natural tem presente sua semelhança do voo das aves, e não ao de um foguete, em respeito a toda uma tradição de estudos históricos, então a definição de voo não será por um arremesso de um objeto no ar, e que, portanto, Santos Dumont tem o lugar da primazia.

Tabela 29

CATAPULTA E ESQUI	
diante do fenômeno do voo	
Wilbur Wright	Santos Dumont
1903	1908
Antes	Depois
à priori	à posteriori

Fonte: do autor.

A demonstração pública do voo é o fator testemunhal mais importante que um projeto de gabinete qualquer de autoridade reconhecida. Segundo os empiristas ingleses, os fatos se sobrepõem à razão, ou à autoridade ou a quem quer que seja. É a confirmação precisa da Verdade expressa e correspondida tecnologicamente, impulsionando o surgimento da área de pesquisa aeronáutica, estendendo suas fronteiras tecnológicas efetivamente à prática cotidiana.

W. Wright, sucedendo Santos Dumont na demonstração do voo e superestimado depois por sua feliz performance na pilotagem, ganhara certo crédito público ao requerer antecedência ao brasileiro. Em outras palavras, por uma satisfatória impressão inicial, imediatamente lhe realocaram um lugar ao Sol. Num primeiro momento, a relação entre dois metatermos (Ser/Parecer) repousa numa distinção opositiva de atores: Santos Dumont e W. Wright. No eixo dos contrários, um sucede o outro (1903 – 1906) como espelha o eixo dos subcontrários (antes – depois). Quando, em 1908, Wilbur polariza para si todas as atenções, criando uma relação de contrariedade à prioridade do voo de Santos Dumont, passa a ser o sujeito do fenômeno. Esta situação lógico-dialética já mereceu um tratamento especial nosso.

Algumas particularidades da mecânica do aparelho voador dos Wright foram compostas de peças/equipamentos adicionais – catapulta, trilhos e esqui – anexos estranhos ou à revelia das aeronaves comuns francesas, sendo, porém, ali, imprescindível. Independentemente disso, admitiu-se o voo pelo voo e a autoconfiante fala da anterioridade dos Flyers. Foi um momento importante na história da aviação. Houve um despertamento "ideológico", quando saiu o patenteamento do seu aparelho nos EUA, em 1905 ou 6. A França se empolgou com a alternativa do **biplano** *Flyer* dos Wright e, um pouco antes, o surgimento do **monoplano** *Demoiselle* por Santos Dumont. Nascia um grande estímulo, um entusiasmo crescente pelas novas tecnologias, facilidade de acesso, e tudo o mais. Todo esse envolvimento humano acabou por fazer despertar o voo, inclusive, como arte acrobática, em variados estilos e performances no ar, surgindo verdadeiros pilotos heróis, que ultrapassaram, cada um, limites antes intransponíveis e inimagináveis. Igualmente veremos a técnica tomar rumos e aperfeiçoamentos com finalidades militares.

Rapidamente esquecidos, os voos de Santos Dumont, em Paris, deixariam a cena.

13

O ESTRANGEIRO COMO "O OUTRO"

A França da "Belle Époque" foi considerada a nação culturalmente mais desenvolvida do mundo. A França é a nação que inspira, ainda hoje, a todo mundo, à admiração e à inveja. E como dizia Peter Wykeham: [...] este é um dos períodos mais esplêndidos em brilho e contraste". "[...] é há muito tempo reconhecida como o brilhante farol cuja luz alcança milhões de pessoas através de mares e continentes. Em todas as partes da França enxameavam o talento e a inovação"[345].

Destarte, havia em Paris a opulenta Grande Exposição de 1900, que, por sua notoriedade, foi marco para o início do século XX. A França se caracteriza por ter, primeiro, uma das sociedades mais adiantadas cultural e tecnicamente produzindo todo gérmen de inovações, pesquisas de ponta etc., e aqui incluiremos, naquela época, o desenvolvimento da aerostação e depois a aeronáutica. Ela foi o centro que ostentava reconhecidamente a chamada Belle Époque. Neste sentido, os franceses se destacam como os mais propensos ao novo tocando os extremos: do esdrúxulo ao escol. Paris inspirava superioridade, próprio do que requeria a impulsiva personalidade do aeronauta brasileiro. Santos Dumont não era francês, pode ser um cavalheiro exótico, mas ainda um estrangeiro num mundo diverso e cosmopolita. Como certa feita escreveu Raul de Polillo: "Ser Brasileiro era ser 'exotique', como se dizia naquele tempo em que era de fino sabor, em Paris, ter alguém nascido em longínquas terras estranhas, em relação à Cidade-Luz"[346].

A história da vida de Santos Dumont, um francófilo, liga-se a Paris ou à França por vários ícones ilustrativos que esbanjam exemplos em suas biografias – tudo nele remete aos símbolos, atitudes, reconhecimentos, relacionamentos intersubjetivos etc. Alguns aspectos firmam mais ou menos esses traços afetivos à terra de Vitor Hugo, tais como: em primeiro lugar, neste país, iniciaram suas ideias, bem como todas as suas experimentações; segundo, França foi onde se oficializou a sua maior contribuição à humanidade, conferindo-lhe a primazia do voo humano. Ela reconhecia, portanto, seus inventos internacionalmente estabelecendo o surgimento do Novo, tanto no que concerne o mais-leve como o mais-pesado-que-o-ar. Lembremos que o brasileiro publicaria em língua francesa seu principal livro intitulado *Dans L'Air*; em 14 de outubro de 1901, Alberto desfraldaria uma bandeira tricolor francesa no Dirigível SD6 pela primeira vez, saudando os franceses; em 14 de julho dispararia uma salva de 21 tiros, junto à revista das tropas francesas na comemoração à Revolução Francesa, entre outras.

Mas, por outro lado, sobressai-se também, considerando os obstáculos impostos por uma natural rivalidade aos aeronautas franceses, a sua não naturalização àquela nação. Desde a construção do dirigível SD2, começou nele a preocupação em formalizar um aeroclube em Paris. Dessa concepção, decorreu "uma concorrência organizada ao jovem brasileiro", segundo Peter Wykeham. E de fato o aeroclube se consumou.

Este mesmo biógrafo inglês, depois, de certa forma defendendo o brasileiro, exterioriza:

[345] WYKEHAM, Peter. *Santos Dumont: o retrato de uma obsessão*. Rio de Janeiro: Civilização Brasileira. 1966.

[346] POLILLO, Raul de. *Santos Dumont Gênio*. São Paulo: Companhia Editora Nacional, 1950.

A França era o lar das experiências científicas e do progresso!... A França era o ativo e vital explorador do ar e um francês havia oferecido um prêmio sobre um voo em Paris! Seria inconcebível que um brasileiro carregasse esta grande honra, particularmente quando seus esforços eram baseados na invenção e no gênio francês.[347]

Qualquer discriminação neste momento, de qualquer parte, poderia se tornar empecilho às demonstrações, a não ser que por trás do sujeito houvesse alguém com maior desprendimento no desempenho de suas faculdades (Santos Dumont nunca petenteia, não fabrica nem comercializa seus inventos, para os inúmeros pedidos que lhe são solicitados, mas doa, ou deixa seus projetos a quem quiser dele se ocupar). Assim, a França passou a ser reconhecida como sua segunda pátria. Lembremo-nos também que Santos Dumont é descendente de franceses. "Dumont" como um sobrenome francês, possibilitou com que eventualmente ele, no cotidiano, não se deixasse sentir alguma franca discriminação francesa para com ele. Mas quando a França passa a apoiar os Irmãos Wright à despeito do brasileiro, perderia também ela um pouco da sua prestigiosa genialidade ética, consagrando isso com a exaltação curiosa de Clément Ader.

Raul de Polillo[348] cita, em seu livro, que a revista francesa *L'Aérophile* é reconhecida como a publicação mais importante sobre aeronáutica no início do século XX. Cita ele as palavras de Ernest Archdeacon, como um "grito de alarme", depois deste ouvir algo sobre os irmãos Wright dos EUA: "Passará a pátria dos Montgolfier pela vergonha de deixar completar-se no estrangeiro esta última descoberta da ciência aérea?". Também nas palavras do capitão Ferdinand Ferber: "É preciso não deixar o aeroplano desabrochar na América. [...] É tempo ainda, mas não percamos nem mais um minuto".

Disso nos parece dedutível que, se não for pelas mãos de um francês, que a ciência aeronáutica surja, pelo menos, na França.

Santos Dumont foi avaliado por duas comissões científicas do aeroclube da França: uma em 1901, presidida por Roland Bonaparte, na qual demonstrou a dirigibilidade dos balões alongados, e a outra em 1906, presidida por Ernest Archdeacon, em que voou pela primeira vez num mais-pesado-que-o-ar. A primeira comissão a julgar a validade do *Prêmio Deutsch De La Muerth,* de 19 de outubro de 1901, não o aprovou imediatamente, para fazê-lo depois em 4 de novembro. Mas o prêmio fora entregue, sobretudo, devido, queremos crer, à rigidez das regras, e não por não haver outros competidores[349], e pela forte aclamação do povo e da imprensa a favor do brasileiro.[350]

Por tudo isso, o nosso balonista chegou a dizer, ironicamente, que estava sendo mais difícil receber o prêmio do que fora a façanha de contornar a célebre Torre. Neste sentido, agindo de forma instigativa e, a meu ver, de confrontação ao próprio aeroclube de Paris, e usando os próprios valores do prêmio que recebera, de 4 mil francos, Santos Dumont instituiu o seu próprio *Prêmio Santos Dumont* com exigências menos rígidas, deixando à disposição do aeroclube o seu controle.

[347] WYKEHAM, Peter. *Op. cit.*

[348] POLILLO, Raul de. *Santos Dumont gênio.* São Paulo: Companhia Editora Nacional, 1950. p. 261.

[349] O historiador José Feliciano de Oliveira critica esta Comissão, dizendo que o príncipe Roland Bonaparte já havia exposto seu parecer nos jornais, e este era a favor de Santos Dumont, mas Charles Renard (que se utilizou dos balões alongados patenteados do brasileiro Júlio Cesar Ribeiro de Souza) sustentava opinião contrária, igual, aliás, à do Marquês de Dion – que preparava também um aeróstato para a conquista do Prêmio. Charles Renard havia, inclusive, declarado, no *Echo de Paris*, que o *Balão Santos Dumont* não era um dirigível, e que ele preparava, com seu irmão em Meudon, um dirigível fruto de 17 anos de estudos. E disse que não poderia competir porque era funcionário público e que até com o seu aeromóvel France de 1884 ele teria ganhado este Prêmio.

É de se supor, entre nós, que a apresentação de um novo Prêmio, o Prêmio Santos Dumont, dado por ele mesmo, continha em si essa desforra.

[350] Nota: consta que Santos Dumont conseguiu chegar no tempo regular, mas, para efeito de aterrissagem, ele ultrapassou alguns segundos, e isto bastou para criar certo impasse na Comissão, que resolveu adiar a divulgação do resultado.

Mas ninguém, ou nenhum francês, conseguiu naqueles anos nem sequer se inscrever para disputá-lo. Isto, imagino, demonstrava não apenas sua superioridade na técnica e performance, mas também certa coragem de se aventurar, sem experiência mínima.

É interessante lembrar que o mentor do Prêmio mencionado, Henry Deutsch de la Meurthe, era um cavalheiro de posses, muito versátil em várias áreas da ciência, economia e arte, ou seja, um francês exemplar, filho de uma poderosa família judia de engenheiros e financistas, o qual, na oportunidade, se lançou a inovar com a indústria petrolífera francesa. Ele contribuiu de certo modo para o investimento na aeronáutica e particularmente contribuiu para o sucesso de Santos Dumont, que, modéstia à parte, inaugurou o uso do combustível "de La Meurthe" nas aeronaves. Em contrapartida, temos em Colombo alguém do mesmo engenho que contribuiu para o empreendimento da viagem de Colombo ao Novo Mundo, e este foi o grande cavalheiro, de família judia e financista/banqueiro, que emprestou verbas para a grande descoberta colombiana. Chamava-se Luís de Santangel. Conta-se que ele, cristão novo, se recusou ao que ficou sendo o lendário empenho das "joias da rainha Isabel de Castela", mas financiou o périplo transoceânico espanhol – e, com certeza, haveria algo a ganhar com isso.

A segunda Comissão avaliaria os concorrentes ao *Prêmio Archdeacon,* em que constatou a autenticidade do voo do mais-pesado-que-o-ar. Vale uma observação: os posteriores experimentos do 14 Bis de 12 de novembro daquele ano, diante da Comissão, não representam uma outra banca constituída, mas se tratava dos mesmos membros da anterior, de 23 de outubro de 1906. Ou seja, nesse dia, o fenômeno de 23 de julho confirmar-se-ia, definitivamente, em 12 de novembro, não em 1908.

As duas diferenciadas Comissões oficiais do aeroclube da França a que nos referimos intercalaram-se em cinco anos – a primeira foi, então, em 1901, e a segunda, em 1906.

Para um estrangeiro brasileiro, deveriam ser mais severos nas mensurações! Se houve obstáculos na apreciação da legitimidade do *Prêmio Deutsch* que estipulava o contorno do dirigível na Torre Eiffel em prazo determinado, aos poucos, também se formavam ceticismos acerca da prioridade de 23 de outubro de 1906, não da entrega do *Prêmio Archdeacon.* No voo do *14 Bis,* não podiam duvidar da façanha histórica, mas, a posteriori, se conjeturou rever outros eventos plausíveis. É impossível não haver outro pretenso "aeronauta", talvez francês, que tenha obtido o voo "um", controlado ou não, antes do "playboy" brasileiro. Claro que depois levantaram uma possibilidade exemplar: o engenheiro Clement Ader.

Além do mergulho precipitado na possibilidade de outros pioneiros haverem conseguido, de um modo ou de outro, o fenômeno do voo, também surgiria nos confins da América uma voz que ousava querer dividir a oficialidade da história no tocante à primeiridade aérea. Alguns, de pronto, sem prova substancial, defenderam de imediato a primazia dos Wright na invenção do aeroplano; outros defendiam ao menos serem os primeiros homens a voar. Entretanto, o voo de Santos Dumont, feito publicamente e avaliado por uma Comissão científica, foi considerado oficial e um marco inicial do vertiginoso desenvolvimento aeronáutico, que se daria desde então, alcançando, inclusive, os Wright, que depois se apresentariam.

Orville Wright, que pretende ter voado antes de Dumont, para demérito do brasileiro, afirma: "Se o voo de Santos Dumont foi o primeiro da História, seria o mesmo que admitir que qualquer outro navegador, que não Cristóvão Colombo, tivesse descoberto a América, porque ele não foi homologado por nenhum clube de descobridores"[351].

---

[351] VILLARES, Henrique Dumont. *Quem deu asas ao homem: Alberto Santos-Dumont, sua vida e sua glória.* Revista dos Tribunais Ltda., São Paulo, 1953. p. 276.

É certo que outros chegaram à América antes de Colombo, mas isto não lhe tira o mérito de ter *ido* e *voltado* à Espanha. Se Colombo não tivesse nenhuma Comissão para auferir o seu descobrimento, não quereria dizer que, em havendo isso, prejudicaria outros que o tenham realizado, mas que não se sujeitaram à verificação. É completamente descabido este discurso do aeronauta americano. Reavemos os fatos: será que Cristóvão Colombo não esteve submetido a uma instituição espanhola ou não fora autorizado oficialmente por uma equipe de notários?

É a Santos Dumont e a Cristóvão Colombo que reside a oficialidade histórica do "objeto novo" demonstrado. Não é apenas no discurso que o "novo" aparece ou que definimos seu carácter, mas, no caso aqui, o é por sua publicidade. Dizem os Wright, que só voaram de forma agendada, à vista de todos, dois anos após Santos Dumont, que seus voos viriam a ser os primeiros voos oficiais americanos e na França (onde outros a esse tèmpo já voavam e, dia a dia, se aperfeiçoavam tecnicamente).

Três anos antes de 1906, os Wright dizem que tentaram negociar sigilosamente o resultado a que chegaram do seu voo tripulado, entretanto sem repercussão. Ou pelo menos nenhuma significativa! Porém, esse silêncio, essa demora em aparecer, se deu por descrédito natural à técnica? Pela falta de uma instrumentação mecânica qualquer confiável? Por uma dupla procrastinação?

A tentativa de subverter a ordem das coisas não ficou apenas com os ambiciosos norte-americanos. Entre os franceses tão logo se deu a aclamação do fenômeno do 14 Bis pelos campos de Bagatelle, houve o despertamento de Clément Ader que, rapidamente, em 1907, publicou uma brochura intitulada *La Première Étape de l'Aviation Militaire en France*[352]. Este título com o recorte "première étape" fez animar os defensores do quiróptero de Ader, e este acabou por vir a ser o verdadeiro precursor – primeiramente, um Pai da Aviação francesa e, depois, o verdadeiro Pai da Aviação. Sem embargo, algum tempo depois, para descargo de consciência, deram a Santos Dumont um monumento em que ele "établisseur des premiers records d'aviation du monde". Fizeram Santos Dumont, idealista brasileiro, comparecer à inauguração política do seu próprio monumento – como batedor de recorde. Na verdade, ele se rendeu ingenuamente à fragilidade de sua própria primazia, pois aquele Monumento trata de um recorde por ele quebrado, e não do seu verdadeiro valor como pioneiro do voo. Diga-se de passagem, o verdadeiro valor de Santos Dumont está nas prolíferas experiências aéreas que ninguém as teve tão inumeráveis exercidas e construídas por suas próprias mãos e recursos.

No que respeita a Cristóvão Colombo, não se passou diferentemente. Pretenderam alguns de seus biógrafos limitarem os méritos de Colombo, para o apontar entre escritos hipotéticos, suposições antigas, menções de viagens e descobertas fictícias, terras paradisíacas, concorrendo com viagens "ocultas". E pelo fato de não surgir algum nome continental plausível, foi considerado oportuno falar em torno de certo "piloto anônimo" ou "piloto desconhecido", divulgar e sustentar isso. Há menções sobre isto em Juan Scolnus, e a Alonso Sánchez de Huelva, por exemplo, onde arguiam teses extremistas sobre o pré-descobrimento da América, que eram, a princípio, "fogo de palha" para deliberações de posicionamento. Todos admitem estas possibilidades, quando não tentam construir mistérios sobre a identidade Colombo, descaracterizando totalmente sua imagem do nascimento à morte.

Porém, a oficialidade do descobrimento está no próprio *Diário de Bordo*, considerado a "certidão de nascimento" do novo continente para o Velho Mundo, além de outras epístolas e documentações circunstanciais; assim foi a Carta de Pero Vaz de Caminha considerada a "certidão de nascimento"

---

[352] O pesquisador francês Clément Ader também envia o seu aparelho voador em forma de morcego (motor à vapor) para o museu "Conservatoire des Arts et Métiers", onde ali permanece como registro histórico.

da descoberta do Brasil para Portugal. Sem demover a possibilidade de algum homem ter tocado na América antes, sabemos, no entanto, que, sem a oficialidade documental, não há o agente demarcador. Todavia, é a sociedade, em última análise, que se reserva o carácter do histórico, não às individualidades que, por algum meio, a seu favor, podem distorcer fatos sem o esteio da realidade factual do fenômeno. Acertado esta inferência, à semelhança de Santos Dumont, destacamos o descrédito gradual quanto ao seu feito, encontrando nele a mesma condução de carácter no antigo navegador.

Tentaremos, conforme formos desenvolvendo o raciocínio, estabelecer, na mesma linha intuitiva, as semelhanças que possuem os dois atores entre si e como trabalharam a questão do objeto "Novo". Os índices semióticos da história são signos discursivos que marcam a passagem do homem em seus movimentos sincrônicos e diacrônicos, presentes na consciência num contexto de relações com ênfases proporcionais às suas condições individuais de percepção diante dos fatos. Um migrante ou estrangeiro tem uma série de dificuldades num país diferente. Parece que nossos atores puderam ser bem considerados nos seus empreendimentos, depois de toda uma dificuldade que sobrepujaram, mas isto ocorreria mais pela falta de um substituto nato e um pouco pelo mérito e pela engenhosidade. Vejamos o que disse Samuel Morison: "Siempre ha sido irritante para el orgullo español que el hombre que dió el Nuevo Mundo a Castilla haya sido un extranjero".[353]

Morison destaca que Colombo arguiu ter proximidade aos franceses. E disso desvela uma justificação interessante quanto ao seu nome. Há um consenso que, antes da capitulação de Granada na Espanha, ao esperar o aval espanhol para sua primeira viagem, Colombo se identificaria à corte espanhola com certo parentesco ao francês almirante Casenove-Coullon ("Colón") e passaria a ser chamado, desde então, oficialmente, por Colón, não mais "Colombo". Inclusive, passaria a escrever todos os seus documentos em espanhol, identificando-se culturalmente ao pensar e fazer espanhóis, sem, contudo, se naturalizar.

Para qualquer estrangeiro num país diverso, o deslocamento de um tempo/espaço a outro abre ensejo a inúmeras situações conflitantes e alguns estranhamentos. Podemos descrever vários desses obstáculos: diferenças geográficas, que contrastam sua fixação cultural adversa, hábitos psicológicos involuntários, alteridades desconhecidas de relacionamento intersubjetivo, condições materiais discrepantes, dificuldades de adaptação social, o diverso e mal articulado, falta de uma real contribuição para compartilhar efetivamente para fazer valer sua presença etc. Nestas ilações, o Eu confiado aos seus "entornos" existenciais pode flexibilizar mais ou menos essa sensação de ser alguém distinto dos demais, ser querido, tolerado ou rejeitado.

O que significa a *naturalização,* além da submissão a um expediente burocrático e legal, culturalmente nacionalista, onde suas relações anteriores com o país de origem afrouxam-se e tornam-se secundárias? A compreensão do outro não traz mudanças profundas, pois sempre nos chega à mente primeiro nós mesmos. Entretanto, se temos que "dignificar" um herói vencedor, vêm-nos à mente antes se ele é nativo. O florentino Américo Vespúcio, habilmente, se naturalizou espanhol; também o português Fernão de Magalhães. Mesmo assim, no que se reporta a este último, Antônio Pigafetta, que escreveu o *Diário de Bordo* de sua principal viagem, cita na introdução: "[...] Aos perigos que naturalmente iria enfrentar a expedição se somava mais um para ele: os capitães dos quatro navios que deviam ficar sob o seu comando eram seus inimigos, pela simples razão de que eram espanhóis enquanto Magalhães era português"[354].

---

[353] MORISON, 1945, p. 201.

[354] PIGAFETA, Antônio. *A primeira viagem ao redor do mundo.* 2. ed. Porto Alegre: L &PM Editores. 1986.

Mas, ao contrário do estar à margem do sistema, ou do lugar da "marginalidade", da diferença, Santos Dumont conseguiu ser um "centro das atenções" ao seu tempo, apesar de sabermos que essa polaridade "Margem vs Centro" não deixou de trazer ainda a marca da alteridade do estar aquém ou além. Vejamos como Polillo o descrevia:

> A projeção de Santos Dumont se tornou tão envolvente e tão sugestionadora, que com ele e com o que ele fazia se preocupavam as faculdades de matemática de inúmeras universidades do nosso planeta – os metalurgistas dos centros industriais mais adiantados – os alfaiates, os camiseiros, e até os institutos de beleza de todos os recantos civilizados da Terra. Ele, Santos Dumont, sabia disso. E gostava de viver assim. Constituíra-se em centro do mundo. Tinha consciência de que o era. E de que o merecia ser[355].

Em outra oportunidade, em 1901, no âmbito de Paris, o mesmo autor o enaltece dizendo que "Alberto elevou-se à categoria de primeira figura do mundo – não só no campo social, mas também no esportivo, no científico e no romântico"[356].

Antes, em Colombo, o projeto de alcançar as Índias Ocidentais (pela direção oeste) era irreal e inescrupuloso, por vários motivos: ninguém jamais atravessara o Oceano Atlântico; não fora demonstrada experimentalmente a esfericidade da terra para circunavegar, nem supunham a existência da energia gravitacional, e, depois, temos ainda o alto custo investido para um desconhecido... Deixariam tudo nas mãos de um estrangeiro? Então, a fim de aplacar a inexistência do visionário e corajoso Cristóvão Colombo, sujeitaram-no ao crivo agudo de uma Junta Examinadora de Salamanca, que, na verdade, esteve reunida em duas oportunidades: uma ocorreu em 1487, presidida pelo Frei Hernando de Talavera, e a outra, em 1492, presidida pelo Frei Diego de Deza. Em comparação a Santos Dumont, no que concerne às duas "Comissões", essas da Espanha foram mais difíceis, pois consideraram a priori a viabilidade das propostas de um descobrimento temerário, inaudito e arriscado. Se formos avaliar hoje o tirocínio ou a teimosia de Colombo, os sábios espanhóis estavam certos, quanto ao tamanho da esfericidade do orbe planetário para a realização de uma temerária viagem. Morison enfatiza que: "[...] y las gentes que se oponían a Colón estaban, en cierto modo, más acertadas que él, puesto que nadie podría haber navegado hasta el Asia por el Oeste en 1492, si América no se hubiera hallado en el camino"[357].

A primeira reunião da Junta Examinadora (da Universidade de Salamanca), para julgar os projetos de Colombo, em 1487, não o aprovou totalmente ou de forma imediata por alguns critérios discutíveis. No entanto, pelo menos, Colombo, a partir daí, apareceria aos serviços dos reis católicos recebendo 3 mil maravedis e outras garantias, no intuito de aguardar o momento aprazado da viagem, de modo que haveria possibilidade de produzirmos estas correspondências:

De igual maneira que aquela primeira comissão científica do aeroclube da França, esta banca examinadora não aprovaria imediatamente Colombo; esses julgamentos foram feitos por entidades representativas da sociedade, de saber específico; ordinariamente, temos que as primeiras análises não foram aprovadas imediatamente, contudo houve retratações e/ou compensações; como em Santos Dumont, que, na segunda avaliação, consagrou o voo definitivo a partir da segunda junta aprovaria definitivamente o financiamento à viagem inaugural. De certa maneira, nos dois casos, a segunda avaliação creditaria aos atores-foco a sua passagem à história, se retornasse vencedor; finalmente, numa quinta relação de sincronicidade está em que, nos dois personagens, as duas juntas examinadoras/comissões, coordenadas por diferentes juízes, tiveram entre elas cinco anos de diferença.

---

[355] POLILLO, 1950, p. 36.
[356] POLILLO, 1950.
[357] MORISON, 1991, p. 127.

Outras circunstâncias se somam ao que citamos. Cristóvão Colombo fez da Europa para a América "a viagem mais transcendental da humanidade", em que cada hora, cada minuto, a maruja carecia de estímulos do almirante, pois esta viagem implicava, com certeza, a ideia de "dar a volta ao mundo", ou, em outras palavras, unir o hemisfério ocidental ao extremo Oriente! Persistindo nesta mesma visão, do mesmo modo, saltando no tempo, certa vez, Santos Dumont adiantou, na revista espanhola *Al Rededor del Mundo*, que ele pretendia, num dirigível, viajar da Europa à América, vale dizer, queria atravessar pela primeira vez o Atlântico como um Colombo moderno. Isto consta em entrevista no n.º 132, de 12 de dezembro de 1901[358]. Vimos aqui uma sincronia duplamente qualificada: O *Al Rededor del Mundo*, como processo narrativo, externaria um mesmo núcleo comum, tanto o signo como significante, quanto como significado, ou seja, identificamos-lhe tanto no plano da "expressão", nome do periódico, como no plano do "conteúdo", no teor do artigo alusivo ao tema, que fala sobre dar a volta planetária. E dentro deste "conteúdo", de acordo com o linguista Louis Trolle Hjelmslev, abrir-se-ia outro plano de identificações duais no sentido em que também compararíamos o inventor com o descobridor e, em outro plano ainda, teríamos dados envolvendo o antes e depois – tais os nossos metatermos deônticos.

Em alto mar, Colombo fora um estrangeiro-almirante levando uma tripulação arredia ao fim do mundo numa nau ou local aquém de qualquer intervenção da justiça, da lei etc., tivera parceiros no comando das outras naus que externavam certa inveja de sua sagacidade fleumática. Havia o receio do não prosseguimento de sua primeira viagem, com quase dois meses em alto mar, tensionando, por vezes, interrompê-la e salvaguardar sua vida e da tripulação desesperada. Recortamos as seguintes palavras do almirante, quando se referiu a si mesmo em 3ª pessoa: "O Almirante era um estrangeiro, não gozando de favor algum, tendo sido sempre desaprovado e sua opinião contradita de tantos homens doutos e sábios, e ninguém agora o apoiaria ou defenderia"[359].

Colombo fez desse empreendimento transoceânico uma questão de honra, uma questão de vida ou morte – hoje nem poderíamos pensar diferente. Ele enfrentou não somente o Mar Tenebroso e todos os obstáculos futuros, mas também sua própria tripulação – homens rudes, exilados e supersticiosos. Insistiria, porém, mesmo com a vida posta em risco. Não seria por ser estrangeiro que renunciaria à viagem.

Recolhemos diversos momentos de articulação entre os personagens. Colombo não se naturalizou à nação espanhola, nem Santos Dumont em relação a França; consta que, em 14 de outubro de 1492, Colombo mandaria enfeitar o batel e os barcos das caravelas com bandeiras/flâmulas de forma a festejar o descobrimento das terras, tal qual em Santos Dumont que, depois, no mesmo dia, pela primeira vez, suspende a bandeira tricolor francesa (as mesmas cores da bandeira americana). Os diários de bordo de Colombo foram escritos no idioma espanhol, e não no idioma materno (italiano), e, apesar das incursões por diversos países de seu irmão Bartolomeu Colombo, tentando realocá-lo, a Espanha foi o país que o acolheu, reconhecendo, depois, seu valor. Tal como em Santos Dumont, um inventor reconhecido fora de sua terra natal, publicaria seu primeiro livro em francês. E se o almirante deu ao mundo o que se considerou sua maior descoberta à história, ele, quanto à tecnologia aeronáutica, roubou dos céus, tal qual Prometeu, uma das maiores invenções ao homem: o voo humano.

As novas culturas descobertas constituíram um grande impulso a todas as causas reformadoras renascentistas. Neste aspecto, a importância destes dois personagens na unicidade de suas contribuições às suas respectivas pátrias (materna ou não), revelaram-se precisamente como memoráveis.

---

[358]   JORGE, 1973, p. 172.

[359]   COLOMBO, Cristóvão. *Diário do descobrimento da América*: as quatro viagens e o testamento. 2. ed. Porto Alegre: L&PM Editores Ltda., 1984, p. 15.

Escreveu Lewis Hanke, em seu livro *Bartolomeu de Las Casas,* que muitos espanhóis compartilham uma mesma ideia de que o descobrimento e a colonização espanhola nas Américas foram alguns dos mais importantes legados da Espanha para o mundo.

Poderíamos corresponder essa assertiva para Santos Dumont em relação ao Brasil, pois sua contribuição no desenvolvimento aeronáutico revestiu-se como, até então, a mais importante da nação brasileira ao mundo.

Entretanto, por ser Santos Dumont estrangeiro na França, não haveria o porquê de diligentemente esta bater ideologicamente com os EUA, pela prioridade do "brasileiro" numa disputa política a serviço de alguém que nem francês era, de uma primazia que nem francesa era. Isso facilitou deixar prevalecer a propaganda ideológica americana que desprezaria integralmente o avanço do brasileiro por mais de um século.

É repetido entre os historiadores de Cristóvão Colombo o que se sucedeu na capitulação firmada antes do descobrimento: a nomeação de "almirante" pelos reis católicos como "Vice-Rei do Mar Oceano", senão das Ilhas e Terras Firme, mas de tudo o que descobrisse no Oceano. Direitos tais que, na verdade, fariam dele mais poderoso que os próprios reis. Por isso, depois da descoberta, em documentos oficiais confirmativos, reduziram seu título para almirante, somente do Mar Oceano, que fez o genovês lamentar por toda vida. Ele se tornara o dono do Oceano! Apesar de todo o poder de controle da navegação exercida em sua rota estar sob sua responsabilidade, toda essa titularidade, a bem da verdade, ficaria apenas no papel. Depois, na fase da apologia aos seus privilégios, diante do Tratado de Tordesilhas, segundo o próprio filho do almirante maior, Fernando Colón, sustentou-se que a linha demarcatória assinalada pelo papa Alexandre VI não dava volta em torno do Globo, mas se fez uma linha cortando de cima a baixo, de Polo a Polo, apenas sobre o Oceano Atlântico. Os portugueses não discutiriam esta tese para não serem contra si mesmos. Os espanhóis, por sua vez, não se preocuparam em defendê-la por acreditarem que isto poderia aumentar os direitos dos herdeiros de Colombo. Quando se trata de herança ou dos efeitos *post mortem,* temos que: "[...] después de la muerte de Colón la corona aplicó su gran influencia para disminuirlo e hinchar la reputación de Martín Alonso Pinzón"[360].

O mesmo aconteceria com a comparação de Santos Dumont e Clément Ader, quando alguns, depois de muito tempo, sem a precisão dos fatos, evocam este último como o verdadeiro "pai da aviação francês", erigindo monumentos em sua memória etc.

A Espanha nunca deu o nome do almirante a nenhuma província, nem cidade ou outro lugar sob seu domínio. O que se sabe é que, só depois das independências dos países americanos, algumas referências surgiram em países, cidades, vias públicas etc.

Resta-nos salientar que, no esforço de enfrentar corajosamente as imperfeições humanas e todos os obstáculos da natureza, se credita ao genovês Cristóvão Colombo tal desiderato de ser o desvelador de um mundo continental, convencendo a sua maruja das "ilusões" das minas de ouro asiáticas ou as minas gerais, e, deste fruto, tornar-se-ia o maior expoente das grandes navegações quinhentistas junto à Espanha – que, conforme o historiador argentino Enrique de Gandia diz, foi "até então, a nação mais culta da Europa".

Gostaríamos de fazer ainda uma crítica deste ponto sobre espaços, lugares, territórios, países, como estrangeirismo exótico. É o sentimento negativo que se pode subtrair deste enredo de vitimização dos atores principais posicionados em locais que lhe vão ora a favor ora contra. Não há

---

[360] MORISON, 1945, p. 250.

aqui investimento moralizante de preferência a uma nação, uma cultura, sobre outra como agente de dominação. Nenhum povo é melhor ou pior que outro. Na verdade, os espaços ocupados pelos nossos heróis na história subordinam-se a uma narrativa de um mover geográfico, mas a atomização dos espaços nomeados vem tão somente despertar a importância que eles mesmos deram, noutras oportunidades, aos seus territórios descobertos como se deles fossem. Isto é o retorno à regionalização vocabular, à palavra que investem, com as características pessoais dos descobridores, com anexação de significados próprios que lhes diziam respeito. Aqui, repitamos, não há sentido por que menosprezamos por exemplo, uma França pelo Brasil, Florença por Gênova, os EUA pela França, América pelas Índias Ocidentais etc. Da mesma forma, não poderíamos aqui exaltar o Brasil simplesmente por conter nele a nossa marca patriótica de nascimento, ou por acreditarmos ter ele dado ao mundo as primeiras invenções de quase todos os aparelhos aéreos nas suas estruturas mais básicas. Não seria essa a intenção a se concluir, embora saibamos que os dados explicitados não foram construídos por nós, mas nos foram dados. Quando estudávamos as navegações, tínhamos um enfoque ideal de haver um caminho, e surgiu como surgiria um destino traçado no tempo – e nisto nos firmamos. Agora temos as "navegações aéreas" e outros pontos do evolver histórico, com inúmeros outros caminhos, já desenhados ou por se descobrir, e isto talvez, mais tarde, com certeza, marque o princípio de um novo poliano livro das maravilhas.

14

O ENTORNO SEMIÓTICO

Como explicaremos aqui um "entorno semiótico" em seu processo de figurativização na temática desta pesquisa? A lexia "entorno", em seu poder explicativo, abrangeria algo distribuído por fora do objeto-alvo do qual se especula ou se questiona. Linguisticamente, deduzimos do termo "entorno" uma abrangência maior do que o lexema trivial, porém seria legítimo apreciá-lo cumprindo funções de signo arquissemêmico. Por isso, nos sujeitamos a uma condicional de situações recorrentes, que passamos a ilustrar.

O estudo do entorno de um personagem-alvo incorpora fatos que trazem relevância a detalhes possíveis de se propor isotopicamente, enquanto podermos justificar. Os entornos considerados existentes diante de um personagem-alvo são aqueles em que os fatos se dão como temporalmente a priori (1º- antes do nascimento, ex.: filiação; 2º- antes do desencadear do fato a ele consagrado...), ou a posteriori (fatos ocorridos: 1º- depois da morte do personagem-foco, ex.: homenagem póstuma; 2º- desencadeados ocorrências posteriores depois do acontecimento gerado pelo personagem-alvo). O entorno avaliado como composto de fatos externos a uma ocorrência histórica seria concebido por um conjunto de causas e consequências restritas ao evento (num plano vertical, ou seja, diacrônico) e outros acontecimentos (1, 2, 3,...n) compreendidos como paralelos ou simultâneos ao acontecimento-alvo (colhidos num plano horizontal, isto é, sincrônico), que corresponda direta ou indiretamente à sua contemporaneidade, isto é, um conjunto de ocorrências surgidas ao mesmo tempo, em espaços diversos.

O entorno geográfico sugere o contorno plástico de um plano configuracional, em uma posição espacial de suposta região. Seria o limite cartográfico (natural ou político-administrativo) a que ele estiver ligado.

O entorno analisado traduz um aspecto do acontecimento. Instaura uma atitude intrínseca à coisa reclamante ou proposta de pesquisa. Ao atendermos à noção da circunscrição de um objeto que se desloca de um ponto a outro em rota circundante (o trajeto de circuito fechado), ele pressupostamente voltaria ao mesmo lugar de partida. Delineia visualmente o lugar circundado, como perímetro ou envoltório do objeto, por exemplo, percorrer o litoral de uma costa continental, contornar a Torre Eiffel etc.[361]

O entorno do clímax histórico tangencia o acontecimento marcado a posteriori por um ato político, esportivo, religioso, cultural etc. Um dos entornos em Santos-Dumont, dado pela sua contemporaneidade, seria a travessia aérea do Canal da Mancha, como superação das barreiras físicas, realizada por Blériot, que afirma, nestas palavras (quando das felicitações de Santos Dumont por este feito de 1909): "Não faço mais que vos seguir e vos imitar. Vosso nome para os aviadores é uma bandeira. Sois o nosso comandante". Assim se situava a representatividade de Santos-Dumont para a aviação. Esta primeira travessia aérea do Canal da Mancha, sendo consequência imediata da faculdade do homem de voar, constituiu-se como herança do primeiro voo. Blériot, mediante o elogio, concorda com esta herança, ratificando a autenticidade do voo do aeronauta brasileiro.

---

[361] Capítulo IX de *Os Meus Balões*.

Indagamos o porquê de um fato histórico, singular, surgir num tempo especial, e não em qualquer tempo. Este questionamento nos parece, no entanto, pueril ou fatalista, se nos assentarmos numa lógica natural. Todo fato disposto no tempo existe em função de uma causa que lhe dá origem, passando a representar um documento discursivo, única instância que viabiliza as possibilidades semióticas de se buscar o signo. Veremos que a aproximação de um elemento a outro renova as considerações do significante no corpo do tempo, para decifrar combinações de fatos-coisas que começaram a se ressignificar.

Se formos inventariar a história do descobrimento do Brasil, descobriríamos que ela poderia ser historiografada noutros termos. Vejamos este caso, que é um testemunho das viagens clandestinas portuguesas à América antes do aclamado achado oficial, em 1500. Enrique de Gandia nos fala sobre o documento utilizado por Faustino da Fonseca, em seu estudo sobre essa descoberta, nestes termos:

> Esteuam Froez, preso en las Antillas, escribió al rey Manuel, desde Santo Domingo, el 30 de Julio de 1514, en estos términos: 'Não nos quiseram recibir a prova do que alegavamos, como Vossa Alteza posouhya estas terras a vymte anos e mays; que ia Joan Coelho, ho da porta da Cruz, vizinho da cydade de Lisboa, viera ter por onde nos outros vinhamos a descobrir, e que Vossa Alteza stava en pose destas terras por muitos tempos [...][362]

Este protesto reducionista da descoberta de Cabral também se afirmou em Colombo. De Salvador Madariaga, reproduzimos estas palavras: "[...] Pedro de Velasco contó a Colón la expedición portuguesa al mando de Diego de Teive, en la que el dicho Velasco figuraba como piloto, [...] viejo, pues su historia se remontaba a los tiempos del infante Don Enrique, es decir a más de cuarenta años [...] que descubrieron la isla de las Flores"[363]. E que fizeram supor outras terras ao Ocidente. Encaminhava então, assim, a possibilidade de buscas a outras terras além-mar. Porém, na digressão em torno do descobrimento geral do continente e do específico, do Brasil, tomamos o aspecto linguístico pertinente ao estudo dos entornos: antecedentes e consequentes com certa facilidade. Ambas as expedições se assemelham quanto às datas de anúncio oficial da descoberta da América, 9 de março (que sucede à descoberta), e à partida para a descoberta do Brasil: 9 de março (que antecede a descoberta). Esta relação "saída/chegada" assegura uma polaridade entre as duas descobertas importantes transoceânicas que se rivalizam, América e Brasil. As descobertas se deram em função de dois reinos adversários do comércio marítimo (Espanha e Portugal); e conforme algumas opiniões acreditam, estas descobertas já haviam sido previstas antes.

À data 4 de março, Colombo avista Portugal, conforme seu *Diário de Bordo*: "Ao amanhecer, reconheceu a terra, que era a Rocha de Sintra, situada bem ao lado do rio de Lisboa [...]"[364]. Colombo permaneceu em sua caravela até ver o El Rei, indo somente dormir em Sacavém no dia 8 de março: "[...]assim fez, para evitar desconfianças, embora não tivesse vontade de ir[...]"[365] Como dissemos, o dia 9 de março de 1493 foi o dia em que se oficializou aos portugueses (junto ao D. João II) a descoberta das novas terras a oeste. O caráter do registro oficial é importante demarcador, o que não ocorreu, por exemplo, nas transcrições de descobertas anteriores a Colombo e Cabral. As biografias de Vespúcio em enciclopédias geralmente não especificam seu dia de nascimento e morte, mas as

[362] GANDIA, Enrique de. *Historia de Colón. Analisis critico de las fuentes documentales y de los problemas colombinos.* Biblioteca de Obras Famosas, vol. 84. 2ª ed., Buenos Aires: Editorial Claridad, 1951. p. 248.

[363] MADARIAGA, Salvador de. *Vida del muy magnífico Señor Don Cristóbal Colón,* 1942, p. 199.

[364] COLOMBO, Cristóvão. *Diário do descobrimento da América: as quatro viagens e o testamento.* 2. ed. Porto Alegre: L&PM Editores Ltda., 1984, p. 134.

[365] COLOMBO, Cristóvão. 1984, p. 136.

que assim fizeram concordam em estabelecer a data de 9 de março de 1451 para o seu nascimento. A chegada da grande nova de Colombo, segundo registros no *Diário*, 4 de março, é também data considerada do nascimento de Américo Vespúcio[366].

Apraz-nos, diante do que foi exposto, arrumar estas identificações que entrelaçam elementos factuais. Primeiramente, temos o acontecimento fundamentado por Colombo, inspirar a expedição de Cabral a descobrir o que depois será reconhecido pelas expedições guarda-costas, quando Américo Vespúcio, por sua vez, fará apresentar seu nome ao novo continente.

Três atores em um dia. Classificando os personagens em a, b, c e d, poderíamos reconhecer em cada um deles o fato principal desencadeado, cujo grau de importância determinará sua forma parassinonímica, reconhecida atualmente:

a) Cristóvão Colombo: descobridor das Índias Ocidentais, ou América; b) Américo Vespúcio: reconhece as terras colombianas imediatamente como um novo mundo descoberto; c) Vasco da Gama: descobriu o caminho marítimo para as verdadeiras Índias "Orientais"; d) Fernão de Magalhães: conduziu a primeira expedição de circunavegação em torno do orbe terrestre.

Com o advento da descoberta colombina em terras desconhecidas do globo, emerge uma situação de corrida para o seu reconhecimento geográfico:

	→ Américo Vespúcio
Cristóvão Colombo	→ Vasco da Gama
	→ Fernão de Magalhães

De certa maneira, nos feitos de Vespúcio, Gama e Magalhães, encerram-se os objetivos gerais de concepção colombina expressando um tipo de desdobramento/consciência próprios, uma vez que outras viagens lhe vieram em sequência. Em torno destes personagens, firmou-se a gloriosa época das Grandes Navegações. Aproveitaram-se dos êxitos e erros obstinados do Descobridor, que aludia serem suas novas terras, pontos extremos da Ásia de haver chegado às índias, enquanto, para sua desilusão, as expedições portuguesas, por intermédio de Vasco da Gama, iam e vinham mantendo um real e constante comércio. A teoria da esfericidade do planisfério terrestre, despertada por Colombo na primeira viagem transatlântica na direção oeste, apenas foi depois confirmada plenamente, em 1522, por Magalhães, em sua circunavegação pelo orbe. Veremos aqui o entrelaçamento de um fator contrário na estrutura natural histórico-discursiva da investida rumo a Oeste e retornando pelo Leste (do planisfério).

O enfrentamento de antípodas, desde então, não se reservava apenas ao genovês. No que se refere a Fernão de Magalhães: a primeira volta ao redor do mundo contrasta com Colombo, quando esse faz chegar o homem ao outro lado do globo efetivamente. Vasco da Gama sustenta a prioridade portuguesa da direção leste, determinada pelo Tratado de Tordesilhas, forçando, por isto, Magalhães, que capitaneava em expedição espanhola, seguir rumo contrário, a oeste. O português Bartolomeu Dias, simbolicamente, se contrasta a Magalhães, quando os dois alcançaram os pontos africano e americano extremos, ao sul, marcando, como paralelos geográficos, as últimas terras austrais, dividindo os principais oceanos: Atlântico/Índico, na África, e Atlântico/Pacífico, na América.

---

[366] Será que esta indicação no calendário, dada pelo próprio Colombo, legitimaria o novo continente ter seu nome como topônimo universal? Encontramos o registro natalício de Vespúcio em alguns meios bibliográficos: *Enciclopédia Universal Ilustrada*, Europeu-Americana, v. 68; *Grande Enciclopédia Portuguesa e Brasileira*, Lisboa e RJ. v. XXXIV; *Encyclopedia Britannica*, USA, v. 23; *Diccionario Enciclopédico Hispano Americano*, Madrid.

Além das articulações entre Cristóvão Colombo e Fernão de Magalhães, poder-se-ia inferir, em Vasco da Gama, com Américo Vespúcio, como uma extensão do descobrimento de Colombo. Gama e Vespúcio iniciam em 1497, em expedições diferentes, um sobre a égide portuguesa, e o outro, espanhola, as primeiras viagens com as quais ficaram reconhecidos como grandes exploradores. Em 1499, Gama chegou ao porto de Lisboa, e Vespúcio, ao porto de Cádiz, trazendo as boas novas sobre as Índias Ocidentais e Orientais, respectivamente. Estas novas orientações expuseram um risco toda a concepção colombina de conquista, crença e visão de mundo. Desta feita, Colombo é subestimado pelas realizações de Gama, que voltava das verdadeiras Índias. Américo Vespúcio ressurge de sua segunda viagem, em 1499, relatando que as conquistas de Colombo não recaíram sobre o continente Asiático, mas a terras desconhecidas, virgens do contágio com qualquer civilização. Na obra coordenada por Ballesteros, intitulada *Historia de América*[367], a importância desta segunda viagem de Vespúcio é acentuada do seguinte modo:

> Los contemporáneos de Cristóbal Colón pronto despojados del prejuicio y obsesión colombinos, adquirieron una más exacta idea de la realidad. Para ellos, después sobre todo del segundo viaje e inmediatos sucesores, [...] formaban parte de un continente nuevo [...].

Esta relação linguística que se conclui dos atores e respectivos parassinônimos reforça o falseamento colombino de toda a sua complexa visão dum "asiático fantástico". Queremos crer que esta data justifique, então, este caráter linguístico da chegada de Vespúcio de sua segunda viagem (a primeira para a maioria dos críticos), na qual sustenta o "Novo Mundo"; ocorrida em Cádiz, a 8 de setembro de 1499 – dia que coincide com o retorno de Gama da descoberta do caminho marítimo para as Índias.

Parece haver em Américo Vespúcio certo cuidado em coincidir datas de saída de suas viagens exploradoras. Em três delas, das quatro que houve, a partida se deu no dia 10 de maio[368]. Da mesma forma, sua chegada da segunda, terceira e quarta viagens deram-se em dias próximos no mês de setembro. A previsibilidade que se dá à partida de uma viagem ao desconhecido não implica a certeza da volta, muito menos a previsibilidade de um dia específico para a chegada. Cabe notar que a coincidência de chegada das três viagens mencionadas, na mesma data de 8 de setembro de 1499, não seriam premeditáveis tal interesse pela impossibilidade de serem motivadas frente aos inúmeros revezes da natureza. Não conjeturamos materialmente possível algum projeto posto, em situações díspares, com objetivos de mesmo dia de chegada em portos diversos, qual seja, o de Lisboa e Cádiz. E para completar a relação desta tríade, acrescentamos à simultaneidade da chegada de uma das maiores viagens até então, da primeira expedição de circunavegação da Terra – por Fernão de Magalhães –, na mesma data: 8 de setembro (de 1522), em Sevilha, demonstrando a concepção esférica do orbe terrestre.

O Canal da Mancha e o Canal do Panamá. As navegações do século XV e XVI fizeram surgir empreendimento com a função de mapear cartograficamente um novo atlas internacionalizando o espaço. A ideia do contorno geográfico nos sugere o percurso de circundar sua extensão. De alguma forma, o ato de dimensionar os entornos continentais contrapõe-se ao que lhe damos como oposto, o ato de atravessar. Historicamente, cabe apoiar-nos, para a certificação destes dados, na necessidade de analisar o antes e o depois da existência dos canais de passagem intercontinentais. O achamento de uma passagem, um canal, meio de travessia, ou um estreito navegável, era o que

---

[367] GAIBROIS, Manuel Ballesteros. *História de América*. Madrid: Ediciones Pegaso, 1962. volume VI, p. 453.

[368] A primeira viagem partiu em 10 de maio de 1497; a terceira viagem partiu em 10 de maio de 1501; a quarta viagem partiu em 10 de maio de 1503.

pretendiam Colombo e alguns viajantes em suas últimas viagens. Consequentemente, essas passagens naturais delinearam os contornos dos continentes. Muito depois ficou sabido dessa impossibilidade geográfica natural. E, só em 1880, a França iniciaria a construção do Canal do Panamá, que cortaria o imenso continente americano. A correspondência, primeiro, com Colombo existe, como procura de uma passagem (onde está hoje o Canal); descoberta por Vasco N. Balboa, que primeiro viu o Oceano Pacífico[369]. Tão almejada pela Antiguidade, o Canal de Suez, apenas em 1869 seria inaugurado. Lembremo-nos de que a impossibilidade da passagem à Ásia por via continental (no século XV) resultou na pesquisa de outros caminhos possíveis que favorecessem o intercâmbio cultural e econômico de especiarias e tantas outras mercadorias. O surgimento na Península Ibérica de instituições culturais e técnicas responsáveis às ciências das navegações (Escola de Sagres, Casa de Contratação das Índias etc.) proporcionou incentivos à busca do ponto extremo-Sul da África por Bartolomeu Dias, que, descobrindo, então, sua grande extensão continental, alimentou esperanças do périplo português de chegar às Índias; até que um dia chegou que Vasco da Gama lá esteve... Da mesma forma, a Espanha depois contornou o desconhecido extremo-Sul do continente. Era a tão propalada circunscrição das "novas terras" buscadas por Vespúcio e pelos irmãos genoveses João e Sebastião Caboto, mas obtida, em 1520, por Magalhães, que legou seu nome ao último estreito austral: o Estreito de Magalhães.

A Lexia "contorno", é definida, lexicologicamente, em seus vários semas, como "perímetro, circuito; linha que limita exteriormente um corpo, uma figura, um objeto qualquer"[370]. "Contornos" sugerem a ideia de envoltório que circunda as dimensões do objeto; seria um demorar-se num caminho mais longo, abeirar-se na coisa; deixar-se levar por caminhos fáceis, seguindo à frente, quaisquer que sejam suas dimensões, por fora do objeto. Enfim, seria a circunscrição da superfície do objeto. Já o termo "canal" nos advertirá da imediaticidade de cortar o objeto, atalhá-lo; o canal convida ao sentido de podermos apressarmos para se chegar brevemente ao outro lado – não por meio da envoltura do objeto, mas transpassando-o. Estas podem ser caracterizações especulativas que, com efeito, também se expressam, por exemplo, na geometria, onde ganham a identidade de "tangente" (linha que toca uma superfície em um só ponto) e do "secante" (diz de toda linha ou superfície que corta outra, dividindo-a em duas partes).

Os descobrimentos marítimos transcorridos no século XV e XVI evocam referenciais ao Mar e a Terra, em que o Mar se constitui como entorno do segundo, não só pela sua importância do meio de comunicação, mas por sua própria grandeza física de circundar. O mesmo vale para o Ar, quando circunda, por sua vez, o Mar, que circunda a Terra. É um tópico, diríamos, sustentado, num ponto de vista razoável, por uma nítida escala de pertencimento, em que um vai contendo o outro, numa espiral.

O "Ar", junto aos itens "Mar" e "Terra", informa novos significados às lexias "contorno" e "canal", porque, no enfoque da história da aviação, em Santos Dumont, Henry Farman e Louis Blériot, além da contemporaneidade que reúne estes últimos como "entornos" em ação, e desencadeadores do fato. O contorno da Torre Eiffel (em 1901) pelo balão dirigível n.º 6 de Santos-Dumont traz consigo, quanto ao ser "torre", a equivalência do "cabo" (que aponta na vertical) ao se contornar, como antes se contornou o cabo da Boa Esperança (que aponta na horizontal). Neste aspecto, enquanto um se utiliza do "Ar" para contornar, o outro se utiliza do "Mar"; enquanto um enseja a dimensão da verticalidade, o outro, a horizontalidade etc.

---

[369] O Canal do Panamá liga, nas suas extremidades, duas importantes cidades panamenhas chamadas "Colón" e "Balboa".

[370] Do verbete "contorno" do Dicionário Caldas Aulete.

O primeiro quilômetro de voo em circuito fechado foi realizado por Henri Farman, em 13 de janeiro de 1908, levantando o prêmio Deutsch Archdeacon[371]. Registrou-se aqui o primeiro voo em que o aeroplano pôde sair e voltar (contornar) ao mesmo ponto de partida sem aterrissar para mudar de posição. O circundar referido adverte uma identificação metafísica que não pode ser dada em processo sem que haja algo, ainda que abstrato, a ser contornado. A realização de Farman, neste referente, liga-o a Fernão de Magalhães, que se notabilizou pelo seu périplo.

Ainda ao tempo da navegação aérea, em respeito ao "ato de atravessar", outro aeronauta francês, Louis Blériot, que inaugurou as viagens aéreas sobre o mar, sendo o primeiro a cruzar com um aeroplano o Canal da Mancha em 25 de julho de 1909[372], nos adverte das relações que formaríamos no quesito entre os elementos lexicais do atravessamento. Ao se afirmar que Blériot "atravessou o canal", damos o sentido de "atravessar" ao fenômeno linguístico da "travessia", já que o verbo consta como um dos semas de "canal". Blériot cruzaria em voo perpendicularmente outro Canal – o Canal da Mancha ou Inglês. O que foi dito de Blériot vale também para o explorador espanhol do século XV – Vasco N. Balboa. Estão ali em ambas as situações o mesmo processo de análise que vínhamos usando:

Vasco Nunez de Balboa, atravessando o trecho de terra, que veio a ser, mais tarde, o Canal do Panamá, descobriu[373] o maior oceano do mundo, o oceano Pacífico (então denominado *Mar del Sur*). Um modelo conceptual ligaria Balboa ao fenômeno do reconhecimento geográfico preso à locução "Terra entre dois Mares". Ao atravessar o Canal da Mancha (que separa a França da Inglaterra), o seu contrário Blériot induz-nos a imagem representativa e inversa do "Mar entre duas Terras". Vejamos, no seguinte esquema, as relações perpassadas pelos atores virtuais:

> BALBOA — "Terra entre dois Mares" (Canal do Panamá)
> BLÉRIOT — "Mar entre duas Terras" (Canal da Mancha)

O "Canal" aqui definiremos como um termo léxico, ou uma palavra-ocorrência de implicações factuais do atravessamento. A expressão canal liga-se ao significante pertinente ao objeto denominado, visto que não havia canal algum quando Balboa cruzou as terras panamenhas; nem sujeitaríamos a travessia aérea de Blériot pelo Canal... no sentido que é dado à coisa em si, porque o transpassar do canal entender-se-ia, no exemplo de Blériot, como um cruzar perpendicular à direção percorrida pelas águas. A denominação "Canal" ao braço de mar entre a França e Inglaterra refere-se à travessia das águas que separam estas nações. Em ambos os atores, o "canal" faz sobrepor um entendimento restrito ao evento histórico e ao local geográfico. O quadro esquemático torna pertinente a dupla identificação sêmica da lexia "travessia", pois, linguisticamente, são índices reconhecidos, significativos, portanto.

Estabeleceremos uma unidade entre os critérios de análise. O Canal do Panamá e da Mancha são "significantes" nominais, aqui específicos à travessia, enquanto "Terra entre mares" e "Mar entre terras" explicam Terra e Mar, respectivamente, como "objetos" de sua travessia. O que gostaríamos

---

[371] O Prêmio Deutsch de la Meurthe-Archdeacon rezava que: "al vuelo en círculo cerrado tomando la salida entre dos postes separados por 25 metros de distância, virando alrededor de un banderín plantado a 500 metros de los postes y regresando al punto de partida, cruzando en vuelo, perpendicularmente a ella, la línea de los postes de salida".

[372] O grande diário londrino "Daily Mail" havia criado um prêmio de mil libras esterlinas "para el primer aviador que, con un aparato más pesado que el aire, y partiendo de un punto situado en territorio inglés o francés, aterrizase, sin tocar las olas durante el vuelo, en un punto de la costa opuesta a la salida".

[373] "Dice el cronista que 'vio Balboa la mar del Sur, a los 25 días de septiembre del año 13, antes de mediodía'" (PADRÓN, Francisco Morales. *Historia Del Descubrimiento Y Conquista de América*. Madrid: Editora Nacional, 1963).

de dizer com isto tudo é que se constituiu um avanço aeronáutico o que se reservou ao maior feito de Blériot (em 25/07), quando analisamos o seu transpasse aéreo através de um canal marítimo. Quanto a Balboa, concebe-se o mesmo, principalmente quando, diante o citado modelo, analisamos o transpasse (em 25/set.)[374] por terra, de um oceano a outro, onde depois ali se construiria a grandiosa ligação marítima em terras panamenhas.

O contornar e o atalhar geográfico. O "Canal do Panamá" e o "Canal de Suez" configuram--se como os maiores canais de importância internacional que cortam grandes massas continentais, além de encurtar distâncias para as duas metades do planisfério mundial, a Oeste e a Leste. O que identificaria semanticamente o dado analisado como contrário não se dá aqui como um corte, mas o ato de contornar exigido como itinerário para deslocamento. Nestes termos, estabelecemos o esquema semiótico:

Esquema 18

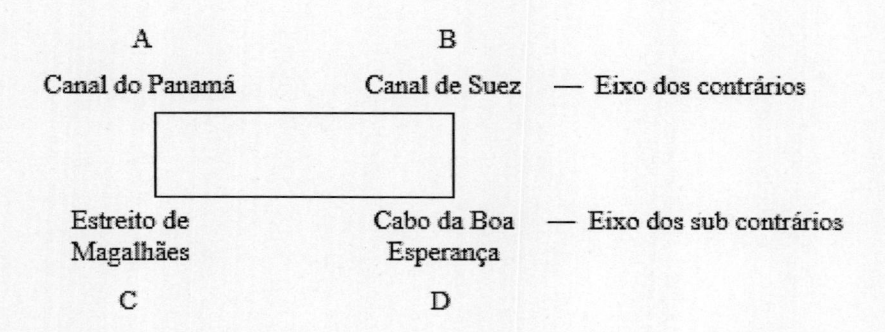

Fonte: do autor.

O sentido do "atravessar" no eixo dos contrários implica historicamente a motivação do sentido do "contorno" do eixo dos subcontrários. A razão da complementaridade geográfica, entre os Hemisférios Norte/Sul, elementos na relação, é recíproca, porque a importância dada a cada termo (no que concerne os canais e os contornos propriamente ditos) se equivale entre si.

Esquema 19

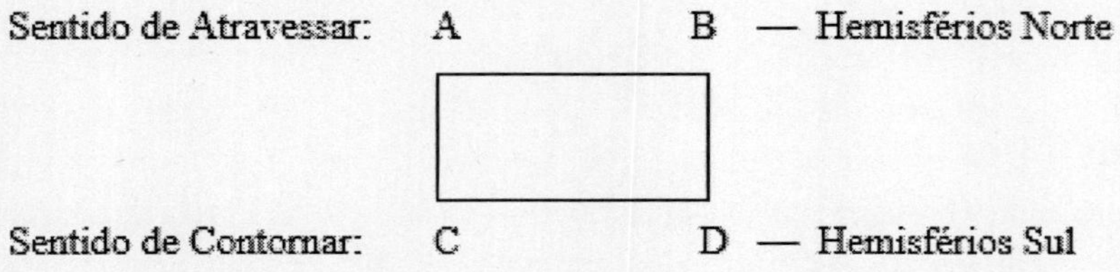

Sentido de Atravessar: A   B — Hemisférios Norte

Sentido de Contornar: C   D — Hemisférios Sul

Fonte: do autor.

---

[374] As duas datas confrontadas apresentam o sétimo mês de calendários históricos diferentes. Etimologicamente, a ideia "setembro": vem "[...] do latim september-bris, de septem 'sete', sétimo mês do calendário romano, iniciado em março". E temos o mês de "julho", praticamente, no calendário atual como "o sétimo mês do ano civil". Esta correspondência se encontra no calendário dos personagens dos períodos históricos defrontados. Mas observamos que esta distinção nos vem mais como característica psicológica que astronômica, se não houver algo a mais, indefinível por ora, entre os atores.

Igualmente, os dois segmentos A e B pertencem ao nível sintagmático, sobre aos subcontrários C e D, devido a tais canais (do Panamá e Suez) terem proporcionado o transpasse continental, por obra da intervenção humana (engenharia) sobre o percurso natural (eixo dos subcontrários). Portanto, o eixo A e B está para o C e D, assim como o construído/manufatos está para o natural/biofatos; seria como diria Pais: "dois eixos de oposição – exclusiva e de contraste, comuns aos mecanismos básicos de estruturação de todos os sistemas semióticos, vão determinar a existência de uma vasta rede [...]"[375], assim observamos a relação entre dois eixos horizontais em nível sintagmático.

Esquema 20

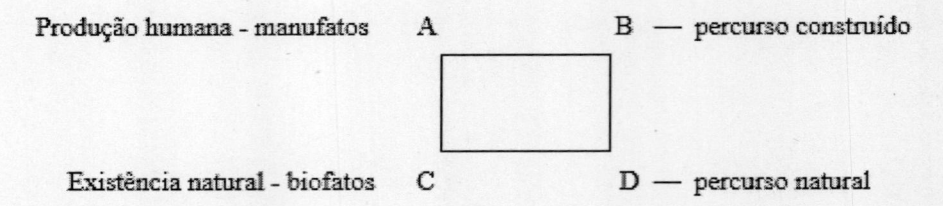

Fonte: do autor.

Comporta a relação dos elementos A e C como dois itens respectivos ao continente americano, assim como os elementos B e D, outros dois itens, estão respectivos ao continente africano, de modo a firmar a homogeneidade geográfica tendo em vista sua posição no atlas planisférico como pertencentes a continentes paralelos cortados pelo Oceano Atlântico. Destacamos, a seguir, um exemplo da situação de semelhança entre os elementos que estão ao norte e ao extremo sul, acima e embaixo.

Esquema 21

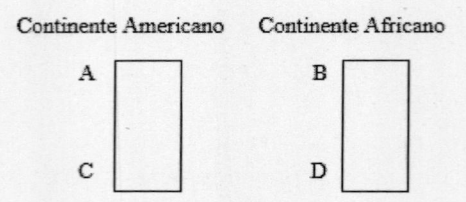

Fonte: do autor.

O sentido da direção guarda importantes relações históricas. O rumo oeste, esquerda do planisfério (termos A e C), era privilégio único da Espanha – "Los castellanos no podían navegar ni descubrir por la ruta abierta por los marinos de Enrique el Navegante", conforme Padrón, em seu livro *Historia del Descubrimiento y Conquista de America*[376], em oposição ao privilégio das viagens portuguesas da direção leste – direita do planisfério –, às Índias de Vasco da Gama (termos B e D). Estes elementos são agentes na distribuição do quadro, que, em Greimas, se posicionam, como dêixis positiva, os metatermos A e C, e como dêixis negativa, B e D. Este conjunto de quatro elementos aqui dispostos em condições geográficas e históricas reveste-se de peculiaridades que apenas neste paralelo comparativo o sentido se sobressai.

---

[375] PAIS, Cidmar Teodoro. *Ensaios semiótico linguísticos*. Petrópolis: Vozes, 1977. p. 23.
[376] PADRÓN, 1963.

Esquema 22

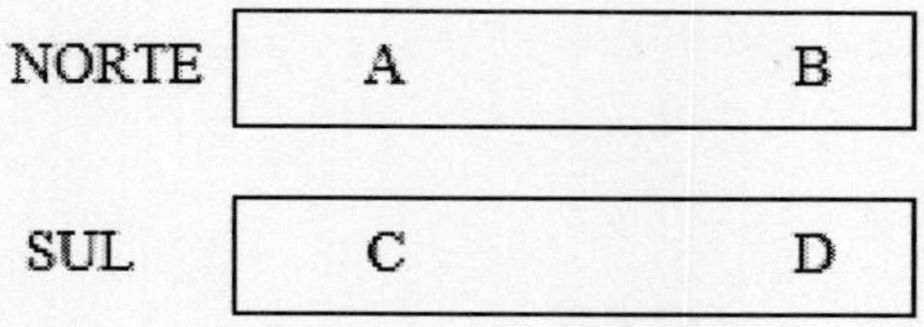

| NORTE | A | B |
| SUL | C | D |

Fonte: do autor.

O sentido do papel histórico dos agentes mais próximos a nós (A e B) sobre os agentes mais distantes temporalmente (C e D) evidenciam nestes como as únicas vias possíveis de transpasse continental por navegação marítima, com a finalidade de atingir o continente asiático. Os termos A e B representam a superação técnica do homem atual frente a vários aspectos: da distância, da comunicação, econômicos etc.

Esquema 23

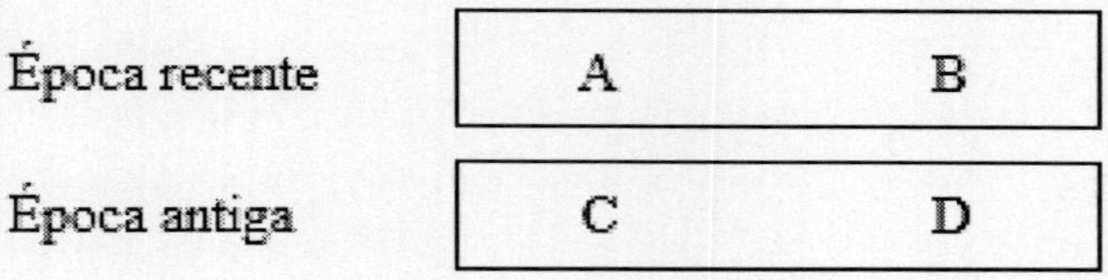

| Época recente | A | B |
| Época antiga | C | D |

Fonte: o autor.

A julgar pela contemporaneidade dos dados entre os termos do eixo dos contrários A e B (1914 – 1869) e entre os termos do eixo dos sub contrários C e D (1520 – 1488), além de serem próximas, possuem, em média, 38,5 anos de diferença nas duas relações, quando subtraídas.

Esquema 24

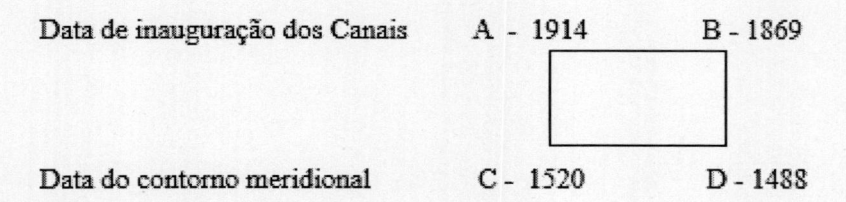

Data de inauguração dos Canais   A - 1914   B - 1869

Data do contorno meridional   C - 1520   D - 1488

Fonte do autor.

Na mesma conformidade, a coluna A, e C (1914 -1520) em paralelo com a coluna B e D (1869 – 1488), na vertical do quadro, estabelecem entre si um percurso de duração de tempo similar do primeiro momento do contorno da extremidade sul-continental até a posterior data da inauguração dos canais. A proximidade na realização histórica (duração de 394 e 381 anos) perfaz a média de 387,5 anos na diferença.

Esta sintetização de elementos históricos, cada contexto exercendo um poder relacional explicativo, adverte-nos da potencialidade equânime de exercício de um planejamento supernatural, de modo que este seria um exercício do explorador e do explorado, que comumente exercem seu poderio assaz inteligente – de tangenciar e invadir, no sentido mais social, do que realmente espiritual.

* * *

O estudo dos entornos em semiótica abrange diversos posicionamentos estruturantes como visualizações deste conteúdo no que tange aos metatermos maiores do discurso. O que expressamos até aqui é uma das interlocuções estruturais que poderíamos usar para compreendermos as transformações históricas, holisticamente.

Há certo acoplamento dos personagens quando posicionados secularmente dentro daquele espaço geográfico por ele convivido em *simultaneidade*, como pretendeu Saussure, quando de sua teoria sobre o signo *sincrônico*. E poderíamos apresentar a questão dos entornos no sentido histórico, como *sucessividade*, como pretendeu Saussure ao apresentar o aspecto *diacrônico* no discurso. Ambas foram amostradas em gráfico de coordenadas cortando-se uma na outra.

Em Colombo, o aspecto sincrônico de sua vida foi marcado pela incompreensão, ou por controvérsias, desde sua origem de nascimento até onde estariam seus despojos mortais. Continuam as contestações sobre algumas atitudes históricas e até a renomeação do seu achado. Em Santos Dumont, foram-lhe abafadas suas primazias aeronáuticas, ainda que tenha sido ele o que revigorou experimentalmente a tecnologia inicial da aviação, por meio de sucessivos voos pela Cidade da Luz. Entretanto, agora, numa posição de fora destas quatro paredes, vemos com novos olhares e entendimento sobre tudo o que se passou. Este é o simbolismo que traz a análise semiótica sobre este entorno histórico que se tem ao assistir de outro lugar os percalços pelos quais passaram os dois grandes heróis universais.

15

A APREENSÃO DA FORMA OVAL COMO SIGNO SEMIÓTICO

A pergunta "quem veio antes: o ovo ou a galinha?" equivaleria à pergunta "quem veio primeiro: Wilbur Wright ou Santos Dumont?". Parece uma indagação capciosa, porque, se perguntarmos de onde veio a galinha, saberemos que veio do ovo; em ato contínuo, nesta relação, se perguntarmos de onde veio o ovo, diremos da galinha. Esta figura popular nos conduziria a um moto perpétuo sem fim de um sobre outro. Certamente, porém, como uma das formas mais simples de vida, o ovo já existia muito antes, como a base filogenética da existência de todo ser vivo. Entretanto, por seu teor anedótico, muitos açodadamente responderão um dos pressupostos apresentados. Todavia, a história da aviação, curiosamente, também copiaria um pouco a biologia: primeiro temos o ovo, que corresponde ao balão livre, depois, a vida citoplasmática, que se adequa à forma, distendendo-se em direção à luz solar, como o dirigível que aponta para uma direção ou uma célula que se alonga para a luz, tornando-se um casulo, no qual, mais tarde, vingará o inseto voador, e o aeroplano, por comparação. Eis que tratamos do efeito e de sua causa como uma dualidade.

Entretanto, gostaria de, quase que de forma didática, exprimir a importância da dualidade significante/significado ou expressão/conteúdo, como outra forma designativa da aparência/essência. Estas dualidades sempre permeiam a compreensão do pensar a realidade. A nosso ver, elas detêm as mesmas conceituações, que se diferenciam conforme o discurso atualizado. De modo que colhemos alguns referenciais e imediatamente reclassificamos vetorialmente as relações de sincronicidade entre os personagens apostos, como "significantes" que se ampliaram, principalmente, nas inferências que admitam novos motivos para "significado".

Um exemplo didático estaria na compreensão pedagógica, que nem sempre espelha a exata dimensão da nossa realidade física, por acolher o modelo estrutural mais bem explicativo – que é, antes de tudo, razão. Assim é que, ao trazermos expressões matemáticas sobre objetos unidimensionais, como a reta ou o plano, sabemos, no entanto, que o que existe, na realidade, é apenas o "ser volumétrico". Mas ainda assim, nestes exemplos de apreensão do real, poderíamos radicalizar dizendo que não existe o doce e salgado, mas apenas átomos, numa espécie de reducionismo lógico. E isto em nada mexeria com sua verdade relativa.

Curiosamente, Santos-Dumont começa seu livro com o capítulo intitulado "Introdução em forma de Fábula", deixando ao subtítulo "Raciocínios Infantis" a ideia do encadeamento consecutivo da evolução histórica dos transportes (desde sua origem até o considerado voo, quando proporcionou a dirigibilidade aérea). Se aproximarmos a fábula do ovo de Colombo ao artigo de Rochefort, surgiriam as indagações: por que Santos Dumont foi o primeiro a confirmar publicamente a dirigibilidade no ar, e não outro? Por que ele, como um estrangeiro, foi o primeiro a confirmar científica e publicamente a possibilidade do voo do mais-pesado-que-o-ar na França, e não outro? Algumas pretensões de prioridade foram alegadas depois que Santos Dumont havia demonstrado. Trocaremos, para o reforço semiótico de vinculação histórica, o teor sêmico que se aproxima à fábula do ovo para expressá-la, conforme sua persuasão. Lexicalmente, a ideia do "ovo" em Colombo está muito bem relacionada ao histórico conturbado de sua primazia. Externamente, podemos considerar que o sentido se popularizou a tal ponto que se tornou uma figura de linguagem, que ilustra certa inveja ou contestação, por assim dizer, de seu achado, ao mesmo tempo que sua astúcia em defender-se.

A casa *A Encantada*, sua residência em Petrópolis, foi projetada em 1918, como resultado de uma aposta com amigos, os quais achavam que ele não conseguiria edificar num pequeno terreno íngreme. Entretanto, Santos Dumont conseguiu ganhar a aposta. Agora, como dispormos o seu significado? Ele conseguiu erguer de pé um imóvel, sem que desabasse, e ganhou a aposta. Está implícito numa aposta a dúvida de se poder alcançar com êxito uma meta/algo; e, conseguindo, estender a todos o caminho do achado e da invenção.

Desde minha infância, tenho memorizado a tradicional adivinhação/charada – "o que é?":

> *Casa caiada*
> *bonita, amarela*
> *telhado de vidro*
> *ninguém mora nela.*

Resposta: Ovo

Essa estrofe poética faz parte de um volume de uma enciclopédia pedagógica chamada *Mundo das Crianças* – a qual consultamos vivamente quando criança e adolescente. Entre outras charadas, esta se conservou memorizada até hoje pelo autor deste estudo. A lembrança disso clarifica a rigidez que tal capítulo colombino exerceria sobre o tema. Inadvertidamente, constatamos outros relacionamentos de significados. No caso aqui, ao conhecermos a casa de Santos Dumont, construída no Morro do Encanto, em Petrópolis, sabemos que o aviador a projetou e executou com a intenção de ganhar, como um cavalheiro, a disputa de uma aposta, pois duvidavam poder ser construída num exíguo terreno inclinado em tempo recorde. Isto, inadvertidamente, nos remeteria à estrofe charadista, pois a resposta correta do enigma da "casa caiada" é o "ovo".

Há a interpolação de vários segmentos interpretativos. Como um exemplo de signo entendido como ícone ou *significante,* temos a história de uma aposta, como exemplo da dificuldade de uma ação impossível; e, por outro lado, temos outra aposta, cujo tema era dar cabo da construção de um edifício num plano inclinado. Tanto em um como noutro, eles a ganharam, subestimando, em ambos os casos, a força da gravidade e, principalmente, a incredulidade da execução possível.

A qualidade sintagmática das "apostas", na estrutura de superfície, temo-las como *significantes,* como dissemos. Porém, suas mesmas justificativas constituem um dos possíveis *significados* na definição de signo semiótico saussuriano, pois estaria implícito o mesmo problema proposto: "é possível erigir uma *casa* numa encosta de terreno inclinado?".

Lembremos que, em Santos Dumont, não menos contundente o fenômeno se torna, ao tomar para si o exemplo do ovo colombino, no capítulo de "Os Meus Balões", intitulado: "Máquinas Explosivas e Gases Inflamáveis", na medida em que ele foi o primeiro mecânico sagaz a usar, corajosamente, a gasolina como combustível em aeronaves, fato já por si considerado por seus biógrafos, como "ovo de Colombo", para o desenvolvimento da aerostação e depois da aviação.

Outrossim, no primeiro livro de Dumont, temos expressa uma inferência operacional: o exemplo cabal, prático e direto da "quebra da ponta do ovo". Esta associação instigante se verifica como dinâmica sintáxico-semântica como "significante" atuante que consta na página 120, de *Os Meus Balões* do aviador brasileiro, e nesta pesquisa, no item 61 do capítulo 3 – "A lexicalização[...]" quando diz: "[...] com esses grandes martelos-pilões das fundições de ferro, com os quais os engenheiros se divertem em quebrar a ponta de um ovo sem alterar o resto da casca".

Na lógica extraída da identificação do objeto "ovo" e da ação de "quebrar a ponta", identificamos imediatamente a sincronicidade da imagem discursiva com o objeto por conter o "ovo" e a ação de "quebrar sua ponta", sem haver, contudo, uma correlação a um enigma. A aposta cômica do "ovo de Colombo" faz desbaratar dela, com certo humor no enfrentamento irado, o adversário voluntarioso. Esta reação está subentendida no enunciado anterior, quando ele diz "com os quais os engenheiros se divertem". Eis outro elemento da estrutura profunda do significado. São fatos recorrentes discursivos que se alternam elementos atávicos que se desprendem constantemente quando puxamos o fio condutor do tecido da vida.

O ressurgimento desta charada anedótica nesta pesquisa teórica não aparece exatamente por acaso. Ela se destaca em Dumont como fenômeno de sincronicidade tanto no plano do *conteúdo* como no da *expressão*. Tanto numa quanto noutra época, apareceram motivações nos mesmos referenciais que norteiam estas articulações.

Em ambas as narrativas, podemos recorrer ao signo peirceano (semiótica americana de Charles Sanders Peirce) na forma do ícone, como termo/objeto existente a ser comparado. Aparecerá como **símbolo**, por apreensão representativa histórico-social, em que a geometria oval é sugerida além da adversidade personalista entre exploradores, e finalmente o descobrimos na condição de índice, ao nível semântico, quando a motivação do fenômeno instaura a causa desencadeadora da existência do fato, quando desvendada sua facilidade. O índice representa tudo indiretamente, como termo ausente. Por meio da semiótica peirceana, poderíamos dizer que, em certa medida, o ovo é um ícone, a história charadista é um *símbolo* colombino, e a moral que a conclui é um *índice*, num mesmo horizonte interpretativo.

A polaridade entre "significante/significado" da semiótica saussuriana faz instaurar ali o jogo de sua própria argumentação. O plano da "expressão" é um referente plástico de forma a estimular um moto perpétuo indefinido de significações.

A intersecção mais básica para começarmos uma análise entre unidades distintas significativas é averiguar possíveis variações de permutas ou as condições anagramáticas dos fonemas. A palavra *ovo*, por exemplo, possibilita uma sugestiva troca de fonemas como a obtermos a palavra *voo*, além de se abeirar da lexia *novo* – como figura que nos permeia no âmbito das descobertas e invenções.

A locução conhecida e popular – "ovo de Colombo" – já foi usada em diversas situações discursivas, com sentidos equivalentes e conforme cada caso que se lhe reatualiza. A princípio, a questão do "pôr o ovo em pé" permanece em muitas de suas biografias, salientando o emérito genovês, como aposta curiosa ou apócrifa, o que não nos impede de explorá-lo como inferência sobreposta aos fatos reais e motivado por contextos já sabidos e articulados.

Na apreensão auditiva do evento como discurso-ocorrência, temos a sua conotação enigmática. A forma ovoide, em Santos Dumont, aparece na apreensão visual do objeto/significante – em aeróstatos esféricos, ou alongados, etc. A questão da charada, como adivinhação proposta, poderá ser confrontada, numa identificação à semântica profunda, tanto no fato de posicionar o ovo em pé, quanto ao sígnico moral resultante.

Antes de estabelecermos as intersecções sêmicas do discurso, é necessário expor os dados implícitos. A não consciência frástica destes subestimaria a interpretação: primeiramente, lembramos a conceptualização estática do "algo em pé" como oposição ao deitado ou caído, ou seja, um objeto em verticalidade, enseja ao objeto a condição do movimento de erguer, do subir; e do apontar "para cima". A figura do "algo em pé" requer a concepção de um objeto assimétrico (que tenha lado de cima reconhecível), pois a figura esférica não se distingue como coisa "em pé" ou deitada. A figura oval nos possibilita isso. Não obstante, esta figura por instabilidade ovalada, para se sustentar em posição ereta na distribuição do peso, não se fixa em pé. E resolver isto foi exatamente o segredo proposto pela charada colombiana. Extrapolamos a figura do balão ovoide ou sua circunscrição. Partindo deste teste de adivinhação, relacionamos um quadro significante quanto à observância do centro de gravidade dos aeróstatos construídos por Santos-Dumont:

> Com um grande balão, [...] o centro de gravidade de todo o sistema não sofrerá desloca-mento apreciável. Com um balão muito pequeno, o centro da gravidade [...] não é garantido senão quando o aeronauta se mantém firme no centro da barquinha. Deslocando-se para a direita [...] esse ponto mudará de posição e, deixando de corresponder ao eixo do balão, fá-lo-á oscilar [...].[377]

Santos Dumont, para descrever o entendimento do "centro de gravidade", do veículo aerostático, descreve-o envolvendo dois elementos: o balão circular e a barquilha embaixo, produzindo, em sua junção, a figura ovalada. Na ilustração produzida, o estabelecimento do ser oval envolve o desenho ideal da circunscrição da barquinha (cesto de vime) junto à esfericidade do balão. A impossibilidade de se conter um ovo em pé, naturalmente, estende-se ao fenômeno peculiar do balão, como algo a se equilibrar "para cima" ou "verticalmente" (fator antigravitacional). A argumentação nas duas comparações é semelhante: o ovo ficaria em pé se retirássemos seu conteúdo interior pelo furo em que, depois, se apoiaria. O ícone oval é sugerido aos balões livres, que são cheios e baixados à terra pelo escape de ar do orifício embaixo do balão. Assim, dizemos indiretamente que este desenho remontaria ao ovo colombino, achatado na base para obter equilíbrio vertical.

Em forma de fábula. O signo na condição de índice ou significado, quer dizer, o sentido do discurso (em oposição ao texto), encontramos, num artigo de jornal de Henri Rochefort, no discor-rer suas atividades aerostáticas. Esta conclusão moral (condição da fábula) dá a entender a mesma solução colombina: "A resposta de Santos Dumont a tais críticas, foi aliás, de grande felicidade: *Se vos era tão fácil fazer o que fiz, por que me deixaste fazê-lo?*"[378]

O ovo de Colombo tem um conteúdo de figuratividade quase mítica. Foi apresentada com referenciais anedóticos, como um jogo/aposta, ou mesmo uma fábula ou parábola, em diferenciados graus intuitivos – "se era fácil realizar, por que não o fizeram?" Esta conclusão dá sentido real ao comportamento esperado na história da aviação dumoniana.

Um estrangeiro só é um estrangeiro em terra estrangeira. Então, parece-nos que fora de seu país, não é um lugar fácil para se sobressair. O significado da história está sempre por trás da imagem figurativa que é própria da construção fabulista ou da parábola. Ainda que alguns acreditem, inclu-sive, que tal fato não tenha ocorrido realmente, outros afirmam a não originalidade de Colombo, mas que ele a soube usar com propriedade, no auge da fama, pois que muitos o negavam, primeira-mente, sem lhe dar créditos. Colombo nunca fez menção direta à história do ovo em seus escritos, mas vários outros o fizeram. Da mesma forma, Dumont trouxe à cena, em seu livro, um jornalista ou uma terceira pessoa como referencial, deixando a outrem a acolhida moral de sua prática. Este fato lhe corresponderia outro significante: a terceirização discursiva de uma manifestação ocorrida.

Nessa terceirização discursiva de outro alguém poder falar pelo sujeito não há nada melhor quando se trata de um estrangeiro, pois não é o sujeito exatamente que fala, mas é um deles que fala por ele.

---

[377] DUMONT, Alberto Santos. *Os Meus Balões*. Biblioteca de Divulgação Aeronáutica. Vol. 12. 1938, p. 76.

[378] JORGE, Fernando. *As lutas, a glória, e o martírio de Santos Dumont*. 4. ed. São Paulo: T. A. Queiroz Editor, 2003, p. 122. Grifo do biógrafo.

"O que eu fiz Vocês também, todos, poderiam fazê-lo". Eis a essência do não patenteamento de suas invenções: estender a todos a possibilidade de empreender. "O que eu fiz Vocês também, todos, poderiam fazê-lo, mas não o fizeram"[379]. Neste enunciado mais completo, ele condensa sua persistência e o feliz resultado a que conseguiu chegar, pela ação que empreendeu e que um qualquer que tivesse feito poderia, do mesmo modo, obter; apenas duvidaram e nada realizaram!

A expressão designer do ovo, e do oval, como particularidade adjetiva ou substantiva do ser ao qual nos referimos, aparecerá em Santos Dumont como forma arquetípica de balões esféricos, ovais, alongados, inclusive, indiretamente, o orbe planetário. Em Colombo, a ideia do "ovo", do esférico e ovalado, mais fortemente aparece como charada, como adivinhação anedótica, aposta ou fábula moral, permeando as inúmeras biografias do descobridor. Mas, afinal de contas, por que outros não o fizeram antes dele? Porque blefam.

"Se vos era tão fácil fazer o que fiz, por que me deixaste fazê-lo?". Estas são palavras de Santos Dumont, contidas em seu livro *Os Meus Balões*, com as quais trabalharemos. Destacamos, sobretudo, que estas palavras foram a conclusão do artigo de Henri Rochefort intitulado *O Aeróstato do Futuro*, que Santos-Dumont reproduz em seu livro aproveitando-se deste entendimento para apresentar suas mesmas razões aos possíveis adversários.

Aproximando, comparativamente, ao texto da fábula do "ovo de Colombo" de Girolano Berzoni, de 1565: "Las acciones parecen fáciles cuando son conocidas e otros las han realizado" – que é exposto pelo historiador Enrique de Gandía de Berzoni, em seu livro *Historia de Colón*. Vejam aqui como este autor descreve a fábula[380]:

> Muchos biógrafos anticuados de Colón – autores de obras con un encanto que los modernos no logran superar – refieren la conocida anécdota del huevo, apócrifa; pero que tiene un hondo sentido filosófico: en un banquete ofrecido a Colón por el gran cardenal de España, González de Mendoza, varias personas expresaban que si el descubrimiento no lo hubiera hecho Colón, sin duda lo habría realizado otra persona. El Almirante pidió a los presentes que pusieran un huevo derecho. Nadie pudo hacerlo y entonces él lo golpeó en uno de sus extremos y el huevo quedó derecho con facilidad. Con ésto significaba que las acciones parecen fáciles cuando son conocidas y otros las han realizado.

Tal interlocução aos comensais parece conter a melhor resposta para o julgamento do direito de primazia que encabeça a reprodução desta narrativa-amostra.

Nesta primeira impressão, consideramos o sentido dado à fábula, por Berzoni, como um jogo capcioso, entre Colombo e alguns rivais, ensejando com simbolismos e os mistérios das adivinhações, desbaratar com uma tirada genial quem se insurgisse contra suas prioridades na ultrapassagem tran-soceânica, no descobrimento e nas conquistas. Na verdade, este registro anedótico tenta diminuir o fato ou o fenômeno. Talvez a personalidade líder-fleumática, não agressiva, do almirante contribuísse para casos análogos, insinuantes. Havia muitas indagações na ordem do dia: ele era o único quem primeiramente poderia ter cruzado o Oceano Tenebroso? Teria ele realmente descoberto terras continentais ou somente descoberto ilhas? Teria tocado o continente asiático? Ou teria ele pisado em terras desconhecidas? Colombo, na compreensão do fenômeno, talvez ainda se expressasse em modo inseguro, visto que, segundo consta, fizera ele jurar entre a sua tripulação que aportara um continente. Sabemos que esteve sempre envolto por ideias obsessivas, fantásticas, concepções morais medievais e, mesmo, certo autoritarismo frente a todos com quem lidava, pela necessidade do contexto.

---

[379] Ponderação do autor sobre esta ideia em Santos Dumont.

[380] GANDIA, *op. cit.*, p. 334.

É possível encampar a realização de um projeto racional quando possuímos conhecimento e condições suficientes para a sua consecução. E, na medida em que o potencial se tornou real, o que, à primeira vista, pareceu uma excepcionalidade, evidenciou-se depois como lógico e natural, porque tudo tende a cair na banalidade, no lugar comum. Por mais extraordinário que uma descoberta incrível, ou a invenção do voo pareça ser, tudo tende à simplificação – a ponto de, com o passar do tempo, seu produto, antes inaudito, caia na rotina do hábito e ninguém mais lhe dê importância.

A compreensão analítica da fábula colombiana estabelece muito bem a bases opositivas porque também passou Santos-Dumont. Diríamos que, por ter sido contestada a prioridade de seus feitos, Santos-Dumont legitimaria semanticamente a comparação do acontecimento anterior, referindo-se à metáfora do "ovo" no nível do significado. Apoiando-se na explanação jornalística de Henri Rochefort, notamos que o aviador trabalhou a ideia central inconscientemente à maneira mesmo da fábula, terminando com uma moral descritiva. O curioso disto tudo foi a inserção de um artigo jornalístico em seu livro, concedendo um valor metalinguístico àquela fala conclusiva, numa espécie de alter ego, como se fosse sua.

Ao apresentar o artigo de Rochefort em seu livro, Santos-Dumont faz exaltar, para concluir de modo inteligente, um parecer sobre as acusações e os descréditos infringidos sobre o aeronauta brasileiro: suas palavras enaltecem, respondem o mesmo sentido moral dado por Girolamo Benzoni à aposta colombiana: "Se vos era tão fácil fazer o que fiz, por que me deixastes fazê-lo?"

O respectivo artigo de jornal expõe também, defendendo o brasileiro com o argumento enunciado de forma interrogativa idênticas considerações. Toda fábula é uma narrativa sem pretensão maior, além de buscar concluir algo de efeito moral. A locução frasal paradigmática "as ações parecem fáceis quando são conhecidas e outros as têm realizado" firma-se como **significado**, enquanto ela, em si, textualmente, é um **significante**. O impulso insuflado pelo brasileiro à aviação provocou, entre os aeronautas, a necessidade urgente de se colocarem igualmente à frente, ou seja, surgiram outras vozes nacionais que pleitearam o pioneirismo sobre o estrangeiro. Para Santos Dumont, ao não patentear seu invento, o que de suas mãos saiu, seguramente, pode ampliar-se a outras mãos. Esta atitude altruísta de sua pessoa foi-lhe, ao mesmo tempo, nociva, pois abriu chances à perda exclusiva de suas primazias como inventor.

Além desta forma de expressão em *Os Meus Balões,* encontramos o desdobramento do segredo do colocar-se um ovo em pé, atualizado em outros planos semânticos, já intuindo a ação de quebrar sua ponta do ovo. De modo que se ratifica aqui outra articulação circunstancial de actantes apostos neste tipo de discurso; estabelecendo vários graus para interpretação, alguns mais complexos, outros menos. Numa análise semiótica, adentramos a estrutura mais profunda, na qual percorremos várias etapas: a semântica, a sintaxe, a lexicologia, a etimologia, a morfologia das palavras, a fonologia, e assim por diante, sempre a depender do exercício discursivo ou da lógica que se fizer resultar.

Este recurso frasal (transfrástico) da "fábula" conduz-nos a uma entonação compreensiva sobre um eixo semântico argumentativo, como uma saída lúdica e amigável, quando inserida comparativamente. A realização de todo esse empreendimento requer, da parte do sujeito, uma competência modal do "poder-fazer-saber" (ciência), para, consequentemente, "poder-saber-fazer" (tecnologia). Ora, caso se apresentasse diante de nós alguém que diz poder realizar certas coisas (pilotar um navio ou um avião), mas não nos demonstra (no momento que requereria demonstração), então, depois, simplesmente por alegações supostas de querer antepor retroativamente às demonstrações já realizadas, por si só, não a justificam. A modalidade do "poder-querer", de um lado, antecipa ao "poder-fazer", se nele contiver o dinamismo do percurso prático de ter sido capacitado; mas isto ainda não justifica que o sujeito tenha competência frente ao ato por outro realizado, ou de o ter podido fazê-lo, antes do ato primaz, mas que, simplesmente, não o apresentou formalmente. Na frase: "Por que me deixastes fazê-lo?", o sujeito argumentaria o vazio não coberto, ou seja, por que não o precederam na demonstração? Santos-Dumont se coloca numa situação de tranquilidade aos que o criticavam, mostrando que o espaço por ele aberto, como capacidade inventiva, esteve sempre disponível a quem quisesse pleitear, mas não o fizeram.

Reza a lenda que, depois que Colombo elucidou a charada de pôr o ovo em pé, todos manifestaram conhecê-lo. E, de fato, todos poderiam ter feito o mesmo antes, mas não o fizeram. O discurso lógico não ganha maior importância factual depois que o segredo deixou de o ser. Da mesma forma, muitos não mais duvidavam das experiências (e/ou anterioridade) dos voos dos Wright depois do fenômeno 14 Bis. O escritor brasileiro Aluísio Napoleão disse: "É curioso lembrar que só depois de 1908 é que os Wright e Ader reivindicaram a prioridade do 1º voo". Este autor também questionou sobre o que diriam Edison, Bell e Marconi, se, depois de apresentarem em público a lâmpada elétrica, o telefone e o rádio, outro alguém se apresentasse com estes instrumentos dizendo que havia construído antes dele, apenas que não comunicaram? E, de fato, isso parece ter ocorrido. A diferença é que a maioria dos historiadores está preocupada em estudar casos como estes pela antecedência das patentes e outros não, variando a maioria das vezes pelo fenômeno da "demonstração" – repetida publicamente por instituições sociais, registros objetivos daquela área de saber, acatada por uma comissão científica, mídia escrita e falada e pelos populares. Depois dessa demonstração, é fácil surgir os que haviam feito tudo isso antes e insistirem em quer merecer a honra por anterioridade.

Com isto, por todos esses apontamentos, poderíamos aduzir, finalmente, que a antiga e persuasiva fábula do ovo das descobertas de Cristóvão Colombo continua a prevalecer, hoje, também sobre o assento das origens da navegação aérea.

Estados emocionais. O estado emocional em que se encontravam Marco Polo, Colombo e Dumont, em suas últimas fases da vida, registra certa semelhança de atitude comportamental, bem como maior preocupação social.

Não parecia haver entre seus entornos graves ocorrências pessoais, mas se ressente nos três personagens um apego maior às questões externas, histórico-sociais. Todavia, não como um pesquisador ou líder, e sim como objeto-alvo de onde poderia ficar uma impressão histórica negativa sobre suas pessoas.

Quando resvalavam na invenção do avião ou no desiderato indígena, quando das repercussões das guerras civis em São Paulo, na Europa, ou mesmo no genocídio caribenho e continental (forçados ao trabalho escravo impositivo e exaustivo) do século XVI, bem como o real posicionamento ativo de Marco Polo na guerra entre Gênova e Veneza, seriam o afunilamento de toda uma vida dentro de um descrédito e preocupações. De modo que repercute em seus íntimos certo balanço dos envolvimentos e das atitudes frente a um severo juízo subliminar, repetindo-se nas três vidas.

Parecia-lhes que qualquer frustração decorrida fosse consequência de suas ações não correspondidas, ademais, pairava, principalmente, um sentimento de ingratidão histórica ou perda de privilégios, além de suas doenças e/ou limitações neurológicas. São precisas estas causas imediatas ou distantes a se repetir psicologicamente. Apesar de que veríamos o brasileiro envolto em homenagens por parte de instituições francesas e brasileiras, não adviria dessa formalidade sua realização plena, pois os mesmos que cediam de um lado tiravam de outro. Colombo combatia a "alegria falsa", não admitia o falso alarme de apontar algo em alto mar que lá não estivesse, mas, do seu lado, também se culpabiliza como se realmente culpado fosse, via mais do que ali estava.

Santos Dumont se oprimia por algo de que não lhe impunha responsabilidades, por exemplo, o uso político da aviação como arma de guerra. Isto vai além do inventor e descobridor. É uma faceta política da qual o cientista pesquisador raramente faz parte ou sobre a qual exerce poder de decisão de fazê-lo.

Em Colombo, sua lamentação se deteve na última viagem, por encalhar diante de uma natureza intacta e selvagem, retido numa embarcação avariada, que naufragara até quase encobri-la, e de toda humilhação daí decorrente. E quando voltava à Europa, via-se culpado pela injustiça e pelos desmandos espanhóis no Novo Mundo, além da perda dos privilégios por descobri-lo. Por outro lado, Marco Polo, depois de uma vida inteira de conquistas e sofrimento em viagens pelo continente asiático, viria a ser encarcerado em Gênova, quando, então, já sem forças, teve a chance de se apresentar e relatar a importância real que fora sua vida de conquistas para o mundo e dizer ainda que presenciara muito mais do que então deixava escrito.

Tanto em Colombo como em Dumont, em discursos paralelos deixados em registro, que reproduzimos a seguir, veríamos o congraçamento do Mar, o Céu e a Terra, tal como um personagem infantil, quando, nos momentos finais, seu amor se estenderia por sobre toda natureza crepuscular.

C. Colombo	S. Dumont
"Colón se sentia no final de sua vida, com a alma próxima a voltar ao Criador, e via a tristeza do seu destino:	*"O repórter percebeu o crepúsculo do espírito do genial inventor, e anotara:*
"Estou tão perdido quanto disse. Até agora chorei na frente dos outros: que o céu seja misericordioso e chore por mim a terra... chore por mim quem tem caridade".	*"Alongava o olhar para o mar e para o céu. Enfermo e em silêncio, desembarcou do Lutétia[381] ao largo, para fugir às emoções da aclamação popular".*
(7 de julho de 1503).	*"Santos Dumont chorava... e foi chorando que desceu de braço com seus sobrinhos, a escada de bordo[...]"*
Enrique Gandia, p. 367.	Dez dias depois de sua saída da França. Quase às vésperas da morte.
	Fernando Hipólito, p. 57.

Se pudéssemos concluir algo que se aproximasse à lenda do Ovo de Colombo diríamos o seguinte: antes de Santos Dumont ninguém conseguiu realizar um voo mecânico. Só depois que o 14 Bis voou surgiram vários pretendentes querendo se aproveitar do fato de Santos Dumont não patentear e ser um estrangeiro em Paris.

---

[381] Lutétia, antigo nome da cidade de Paris, como já nos referimos atrás, significa "lama", mas também carrega a significação de "luto". Curiosamente, Santos Dumont volta de sua última viagem, voltando de Paris, no paquete *Lutétia*.

16

A PRIORIDADE AERONÁUTICA SOB O PRISMA DA LÓGICA ARISTOTÉLICA

Sabemos que, na história da aviação, alguns pontos controversos se rivalizam há mais de um século. São oposições referentes ao primeiro voo e/ou à invenção do avião. Ainda que nos permitamos uma veemente dilação do contraditório, continua sendo uma concepção política passando por um crivo ou recorte "patriótico" entre os EUA e o Brasil na discussão desta questão.

Não criticamos o encaminhamento dado à veracidade do fato histórico, mas retemos, refletimos, o que nos chega pelo seu discurso. E sob o viés semiótico, neste caso específico, apresentamos alguns elementos básicos da antiga lógica formal de Aristóteles (filósofo de Estagira – 384 a 322 a.C.), visando à aquisição de alguns valores do enunciado objetivo.

Por meio da lógica alética (V e F) aristotélica e seu desdobramento no quadro semiótico (SER, PARECER, NÃO SER, e NÃO PARECER), articulamos o que É e o que Não É, como um movimento de todo um programa narrativo qualificado por este ou aquele ponto na busca dos esclarecimentos sobre instigantes controvérsias documentadas. Neste caso, pudemos estruturar em modelo o que consta como critério de validade entre nós presentemente: visualizamos o SER (Santos Dumont) que deixa de o SER para, percorrendo o quadrado greimasiano, chegar "PARECER o inventor", e o contrário, quando a inferência recai sobre os americanos irmãos Wright, hoje reconhecidos "inventores" do avião, vimos ir o fenômeno do PARECER para SER "os pioneiros" consagrados num dado discurso.

Entrementes, quando nos deslocamos aplicando este tema sob o ângulo lógico das Causas em Aristóteles, como pontos de justificação filosófico-científica, produzimos uma ressignificação do fenômeno. Para conhecermos a realidade de um SER, sempre perquirimos a sua origem, sua causa. Aristóteles nos legou suas quatro causas para a existência de qualquer objeto. Estas quatro causas são: a **Material** – ou do que é feito a coisa; a **Formal** – qual o nome, ou o que a distingue dos demais; a **Eficiente ou Motora** – quem a fez; e a **Final** – para que tal coisa foi feita. Nesta análise, deter-nos-emos principalmente nas duas últimas causas.

Temos visto pela história que existem casos coincidentes de inventos. Alguns problemas da ordem da prioridade já têm sido constatados pela simultaneidade ou mesmo por sincronicidade do fenômeno, vale dizer, em muitos casos, não são nem sabidos quem teria sido o primeiro, ou mereça ser assim considerado. Poderíamos citar o exemplo tão conhecido de Newton e Leibniz com respeito à descoberta simultânea do cálculo diferencial. Outro exemplo: a quem caberiam os direitos de invenção das famosas "lâmpadas Davy", uma lâmpada de segurança que não explodia em meio aos gases dentro das minas. A quem caberiam os direitos: ao Sir Humphry Davy ou ao George Stephenson? Elas surgiram "no ano de 1815 quase no mesmo dia". O caso do complexo da "vitamina "B" descobertos ao mesmo tempo em modelos de pesquisas diferenciadas por Eddy e Roper, Osborne e Mendel, em 1917, também deixou os historiadores confusos. A lente acromática usada para objetivas de telescópios, que eliminam a refração colorida ao redor do objeto focado, foi inventada em momentos diferentes por dois pesquisadores: o advogado Chester Moor Hall, em 1725, e a outra aparece 20 anos depois junto ao oculista John Dolland, em 1753, que obteve a patente para fabricação sem saber que o primeiro já a usava para fins próprios.

Este imbróglio, na época, levantou uma discussão judiciária que cabe pensarmos aqui ao nos referirmos ao dilema aeronáutico. A quem dos dois inventores deveria recair os direitos inerentes ao invento? A resposta foi a seguinte: "Não é a pessoa que fecha a sua invenção na sua escrivaninha que deve tirar proveito por meio de patente a respeito dela, e sim a que a apresenta para o benefício do público"[382].

O voo de um aparelho mais-pesado-que-o-ar era até 1906 improvável, ou impensável que ocorresse. Este voo do brasileiro Santos Dumont, consagrado publicamente, foi reproduzido largamente em todos os grandes jornais pelo mundo e, no mês seguinte, ele mesmo chegou a bater seu próprio recorde, novamente com o 14 Bis – tudo avaliado por uma Comissão Científica. Neste sentido, a **Causa Final** "a capacidade de poder voar", que evoca a finalidade da invenção; um aparelho com tal capacidade; em repetidos experimentos bem-sucedidos, que autorizaria seu intento – fora alcançada. E, independentemente de quem o tenha feito primeiro, foi só em 1906, dia 23 de outubro, que se revelou ao mundo aquilo que até então fora inconcebível.

Acontece que os Irmãos Wright, só depois de 1906, reclamaram para si o invento e, apesar de não terem se submetido a nenhum exame científico, diziam ter voado antes, em 1903. Mesmo assim, agilizaram suas patentes, já que Santos Dumont não o fez. Contudo, só conseguiram demonstrar publicamente esse triunfo para o mundo, em Paris, lá pelos anos de 1908[383]. Lembraram eles que cinco testemunhas viram os seus voos experimentais. Não obstante, admitamos que milhares de testemunhas oculares têm visto discos voadores a qualquer tempo, em todos os céus, com vastas gravações "comprobatórias", e nem por isso se encontra ratificada a existência de extraterrestres, cientificamente.

A questão defendida pelos americanos é que eles, os irmãos Wright, mesmo como diletantes, fizeram o voo primeiro. Então hoje são eles protagonistas da historiografia aeronáutica americana e de outros países. Todavia, em nosso país, e alguns poucos outros, não por mero interesse nacionalista, têm resistido a todas as imposições político-ideológicas da época. Mas, para discordar de tudo o que está aí, dessa absorvente ideologia, temos uma nova argumentação sob o prisma lógico filosófico aristotélico que se impõe magistralmente: tomemos a clareza de que, se Santos Dumont dirimiu, antes de qualquer outro, a dúvida crucial da possibilidade do voo, os americanos apenas trouxeram, a saber, a informação de **quem** é que foi o primeiro, ou **quem** o fez antes. Portanto, não foram eles que notificaram o fenômeno à História. Neste sentido, os americanos se enquadram logicamente dentro da conhecida **Causa Motora ou Eficiente** aristotélica.

A primeira vez que foi visto no mundo um voo humano ratificado cientificamente – medido e calculado (altura, distância, velocidade etc.), teve como piloto o brasileiro Alberto Santos Dumont. Com ele, confirmou-se que podemos nos suspender além da gravitação, sairmos de um ponto a outro, não saltando, mas navegando mesmo sobre o ar. Para o grande filósofo grego, quando se concebe a meta de algo e experimentalmente o demonstramos, isso nos remete ao alcance do objetivo satisfeito ou realizado, que seria a **Causa Final** pretendida. E Santos Dumont nos legou essa constatação do voar.

---

[382] POLILLO, Raul de. *Santos Dumont gênio*. São Paulo: Companhia Editora Nacional, 1950, p. 270.

[383] Na verdade, às vésperas de sua apresentação, a título de demonstrar patriotismo um dos irmãos Wright, Orville Wright, para promover a veracidade dos seus voos, publicamente em seu país, se apresentou nos EUA, primeiramente, onde, aliás, sofreu seu primeiro acidente com vítima. Logo após, dirigiu-se a Paris, onde estava o irmão esperando para os voos públicos encomendados na França. Este detalhe factual autentica, historicamente, a inverdade de seus "mil voos" acontecidos nos EUA, ou, no mínimo, do desconhecimento do homem americano sobre tal fato ou quaisquer de seus exercícios aéreos.

Poderíamos discorrer contornando as aferições filosóficas existentes tão criteriosas para avaliação deste tema, mas não gostaríamos de deixar rançoso o texto para o leitor deste livro, porque temos querido simplificar o quanto necessário para compreensão imediata e básica dos entornos semióticos a que nos encontramos envolvidos sem os potenciais embaraços acadêmicos tão afeitos ao gosto de alguns. Pela explicação emitida filosoficamente – corroborada por muitos outros, conclui-se que Santos Dumont está acima dos irmãos Wright no que concerne à sua importância histórica, porque, segundo a avaliação lógica de Aristóteles, a **Causa Final** é sempre superior à **Causa Eficiente ou Motora,** devido, como já dissemos, à importância de o fato/fenômeno novo produzido ter um caráter superior ao próprio sujeito que o produziu[384].

O que parece ser importante para historiadores políticos é fortalecer uma ideia contrária a essa aristotélica, porém destacamos que isso não impede que a averiguação oportuna e isenta conceda a Santos Dumont o seu lugar como o primeiro em ambos os aspectos causais.

---

[384] Santos Dumont divulgava os seus inventos sem patentear. Da mesma forma, era a índole de Colombo que ficou exposto a uma crítica rigorosa pelo fato de haver divulgado ao Rei de Portugal o seu achado, em cartas ao tesoureiro de Aragão, Gabriel Sanchez, ao escrivão de rações Santangel, e outros mais "[...] Ello significaba, también, divulgar la noticia del descubrimiento sin la autorización real. Por último habría sido uma falta de cortesia dirigirse, al mismo tiempo que a los reyes, a otras personas." GANDIA, E., 1951, p. 336.

Terceira Parte

INTERTEXTOS DE UMA ICONOGRAFIA SEMIÓTICA

Este estudo nos valeu uma perseverante busca aos contextos iconográficos e outros referentes da imagem. Por comparação de imagens, ou por correspondências semióticas de natureza plástica, tanto no que se refere à parte visual, quanto à verbal (sonora e escrita), fomos descobrindo novas portas de entradas linguísticas do discurso comparado. Estruturalmente, obtemos alguns casos intertextuais. A intertextualidade, segundo A. Malraux, "implica a existência de semióticas (ou de discursos) autônomas no interior das quais se sucedem processos de construção, de reprodução ou de transformação de modelos, mais ou menos implícitos", sem negar toda a relevância de outros discursos da classificação sociossemiótica. Para facilitarmos a compreensão, por conseguinte, salientamos que na atualidade, como racionalmente é norma psíquica humana de várias eras, o fazer comparatismo, com a finalidade tipológica pode ser a metodologia mais capaz de empreender a realização dos estudos intertextuais. E, então, a partir desse entendimento e do seu método, como todas as vezes fazemos, exploraremos as facetas perceptivas da imagem e o que elas advertem ao nosso imaginário. Greimas diria: "Do ponto de vista da historia das ciências, o aparecimento da linguística comparada marca o acesso ao estatuto científico da primeira das ciências humanas".[385]

A História das Navegações possui uma grande produção de dados aos quais podemos, a cada pesquisa, recorrer para demonstrar factualmente o nosso fenômeno pesquisado. Há na história da arte e mesmo em locais e setores especiais de homenagens públicas (numismática, filatelia, monumentos, marcos, bandeiras etc.), uma rica produção retratada em forma de pinturas, desenhos, fotografias, entre outros, mencionando como os acontecimentos se deram, e mesmo seu processo evolutivo, a título de oficialização de cada acontecimento. Vimos muitas ideias originais sobre a recepção de Colombo pelos reis católicos, a chegada do almirante genovês à terra descoberta, fotos de dirigíveis sobre Paris, caricaturas, capas e ilustrações de volumes literários, e assim por diante. É importante esse enfoque perceptivo. Poderíamos deter-nos mais tempo nele, entretanto nos permitimos restringir à análise comparativa no qual viemos fazendo desde o início, garantindo ou reforçando uma ideia central, independentemente da validade de outros valores pertinentes. Muitas imagens de pintura durante muitos séculos foram tornando-se apenas um aporte de ilustração histórica, conforme a época do artista-autor considerado. Tentamos não tratar aqui sobre a melhor ou a imagem mais realista ou valores estéticos, porém buscamos conduzir-nos pelos significados não ditos implícitos nestes índices atualizados.

Podemos constatar agora que o afluxo seria ainda maior, talvez, se tivéssemos nos desprendido a documentações específicas de outros livros, ou outras literaturas importadas, porém nosso alvo possível foi por meio de exemplares (livros, revistas, jornais), em sua maioria, de língua portuguesa e traduzidos, bem como visita aos museus brasileiros, principalmente algumas investidas na internet. Isso nos possibilitou um repertório criteriosamente marcado para esta amostragem, que, digamos, pode ser um início de um interesse persuasivo nas Ciências Humanas para recuperação de dados para a compreensão necessária do fenômeno da sincronicidade, entre outros.

[385] GREIMAS, A., 1979, p. 60.

1. Design de capas portais e o desejo de transpassá-las.

Imagens 16[386], 17,18,19

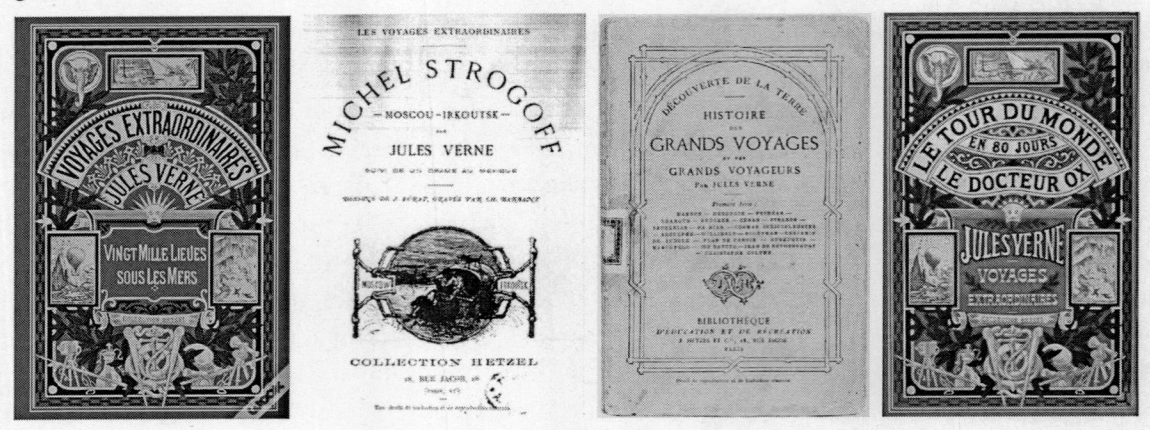

Fontes:
https://commons.wikimedia.org/wiki/File:Hetzel_front_cover.jpg#/media/File:Hetzel_front_cover.jpg
https://upload.wikimedia.org/wikipedia/commons/e/e4/Jules_Verne_Michel_Strogoff_1876_cover.jpg
https://journals.openedition.org/genesis/636

Um admirável escritor do século XIX foi o francês Júlio Verne, que percorreu, com sua fértil imaginação, desde as descobertas marítimas às invenções aéreas, indo até a Lua. Tal como nós aqui fizemos de uma forma distanciada da narrativa ficcional, o autor acolheu primeiramente os fatos históricos que puderam render-lhe certo impulso para aos poucos divagar o caráter humano e avançar além das fronteiras naturais e do mito penetrando no mundo inóspito da ficção científica. Essas publicações, de alguma forma, despertaram Santos Dumont, em sua adolescência, as pesquisas sobre navegação. Em todos os seus biógrafos, há a menção das leituras de Verne: desafiador do mundo, influenciador de caráter e inventor de maquinações além do seu tempo. Acreditamos, entre nós, que Júlio Verne colaborou aqui, intuitivamente, para um inter-relacionamento atemporal do aviador, e diremos que ele foi o responsável pela iniciação do brasileiro no *mais-leve-que-o-ar*. Retrata o romancista, Polo e Colombo, de modo formal, enquanto, posteriormente, municiado de certa maestria intuitiva, Dumont se firmaria em romances do tipo *Robur, o Conquistador*, *Cinco Semanas num Balão*, *A Volta ao Mundo em 80 Dias* e muitos outros equivalentes, onde exploraria o ficcional e fantástico das viagens transcontinentais, levando a tudo um contexto de naturalidade como se nisso contivesse alguma propriedade científica aprazível. De modo que os biógrafos de Santos Dumont apontam o escritor francês como causa imediata da sua vocação inventiva, das aventuras com balões e outros estereótipos. Em seu próprio livro *Os Meus Balões,* o brasileiro destaca a leitura que fez de *Michel Strogoff,* a aventura de um mensageiro do Czar que teria que percorrer a Ásia, toda Sibéria, alguns 5.500 km de obstáculos insuperáveis, uma grande extensão geográfica que, se pretende, tenha Marco Polo percorrido séculos antes. Há um reaproveitamento intuitivo no aviador, sagaz dessa catarse aventureira, como uma reatualização genética da marca do maior explorador veneziano.

No exemplo das fotos, temos a primeira edição do livro *Voyages Extraordinaires*, francesa. Nessa época, não se permitia a publicação de literatura francesa no Brasil. Temos, depois, a *História das Grandes Viagens e dos Grandes Viajantes*, que traria informações alusivas aos descobrimentos navais.

---

[386] Este livro (capa de Jean Engel) era de Santos Dumont e consta no Museu de Cabangu, em Minas Gerais.

Júlio Verne escreveu vários livros sobre descobrimentos e anteviu engenhocas inventadas como soluções plausíveis para situações em que o homem, cedo ou tarde, enfrentaria. Hoje, muito do imaginário fantástico das inúmeras possibilidades que o futuro nos reservava são fatos do passado. O grande taumaturgo francês nunca deixou de ser o profeta do mundo moderno, laico e positivista, cujas todas as facilidades lhe sobrevêm de pesquisas científicas. Enfim, são nesses apontamentos literários reunidos que encontramos o liame sequencial dos três peregrinos da volição humana.

Faremos aqui uma apreciação que nos lembra a **dupla articulação** do pesquisador linguista André Martinet, então o extrapolando à imagem, com alguma ênfase. Conforme Martinet, encontramos valores diferenciados duplamente em cada emissão de uma mensagem. Primeiro, as palavras ou os morfemas formam o que chamou de **unidades significativas** ou de semântica, identificando-a precisamente no seu uso; mas, por outro lado, cada fonema (sons das letras) como **unidades distintivas** poderá ser usado para formação de outras tantas palavras invariavelmente. Muitos fonemas não têm por si uma designação semântica própria no coloquial, porém seriam, sozinhos, traços distintivos, sem significação. Isto é conhecido como dupla articulação da linguagem, embutida em toda a verbalização. A palavra existe, portanto, no seu valor semântico como lexia, bem como nas suas partes mínimas constitutivas, como fonema. Esta teoria traz maior consciência sobre o que é um texto/discurso percebido em seu distanciamento.

Dito isso, prosseguiremos em uma visualização paralinguística das imagens comparadas, associando-as às letras dos morfemas que se intitulam em forma de arco. Importa saber que essa forma, associada à imagem das portas ao design das capas dos livros, nos parece um complemento retórico, porquanto as relações das partes entre si é onde depositamos o seu especial valor. Mas há outros vértices de interpretação, como índices subjacentes nas imagens.

Aqui o **plano do conteúdo** (teor dos livros) estende-se ao discurso literário como influenciador ao personagem-foco, e o **plano da expressão,** às imagens das capas. Neles as capas e folhas de rosto mostram-nos traços de meia-lua ou arcadas como "portas" de acesso. Vemos molduras de linhas ou frases abauladas, de enlevo sintáxico, que, ao serem acessados pelos leitores, ultrapassaram sua capa. Essas capas se assemelham à porta principal abaulada da casa de Colombo, ou à casa de nascimento de Marco Polo na ilha de Korcula. Ambas são ainda existentes. O ícone das capas de livros ao design daquelas portas absorve o índice semiótico de uma "passagem", variando como objeto de expressão.

Uma dupla articulação morfológica da imagem distinguiria a imagem construída no seu aspecto mais abrangente como de suas partes. As arcadas distinguem o conjunto de tijolos justapostos nos umbrais das arcadas das portas, com o conjunto de palavras em arco que formam o título. Desse formato gestáltico, surge o movimento centrífugo das unidades (letras ou tijolos) como unidade distintiva. Neste sentido, aquela fachada e capas de livros, em Santos Dumont, parecem ícones contidos em Colombo e Polo.

Quando, em Santos Dumont, temos que ele projetou as portas de seu hangar de tamanho incomensuráveis de 4,4 toneladas que se abrem facilmente com a "força de uma criança", como no exemplo do hangar de Mônaco da foto, vemos a ordem de importância engendrada para esse edifício arquitetônico guarnecer o real valor do objeto que retém dentro de suas paredes, porque, mais do que conservar o hidrogênio dentro do seu aparelho, que antes se desinflava, é abrigar o invento para continuar a aperfeiçoá-lo ou mesmo usá-lo noutro momento. Neste sentido, distinguimos a marca deste edifício "estaleiro" criado pela Era Aeronáutica, a custa do design e do aprimoramento curvilíneo compreendido nas formas.

Imagens 20[387], 21[388], 22[389]

Fontes:
https://www.brasilnaitalia.net/2023/02/casa-de-cristovao-colombo.html
https://www.flickr.com/photos/rickipanema2/58961178
VISONI, Rodrigo Moura. *Os balões de Santos-Dumont*. São Paulo: Capivara Editora, 2010, p. 62.

2. Júlio Verne: aproximação contextual entre Colombo e Dumont.

Imagem 23

Fonte: VERNE, J. 2005, capa externa.
https://www.le-livre.fr/livres/fiche-ro30107098.html

---

[387] Porta de entrada principal do edifício com sua arcada de tijolos na casa onde Colombo nasceu, em Gênova/Itália. Parece-nos que a arcada acima de uma porta com batente reto foi modificada posteriormente, pois não tem sentido pragmático esta disposição construtiva, no entanto a arcada acreditamos ser um detalhe original da construção.

[388] Portal (maior e embaixo) e porta (menor e acima) construídos encimados por arcadas onde Marco Polo nascera, em Korcula, na Croácia, antiga província de Veneza.

[389] A porta do hangar de Mônaco de Santos Dumont, ademais como as outras em Paris, tem duas folhas que se abrem separadamente como se fossem duas entradas. Assim, evidenciamos também em Colombo e Polo a mesma ideia de abertura, que se legitima quando separamos o elemento arcada das portas: em Colombo, por exemplo, vemos uma única arcada com duas portas.

Na França, Santos Dumont, certa vez, como consta em suas biografias, fora visitar o ainda vivo romancista francês, Júlio Verne. Foi a partir de seus livros que, quando adolescente, o brasileiro tomou conhecimento da ciência e cultura francesas, apreciando-as primeiro de forma lúdica, fantástica, como já falamos, mais também por ter sido ele fonte inspiradora a todos de sua época, em geral, e à ciência mecanicista do século XIX, em específico.

A história *A volta ao mundo em 80 dias* teve sua publicação em 1873 (ano de nascimento do brasileiro), na forma de folhetim, ao mesmo tempo que em vários jornais do mundo, como já referenciamos noutro capítulo. Esse romance trata de uma aposta de que se poderia chegar a dar a volta ao mundo em apenas 80 dias, e seu transporte principal seria o uso de balões, aparelho mais bem desenvolvido na prática por Santos Dumont.

Nessa sua narrativa romanceada, o personagem viajante Phileas Fogg percebe ter perdido a aposta, pois chegara um dia a mais, ou seja, no 81º dia, pois vira o sol nascer 81 vezes, mas porque percorreu a direção oeste igual à de Colombo – na verdade, para os que estavam parados em Londres, ele completara, exatamente, 80 dias, ganhando efetivamente a aposta. Este fenômeno no calendário já era conhecido em 1522, quando a expedição espanhola de Magalhães também fez, igual à Fogg, um dia a menos circunavegando a Oeste. Verne escreveria outros livros recorrendo ao balonismo e à navegação aérea: *Cinco semanas num balão, A ilha misteriosa, Robur o conquistador* etc. Foi matéria-prima que puderam recolher, intuitivamente, os que lidavam com pesquisas iniciais sobre voo. De certa forma, poderíamos dizer que Júlio Verne foi para Santos Dumont o que Marco Polo foi, como fonte inspiradora, para o navegador Cristóvão Colombo.

Mas a intenção que nos traz aqui nesta reunião havida entre Júlio Verne e Santos Dumont é ressaltar que o renomado escritor francês escreveu um livro chamado *Cristóvão Colombo* e que talvez Santos Dumont tivesse lido ou conhecido. É interessante destacar o fato de que há um esmero especial da parte de Santos Dumont de se ligar, mesmo por um tempo, rápido e indeterminado, com pessoas que, de alguma forma, tenham uma relação direta ou indireta com Cristóvão Colombo.

Há, em toda a produção de Júlio Verne, uma linearidade perfeita como discurso que pretende retirar da ficção algo da realidade possível. Esta constatação o qualifica como um dos poucos a reproduzir historicamente o que relevamos aqui nesta pesquisa: a periodicidade de um *continuum* psíquico humano, no campo literário, de um prosseguimento consecutivo natural do homem histórico como desencadeador dos fenômenos de descobertas e invenções. Tal como estamos demonstrando objetivamente, o escritor retratou o fenômeno de maneira intuitiva, natural, como prática subliminar das reservadas motivações que o progresso se empenharia em reproduzir no futuro, sempre impulsionado a partir do que auferiu dos acontecimentos retidos no passado. Assim é que Verne retém o passado objetivo dos conquistadores históricos (Cristóvão Colombo) como plataforma-base para a compreensão dos elementos que constituirão o seu futuro próximo, como a invenção do avião e a chegada à Lua.

3. Coelho Netto e Santos Dumont: "A Descoberta da Índia".

Imagem 24[390]

Fonte: https://www.miguelsalles.com.br/peca.asp?ID=3877838

Quando, no Brasil, Santos Dumont foi convidado a Campinas, em São Paulo, com vistas a inaugurar o monumento ao compositor operístico Antônio Carlos Gomes, era 18 de setembro de 1903. Ali esteve acompanhado também pelo famoso escritor Coelho Netto (da Academia Brasileira de Letras), que escreveria, entre outros volumes, *A Descoberta das Índias* na reprodução do tópico anterior. O escritor Fernando Jorge descreve, em sua principal biografia, vários discursos em homenagem ao aviador e deixa registrado textualmente o seguinte: "Após o almoço, o homenageado foi ao local do monumento a Carlos Gomes, a fim de assentar a primeira pedra. Em seguida esteve no Clube Campineiro, onde Coelho Netto pronunciou um novo discurso"[391].

Esse trecho descritivo nos serve apenas para apresentar Coelho Netto, que teve um encontro pessoal com o aviador, "especialmente" para homenageá-lo. Sabemos que Santos Dumont, como qualquer grande personalidade que cai no mundo da popularidade, vai construindo certa resistência ao achego da massa, da multidão. Assim mesmo, o nosso aeronauta vai ao evento, pois a homenagem formal seria para o emérito músico da ópera *O Guarani*, ou sua última cantata "Colombo", nesta que aliás atende perfeitamente ao tema do seu livro, que mencionamos noutra oportunidade. Não podemos deixar de reconhecer que o maior homenageado estava presente em carne e osso. Essa atualização, que surgiu pelo fato jornalístico, serve-nos aqui para unir o inventor ao navegador.

Este referencial assim exposto apresenta uma motivação material do plano da expressão que é o título do livro e a pertinência da publicação, que inadvertidamente o nobre aviador compartilharia certa familiaridade demonstrando, nesta aproximação paralela, alguma prospecção intuitiva, queremos crer, do assunto relativo aos descobrimentos.

---

[390] Esta frase emoldurada do escritor Coelho Netto, direcionada a Santos Dumont, está exposta no acervo do Museu de Cabangu/MG.

[391] JORGE, Fernando. *As lutas, a glória, e o martírio de Santos Dumont*. 4. ed. São Paulo: T. A. Queiroz Editor, 2003, p. 163.

4. Nuestra Señora del Buen(os) Aire(s) ou dos Navegantes

Imagem 25

Fonte: GIARDINI, C., ORLANDI, E. *Colomb – Les Grands de Tous Les Temps*. Editeur n. 460. 1966 – Arnoldo Mondadori. Dépôt legal: 1970, p. 48.

A foto da pintura *Nuestra Señora del Buen Aire*, tal como é apresentada, de Alejo Fernández (1475-1545), pintor renascentista espanhol, foi impressa na página que antecede a folha de rosto do livro *El Almirante de La Mar Oceano: Vida de Cristóbal Colón,* de Samuel Morison, um dos maiores biógrafos do genovês, declarando em legenda conter nela o retrato póstumo de Colombo. Presume estar Colombo à esquerda sobre as nuvens que pairam acima das embarcações. Na verdade, também constam ali, sob o manto da protetora espiritual dos navegantes, o rei Fernando de Aragão, Carlos V, Américo Vespúcio, os Pinzons, entre outros.

O ensejo semiótico que exploramos aqui, além dessa imagem que instaurou sua publicação, é a acolhida do personagem Colombo como figurante representativo do cenário religioso composto à N. Sra. do Bom Ar. Ainda que em jogo no tema esteja a busca da harmonia climática, a referência "Bom Ar" deixa-nos prever o desejo de bem-aventurança ao explorador geográfico idealizado que, transpassando fronteiras desconhecidas, segue ao futuro imprevisto que se lhe abrirá.

O "Bom Ar" nos remeteria indiretamente ao fato atmosférico ou mesmo à posterior conquista do ar, tal como se designava a época histórica da invenção do avião. *Nuestra Señora del Buen Aire*, ou "dos Navegantes", aludiria então aos navegantes por sua impulsão ao antigo desbravamento, ao destino que lhes reserva disputar, fala do que lhe abrirá como um direito pela sua capacidade de atender. Ela sugere uma entonação futura apontando para a outra história da navegação que se dará. Permitimo-nos deduzir, pelas altas exigências da seleção de voluntários à astronáutica, feita pelas agências espaciais dos EUA, que, para isso, imprescindiriam inúmeras capacidades. Assim posto, vemos um prolongamento espiritual de dados factuais, tanto psíquicos como morais, a despontar futuramente. Seria um exercício livre, com dinamicidade contínua, ininterrupta, contudo, afunila-dora. Viria, então, diante de nós, outros pesquisadores, a importância de se cogitar, da necessidade de investigarmos mais profundamente questões relativas à causalidade – preocupação primaz na filosofia, e sempre pautada.

A figura argumentativa da *N. Sra. do Bom Ar* sugere a superação do Mar como ideário envolvendo o audaz navegador pretensioso de haver cumprido seu destino, com amostras de se superar. Portanto, desse discurso místico, advertiria tanto o passado que já se foi, como o futuro que se fará, assentando possível teoria da preexistência ou pré-ciência, ou do futuro já dotado de existência, como um porvir alcançável de ações derivadas.

Se fizermos uma análise desta tela artístico-religiosa escolhida por Samuel Eliot Morison para anteceder suas pesquisas, nas quais sujeitou grande parte de sua vida, teríamos, em "Buenos Aires" ou "Navegantes", uma digressão interpretativa ainda instigante. Não obstante, a estampa mística também conduz, em nossa versão, à duplicidade corroborativa como tensão dialética do que representa a dicotomia "Colombo versus Dumont". A ideologia inerente a esse imaginário vai além do alcance dos dois personagens. De forma extemporânea, N. Sra. do "Bom Ar" ou N. Sra. dos "Navegantes", advém como resultado metalinguístico, uma antevisão persuasiva que consagra a união dos dois conjuntos de navegação atinentes a nossa pesquisa: a união da navegação marítima e aérea.

5. O orbe terrestre como um balão suspenso.

Imagens 26 e 27

 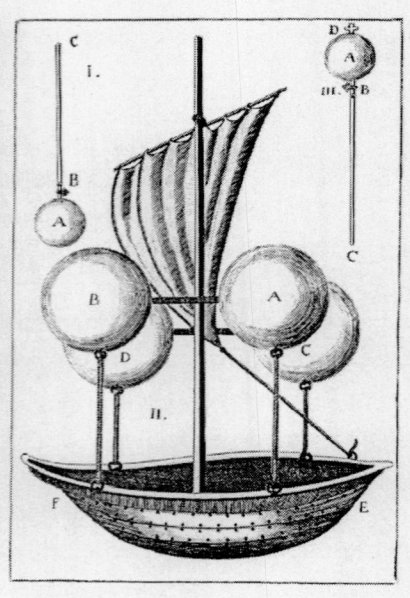

Fontes:
http://fotosdeantoniobanus.blogspot.com.br/2012/12/estatuas-y-monumentos-de-madrid-ii-colon.html
http://weebau.com/history/lanadeterzi.htm

Nessa imagem, vemos a base do monumento erigido a Cristóvão Colombo, em Madrid, que é uma referência ao globo terrestre sustentado por uma caravela. Se convergirmos nossa atenção na explicação dessa imagem, ela se tornaria símbolo e indicativo dos signos metafóricos que nos servimos na história da aviação. Encontramos, nos planos do conteúdo e da expressão, essas similaridades temáticas de cunho intertextual. Especificamente neste caso, ao apropriamos dela, veremos que a invenção do avião surge a partir da sobreposição de um balão esférico sobre a conhecida "barquinha". O uso simbólico já se admitia há muito tempo nessa volição intuitiva próxima ao desenho (em destaque acima) do jesuíta italiano Francesco Lana de Terzi, que concebeu esse projeto em 1670, enquanto Bartolomeu de Gusmão realizou na prática esta possibilidade, utilizando-se de um artefato esférico de papel com ar quente dentro. Quando nos deparamos com o globo terrestre sustentado por uma caravela no monumento a Colombo, reconduzimo-la a outras semioses, ou seja, produzimos intersecções ideais que autorizam situações que evocam um "contínuo" linear histórico (do barco ao aeroplano). O escritor brasileiro Fernando Jorge relata: "Desejando adquirir perícia no manejo da máquina voadora, Alberto dependurou-a no seu último balão, o n.º 14, que por este motivo foi separado da barquinha. Daí, em consequência disso, o aeroplano recebeu a denominação de '14 Bis'"[392]. O monumento de Madrid, que traz um veículo naval sustentando o orbe terrestre, evoca a imagem intertextual dos primeiros ensaios do que seriam os primórdios da aerostação, em geral, e da aviação, em específico. Logo, Santos Dumont atualiza um aeróstato no globo sustentado numa caravela, agora permutada pelo avião. A imagem do monumento representando a evocação intertextual das migrações marítimas quatrocentistas em torno do globo terrestre firma esta leitura aqui, mais pertinente aos fatos comparados na sua feição gestáltica insinuante.

Outra referência pode ser anexada a esta articulação. Um caso significativo é o mesmo ícone da "Passarola" divulgada no século XVIII, na Europa, particularmente em Portugal, sendo imputado certamente ao brasileiro Pe. Bartolomeu de Gusmão. Aquela estampa conhecida por "passarola", erroneamente, foi atribuída ao inventor brasileiro como charge humorística visando a levar o postulante brasileiro ao descrédito científico. Nunca houve tal veículo estrambólico. Na verdade, ele fez subir, pela primeira vez, algo (como uma barquinha suspensa) num pequeno balão de papel de ar quente. Talvez começasse daí a forma ideal da junção de uma embarcação "fluvial" aos balões, que, em *continuum*, se fez marco, até ilustrativo, a todo livro sobre aerostação.

A marca de Colombo surge naquele alto relevo da sua visão da esfericidade do globo terrestre; que traduziremos como uma confirmação empírica de suas viagens. Estas, representadas pela caravela no monumento, saíram em linha reta do Ocidente para o extremo Oriente Asiático. Porém, essa capacidade de circunavegar só se confirmaria, praticamente, em 1522, por Fernão de Magalhães. Mesmo assim, a ideia do "globo terrestre" associou-se a Cristóvão Colombo por este raciocínio. A posição do globo terrestre na caravela geraria a ideia do formato do planeta que, por sua vez, por ser habitado por todos os lados, induziria a hipótese, um século depois, da força gravitacional de Newton, para fixação dos elementos ao solo; exatamente o que mais tarde fora descrito como "teoria universal da gravitação", que abrangeria os mais altos estudos astronômicos de Copérnico.

Uma das divisões do balão que nos permite transportar-nos em suspensão chama-se "barquinha", "barquilha" ou "nacele". A passagem da barquilha para a máquina voadora *14 Bis* implicaria a substituição da caravela ao avião. Essa intervenção gravitacional permite-nos levar a caravela que volteia os entornos do globo ao fenômeno físico propriamente. Afunilamos um fator gerador de assimilação entre os dois personagens Colombo e Dumont, como os melhores correspondentes nesses domínios narrativos, pois ambos viveram em torno disso no sentido da superação conceitual pelo exercício prático.

---

[392] JORGE, 2003, p. 182.

No quadro a seguir, atualizamos algumas primeiras equiparações sintagmáticas. Seguindo a mesma lógica, reconhecemos cinco linhas básicas apreendidas: 1º) do veículo ou transporte, 2º) do meio por onde atravessa, 3º) o direcionamento do deslocamento físico, 4º) do fato e objetivo histórico, 5º) do fenômeno físico em submissão:

Tabela 30

CRISTÓVÃO COLOMBO	SANTOS DUMONT
1 – navio	1 – avião
2 – mar (água)	2 – atmosfera (ar)
3 – da terra ao mar (terra-mar-terra)	3 – da terra ao ar (terra–ar–terra)
4 – aventura e descobrimento do mundo	4 – aventura e invenção do voo
5 – prende-se à gravitação	5 – desprende-se da gravitação

Fonte: o autor

Num segundo quadro, comporemos, a partir dos signos da "imagem 1", os termos dominantes "globo terrestre" e "balão dirigível", já que são signos simétricos tanto nas semelhanças (forma geométrica, desproporcionalidade do tamanho, veículo de transporte...) quanto nas diferenças (o fato de remontar às navegações distintas – marítima e aérea). Nos subtermos, implicamos, ao "globo terrestre", o caráter gravitacional da atração ao solo, e ao balão dirigível, implicamos a faculdade contrária, de oposição a ela:

Tabela 31

GLOBO TERRESTRE	BALÃO ESFÉRICO
Presença de peso	Ausência de peso
Afirmação gravitacional	Negação gravitacional.
Centralização	Descentralização

Fonte: o autor

6. Um berço como "embarcação": deslocamento afetivo

Imagem 28

Fonte: https://infograficos.estadao.com.br/especiais/a-redescoberta-de-santos-dumont/capitulo-6.php

Quando se adentra a casa do nosso aviador mineiro, no Museu de Cabangu, logo se destaca, entre outros, um berço infantil, que, na verdade, não foi usado por ele. Qual o seu significado? Santos Dumont, certa vez, retornando a Minas, quando passou a morar na sua casa de nascimento, ofereceu, para o caseiro que morava ao lado, em Cabangu, um berço para o filho recém-nascido. O tempo passou, e esse rapaz, depois de crescido, veio a doar o berço, após a morte do aviador, para figurar no Museu como um agradecimento ao aviador e contribuir ao acervo histórico. Ficou este sinal de admiração ao benfeitor e a conservação da peça, agora como lembrança de sua história.

Para os navegantes modernos, toda grande embarcação possuía um *"long boat"* ou *"escaler"*, que era uma pequena embarcação a bordo que ficava anexada no navio num suporte especial chamado "berço". Dali era retirado e baixado pela tripulação para fazer "aguada", ou colher água doce em terra.

Este berço de Cabangu é do tipo que balança. Este equipamento imita uma embarcação na forma e no movimento pendular aquático. Esta referência atualiza arquétipos vinculados à memória inconsciente dos navios em alto mar por onde seguiam os homens envolvidos pela única segurança num meio instável, que o transporte faculta. A proteção das embarcações frente à natureza inóspita faz com que ela possua certas qualificações que tocam os extremos da Vida e da Morte, metatermos essenciais ao tratamento analítico como detalhamos em outros lugares. Um barco, e, aqui, o berço, copiariam, segundo Freud, a imagem da mãe, da proteção feminina, pois ele representa a volta ao passado, aos sonhos, por exemplo, e ao intrauterino materno, lugar da felicidade/paraíso onde a criatura se encontra segura antes de nascer. Seu movimento copiaria assaz, o balanço do andar materno, um navegante seria o feto envolvido no líquido amniótico protegido do desconhecido lá fora.

Em Santos Dumont, firmaria, por conseguinte, a restauração do antigo balançar dos navios e a única segurança frente ao desconhecido. "Canção de ninar", ou "ninar", em português, é "fazer adormecer, embalar" o recém-nascido. Como substantivo próprio, o vocábulo remeteria ao espanhol "Niña", o nome da embarcação na qual Colombo especialmente percorreu suas principais viagens transoceânicas. Também, a lembrança natural da "criança"/"menina", como já foi referido e, indiretamente, ao *nascimento*, propriamente dito, de algo não existente como o continente descoberto.

7. Sincretismo e simbologia entre seres alados

Imagens 29, 30, 31, 32

Fontes:
http://rabiscos.vmribeiro.net/index.php/artecultura/207-o-leao-de-veneza
https://www.gacetaeronautica.com/gaceta/wp-101/?p=8040
https://www.flickr.com/photos/ganimede1984/6973540772
VISONI, 2010, p.177.

Trazemos aqui vários símbolos sociais, entre eles, da cidade de Veneza, exposta em esculturas e monumentos da cidade. A primeira figura representa o leão de São Marcos, que, com suas patas, pisa a terra e o "mar", base de sua identidade comercial. O leão, como mamífero, exprime por si o assento da "terra", enquanto suas asas lembram o voo no "ar". O livro ou a aréola evocam o fogo do espírito como centelha. Uma de suas patas dianteiras segura o livro. A imagem desta pintura repercute nos variados monumentos e fachadas de prédios públicos dessa cidade.

Quanto a Cristóvão Colombo, temos uma indicação heráldica semelhante na fachada do edifício que a tradição tem como sua morada preservada em Gênova. Numa placa no alto de sua fachada, encontram-se emolduradas imagens de animais alados em alto relevo, rodeadas de conchas do mar encravadas em torno de seu perímetro. Uma de suas patas dianteiras aponta sobre o principal símbolo heráldico. Simbolizando o fogo, no arabesco das volutas, estão o "volume", livro no qual se desenrolam a mensagem, a criatividade e a inteligência humanas. Encontramos expressos ali os principais pontos-chave do imaginário popular veneziano.

Mais à frente, na terceira imagem, vemos o logo da companhia de aviação *Air France*: a metalinguagem do cavalo no cavalo marinho retém o significado da terra; na cauda, ou nadadeira enrolada, há a ideia do mar; depois, nas asas, temos projeção de um apêndice do cavalo marinho, que nos remete ao ar. O fogo poderá ser resultado do conjunto dos três anteriores como o são também as projeções de dragões em escudos, força acumulada ou energia contida, essencialmente, pela conjunção dos elementos. Vemos isso na figura do dragão, animal fantástico das artes marciais do estilo popular oriental. Na última imagem temos uma escultura da "Fama" – em alto relevo, homenagem da colônia brasileira em Paris, que traz subliminarmente o argumento do mito do homem voador – como Ícaro, a imagem mítica de Eros, ou, mística de um anjo com sua trombeta.

Essas quatro imagens simbólicas personificadas concentram representações poéticas visuais, muito respectivas de nossa história. Elas, como no caso do leão de Veneza, a placa indicativa da casa de Colombo e a marca de empresa aérea – figuras estilizadas –, se encontram linearmente vinculadas a um mesmo **eixo sintagmático** o conteúdo intertextual fixo na terra, no mar, no ar e no fogo. Estes significantes cobrem no **eixo paradigmático** uma linha que atravessa o discurso histórico, pois reúne qualidades expressivas das singularidades-ícones que se repetem em tantas narrativas.

Mas o leitor poderá perguntar se estas referências simbólicas estão pertinentes aos três personagens. Entendemos, aqui, evoluir a evolução simbólica ou onírica de um *manufatos* construído nesta perspectiva ritualística básica que faz unir Marco Polo ao símbolo de Veneza; Colombo, àquela placa da fachada, e Santos Dumont, provocativamente, ao que volta a ressignificar como continuação dos signos apostos: o símbolo da aviação francesa é um traço pertinente da identificação do lugar – a França –, onde houve a expressão maior da aeronáutica em seus primórdios. Cada simbologia se exprime livremente, fazendo fluir metadados como informação do que lhe convier. Valemo-nos do sentido posto num percurso em metalinguagem complexa com agrupamentos retóricos de personificações e atributos.

8. A cartografia de América e Terra dos Papagaios.

Imagens 33, 34

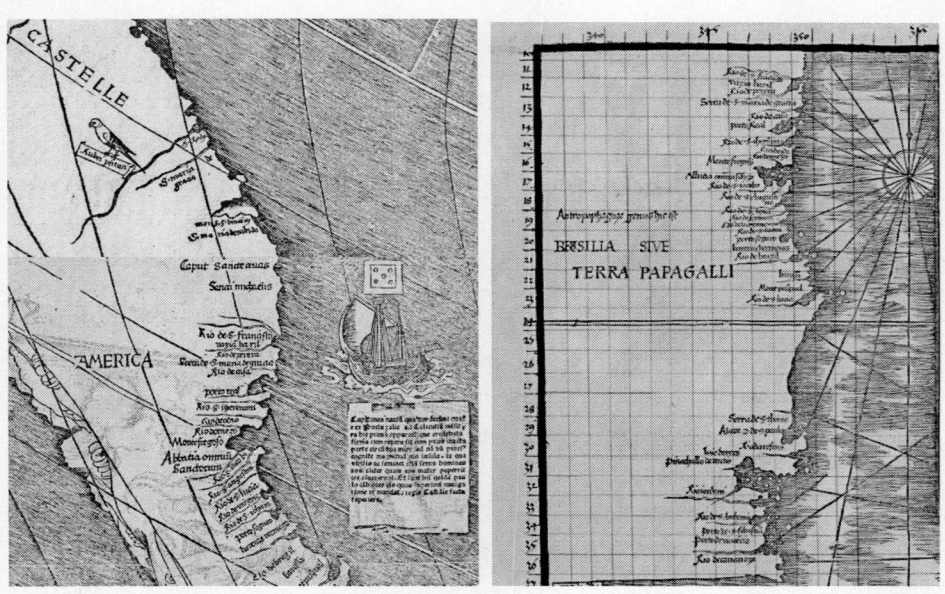

Fontes:
https://thewestologist.wordpress.com/2014/10/
https://acm5.blogs.rice.edu/figure-7-2/

Américo Vespúcio percorreu parte do litoral brasileiro, posteriormente ao conhecido português Pedro Álvares Cabral. Pelos locais que o florentino descreve em suas Cartas, julgam haver semelhanças geográficas nas descrições que chegaram a nós. Após uma das caravelas, da esquadra de Pedro Álvares Cabral, voltar a Portugal noticiando a descoberta da *Terra de Vera Cruz* (Carta de Pero Vaz de Caminha), o rei de Portugal imediatamente planejou fazer o reconhecimento destas. Então, sem condições de organizar outra expedição com pessoal especializado, solicitou à Espanha que pudesse ceder o já conhecido Vespúcio a título de simples mercador[393]. Na verdade, seu trabalho

---

[393] Porém, não havia o que comercializar, pois se sabia que os habitantes do novo mundo eram silvícolas.

consistia em fazer reconhecimento do litoral e traçar suas respectivas demarcações territoriais. Cabral, nessa oportunidade, prosseguiu em sua viagem às Índias. Vespúcio não se fez de rogado e parece ter abraçado a oportunidade fácil. Seguiu seu firme propósito de atender às portas que se abriam a um destino promissor. Ultrapassa, inclusive, as linhas do Tratado de Tordesilhas (firmado entre Espanha e Portugal), omitindo informações ou nomeações dos achados mais ao Sul do continente como hoje pudemos verificar na cartografia da época. Foi uma fase em que o silêncio era ouro. O rei de Portugal, que investia nessas descobertas, usava a estratégia de ocultar todas as informações além-mar, fazê-las secretas, para tirar alguma vantagem e ter o domínio maior de territórios ou ilhas que chegassem a descobrir. Vespúcio participou disso, entretanto, chegou a um ponto que rompeu o silêncio e extrapolou no discurso epistolar de descobertas, fantasiando suas viagens, pois muitos leitores estavam ávidos por curiosidades do ultramar. Outrossim, mais à frente, Wilbur e Orville Wright, nos EUA, usariam essa estratégia de manter o segredo no mesmo período de início de século, 400 anos depois. Parece-nos tendencioso a manutenção por tanto tempo do segredo da invenção do avião: três anos. Nele estava um embrião do aeroplano básico e prático, mas não dá para negar do primeiro voo de Santos Dumont, o objeto qualificador do invento que realmente se efetivou a vista de todos, como um ovo que ninguém soube por de pé.

Na carta, datada de 4 de junho de 1501, Vespúcio faz referência a Cabral dizendo que este "capitão-mor" "aportou na mesma terra que ele descobrira para o rei de Castela, salvo que está mais a levante". Outros exemplos de citações, temos: um comerciante florentino chamado Piero Rondinelli, residente em Sevilha, que escreveu para parentes seus em Florença, dizendo que o rei de Portugal arrendou a terra que Vespúcio descobrira a certos cristãos novos. Giovanni da Empoli, que acompanhou Afonso de Albuquerque, em 1503, às Índias, escreveu, em 16 de setembro de 1504, uma carta a seu pai em Florença, dizendo que "nós achávamos muito avante na terra de Vera Cruz, assim chamada, a mesma descoberta por Amerigo Vespucci, na qual se consegue boa quantidade de canafístula e pau-brasil". Segundo João Vespúcio, seu sobrinho, Américo tocou o cabo Santo Agostinho duas vezes, entre 1499 e 1500. E foi ele quem primeiro descobriu a foz do Amazonas.

Baseado nas informações do "Lettera" de Vespúcio, a região de Lorena, antecipou-se aos portugueses, ao nomear o continente ao Sul, informalmente, de "Terra dos Papagaios", e depois "América". Trazemos à tona duas imagens referenciais cartográficas como duas antigas provas da insegura denominação que imperava a geografia nessa época. Para assinalar a relação dessas denominações *Terra Papagalli*, ou *Terras dos Papagaios*, e *América*, é que aproximamos Américo Vespúcio de Wilbur Wright.

A esse respeito, usando informalmente palavras do livro de Paul Hoffman, onde o respectivo escritor faz um comentário: "Quando perguntado por que era tão pouco loquaz, Wilbur respondia que 'as únicas aves que falam muito são os papagaios, e estes voam a baixas altitudes'".[394]

São dois escritores que associaram diretamente a "terra dos papagaios" ao Brasil, que representaria Santos Dumont, rival dos Wright, e precisamente como temos visto, lançando anátemas à primazia brasileira do voo e em subjacência, entre nós, ao antagonismo Vespúcio/Colombo. A laconicidade do americano deve-se às razões imperiosas, pois que não havia presunções suficientes, naquele momento, para invalidar qualquer defesa anti-yanque. Não quer se defender de dúvidas de cinco anos atrás. Isto será discutido em outro capítulo. Wilbur não se defende, esquiva-se, pois, ao fazê-lo, produzirá mais contradições as quais não conseguiria rebater.

[394] HOFFMAN, Paul. *Asas da Loucura - a Extraordinária Vida de Santos-Dumont*. Ed Objetiva. 2004.

O que seria caro, nessa relação das duas imagens cartográficas, como um sinal semiótico comparativo? Já é impactante o fato de que o nome dado ao continente descoberto por Colombo tenha aparecido, conforme ilustramos, como "América", justamente na *Terra dos Papagaios*. Dessa forma, Wilbur atualiza esta alcunha pré-portuguesa anterior ao próprio Vespúcio. O que se deve entender é que Wilbur ressente a amargura de não ter sido ele, Américo Vespúcio, o descobridor da América, ou do Brasil.

Amigo de Santos Dumont, o aeronauta francês Gabriel Voisin "Em 1897 construiu o seu primeiro papagaio. Anos depois iria publicar uma obra intitulada *Meus dez mil papagaios*"[395]. Os papagaios estavam na ordem do dia. Vejamos no quadro um esquema onde nos leva o termo semântico nos atlas quinhentistas, com a explicação que brinquedos populares de empinar "papagaios" são conhecidos também como aeródinos/pandorgas, objetos "voadores" no Brasil.

Tabela 32

Era das Navegações Marítimas	Era das Navegações Aéreas
Papagaios	*Papagaios*
(pássaros trepadores)	(aeródinos – pandorgas)

Fonte: do próprio autor.

9. O design matemático, instrumentação e geografia

Imagens 35 e 36

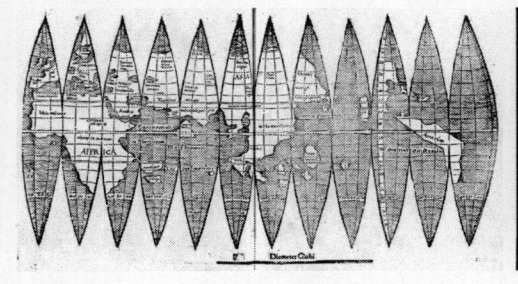 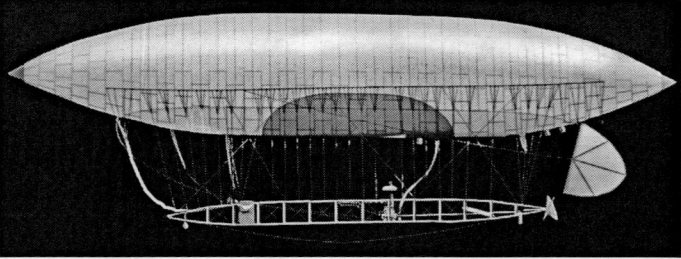

Fontes:
http://santosdumontlife.blogspot.com/2011/06/inventions-of-santosdumont-to-first.html
http://www.robswebstek.com/2012/11/waldseemullers-map-gores.html

Há uma peculiaridade nos aparelhos aéreos alongados, ou dirigíveis de Santos Dumont, que buscam certa afinação com um design mais simples e operacional possível. Assim como os tijolos de um muro qualquer não são cimentados um em cima do outro exatamente, mas em fileiras alternadas, de modo que cada tijolo fique intercalado sobre o outro, os planos do tecido de seda de um balão dirigível são costurados intercalados um ao outro, percorrendo uma volta completa em torno de si com certo rigor matemático, de forma a se obter- os imensos "charutos" afunilados e de conformidade com uma aerodinâmica geometricamente precisa. Esse detalhamento pode ser percebido em várias fotos dos dirigíveis de Santos Dumont, que primava por acentuar ao veículo um valor estético além de funcional. Este valor estético se altera com a morte, em 1904, do engenheiro construtor balconista

---

[395] JORGE, 2003, p. 180.

Henri Lachambre. Então, teremos, no balão SD 16, outra orientação, por exemplo. Num muro de tijolos, temos o discurso da explanação contida na geometria plana euclidiana; já na construção de planos em uma estrutura esférica, defrontamo-nos com a *geometria não-euclidiana* de Lobachevsky. Os famosos dirigíveis zeppellins, diferentemente, foram construídos com planos retangulares em sequências horizontais paralelas, que facilitariam rasgos, se, porventura, não fossem rígidos ou semirrígidos em sua envoltura material.

O design do gráfico que traz importância à cartografia é aquele que representa a forma mais exata da dimensão das terras continentais projetadas num molde planisférico, uma esfera desdobrada, como projeção cartográfica, supondo a desmembração do orbe planetário esférico. Dessa forma, temos ali uma tentativa pedagógica de expor mais facilmente um dimensional comparativo dos territórios distribuídos sobre o globo. Essas imagens puderam ser uma certidão de nascimento da "América", contendo, inclusive, sua nomeação.

Nas duas referências que aludimos aqui, da evolução dos artefatos técnicos por padrões da geometria, coincidimos os dirigíveis (navegação aérea) aos modelos de projeção cartográfica (navegação marítima); cada um ao seu tempo, fechando seus signos peculiares aos seus momentos diacrônicos, como uma extensão semiótica icônica de imagens que se alternam e se intercambiam como figuras gestálticas, como já foi tratado em outro momento nesta pesquisa, quando Santos Dumont nomeia balões esféricos com topônimos geográficos. A primeira imagem desdobrada do orbe apresenta-se recortada como vários "charutos" copiando para nós, atualmente, formatos similares ao dos dirigíveis; quando coladas todas as partes, poderiam aludir perfeitamente a um globo terrestre esférico.

10. A quilha como base estrutural

Imagens 37

Fonte: https://www.guiaestudo.com.br/santos-dumont

Observação de Jorge, referindo-se a Raul Polillo:

> Nunca antes, se havia construído, daquela maneira, um conjunto de paralelogramos tão leve e ao mesmo tempo tão rígido, nem funcionalmente tão perfeito", pois em sua estrutura Alberto empregou o "princípio da indeformabilidade" dos triângulos sem imaginar, sequer, que essa aplicação iria integrar o pilar básico de toda a aviação do futuro[396].

---

[396]   JORGE, 2003, p. 62.

Quando se dirigiu por certo tempo a Nice, na França, Santos Dumont reinstalou uma nova oficina de carpintaria, de onde estirou uma armação triangular básica que veio substituir a barquilha/nacele na qual se ajustava dentro. Esta adequação estrutural dos aeróstatos é comparável à anatomia do "quilha-náutico" dos navios, considerando que, na marinharia, se comemora solenemente a primeira martelada. Antigamente, esta importante peça da construção do navio era o lugar das primeiras superstições entre marinheiros, por isso se demorava nela maior dedicação. Seria a quilha a coluna longitudinal que vai da proa à popa, percorrendo por baixo toda a nave abaulada.

A concepção da quilha evoluiu no período viking como uma das heranças tecnológicas de origem escandinava. Ela terminaria por gerar no dirigível o esqueleto estrutural básico imediatamente abaixo do balão. Ela ressignifica a saída da estrutura espinhal de uma embarcação naval comum para a sintetização do mais-leve-que-o-ar. Tal associação nos faz lembrar quando a escultura se despregou da arquitetura e ganhou em praça o seu status próprio, uma identidade plástica independente. A nova quilha é construída como são as vértebras saídas de um corpo. Por isso, é um engenho paradigmático por excelência. Nessa fase experimental, ela desempenharia um papel esquemático, variando a posição dos conjuntos de longarinas transversais para equilíbrio lateral. A nova visão projetual daquela pequena quilha aeronáutica favoreceu a concepção dos experimentos do alemão Conde Zeppelin[397], que extrapolou na fabricação de grandes dirigíveis, propondo, ao mesmo tempo, aproveitar o seu tamanho singular para ajustar a companhia e a reunião de passageiros no seu interior. Para o embarque e segurança de passageiros. isso lhe pareceu a melhor ideia.

Conceitualmente, a efemeridade dos dirigíveis do nosso brasileiro em sua constante alternância construtiva supunha certa insatisfação ao perene, estável. Ele, sem gastar mais tempo nisso, irremediavelmente intenta numa quilha desvinculada do dirigível, para numa catarse desconhecida, se metamorfosear no velho *14 Bis* voador. Como efeito de experimentos, sua balsa flutuante abaixo dos balões comandada e desprendida do aeróstato diferenciar-se-ia dos zeppelins na alocação de passageiros. Dumont não socializa seus aparelhos nos passeios coletivos, por isso sua quilha vazada. Ele só se apresentou às premiações e aos experimentos próprios. Não obstante isto, seus exercícios contínuos, cada vez mais o forçam, aos poucos, a sair mesmo da construção balonista, intensificando a atenção especial ao mais-pesado-que-o-ar. Não mais se veria o brasileiro cruzando Paris com seus dirigíveis ou defendendo nos jornais o futuro da aerostação mundial. Tudo isso ficou, a partir de então, restrito aos inúmeros cartões postais de Paris.

Na foto, vemos uma intervenção na quilha modificada do seu novo engenho para dar vazão a um objeto casual: o "deslizador aquático". A quilha de armação triangular tornar-se-ia agora momentaneamente circular e copiaria a familiar forma fusiforme, não como um *mais-leve-que-o-ar*, mas um *mais-leve-que-a-água*. A fotografia se refere à concepção interna de um hidroavião que deslizava sobre a superfície horizontal da água. Nele, teríamos o movimento gestáltico existente no parafuso tracionado pela chave de fenda que entra na madeira, assim como, com sua hélice, um avião perfuraria o ar. Ele retomará essa reincidência aerodinâmica contundente num dos últimos tipos alongados, o *SD 18*, embora de artefato diverso, sem ter sido suficientemente explorado.

As quilhas dos dirigíveis foram concepções elementares que paulatinamente se adequaram à ideia atual da fuselagem dos aviões, ainda não existentes. Lembremos agora, neste item **fuselagem,** que Léon Levavasseur, fabricante do motor *Antoinette,* foi também um fabricante dos

---

[397] O Conde Ferdinand Zeppelin construiu, até sua morte, quatro dirigíveis rígidos, mas depois continuaram usando o seu nome na aerostação alemã, que prevaleceu até 1940, com o LZ 130 Graf Zeppelin II, 34 anos depois do 14 Bis.

primeiros modelos de aeroplanos, começando por substituir a nacele/barquilha de Dumont por barris abaulados de vinho, que, treinando pilotos que se encaixavam dentro, fez lembrar *Vasco Nunes Balboa,* como se contava antigamente, havia sido descoberto escondido dentro de um barril, num navio em alto mar.

11. Mapa de Toscanelli e o Dirigível SD n.º 3

Imagens 38 e 39

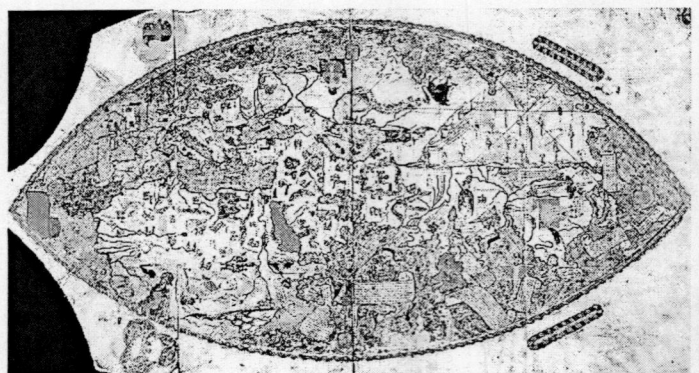 

Fontes:
GIARDINI, C., ORLANDI, E. *Colomb – Les Grands de Tous Les Temps.* Editeur n. 460. 1966 – Arnoldo Mondadori. Dépôt legal: 1970, p. 18 e 19.
VISONI, Rodrigo Moura. *Os balões de Santos-Dumont.* São Paulo: Capivara Editora, 2010.

Esta comparação de um mapa-múndi, não um qualquer, mas de um mapa que se pretende ter recebido Cristóvão Colombo de Paolo Toscanelli, compara-se aqui a um específico dirigível, tão significativo ao nosso personagem-foco. Esta relação novamente atende ao mesmo estímulo já exposto nos primeiros capítulos desta pesquisa, quando enunciamos a articulação das formas balonísticas com a forma do orbe planetário, das terras continentais deste mundo. Assim é que Dumont teve seu primeiro balão esférico criado, chamado de *Brasil,* um outro esférico chamado *Le Deux Amériques,* com nomes geográficos, pois vinha à mente que o gigantismo deste polígono inspirava o próprio gigantismo do orbe terrestre, que Colombo desafiaria, contornando-o.

Como segunda imagem comparativa, temos especificamente o balão dirigível SANTOS-DU-MONT N. 3, construído pelo brasileiro com um perfeito acabamento de volumetria harmoniosa, tal qual o vemos, simetricamente elaborado, com o respectivo Atlas de Toscanelli. Neste dirigível, ele subscreve seu próprio nome como se desejasse que o "nome continental" fosse o seu (referência a Cristóvão Colombo). O seu contemporâneo italiano, Paolo Pozza Toscanelli, defendia a ideia de terras além-mar e se tornaria uma espécie de mentor ou salvaguarda da justificação da existência dos Antípodas e de terras imensas habitáveis. Posteriormente, entenderíamos isso como fruição da forma construtiva do dirigível, já que não havia esta informação em fins do século XIX. De maneira que podemos comparar aqui os dirigíveis, tais como os balões livres serviram articulados à forma geográfica possível, como referência cartográfica.

Paolo Dal Pozzo Toscanelli, assim como Lorenzo della Volpaja e Marsilio Ficino, formam, sob os auspícios de Giorgio Antonio Vespucci, tio de Amerigo Vespucci, um grupo de estudiosos humanistas e cosmógrafos que entendiam faltar muito a se descobrir em terras distantes pelas próprias dimensões que o tamanho do planeta comportava. Talvez Américo Vespúcio pretendesse requerer a si o mérito da denominação continental devido a esses critérios antigos, prezados antes por sua própria família florentina.

12. Acostamento da *Balladeuse* – SD 9 (abalroamento)

Imagem 40, 41

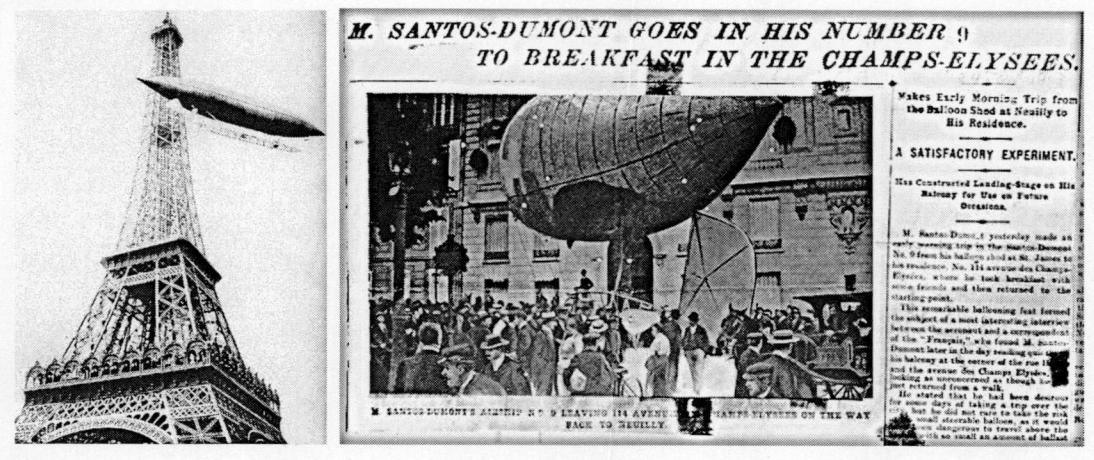

Fontes:
https://commons.wikimedia.org/w/index.php?curid=41696493
https://racingnelliebly.com/weirdscience/aida-de-acosta-first-woman-to-fly-a-powered-aircraft/#jp-carousel-2112

Na data de 23 de junho de 1903, o dirigível SD 9, o pequeno *Balladeuse,* pousou em frente ao seu apartamento, na Avenida Champs Elysées, 114, para saborear um café. Este incidente chamou a atenção de grande número de transeuntes que afluíram para o local, tentando ver de perto "charrete" voadora. Divulgou-se esse evento no jornal, com uma charge que criticava tal atitude. Há uma charge brasileira que sublinhou o caso com certo humor: o que seria se um inquilino do hotel ocupasse um quarto entrando pela janela? Na verdade, o que vemos, se nos transpusermos ao tempo das navegações marítimas, é uma atitude natural de "abalroamento", ou acostamento, em veículos navais ou obstáculos naturais. Estes problemas depois gerariam toda uma severa regulamentação da futura Federação Internacional de Aeronáutica francesa. Gondim da Fonseca diria "ele não se dizia técnico de aerostação, mas *sportsman* da aerostação"[398]. De modo que, em se tratando de sportsman, Santos Dumont, astuciosamente, ganharia certa tolerância ou liberdade de voar, pois os parisienses deixavam estes ensaios acontecerem, já que contavam que num desses passeios perigosos eles se acidentaria e tudo voltaria ao que era antes. Com certeza, ninguém acreditava que o homem poderia voar um dia.

Vale lembrar que, em alto mar, quando forçados os abalroamentos entre embarcações, é perigoso para ambas as naves. No abalroamento comum da atitude corsária seus tripulantes passam de um navio para outro para saquear, roubar, desafiando a própria vida e estabilidade do navio! A segunda foto noticia que o *Balladeuse* estacionou junto a um restaurante e seu piloto passou para o "imóvel" pela janela. O "tomar um café" em Santos Dumont fez emergir o prazer de ostentar o inusitado, tanto quanto de ser manchete de reportagem em jornais franceses. Seria como projetar uma demonstração engenhosa e depois saborear seu cumprimento.

---

[398]   GONDIM DA FONSECA, 1967, p. 105.

Cabe ressaltar que o acostar ou tanger obstáculos em tempestades exemplifica o risco de abalroamento da nave atingida por mar revolto e jogada às falésias por vento tempestuoso. O famoso dirigível SD 6 também romperia, jogado contra a Torre Eiffel, durante sua corrida ao Prêmio Deutsche, se não houvesse um controle habilidoso sobre o seu aparelho. São constantes os perigos nos veículos navais e aeróstatos por instabilidade e fragilidade construtiva. Neste sentido, criou-se uma regra atualmente internacional com uso de cores evitando colidir um veículo contra o outro, aéreo ou marítimo. Esta regra usa as cores das lanternas verde e vermelha, como padrão. Por essas cores, poderemos saber se a embarcação ou o avião estão indo ou voltando. Ao divisarmos o veículo ao longe, veremos, de um lado, a cor verde e, de outro, a vermelha. Então, saberemos se o ultrapassaríamos ou não; se afirmativo, deveremos passar pelo lado verde e não pelo vermelho, isto para se precaver de repentinas mudanças de direção.

Esse fato original do "estacionar o seu dirigível" parece bem comum aos eventos ocorridos em embarcações antigas, quando a necessidade de reconhecer portos naturais era inerente à viagem de descobrimento, para desembarques e, mesmo, construção de portos.

13. Do caos (panejamento ou "rota da seda") à ação.

Imagem 42

Fonte não identificada.

Um posar para foto marca um registro daquele momento, de modo a obtermos uma impressão do que somos pelo que fazemos, que se reverte numa sensação psicológica de autenticação do ser. Então, cada foto responde sua especificidade relativa ao objeto do foco –, como valor subjetivo e personalista. Mas é verdade também que, numa situação de conjuntura diversa, onde uma dada foto é inserida, todo um repertório se renova fluente. Nesta foto, autenticamos um alvo fotográfico tendo como foco um grande tecido estirado ao chão. A foto neste contexto faz vir à tona a imprecisão da envergadura em que o sujeito-foco do desejo pode desdenhar sua grandiosidade. Um momento anterior à sua inflação, do voo e, por fim, da viagem, propriamente dita. Leva o aeronauta brasileiro a postura de quem se dispõe a ser fotografado num momento da flacidez temerária. Porém, é uma foto espontânea por destacar o balão murcho, inativo, impotente, embora conter ali certo matiz de reprodução maneirista, isto é, da simetria à frente, os dois mecânicos de lado opostos, com os mesmos trajes, com movimento de pernas cruzadas espelhadas, formando o que seria a moldura do panejamento.

Há uma "cachoeira de expedientes" na foto dos tecidos ondulantes. Independentemente de toda semântica corrente, associamos tudo ao conjunta de fatores, os ícones de Dumont, Colombo e Polo, isto é, a seda japonesa, depositada aleatoriamente em cascata líquida, tortuosa, tormentosa, como as águas correntes. Ou as correntes de ar. Comparamo-la a uma massa amorfa, informe, como projetos iniciais, que, depois de apresentado e conseguido dar forma (balão preenchido), parecerá de efeito revelador. Na foto, portanto, associamos tais ondas ao caos entrópico, ao homem, que lutará por um resultado como realização.

Ao nos reportarmos ao trabalho como "projeto" e "ação" confirmamos a efetividade empírica operacional de Henri Lachambre, Albert Chaplin (os mecânicos em "performance", como moldura ao balonista. Aqui a extensão da conceituação do "signo" por Hjelmslev efetiva-se como um signi-ficante (a própria foto). Encontramos outra duplicada dobra de significantes/significados, que se reproduz no sentido da "imagem", que, por sua vez, nos leva à duplicação de estímulos. Os critérios semânticos reagem assim sob os efeitos do repertório do sujeito observador que lhe agrega contí-nuas significações.

No primeiro plano, Santos Dumont se traduz como metatermo SER. Na seda convul-sionada encontramos o PARECER, no quadro greimasiano, seguindo o argumento-suporte do nosso investimento semântico. O emaranhado da seda ao chão fluindo como cachoeira aleatória, pensamos no que ele se tornará quando preenchido de gás. Absorvemos o sema processual do homem que produz e age independentemente de forças contrárias, e dificuldades. O importante a reter aqui seria o reconhecimento de que há um plano trabalhoso, um roteiro consciente ima-nente à realidade como efeito do fazer. Esse movimento processual do panejamento em ondas faz repercutir a ideia de algo que reluta como um inseto prestes a sair do casulo: o objetivo que estaria por acontecer. O carácter da imagem ondulante do tecido é julgar – pela instabilidade processual de ondas – como algo a se descobrir, como propriamente uma descoberta ou invento. O tecido largado no chão é a prova de um lado processual, que antecede o que não se vê, mas que aparece no produto final.

Para Santos Dumont, o panejamento tem uma importância maior. Há fotografias dele próprio costurando materiais de seu envoltório aerostático. Alguns biógrafos até o destacaram por essa ati-vidade como afeminado. Mas entendemos o seguinte: no romance *A Ilha do Tesouro*, de Robert Louis Stevenson, o personagem de um desprezível pirata, dono do tesouro da história, ao morrer, o prota-gonista lhe retira de seu bolso "algumas moedas, um dedal, linha e agulhas grossas [...]"[399]. Ou seja, para lidar com velas em alto mar, é necessário o marujo ter desenvolvida a prática das costuras e amarrações. Cabe registrar aqui a lembrança, antes de finalizarmos, que toda a família tradicional de Colombo é de comerciantes tecelões genoveses.

---

[399] STEVENSON, Robert Louis. *A Ilha do tesouro*. Coleção: Obras primas universais. São Paulo: Companhia Melhoramentos, 1996. p. 36.

14. Federação Aeronáutica do Hemisfério Ocidental

Imagem 43

AERONAUTIC FEDERATION
OF THE WESTERN HEMI-
SPHERE ∴ ∵ ∴ ∵ ∴

THE Aero Club of America, of which Mr. Alan R. Hawley is
president, about a year ago conceived the idea of organizing
into closer association all the aeronautic clubs of the Western
Hemisphere, and proposed as a name for the larger association the Aeronautic Federation of the Western Hemisphere.
It was the intention of the Aero Club of America to offer as a can-
didate for the presidency of the federation the name of the distin-
guished Brazilian aeronaut, Mr. Alberto Santos-Dumont. In fur-
therance of this plan the Aero Club in January, 1915, wrote to Mr.
Santos-Dumont inviting him to come to the United States and head
a Pan American committee formed for the purpose of organizing the
federation. Upon Mr. Santos-Dumont's arrival, the work of organi-
zation was immediately entered upon, and it was agreed that the

Do volume 42 do *Bulletin of the Pan American Union* (pág. 202).

Fonte: NAPOLEÃO, Aluízio. *Santos Dumont e a conquista do ar.* Coleção Aeronáutica, vol. 1. Belo Horizonte: Itatiaia e Inst. Histórico Cultural da Aeronáutica, 1988.

Dentre todos os brasileiros que contribuíram substancialmente para conscientização da responsabilidade do homem americano frente ao seu continente, está em lugar de destaque o nosso "pai da aviação". Podemos recolher situações e fatos que o vinculam a esta atitude de distinção, entre suas preocupações mais gerais do tratamento das coisas do Velho e do Novo Mundo. Foi um dos poucos brasileiros que primeiro se manifestou a favor da integridade panamericana como um valor em si, de certa forma, superando o bairrismo ou patriotismo provinciano. No primeiro quarto do século XX, suas atenções focam o continente americano, em meio ao cotidiano iminente de guerras internacionais, porque ele, por sua própria obra, agiria por defender seriamente a união intercontinental americana e, depois, do mundo inteiro.

Consta, no Bulletin of the Pan American Union February[400], um convite da diretoria do **Aero Clube da América** para Santos Dumont presidir a recém-criada **Federação Aeronáutica do Hemisfério Ocidental,** que reuniria, em 1916, no Chile, todas as representações do continente, por meio de um congresso panamericano. Santos Dumont agradeceu a tamanha incumbência, declinando desse encargo, entretanto consentiu em ser um eventual presidente honorário daquele Congresso, onde compareceu e discursou sobre a contribuição da aviação para a melhoria das comunicações e do relacionamento entre os povos.

O objeto iconográfico deste tópico é significativo como imagem isolada e o destaque como artigo de jornal. O propósito aqui é focar a extensão do nome da Federação como palavra-chave representativa do espaço hemisférico descoberto por Colombo. Sua meta era transpor o Atlântico, entender sua descoberta como Índias Ocidentais, para então ultrapassá-las até chegar às verdadeiras Índias de Marco Polo. A identificação do "hemisfério ocidental" como palavra-chave designara sua descoberta não só por fazer contrapor às legítimas asiáticas, mas também à velha Europa. Colombo,

---

[400] n. 2, p. 202-205, 1916.

o desvelador de toda geografia transatlântica a Oeste da Europa, é, na verdade, uma referência institucional como pessoa apropriada a atender como representação. Santos Dumont parece sentir-se imbuído deste caráter como ideal.

O escritor Paulo Migliacci tenta explicar a simplicidade de um fato-ocorrência do gérmen da preocupação de Colombo em viajar no sentido oeste. Diz ele que, em 1488: "Cristóvão Colombo no porto de Lisboa assistiu a chegada de Bartolomeu Dias do Cabo das Tormentas e soube que o caminho a leste para as Índias fora descoberto, portanto, não valeria à pena apresentar um projeto na *direção Leste*".[401]

A exclusividade do tratamento que foi dado à união continental de todos os países americanos pela aviação foi iniciativa de Santos Dumont como aviador, performático do mentor e descobridor deste hemisfério. E apesar dos sofrimentos centenários dos povos americanos nas mãos de europeus tiranos e conquistadores, e de imputar a Colombo, hoje, a responsabilidade de grande vilão por todos os desmandos e sofrimentos acontecidos à sua revelia, Santos Dumont reaparece redescobrindo aqueles propósitos iniciais, insistindo no sentimento de unidade entre os povos.

A importância do fato-ocorrência deste tópico: Santos Dumont não aceita o convite de ser o presidente da recém-criada Federação. Quem ocuparia a distinta função seria o embaixador chileno, Dr. Eduardo Suarez **Mujica**[402]. Se regredimos à memória histórica do século XVI, veríamos a autoridade de Colombo ser vilipendiada por um tal de Adrian de **Mujica**, o qual, por sua altivez e constrangimento, querendo suplantar a autoridade de Colombo, fizera este, por infelicidade, autorizar sua pena de morte. Agora, aproveitando-nos de uma reversibilidade factual, vemos aqui Dumont negando sua função de "poder" de presidência para deixá-la a Mujica, a este que se contraporia nominalmente à antiga figura do passado.

15. O "14 Bis" e "Índias Ocidentais e Orientais": a duplicação nominal.

Imagem 44, 45 e 46

Fontes:
Villares, H. D. op. cit. 1953. p.225. Balão de corrida.
Villares, H. D. op. cit. 1953. p.237. Balão 14 e o 14 Bis.
https://upload.wikimedia.org/wikipedia/commons/1/14/House_of_Colon_COA_%283%29.svg

São duas fotos nas quais identificamos dois dirigíveis diferentes de número 14. São dois balões alongados de forma diferenciada, que, na verdade, seriam os mesmos ressalvadas as devidas alterações[403]. Sabemos que o aeroplano *14 Bis* saiu da experiência que realizou com o Balão *SD 14*

---

[401] MIGLIACCI, Paulo. *Os Descobrimentos*. Ed. Scipione, São Paulo, 1992. Quando Colombo retorna de sua descoberta, Bartolomeu Dias, por sua vez, tenta barrá-lo no porto de Lisboa com impedimentos - mas já estava descoberto o caminho para as Índias pela direção oeste.

[402] Afirmação de Fernando Jorge, biógrafo de Santos Dumont (JORGE, 1973, p. 368).

[403] Essa comparação explicativa da identificação de um segundo balão número 14 consta do livro de Fernando Hippólyto da Costa, chamado *Alberto Santos Dumont, Pai da Aviação* (COSTA, 2006, p. 36).

quando este susteve nos ensaios de equilíbrio o monoplano. Portanto, vimos a reconstituição do aparelho como um processo ou movimento ideal do que seria melhor em outro momento visando a um determinado emprego. Igualmente identificamos sua continuação como uma reiteração que superaria a designação de mais um bem construtivo. Entretanto, nele está contido algo que lhe ultrapassa – a si mesmo –, como temos sempre, de alguma forma, veiculado ao tratarmos deste objeto. Já explicamos em outro capítulo, dos numerais, porque isso aconteceu em relação ao número 14 exatamente, decorrência inconsciente da duração de anos contadas da morte de Colombo.

Aqui, desta vez expressaremos a ideia da repetição que aparece na designação continental das Índias *Ocidentais,* rebatendo as Índias Orientais*,* nas quais, na verdade, deveriam ser a mesma Ásia. Esta necessária identificação, que, por princípio, lhe traria vantagens, pois Colombo quis fazer o mundo natural caber dentro da sua concepção teórica, que bravamente defendeu em bancas examinadoras e aos quatro ventos –, também este dado lhe trouxesse a perda da denominação do continente chamado *América*. A repetição de "Índias" na mapografia continental reaparecerá nos dois aparelhos de número 14, e, particularmente, na designação do próprio 14 Bis, reafirmando-se, depois, como o primeiro aeroplano. Esta exposição continuada, de aproximar espaços e objetos, é reelaboração intuitiva pela intensa vontade de expressão de identidade, como intuitiva reminiscência de um haver repetir-se.

O nome de "América" para o continente surge, como sabemos, na publicação emérita do **Ginásio de Vosges de Saint Dié**. Porém, estranhamente, após haver nomeado o novo continente de *América*, Martin Waldsmüller não volta a citar ou a repeti-lo depois, na elaboração de nova cartografia, em 1913. As biografias que temos lido não cobram exatamente um entendimento sobre o porquê disso, apenas conseguiram fazer suposições. Ocorre que, depois da publicação do *Introduction Cosmographie*, em 1507, o Renné II, duc de Anjou, vem a falecer; e justamente a partir daí, esse cartógrafo alemão se viu desobrigado a continuar com a proposta inicial, deliberando por si mesmo não reiterar o nome *América*, por entender, talvez, e muito inteligentemente, que isto retiraria de Colombo um direito. Mas foi sem efeito, pois esse nome prevaleceria entre os cartógrafos e geógrafos.

Culparam Colombo por não ter nomeado a descoberta, mas ele, pensando ser a China e a *Cipangu* de Marco Polo, falou em possíveis Índias Ocidentais, como a indicação de caminho e trajeto. Como Santos Dumont, na sua invenção maior, repetiria o nome/número do mais-leve-que-o-ar n.º 14, que repete enfaticamente com um "Bis". Isso, lhe pareceria coisa natural um primeiro aeroplano surgir, consequentemente, da concepção de um balonista antes da de um planador. Reiterando, repetindo a mesma denominação para o surgimento do aeroplano, parecer-lhe-ia isto mais biologicamente fetal ao balonismo do que nomeá-lo de SD n.º 15. Assim é que, também, Colombo, para que todos acreditassem ter chegado à grande Ásia, fez toda maruja concordar que Cuba era parte de um continente (e não uma ilha ou "Antilhas"). Dispensando novas nomeações, deixou-a alcunhada como "Índias Ocidentais". Nesta sua maior descoberta, ele reforça a repetição toponímica até conseguir pisar definitivamente na verdadeira *Cipangu* de Marco Polo.

Já foi dito por um grande historiador que a América foi um grande continente descoberto por um genovês <u>italiano</u>, por meio da apurada ciência e técnica <u>portuguesa</u>, financiado pelo governo <u>espanhol</u>, que se deixou levar pela vontade de um rei <u>francês</u> apor outro nome num "mapa-múndi" sob a firma de um cartógrafo <u>alemão</u>. Eis o itinerário internacional da maior descoberta toponímica da história.

Stefan Zweig nos lembra de que um historiador Frei Pedro Simon propõe, em 1627, radicalizar, exigindo a supressão de todos os trabalhos sobre geografia e todos os mapas em que apareça a palavra "América". Mas Américo Vespúcio, por tudo que se tem falado contra, e mesmo que tenha conquistado posições como a de primeiro piloto maior da Casa de Contratação das Índias na Espanha, a posteriori, ou depois da morte de Colombo, em 1506, parece ter se dedicado e prosperado nessa função até sua morte, fazendo-a, quiçá, por merecer. Tal como Wilbur Wright, depois de 1908, dois anos depois do voo histórico de 1906, aperfeiçoando seu equipamento e a performance do voo, passou a instruir os novos aviadores franceses e americanos, investindo na prática da aviação o conhecimento aeronáutico. Quiseram estes a todo custo mostrar estarem fazendo por merecer!

Teríamos condições de responder à questão sobre a seriedade de se discriminar uma nova identificação nominal definitiva ao território colombino? O que seria mais justo quanto ao ato de nomear? Ou melhor, é significativo avaliarmos o nome América nesta altura da história? Podemos acreditar no que quisermos. Se nós entremearmos os descobridores e inventores chegaríamos a uma mais justa possibilidade de resposta, já que essa mescla histórica existe e se constata flagrante. Não esqueçamos que a reiteração das "Índias Ocidentais" reaparece em Wilbur Wright, quando este nasce no estado de "Indiana" nos Estados Unidos. Ali já está vingada no seu próprio nascimento uma grande vitrine metafísica continental do navegador de antes. Considerando seu trabalho exaustivo, o criterioso empenho técnico à ciência aeronáutica, à qual se afixionaram os irmãos em benefício da humanidade, valeria a permanência do nome América. Américo: nunca um prenome valeu tanto ou mais que o sobrenome! Ademais, é curioso lembrar que a América continental, na sua apreensão original, aparece imediatamente mais vinculada a Cristóvão Colombo que ao florentino Vespúcio.

A terceira imagem pode nos fornecer um apoio diferenciado ao historiador da conquista espanhola. Nele vemos os dizeres do brasão presenteado pelos Reis Católicos ao Almirante Genovês: "A Castilla y a León dió Nuevo Mundo Colón". Se levarmos em conta que dia 20 de maio de 1493 ele recebeu este estandarte, podemos então inferir que a ideia de *Novo Mundo* já estava contemplada na denominação "Índias Ocidentais", e que, talvez, ela não fosse exatamente as mesmas terras das "Orientais", não obstante repetir-se como *Índias*.

16. *Demoiselle* ou *Libellule* como processo metamórfico

Imagens 46 e 47

Fontes:
https://museudoamanha.org.br/pt-br/content/atividades-sobre-vida-de-santos-dumont
Villares, H. D. *op. cit.* 1953. p.353. monoplano *Demoiselle*

Surgem novas ideias após o período da construção de dirigíveis como meio possível de trans-porte aéreo na Belle Époque, quando o brasileiro seguia em Paris. Do dirigível, o aeronauta passou para o aeroplano, como uma metamorfose previsível do seu prosseguimento criativo. O aparelho voador SD-19, o *Demoiselle*[404], foi também conhecido popularmente como *Libélula*. Neste sentido, assinalamos a caricatura da charge publicada em órgãos da imprensa. Esta, em específico, é do car-tunista Sem, amigo do aeronauta, fazendo da imagem a dita referência anedótica.[405]

Nessa *North American Review,* em 1902, muito antes de o brasileiro se enveredar nos estudos do mais-pesado-que-o-ar, ele se expressa desta forma:

> [...] o avião será atingido somente por meio da evolução, fazendo o dirigível passar por uma série de transformações análogas às metamorfoses pelas quais a crisálida se torna borboleta. Minha aeronave, que se eleva empurrando o ar para trás, já fez melhor que a crisálida, a cuja forma alongada se assemelha. Pode ser que, muito em breve, nada a impeça de livrar-se completamente de seu casulo de seda cheio de hidrogênio e de se tornar toda comparável a uma borboleta.[406]

Santos Dumont, ao ser entrevistado pela dada revista, especula, num exercício mental, a probabilidade de um itinerário sobre o futuro da aviação, como produto da evolução dos instrumentos de navegação aérea e, inclusive, da sua própria vida como protagonista da área, sem saber, com certeza, de que ele mesmo faria por cumprir esta jornada exatamente como supunha. Na verdade, ele se expressa criativo como se o mundo tecnológico fosse similar ao mundo natural. Ou seja, o nosso aeronauta nos fala, comparativamente, que tudo o que agora existe é uma espécie de preparação para o que virá. Portanto, de seus dirigíveis viriam, poste-riormente, os aeroplanos tais como de um casulo sobrevém o inseto alado. Este processo de *metamorfose* é o encaminhamento que faz a natureza na criação da maioria dos insetos voadores. De modo que, diacronicamente, e a seu tempo, seguimos a orientação deliberada, de um pro-cesso natural, gradual e consequente da invenção do mais-leve-que-o-ar para esta conquista antes sobre-humana. De modo que, por meio deste posicionamento, ele se dirige, impulsionado pela persistência e foco, bem como por se julgar capaz de conquistar as premiações disputadas advindas de tecnologia inédita.

A análise semiótica das imagens destas duas figuras aponta duas semelhanças: a comparação do processo natural e tecnológico, ou seja, a mesma sequência para o surgimento do avião, poderia ser o da ordem natural como o do inseto que eclode da crisálida. O que era uma menosprezada larva torna-se um inseto voador. Em Santos Dumont, vale dizer, que os dirigíveis, retém, simboli-camente neles, os protótipos mentais das "crisálidas" ou "casulos". O dirigível *SD n.º 14*, em especial, fez, justamente, decorrer dele, o primeiro avião, clímax dos seus ensaios experimentais. E ainda, deste aperfeiçoamento tal, ressurgirão os monoplanos *SD n.º 18, e 19, Demoiselles* ou *Libelules*. Foram recriados numa linha do tempo, chegando-se intuitivamente à aeronave ou ao próprio inseto. A isto tudo acresce que, definitivamente, estas imagens resgatam ideias de um discurso orgânico do aeronauta, antevendo um natural avanço da tecnologia.

---

[404] Considerado "o primeiro ultraleve da história", segundo seu biógrafo Henrique Lins de Barros.

[405] A primeira página de *Os Meus Balões* consta a caricatura dele feita por Sem.

[406] Artigo "Dirigíveis e Aviões". North American Review, v. CLXXIV, n. 547 – junho de 1902, p. 721 – 729.

17. **Os papagaios, o guide-rope e balões.**

Imagens 48[407], 49[408], 50[409]

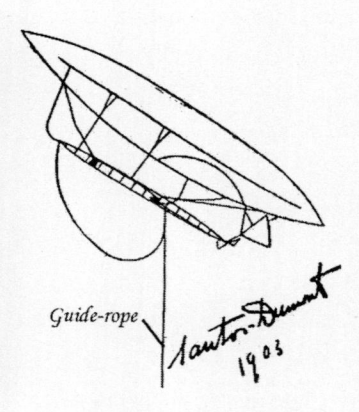

Fontes:
https://www.abebooks.com/first-edition/10.000-cerfs-volants-Gabriel-Voisin-Table-Ronde/31187305138/bd#&-gid=1&pid=1
DUMONT, A. Santos. *Os Meus Balões*.1938. p.144.

Um pedaço de papel geometricamente articulado suspenso no ar por um barbante nas mãos de um menino é uma brincadeira, mas, também, o princípio de um aeródino[410]; como um bumerangue. A tessitura geométrica do papel que flutua no ar estaria governada pelas mãos de um menino: torna-se um objeto animado sobre a atmosfera sob seu controle.

Outrossim, poder-se-ia transpor o lado lúdico à capacidade de navegabilidade dos mais-leves como dos mais-pesados-que-o-ar. Aquele pequeno losango hexagonal de papel ao vento, antes sem controle, está sob domínio. O objetivo destas invenções poderia ser alcançado proporcionando melhorias a partir duma ótica precisa. Para haver o descobrir geográfico além-mar, foi necessário o controle de direção de embarcações ainda que pareça, no início, indefinida para o leigo. Tanto as antigas caravelas ao vento, como os balões livres no espaço, foram instrumentos adaptados que ofereciam resistência ao controle, por não podermos, sempre, conduzi-los estrategicamente. Essa é a importância do *Prêmio Deutsch Archdeacon*, oferecido pelo aeroclube francês, e conquistado por Santos Dumont em 1903 – obter a certificação da navegabilidade no ar. Parece-nos que Henri Giffard (1825-1882) já havia, certa vez, realizado o procedimento. Tudo bem! Acontece que a realização deste evento deve contar como experimento repetível como critério de atestá-lo com todas as variáveis, climáticas, de pilotagem e equipamentos, e não apenas por uma vez, ou pela sorte. Comandar uma situação a posteriori, como surpresa para o piloto, não é um experimento considerado indução extrapolável.

---

[407] Experimentos dos irmãos Wright sob o vento litorâneo com artefatos que formariam as asas do futuro aparelho voador.

[408] A capa do livro em francês de Gabriel Voisin foi traduzida por Santos Dumont como *Meus 10.000 papagaios*. A tradução parece envolver também uma característica reminiscente conforme ele poderia fazer a melhor escolha e adaptação linguística em uma interpretação ligeira. Aqui não seria o caso, apesar de que, no Brasil, há lugares que não se chamam papagaios, mas pipa ou pandorga, não obstante todos entenderem quando a enunciação da palavra ocorre.

[409] Desenho explicativo do próprio Santos Dumont.

[410] O primeiro capítulo de *Os Meus Balões* começa em forma de fábula e o último capítulo também. Nele percebe-se a simplicidade, primeiramente. Parece que a menção a "balões", que intitula o livro, é coisa de criança. O autor tira disso uma intencionalidade, para se sobressair com alto arsenal tecnológico.

O guide-rope em Santos Dumont, na terceira figura, lembra o experimento que resultou em avaria do dirigível. O aeronauta, neste caso, estava na posição não de se segurar na corda, mas ser segurado por ela. O guide-rope tem a função estratégica do aportamento ou da freagem do dirigível arrefecendo o provável acidente. Santos Dumont escapou de sofrer fatalmente, devido a alguns meninos apanharem o guide-rope dependurado do dirigível, puxando o veículo, amenizando o choque fatal do balão flácido no chão. A mesma experiência, em outra oportunidade, verificou-se, quando, em Mônaco, o príncipe Roland Bonaparte, segurando guide-rope do Dirigível SD 6, salvou, pelo menos, o nosso balonista de maiores danos no litoral mediterrâneo, ainda que tenha tropeçado e rolado ao chão.

Essa corda "guide-rope", como uma âncora naval, foi um elemento psicológico do controle de suas ações, como é a educação, que, levada pela racionalidade, freia nossos instintos, segurando-nos de águas indesejáveis. Também é o domínio sobre um campo desconhecido da impressão de um destino livre.

O nome do Brasil era *Terra dos Papagaios* ao tempo da inscrição *América* no mapa do continente. O termo "papagaio", ave trepadora, também é o que usamos para nomear as "pipas", "pandorgas", etc. Vemos, no livro de Gabriel Voisin, o estender no seu livro "cerfs volants" às pipas como fizeram nos seus experimentos os irmãos americanos – primeira foto. Na quarta foto, vemos um aeróstato de Santos Dumont com o guide-rope completamente estendido, arrastando-se no chão, já que o arrasto ajuda a estabilizar sua navegação, gerando certo equilíbrio físico e psicológico.

18. Michele de Cúneo, e Kouino ou Kuigno

Imagem 51

Fonte: http://www.wikiwand.com/pt/Santos_Dumont

Voltamos a citar o burro ou mula que foi usada das vésperas da invenção do avião. Alguns apontam este estranho uso como excentricidade do aviador, não sendo citado em inúmeras biografias. Mas se recorrermos ao passado em Colombo, quando Espanha proibia a criação e o uso de mulas, para incentivar a criação de cavalos, veremos em Gandia que o Almirante: "[...] pidió permiso real para cabalgar en una mula. [...] El único favor que en su vida concediera el Rey Fernando al Descobridor de América"[411].

Um burrinho chamado Kouino ou Kuigno? O mesmo biógrafo Fernando Hippólyto apresenta nomes diferentes para o burrinho que ajudou Santos Dumont a se equilibrar nos treinos do 14 Bis - dependurado num cabo de aço, antes da sua apresentação pública. Por outro lado, descobrimos que Cúneo, Cúnio ou Michele de Cúneo, havia sido um grande amigo de juventude de Colombo, e que viajou com ele em sua segunda viagem ao Novo Mundo. Colombo não escrevera um Diário na segunda viagem, mas Cúneo, um nobre liguriano, redigiu um relatório dela viagem que foi encontrado recentemente e publicado em 1885. Sabe-se, também, sobre uma dívida contraída pelo pai de Colombo ao pai de Cúneo, na aquisição de um imóvel em Savona, aliás, que não pode saldar por haver falecido. Colombo, então, o convida, na Espanha, para sua segunda viagem, com a intenção, possivelmente, de ressarci-lo concedendo-lhe posses no Novo Mundo. E, com certeza, foi um dos poucos personagens que se destacou neste episódio. Consta que foi ele, por primeiro, que viu a terra americana, em 20 de agosto. Colombo, por isso, deu o seu nome ao achado: *Cabo San Miguel de Savona*. Em seguida, Colombo lhe concederia a posse de uma maravilhosa ilha a que chamou de *La Bella Savonese*.

Michele de Cúneo testemunha algumas ocorrências dessa viagem e a registra. Seus relatos contribuíram para se compreender as dificuldades do relacionamento e trato no início da colonização espanhola (além de Las Casas, Hernando Colón, e outros), com descrições e detalhes da experiência e do sofrimento do viajante nessa condição de descobridor.

A flexão fonética entre "Cúneo" e "Kuigno" é o que interessa primeiramente, pois nisso está sua imediata identificação. Outro aspecto a se considerar é que não há sinônimos ou lexias semelhantes dessas palavras em português. São termos denominativos incomuns em outros idiomas, reforçando aqui a vetorização que há entre o animal e o nome daquele que, em certo momento, o amigo de Colombo, desqualificaria o nativo ameríndio como "animal", ou menos, que um ser humano. No relato de viagem de Cúneo, parágrafo 13, nos costumes de los índios, lemos assim: "[...] vivem mismamente como bestias [...]". Nos idiomas latinos, um dos semas de "besta" também tem o mesmo sinônimo de burro, estúpido, etc. Morison[412] nos traz sobre Cúneo o seguinte: "[...] poco después de salir el sol apareció por estribor una isla baja cubierta de bosques, que Colón llamó <u>Santa María la Galante</u> por amor a la nave sobre la cual andaba".

Nesse fragmento, Colombo repete o nome da sua nau *Mariagalante* ou *Santa María la Galante* para renomear uma ilha. Tal como em Colombo, isso se estendeu a Santos Dumont com o seu primeiro biplano. A nominação "Cúneo" não só reapareceu depois no animal, mas nos enseja como causa – a ideia da duplicação do nome do Balão n.º 14, para o 14 Bis. O aparelho ao repetir-se poderia ser chamado "Kuigno Bis"! Ironia à parte, o que concluímos com esta articulação é que, presenciamos uma segunda nomeação ou repetição (da nau para a ilha), ou do dirigível para o primeiro avião, qualificando ao primeiro avião um nome duplicado explicitamente com um "Bis". Esse tal procedimento talvez remediasse o fato de não ter Colombo cedido seu próprio nome ao continente.

---

411 MORISON, S. 1945, p. 800.
412 MORISON, 1945, p. 486.

19. Técnica da hélice: impulsão ou propulsão

Imagem 52

Fonte 12/09/2023: Domínio público, https://commons.wikimedia.org/w/index.php?curid=658356

O matemático Miguel J. Paucton, francês do século XVIII, escreveu um tratado, conhecido nos estudos de tecnologia sobre a hélice, que se chama *Teoria do Parafuso de Arquimedes*. Ele a apresenta como objeto, originariamente de Leonardo da Vinci, num aparelho voador ou aeródino. Esta hélice daria ao aeródino, por meio duma manivela, uma tal velocidade de rotação, que ela o ergueria verticalmente, mas que, para fazê-lo no sentido horizontal, precisará de uma segunda hélice à guisa de leme. Isso nos chegou como projeto explicativo do helicóptero hoje. A tração da hélice à frente puxa, e atrás empurra.

As hélices de Santos Dumont, costumeiramente, ou em quase todos os seus inventos aerostáticos e no 14 Bis, são posicionadas atrás dos aparelhos. Isto tem uma significação que vai além da técnica pragmática. Trazem elas relevância à característica psicológica do construtor, ou, se nos permitem, a todo aquele que se aventura ao desconhecido. As hélices, quando localizadas na traseira, não exercem a tração do empuxo, mas empurram o aparelho para frente. Ainda hoje é característica da bicicleta (os pedais moverem a roda traseira), da qual vários construtores (os Wright, Adler, Voisin, Bleriot) tiraram seus ensinamentos. Não só as bicicletas são tracionadas por essas pedaladas, mas lembremos que embarcações antigas já se deslocavam impulsionadas assim, unicamente, pelos ventos e, mesmo depois, por motores (séculos XIX e XX). Elas figuram atrás das embarcações e requerem um grande protocolo de procedimentos especiais, como a dos rebocadores à frente, que assistem o movimento da aportagem.

O legado desse fator indutivo, de posicionar a hélice atrás junto ao leme, fez com que o *14 Bis* se apresentasse na sua estreia no Campo de Bagatelle, empurrando o aparelho para frente (com veículo virado para trás), provocando, hoje, o estranhamento de ver aquele design de avião "voar de costas". Dumont seguiria o raciocínio desta impulsão motora apenas na sua fase inicial. Este voo inaugural irá se diferenciar dos aeroplanos posteriores, inclusive dos *Demoiselles* – seus primeiros monoplanos, tracionou a hélice do motor para frente do aparelho. Desde então, nos aparelhos sequentes, as hélices passariam para frente dos aeroplanos[413].

---

[413] Há muitos aparelhos militares supersônicos avançados com uma **aerodinâmica** especial e velocidade acentuada. Aparelhos assim, como o supersônico Concorde, dispõem suas asas acentuadas (em delta), longitudinalmente, para trás, assim como o original *14 Bis* (forma canard), mas com asas paralelas para velocidades menores.

É importante também a concepção inerente ao comportamento inconsciente ou do porquê de tal escolha, notificando que, primeiramente, a vantagem concentraria no sujeito-Eu que inaugura. Intuitivamente, Santos Dumont esperava o milagre de um empurrãozinho, por não ser autossuficiente, tanto quanto Colombo e Polo, mas que contaria com a ajuda de Deus, de seus mecânicos, da sorte, do vento, do destino, para ir adiante, porque não estava sozinho. Este empurrão tracional assinala a insegurança característica do homem do mar, aventureiro supersticioso. Quando introduziu a quilha longitudinal (nacele estendida) em seus dirigíveis, fez distanciar a hélice do cesto e estender toda uma cordoalha no balão, que serviram com o bambu, para poder desafiar o perigo, segurar-se nas cordas e, em último caso, poder salvar-se do impacto da queda.

Tal como a tração do motor empurra-o para frente, isto impulsiona a sensação de não estar sozinho. Contou sempre com a sorte do destino que se lhe apresentava. O leque de opções será tudo o que lhe aparecer pela frente. Neste sentido, apesar de sua personalidade não demonstrar liderança dominadora ou julgador impulsivo, possuía ele, quando lhe competia, a vantagem da cautela e prudência. Portanto, reestabelecia as coordenadas dos contrários: os impulsos de avançar para frente ou para trás viriam dos ventos nas caravelas, à proa ou à popa, sobrevindo, consequentemente, o movimento do giro para frente ou para trás, para não ser apanhado navegando de ré, como o que se deixa levar. Isto valeu muito quando de sua navegação no "mais-leve-que-o-ar".

20. Instrumentos: remo, hélice, leme, ailerons, escada

Imagem 53, 54 e 55

Fontes:
11/09/2023: https://www.kasaideia.com.br/remo-rustico
Livro: Villares, H. D. op. cit., p. 433. Fotografia de Santos Dumont com um de seus motores com hélices.
https://ar.tripadvisor.com/LocationPhotoDirectLink-g303504-d556678-i133523396-Museu_Casa_de_Santos_Dumon-t-Petropolis_State_of_Rio_de_Janeiro.html

Cristóvão Colombo, quando jovem, na fase de sua fase mais jovem – por falta de registros documentais –, ao fim de uma batalha naval, conta-se, reapareceria como náufrago em Lagos, uma cidade às costas de Portugal. Acreditam ter sido salvo por um remo com o qual arrastou-se desde alto mar.

Com su enorme tenacidade se aferra a la idea, como al remo que le permitió sobreaguar entre las olas encrespadas y alcanzar la tierra que le dará fama, fortuna, grandeza, todo aquello para lo qual se siente predestinado[414].

Fixando-se ali em Portugal, decide recomeçar sua vida. Foi onde se casou e teve um filho. Depois dessa ocorrência/salvamento, Colombo se sentirá um predestinado, e acresce-se a isto a descoberta de que seu sogro português tinha posse de informações, vestígios, e cartas de marear sobre viagens ultramarinhas. A despeito de tudo, o objeto "remo" foi o artefato que lhe salvou a vida, e o faremos sobressair. Observamos este instrumento como apêndice gestáltico para a definição comportamental do indivíduo, a partir da fragmentária intuição da importância deste singelo objeto primordial.

Para distinguirmos o fenômeno gestáltico, associaremos o remo às características ou aspectos como se nos aparecem. Tanto remos, como lemes e ailerons têm características idênticas: responder a uma dada pressão submetida por alguma força, conforme uma ação determinante. Desse modo, a plumária das asas das aves ao se movimentarem, proporcionaram a resistência necessária para, no ar, o pássaro se manter em equilíbrio e estabilidade. Por extensão, está o uso como nadadeiras nos peixes e outros animais aquáticos, tanto quanto os remos dos barcos, o leme, a hélice, as pás rotatórias de um navio a vapor, etc. As asas dos aparelhos voadores reproduzem a função de alavanca no meio líquido ou atmosférico; as hélices, tal qual as asas, seriam parafusos[415] que tracionam o ar suspendendo o peso dos objetos, por sua velocidade, sustentação e aerodinâmica do aparelho; os lemes recebem, tal como os ailerons, a pressão aos fluidos, refreando os aparelhos no ar provocando sua descida. Os meios-degraus da escada d'*A Encantada* de Santos Dumont assemelham-se a este princípio; como uma alavanca, exercem apoio para o pé que, com a pressão rebatendo na tensão muscular, exerce a força ascensional da subida.

Como poderíamos apreender o significado deste itinerário se Santos Dumont não houvesse abordado, no plano visual, a problematização do design dos degraus das escadarias n'*A Encantada*? A imagem como argumento estético suscita um valor aprimorado e novo para uma arquitetura diminuta: os recortados meio-degraus para cada pé, em separado, ocupam a escadaria toda, atendendo a uma disposição vertical de maior inclinação. O design de cada degrau em separado recebem de forma intuitiva as hélices construídas para seus aparelhos voadores. As múltiplas e engenhosas asas naturais dos pássaros seriam simbolicamente seus passos no ar, tal como, no meio líquido, seriam os remos. Na *A Encantada*, suas escadas recebem a tensão do corpo, como alavanca para subir de degrau a degrau até, enfim, o corpo ter subido e folgar.

Cabe aqui lembrarmos Bartolomeu de Gusmão que resgata o mesmo significado. Este brasileiro inventor, inspirado no engenhoso matemático Arquimedes, criou uma embarcação dotada de roda de grandes pás movida por pedais. De forma que todos os elementos distribuídos, não numa reta linear, mas em giro circular foram utilizadas depois nas embarcações movidas a vapor. Esta roda comparamos ao *cabrestante* de navios antigos: um instrumento cilíndrico de vários cabos que, horizontalmente (feito moinho de bois), são empurrados em giro para içar a âncora para fora do mar.

---

[414] Gel. Tovar, Álvaro Valencia – "Trasfondo humano del descubrimiento" (V CENTENARIO DEL DESCUBRIMIENTO DE AMERICA. Boletín de historia y antigüedades. Academia Colombiana de Historia. Bogotá, 1992).

[415] "A hélice é que nos levará a subir nos ares. A hélice penetra no ar tal qual uma perfuratriz na madeira" (STREHL, Rolf. *O céu não tem fronteiras*: a grande aventura da aeronáutica. São Paulo: Edições Melhoramentos, 1965. p. 53).

Outros meios-degraus

Imagem 56

Fonte: https://www.tripadvisor.com.br/Attraction_Review-g187823-d817151-Reviews-La_Casa_di_Colombo-Genoa_Italian_Riviera_Liguria.html#/media-atf/817151/201928638:p/?albumid=-160&type=0&category=-160

A foto amostra a escadaria da casa de Cristóvão Colombo, com mudança de comprimento em três degraus – em sentido horizontal. São também degraus modificados. A percepção interna que fica na criança é diferente. Talvez quando criança ou adolescente a dimensão de pequeno ou grande degrau pode diferir da lembrança aumentada posterior de um adulto. A escada reta tende a diminuir ou aumentar seus degraus quando se fizer numa perspectiva giratória. Naturalmente, a ideia da superstição invade a nossa mente quando tentamos entender quaisquer das três ou quatro escadarias d'A Encantada. Esta impressão psicótica, em geral, é assim percebida por alguns biógrafos. Todavia, elas nos comunicam algo muito mais interno e determinam uma limitação condicional do visitante à sua privacidade, dificultando-nos tanto a adentrarmos, deixando-nos atentos ao equilíbrio. Independentemente de qualquer superstição, existe certa volição psíquica misantrópica que o distanciaria da sociedade, para o seu mundo como tal. Ele não quer mais ser homenageado, isto lhe acarreta a imagem do "parecer ser". E, contraditoriamente, considera-se causador do mal, entretanto, sem poder de si mesmo fugir. Noutro sentido, ele canaliza uma introspecção perdida para o percebimento superficial, uma não autorização para se chegar a si, ao conhecimento de sua complexidade incontida. Ele nos remete continuamente à questão da primazia, como o que não apenas viu, que entroniza corporalmente no cuidado ao pisar os degraus, como aquele que primeiramente pisou o continente americano. Essa reiteração subsiste e se reproduz como tentativa de um ato solene. Cada degrau dividido ao meio alterna o "espaço preenchido", presença, e o "espaço vazio", ausência. Eles também representariam quem deu o primeiro passo "dans l'air"[416] no ar, ou quem primeiro despegou-se do solo, avançando à altura. Dumont, foi o único que primeiro afirmou-se como tal, e que, de fato, foi visto erguer-se no ar e navegar. Este conteúdo latente arraigado subsiste na dimensão subliminar.

---

[416] *Dans Lair* é o nome do livro de Santos Dumont traduzido para "Os Meus Balões", no entanto a sua tradução literal é "no ar.

O significante da falta do meio-degrau fala da estrutura da consciência do sujeito quando este retém a falta que carrega pela dúvida de não ter realmente sido o primeiro nem num caso (Dumont), nem em outro (Colombo). Contudo, a marca do "não ser perceptível" ou do "não parecer ser – o primeiro", pelo argumento de uma ação qualquer ideológica "injusta" afixada na história, gerará, por visões opostas, certa ambiguidade psicótica na personalidade de Santos Dumont, esvaziando seu centro imunológico e equilíbrio egóico. A característica da prevalência do "injusto" seria tanto pior no imo do sentimento de um herói consagrado, que foi ao clímax do reconhecimento, de ver constrangedoramente isto tudo, por atos orquestrados, ser retirado da sintonia e tombar no esquecimento.

Enfim, como materialidade, cada degrau da escadaria daquela casa hermética deixa-nos entrever as hélices dos aviões e os remos das embarcações. Os remos patinam de um lado, depois de outro, lembrando o degrau que faz mover o sujeito, a cada passada mais um pouco.

Há dois lances de escadas na mesma casa e no mesmo padrão: a escada interna e a externa do edifício, que se diferenciam por começarem com degraus diferenciados: a primeira pelo pé direito e a segunda, pelo esquerdo. Parece um fator contraditório, explicado muitas vezes por causas supersticiosas, como expressão indireta, humorística ou algo inconsciente do aviador. O "pisar primeiro" no degrau pode articular-se com o pisar por primeiro em terra firme: parece que ser o descobridor de fato do "continente" americano, e não o descobridor de ilhas ou das Antilhas do Caribe, remete ao ter chegado primeiro e desembarcado. Isto aconteceu em 1498. Américo Vespúcio pretendeu ter chegado antes, e apostou tomar à frente nessa querela. Alardeou este, inclusive, ter descoberto o Brasil, antes de Pedro Álvares Cabral por dizer ter percorrido o que seriam as terras brasileiras. Ocorre que ele não comandou nenhuma expedição conhecida, nem apontou alguma em que tenha ido, pois, no caso, não seria dele a designação de "descobridor".

Para os historiadores, alguém que chegou à terra descoberta e a viu é o bastante para angariar seus direitos, sem necessidade de ter pisado em solo por primeiro, para qualificar-se como titular. Mas seria producente o registro testemunhal e descritivo com identificações pontuais (epístolas ou registro em *Diário de Bordo*), bem como fincar o "padrão real" no solo que lhe qualificaria prova histórica. Todavia, nunca se soube em que expedição Vespúcio estivesse engajado. Desconhece-se completamente os dados sobre as viagens às ocultas de Vespúcio!

Quando se chega pela primeira vez a um local, deixamos marcas, pegadas, como a de Neil Armstrong na Lua. Há nisto um valor simbólico, especial, de superação, e de se conseguir tomar um novo espaço. Egocentricamente, tentamos ultrapassar fronteiras e chegar-se a um objeto-fim, importando ser ou se fazer sujeito do fenômeno. De um momento primeiro e único, o "fenômeno do pisar" ganha um status de "calçada da fama", visando fruição personalista, de se tomar à frente de todos.

Subir lá fora o primeiro degrau da escada com o "pé direito" implicaria um acesso direto e contundente aos valores factuais de um momento significativo que chega com seus primeiros passos - o acesso ao desconhecido. Entretanto, para um verdadeiro protagonista, o principal está contido no objetivo onde apontam seus valores. O recomeçar do primeiro "meio degrau" com o pé esquerdo, dentro de sua casa, dá a entender que existe um valor simbólico da materialidade que ele já o fez lá fora publicamente, amparado pelo destino. Começar dentro de seu imóvel com o pé esquerdo é agora renunciar aos apelos materiais (direita) pelos valores espirituais (esquerda). Seria como diria Wilhelm Reich, o fascista materialista, potente (da direita), e o revolucionário espiritualista, impotente (da esquerda), na interpretação da sua economia sexual sob o prisma marxista/freudiano.

21. Eugênia Montijo e um controverso monumento

Imagem 57[417] e 58[418]

 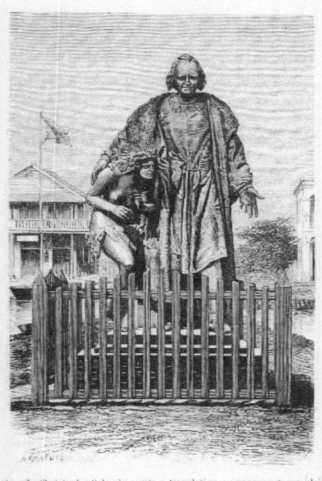

Statue de Christophe Colomb avant sa translation au nouveau terre-plein.

Fontes:
https://commons.wikimedia.org/wiki/File:Estatua_de_Cristobal_Col%C3%B3n_-_Flickr_-_jacf18.jpg
By This file is from the Mechanical Curator collection, a set of over 1 million images scanned from out-of-copyright books and released to Flickr Commons by the British Library.View image on FlickrView all images from bookView catalogue entry for book., Public Domain, https://commons.wikimedia.org/w/index.php?curid=31290186

A revista *L'Illustration* publicou, na capa de um de seus periódicos, a foto da visita da imperatriz Eugênia de Montijo, viúva de Napoleão III da França, ao hangar de Santos Dumont, quando este inflava o Dirigível SD 6 para sobrevoo em Mônaco. Diz a revista que a imperatriz, há 30 anos, estava fora da vida social, em retiro absoluto, devido, segundo alguns, à morte de seu filho, o príncipe Eugênio Luís[419]. Contava nessa altura com 80 anos. Causou espécie este voluntarismo de ir espontaneamente ao encontro de Santos Dumont, bem como o registro jornalístico. Sobre a imperatriz e sua importância social, não discorremos aqui; foi uma majestade em todos os sentidos.

Mas qual o sentido e a correlação entre as imagens que propomos nesta página? O caráter do encontro entre a imperatriz e o aviador ganha significatividade, precisamente, por sabermos que ela mandara construir uma estátua de Cristóvão Colombo para homenagear o grande descobridor genovês - no México. A estatuária surgiu pelas mãos do escultor italiano Vincenzo Vela; uma peça monumental que rendeu uma curiosa história: perpassou quatro países e três inaugurações definitivas em diferentes Estados. Foram dezoito anos de gestão diplomática, para que os EUA consentissem, enfim, em entregar a estátua ao governo do Panamá. Nesta época, o monumento panamenho foi considerado a melhor estatuária feita até então a Cristóvão Colombo.

---

[417] Do livro As Lutas, a Glória e o Martírio de Santos Dumont (JORGE, 1973). Esta foto também foi capa da revista francesa *L'Illustracion*.

[418] Encontra-se este monumento a Cristóvão Colombo na cidade de Colón, no Panamá, onde começa o Canal no lado do Oceano Atlântico. Esta estátua foi criada para ser presente da França ao México, mas, por questões políticas, foi requerida pelos colombianos para ser erigida na Colômbia. Tendo os panamenhos proclamado sua independência da Colômbia no território da estátua, esta passou ao Panamá. Mas ela estava em frente à casa de Ferdinand Lesseps, que ao inaugurar o Canal do Panamá, passou a integrar patrimônio dos EUA. Mais recentemente, os EUA devolveram a estátua ao Panamá, que, depois, a reinaugurou novamente.

[419] Alguns deduzem que a imperatriz, depois da morte de seu marido e seu filho franceses, acreditou não ser bem quista na sociedade francesa por ser estrangeira e espanhola.

O fato é que o encontro no hangar entre os dois personagens parece ter sido favorável. Santos Dumont esnoba magistralmente seu cavalheirismo, despendendo todas as atenções requeridas para a visitante. Em outra foto com a imperatriz à frente, ele fixa seu olhar na personagem imperial, como a sugerir que ela deva ser o centro das atenções, e não ele. Como já introduzimos a satisfação intuitiva entre os dois atores, podemos dizer, pois, que há uma identificação que se estende à ideia do almirante descobridor, mesmo sem haver nada que o sugerisse, ademais como sempre ocorre. Trata-se de um "índice" peirceano, um vestígio invisível e misterioso, que exerce um poder persuasivo sem qualquer propósito intencional. Quanto mais informações obtemos de cada exposição linguística ou extralinguística, mais desvelamos o desconhecido oculto das aparências.

A ausência da imperatriz da vida social traz conosco a ideia da discrição moral histórica que prima tal personalidade se resguardar. Por isso, o fato de Eugênia Montijo ter saído de seu castelo e se dirigido ao brasileiro causa espécie, quando geralmente é o contrário que se dá: o "plebeu" é que vai até o "rei". O ato certamente tem uma importância metapsíquica do acesso ao então balonista aviador, que vai além da simples curiosidade.

O destaque é relevante e pontual, servindo como referência ao objeto psíquico implícito guardado num encontro esporádico especial, mas que se deveu a um fio que se lhes uniu, sem tampouco se aperceberem homenageados pelo destino.

22. A gestualidade do apontar como símbolo de propriedade.

Imagem 59 e 60

Fontes:
11/09/2023: Jorge Fernandez Salas a estátua de Colombo. https://unsplash.com/pt-br/fotografias/zQB38QkpAoc
Foto de Santos Dumont, fonte: Villares, H. D. *op.cit.*, p. 81.

Um momento efêmero, fugaz, que nos detém agora, fixado no tempo pela foto, é o da situação "gestual" do apontar que determina a percepção de algo ao longe. O gesto ao qual nos referimos é o do braço estendido e o apontar com o dedo indicador pelo qual qualquer descobridor renascentista é associado. Esta postura é o índice dêitico do apontar ao que está à sua frente, neste espaço/tempo, como posse do olhar. A voz da enunciação "Terra à vista!" acompanha ritualisticamente a imagem. Assim depreendemos o intertexto, por exemplo, da estátua do monumento erigido a Cristóvão Colombo em Barcelona, que já tratamos antes, com uma fotografia de Santos Dumont na hora exata de empreender o voo aerostático. Nela, de dentro da *nacelle,* ele aponta à frente, exclamando, ao mesmo tempo, a ordem de comando: "Larguem tudo!" (em francês "lachez tout!"). É o momento crucial de soltar as amarras e de **afastar** do solo. Interessa-nos sobremaneira a identificação destes ícones perfilando recortes de despedida da terra, como de "boa viagem", ao mesmo tempo de despedida do mar, como a de final de viagem ou de "bem-vindo à nova terra", ou seja, fazemos diversas leituras simultâneas. Esta gestualidade, em ambos os atores (Colombo e Dumont), desperta intenções contrárias nos seus "modos operandis", com a mesma pulsão motivadora de uma ordem ou comando. Enquanto na imagem anterior, do descobridor, temos a **aproximação** da terra ao longe divisada; em Santos Dumont, teríamos o **afastamento** imediato, o romper, desapegar.

Isto nos impeliu a elaboração do seguinte esquema sugestivo:

Esquema 25

	Gesto do apontar	
"- Terra à vista"		"- Lachez tout"
Aproximação da		Afastamento da
	Terra	

Fonte: do autor

Pudemos apreender aqui a intertextualidade abordada em momentos cruciais, porém comuns aos dois personagens, tanto no domínio do significante como do significado. O visualizar, tanto quanto na subdivisão sígnica da "imagem auditiva" que ressalta o poder do gesto, apresenta-nos reações congêneres em espanhol e em francês, embora tenhamos expressões díspares.

A relação semiótica que compõe a estatuária e a imagem fotográfica tem um mesmo caráter intertextual. O gestual equiparado atende perfeitamente ao critério auditivo do intertexto considerado entre os atores. Assim, a comparação contextual se orienta por uma sintonia marcante. As expressões sonoras da fala "— terra à vista!" e "— larguem tudo!", que, associadas aqui, em sua espontaneidade gestual, exprimem um valor dêitico sincrético do fato, pois que estes se referem àquele instante preciso.

A associação entre os atores históricos vem desse registro apanhado pelo gesto, pela fala e pelo contexto visual de dois personagens. Estão, apresentamos articuladas, a estatuária e fotografia. São camadas associativas que apenas a dimensão semântica nos propicia convergir na imersão do signo.

Há também um jogo de influências fonéticas de um sistema linguístico sobre outro. Então, além do confronto visual trazido pelo contexto, há uma veia psicolinguística que permeia as fronteiras da linguagem oral. Estas libações pareceriam talvez artificiais se não fosse este exemplo. Se nos desdobrarmos daquela estrutura de superfície trivial da narrativa, veremos que, no exemplo exposto, a audição "Terra à vista!" carrega em si uma forma processual de enunciação tão importante quanto outras que já citamos. Reportamo-nos ao verbo "ver" (português) comparado ao "voir" do idioma francês. Nele temos o descobridor que primeiro vê a terra descoberta. Se transpusermos foneticamente o verbo "ver" para "voir" ("ver" em francês), sua pronúncia francesa enunciará o que fez o primeiro aviador – "voar", como um significante fonêmico português, noutro significado auditivo. É a transformação do "ver" do "terra à vista" para o "voir" na fonética francesa, tudo isso demarcado por um ícone gestual e auditivo a qual a imagem psíquica intertextual reporta.

Em continuidade, e ficando apenas em nosso aeronauta, este também "acadêmico"[420] viera, mais tarde, a escrever um livro que enfatiza o verbo "ver" conforme o título: *O que eu **vi**, o que nós veremos.* Este estranho sintagma, meio escatológico, dá margem ao trocadilho do "voir" francês, que, ao transpormos para o "ver" português, prefigura, ou confirma nele, a tênue ligação "ver" e "voar", produzindo, inconscientemente (que dominava as duas línguas) este intertexto levantado.

Nesta expressão "O que eu vi, o que nós veremos", está, em sua estrutura profunda, a mesma identificação do dêitico "aqui/agora" lançado a uma debreagem futura como um prognóstico dotado de existência. Assim, o conteúdo latente do eu e dos fatos em movimento induzir-nos-ia também a um movimento existencial como a se ultrapassar a si mesmo no tempo e unindo o que já está em si mesmo. Ademais, não nos esqueçamos de que o próprio sobrenome do nosso pesquisado é mesclagem de "Santos", brasileiro (português), e "Dumont", francês.

Assim, cogitamos que, nesta identificação iconográfica entre o "Ver" do "Terra à Vista" e o "Voir", há conexões, tanto no plano da **expressão,** como no plano do **conteúdo,** nestes níveis de abordagem.

23. A gestualidade de afirmação.

Imagens 61 e 62

Fontes:
https://www.amazon.com.br/que-Eu-Vi-N%C3%B3s-Veremos/dp/8587328271
https://www.elfikurten.com.br/2011/11/alberto-santos-dumont-eu-naveguei-pelo.html

Vemos, em muitas posturas, gestualidades em imagens, que demandam um produto psicológico significativo entre nossos atores quando alvos de registro fotográfico. Já relemos a figura do apontar, ou desviar o olhar para outro foco além da sua pessoa, como o caso de Dumont frente à imperatriz Eugênia Montijo, fazendo dela o centro da foto e não ele.

Agora trouxemos o posicionamento das mãos nos quadris ou nas costas. Há uma repetida incidência da postura em que se fotografa em pose especialmente voltado à lente. Não acontece quando em movimento de um fazer, mas enquanto em figura estática, detendo-se momentaneamente.

---

[420] Alberto Santos Dumont foi eleito membro da Academia Brasileira de Letras, em 1931, para ocupar a cadeira 38, pela morte do escritor Graça Aranha.

O que fazer com as mãos enquanto posamos para uma foto ou durante o tempo em que um artista lhe pinta numa tela? Napoleão ficou famoso por guardar a mão direita dentro do colete, como outros líderes. É um signo especial de alguém ativo, agitado, porém, quando dá uma trégua, não sabe o que fazer. Vemos hoje o mesmo também a figura feminina, quando não posam verticalmente em fotos, mas tentam passar este registro como se espontâneas, na postura premeditada; ou os homens retos com as pernas em paralelo. Acontece que ter o que fazer com as mãos é um problema crucial nas fotos. Isso, na verdade, ultrapassa o momento dominante da imagem, como no uso do cigarro, do celular, ou qualquer amostra de atividade mental paralela ao próprio ato local egocêntrico da fixação do "Eu" no tempo. Tudo parecerá um enaltecimento do Eu, que invade todos os momentos da vida, de forma diferenciada, não se restringindo ao fotográfico.

As mãos dinâmicas de Santos Dumont sempre produzem. Não descansava enquanto houvesse algo em mente. A posição das mãos aos quadris advém dessa dinâmica do fazer, do construir, do inventar. Há a ideia do dinamismo eventual. Trabalhou durante todo o tempo[421], para não se ocupar ou dividir-se aos envolvimentos emocionais, de subjetividade amorosa, que parecia desviar-se ou não se comprometer.

O fato de não possuir um afazer operacional de profissional comum fez com que ocupasse a si mesmo como um trabalhador de uma empresa que era ele mesmo[422]. Agia como um cavalheiro de posses ou classe avantajada, ou mão de obra especializada. Embora, o que produzisse ainda não existia como especialidade.

Mas, queremos crer que, as mãos nas cinturas, em várias de suas fotos, sinalizassem, ao pequeno homem corporal, o aumento do tórax, ensejando o melhor porte masculino.

E, ele com o tal chapéu, seria reconhecido atualmente um "Indiana Jones" ao seu modo!

24. **Cesto/barquilha, gávea do mastro, capitel de coluna.**

Imagens 63[423], 64 e 65

Fontes:
INLACH, Gladys M.. *Cristóvão Colombo.* Rio de Janeiro: Editora Tecnoprint Ltda. [ca. 1970] ano aproximado, p. 26.
Trata-se da réplica natural de Santa Maria – a nau capitânia de Colombo.
https://www.tripadvisor.com.br/LocationPhotoDirectLink-g187497-d246168-i38919948-Columbus_Monument-Barcelona_Catalonia.html

---

[421] O trabalho compreendido como "escravo" que se tem dito criado por Colombo, na verdade, antes disso, deveríamos culpar a Deus pela criação do trabalho ao homem. Entretanto, isso de modo algum poderá desculpar a devassidão moral provinda contra os ameríndios coloniais.

[422] O General francês Ferdinand Ferber diria que ninguém poderia se igualar à Santos Dumont no seu desempenho aeronáutico, pois ele era ao mesmo tempo o engenheiro, o financiador, o fabricante e o condutor de suas aeronaves.

[423] Nacele do balão nº 1 chamado *Brasil*, primeiro balão esférico de Santos Dumont.

As imagens nos apresentam, em termos de qualidade semiótica, importantes "índices" a se avaliar como objetos relacionais ao seu portador. Podemos comparar a nacele (barquilha)[424] do balão Brasil ao cesto da gávea do alto do mastro (da réplica) da nau capitânia de Colombo. Isto porque temos um Colombo que pretende ser o primeiro a divisar a terra firme no horizonte, e, devido à curvatura da terra, a altura da gávea lhe proporciona esta visualização mais facilmente.

A sensação de buscar o alto, ou estar acima de tudo, temos visto em Santos Dumont como recorrente no cotidiano da sua mocidade de balonista. Remontando à fase inicial em Paris, sabemos que ele mobiliou sua casa com móveis projetados numa escala métrica acima do natural humano. O design de suas cadeiras e mesas, por exemplo, fora projetado nas "alturas", desproporcional nas dimensões, vale dizer, indo contra à ergometria de uma funcionalidade ideal à sua estatura. Foi um recurso exótico usado na intenção de se acostumar às grandes alturas.

Outrossim, temos sabido, na história de Colombo, do receio da tripulação, do medo diversas vezes alertado, de se relacionar lado a lado com a maruja, que, em certo momento, lhe exigira o retorno à Europa. Na verdade, a tripulação da Nau Capitânia poderia lançá-lo ao mar por estarem há dois meses navegando sem perspectivas de divisarem quaisquer indícios, nem às Índias, ilhas ou Antilhas. De modo que, acreditamos, para Colombo permanecer senhor, incólume em sua governança, melhor seria estar, vez ou outra, distanciado, ambientar-se na cesta da gávea, no alto do mastro e demorar-se por lá. A cestinha/nacelle da foto trouxe a Santos Dumont certa confiabilidade e a segurança de um homem que não teme as alturas, mas até a deseja. A gávea de uma embarcação, vale dizer, não era local apreciado por ser um espaço exíguo de muito balanceamento, forçando a pessoa despreparada facilmente ao enjoo estomacal. Não era um local disputado, pelo contrário, era, em alguns casos, lugar de castigo. Mas Colombo, até certo ponto, afastado da visão contínua da maruja, protegido pela cordoalha, por velas redondas, e isolado em seus afazeres, preferia não dar asas à discussão verbal. Para a sensação de vertigem e o medo de cair, raciocina-se que se use o mastro para se salvar, assim como fizera outrora, no litoral de Portugal, quando, apoiando-se ao remo ou mastro, nadou até a costa. O mobiliário de altura anormal, de sua residência em Paris, tem esse direcionamento: manter-se às alturas sem medo de cair e manter-se atentamente equilibrado, além de compensar sua baixa estatura diante de seus amigos visitantes.

A cesta seria um "item" de segurança dispensável, mas traz certa retração e isolamento. Então, em Cristóvão Colombo, a cesta da gávea teria, como dissemos, um viés de segurança pessoal, segurança esta não exatamente para se proteger dos humores da natureza (como em Dumont), mas dos próprios humanos.

Nesta exposição, é importante deixar registrada uma foto que consagra o valor que sempre deu à barquinha como o lugar ou posto no qual viajou nos seus aparelhos, como uma cápsula, armadura, ou proteção individual que se constituiu indispensável para sua segurança. Lembra-nos este cesto único, dentre tantos, do primeiro balão de Santos Dumont – o astronauta americano Michael Collins quando retorna da Lua e vê ao longe o Comando do Modulo Lunar "Columbia", ele volta, se dirige a ela e escreve: "Espaçonave 107 – aliás Apollo 11 – aliás **Columbia.** A Melhor nave que já foi feita. Que Deus A Abençoe. Michael Collins, CMP"[425]. O primeiro cesto de Santos Dumont, que com certeza foi usado em vários momentos, tem esse mesmo significado de agente espiritual.

---

[424] Na *Revista Norte-Americana* (v. CLXXIV, n.º 547 – junho de 1902, p. 721 -729), no artigo "Dirigíveis e Aviões", Santos Dumont cita três vezes a palavra "gôndola" para se referir à barquilha/nacele. Não havíamos visto isto em outras oportunidades. Gôndola é uma embarcação típica veneziana!

[425] COLLINS, M., *O Fogo Sagrado: a jornada de um astronauta.* 2º vol. Coleção Veja-14. Rio de Janeiro: Ed. Artenova S.A. 1975, p. 158.

Trazemos outro derivado que atenderia ao que estamos enfatizando pelo que nos chegou dos seus projetos. É o caso do recorte do telhado. A casa denominada *A Encantada,* de Santos Dumont, situada no Morro do Encanto, em Petrópolis, no Rio de Janeiro, tem projetado acima do seu estranho telhado feito de chapas (como os cascos dos navios), ao lado do mastro da bandeira do Brasil, um pequeno mirante que comparamos à posição projetual da gávea das antigas caravelas ibéricas. A semelhança da localização do espaço nas alturas, seu exíguo tamanho para uma única pessoa, a finalidade de observação ao longe, ao lado de um mastro (da bandeira), subir em uma escada de uma viga com degraus, tipo palanque ou mastro, segurando-se por cordas, induz-nos, queremos crer, àquelas funções da barquinha, como reminiscência. Poderá parecer estranho ao leitor, à primeira vista, nos preocuparmos em fazer uma aproximação dessas situações ou objetos. Porém, ao verificarmos os entornos das formas e suas relações funcionais, veremos que a extrapolação indutiva desta particularidade confere algo potencialmente verificável. Na verdade, tudo n'*A Encantada* evoca um antigo navio: não há cozinha, tal como nas embarcações antigas; as camas de seu "quarto" são gavetões puxados de uma espécie de cômoda, como em muitos navios; em sua área frontal, temos a varanda que copia um "tombadilho" (local da "casinha de cachorro" do almirante); todos os móveis são presos à parede e ao chão como se fossem balançar nas marolas marinhas; as escadas originais, de meios degraus, ocupam menor espaço diagonal, muito próprio para o deslocamento rápido em espaço exíguo. Enfim, a casa de Dumont também possui o mastro acima do telhado, culminando com a bandeira brasileira. Um "posto de observação" astronômica, próprio de um navio descobridor... Ao lado de todas essas afirmações que explicam o homem nas alturas, achamos prudente equipará-las à própria estátua de Colombo em Barcelona, que o coloca como capitel, no cimo de uma coluna.

O jornalista brasileiro José do Patrocínio escreveu uma vez, em saudação ao aeronauta brasileiro:

> Santos Dumont não é só um gênio, é um predestinado; não faz a sua glória pessoal, mas a de um povo. O balão é o barco do nosso futuro. Eu olho para ele como para a **cesta de vime** em que Bethsabé salvou o legislador da nação de Jesus.[426]

A cesta de vime da foto é a do Balão Brasil, como já foi dito e se encontra no Museu Paulista. Por ter Santos Dumont guardado a cesta de vime do seu primeiro balão "Brasil" como recordação do início de sua evolução criativa de aparelhos, é que julgo importante trazer a mensagem. Esta gávea tem a mesma função de um periscópio de um submarino, de um mirante ou farol. Aliás, ela serviria exemplarmente, aqui nesta pesquisa, para muitas situações que já nos reportamos. A referência à predestinação de Patrocínio; a de que a vida dele não é a de um homem particular, mas representaria o homem de uma época, de uma nação; em que o balão é um "barco"; e por fim, na sua ligação à Cristo, então o próprio Cristóvão.

---

[426]   JORGE, 1973, p. 239, grifo deste autor.

25. A *Boite* de Santos Dumont e o mirante de Marco Polo

Imagens 66[427] e 67[428]

Fontes:
http://www.taller-comunicacao.com/santos-dumont/?page_id=751
https://www.geocaching.com/geocache/GC33VE7_marco-polo-house?guid=9de8dcc7-c8bf-498f-8acf-9a45e24ee993

Uma das moradias de Santos Dumont, identificada, em Berneville, no litoral francês do Canal da Mancha, foi construída em 1913. O aviador ali residiu por um pequeno período de tempo. Foi uma residência litorânea, quando então já se distanciava daquela fase de intensa produção inventiva.

A sua estrutura desconhece a cobertura natural de telhas para que se fizesse uso frequente do terraço. O projeto *Boite*, "caixa" em francês, apelido dado a esta residência[429], não objetiva ao aspecto de moradia, porque a vida de um viajante parece não ser de se fixar em algum lugar – almejam fazer do próprio meio de transporte a sua casa. Assim, ao compararmos Dumont com Colombo, veremos que, potencialmente, este fizera das naus sua casa-própria. Viveram maior tempo viajando em exercício, do que propriamente afixados. Portanto, concebe-se o seu lar uma nau capitânia ou algo que se aproxime disso. Seus veículos construídos eram considerados, por Dumont, sua família. Lembremos que Dumont escreveu, ao lado dos desenhos projetuais de quatro de seus aparelhos aéreos a frase: "Esta é a minha família". Por isso que ele, tal como Colombo, acreditou, em certa fase, ser desnecessário um casamento formal. Seus inventos substituiriam os seres humanos, como filhos de sua criação. O título de "Pai da Aviação" lhe caiu bem! A segunda esposa de Colombo, mãe de seu maior biógrafo, Hernando Colombo, também não se casaria oficialmente com ele.

Acima, expresso na foto, vemos nela a instalação de um mastro com sua cordoalha, onde o aviador, de forma festiva, estendia bandeirolas e flâmulas representando países americanos, conforme várias referências e citações biográficas. O elemento semiótico sinalizado como relação lógica está que esta casa, construída na orla do litoral francês, a exemplo de um farol, a princípio, recepcionaria os que viessem em alto mar. Em Colombo consta a descrição de um aparato festivo no dia seguinte

---

[427] Antiga casa "Boite" de Santos Dumont, frente ao Canal da Mancha, com acesso ao terraço onde comumente fazia pesquisas astronômicas, tal como depois o fará n'A Encantada.

[428] Imagem da conhecida casa de nascimento de Marco Polo em Korcula, Croácia. A imagem mostra as escadarias suspensas que levam ao seu mirante, onde se contempla o mar adriático.

[429] Dumont nomeava suas moradias. Temos *Cabangu*, *Boite*, *A Encantada*, a *Casucha*. A casa de Marco Polo, em Veneza, também tinha nome, era chamada de *Milion*.

à descoberta da América, para celebrar o achado: sua embarcação se ornamentou de bandeiras e símbolos heráldicos. Seriam lados opostos com um mesmo objetivo relacional: enquanto um utiliza sua nau, o outro usa sua "casa". E nos dois casos vemos um fio de bandeirolas...

Da supracitada residência em Benerville, inadvertidamente, traz um potencial semântico, imitativo, das antigas residências das ilhas gregas, como Chios, uma localidade pertencente aos genoveses que costumeiramente comerciavam suas mercadorias. Uma das primeiras viagens de Colombo parece ter sido a Chios. Curiosamente, *La Boite* nos traz à lembrança projetual atípica das edificações desta localidade: casas rigidamente retangulares, em série, sem cores, sem telhados, e sem o normal caimento de duas águas.

Cabe ressaltar a congruência existente nas escadarias das fotos. Na *A Encantada,* vemos, em duas delas, os degraus vazados. Na casa de Colombo, em Gênova, os degraus são verticalmente altos com aberturas para possivelmente divisar, através das paredes, quem entra pela entrada principal da casa, e, num primeiro lance de escadas, também é possível ver através delas outras duas pequenas fissuras retangulares, que articularíamos aos vazados dos degraus da sua casa em Petrópolis. No caso da *Boite*, temos lances de escadas em roteiro circundante nos degraus externos, subindo o morro e, depois, atrelados às paredes, suspensos, contornando a arquitetura como um aparato estético e funcional para se chegar ao terraço, onde estava um mirante. Essa mesma descrição, exceptuando o morro, identificamos à casa de nascimento de Marco Polo, em Korcula[430] (província do governo veneziano), na Croácia: temos dois lances de escadas suspensas, circundantes, externas ao prédio que levaria a um mirante no último patamar, e acima de todas as estruturas edificadas na região, proporcionando uma vista especial do mar. Compõe-se de um perímetro exatamente quadrangular. Lembremo-nos de um item do capítulo anterior: há, n'*A Encantada*, uma escadaria suspensa por um pontalete solitário e externo, que o leva a "gávea" (como se fosse a de um navio) - ao "mirante" no telhado, - é o mesmíssimo ponto de observação tal como àquele de Marco Polo.

Cabe ressaltar ainda, a propósito dos mirantes apresentados, que Domenico Colombo, pai do descobridor, era o guardião das Torres da Porta Soprana, em Gênova. São duas torres com escadarias internas espirais. Parece natural que seja o pai do almirante este guardião devido à sua casa estar imediatamente à frente destas torres, conservando-se ali atualmente como museu.

26. Sistema de círculos concêntricos

Imagens 68, 69, 70

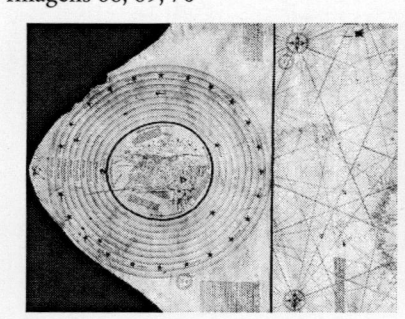

Fontes:
http://lobaescaldada.blogspot.com/2012/07/o-mapa-mundi-de-cristovao-colombo.html
https://www.citalia.com/holidays/italy/liguria/genoa/piazza-de-ferrari/
https://brasil.elpais.com/brasil/2019/02/01/album/1549057171_446202.html#foto_gal_1

---

[430] Há toda uma infraestrutura turística reconhecida e fartamente documentada com fotos desta casa de Marco Polo na Croácia, sem nenhum demérito a Veneza, onde também possuía moradia e se reconhecia como cidadão veneziano.

Aos círculos concêntricos de um mapa-múndi de Colombo equiparamos a praça *Piazza de Ferrari* de Gênova, onde vemos harmoniosamente retratados os desenhos de uma frequência ondulatória aquática, como num metafísico design *continuum* como de praxe são todos argumentos de planos repetitivos. Trazem esses a ideia da expansividade espiralada. Conforme identificamos nesta concepção de movimento, esta expansividade nos traz a ideia de uma fuga para fora ou, quiçá, uma circunspecção de fora para dentro, pois no centro estaria a principal informação.

São marcas de um modelo de centralização gestáltica espacial, como plano hipotético cartográfico em que Colombo retém na espiral parte de um universo pertencente ao seu território descoberto. E na praça genovesa, enquanto elementos do urbano paisagístico confinam-se a uma horizontalidade espacial voltada para seu centro de direção, onde historicamente se desenvolvia todo interesse de especulação comercial. Temos a concentração de um ambiente intersubjetivo entre um conjunto de relações de imagem que poderiam interagir provindo de um antigo passado de expressão ulterior que reaparece centralizadora.

A lagoa artificial, da foto seguinte, em frente à casa natal de Santos Dumont, saiu de um projeto circular com um chafariz ao centro ativado pela ação da gravidade. Questionava-se se haveria ligações inconscientes de um mesmo apelo às duas outras imagens representadas? E a fonte central jorrando para cima admite a ideia de um crescimento incontido além do bidimensional pelo próprio valor das direcionalidades. A ideia do lago redondo ativado no meio por um chafariz lembra potencialmente a imagem de uma gota jogada na água, formando inúmeras marolas que se expandem circulares a partir de um ponto de eclosão. Isso pode parecer objeto de análise não apenas no **plano do conteúdo,** como temos feito nessas comparações, mas também no **plano de expressão**, quando aliamos a compreensão do problema gravitacional e da propagação sequencial de linhas expansivas.

Uma de suas percepções estende-se ao contínuo centrífugo, para fora, como expansão espacial. Outro modo seria a figura pretender um descontínuo centrípeto, para dentro, ou seja, introjeta-se psicologicamente, como captura a volta respectiva ao passado distante, por exemplo.

27. Características do design semicircular

Imagens 71[431], 72[432] e 73

  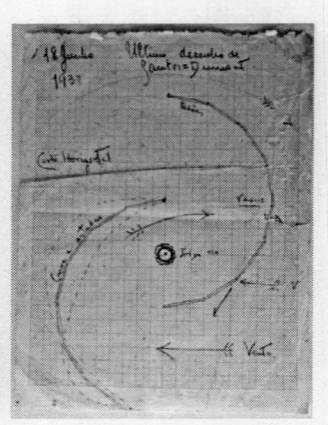

Fontes:
17/09/2023. https://www.guidadigenova.org/2011/05/porta-soprana.html
https://www.i-escape.com/dalmatian-coast/guide

---

[431] Porta Soprana de Gênova.

[432] Torre de Kórcula na Croácia.

A terceira foto do desenho em papel milimetrado de Dumont tem nele a inscrição: "Último desenho de Santos Dumont". Deduz-se imediatamente a expressão cinética de movimento "horário" orientado por setas vetoriais. O movimento semicircular se assemelha ao percurso de um itinerário de ir e voltar contornando espaços, como Colombo realmente o faria em ilhas, penínsulas e continentes.

Outrossim, num ponto central do desenho, temos a ideia figurativa que lembra o cata--vento, receptáculo do ar ativo como hélice que perfura. Novamente, a impressão circular onírica é abordada como esquema técnico-matemático, com efeito de produzir algo, para aplicação possível aos últimos inventos. Coincidentemente, esse "último desenho" em vida de Dumont, de forma escatológica, tende, simultaneamente, a evocar as origens do voo livre, ou a conhecida estrutura básica do *bumerangue*, um aeródino primitivo, um primeiro mais-pesado-que-o-ar a voar por lançamento direcionado, uma vez que este percorre um caminho aéreo, retornando às mãos de seu emissor.

De qualquer forma, objetivamente, o que temos são dois semicírculos simples que, movimentando-se em espiral, causaram a sensação de sair de si, como objeto em expansão. Os semicírculos abaulados, com um corte reto num dos lados, podem ser os índices simbólicos de duas grandes torres protetoras de duas cidades antigas: os dois torreões semicirculares da cidade de Korcula, na Croácia, e as duas torres gêmeas semicirculares da Porta Soprana em Gênova. Estes edifícios públicos seriam, pela imponência, o principal acesso nas antigas cidades; foram equipamentos de proteção urbanos necessários à época. Assim, recupera-se aqui uma das proposições semânticas dos metatermos contrários "vida e morte". Voltando a Dumont, lembremo-nos que problemas de ordem política e social estavam ocorrendo naquele momento na sua vida. Ambos os pares de torres são semicirculares de um lado com um corte abrupto do outro. O corte interrompido evoca um sentido dissonante das aparências frontais das fachadas abauladas. O vento no desenho é o impulsionador do mundo físico natural. A morte resulta dos ataques (setas do esquema) que a muralha protege. A imagem do giro espiral no desenho de Dumont é o mover - para baixo, como sumidouro; e - para cima, nas escadarias internas das torres como redemoinho.

Mas, nesse movimento conceptivo, está a própria necessidade de se mudar. Isso faz repensar a sobrevivência além do corpo físico. O movimento giratório da figura helicoidal caracteriza em contínuo, o infinito, tal o moto-perpétuo. A morte à que nos referimos nesta fronteira linguística deduzimos da inscrição "último desenho" no papel, entendendo que Santos Dumont aceitasse estar no final da vida, que recaiu em 23 de julho, como se nove meses antes, em 23 de outubro (dia do primeiro voo, ou da descoberta – no calendário Juliano). O registro deste desenho neste papel quadriculado é de 18 de junho (1932), um mês antes. Outrossim, tais curvas lembram o itinerário do Grande Canal veneziano, que atualizaremos no próximo tópico.

Outra marca prospectiva quanto ao desenho é a referência simbólica da "foice que ceifa", como o *tempo* que passa e leva! Este esquema parece carregar nele a matriz ícone de uma crise existencial bipolar. Supomos, pois parecer muito própria de alguém que já esteve num pedestal. É muito difícil entender seu problema na prática e demovê-lo de suas emoções.

28. As linhas sinuosas em Marco Polo e Santos Dumont

Imagens 73 e 74

Fontes:
https://www.italiaperamore.com/as-pontes-do-canal-grande-em-veneza/mapa-veneza-vista-aerea/
http://www.petropolis.rj.gov.br/pmp/index.php/imprensa/noticias/item/5380-petropolitanos-s%C3%A3o-o-grande-
-p%C3%BAblico-do-museu-casa-santos-dumont-no-anivers%C3%A1rio-de-petr%C3%B3polis.html

Tomamos aqui em registro duas fotografias tiradas do alto. Uma representando Marco Polo, e a outra, Santos Dumont. Equiparamos o *Grande Canal* da mancha urbana do centro de Veneza na Itália, com as linhas sinuosas das escadarias que dão acesso à frente da casa do aviador em Petrópolis. A construção da arquitetura deste imóvel está num morro, para o qual, a fim de termos acesso, se sobe uma escadaria de degraus. O contexto das imagens pedia mais do que uma destas singelas curvas em "S". Ainda que estas linhas sejam independentes e espelhadas entre si, elas retêm a concepção de seu fluxo interior provocado por dentro do escoamento de águas ou degraus, de embarcações ou pessoas, seguindo o direcionamento das voltas.

Como num fluxo do rio, a água escoa para fora, ao que trafega em torno embarcações com pessoas; também o declive do terreno, da outra foto, faz o descer ou o subir um movimento contínuo do fluxo de transeuntes como se criado para tal. Acontece que talvez Marco Polo nunca vira sua cidade por cima, do alto, mas se concebe naturalmente este raciocínio de design pelos telhados mais altos ou mesmo lhe percorrendo o caminho aquático[433]. De qualquer forma, um cartógrafo experiente como Colombo, acostumado a traçar mapas, reconheceria a estrutura básica geográfica, ou a planta baixa de sua cidade, determinando mentalmente a forma.

Se Santos Dumont pudesse visualizar aquela cidade vêneta de cima, como o fez diversas vezes em muitos lugares na França, percorrendo com os seus balões e aeroplanos, isso intuitivamente direcionou deslocar ao terreno de sua própria casa, em Petrópolis, a ilusão da apropriação da ideia da disposição urbana do espaço do centro de Veneza, porque essa referência do olhar de cima surge sobremodo a alguém que fosse como um aviador.

---

[433] Também o "Campanário de Veneza", uma das estruturas mais altas da Europa, em seu tempo, possibilita uma amplitude visual de cima.

29. Portais e balaústres descendentes pelo chão

Imagens 75 e 76

Fontes:
https://upload.wikimedia.org/wikipedia/commons/c/ce/Korcula_gate.jpg
https://oqueijovainamalablog.wordpress.com/2018/12/06/conheca-o-museu-cabangu-a-casa-onde-nasceu-santos-dumont/

À porta de entrada da cidade de Korcula, temos esses balaústres subindo até a torre principal que, antigamente, como fortaleza, protegia a cidade amurada dos ataques marítimos. E num desses ataques, inclusive, teriam levado Marco Polo (que afirmam ter nascido ali) preso para Gênova. Esta escadaria de Korcula, que temos na primeira foto, comparamo-la, lembramo-nos agora, à frente da casa natal de Cristóvão Colombo, na ladeira que leva a Porta Soprana e à casa planejada de Santos Dumont em Petrópolis, também construída num terreno inclinado no Morro do Encanto. Aqui descrevemos algumas subidas inclinadas do solo nos três personagens com o detalhe de serem "entradas" de um ambiente similar.

Concentremo-nos na esmerada e faustosa entrada da cidade de Marco Polo marcada com balaústres de ambos os lados da escadaria de uma grandiloquente porta arcada. Geralmente se estranha o gosto de balaustrada como artefato/ornamento para ser projetada como divisórias no chão. Entretanto, curiosamente, temos o mesmo artefato na entrada da fazenda de Cabangu, onde nasceu o aviador brasileiro, como consta na segunda fotografia. Estranhamente, são balaústres que aparecem no chão, num pequeno declive um pouco à frente da casa natal de Dumont. Elas se direcionam a uma pequena elevação de curva de nível para a campânula da nostálgica estrada de ferro ali em frente.

Teríamos para nós que esta decoração de balaústres é normalmente sobreposta como pertencentes a balcões ou sacadas em edifícios de pisos superiores. Contudo, temos, como em Korcula, a sequência de balaustrada como marca de "entrada", ou acesso a um ambiente especial. Elas estão apostas ao chão em quatro carreiras seguidas de um lado e três carreiras, de outro.

Lembremos que estes balaústres e outros gradeados semelhantes contornamos como guarda-corpo, beirais ou parapeitos, das antigas naus e caravelas e naus europeias. Portugal, dos países que mais incentivou escolas de "engenharia naval", desenvolveu por muitos anos a tecnologia de construção sequencial de novos navios-caravelas no intento de facilitar, nos descobrimentos, a exploração dos litorais além-mar. O design destes balaústres ficou muito tempo associado a essas embarcações do tempo dos descobrimentos portugueses e espanhóis, portanto à época de Colombo.

30. Os entornos e a percepção do efeito da gravidade

Imagens 77 e 78

Fontes:
http://www.santosdumont.mg.gov.br/noticias/472-prefeito-destaca-museu-de-cabangu-como-prioridade
18/09/2023. https://www.facebook.com/epcar.oficial/?locale=zh_CN

Pensemos na preocupação que teria uma tripulação marinha para transpor um grande oceano num planeta supostamente esférico, onde tudo pudesse cair por inclinação e falta de sustentação/equilíbrio da nave. Temos duas fotos que se referem ao prender-se ao chão como as trágicas raízes, de um lado; e de outro, a apreensão bem-humorada do uso da lei física para um bem plástico como um chafariz que funciona por efeito da gravidade.

Em primeiro plano, temos grandes raízes expostas de uma grande árvore cortada com o propósito talvez de liberar a frente da fachada principal da casa no sentido primeiro de destacar no plano paisagístico a simplicidade da construção modesta e convencional do que seria uma singela moradia interiorana. Mas esta preocupação acabou por provocar também, e nisto está o que procuramos amealhar, o olhar provocativo sobre as raízes tortuosas que ressignificam o exagero da mente pela fixação ao solo. As raízes em si, como modelo de abstração estrutural, têm um uso acadêmico/retórico na botânica, sociologia, na psicologia e literatura em geral, como penetração e segurança erétil. Porém, elas nos dão um maior referencial explicativo como ideia de "fixação" ao passado, à terra firme, ao equilíbrio físico, à força gravitacional, etc.

Na segunda imagem, destacamos a placa alusiva à preocupação do aproveitamento do fenômeno físico, tal é a energia gravitacional usada para o efeito estético do jorrar da fonte. Ou seja, um chafariz ao centro do lago artificial circular foi concebido de forma a se manter ativo pela própria força gravitacional, na medida em que a água que jorra ao centro segue, em ato contínuo, por pressão da água canalizada de um ponto mais alto. Em ambos os casos, vemos a premência de um eixo sintagmático que perpassa o cotidiano desses personagens, sempre acordados no mesmo olhar prospectivo. É a importância da energia da permanência, do apego físico ao seu "mundo", ao chão, ao assoalho, não apenas físico, como psíquico.

31. Planta interna d'*A Encantada*: o design de uma nau

Imagens 79

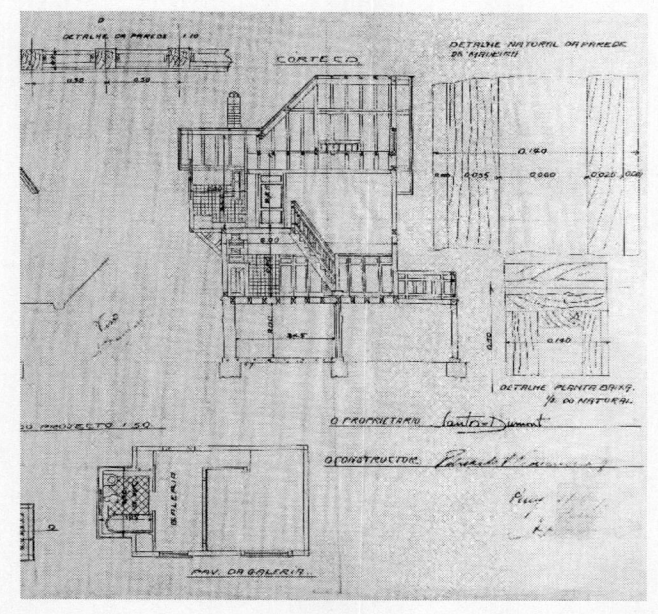

Fonte: http://www.cabangu.com.br/pai_da_aviacao/17-livros/encantada/livropag33_50%25.jpg

A imagem é a planta d'*A Encantada*, residência em Petrópolis, cidade do Rio de Janeiro. Esta planta está datada de 17 de abril de 1918[434]. É o projeto/planta de sua última casa. Outrossim, em 17 de abril de 1492, em Cristóvão Colombo, seu projeto de descoberta do seu Novo Mundo seria ratificado pelos reis católicos. Esta planta é assinada por Santos Dumont e pelo Eng.º Eduardo Pederneiras.

Júlio Verne, em seu livro *Cristóvão Colombo*[435], descreve a nau capitânia do genovês dizendo que na popa do navio no alto ficava o 'castelo', no qual se localiza os aposentos do capitão e do escrivão. Esta referência, além dos espaços de uma embarcação naval, ou às disposições dos ambientes da arquitetura da última morada de Santos Dumont, é possível se fazer uma releitura da planta do projeto voltando à performance da forma, numa rápida inspeção: Observando o projeto em corte, segundo sugestões do próprio aeronauta, descobriremos dentro dela um design pragmático na disposição dos móveis com aspectos de um navio: móveis presos às paredes, sem cozinha, camas em gavetões, passadiço, mastro para bandeira, cordas como corrimão, hall como tombadilho, escada mais inclinada que o normal. E a compreenderíamos melhor se destacássemos o "telhado" do seu local de corte e, num giro de 180º (virando de ponta-cabeça), puséssemos ver este desenho espelhado à frente do "tombadilho", área da sacada. Teríamos, em continuidade, um casco e o gráfico de um navio inteiro, portanto, a casa é um navio seccionado ao meio.

Nesta residência singular, reconhecemos um design na distribuição dos aposentos internos como semelhantes às instalações na parte externa do convés de uma caravela. Santos Dumont dormia no local de sua casa justo onde, idealmente, ficaria a popa, o "castelo" de uma nau. Esta correlação compõe, junto a outros aspectos, mezanino, escadas, banheiro etc., um exemplo da importância

---

[434] COSTA. Fernando Hippolito da, p. 101.

[435] VERNE, 2005.

dos efeitos interativos produzidos pelos anseios do projetista, quando esta planta foi concluída, de forma a compreendermos algumas decisões, às vezes, extravagantes, mas, no fundo, possuidor de um sentido lógico, se nos atentarmos a outros fatores que interferem em nossas decisões, que, numa análise ingênua, passaria como um dado incompreensível, pueril e sem sentido.

32. Escadarias e os mirantes-observatório

Imagem 80, 81[436]

Fontes:
https://www.inspirock.com/croatia/korcula-town/house-of-marco-polo-a1219550131
https://commons.wikimedia.org/wiki/File:Casa_de_Santos_Dumont_02.jpg

Curiosamente, encontramos outro estilo de design de escada d'*A Encantada* de Dumont, que se assemelha ao do Museu Marco Polo, em Korcula, na Croácia. Este exemplo de escada avaliado como de sustentabilidade na economia, simplifica a plastia da sua organização estrutural para obter os resultados práticos da função-fim.

Este argumento sobre a outra escada tem efeito como praticidade. As escadas amostradas nestas duas fotografias são formadas por uma viga central com degraus inteiros sobrepostos. Mais simples do que isto, para subir ou descer, só uma viga menos inclinada sem degraus. A ideia é a de usarmos os degraus para amparo simultâneo das pernas. Não são elas as entrecortadas conhecidas, mas cada degrau ali exige rápido avanço. Nas outras, cada passada isolada demanda um pé de cada vez. Enquanto aquelas possuem meio degrau, esta, ao invés de duas vigas paralelas de sustentação, possui apenas uma ao meio. Desta forma, mantém-se aqui a ideia de Santos Dumont de diminuir o tamanho dos materiais de que dispõe, um traço característico seu, particular, de economia de uso.

Esta engenharia de construção traz um dos melhores exemplos de diferenciação do que seria o nosso paradigma e o sintagma linguístico. A viga central é o tronco paradigma que cruza todos os degraus da estrutura, enquanto o sintagma está na individualidade horizontal de cada

---

[436] A escada tem um significado de alçar, subir, como os "trilhos" o foram para os irmãos Wright. Nesta foto, temos especialmente uma escada de um palanque só sendo usada, com uma peculiaridade própria de subir à maneira vertical de um mastro, segurando-se com as mãos também por cordas; enquanto o trilho "solitaire" dos Wrights era para subir a aeronave.

degrau. Esta decomposição técnico-analítica favorece que possamos considerar outros modelos de divagações explicativas no campo sociológico, psicológico e até psicanalítico do sujeito diante do objeto[437].

Não sabemos, contudo, se aquela específica escada do museu da cidade de Korcula foi objeto pertencente ao nosso personagem. Independentemente disso, a avaliação aqui em nada prejudica a relação significante, pois o referencial do existente como ideia inata pode ser usado como pressuposto positivo desta atualização reminiscente. O que ficou marcado para nós é que este objeto-artefato "escada de uma viga" figura, entre outros, num espaço museológico reservado a Marco Polo, e, aqui em Petrópolis, ela se atualiza como acesso ao mirante acima d'*A Encantada*.

33. Uma ponte/passadiço: uma plataforma de embarque de um navio

Imagem 82

Fonte: 18/09/2023 https://soupetropolis.com/2019/05/13/cartoes-postais-8-curiosidades-sobre-a-historia-da-casa--de-santos-dumont/

As lexias "ponte" e "passadiço" são terminologias específicas do vocabulário náutico, que podemos tomar como elemento de comparação. É um espaço de controle de movimento e de manobras do navio, conforme as orientações do capitão. É reconhecido, outras vezes, como "ponte de comando", entre outros nomes, conforme a diversidade das tecnologias construtivas empregadas, tradições históricas locais, linguajar etc.

Da mesma forma, na residência *A Encantada* de Santos Dumont, por trás do imóvel, ligando o morro ao ponto mais alto da casa, vemos uma espécie de "passadiço/ponte" de entrada no imóvel pelos fundos. Distingue-se na fotografia esse pequeno corredor de madeira que lembra muito bem as plataformas convencionais para o embarque de passageiros num navio. Desde a Antiguidade, e ainda hoje, a entrada ao navio se dá, obviamente, por cima, num plano horizontal ou numa escadaria, em que o passageiro ou a tripulação se desloque ao adentramento, sem que a embarcação sofra problemas com nichos de entradas ou portas.

---

[437] O inventor brasileiro Bartolomeu de Gusmão – precursor aeronáutico – projetou um parafuso hidráulico de modo a realocar água de um lugar mais baixo para cima, fazendo uso de uma antiga invenção de Arquimedes e Da Vinci, que parecia desconhecer. Este "parafuso hidráulico" faz, em movimento circular, a água subir como numa escada e deriva-se num nível mais abstrato, da ideia-base no seu significado inicial.

A preocupação com a altura aparece igualmente neste local. Essa entrada pode parecer, a princípio, um engenho de segurança. Não é muito comum haver uma saída direta do telhado para fora. O projeto inteligentemente se aproveita da inclinação do terreno, para ligar a casa ao morro por uma saída pelo "telhado". Inteligentemente, nos fundos do imóvel e, às escondidas, encontram-se os recônditos da alma que quer, insiste em se descobrir, sem saber que isso algum dia se fará, nem que seja muito tempo depois. Essa fixação do telhado aqui é o casco acolá, é a intuição, dom, de prender-se à *terra firme* buscada, mas não a *terra firme* do fundo do mar, como muitos zombaram de Colombo na volta de sua segunda viagem, pois ele havia descoberto apenas ilhas.

34. A disposição de espaço do sanitário d'*A Encantada*

Imagem 83, 84, 85

Fontes:
12/09/2023: https://ar.tripadvisor.com/LocationPhotoDirectLink-g303504-d556678-i69948460-Museu_Casa_de_Santos_Dumont-Petropolis_State_of_Rio_de_Janeiro.html
18/09/2023: Cartwright, M. *World History Encyclopedia*. https://www.worldhistory.org/trans/pt/2-1239/sanitarios--em--um-castelo-medieval/
http://www.museuvirtualsantosdumont.com.br/chuveiro.html

O espaço do sanitário d'*A Encantada* identificamos visualmente como sala projetada numa reentrância para fora das dimensões do espaço quadrangular da casa. Esta projeção externa sobressalente contígua ao telhado principal é o mesmo espaço utilizado como sanitário em castelos medievais. Ademais, por fora da construção, vemos o uso de suportes ou estacas de escora, iguais àqueles conhecidas largamente em Gênova, nas residências medievais e modernas de mais de um piso. De qualquer forma, Santos Dumont projeta o sanitário d'*A Encantada* para fora da parede do ambiente doméstico onde transitaria o morador.

Há outra analogia de flagrante da residência de Santos Dumont com uma nau qualquer da época de Colombo. O sanitário está na parte de trás da casa – na popa –, se estendermos o olhar numa linha longitudinal da casa, no comprimento, e associarmos às embarcações. De forma que o desenho projetual nos remete à época em que se utilizava os banheiros para defecação num espaço atrás das antigas embarcações – isso era uso comum da marinharia na época dos descobrimentos, porque, na verdade, aquelas naus e caravelas não continham cômodos distintos para esta finalidade de asseio. Asseavam-se, pois, com uma espécie de cordame ou material próprio que seria arrastado na água para higienização. Isso facilitava a limpeza e a urgência dos males causados por agitações, enjoos, mal-estar, doenças etc. A figura do chuveiro projetado por Santos Dumont evoca a ideia do utensílio de higiene que usavam para defecar e jogar depois os dejetos atrás da nau. Defecar é limpar-se internamente, e banhar-se ao chuveiro é se limpar exteriormente.

A arquitetura, o design, e a pessoalidade. Na absorção de variados pontos coligidos na grande dimensão da arquitetura humana, há muito ainda a se deduzir, permeando um verdadeiro exercício de maquetaria cósmica. Veremos, objetivamente, um sentido privativo, especial, no confronto entre cada personagem. Eles compartilharam parte de suas vidas sob diferentes tetos, buscando o aproveitamento do conteúdo latente vivido, burilando-o, para agregar suas riquezas interiores, em diferentes tempos e países, sem precisamente estar consciente de quaisquer ligações intersubjetivas.

O espaço mais íntimo do indivíduo detém um grau persuasivo na absorção de valores de personalidade, cheio de experiências reminiscentes. Se quisermos ampliar mais desses registros historiográficos, comecemos por consultar o lar onde o sujeito nasceu, porque, por trás dele, colhemos um grande arsenal embrionário de marcas, muitas vezes, revisitadas que se insinuam repetir--se. Estes elementos nos confirmam a importância da introspecção anamnésica, de uma psicologia abissal, gestáltica, platônica, para que, noutro núcleo dimensional, promovermos novas articulações sígnicas sincréticas, aplicadas diversamente entre componentes **funcionais**, de uso e de fato, **estéticos**, valores afetivos, de **conforto** ergométrico, e satisfação por seu produto, e **durabilidade**, pela resistência ao tempo como registro e continuidade. São aspectos práticos da ciência do design que poderiam ser apreendidos ao visualizarmos, em cada personagem, quem foi cada um, seus entornos, para deduzirmos mais acertadamente resultados empíricos, diante de um *continuum* mesmo padrão assertivo, ainda que, por vezes, estejam retidos ali, imperceptíveis a todos.

35. O tombadilho, pontos de observação

Imagem 86

Fonte em 11/09/2023: https://commons.wikimedia.org/wiki/File:Museu_Casa_de_Santos_Dumont_2019_01.jpg

O procedimento para serem, a cada nova construção, mais bem instrumentadas as caravelas portuguesas, parte naturalmente das observações empíricas obtidas quando do retorno das mesmas de suas viagens, selecionando, assim, por sua melhor capacidade técnica, resistência às intempéries, comodidade, entre outros, os novos acréscimos ao modelo seguinte atendendo ao aperfeiçoamento contínuo dessa engenharia. Com isso, muito contribuiu a Escola de Sagres ao tempo de Infante D. Henrique e posteriormente. Santos Dumont, como sabemos, e outros aeronautas agiam do mesmo modo, ou seja, a cada experiência de uso de seus aparelhos aéreos, davam novas soluções aos problemas havidos, por isso sua ordem sequencial e quase sempre o desaparecimento do modelo anterior. Assim, encontramos progressivamente uma numeração contínua de chassis de novos aparelhos. Santos Dumont, no entanto, quando deixou de construir aparelhos voadores, projetou uma residência, especialmente sua, como continuação inventiva.

Como já dissemos, os registros principais d'*A Encantada* aparecem-nos como uma construção naval, aparentemente invertida, como os antípodas eram as povoações invertidas do orbe. Desse modo, o projeto inverso antecipa mais do que apreendemos - uma embarcação na perspectiva exterior da forma.

O tombadilho especificamente seria a área de estar externa mais importante do navio, onde ocorre, principalmente, o acesso do almirante e de seus assessores de viagem. No interior a ideia do tombadilho reaparece precisamente no mezanino. Na fotografia, exploramos um espaço básico que advém da sacada frontal, externa, d'*A Encantada,* que se assemelha a esta área externa ou no convés, com as medidas próximas de um piso superior de uma antiga nave capitânia. Ali toma-se contato com o exterior. Esta área aberta na residência dispõe visualmente da panorâmica externa como ponto privilegiado sem que seja exatamente um "mirante". Vale dizer, é o melhor local de observação do exterior da casa. Na visão de baixo para cima, vemos os balaústres da varanda imitarem e voltarem-se reminiscente às antigas caravelas ibéricas, reproduzindo as estreitas escadas peculiar de Santos Dumont.

Na imagem da escada nesta foto, de baixo para cima, vemos o objeto cheio e o vasado que é um modelo de impressão gestáltica. Tanto um como outro, porque mostram, e ao mesmo tempo escondendo (parte do vasado como cheio, e vice-versa), a interpretação do que estaria inconsciente no autor do projeto: os remos que salvaram Colombo da morte, ou prefiguram os que o trouxeram à vida, quando no litoral de Portugal.

36. A disposição dos móveis triangulares adstritos à parede

Imagem 87, 88 e 89

Fontes:
12/09/2023: https://www.tripadvisor.com.br/Attraction_Review-g187823-d817151-Reviews-La_Casa_di_Colombo-Genoa_Italian_Riviera_Liguria.html
https://2.bp.blogspot.com/-a5DRGXE42CA/UA3Zuyz2YpI/AAAAAAAACLU/WFGtFe1ZbV8/s1600/240+-+vista+-do+primeiro+pavimento.jpg
https://www.mineirosnaestrada.com.br/museu-cabangu-santos-dumont/

É significativo o design da forma triangular reincidente expressa nestas fotos. Vemos, na primeira imagem, um espaço da antiga casa de Colombo em Gênova, com uma parte do que restou, espécie de fogareiro triangular para preparação de alimentos conservada na sua forma mais bruta. Na imagem seguinte, na sala principal d'*A Encantada,* temos uma escrivaninha projetada por encomenda; depois e na terceira foto, temos a escrivaninha de *Cabangu* com mesma geometria e intencionalidade. São três exemplares de móveis similares tipo "cantoneiras", geometricamente triangulares instaladas com encaixes seguindo ergonomicamente a formação da parede e não removíveis. Este aproveitamento do espaço deve-se muito ao estreitamento dos cômodos – como numa caravela com tripulação de muitos homens, de modo a facilitar o deslocamento. Em síntese, esta conveniência usa a mesma concepção do espaço de uma embarcação tradicional.

Curiosamente, nas casas do aviador, não há um cômodo específico para cozinha. Nas embarcações ao tempo de Colombo, tipo caravela, nau, galeão etc., também não havia cozinhas como ambiente exclusivo. Essa mesma mesa Santos Dumont usava para suas refeições diárias compradas no hotel em frente à sua casa, conforme registro documental. Às vezes, uma senhora, que cuidava da casa, lhe preparava as refeições. A mesa "das refeições" do aviador atualiza, portanto, a pia de canto de Colombo, presa à estrutura da parede. Os móveis em *Cabangu,* em certa medida, explicam por que estão presos ou "imóveis", como os de uma embarcação marítima comum – ainda hoje temos isto, para que, entre outros motivos, o balançar das ondas não espalhe os móveis ou prejudiquem a mobilidade dos passageiros que também sofrem a ação de sua inércia.

37. **Os madeirames sobressalentes nos tetos**

Imagens 90[438], 91[439], e 92

Fontes:
https://commons.wikimedia.org/wiki/File:Casa_Santos_Dumont_%22A_Encantada%22_-_panoramio.jpg
https://www.tripadvisor.pt/LocationPhotoDirectLink-g189168-d1866332-i49029134- Fonte:A_Casa_Colombo_Museu_de_Porto_Santo-Porto_Santo_Island_Madeira_Islands.html
Fonte:https://www.tripadvisor.com.br/Attraction_Review-g187823-d817151-Reviews-La_Casa_di_Colombo-Genoa_Italian_Riviera_Liguria.html

Nas duas primeiras fotos, temos a armação dos caibros que seguram o patamar de cima, do teto. Nestes dois casos, há alguma apreciação estética do elemento básico arquitetônico. A indicação interna dos vergalhões para amarração das madeiras em Dumont copia o mesmo tratamento rústico de feixes paralelos dado à casa de Colombo, ou seja, com madeira crua aparente. São duas situações de madeira expostas como inerente à formalidade construtiva, que permitem hoje sejam assim usadas.

---

[438] Teto do primeiro piso da Casa de Santos Dumont em *A Encantada*, em Petrópolis.

[439] Teto da casa de Cristóvão Colombo em Gênova.

Os tetos sempre trazem a ideia de força e segurança. Talvez haja reminiscências a Marco Polo, nas referências ao Extremo Oriente das casas de tetos de ouro. Há valorização dos tetos e telhados. Se falarmos de telhados externos, temos registros de que Santos Dumont fez trocar todas as telhas de sua casa natal em Cabangu por outras de seu gosto, não necessariamente por patologia estrutural do edifício, mas por mera questão estética. Já o telhado externo d'*A Encantada,* em Petrópolis, temo-lo, conforme a foto, de placas metálicas. Já o teto interno é construído por várias camadas sobrepostas que lembram o entrelaçamento de encaixes complexos ao gosto oriental, como ocorre em certos templos religiosos. Os encaixes da madeira "pau-brasil" do teto interno d'*A Encantada* parecem entrelaçar-se, são muitos lustrosos, parecendo um assoalho, se lembrarmos que esta casa tem algo de navio de ponta-cabeça.

38. A peculiaridade de janelas gêmeas nas fachadas

Imagens 93 e 94

Fontes:
BARROS, Henrique Lins de. *Santos Dumont e a invenção do voo*. Rio de Janeiro: Jorge Zahar Editor, 2003, p.61.
https://www.tripadvisor.com.br/Attraction_Review-g187823-d817151-Reviews-La_Casa_di_Colombo-Genoa_Italian_Riviera_Liguria.html

As imagens representam a fachada frontal da casa onde viveram nossos heróis: temos a conhecida casa de Gênova e *A Encantada,* à direita. Tanto uma como a outra foram erigidas em plano mais alto na cidade antiga. A casa de Colombo está ao lado das duas Torres da *Porta Soprana* (entrada da cidade antiga). Soprana é uma corrupção de "Superana" por estar num ponto alto. Está em nível acima do piso da cidade. *A Encantada* fica, por sua vez, no chamado Morro do Encanto. A construção desta, como já foi dito, teve causa numa aposta feita pelo próprio aviador que cumpriu a façanha de contruí-la em pequeno espaço inclinado do morro. E, por sorte, inclusive, ganhou a aposta. Marco Polo, pela tradição, também, em Veneza, possuía uma casa urbana com nome fantasia chamada: *Corte del Milion,* e em Korcula, tem um terraço acima de outras construções.

Há uma característica especial n'*A Encantada*: suas várias janelas distribuídas ao redor da residência não têm um tamanho-padrão único. São todas de tamanhos e formatos de quadrados diferentes, com exceção das duas pequenas dianteiras, que ficam na fachada. São elas janelas idênticas entre si, que chamamos, por isso, de "janelas gêmeas". Estão na fachada como dois olhos a perscrutar seus visitantes. Antigamente, havia mais um andar na casa de Colombo, com outro par de janelas idênticas no alto, que desmoronou ou foi demolido. Santos Dumont, ao seu tempo, desloca duas pequenas janelas frontais n'*A Encantada* para muito acima da expectativa do ser delas, como aberturas frontais, para seu deleite arquitetônico. Elas imitam, a quem as visualiza de baixo, a proa de um navio com duas escotilhas. Ao associarmos à residência de Gênova, notamos a falta das "fenestras superiores" como abertura para um segundo andar. Estas, porém, não são pequenas janelas de sótão; estão acima da sala principal, que é um cômodo único. Não foram planejadas, vale dizer, com o objetivo de olhar para fora, mas, com certeza, de estender a luminosidade solar da manhã para o ambiente interior.

39. A peculiaridade de janelas em paredes internas da casa e design

Imagens 95, 96, 97

Fontes:
https://www.tripadvisor.com.br/Attraction_Review-g187823-d817151-Reviews-La_Casa_di_Colombo-Genoa_Italian_Riviera_Liguria.html#/media-atf/817151/248606844:p/?albumid=-160&type=0&category=-160
https://barbacenaonline.com.br/acordo-garante-reabertura-do-museu-de-cabangu/

Na primeira foto, vemos uma janela do interior da casa natal de Colombo, em Gênova; na segunda, dispomos de uma sala com uma janela no interior da casa natal de Cabangu. Depois temos a porta de entrada da residência genovesa. O determinante da sincronia entre as duas primeiras fotografias é o de serem janelas criadas curiosamente, para as paredes internas entre os cômodos. Então, podemos entender que estas aberturas internas da casa de Colombo reaparecem em Cabangu. Elas igualmente não têm visualização exterior ou intenção de propiciar luminosidade solar, ventilação[440] mas proporcionam alguma transparência intersubjetiva entre os cômodos. Pelo fato de Santos Dumont ser um homem sozinho, talvez isto tenha a utilidade de saber quem possivelmente acesse o cômodo ao lado, sem precisar se levantar ou para lá se dirigir. Isto pode ser explicado por uma peculiaridade que excepcionalmente deduzimos que é a perspectiva panóptica da visão geral (de Jeremy Bentham). Portanto, por meio das aberturas internas, visualizamos com maior abrangência os espaços interiores da casa ou quem por ali se movimenta. A foto destacamos a escadaria e aberturas singulares internas. Do alto, vemos quem adentra a porta principal. De um modo geral, esta disposição do espaço interno concebe a janela como um elemento de acesso rápido (com o olhar) a outros cômodos. Na verdade, temos aqui, talvez, a ânsia da descoberta irrestrita, do olhar dominante, para se sentir preenchido ou protegido.

---

[440] A ausência de luz e a ventilação foram grandes problemas nas caravelas antigas, por serem insalubres, pela umidade, penumbra, sujeita e por cheiros abjetos e armazenar alimentos (muitas vezes, podres).

A propósito, nesta segunda foto (das passagens internas de Cabangu), vemos outro dado excepcional e único que é o das dimensões do batente da porta ser um e a porta em que transpassamos ser outra, na forma de um L invertido: "⌐". Uma porta falsa e outra verdadeira, a imagem nos traz a ideia de uma porta maior reduzida para uma menor, porquanto encontramos duas portas em uma. Seria um movimento do objeto potencial maior (antes) para o atual menor (depois). Nesta concepção geométrica do batente da "porta dupla", a menor nega a maior e consubstancia a ideia de uso (do utilitário) para o que realmente ela então serviria. Esta porta interna de Cabangu copiaria a porta de entrada da fachada da casa natal de Colombo, onde temos também duas em uma: há uma abertura menor, que de fato se usava para adentrar na residência, ao lado de outra maior, abrangida pelo mesmo batente e arcada/. Se o designer desta porta maior não existisse ao tempo de Colombo, talvez justificasse o movimento de negação que Santos Dumont dá à porta maior, como um estranho design corrigido. Não obstante isso, há igualmente, em ambas as portas, um desenho geral da esquadria maior, e outra porta menor, com efetivo valor de uso e acesso ao interior .

40. **Portas e janelas conjugadas em formato "⌐"**

Imagens 98, 99 e 100

Fontes:
https://www.encirclephotos.com/image/marco-polo-birth-house-in-korcula-croatia/
DYSON, John, 1991, p. 10

As duas primeiras fotos em questão trazem dados singulares na projeção de aberturas da arquitetura do edifício que se igualam surpreendentemente. Na primeira foto, está a torre/mirante da casa natal de Marco Polo em Korcula/Croácia; na segunda foto, temos a antiga residência de Domingos Colombo, pai do Almirante. Depois, temos a fotografia do interior de Cabangu. Nesta, o fotógrafo se encontra posicionado para a foto, no meio de uma parede perpendicular que divide ou está (entre) dois cômodos. Então, o que nos interessa salientar é vemos uma porta à frente, sem o batente esquerdo, saindo da parede e encontrando-se com a janela interna à esquerda. Assim, quando transpassamos a parede, descobrimos a porta prolongar-se para a janela. Nestas três fotos, portanto, vemos a junção muito característica entre a esquadria da janela e o umbral da porta aparecerem juntos, completando-se. Vemos janelas e portas conjugadas em "⌐". O autor desta pesquisa tem um exemplo assim em sua casa. Então me ative seriamente à performance como partícipe desta enunciação comparativa, descobrindo neles que a convivência com este padrão. Ou a um mesmo artifício formal aplicado à tecnologia construtiva. Em Korcula, no edifício de seu museu municipal, também possuo suas portas e janelas conjugadas em "⌐".

41. **Mezanino – aberturas e pisos intermediários**

Imagens 101 e 102

Fontes:
https://www.tripadvisor.com.br/Attraction_Review-g187823-d817151-Reviews-La_Casa_di_Colombo-Genoa_Italian_Riviera_Liguria.html#/media-atf/817151/248606844:p/?albumid=-160&type=0&category=-160
https://mapadecultura.com.br/headline/santos-dumont-house-and-museum#prettyPhoto[pp_gal]/4/

A casa de nascimento do almirante genovês tem peculiaridades diversas, como já mencionamos. Perguntei a uma visitante brasileira ao local, que muito gentilmente me atendeu sobre os três lances de escada que parece conter na foto acima: há um mezanino no edifício? Ela concordou comigo - que minha sensação estava exata. No exterior da casa ela parece ter apenas dois andares, mas, na verdade, ela tem uma espécie de mezanino no meio da construção, que dá para outro ambiente com janela do fundo do prédio.

À direita da foto da escadaria da casa de Colombo temos a foto do interior d'*A Encantada* de Dumont. Nela divisamos o seu mezanino explícito dividindo o grande cômodo ao meio. Portanto, nas respectivas casas identificamos a existência de um mesmo mezanino que não percebemos imediatamente por fora. Independentemente, ao que parece, da antiga casa de Colombo ter tido um andar destruído no final do século XIX, a equiparação da distribuição dos cômodos segue o raciocínio da existência de ao menos um mezanino na distribuição interna espacial.

N'*A Encantada,* o acesso ao mezanino, um convés interno, dá-se pela escada que tem um degrau ampliado, que era uma espécie de aparador. No Museu de Marco Polo, em Korcula, há uma escada igual à que está por fora (no telhado), já citado, mas com o acréscimo que há um degrau que se estende, agora na função de aparador ou de pequena mesa triangular, quiçá, para um mesmo fim que o d'*A Encantada*.

Outro ponto não menos importante é o fato de que podemos conferir, na primeira foto da escada (da casa de Colombo), a imagem de um parapeito articulatório que dá vistas por uma abertura ao andar de baixo. Em *A Encantada,* temos igualmente um prosseguimento ou uma extensão da escada, uma espécie de púlpito ou "parlador" saliente do mezanino, no qual poderíamos ser vistos em destaque ou nos dirigirmos para baixo. Este pequeno aporte ratifica o significado da abertura na parede da escada em Colombo, que, originariamente, seria para eventual interlocução com as pessoas do piso inferior, como havia em alguns navios. Esse dispositivo só tem sentido pela não existência de paredes no imóvel. Este não cerceamento indica a absorção dos valores indefinidos, internos a si mesmo. Há uma necessidade de abertura do espírito para o encontro de si mesmo, por isso a desnecessidade de paredes ou divisórias.

42. A reiteração de planos e quadriculação

Imagens 103, 104, 105

Fontes:
https://acervo.popa.com.br/imagens/cb/de_perto/de_perto1.htm
https://vivereviajar.com/petropolis/casa-santos-dumont/

Três tipos de linhas quadriculadas sobre a artefatos de design: primeiro, a vidraça da janela superior do mezanino d'*A Encantada* entre outras janelas de mesmo padrão; segundo, a imagem da trama de cordas de um mastro de uma embarcação; e terceiro, o quadriculado do piso do porão dessa casa. Há uma reiteração do arquétipo quadriculado no espaço do cotidiano dos personagens. A ideia do conjunto geométrico num plano contínuo exerce alguma força emocional além da uniformidade estética, pois tratamos de planos que se repetem em espaços contíguos. Associamos esse visual repetitivo das vidraças quadrangulares à ideia dedutiva dos vasados de uma embarcação, apropriando-nos de um conjunto de cordas entrelaçadas aos mastros para escaladas à gávea, ao manuseio das velas etc.; e associamos à mesma motivação do quadrangulado o contraste preto e branco dos ladrilhos no chão do primeiro piso d'*A Encantada*. Todos eles exercem um impulso constante contra a quietude de um espírito que persiste em repetir-se no mesmo intento.

A vidraçaria interna das janelas tem a mesma métrica de quadrado distribuído. Quanto às cordas, além da sua designação-fim de escada, temos que, quando fortes ondas ou ventos vergastam o navio, elas nos permitem safar-nos melhor do desequilíbrio da tangagem. Os quadriculados das cordas em repetição seguram ou freiam qualquer mudança contínua ou imprevista. A presença do encordoamento protege o homem de ultrapassá-las e cair fácil ao mar. É um artefato simples e de alcance mais apropriado às mãos.

Toda embarcação equivale à própria moradia do homem marinheiro. Tudo por fora da embarcação é perigoso e mortal, então uma caravela é entendida como uma residência oscilante, mas segura. É a segurança de que precisam, como a que há em relação ao próprio capitão do navio, antes do temor supersticioso ou de sua evocação espiritual. Este sentimento de pertencimento é adquirido, exclusivamente, pelo tempo que passam em alto mar e experiências.

O quadriculado xadrez no caminho dos ladrilhos do porão também exerce a mesma sensação de "escalada" ao mastro e alçar o cesto da gávea, ainda que sob os ladrilhos se caminhe horizontalmente. A questão da segurança caracterizar-se-ia por este piso do porão ter sido posto no plano da casa mais próximo à terra firme. O quadriculado dos ladrilhos preto e branco ressignificam o sim e o não, um número falso, um número verdadeiro etc., ou seja, dois contrários. Ali está concomitantemente um tabuleiro de xadrez. O xadrez é um símbolo croata – terra de nascimento de Marco Polo, – chamado de "šahovnica", e compõe o brasão de armas deste país[441].

Neste tema, quando tratamos *A Encantada* como um navio de ponta-cabeça, vem-nos aqui a explicação do seu telhado de grandes placas uniformes e, principalmente, o complexo entrelaçamento de madeiras do teto interior, como uma concentração obsessiva a proteger os porões de um navio do aparecimento de vazados ou frestas, que não pudesse ser suturada. Fora antes uma preocupação intensiva contra a penetração da umidade marítima.

43. A expressão extralinguística do quadriculado e equivalências

Imagens 106, 107, 108

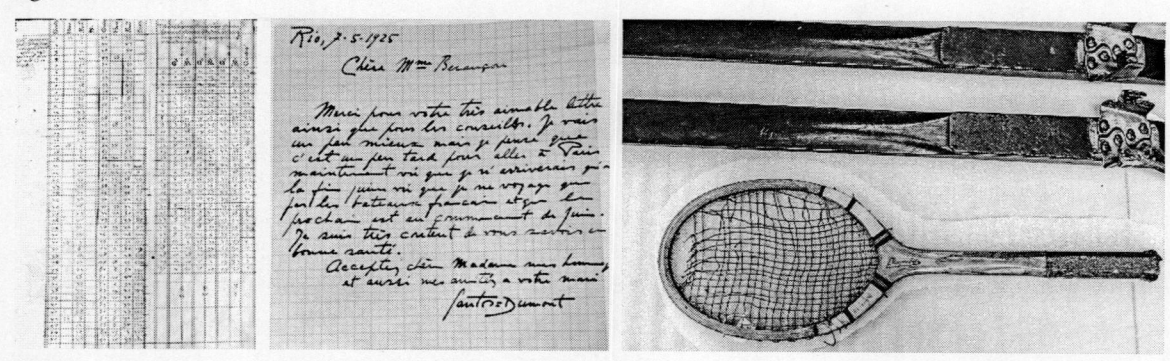

Fontes:
GIARDINI, C., ORLANDI, E. *Colomb – Les Grands de Tous Les Temps*. Editeur n. 460. 1966 – Arnoldo Mondadori. Dépôt legal: 1970.
https://www.polemicaparaiba.com.br/brasil/cartas-ineditas-de-santos-dumont-revelam-saude-debilitada-e-declaracoes-romanticas-inusitadas/

O inglês Peter Wykeham escreveu uma sugestiva biografia do nosso brasileiro aviador, cultuando impressões particulares suas a respeito da história da aviação, sempre nos conduzindo a uma lógica pró-americana. Lembrou-se do "papel de carta timbrado" que corriqueiramente Santos Dumont usava para assuntos amenos, do cotidiano, com seus amigos. Outro biógrafo brasileiro lembrou que o aeronauta tinha manias singulares, e uma delas era o papel milimetrado, e Wykehan assim se exprimiu: "seu papel favorito"[442].

Em Cristóvão Colombo, não há muitos textos autógrafos caligráficos deixados à posteridade, contudo pudemos encontrar uma tabela manuscrita com tracejados em quadriláteros, como uma tabela, em que acrescentava algarismos detalhando o tempo e espaço percorridos no mar em números, como guia de recondução para retorno e itinerário da próxima viagem. Não há certeza

---

[441] Sobre o símbolo da Croácia: O rei Stephen Držislav, no século X, ao ser capturado pelos venezianos com os quais entraram em conflito, se livrou deles por meio de uma aposta com Pietro Orseolo II, líder da República de Veneza, num desafio de disputa de xadrez, com que conseguiu sua liberdade. Držislav venceu as três partidas, foi solto e incluiu a estampa do xadrez como um dos símbolos do país.

[442] WYKEMAN, Peter. *Santos Dumont. Retratos de uma Obsessão*. p. 262.

da sua precisão. Aliás, Colombo enfatizou que havia duas contagens: uma falsa para sua gente e outra verdadeira para o rei de Espanha, apesar de seus atuais críticos alegarem que os registros falsos estão mais próximos do correto que o outro. Talvez seja um álibi para esconder deficiências e erros naturais.

Justificamos este tópico como uma expressão extralinguística que fazemos da linguagem discursiva para obtermos responsabilidades e crédito. O tópico desta relação existe incondicionalmente, pelo menos, pela ideia que temos do ato. De modo que uma expressão linguística é a forma da mensagem semântica por si, e, por expressão extralinguística, entende-se ser a mensagem fora no âmbito da escritura, por exemplo, como fotografia, música, pintura, arquitetura etc. O próprio papel milimetrado de Dumont se antecipa a própria mensagem e ao seu conteúdo interior, pois é objeto de valor semiológico, de modo que ele aparece independentemente de uma semântica interna textual, aliás assim estamos procedendo em todo material nesta pesquisa.

A raquete exibe sua rede quadriculada como aporte físico do instrumento. Estendemos o objeto a uma leitura gestáltica possível a emergir de sua forma: é o próprio remo ao qual já nos referimos, que reaparece em nova roupagem. Santos Dumont foi, depois da fase aeronáutica, um esportista do tênis, assim como era o aeronauta francês, Roland Garros[443]. De forma que a presença do instrumento desportivo é um dos determinantes que indiretamente assemelha-se ao remo, como item deste contínuo escoar diacrônico, já que ele restaura os mesmos campos de significações, como vimos com o remo, a hélice, etc.

À medida que esquadrinhamos o tópico, chegamos à "rede" como uma forma para transmitir um plano de conteúdo com valores que, com tanta regularidade, se manifestam. O jogo entre duas intersubjetividades que disputam uma partida de tênis também, outrora faz da raquete o veículo para encaminhamento da bola como algo que deve ser redarguido ou esperado rebater. Neste sentido, ficou muito conhecida a cena do "Henrique V", de Shakespeare, quando este abriu o presente recebido do rei da França - uma simples caixa de bolas de tênis. Isto fez com que este rei inglês, em cena dramática, enfurecido respondesse: "Quando nossas raquetes se baterem com estas bolas, havemos de jogar, se Deus quiser, um set na França, que irá quebrar o rei, o seu serviço, e a coroa".

O veículo como "papel" ou "raquete" só existe enquanto houver um sujeito. O sujeito de posse da raquete impulsiona a bola, à frente, pelo ar. Este instrumento reapresenta a ideia do veículo aéreo, ou aeroplano, que tem por fim algo que não está ali em si mesmo. O significado que apareceria assim em Santos Dumont é diferente de outras milhares pessoas que também jogam tênis. Essa situação em que colocamos uma peça do jogo de tênis e a justificamos como ponto de discussão, na verdade, está sob um olhar seletivo. Para outra pessoa que se explicasse, não faríamos o mesmo uso desse percurso de entendimento, de forma que as semelhanças de imagem seguem um ritmo diversificado, aberto, reproduzindo apenas o que lhe diz respeito. Em que medida poderíamos equivaler um balão esférico, um globo, uma bola de tênis, um ovo, uma bomba? Na foto vemos a raquete mimetizar o arremesso como catapulta, e o esqui o deslizamento de um *plane* sem rodas.

---

[443] Roland Garros se consagrou por ser o primeiro aeronauta a atravessar o Mar Mediterrâneo num sobrevoo sem escalas. E seu nome se tornou um parassinônimo importante que nos remete, no plano de significação, aos campeonatos de maior premiação do tênis internacional.

44. O pinheiro como estereótipo de mastros de navios

Imagens 109, 110 e 111

Fontes:
https://www.flickr.com/photos/gajardoni/1437770555/
https://pt.m.wikipedia.org/wiki/Ficheiro:Arauc%C3%A1ria_e_as_Montanhas.jpg
https://pt.dreamstime.com/foto-de-stock-mastro-do-navio-da-vela-image58621321

Na leitura de fotos antigas d'*A Encantada,* sobressai-se por detrás do edifício uma grande araucária. Isto nos chamou para o ensejo de uma abordagem semiótica desta imagem que hoje não está mais lá. Acreditamos que o próprio Dumont a tenha plantado em vida. Este pinheiro das regiões do Sul do Brasil é visto em foto antiga de Petrópolis, em cartão postal. Ainda encontramos imagens a cores do registro, ao tempo da permanência do aviador no Brasil. Esta espécie de pinheiro sulista guarda geneticamente uma ramificação muito peculiar de suas galhadas. No princípio, tende a crescer triangular, afunilada, e em seguida seus ramos ganham distâncias proporcionais como camadas equidistantes numa copa horizontal. Lembra esquematicamente o mastro de um navio e suas *vergas* transversais: "a grande", da "gávea grande" e do "traquete". Traz semelhanças ao mastro, porquanto o forte caule central se desenvolve verticalmente reto como tronco único e rotundo. A "forma" do pinheiro em si tem a disposição dos mastros longitudinais, e suas traves que lhe cortam imitam como se de fato a casa fosse uma nau capitânia com seu grande mastro vertical. Poucas árvores crescem com os troncos fortes e retos como uma araucária. Entretanto, sua galhada é mais frágil em comparação a outros pinheiros. Os mastros e as vergas sem os velames, estendidos invariavelmente, já nos remetem aos pinheiros, nos traços mínimos, como vemos na segunda foto.

Os principais mastros de navios das grandes embarcações antigas eram de madeira de pinheiros, e nisso identificamos o "mastro" d'*A Encantada* de Petrópolis. Esta aproximação semiológica dos artefatos é produzida em ressonância com a natureza de sua construção. Então, se todo o madeiramento para construção de navios tem a ver com determinada matéria-prima ideal, assim podemos aliar a pertinência destas associações. Este fato o faria projetar duas vezes: o referente à disposição arquitetônica bem como ao próprio pé de araucária no terreno, tal como vemos ao fundo da foto. Infelizmente, hoje o pinheiro não mais existe.

Na análise descritiva das três imagens simultâneas resguardadas por esta intencionalidade, temos que: a primeira imagem exemplifica o ícone fotográfico do que resultou a paisagem num tempo/espaço natural de realização; na segunda foto, temos uma fração de um referencial da copa do arvoredo - ou ícone da araucária; e na terceira foto, o signo implícito ou "índice pierciano", abstrato, subliminar, um conteúdo por trás da leitura superficial. Esta última imagem seria o traço esquemático do objeto-foco que utilizamos comumente na teoria literária, que se atualiza de forma esquemática desbastado do seu próprio conteúdo histórico. Esta visão, por demais transversal, existe na pintura, quando comparamos estas aproximações com as telas de Piet Mondrian, que em várias pinturas sequenciais, numa iconografia de movimento ritmado, foi transformando aos poucos, o signo natural da árvore, numa figura cada vez mais abstrata, e de um emaranhado geométrico de planos, um estado minimalista e econômico de alguns quadrados coloridos, lado a lado.

45. As listras aderentes à arquitetura

Imagens 112, 113, 114 e 115

Fontes:
12/09/2023: https://pt.m.wikipedia.org/wiki/Ficheiro:Helic%C3%B3ptero_de_Alberto_Santos_Dumont.jpg
https://www.cedefes.org.br/exposicao-casas-do-brasil-a-casa-xinguana/
https://upload.wikimedia.org/wikipedia/commons/e/ea/San_Matteo_church%2C_Genoa.jpg
https://tribunademinas.com.br/noticias/cultura/05-07-2023/livro-infantil-conta-a-historia-de-cabangu.html

A primeira imagem é do terceiro Hangar de Santos Dumont, construído em Neuilly, onde ele se destaca, na organização estética, como imensa tenda árabe. Este terceiro hangar de Santos Dumont pareceu mais simples em comparação aos outros. Podemos lembrar-nos do primeiro hangar em Paris: paredes pesadas, rígidas, com imensas portas corrediças, que, depois, com alguns acertos diferenciais, faria Dumont reproduzir outro em Nancy, litoral francês. Quando regressou novamente a Paris, construiu este terceiro hangar feito com uma grande lona, visto que não retornara ao construído no terreno do aeroclube. De modo que, ao rever a arquitetura do novo hangar, preferiu algo econômico e mais prático, diante da sua provável efemeridade, e que captasse iluminação natural. Este dado construtivo inovador deve ter norteado a escolha do material do novo hangar. Com o avanço da idade e seus vários embates, deduziu um novo prazo em que ainda estaria disputando competições perigosas e entendeu que uma grande "tenda" seria mais que suficiente para continuar os engenhos que ainda prescindiam de sua atenção.

A estética de ser grandiosa, em formato de tenda de acampamento, enseja-nos a lembrança de Colombo, que, em 1492, às vésperas da capitulação de Granada/ESP, os reis católicos haviam prometido o financiamento da expedição do descobrimento. Nestes dias, muitos cavaleiros espanhóis acampavam em tendas aos arredores da cidade arábica de Boabdil, em Baza, e Santa Fé. Seria uma experiência em tendas com Colombo e, com certeza, haveria antes com Marco Polo que percorrera todo o Oriente Médio e Extremo, convivendo com povos nômades. Aliás, este tipo de construção, que tem desmanche fácil, é também característica das construções ameríndias por todo continente, pois estes se deslocavam sem aumentar seu território de ação. Por isso, temos poucos sítios arqueológicos perduráveis. A segunda imagem representa um desenho do livro de Oviedo de Gomara[444], que detalha singelamente os habitáculos dos nativos americanos. Esta simplicidade lembra construções de bambu, ou equivalente, que se tem visto em comunidades indígenas e asiáticas. Há uma aspectualização de linhas verticais pela própria forma construtiva dos materiais.

Listras decorativas no ambiente são as formas mais antigas e simples de adornar seus entornos, deixando-os belos, prazerosos – e é ainda largamente usado em culturas do mundo árabe e judaico. Frequentemente, esta estamparia surgia de maneira variada em tendas, papéis de parede, estofados, vestimentas[445], tapeçaria, ladrilhos, arcadas etc. Samuel Morison, biógrafo, também relembra em Colombo: "[...] comparo las viviendas nativas a la forma de las tendas moriscas 'my altas e buenas chimeneas', siendo estas uma espécie de cúpula para dejar salir el humo"[446].

A imagem fotográfica fala por si mesmo além de as palavras de Morrison reproduzirem a fala de Colombo. O autor cria relações entre a apreciação de Colombo sobre os índios americanos e a identifica com árabes, quando se refere a "tendas moriscas". Colombo descreve a simplicidade da construção da comunidade indígena e cita a questão da altura e uma abertura para sair fumaça. Santos Dumont reaviva o estereótipo aeronáutico do balão de ar quente invertido. O hangar que constrói atinge uma altura além da metragem ordinária, para comportar um dirigível inflado e poder guardá-lo sem sacrificar seu hidrogênio. Outrossim, o fumo, que sai da chaminé, permite equivaler ao ar quente que faz erguer o balão com o calor do vapor de Gusmão, no seu singelo experimento com um pequeno balão de papel.

Incluímos a imagem com listras horizontais, ao constatarmos sua presença nas antigas edificações genovesas: representações de arquitetura quatrocentistas em importantes prédios públicos e religiosos. Além de não conter qualquer denodo referente à altura, replicam eles a lateralidade da extensão territorial no plano como comprimento horizontal.

Temos na quarta figura uma foto tirada dos fundos da casa de Cabangu. Nela, uma linha horizontal grassa de um lado para outro da fachada dos fundos da casa. Na verdade, são duas paredes em planos diferentes, mas que, numa perspectiva única, de apenas um ponto determinado, veríamos as duas linhas que se conjugam numa única, contínua, de lado a lado das paredes, se olharmos num ponto único perspectivo. Haveria nelas uma expressão emotiva das insistentes linhas genovesas? Haverá, nesta linearidade algum produto subliminar? – se fosse um vestuário, ela teria a extensão de um abraço, aperto, cintura, enlace. Um povo que desfruta de lugares com arquitetura assim possui uma adstringência universal, expansiva, acolhedora, com tendência ao apego ou à apropriação.

---

[444] LEVENSON, Jay A. "Circa 1492. Art in the age of Exploration", National Gallery of Art, Washington/Italy, 1991.

[445] Santos Dumont também se vestia com estampas de listras verticais para parecer um homem mais alto.

[446] MORISON, Samuel Eliot. El almirante de la Mar Océano: la vida de Cristóbal Colón. Buenos Aires: Librería Hachete S. A., 1945.

A linha solitária da casa de Cabangu evidencia uma peculiaridade contínua como enlace. Em outra posição lateral, elas se desconectam, e caem em planos diferentes. Este fenômeno de continuação linear em planos diversos dá-se naturalmente pela superfície aquática, ou sob a natureza líquida, aquática, que nivelaria os dois planos contíguos, como uma linha contínua, nos dois planos de paredes. Ademais, salientamos que, no passado, navios corsários e inimigos abriam rombos em navios mercantes abaixo da *linha de flutuação*, para que estes afundassem. Esta listra solitária na residência de Santos Dumont representaria a ideia da *linha de flutuação* que aqui não se restringiria mais à água.

46. Modelo ideal e a replicação de edificações.

Imagem 116, 117

Fontes:
https://www.flickr.com/photos/colin-d-lee/16211016339/
https://commons.wikimedia.org/wiki/File:Casa_di_Cristoforo_Colombo_nei_pressi_di_Porta_Soprana.jpg

Observamos uma comparação entre os personagens Wilbur e Cristóvão: a leitura potencial deste cruzamento leva-nos à ideia de que qualquer personagem poderia ser identificado com o que quisermos comparar, apenas teríamos que saber usar o discurso de forma sugestiva. Não descartamos que isto possa ocorrer pontualmente em certas menções generalizadas, porém não há uma sincronicidade tão veemente como a temos entre Colombo e Dumont, por exemplo. Sobre as fotos. Consideramos haver nas imagens pontos referenciais bastante nítidos impelindo o actante x' a se identificar ao x", sob vistas das correlações de forças afetivas e técnicas de mesmo contexto. Porém, nos entreatos, numa sintonia crítica intencional, nunca saberíamos em pormenores se esta potencialidade resulte ser algo recorrente.

São duas imagens, mas dois edifícios. A primeira foto é uma arquitetura "réplica" de outra original na cidade de Dayton, dos irmãos Wright: https://archive.org/details/GPN-2003-00068. São paredes de tijolos aparentes; estranhamente as características de aberturas frontais se repetem. São duas portas principais frontais que possuem "duas grandes vitrines"? Duas janelas gêmeas acima. Identificamos ornamentos falciformes em ambas as imagens; em cima das esquadrias das janelas temos um desenho côncavo, com duas carreiras de tijolinhos em pé prensados em curvas. No interior destas curvas, há uma cobertura lisa, clara, comum aos prédios. A fachada da arquitetura residencial de Colombo, por sua vez, aparece esmaecida de sua aparência original ao lado da dos Wright, onde temos a mesma referência.

Está aqui posta em análise a motivação intencional da presença de um inconsciente desconhecido, que "ardilosamente" permearia todos os elementos. A explicação dessas semelhanças está na concretização de um fenômeno espiritual subjacente. Este edifício dos irmãos Wright abre-nos um plano maior de significâncias postas por meio de um zelo insistente pela cópia, na tentativa de Ser e Parecer, ou seja, evidenciar-se. A reiteração do assemelhar-se ou zelar por algo reprimido dum passado adverso, esquecido, que precisaria reaparecer é o que está posto. Há um querer por se distinguir, mesmo indiretamente, expondo alguma marca da qual não consegue livrar-se. Algo carece de ser encontrado e dito nestas ligações, quando personagens adversários se equivalem por falha ou erro do que tenha ficado em aberto no passado. E se essa prática ocorre subliminarmente, talvez isso continue se processando hoje nestes mesmos trejeitos expressivos.

Esta insistência neurótica da repetição não se insurge apenas no nível do inconsciente social. O prédio da primeira foto a cores tem um morro atrás que supera a altura de seu telhado. Está diferente da paisagem de uma foto antiga, resposta: ela é uma cópia. Na página virtual da primeira foto, "preto e branco", há um esclarecimento que a dita casa foi copiada e sua cópia transferida de Dayton/Ohio para o Museu Henry Ford/Michigan, ou seja, que aquele mesmo "ícone-similar" fora deslocado a outro estado. Sobre isso, transcrevo esta observação: Uma página virtual da Nasa detalha o esquadrinhamento da foto em centímetros quadrados de modo que cada centímetro dela servirá de base no caso de haver algum dano ou patologia predial. Entretanto, o que nos chama a atenção aqui é este detalhamento de reproduzir exatamente um original para deslocá-lo a outro espaço/tempo. Queremos dizer para concluir que este fenômeno, da viabilização da reprodução similar do projeto de arquitetura, está presente aqui na forma de metalinguagem - seu processo é inerente à identificação do edifício genovês, que foi um prédio insistentemente restaurado durante sua história. A intenção da cópia ultrapassa seu sentido de mera imitação e avança para a concepção fractal – na sua linha tênue e enigmática que envolve o próprio actante humano no conjunto destas relações históricas. O discurso como um todo ascende o campo do existir ou coexistir meta-historicamente tal como Nicolo de Conti, pretendeu da fama de Marco Polo; Vespúcio, de Colombo; e Wilbur Wright, de Dumont.

47. Cédulas monetárias de 10 mil cruzeiros

Imagens 118

Fonte: www.moedasdobrasil.com.br

Um piloto, um timoneiro, auxiliares etc., ou qualquer integrante da tripulação que descobrisse ou divisasse terras desconhecidas, ou que, então, realizasse outra ação significativa como subordinado, fará recair ao seu superior o mérito do fato histórico. Isto acontece para registros dos êxitos factuais da empreitada do mentor responsável ou do capitão da expedição[447]. Cristóvão Colombo, excepcionalmente, conforme afirmação sua, foi o responsável por ter sido o primeiro a ver o Novo Mundo. Sabemos haver esse prêmio ao primeiro que visse terras firmes. Era um oportuno divertimento, um direcionamento à atenção competitiva e, por fim, uma forma de se livrar de iminente insurreição da maruja supersticiosa ao ataque de monstros marinhos e abismos inexpugnáveis. Assim procedeu Colombo, de forma arguta, deslocando a atenção sobre si para o horizonte, desviando para longe o medo que tinham dele – e de não mais retornarem. A tal premiação ajudou capciosamente a desviar os acerbos violentos da mente temerosa para ações opostas de fim positivo. Todavia, devido à maruja levar tudo na brincadeira, o almirante acrescentou um item como regra: não despertar a "alegria falsa" mentindo sobre um avistamento falso. Isto o desclassificaria para o achado definitivo. E, por fim, aconteceu ser ele mesmo, conforme diz, o que primeiro viu o Novo Mundo, com direito ao prêmio de 10 mil maravedis, concedido pelos Reis Católicos. Entretanto, soube-se depois de uma cisão entre Pedro Izquierdo e Rodrigo de Triana, que sustentavam então terem sido os primeiros. Parece-nos que o nosso almirante em foco teria alguma razão em acolher para si a primazia, ante o fato dele permanecer na "gávea" do navio durante grande parte do tempo.

Outrossim, valendo-nos de outra referência, o escritor brasileiro Fernando Jorge, em seu livro biográfico,[448] cita que, em 14 de janeiro de 1926, em Megève, na França, Santos Dumont escreveria, ao embaixador brasileiro Afrânio de Melo Franco, representando o Brasil em Genebra, uma carta na qual, em certo momento, sugere, como em Colombo, uma competição para que vença o melhor trabalho: "Estou disposto a oferecer, um concurso entre pessoas de qualquer profissão, um **prêmio de dez mil francos** para o melhor trabalho sobre a interdição das máquinas aéreas, como arma de combate e bombardeio".

No seu testamento, outra vez, vem à tona o mesmo valor numérico. Colombo cede à Beatriz Enríquez de Arana, sua pretensa segunda "esposa", a **premiação de 10 mil maravedis** como renda anual, talvez por descargo de consciência por não lhe ter contraído casamento, depois do falecimento de sua esposa Felipa Perestrelo.

No valor numérico da premiação, está a relação comparativa. O termo "10.000" (dez mil) reaparece em ambos os atores como valor monetário. No Brasil, temos a imagem oficial de Santos Dumont, homenageada na cédula brasileira de **10 mil cruzeiros**. Esta cédula, com sua efígie, que marca este tópico, foi a que teve neste valor sua maior duração. A segunda cédula com o mesmo valor foi especulada para dar continuidade, entretanto não prosperou, não obstante, existir conceptualmente.

Outros valores matemáticos por vezes podem aparecer, mas nos atentamos a este como algo surpreendente aqui, por ser muito específico, e "extrabiográfico", uma vez que este valor numérico-monetário não encontramos participação direta ou indireta do aviador. Este fato, entre muitos outros apresentados, fortalecem a tese de que estas ligações comparativas semióticas estão fora de um contexto histórico-linguístico ideológico.

---

[447]   Assim, por exemplo, Fernão de Magalhães levou a fama do seu empreendimento da circunavegação planisférica, mas, na verdade, ele faleceria no meio do caminho, e o Almirante Sebastião Del Cano o substituiria para o fechamento desta epopeia.

[448]   JORGE, 1973, p. 407.

48. O enigmático sheik Santos Dumont

Imagem 120

Santos Dumont
em Tunis, vestido de cheique.

Fonte: FONSECA Gondim da, *Santos Dumont*. 1940, p. 201.

No livro *Pequena História da Aviação*[449], de Matias Arrudão, consta no capítulo "O Fim" uma estranha explicação, que ele recolheu de Gondin da Fonseca:

> [...] Santos Dumont começava a aborrecer-se da vida. Paris traia-o. Debalde cruzara o Mediterrâneo, percorrera o norte da África e se deixara retratar em Túnis[450], vestido de Sheik [...]' – escreveu Gondin da Fonseca, aludindo ao obscurecimento da estrela do brasileiro.

Vamos abordar o fato-ocorrência desta imagem, porém relembrando o nosso almirante genovês: no capítulo que se refere ao ato do descobrimento, mais precisamente, quem divisou primeiramente as terras americanas – Colombo dizia ter sido ele! Naturalmente seu pajem o confirmava ante outros concorrentes. No entanto, ele próprio acabou por embolsar os 10 mil maravedis da premiação. Todavia, outra sentinela, Pedro Izquierdo, defendeu ter gritado antes ou que viu primeiro. Em consequência disso, Morison, em seu livro biográfico sobre o almirante, deixou registrado em notas o seguinte: "Oviedo, I, 24. Dice que este nativo de Lepe, enfurecido por haber sido defraudado en la recompensa, "se fué al Africa y renuncio a la Fe"[451].

Logo depois, temos Rodrigo de Triana, que pleiteou depois, também ele pregara o achamento das terras. Igualmente foi rechaçado!

O que ficou é que Colombo tomara para si o prêmio dos reis católicos. Será que Colombo não cumprira a sua promessa, será que ele fora de fato o primeiro a ver o Novo Mundo? Em Santos Dumont, por outro lado, vimos ele distribuindo os valores recolhidos de seu prêmio da dirigibilidade do voo aos seus mecânicos e aos pobres de Paris, sem praticamente nenhuma causa objetiva, a não ser talvez cumprir sua promessa pública.

---

[449] GONDIN DA FONSECA, 1967, p 230.

[450] Nesta mesma época, em 1913, Roland Garros realizaria o primeiro voo sobre o Mar Mediterrâneo – do Sul da França para a Tunísia.

[451] MORISON, Samuel Eliot. *El almirante de la Mar Océano*: la vida de Cristóbal Colón. Buenos Aires: Librería Hachete S. A., 1945.

Contudo, quando o brasileiro se sentiu traído pelos franceses – vide a expressão: "Paris traía-o", ao aplaudir os irmãos Wright, esquecendo-se do seu legado, ele, Santos Dumont saiu da França, em direção à África exatamente como antes fizera Pedro Izquierdo, assumindo outra crença. Dumont ainda se deixou registrar fotograficamente, vestido como um típico mulçumano. Ele naturalmente, como reminiscência, resgata a atitude de desprezo que teve seu anterior rival, Pedro Izquierdo, para com Colombo.

Mesmo que outro qualquer marujo houvesse visto primeiro as novas terras, os louros da descoberta sempre seriam, oficialmente, creditados ao comandante da expedição: o almirante. Entretanto, ele não poderia dividir o prêmio entre os demais companheiros, porque ele era vitalício. Posteriormente, então, Santos Dumont, numa espécie de atavismo, ficaria apenas com o "título", distribuindo em dinheiro o **Prêmio Deutsch de la Meurthe** do aeroclube da França, aos seus mecânicos e aos pobres de Paris. Este desdobramento psicológico suscita certo desprendimento em lidar com situações semelhantes.

A foto à moda de um Sheik necessariamente é um referencial de regressão psíquica a algo indefinível que experienciou e que lhe deixou profundas marcas. A indumentária exótica é apenas um símbolo superficial. Ficamos certos, contudo, que não queremos apresentar aqui nada contra o islamismo ou cristianismo, mas contra o que entendemos como um certo egocentrismo oportunista por detrás da nossa forma de ver e pensar.

Concluindo, neste item, invisível sobre alguns aspectos, perpassam os signos ou sinais despercebidos dos registros biográficos de Santos Dumont e Colombo. Num dos aspectos, esta indumentária pode trazer à baila o antigo estigma de "traição" abordada pelos biógrafos, que, no entender do comportamento dos nossos heróis, cada um a seu modo, reforça, em tais atitudes, uma transferência de sentimentos inconscientes reproduzidos como alteridade, ora se espelhando no outro, ora em si mesmo.

49. O vestuário masculino revisitado

Imagem 121, 122, e 123

Fontes:
BARROS, Henrique Lins de. *Santos Dumont e a invenção do voo*. Rio de Janeiro: Jorge Zahar Editor, 2003, p. 29.
https://www.correiobraziliense.com.br/webstories/flipar/2023/08/5121516-santos-dumont-150-anos-o-genial-inventor-foi-hetero-gay-ou-morreu-virgem.html
https://www.etsy.com/listing/632554892/simplicity-4059-renaissance costume?ga_order=most_relevant&ga_search_type=all&ga_view_type=gallery&ga_search_query=doublet+pattern&ref=sr_gallery-1-34

Segundo Sigmund Freud, a sexualidade humana se manifesta sorrateiramente em todas as situações cotidianas do homem no sentido de "ser" ou trazer algo à relevância do momento, de provocar e ser desejado, além de se resguardar como sujeito de um querer e mostrar ser o próprio objeto de desejo. Podemos ser nós próprios o canal de nossos desejos. No vestuário, ou nas aparências às quais somos motivados a trabalhar, vemos surgir uma espécie de inconsciente manifesto. As indumentárias são os signos da aparência que primeiro falam e chegam a nós. O exercício de trazer esta abordagem aqui induz a importância de se identificar consigo mesmo na representação de valores. As práticas de encobrir o corpo resultam uma atenção maior frente à cupidez ou ao pudor como garantia de aceitação e externamente valorizar o estar ali, contrariamente ao que encontraram nos povos nativos quando da descoberta das novas terras.

Comparamos fotos com suas roupagens de época. Seus casacos são capotes ou capas reais. Estas, às costas, atuam como valores sexuais indiretos representando, na ideia do masculino, mais precisamente, os testículos. O ator histórico em cena, e coberto pela capa, tem a significância do órgão sexual masculino, enquanto as capas lhes envolvendo estendidas são como reis ou heróis de história em quadrinhos. Essas capas, mais tarde, se transformarão no próprio paletó ou terno e, junto à gravata, externar-se-á nela novamente o órgão viril do homem. Coroas, chapéus e cartolas aumentam a estatura do indivíduo em que se demoram artifícios dos valores da autoridade dominante, como o ato da própria ereção. Ao contrário, quando nos reportamos à mulher, o aumento de sua altura provocada pelo salto alto do sapato teria uma implicação subliminar substitutiva, diferente da do homem, pois acentuará sua fragilidade, ou instabilidade. Este artifício do salto causaria certo impedimento à ação circunstancial própria da recatada psique feminina. No homem, este circunstancial aparecerá na cartola ou no chapéu (pela altura) e no uso da bengala (que se firma pelo cansaço do caminhar, além da natural defesa como álibi diante de um ataque).

As calças infladas remetem ao salto e impulsão para a cópula. Vemos estas calças-culote "infladas" tanto no período moderno das navegações, quanto no período da aviação entre os séculos XIX e XX. Há um flagrante retorno no sentido de se arregaçar ao trabalho oferecido, do muito que havia por fazer. Não há tecnologia da engenharia que tenha avançado mais que a aviação na Belle Époque francesa. Tudo, em matéria de projetos aeronáuticos, se aperfeiçoava rapidamente, portanto há elementos motivacionais.

Quando tratamos sobre a causa inconsciente de determinados lampejos individuais acusando a causa sexual como partícipe fundamental, não deixamos de nos preocupar também com o teor arqueológico existente inato, até das "intenções" filogenéticas de como a natureza resolve problemas mais prementes desde indivíduos unicelulares, depois pluricelulares, num *continuum* infinito, a despeito da racionalização humana. Os aspectos da forma como atua a vida inconscientemente está determinada pela própria natureza. Um exemplo disso está quando elencamos as conformações cilíndricas como atinentes ao órgão sexual masculino. Forma esta, a mais cogitada na formação da estrutura biológica do ser vivo que surge, no princípio ovalado que paulatinamente se alongar em direção à luz, tomando, mais tarde, a conformação linear plástica característica. Os micróbios ou os mínimos agentes tubulares depois se transformam em ossos, dedos, membros, fios de cabelos etc.; no sistema nervoso, os nervos; os brônquios no sistema respiratório; a ramificação das veias no aparelho circulatório; e no aparelho digestivo, temos uma tubulação que começa na boca, indo até o ânus. O ser humano inteiro, enfim, é uma organização tubular que se cobre por fora em camadas de roupas.

O arregaçar das calças ou das mangas dos braços tem o sentido também de ataque, porque ninguém pode atacar estando com os braços já esticados, de forma que o traço da vestimenta encolhida desperta a atenção, tal como as ombreiras estufadas se destacam no vestuário do líder dominador.

Esses elementos na praticidade de sua origem são explicativos da ação do líder conquistador, traduzindo-o como protagonista. Contraditoriamente, por outro lado, os que arregaçavam as mangas para o trabalho não eram nobres, mas os servos. Temos vários exemplos históricos das primeiras colônias americanas que falharam, tanto por não possuírem habilidades básicas de agricultura, criação de animais etc., quanto pela falta da boa vontade em servir, ou preconceito do trabalho braçal.

Na descrição das fotos, temos: a primeira foto é Gabriel Voisin e Henri Farman; depois é Santos Dumont ao centro mais moço; e, por fim, exemplo de indumentária masculina dos séculos XIV e XV.

50. **Uma réplica do monumento icárico**

Imagem 124, 125 e 126

Fontes:
12/09/2023: https://commons.wikimedia.org/wiki/File:Santos-dumont-st-cloud.jpg
https://extra.globo.com/rio/noticia/2023/07/casa-de-santos-dumont-em-petropolis-e-reaberta-para-visitantes-acervo-reune-invencoes-cartas-e-itens-pessoais-do-aviador.ghtml
https://pt.m.wikipedia.org/wiki/Ficheiro:Vol_de_Santos-Dumont.JPG.

Na França, Santos Dumont foi o primeiro homem a ter dois monumentos, consagrado em vida, e sendo ainda estrangeiro. As duas primeiras fotos são respectivas à esta homenagem a Santos Dumont, têm como representação o mitológico Ícaro (o que primeiro voou). Na primeira imagem, trata-se da homenagem erigido pelo Aero-Club da França[452] em Saint-Cloud, localizado na Praça Santos Dumont, no Centro de Paris, inaugurado em 19 de outubro de 1913. A segunda estatutária, cópia da primeira (outra homenagem ao brasileiro apresentada numa Exposição Universal de Paris) está sobre a base rochosa de seu túmulo, no cemitério São João Batista, no Rio de Janeiro. Dumont trouxe ao Brasil para aproveitá-la como arte cemiterial. Seria uma forma de reportar a gratidão dos franceses em seu país, transpondo-a para além do impositivo da morte. Este fator confirma a transposição semântica entre os agentes "primeiro voo" de um lado, e "a morte" de outro (Colombo), como marca precisa do transcorrido quadricentenário. Segue-se assim, na estrutura profunda da significação, a representação do Ícaro grego, visto como a imagem de um "anjo" depositado sobre o jazigo monumental. Junta-se, pois, aqui, arbitrariamente, dois fatores, ainda que alheios aos próprios artífices. É neste âmbito que caberia a verificação intertextual subjacente às figuras. A primeira foto

---

[452] Inscrição da placa: "Este monumento foi erigido pelo Aero-Clube da França para comemorar as experiências de Santos-Dumont, pioneiro da locomoção aérea. 19 de outubro de 1901 e 23 de outubro de 1906" (COSTA, 1974, p. 43).

refere-se ao que lhe foi conferido como homenagem do povo francês em Paris, e a segunda foto, a cópia escultural instalada no seu túmulo em construção. Assim, consideramos a efeméride social, o ato da premiação, e a instalação daquela reprodução, como representação estatuária tumular, onde se encontravam depositados os restos mortais de seus pais. Ou seja, o símbolo figurativo do Ícaro referindo-se ao primeiro "aviador", no ponto alto de sua vida, faz referência à suplantação da própria morte. Se não houvesse outros motivos exigentes afeitos à correspondência entre X e X' (semelhança de Ícaro com anjos cristãos, por exemplo), bastaria esta intertextualidade na associação Vida (ascensão aérea) vs. Morte (ascensão espiritual) para confluir 1506 a 1906, como termos semióticos válidos de representação. Cristóvão Colombo morrera em 20 de maio, "dia da Ascenção de Nosso Senhor". Mas, foi nesse dia, anos antes, que ele receberia como prêmio seus títulos nobiliárquicos de Vice-Rei e ganharia dos Reis Católicos um novo brasão/armas para sua família. Com Santos Dumont não ocorrera diferente. Gondim da Fonseca assevera que Dumont, quando estava no Brasil depositava "[...] no túmulo do pai as flores recebidas na Véspera", e "[...] oferecia-lhe uma "corbeille" de flores para ele as espalhar no dia seguinte na sepultura de seu pai"[453].

A terceira foto é o segundo monumento dos franceses[454] ao brasileiro (que a princípio remete a um "padrão" dos antigos descobridores) - também inaugurado pelo próprio Santos Dumont à frente de outros aeronautas franceses.

51. Identidade fisionômica e descritiva: retratos pessoais

Imagens 127, 128[455], e 129

Fontes:
12/09/2023: https://2.bp.blogspot.com/-JDMWlyPZ22k/Vm2VymH-y5I/AAAAAAAAG1g/mpoKWebfVUc/s1600/giovio16.jpg
https://militares.estrategia.com/portal/materias-e-dicas/historia/alberto-santos-dumont/
https://upload.wikimedia.org/wikipedia/commons/d/d1/Assinatura_do_Santos_Dumont_2.png

---

453 FONSECA, 1940, p.165 e 168.

454 Gravada na pedra encontra-se esta inscrição: "Aqui, em 12 de novembro de 1906, sob o controle do Aero-Clube da França, Santos-Dumont estabeleceu os primeiros recordes de Aviação do mundo. Duração: 21 seg. 1/5. Distância 220m." COSTA, 1974, p. 42.

455 GRANDE HISTÓRIA UNIVERSAL, Imagem "Cristóvão Colombo". Coleção Giovanna – Florença, Itália., n. 21, da Bloch Editores, Rio de Janeiro, 1973.

Vemos acima, nos retratos pessoais de Cristóvão Colombo e Alberto Santos-Dumont, duas reflexividades semióticas pela postura gestual fisionômica muito peculiar, exercida pelo enquadramento do olhar, e diante da posição formal da figura posada, bem como, pela singularidade arguida na transcrição de seus nomes. Dentre várias dezenas de perfis idealizados de Cristóvão Colombo, este que colhemos destacar-se-ia não só por semelhança facial com Santos Dumont, que por si só qualificaria a imagem, mas também pelo modo impresso da transcrição de seus nomes duplos.

Há em torno de 80 ou mais retratos do herói genovês (em situações diversas) imaginados, conforme o passar dos séculos. O que dispomos aqui para reencetarmos nossas ligações de sincronicidades aspectuais ao pictórico é a imagem grafada "CRISTÓ^{Vs}= COLOMBO", separando o prenome do sobrenome por dois tracejados vetoriais, unindo-os como a conhecida assinatura de "Santos = Dumont". Isto por si mesmo bastou para nos empenharmos em torno da plastia paralinguística da representação. Neste sentido, causou-me profunda alegria ao saber que o pesquisador Samuel Eliot Morison, em seu estudo sobre Cristóvão Colombo, descreve assim o tal retrato que ora expomos à luz:

> El retrato que reúne más condiciones para reclamar la auteticidad es el llamado Giovio, perteneciente – por lo menos hasta hace muy poco – al Conde Alessandro de Orchi. El obispo Paolo Giovio, o Jovius (1580-1551), poseía una galería de retratos de hombres famosos [...][456].

Este retrato de Cristóvão Colombo continua hoje na *Galeria Giovianna,* em Florença. Já discorremos inúmeras situações, nestas equiparações discursivas, com resultados muito persuasivos. E em se tratando de correspondências de imagens, seguramente, a fisionômica é a primeira que identificamos. Este procedimento é intuitivo, porque o signo dêitico aqui neste caso é, ao mesmo tempo, objeto e sujeito, e é onde as implicações do "para si" ganham estatuto ontológico de "ser em si", porquanto esta imagem material eterna se funde com a espiritual idealizada. A princípio, considerar-se-ia uma aparência fisionômica, independentemente de qualquer especulação, mais parecida impossível, haja visto que a imagem estática de um segundo de um closed não resumiria a essência do personagem. São próximos visualmente, mas isto não basta, porque uma imagem é aquilo que é, ela mesma, uma das marcas espirituais e psicológica – estática, enquanto nós somos dinâmicos.

Poderíamos enumerar várias fisionomias idealizadas que compõem o seu rol histórico. São diferentes entre si, de modo a não podermos, certamente, apontar alguma dentre elas que reflita a que melhor o represente. Contudo, esta pintura postada no tópico poderá fazer a diferença, por ser, talvez, a única contemporânea do personagem. Ela sugere a fisionomia de um Colombo maduro. Confrontando-a às fotografias do aeronauta, pudemos notar esta reciprocidade fisionômica com a fotografia que ficou também representativa à fase de seu manejo com dirigíveis. Pode-se identificar nelas uma delicada conformação plástica mínima de similaridade inerente aos dois retratos.

A atualização destas imagens não se deu apenas por correspondência visual, mas também pela variável sobrescrita do nome do almirante acima do retrato, que rebate a mesma conhecida equação "Santos=Dumont" descrita com sinal de igualdade. Esta singularidade comparativa, é forma pela qual se identificam da coleção Giovanna – Florença, Itália. O sinal de igualdade (=) nas duas identificações escritas abre um precedente pela motivação psicológica para análise. A praticidade desta identificação tornou-se tão rotineira em Santos Dumont, por exemplo, que ele inicia (capa e folha de rosto) e termina seu último livro com a impressão do seu nome com o dito sinal de igualdade, ou seja, este sinal vai mais além de um eventual maneirismo caligráfico como assinatura, mas parece entender como a real composição de seu sobrenome.

---

[456]   MORISON, Samuel Eliot. *El almirante de la Mar Océano*: la vida de Cristóbal Colón. Buenos Aires: Librería Hachete S. A., 1945.

Historiadores contam que Cristóvão Colombo, no *Livro das Profecias,* compilou diversos trechos da obra *Imago Mundi* do Cardeal D'Ailly. E atentemos para o fato de que o genovês rubricou verticalmente no livro os trechos que desejava destacar, com este signo:

$$S$$
$$\cdot\cdot$$
$$X$$

Temos também o cruzamento das linhas verticais e horizontais nas assinaturas de Colombo que apareciam também com **duas pontuações** antes do "Xpo ferens", como no exemplo a seguir:

Imagem 129

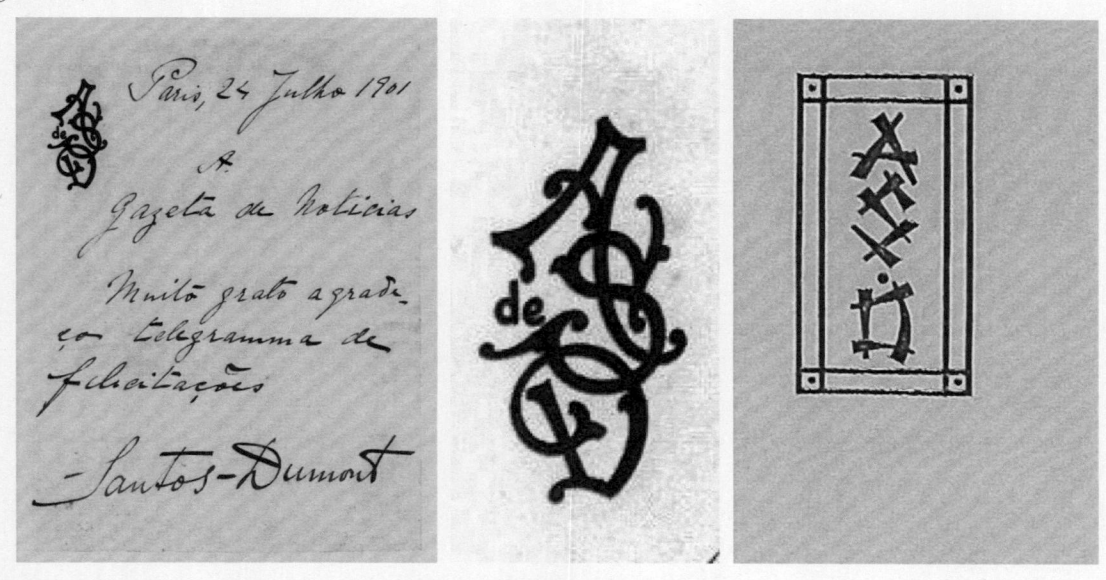

Fonte: GANDIA, Enrique de. Buenos Aires, 1951. p. 123 e 124.

Outrossim, na recente publicação *Os Balões de Santos Dumont*, de Rodrigo Visoni, há uma foto de um papel timbrado (papel-carta personalizado) para missivas pessoais, com as iniciais "ASD".

52. **Abreviaturas**

Imagem 130, 131 e 132

Fonte: VISONI, Rodrigo Moura. *Os balões de Santos-Dumont.* São Paulo: Capivara Editora, 2010, p. 252.

À esquerda, a mensagem autográfica de 24 de julho de 1901 tem, num papel de carta, um timbre simbólico inscrito no alto à esquerda. São as letras iniciais de "Alberto Santos Dumont" distribuídos de cima para baixo, como eram dispostos os caracteres da assinatura de Colombo. E queremos supor que esteja aí a forma como Marco Polo sobrescrevia à moda chinesa/oriental – na vertical. Na imagem à direita, temos outro timbre que marca mais explicitamente um modo intuitivo asiático da escritura em Santos Dumont.

O design do timbre do aviador brasileiro pretende fazer de seu nome ou do uso das letras iniciais "A, S e D" uma abreviatura (pretensões heráldicas?), de forma que, além do lugar conceitual, se brinda o sensível, o estético da forma, à moda oriental. Portanto, o ícone usa valores gestálticos por si mesmo, já que o sinal linguístico prima pelo arabesco ambíguo, antecedendo a forma e/ou indo além dela, numa potencial reminiscência de querer desvendar-se.

Tal floreio personalíssimo é, outrossim, comparável à pirâmide da firma colombiana. É de consenso que além de abreviada com letras maiúsculas, indique uma leitura no sentido vertical. Cada uma das três linhas oculta um sentido que, entre os peritos historiadores, até hoje se especula. Essas abreviações ou rubricas, representando iniciais, constam da maioria de seus escritos autográficos. Em certa medida, aparecem nos inventos de Dumont com o obsessivo "SD" nomeando seus aparelhos.

53. **Saint Dié – "A casa do batismo da América"**

Imagem 133[457] e 134

Fontes:
https://commons.wikimedia.org/w/index.php?curid=30075716
http://infograficos.estadao.com.br/especiais/a-redescoberta-de-santos-dumont/capitulo-6.php

Uma letra como a grafia "S" pode não ter um sentido de morfema, a não ser que arbitrariamente se convencione. A letra/fonema pode passar a ser apenas um traço ou uma **unidade distintiva**. Como significado de pluralidade, ela é mais que um simples fonema, seria um lexema, por carregar nele características a mais do que um traço gráfico abstrato como uma letra. Mas essa letra nos traz no mínimo a ideia de pluralidade, ou a abreviatura de "Santo". O "Saint" ou "Santos" ultrapassa seu significado restrito, ganhando outro contexto polissêmico, pois que, de uma parte dele encontramos implícito o todo. De acordo com André Martinet, seria mais do que uma **unidade distintiva** (valor de fonema), seria então uma **unidade significativa** (valor de lexia/vocábulo).

---

[457] Brasão de **Saint Dié de Vosges**, localidade onde foi publicado pela primeira vez o nome "América".

Em se tratando de questões silábicas, temos que, nas antigas confecções cartográficas (nas nomeações de localidades nos mapas), elas não seguem uma norma, sendo aleatórias das convenções gramaticais, ou seja, não separavam sílabas corretamente ou não como as compreendemos em idiomas diversos.

Nossa análise segue um processo de apreensão do significado linguístico, na figura citadina de *Saint Dié des Vosges*. Temos acima a imagem do seu brasão constando a abreviatura "SD" como marca heráldica. Esta cidade foi onde ocorreu o batismo de *América*, e se publicou o *Cosmographiae introductio*. O edifício onde funcionou sua gráfica ficou conhecido como "A casa do batismo da América". Por outro lado, na cidade brasileira *Santos Dumont* (antiga Palmira), a abreviatura SD também designa o seu sobrenome. O símbolo (brasão) de *Saint Dié* já nos apareceu como valor decodificado e abreviado de assinaturas. Igualmente, em outro capítulo, vimos o nome *Saint Dié* como anagrama associado ao significante *Dayton*, cidade natal de Orville Wright. Agora, há o "SD" como símbolo mental, coercitivo, um substrato mental significante: Santos Dumont.

Ao transpomos e reordenamos os fonemas principais da sua forma anagramática "SD" a vemos assumir as abreviações das invenções de Santos Dumont como tipo articulatório de designação. Assim agindo encetou ele uma forma peculiar de nomear cada aparelho aéreo com a expressão SD, seguida de um número que identifica a ordem de sua produção, tal como um "opus" sequencial similar aos artífices músicos, na enumeração de suas composições musicais. Além de Santos Dumont, outros aeronautas usaram desse mesmo artifício serial de designação.

Neste caso, os índices semióticos inerentes aos navegadores e aviadores, a partir da articulação da abreviatura "SD" da citada "cidade francesa" e do nome *Santos Dumont*, prorrompe o inesperado e inexistente. Identificamo-lo: o nome de *América*, está por trás de Saint Dié, assim como o nome do aeronauta do invento aéreo, está por trás de seus aparelhos. Aqui invertido temos o ferro marcador de gado da figura. Será que deixar uma marca seria o ponto deste tópico do "marcador de ferro"? A consequência ou marca negativa do norteador geográfico é que ela propiciou a destituição de "Vice-Rei" do descobridor Colombo, para chamar-se apenas de "Almirante do Mar Oceano", além da perda da possível grafia "Colúmbia" no mapa do continente.

Santos Dumont marcava seu gado em Cabangu com as letras SD, conforme a imagem. A marca de ferro SD no gado seria um "lexema" nominal, na forma de uma tatuagem, que não se apaga. Pelo menos um SD, relativo ao seu nome, continuará perene no couro com suas marcas. A esta intenção abstrata estaria a abreviatura ou o seu nome como algo que, enquanto durar, não poderá ser apagado.

Ademais, motivações como estas de ligações ambíguas, são também preceitos regulares da análise gestáltica, - quando nos servimos de apontamentos entre planos diferentes, frente e fundo, preenchido/vazado, descontínuos/contínuos, etc. no qual inferimos mais de um viés. O marcador de gado, pelo ferro incandescente (da imagem acima) nos induz a vermos o lado contrário da abreviatura, ou seja, o vasado, o segundo plano, o invertido, etc. do que ela representa o "incandescente marcador" do proprietário do gado. Entretanto, são exemplos *insights* hipotéticos que prescindiriam da imersão de cada perquiridor. Há um fio teórico, desde o início do estudo, que poderia ser melhor especulada. Referimo-nos, então, à Gestalt de Max Wertheimer. Seus conceitos eram vistos como vertente opositiva a um formalismo, mas sempre despertaram muita atenção. Neste aspecto, ultrapassamos as formas metodológicas, pois que tudo é fruto de um fazer pesquisador, como conquista e desafio novo.

54. "Quanto menores as distâncias, maior Santos Dumont"

Imagem 135

Fonte: do autor.

Estas imagens são do busto de Santos Dumont, uma homenagem da cidade de Petrópolis situada à frente d'*A Encantada*. Ela enaltece a consequência do seu legado, unindo o efeito da redução de distâncias, ou tempo percorrido, ao dinamismo característico do inventor: "Quanto menores as distâncias, maior Santos Dumont".

Também foi um dos principais motes de Cristóvão Colombo, já descrito, a questão das grandes distâncias. Da biógrafa Gladys M. Imlach, temos a citação de Adonias Filho prefaciando seu livro: "O Descobridor – não apenas aumentou o tamanho da Terra, porém também enriqueceu a humanidade". Há diferenças neste caudal teórico de expedientes, que excitam tantos quantos forem os despertados para pesquisa histórica. Esta apreciação foi uma conclusão a posteriori da qual todos concordam. Colombo fez ampliar efetivamente as dimensões territoriais do planisfério. Abriu o oceano a novas explorações, caminhos e colonizações, desencadeando um grande progresso nas ciências e engenharia náuticas. Contudo, a priori, antes de sua descoberta, Colombo julgava que, seguindo a oeste, entre a Europa e a Ásia, as distâncias fossem menores. Qual não foi sua surpresa ao supor que não houvesse chegado lá! No entanto, descobrira um Novo Mundo! São duas linhas sequenciais que estão interligadas.

Há mais pontos aqui. Em Dumont, recai as distâncias existentes entre espaços quaisquer. Sabemos da argumentação obsessiva que Colombo pretendia diminuir a extensão oceânica, para contornar o globo, conforme tese arguida frente à Banca examinadora de Salamanca. Não obstante isso, depois, as dificuldades de percorrer distâncias tão longas e desconhecidas fez, em trânsito, o almirante sofrer momentaneamente a grita, o ódio e o medo supersticioso de estarem perdidos. Ainda que teimasse Colombo em querer que as distâncias ptolomaicas não fossem corretas, e que o raio e o perímetro do globo terrestre fossem menores do que propunha, sabemos que, em verdade, Ptolomeu estava correto, quanto às dimensões do planeta. Ao julgarmos por Colombo, se a direção a oeste pudesse ter menor duração, teria feito dele, oportunamente, um grande negociante da China.

Naquela placa a mensagem formaliza uma espécie de dito protocolar, e uma das heranças para a aviação. À pretexto de exemplificar a passagem transatlântica, sob a identidade do aeronauta, copiamos uma nota ilustre do brasileiro. No seu segundo livro *O Que Eu Vi, O Que Nós Veremos*[458] , causa-nos admiração o nosso aeronauta (como poucas vezes fez) evocar seu alter ego genovês, coincidindo com o que dissemos antes sobre a possibilidade futura de superação ao navegar sobre o espaço: "[...] um aeroplano partido do Novo Mundo foi ter ao Velho em talvez um dia! Colombo para fazer a viagem em sentido inverso levou 70".

Uma colocação exponencial sobre as viagens de Colombo, igualmente, foi expressa por Sophus Ruge, no livro *Colombo: o quarto centenário do descobrimento de um novo mundo*[459]:

> O oceano sem fronteiras, que serve de fronteira a todas as terras e a todas banha, oferece a estrada infinita para chegar-se a todas as regiões habitadas e habitáveis. Quem sem condições atirou-se ao mar grande e atraiu a humanidade para a esteira da quilha de seu navio, serviu-lhe de redentor.

O que vai nessas palavras elogiosas ao descobridor serve agora ao respectivo Santos Dumont. Ruge, quando escreveu tal elogio, em 1893, não havia conhecido a vitória do **Ar** sobre o **Mar,** ou a do "mais pesado que o ar".

Ao ascendermos tecnologicamente, também avançamos conforme a evolução da natureza das coisas: onde a **TERRA** tem uma distância continental de cobertura menor que as águas oceânicas – **MAR**. Em volta deste, por sua vez, ocuparia este, um espaço menor que a atmosfera – **AR,** mais envolvente. Tal qual a natureza, também, a técnica humana contribui como forma de evolução natural. Vencer as distâncias é, em síntese, vencermos a nós mesmos frente ao que nos limita.

A seguir, o gráfico da abrangência da superfície na crosta terrestre:

Imagem 136

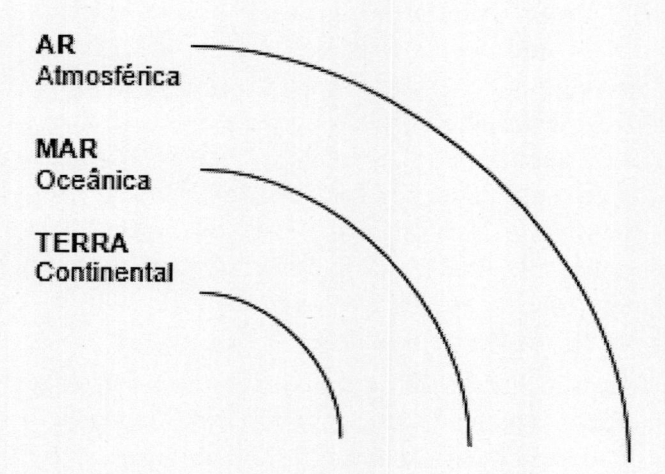

Fonte: do autor.

---

458 SANTOS-DUMONT, 1918, p. 83.

459 RUGE, 1893, p. 8.

55. Automóveis *Santos-Dumont*/The Columbus Motor

Imagem 137

Fonte: http://www.autopasion18.com/HISTORIA-SANTOS-DUMONT.htm

Nesta ilustração, temos a publicidade de uma companhia de veículos de automotores chamada "**The Columbus Motor Vehicle Co**" empresa que tem nome derivado da capital do estado onde nasceu um dos irmãos voadores, Orville Wright, ou seja, Ohio/EUA. A produção desta empresa consta de veículos automotivos, e, deste material publicitário, destacamos o sublinhado designativo **Santos Dumont**. A publicidade dos automóveis, em geral, tem pontuado em aproveitar nomes-fantasia que incentivem ou impulsionem as vendas pelo artifício da familiaridade do personagem-foco, aproveitando-se da fama que lhe destaca. Foi bem inspirado, pois, em seus primeiros tempos em Paris, Santos Dumont promovia, antes das corridas de balões (nas quais instituíra prêmios), corridas de automóveis, além de, acredita-se, trazer ao Brasil um primeiro exemplar do automóvel, aparelho que se auto movimenta, por seus próprios meios; designado etimologicamente "automóvel". E semelhantemente ao seu primeiro avião, 14 Bis, sustentou uma característica pontual ao se distinguir como batedor do próprio recorde, suspendendo-se no ar por seus próprios meios. Se um automóvel não se deslocasse por seus próprios meios, não seria um automóvel. Portanto, só a Santos Dumont podemos aplicar a invenção legítima e definitiva do avião. Se não voamos num 14 Bis atualmente (também ninguém se desloca em Flyers), ou em balões dirigíveis, mas valeu o processo percorrido, valeu sua riqueza técnica e seu talento e todo seu desprendimento, como vida vivida intensamente.

A esse tempo, parece-nos, os irmãos Wright não atuavam noutro ramo profissional senão nos concertos de bicicletas. Se o faziam, era secretamente. Nem sabemos se eles possuíam automóvel! No entanto, nesta cidade americana, já havia "fãs" do aeronauta brasileiro, não apenas pela aventura radical nos ares a que se lançava, mas por todo envolvimento tecnológico que se obrigava a empreender para a produção de cada um de seus modelos. Nesta data de 1903, Santos Dumont já há algum tempo fazia suas viagens balonistas, tão seguida e persistentemente, que o mundo se admirava de ele ainda estar vivo.

A imagem publicitária explora a relação nominal voltada ao automóvel, enquanto atualiza os dois personagens em questão, reforçando a sincronicidade específica denominativa, mas, também, toda uma tecnologia da evolução histórica dos transportes; e desse modo rememoramos desde a importância da caminhada, da cavalgada, às caravanas de Marco Polo, passando pelas grandes embarcações navais e aéreas, indo até o designativo "Columbia", o *comando lunar* da Apollo 11. Então, para concluir, na explanação sobre a imagem deste tópico, salientamos a aproximação dêitica de Cristóvão Colombo e Santos Dumont, reforçando, em suas contingências, a materialidade designadora, para a formalização do envolvimento e de situações, cumulando, por fim, no processo de identificação semiótica que originalmente começamos.

56. Estoque. Alimentos em conserva de Wilbur Wright/Vespúcio

Imagem 138

Fonte: https://www.loc.gov/collections/wilbur-and-orville-wright-papers/articles-and-essays/photography-and-the--wright-brothers/

Destacamos algumas informações alusivas entre Américo Vespúcio e Wilbur Wright. Temos o registro na fotografia do que seria um "ambiente doméstico" dos irmãos Wright num de seus acampamentos[460] em Kitty Hawk, com uma espécie de dispensa de alimentos em conserva. Ali constatamos duas fileiras de mantimentos enlatados repetidos, de mediana acessibilidade, como concentrados nas últimas prateleiras. Nota-se assim, pelo aspecto super organizado, um comportamento que marca a ideia fixa sobre algo que intenciona mostrar de forma diretiva. As latas/potes são rotuladas e voltadas para frente, exatamente numa mesma posição, encaixadas, ocupando integralmente todo o espaço disponível. E assim estão os demais componentes da estante. Podemos supor, alhures, que esta postura austera seja momentânea e criada para efeito fotográfico. Mesmo assim, identifica-se certa preocupação com a imagem, a impressionar de forma favorável. Noutros momentos, aparentemente, estes aeronautas pretendiam o contrário: distanciar-se!

---

[460] Tal como os marinheiros da época dos descobrimentos, e muitos ainda hoje, de ambientes de trabalho, quais sejam, suas embarcações (naus, caravelas etc.), ou estúdios, hangares, acampamentos (no início da aviação), fizeram sua "morada" principal, pelo tempo que ali passavam, impossibilitando-os de exercerem uma vida familiar convencional.

A numerosa quantidade de potes ou "enlatados" faz-nos supor que havia uma preocupação de se abastecer em quantidade maior, para ser usufruída por um longo tempo, exatamente como se procederia quanto a estocar alimentos para viagens. É aqui que desaguamos no comércio inicial de Américo Vespúcio, que marcou, a princípio, sua carreira, como empregado do também florentino comerciante Juanoto Berardi em Sevilha, substituindo-o quando este faleceu. Entretanto, depois de ser o primeiro da Casa de Contratação, voltou mais tarde, noutra empreitada, a se referir a si mesmo como "comerciante" para que o rei espanhol o permitisse realizar viagens para outro país, com Portugal, ao Novo Mundo. Desse modo, não temos registro ou documental sobre suas viagens em segredo ao Brasil. Inclusive, sua função política de "traidor" de Espanha fora diversas vezes explorada por seus biógrafos. Quando Wilbur vai se expor em seu primeiro voo na França, imediatamente contata Orville, seu irmão, nos EUA, pois quer que o primeiro voo assistido seja em seu próprio país. Por que será? (já não haviam realizado antes?) Medo de ser chamado de traidor de sua pátria? Em Vespúcio, tornaram-se suas viagens um dos fatos históricos mais controversos. Ele fala sobre o reconhecimento da costa brasileira logo depois da descoberta por Cabral. Então, parece-nos, ao menos, que, como "comerciante", passou a seguir viagens, sem, na verdade, manter qualquer destaque, mas unicamente exercer o tal alegado "comércio" (com selvagens e outros) e, por um lucro endógeno, reabasteceria de mantimentos a sua tripulação.

Destarte, encontramos um dos biógrafos de Santos Dumont, o estadunidense Paul Hoffman, que, em dado momento, em seu livro *Asas da Loucura*[461], descreve o comportamento de Wilbur em Paris: "Ele detestava hotéis, diziam, e preferia dormir numa manta embaixo da asa de seu aeroplano. Banhava-se com uma mangueira próxima ao aparelho. Comia enlatados. Suas roupas tinham manchas de gordura. Ele arrotava em público e detestava vinho tinto"[462].

Na verdade, Wilbur tinha medo de ser assaltado ou ter seu aeroplano sabotado ou danificado. Por outro lado, no livro *Colón y los florentino*[463], de Consuelo Varela, também cita alguma reação com vinhos que se salvaram de um naufrágio apresentado ao tempo de Vespúcio:

> Dos anotaciones de los libros de Armadas dieron [...] se acuerda con Amerigo que dé a ciertas personas 'de comer fasta que lleguen los navios a las Índias', y por la segunda [...] después del naufrágio, se anota: 'Tomáronse dos pipas de vino que se salvaron de lo que Merigo Bespuche llevaba en la nao de Juan de Sasueta [...], para el mantenimiento de la gente que iba a sueldo, que era a cargo del dicho Merigo de les dar de comer por el viaje [...].

Nas expedições portuguesas, e mesmo espanholas, havia eventualmente um navio apenas reservado para guarda dos alimentos, era o "navio de abastecimento". Américo Vespúcio trabalhava na logística deste item para suas viagens ultramar. Ele começou sua carreira, trabalhando num comércio voltado especialmente para a logística das estocagens em naus cobrindo as necessidades básicas para os empreendimentos dos périplos marítimos. Desse modo, havia empresas comerciais voltadas a este tipo de encargo: abastecer carregamentos de alimentos duradouros. Era, por isso, necessário prover grande quantidade de mantimentos em "conservas" com máximo de durabilidade, pois não sabiam quando aportariam novamente, ou mesmo se voltariam.

---

[461] HOFFMAN, 2003, p. 294.

[462] O fato de Wilbur Wright detestar vinho tinto é significativo, pois ele nos faz lembrar do nome do rio espanhol que desagua no porto "Palos de La Fronteira". Este rio no qual percorreu Colombo dia 3 de agosto antes de se aventurar em sua primeira descoberta ainda se chama Rio Tinto.

[463] VARELA, Consuelo. *Colón y los florentinos*. Madrid: Alianza Editorial, 1988. p. 60.

Assim, comparamos a descrição da imagem dos enlatados da amostra fotográfica àquilo que ilustraria bem a lógica contida no fragmento discursivo de Hoffman, que, associado à descrição sobre Vespúcio de Consuelo Varela, ilustraria o sentido desta causalidade dada ao comportamento de Wilbur Wright frente aos seus contemporâneos. Com respeito a este assunto, podemos dizer ainda a referência que fizera Ralph Waldo Emerson contra Américo Vespúcio:

> *É estranho que a grande América tenha que usar o nome de um ladrão, Américo Vespúcio, um* **negociante de conservas**, *em Sevilha, cujo mais alto posto na marinha foi o de guardião numa expedição que nunca chegou a fazer vela, conseguiu, neste mundo de mentiras, suplantar Colombo e batizar metade da terra com o seu nome desonesto.*[464]

57. O Relógio Cartier e Jacques Cartier

Imagem.139 e 140

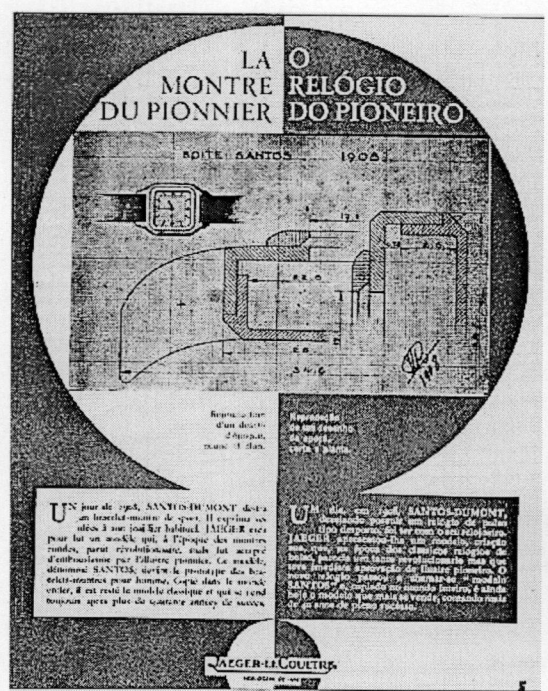

Fontes:
12/09/2023: http://chronosbrasil.blogspot.com/
http://www.cosmovisions.com/Cartier.htm

A medalha de São Bento, um regalo simbólico da Princesa Isabel do Brasil-Império a Santos Dumont, fora recomendado por ela (em missiva) usar na corrente do relógio (de algibeira), na sua carteira (interior), ou no seu pescoço. Mas Santos Dumont a usou sempre como adereço de pulso, fazendo, assim, este comportamento virar depois como o modismo do afamado "relógio de pulso". Ele, no entanto, já amarrava antes o relógio, com um lenço, no pulso. Ambos os artefatos haviam sido encomendados à *Maison Cartier*. Quando Santos Dumont começou a usar o novo **relógio no pulso**, imediatamente a prática de guardá-lo na algibeira caiu em desuso, propagando-se o tal uso

---

[464] ZWEIG, Stefan. *Américo, uma comédia de erros na história. In*: Os caminhos da verdade. Rio de Janeiro: Editora Delta S.A., 1960, p. 48, grifo nosso.

no pulso, do qual não houve mais volta. Portanto, mudança do direcionamento dos dois ornamentos mencionados: medalha e relógio saíram da algibeira, do pescoço ou da carteira, indo, por praticidade, os dois adereços para o pulso.

A atenção voltada exclusivamente aos punhos retém às navegações outra reminiscência constrangedora: de volta de sua terceira viagem à Espanha, as correntes/grilhões que prendiam Colombo nos punhos foram retiradas apenas diante dos reis católicos. O almirante esperaria o momento exato para que, à frente da própria rainha Isabel de Castela, lhe ordenasse retirá-las. Analisamos isto em outro capítulo.

A medalha como espécie de talismã guardava-o de acidentes, conservava-se em seu pulso. Ela seguiria junto ao corpo para o túmulo, assim como as algemas de Colombo, que também foram depositadas junto a seu corpo, conforme seu desejo, como expressavam os documentos.

Vale destacar que, em uma missiva, Santos Dumont cumprimenta Anésia Pinheiro Machado pelo primeiro voo solo "São Paulo – Rio", realizado por uma mulher. E junto lhe envia uma outra medalha de São Bento, declarando que é igual à que o acompanha sempre. De modo que esta carta, escrita em 1922, faria referência àquela antiga medalha de 20 anos atrás, que o seguiria até a morte.

Já tratamos também noutra oportunidade a relação entre as duas "Isabel(s)", uma que presentearia a **medalha como pulseira**, outra que retira suas **algemas dos pulsos**; ou, também, a "Isabel" que, aparentemente, lhe oferece suas joias (adornos) como recursos para empenho. A intencionalidade, ao modo de fascinação, relaciona o adereço preso ao pulso como de caráter lúdico. Cabe-nos reportar que estamos em conformidade sígnica aos aspectos pontuais do discurso histórico. Ou seja, constam em vários biógrafos de Colombo que há uma articulação entre "algema" e "pulseira", em fatos coligidos das prisões dos ameríndios: é o caso do uso das algemas com o intuito de ludibriar, aproveitando-se da ingenuidade, e fisgar o inimigo incauto. Assim fora descrita a prisão do cacique Caonabó, por Alonso de Hojeda (um dos adversários de Colombo), que, maliciosamente, convencera que tal algema fosse uma belíssima pulseira, capturando-o como culpado da morte dos espanhóis da Natividade, primeira concentração de espanhóis no continente.

No início do século XX, a questão dos artigos provindos da "Casa Cartier", origem da relíquia relojoeira e que levaria posteriormente "Dumont" como marca, autoriza-nos a ultrapassar a empatia existente entre Louis Cartier (filho de Jaeger Cartier, famoso joalheiro francês) e o aviador mineiro[465]. Mais do que uma relação de traços significativos, o nome "Cartier" nomeando a personalidade histórica do relojoeiro resgataria a lembrança da figura do navegador **Jacques Cartier**, outrora famoso descobridor francês. A marca joalheria *Cartier* inaugurou a moda do relógio de pulso, que indiretamente se instaura como *instrumento de precisão* substituidor do medalhão. Ousamos, por meio deste ato casual, fundear este laço como resgate da vida do brasileiro, que, ao recuperar a si mesmo no outro, indiretamente, reatualiza, no século XX, o nome de um ícone navegador da história da exploração francesa no Canadá.

Vimos várias entradas para a compreensão da ligação de Santos Dumont ao relógio de pulso: há a importância de estar com as mãos livres na direção dos dirigíveis alegada pelo próprio; a substituição do medalhão no pulso como item de segurança; e a volta das reminiscentes algemas dos pulsos de Colombo são reminicências de uma estrutura psíquica profunda da história.

---

[465] Os avós franceses de Dumont eram joalheiros e chegaram ao Brasil precisamente com a intenção de exploração mineira no estado de Minas Gerais. Descobriram, a propósito, o famosíssimo diamante "Estrela do Sul" e venderam-no em Paris!

58. A medalha de São Bento, o patrono do Ocidente

Imagem 141 e 142

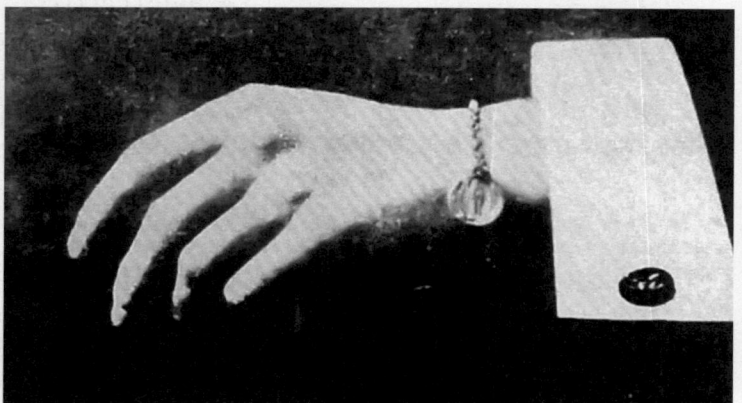

Fontes:
https://infograficos.estadao.com.br/especiais/a-redescoberta-de-santos-dumont/capitulo-2.php
https://www.gratispng.com/png-leraf3/

No Novo Testamento. Cristo pedia aos apóstolos que pregassem o Evangelho ao mundo inteiro[466]. A partir daí, temos que as maiores conquistas intelectuais e morais firmaram-se até hoje por um dado esforço de expansão e fé persistentes. O referencial da análise aqui seria a identificação de Santos Dumont à questão da ocidentalização iniciada lá atrás na descoberta da América.

Temos visto, na história de todas as nações, inúmeras contribuições provindas do desenvolvimento do cristianismo e o avanço da cultura: toda arte, filosofia, ciência e tecnologia continuam avançando entre nós. Acredita-se que o monaquismo da concepção de São Bento tenha ajudado a disseminar o cristianismo entre os povos. Em 1964, quando o papa Paulo VI canonizou São Bento, elegeu-o *Patrono do Ocidente* ou o padroeiro da Europa, patriarca dos monges do Ocidente. Houve o reconhecimento de levar o ensinamento cristão ao mundo ocidental.

Colombo pretendeu, em suas viagens de descobertas, dar expansão ao ideal cristão contido na simbologia de São Cristóvão de levar o cristianismo além-mar. Assim, também, Santos Dumont, corroborando paralelamente, nos apresenta sua reconhecida e exótica medalha de São Bento, um ícone ao qual seguiu durante toda vida.

Há uma metáfora cristã, em que a Verdade lógica seria por si o corte entre o que é certo ou errado. Segundo a tradição, Jesus Cristo representaria aquele que traria a divisão entre os homens, pois nela se evidenciaria o corte entre a *Verdade* e a *Não Verdade*, de modo que temos entre nós o Novo Testamento (Evangelho/Boa Nova) como diverso do Antigo Testamento. Assim também, neste mesmo encaminhamento, temos em Cristóvão Colombo aquele que traz a espada que separa o Novo do Velho Mundo.

---

[466] cf. Mt 28, 18-20.

59. As Bandeiras de Minas Gerais, Japão, Gênova, Barcelona

Imagens 143, 144, 145

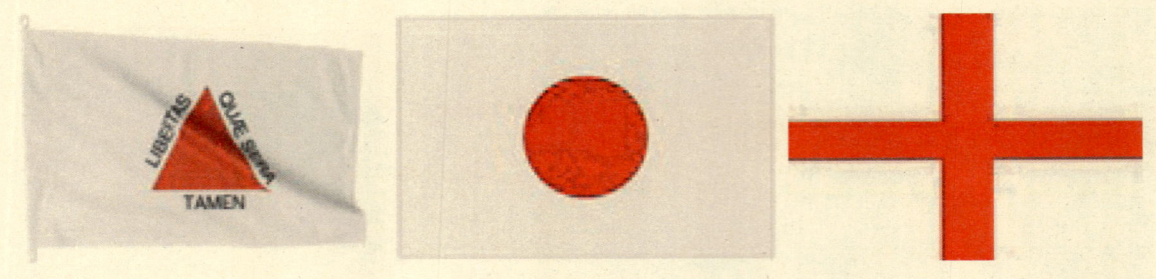

Fontes:
https://commons.wikimedia.org/wiki/File:Bandeira_de_Minas_Gerais.svg
https://pt.m.wikipedia.org/wiki/Ficheiro:Flag_of_Japan.svg
https://commons.wikimedia.org/wiki/File:Flag_of_Genoa.svg

Cristóvão Colombo, em pese ser sua maior contribuição o novo continente, seu desiderato inicial era descobrir as Índias Orientais pela direção Oeste. As Índias Ocidentais, que nos remete à Ásia de Marco Polo, para Colombo seria aportar à "Cipango"/Japão, no extremo oposto Oriente. O Japão tem o disco solar como simbologia heráldica na sua bandeira, que lhe fará ser reconhecido como "o país do sol nascente". E como diria Consuelo Varela: "porqu'el sol, cuando Nuestro Señor lo hizo, fue en el primer punto de Oriente"[467]. Ali, o genovês sonhava com as incomensuráveis riquezas da outrora imperial civilização mais adiantada que qualquer outra europeia até então. É deste fascínio intuitivo do mundo antigo desconhecido, onde ele buscaria a satisfação de mostrar ao Europeu, tal como fizeram os Polos, suas inimagináveis maravilhas, cruzando apenas o Atlântico.

Estas imagens icônicas possuem entre si a semelhança dos planos onde formas geométricas aparecem entre as cores do branco e vermelho, oriundas de mesma formação arquetípica: as formas em vermelho (triângulo, círculo e cruz) estão centralizadas num plano branco. A bandeira de Minas Gerais, com o triângulo central, refere-se, como significante toponímico, a um dos estados federativos do Brasil, rico em extração mineral, e onde se concentrou o maior ciclo econômico da história do Brasil colonial: o ciclo do ouro. Santos Dumont nasceu ali. O triângulo vermelho central em campo branco, compararemos tanto ao círculo central hipônico, como à cruz de Gênova sobre o campo branco. A Gênova colombiana usa o emblema geométrico que representa a cruz vermelha de São Jorge, centralizada. A mesma interpretação é usada na bandeira de Barcelona da Espanha[468].

---

[467] COLÓN, Cristóbal. 1984. Introducción, p. XXIII.

[468] Nesta cidade de Barcelona, está uma das maiores monumentais homenagens a Cristóvão Colombo: a estátua em que ele aponta ao Novo Mundo, já apresentada anteriormente neste capítulo.

60. O símbolo subliminar de um projeto geométrico.

Imagem 147

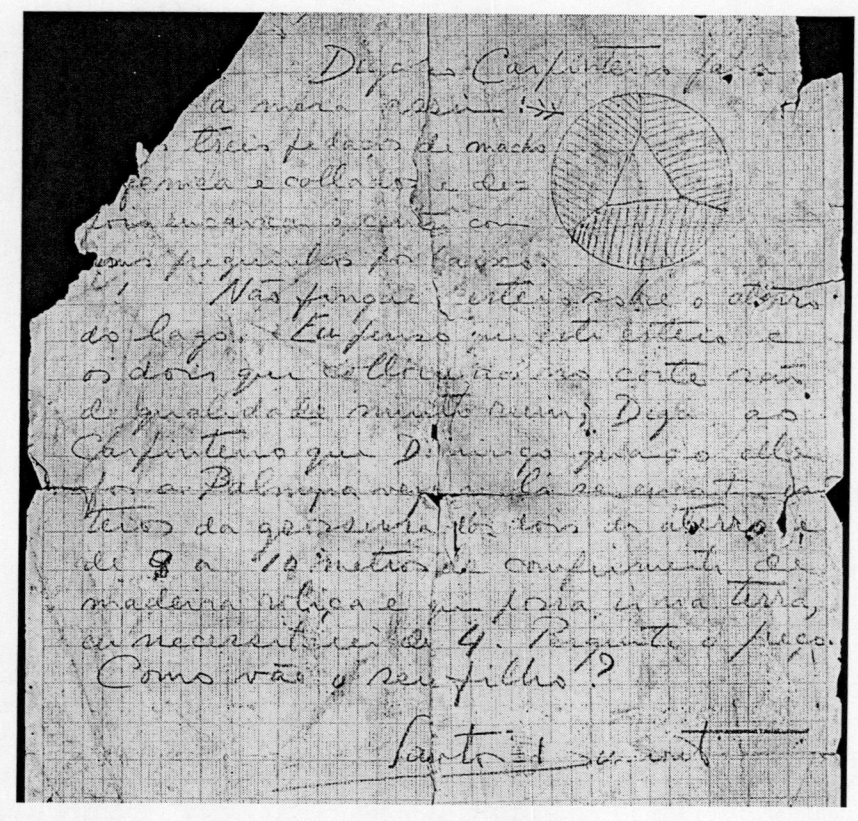

Fonte: https://infograficos.estadao.com.br/especiais/a-redescoberta-de-santos-dumont/capitulo-2.php

Esta seria a imagem de uma carta de Santos Dumont com o desenho do projeto que explicita a forma do entalhe marchetado para construção da mesa da sua sala de estar. Na casa de Santos Dumont, em Cabangu/MG, encontramos uma **mesa redonda** na cozinha com o desenho entalhado de um *triângulo* no centro de uma mesa que, de alguma forma, conclui por harmonizar as formas arquetípicas dos símbolos convencionais do quadrado, do círculo, do triângulo cruzado. Não temos a foto da mesa, mas encontramos o seu "projeto" descritivo que ele expõe de forma esquemática sua concepção. Há uma marca intencional que o autor delibera ao móvel marchetado. Infelizmente a descrição não justifica o desenho, mas queremos crer que seja o triângulo da bandeira mineira que parece surgir de uma mesa circular, quando idealmente seria quadrangular. Há aqui um implícito signo *in absent* saussuriano. Seria o símbolo do sol nascente envolvendo o triângulo da bandeira mineira? Ou o símbolo da abóbada celeste da bandeira brasileira?

61. O perímetro e o contorno do orbe terrestre

Imagem 148

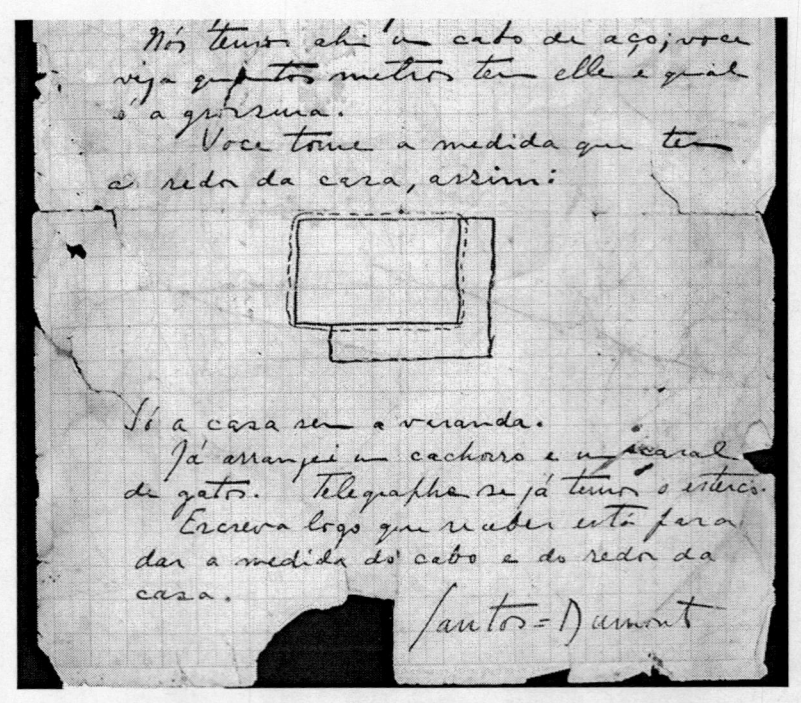

Fonte: CULTURA 10. *Edição comemorativa do centenário de nascimento de Alberto Santos Dumont.* Brasília, ano 3, abr./set. 1973, p. 46.

Fizemos uma análise, em outra oportunidade, sobre "entornos" e, aqui, novamente, temos esta estrutura num modelo de circunscrição do perímetro da antiga casa onde o digníssimo aviador brasileiro nasceu. Nesta carta, Dumont pede a medida externa ao seu redor, para a compra de um cabo de aço a fim de amarrar o cachorro da família para que este a circunde, percorrendo seus entornos, protegendo-a. O circundar do perímetro da residência dá o pertencimento do imóvel à figura do cão com acesso a uma abrangência maior possível sobre o entorno.

Neste sentido, no livro de Kirkpatrick Sale[469], temos o seguinte: "No fim da 4ª viagem "andar de um lado para outro era tão doloroso que ele mandou construir o que chamou de um "canil" no tombadilho[470] de popa, de modo que não tivesse que subir de seu camarote, que ficava embaixo [...]".

Temos aqui o deslocamento da ideia da morada, "castelo" do almirante (o "canil" referido) como móvel em que o almirante não precisasse deslocar-se do lugar "de um lado para outro". O tratamento do cômodo como "canil", aqui, remete às semânticas, que se aproximam apenas como significantes.

Outrossim, o discurso exposto nesta carta de Dumont ao seu zelador de Cabangu remete-nos à ideia de que ambos não tenham exatamente a medida do perímetro da casa/Terra que designaria suas posses, como da Espanha/Portugal no Novo Mundo (essa linha de demarcação está contida

---

[469] Capítulo que trata da quarta e última viagem de Colombo, quando este sofria de muitas dores pelo corpo e não podia mais se locomover facilmente (SALE, 1992, p. 205).

[470] O construtor da nau capitânia "Santa Maria III" de Colombo possuía um cômodo para o Almirante na cobertura da popa, no "tombadilho" ou, segundo Morison, conhecida como a "casilla de perro" ou "casinha de cachorro".

na Bula Inter Coetera e no Tratado de Tordesilhas). Lidarmos, pois, com duas figuras geométricas diferentes, o cubo (casa) e a esfera (planeta), aludindo a um mesmo qualificador de volumetria. No início, a principal defesa para a viagem de descoberta era de que o orbe terrestre ptolomaico era incircundável, mas possível, e que navegando sempre a oeste chegar-se-ia ao imperador Kublai Khan, o "Grande Cão" poliano. Na imagem, temos sua descrição numa planta baixa, o referencial dos movimentos aos seus entornos, depois a marca do cão e o cabo de aço que circunda o entorno. Esta atualização no desenho do papel leva-nos ao movimento circular-base da hipótese do diâmetro terrestre mínimo.

Na referência à sua casa como proprietário, ele traça as marcas do entorno ao desenho com um cabo limítrofe de acesso. Evocando a imagem do cão, que contorna o imóvel, como ato reminiscente de uma volta à proteção de um domínio territorial importante, Santos Dumont se desapega temporariamente da aviação e registra aspectos atávicos de outras enunciações.

62. Um lago circular versus ilhas rodeadas por água

Imagem 149

Fonte: VILLARES, Henrique Dumont. *Quem deu asas ao homem: Alberto Santos-Dumont, sua vida e sua glória.* Revista dos Tribunais Ltda., São Paulo, 1953, p. 477.

Em aditamento ao apontamento anterior, em paralelo, obtemos outra foto paisagística do mesmo terreno onde se ergueu a casa de Cabangú: o mesmo repertório do circunavegar os contornos de um espaço geométrico e simbólico. Desta feita, observamos que o seu teor paisagístico deixa sobressair no primeiro plano um lago rigorosamente circular, visto de cima, como caminho mais rápido de circundar. O contorno também é enfatizado por uma calçada a se percorrer por um curto passeio demonstrando certo esmero no tracejado. Outrossim, o gado solto em torno, pode-se pensar, alerta-nos da presença imaginária de um dos índices religiosos e culturais da Índia mais importantes, se identificássemos neles, no gado leiteiro, a ideia de animais sagrados.

Algo que possua a "cor vermelha", por exemplo, é uma qualidade, um acidente ou uma contingência do Ser, que figura entre as 10 categorias de Aristóteles. Estas qualidades não existem em si mesmo como conceituação do Ser, mas equivalem como pertencentes a ele, tal como uma flor vermelha, uma bandeira vermelha, o capuz da "chapeuzinho vermelho" etc. A ideia do "círculo" também não existe como Ser, mas se apresenta como qualidade de quaisquer artefatos e natureza circulares. O círculo está na mente como ideia, conceito, precedendo a todos os entes circulares como parte contingencial da geometria. Gestalticamente, como já nos referimos, toda percepção circular remete ao movimento, e vários deles causam subliminarmente um intenso afluxo sobre o espírito de quem interage física, psíquica ou espiritualmente. Seria como a sensação que temos ao rodar a água numa bacia. Um afluxo repetitivo se daria por sua rotação ritmada em moto-perpétuo conceitual[471], como um contínuo rodar espiralado de uma Via Láctea, um redemoinho de furação ou sumidouro, para cima ou para baixo; como um ventilador ou exaustor, para frente ou para trás; ou a memória/imaginação da consciência, para o passado ou futuro...

A ideia que temos deste lago propositalmente "circular" faz referência, inconsciente, ao que lhe é interno e/ou externo ao círculo, que nos levaria à concepção de "ilha". Num estado do Brasil que não tem litoral ou acesso ao oceano, a possibilidade de trazer a concepção de "ilhas" como pequena terra rodeada de águas por todos os lados, estaria então, aqui, invertida.

63. Ícones de proteção: chapéus e elmos

Imagens 150, 151, 152, 153, 154

Fontes:
http://www.viagenseandancas.com.br/2012/09/a-encantada-casa-de-santos-dumont/
https://www.etsy.com/listing/466984239/larp-armor-medieval-spanish-kettle-hat?ga_order=most_relevant&ga_search_type=all&ga_view_type=gallery&ga_search_query=hat%20helmet&ref=sr_gallery-1-31

O chapéu panamá em Santos Dumont foi mais do que um simples adereço pessoal para posar para fotos. Foi ele, como artefato de proteção, que o salvou, em certa oportunidade, num de seus treinos de dirigibilidade para o prêmio do aeroclube da França. Usando deste "panamá" em viagem nas alturas, abafou um princípio de incêndio no motor no seu Dirigível n.º 5, quando em pane. Desde então, agradecido ao objeto, tornou-o, peça de segurança e "bom alvitre" dali pra frente. Adotou-o como um talismã de proteção nas futuras ascensões. Até no primeiro voo do 14 Bis, ele o usou. Há nisto um apego afetivo tal como a um animal ou humano, pois o artefato lhe trouxera certa identificação pessoal.

A representação da proteção física aos embates corporais, nos tempos quatrocentistas, identificava-se, exclusivamente, com o uso de armaduras e "elmos". Como artigos de guerra, os elmos espanhóis eram característicos de poder e até fetiches masculinos. A impressão dos armamentos deveria fazer temer o adversário. São artefatos ou equipamentos de proteção pessoal, de combate em lutas e disputas esportivas. Como uma espécie de capacete particular, o elmo era parte integrante da armadura corporal. Segue-se então que há mais de uma identificação no ícone da indumentária:

---

[471] O próprio conceito de círculo certa vez, matematicamente, foi dado como um infinito número de pontos equidistantes de um mesmo ponto central.

temos o objeto estético, de classe, simbólico de identidade e como função de proteção ao indivíduo. Já o chapéu, para Santos Dumont, via-se fortemente presente em várias fotografias e nos seus estilos mais variáveis. Exprime ele um valor estoico de humildade, de trabalho, ou de desbravamento, de aventura, como a de um *safari atmosférico* em que, como um herói, teria ele que se defender dos obstáculos e dos perigos nas núvens.

Usualmente nos chama a atenção o popular *chapéu panamá*. O significado da expressão indígena para o toponímico "panamá" é "coração do mundo, centro do universo", ou "o umbigo do mundo", tal o ônfalo de Delfos ao tempo do mundo antigo. Etimologicamente, isto poderá ser relido como "centro" pela técnica de criação e inventiva, e das atitudes corajosas os quais que aventurava. Foi ele exemplo de ação para todos os aviadores que lhe sucederam. Santos Dumont usava como vestuário de época o seu chapéu panamá amassado. Porém a este talvez lhe sobressaísse inconscientemente uma espécie de resquício de idealização frustrada. O transpasse do Panamá requerido na "Alta Viaje", da última de Colombo, para descobrir de fato o caminho marítimo a oeste para as Índias, não aconteceu. O chapéu amassado refletiria esta falta frente ao que deixou a desejar de um cumprimento ou determinação moral aos reis católicos. Em síntese, transpassar o continente América e chegar à definitiva Ásia foi o resultado final de um último projeto em vida, que não ocorreu.

Entretanto, o seu panamá colaborou para a imagem icônica de uma figura latino-americana que se tornou, por algum tempo, "alto estilo" na sociedade, tanto quanto, depois, um símbolo heráldico da aeronáutica brasileira. Foi investido nesta imagem antológica, o título de "Pai da Aviação", "Patrono" e "Marechal do Ar". O ideal "Panamá" sempre vigorou seu potencial latente em seu inconsciente profundo e obscuro, permitindo-nos agora reelaborar o seu subliminar significado.

Nesse mesmo país da América Central, um jovem - Vasco Nunes Balboa descobriria, logo depois do desenlace do genovês, e veria, pela primeira vez, o "Mar del Sur", o Oceano Pacífico, tal como Colombo pretendera tanto em vida.

64. As Torres de Paris, Gênova e de Veneza

Fonte 155, 156, 157

Fontes:
https://pt.wikipedia.org/wiki/Torre_Eiffel
https://commons.wikimedia.org/wiki/File:Torre_della_Lanterna_%285%29.jpg
https://es.wikipedia.org/wiki/Campanile_de_San_Marcos

Esses altos edifícios arquitetônicos, especialmente as torres como campanários e faróis, têm a característica vetorial de sinalizar o direcionamento de nossa "atenção", tanto de uma forma visual (holofotes) quanto auditiva (sinos, carrilhões), às longas distâncias. Isto sempre traz, a quem com ele se depara, o consolo da proximidade e a chegada num <u>espaço</u> (terra firme), como o farol, ou a saída de casa para a igreja (à cerimônia religiosa), quando campanário.

Antigamente, costumava-se projetar construções importantes em terrenos mais altos como sobre montes, elevados etc., no sentido de causar a impressão de grandiosidade e poder sob a paisagem em comparação à arquitetura de outros edifícios que, num plano ao nível do mar, ou direto no chão, não teriam. Quando muito, outrossim, os seus espaços laterais proporão uma abertura maior para melhor consolidar o vislumbre de sua altura. Noutro exemplo, quando um homem em pé abre a perna, o diâmetro de seu corpo estende-se um pouco mais a ponto de se falar com ele mais afastado do que quando está de pernas fechadas.

Em se tratando da imagem e do posicionamento, a altura da Torre Eiffel, em Paris, teve grande importância não apenas para os ensaios, passeios e demonstrações aéreas de Santos Dumont, mas para a história da aviação, como determinante do espaço aeronáutico, além de ser até hoje um ponto de destaque urbanístico. E, se quisermos especificar mais, o próprio engenheiro que a projetou, Alexandre Gustave Eiffel, lamentaria ao aeroclube da França não mais usá-la como referência aeronáutica ou local-alvo de competições aéreas. A Torre Eiffel se tornou um belo ícone inerente à personalidade do aviador brasileiro e ao próprio engenheiro que a construiu, por elevar o seu nome e por todas as supracitadas características de importância cultural. A Torre Eiffel foi, durante algum tempo, a mais alta construção do mundo e deixou uma marca indelével na história da aviação por intermédio do nosso maior balonista.

A necessidade de comparar essas três torres surgiu ao sabermos da existência também de um importante torre/farol em Gênova. Neste sentido, vale a pena reproduzirmos a legenda da figura desta esmerada torre que já existia ao tempo de Colombo. No livro biográfico sobre a história de Colombo, de John Dyson, intitulado *Columbus. For Gold, God, and Glory*[472], temos o seguinte:

> This sixteenth-century lighthouse has replaced the tower that marked the entry to the harbor in Columbu's time, but the design is similar to the one he would have known. A lighthouse is the heraldic symbol of Genoa, Italy's greatest port.[473]

O grande farol de Gênova, conhecido como "A Lanterna", virou uma marca característica da cidade. Esta torre continua sendo a mesma que estava ao tempo de Colombo, com seus devidos restauros. Também, da mesma forma que tratamos aqui sobre elementos arquitetônicos referentes à altura, vale atualizar a inigualável torre do campanário de Veneza, seu mais alto edifício, e, por isso mesmo, a primeira estrutura da cidade a ser de longe percebida. Também é reconhecida por todos os que visitam a estupenda Praça de São Marcos, a cidade residencial de Marco Polo.

Três grandes torres-símbolos das três grandes cidades onde viveram os três personagens que se alternaram nos diversos tempos da história.

Após esta instrução e alinhamento destes prédios versus seus personagens-foco num eixo sintagmático de significação, poderíamos especular algumas outras entradas secundárias. Neste sentido, ressaltamos um dado singular com referência ao citado francês Eng.º Gustave Eiffel, amigo

---

[472] DYSON, John. *Columbus*: for gold, God and glory. Canada: Madison Press Book, 1991.

[473] Tradução: Este farol do século XVI substituiu a torre que marcou a entrada do porto no tempo de Colombo, mas o design é o mesmo que se conhecia. Este farol é símbolo heráldico de Gênova, o maior porto da Itália.

de Dumont. Ocorre que Eiffel se distinguiu na construção de pontes na França, que noutros lugares, como Veneza, estas construções de engenharia sobressaíram-se pela quantidade. O aspecto peculiar é que encontramos, no tocante ao nome da catedral de São Marcos, desta cidade veneziana, outra, construída por Gustave Eiffel, no Chile, a belíssima construção religiosa, a "Catedral de São Marcos de Arica", e na sua frente consta uma praça denominada "Cristóbal Colón", onde se cruzam as avenidas San Marcos e Cristóbal Colón.

Vale lembrar aqui que, em se tratando de visualização longínqua em edifícios de grande estatura, todos os três personagens alinhados, Dumont, os Colombos e os Polos, possuíam em suas residências, ou ao lado, mirantes, para que pudessem observar a vista ao longe. Temos a Torre dos Polos, em Korcula/Croácia, as Torres da Porta Soprana onde era guardião o pai de Colombo, o mirante d'*A Encantada,* em Petrópolis, no Brasil, e o "Boite", na França.

65. O incidente no Trocadéro e a extinção do domínio espanhol

Imagem 158 e 159

Fonte: VISONI, 2010, p. 42-162.

A primeira fotografia retrata, como particularidade, um acidente aéreo de Santos Dumont no Hotel Trocadéro; e na segunda foto temos a comemoração da conquista da dirigibilidade pelo brasileiro, em 19 de outubro de 1901, no paço do Palácio Chaillot, no Trocadéro. São fotos muito divulgadas naqueles momentos pela imprensa, em suas biografias, capas de livros etc. A região especial destes dois eventos registrados jornalisticamente é reconhecida por "Trocadéro", bem defronte à Torre Eiffel.

Porque o nome espanhol "Trocadero" em Paris? Estava ali o Palácio do Trocadero (hoje Chaillot), porém a Praça continua com o mesmo nome, com suas fontes, grandes jardins, estatuárias e espaços livres. Todo este ambiente monumental idealizado representou, junto ao Campo de Marte, uma homenagem histórica napoleônica do século XIX. Trazemos a primeira foto para se referir ao fatídico desastre ocorrido pelo aeronauta "Santôs" no "Hotel do Trocadero", quando ensaiava evoluções com seu Dirigível SD 6, em torno da Torre Eiffel. Este acidente marcaria jornalisticamente o nome "Trocadéro" em sua vida.

Toda essa região urbana que envolve a Torre Eiffel e o Campo de Marte trata-se do trajeto que culminou na circunvolução do Dirigível SD 6 com o qual o aviador brasileiro conquistou o Prêmio Deutsch de La Meurthe. O Trocadero está no centro de Paris, um dos locais mais elegantes, e sua designação evoca a supremacia francesa sobre os espanhóis, pois ela fixa a lembrança da calorosa vitória de Napoleão Bonaparte sobre o exército espanhol na cidade de Trocadero. Os embates ali que produziram a vitória de Napoleão, em 31 de agosto de 1823, tiveram grande repercussão entre as nações, a ponto de se constituir um dos fatores que levaram aos Estados Unidos instituírem a Doutrina Monroe (2 de dezembro de 1823), com o precípuo fim de proteger as Américas das intervenções das potências europeias. Este lugar será considerado um dos pontos altos da vida de nosso aeronauta.

A Espanha foi um dos países que obteve mais colônias na América Latina sob seu domínio desde o descobrimento de Cristóvão Colombo. O momento daquela batalha não reflete apenas o poder ideológico revolucionário francês, mas também marcaria o declínio da Espanha como superpotência exploradora (desincompatibilizando-a das nações embrionárias americanas). A vitória de Napoleão e w seguida resposta dos EUA fizeram reconhecer a emancipação das várias colônias sob jugo europeu, desestabilizando para sempre o monopólio político-econômico espanhol sobre a América.

"Trocadero", portanto, é um influente topônimo espanhol da região portuária de Cádiz e, por designação parassinonímica, representaria, neste combate, a última resistência do poder colonial espanhol sobre as Américas desde Colombo. Esse desastre aéreo num primeiro ensaio da trajetória competitiva, e o posterior percurso bem-sucedido, no qual comemorou o prêmio, Santos Dumont retém, igualmente (um marco meta-histórico), protagonizando os americanos como senhores de seu território, como salientaria Dumont em suas entrevistas posteriores sobre o uso dos seus aparelhos para a guerra, que o continente americano permaneça unido para não deixar nenhuma outra nação usurpar de sua liberdade.

Em síntese, o que verificamos aqui objetivamente não seria por si o trato do acidente aéreo, o argumento do concurso, a premiação que exalta o grupo de parisienses em alegria efusiva na fotografia, a espacialização do itinerário, ou até mesmo a própria lexia "Trocadéro", porém nos interessa a significação contextual histórica de seus entornos, como derivação de uma estrutura profunda que mantém entrelaçada a articulação Colombo/Dumont, como recuperação do crédito ameríndio sobre a "lenda negra" espanhola, na qual imputaram sua origem, injustamente, ao genovês.

A lexia "Trocadero" faz emergir novos sentidos em Santos Dumont, quando o comparamos ao Colombo, visto que se cultua neste a pressuposta origem da dominação secular e das injustiças sofridas pelo nativo americano. Neste sentido, o significante característico – Hotel Trocadero ou Praça do Trocadéro etc. – acentua Santos Dumont, como expressividade espiritual, de aprovação à eloquente emancipação geral, humanitária, por seu conteúdo afetivo que subsume al, um marco histórico mais do que francês, universal.

66. A teatralização: o gigantismo como espetáculo.

Imagens 160, 161 e 162

Fontes:
http://culturaaeronautica.blogspot.com/2013/01/st-cloud-o-primeiro-hangar-do-mundo.html
https://www2.fab.mil.br/musal/index.php/curiosidades-historicas-item-de-menu/853-conclusao-do-hangar-do-balao-6
VISONI, R. M. 2010, p. 120.

Ao contrário do que se pensava fazer, o veneziano Marco Polo se agigantou quando foi posto recluso, preso em Gênova, à cidade que combatia. Ali começaria a rememorar suas peripécias pelo Oriente. Sua prisão deu a ele um tempo para se frear, ordenar seus pensamentos e registrar certo memorial, atos vivenciados na Ásia de Kublai Kan. Assim todos puderam entender quem era ele. Disso já tratamos rapidamente noutras ocasiões. Sua fortuna contida nos "milhões" não estaria na materialidade monetária necessariamente, mas na riqueza pródiga de sua inventividade vivida por ele, ou não, mas difundida por toda a Idade Média como uma das aventuras mais repercutidas desde então, e tão lida como Dante e a Bíblia.

O genovês Cristóvão Colombo, quando preso nas suas terras ameríndias, foi algemado e, para alguns críticos, se transformou em vítima de infinita injustiça, absorvendo uma estupefação histórica de toda sua época até hoje. Depois de perder o controle entre o que fazer e o que não fazer num mundo vazio de justiça, Colombo foi posto a ferros de volta à Espanha e, não obstante quererem livrá-lo de tal humilhação, resolveu permanecer acorrentado e cair aos pés dos reis para deixar mais marcado tal erro perante todos. Quis guardar para sempre, até sua morte, aquelas algemas, como troféu obtido por tudo que fez para a humanidade. A partir de então, não se imporia como almirante, mas escolheria vestir-se como um frade franciscano.

O brasileiro Santos Dumont, em Paris, por sua vez, de estatura mediana, despertou vontade de crescer e se mostrar acima de todos. Diante de sua aparente fraca virilidade, vai, numa altivez extravagante, fazer eclodir dentro dele um estranho gigantismo, sendo objeto das atenções quando se movimenta acima de todos, paralelo a uma humildade controlada. Então, temos a imagem de um imenso hangar fechado como cortinas de um palco que se abrem para sair delas outra maior e mais recente aeronave. De Paris para o mundo, Dumont se sentia um semideus heroico, um Ícaro de histórias mitológicas ou um herói dos romances científicos de Júlio Verne. Queria muito ser amado coletivamente, assim produziu com afinco suas dezenas de aparelhos. Esta produção gerada de sua genialidade foram os dirigíveis que, ao sair do hangar, pareciam ambíguos, ora um imenso pênis num ato de coito, ora um imenso seio feminino com a pontinha do mamilo avermelhada. Por outro lado, foi alguém com poder imenso, que das nuvens poderia jogar qualquer coisa para baixo e nunca ser alcançado. Tinha um poder de destruição, se quisesse, sem poder ser alvo. Teve seus momentos imaginários de supremacia diante do mundo, em traços máximos de superlativos. Mas toda essa experiência balonista como busca feérica gerou o crédito decisivo para obtenção e merecimento da conquista do "mais-pesado-que-o-ar".

67. Desfiles ou cortejos pela cidade

Imagens 163 e 164[474]

Fontes:
DYSON, John. 1991, p. 10.
VISONI, 2010, p. 76

Os três personagens-foco retratam a importância social dos desfiles como ponto alto do reconhecimento social e, consequentemente, contribuindo para o reforço de suas personalidades. Em Marco Polo, a tradição reza que ele, numa espécie de desfile ou festa, reapareceria três vezes com três figurinos diferentes, um mais exuberante que o outro. Teria sido uma espécie de deslumbramento fantástico ao mostrar aos populares locais uma indumentária faustosa, frente aos padrões da época e lugar.

Identificamos nele, em sua produção literária, uma forte ênfase em se destacar com algo novo, incomum, e com a intencionalidade de exposição de riqueza exótica (auferida das suas longas viagens), e da aparência pessoal, concorrendo, inclusive, com algum de seus pares. Esse traço de identidade veneziana em que o indivíduo se disfarça (se volta ao desconhecido) ornado com ricos tecidos de seda e exuberância nos adereços, faz-se destacar como é propriamente a motivação cultural veneziana. Estes, de maneira geral, ainda, atualmente, carregam um pouco dessas características, a certa época do ano, ou mesmo por enlevo turístico, surgem mascarados, com vestuários opulentos ou fantasiosos.

Cristóvão Colombo[475], que, praticamente, lutou quase sempre sozinho, insistindo no seu projeto de transpor o Oceano, ao se cumprir o desiderato, tornou-se o fenômeno um projeto de Estado. Por isso, não poupou oportunidades de se destacar a todos o quanto acertara no projeto de navegante descobridor, colhendo, então, suas glórias. Seus cortejos foram vários, atravessando o percurso de cidades inteiras. Ao chegar em Portugal e contatar D. João II, sua esposa D. Leonor

---

[474] A segunda imagem foi retirada do livro de Fernando Jorge (1973), cuja legenda é: A chegada triunfal de Santos Dumont ao Rio de Janeiro, em 1903. Desenho de Kalixto.

[475] "La comitiva que lo acompañó fué la más fantástica que vieron los siglos. Colón marchaba a la cabeza, montado a caballo, con sus galas más brillantes. Lo seguían los indios, semidesnudos, con sus arcos y flechas; un grupo de descubridores, llevando sobre los hombros papagayos y aves de colores, y una cantidad de criados con plantas que se suponía maravillosas, trozos de oro, pieles de animales y objetos extraños". GANDIA, E., 1942. p. 330.

pediu a Colombo que não saísse de Portugal sem que a visitasse num monastério, oportunidade em que levou seu séquito por estradas adentro, e lá, entre outros fidalgos, estava o duque de Béjar, irmão da rainha, que, no futuro tornar-se-ia o rei D. Manuel I, que descobrirá o Brasil e o caminho para as Índias por intermédio de Pedro Álvares Cabral e Vasco da Gama.

Na Espanha, um dos seus séquitos dera início em Sevilha, com um cortejo de oficiais, índios, animais, plantas, ouro, artefatos e outros objetos estranhos, até Barcelona, passando por onde estavam os reis, sendo recebido com toda pomposidade e admiração. Outro cortejo colombino digno de menção aconteceu em grande comitiva de espanhóis fidalgos, funcionários, artesãos, marinheiros, índios, tradutores etc., para a ida de Colombo ao porto de Sevilha, tencionando embarcar para a segunda viagem. O almirante aproveitou e fez uma peregrinação, cumprindo uma promessa à N. Sra. de Guadalupe, entrou na cidade de Trujillo, onde um menino de 13 anos, filho de criadores de suínos, chamado Francisco Pizarro, assistiu ao cortejo, e dali nasceria o impulso ao grande conquistador do Peru. Descendo La Sierra, Colombo chegou a Medellín, onde, nesta cidadezinha, outro menino viria vê-lo passar: era Hernán Cortês, mais tarde, o grande conquistador do México. Estes cortejos se tornaram um ato de reconhecimento social e político.

Em Santos Dumont, haverá desfiles, em sua chegada ao Brasil, em 1903, e no Dia da Independência do país, em 1906, e outros, quando também se homenageou o brasileiro pelos feitos aeronáuticos em Paris etc. As ruas ficam tomadas frente ao homem que elevou o Brasil junto às nações mais desenvolvidas no tocante à inventividade e criação. São vários os jornais que noticiaram paradas públicas cortando o centro da cidade.

68. Comicidade e descrença na história da aviação.

Imagens 165 e 166

 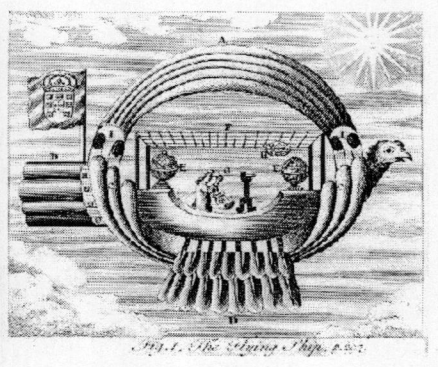

Fontes:
http://detetivedahistoria.blogspot.com/2010/10/passarola-voadora-do-padre-bartolomeu.html
http://aujourdhui.over-blog.fr/article-9-octobre-1890-premier-vol-de-clement-ader-120486192.html

Na história da aviação, tivemos muitos encontros com o contraditório - irrisório e trágico, devido mesmo à condição das especulações irônicas, da descrença das ciências naturais e metafísicas filosóficas, entre outros motivos, por toda a insegurança que havia nas inúmeras engenhocas inventadas, não se concebendo ainda a natureza real do voo, até que alguém, por conta própria, se arriscasse. Isto acabaria por ser o meio-termo ético entre o certo e o errado, uma linha tênue, invisível, entre o suicídio e a realização efetiva. Não havia quem esperasse que a conquista do ar pudesse ser, enfim, uma conquista. Por conseguinte, os primeiros experimentos eram sinceramente desacreditados, e os experimentadores, sobretaxados de mentirosos, aventureiros, prestidigitadores, circenses, loucos ou patéticos românticos. Santos Dumont se adiantou e, como estrangeiro fora de seu país, escudando-se, se auto classificou como "sportman". Obteve certa coragem saindo do provincianismo de sua pátria que não podia acompanhar o avanço tecnológico que se desenvolvia freneticamente nos grandes centros. E se o conseguisse, não teria crédito algum, como já acontecera com o inventor do rádio e da máquina de escrever[476] no Brasil, etc. Os pretensos navegadores aéreos tinham que ser ousados para enfrentar a intelectualidade classicista, manipuladora das vontades políticas, dos acontecimentos, e imprescindia, mais do que nunca, coragem ao desafio das alturas, e dos altos precipícios aos quais se lançariam. Por muito tempo, não só experimentariam excentricidades malucas de pretensas "máquinas voadoras" que destoavam de toda razão ou bom senso, até poder chegar ao ponto certo, estratégico para o real funcionamento de uma máquina de voar. Um aparelho não apenas deveria subir, voar, mas deveria ser pilotado, e mais, ser pilotado por quem soubesse fazê-lo, que corresse o perigo do desafio. Sem exceções, todos os que estiveram à frente disso sofreram críticas amargas, desafiando a própria natureza na condução do aparelho artificial, e pagando, muitas vezes, com a própria vida.

A imagem do "empinar" uma pandorga, um aeródino, um "peso-pena" qualquer, não autoriza classificá-lo imediatamente como um objeto alado, voador. Apesar de ser um mais pesado que o ar, o famoso "Flyer" dos Wright foi inicialmente alçado preso, contido por cordas, devido ao fragor dos ventos, como uma pandorga chinesa, similar ao balão cativo experienciado por quaisquer meteorologistas e circenses da época. Em outro exemplo, parece improvável acreditar que o "Eolo" do francês Clément Ader tenha voado com o protótipo morcegoide, hélices de plumas e maciça caranguejola a vapor. Entretanto, homenageia-se, em defesa ao pesquisador, como precursor francês, independentemente da sua vitória na resolução do problema. De qualquer forma, reproduz-se, aqui, a ponta de uma reação social patética, para não dizer - histérica, indo de contramão à ordem dos fatos e à lógica científica.

O pior que muito ocorre são as maquinações por trás das aparências, de modo que há reconhecidos malfeitos, engodos e falsificações, reproduções indevidas, ilusionismos e, quando muito, inúmeros roubos de direitos autorais que couberam à justiça intermediar. Mal apareceu a fotografia, a justiça passou para o mundo da prova ocular ao registro jornalístico, ou associado às artimanhas políticas e econômicas. Não é à toa que, no local do monumento aos irmãos Wright nos EUA, na cidade de Kitty Hawk, erigiram, inclusive, uma estátua em homenagem ao fotógrafo do evento, pretenso ratificador da autenticidade do voo, da data, da Escola, etc.

Uma atitude marcante e de completo descaso histórico é forçar dar crédito ao "argumento falso" para justamente poder desclassificá-lo, enublar a verdade, descaracterizando o fenômeno que esteve na ordem do dia. É o caso de se dizer que a imagem da irônica *Passarola* seja o consagrado invento do brasileiro Pe. Bartolomeu Lourenço de Gusmão. Por isso mesmo, corre nas enciclopédias mais sérias que os dois irmãos Montgolfieres foram os inventores dos primeiros aeróstatos. Mas, para que pareçam ser, melhor debochar a seu desfavor como objeto de hilaridade, entendendo isso como um querer anular o disparate histórico, tal como se pretendeu ter transcorrido. O atribuir infantilidade ao dito invento impediu o reconhecimento da seriedade do experimento do inventor brasileiro Bartolomeu Lourenço de Gusmão, em 1709, um mero estrangeiro em Portugal.

---

[476] É considerado no Brasil que o Padre Roberto Landell de Moura, em 1899, tenha inventado o rádio, assim como o tipógrafo Francisco João de Azevedo inventou a máquina de escrever, em 1880.

Entrementes, de modo algum, esses embaraços anulam nossas verdadeiras conquistas. Juntando-se a isso, outros erros foram aparecendo, como os referentes ao nome próprio, gentílicos trocados, renomeações de imigrantes, ou ser exilado ou perseguido por inquisições, que neutralizaram a ordem dos fatos, confundindo o pobre pesquisador enciclopedista, desfazendo os traços que apontam para os verdadeiros valores da causa exarada. Assim, podemos afirmar que, pelos mesmos motivos, poderemos sobressair uma realidade falsa de fatos para subestimar outros que podiam estar no caminho. O escritor Rolf Strehl, no seu livro intitulado *O Céu não tem Fronteiras*, comemora a data da ascensão dos irmãos Wright, associando-o ao "invento" dos Montgolfier de 1783 – não obstante não ter sido o primeiro balão –, citando o seguinte: *A 17 de dezembro de 1903, porém o objetivo foi alcançado – exatamente 120 anos após o dia no qual o homem pela primeira vez penetrou na terceira dimensão.*

Acho cômico vangloriar o que não conhece, por causa do "evento" de uma data anual de 120 anos, como data marcante, não redonda, a se repetir, com um "exatamente". Porém, gostaríamos também de comemorar o passar dos anos. Estaremos publicando esta pesquisa em livro em 2023, quando comemoraremos 120 anos do evento americano – desde 1903, entendendo-nos, neste processo, como aferidores de um ato meta-histórico pedagógico.

69. H. Lachambre, A. Machuron e Martin e Vincent Pinzón, um reconhecimento.

Imagens 167, 168 e 169[477]

Fontes:
https://commons.wikimedia.org/w/index.php?curid=8961767
https://digitaltmuseum.se/021016296457/alexis-machuron-1896
https://www.galerie123.com/fr/affiche-ancienne-originale/50712/grand-ballon-captif-a-vapeur-de-lingenieur-henri-lachambre-aeronaute-constructeur/

Santos Dumont, sem sua equipe de ajudantes das oficinas e hangares, encabeçado por Henri Lachambre e seu sobrinho Alexis Machuron, não teria produzido tão bem seus balões esféricos e aparelhos dirigíveis como conhecemos. Um dos motivos por que ele não voou no Brasil, queremos

---

[477] Podemos inferir que, numa análise semiótica comparativa, o exercício ou atividades ligadas aos "balões cativos" (os balões ligados por uma corda ao solo)" fazem a mesma recorrência às "navegações de cabotagem", ou seja, o navegar sem perder de vista a terra firma no horizonte.

crer, foi devido à ausência da equipe profissional francesa. Nas imagens, vemos os retratos de Lachambre e Machuron e, ao lado, uma propaganda particular de oficina de Lachambre, que ostenta boa capacidade produtiva. Entretanto, apesar de passarem uma imagem de segurança e de produzir equipamentos e técnicas de voar fácil, sem gastos extraordinários – aperfeiçoaram-se sobretudo, com entretenimentos de balões cativos como temos em um dos cartazes.

Também, na época do descobrimento, Colombo, sem a ajuda de Martin Alonso Pinzón e seu irmão Vicente Pinzón, teria ele chegado à América? Sabemos que a maruja da expedição de Colombo, ainda que meticulosamente selecionada por ele, depois se revoltou. O amparo e reforço dos Pinzons, defendendo Colombo em continuar em frente, foi um dos pilares que impulsionaram ao descobrimento maior. Sabemos muitas histórias de insurreição a bordo que impediram o prosseguimento da viagem, ou, em caso extremo, da destituição do comando. Temos exemplos das viagens de Bartolomeu Dias, João Caboto, Fernão de Magalhães, Hudson etc., que infelizmente presenciaram rebeliões a bordo. Mas, alguns biógrafos indicam que, se Martín Alonso Pinzón não tivesse perecido após a chegada de Colombo à Europa, ou mesmo se este se perdesse, a história do descobrimento poderia ter tido outro viés, devido ao conhecimento e à garantia de sustentação dos espanhóis à descoberta do genovês.

Acreditamos, igualmente, que a morte do Eng.º Henri Lachambre[478], em 1904, provocou um hiato, certo silêncio inventivo na vida de Dumont – que, aliás, chegou a reconhecer, aparentemente, chamando-a de pequenas férias das atividades. Indo mais além, é de se especular se a ausência de Lachambre, não tenha proporcionado novas investidas à Santos Dumont, principalmente às experimentações com o mais-pesado-que-o-ar e projetado o 14 Bis. Entretanto, queremos concluir que tanto os espanhóis Pínzons, como os balonistas franceses, tiveram grande importância na sustentação histórica da produção de Colombo e Dumont para a humanidade. Deixemos este reconhecimento!

70. Dispositivos circulares e plumagens do transformador marciano

Imagem 170

Fonte: http://santosdumontvida.blogspot.com/2011/05/

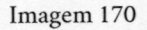

[478] Alexis Machuron morreu em 1901, em Paris.

Há uma linha de preocupação que remonta ao estranho "transformador marciano", aparelho em estado experimental e inacabado de Santos Dumont. Aparecem aqui como supostas asas humanas tal qual as do lendário Ícaro. Talvez o inventor planejasse construir um aparato para repetir o magnífico movimento de voar sem necessariamente de o fazê-lo, ou mesmo, à moda escultural antiga, tentava reproduzir as asas comumente esculpidas em mármore, ter-se-ia, então, um par de asas reais, mas a ideia inicial parece ter sido abandonada para outros artistas plásticos. Contudo, para nós, a armação perfilada de penas naturais remonta à ideia das antigas plumagens silvícolas – aqui mais, especificamente, do primeiro contato amistoso do genovês com líderes de aldeias na primeira viagem colombiana, quando se tratavam, reciprocamente, com respeito e dignidade. As penas, portanto, melhor julgando, como alteridade introspectiva, remontaria aos emplumados nativos que, os receberam como personificações provindas do céu (como o Ícaro lendário).

Este protótipo de penas costuradas, com o qual Santos Dumont gastou algum tempo matutando, custou-lhe, certamente, a credibilidade; entretanto, o nome do artefato, "transformador marciano", refere-se nem tanto à hipótese plausível de um instrumento esquemático, para voo num planeta de massa menor, no entanto, atualmente seria coerente acreditar em possíveis laivos de regressão aos episódios que protagonizou no chamado "Campo de Marte", em Paris, e o tal "transformador" seria ninguém mais do que ele mesmo.

71. Deutsch de La Meurthe e Luis Santangel – A pólvora, e a dirigibilidade

Imagem 171 e 172

Fontes:
http://especiais.santosdumont.eptv.g1.globo.com/o-inventor/dirigivel/NOT,0,0,1268900,O+polemico+premio+-Deutsch.aspx
https://www.betterlatethannever.info/luis-de-santangel-man-paid-america/

Nesta foto, temos o industrial francês Henri Deutsch de la Meurthe, o criador do Prêmio Deutsch da dirigibilidade dos balões. Aliás, o único ganhador deste prêmio foi Santos Dumont, que em 19 de outubro de 1901, realizou a façanha.

Henri Deutsch de la Meurthe, destacamos, era conhecido como o *magnata do petróleo* e um dos poucos incentivadores aos estudos da locomoção aérea. Neste primeiro cartão fotográfico, vemo-lo sentado num primeiro plano, enquanto ao fundo da foto divisamos um dirigível referente ao premiado dirigível SD 6. Embaixo, sobrescrito, oferece esta foto ao amigo brasileiro. A foto foi produzida pelo estúdio fotográfico da cidade de Pau, na França, onde o magnata ensaiava seus próprios experimentos aéreos.

O homenageado Santos Dumont aperfeiçoou, pelo uso em inúmeros aparelhos e motores – o novo combustível da gasolina. Para Deutsch, quanto mais se produzisse em cima deste combustível, mais se reconheceria sua grande capacidade qualitativa e quantitativa para a economia. O "motor à explosão" distendeu-se, aperfeiçoou-se e se tornou, ainda hoje, o principal combustível da indústria automotiva. Temos que reconhecer que todo seu empenho, desde a governabilidade dos dirigíveis até o avião, deveu-se, desde o início, ao uso que apontou o óleo desta essência fóssil como a melhor alternativa para se lançar ao voo.

Esta imagem guarda importância nos planos "da expressão" e "do conteúdo". Parece-nos um sincero agradecimento ao brasileiro. Dumont passou a movimentar toda a indústria e a economia, por não ter se dobrado aos receios de que usar o "motor a explosão" embaixo de um balão inflado com gás inflamável era o mesmo que se sentar num barril de pólvora e riscar um fósforo – como ele próprio cita em *Os Meus Balões*. O brasileiro teve a coragem de usar o combustível, aperfeiçoando seus motores e equipamentos, com técnica intuitiva e engenharia funcional. Portanto, Deutsch[479] ao sentar-se fumando reconhece a responsabilidade recíproca para a produção de combustíveis, tanto quanto, todo o avanço aeronáutico consequente.

Este fato vai nos levar invariavelmente à pólvora de Marco Polo numa estrutura semântica maior, enquanto o "fumo" pode fazer referência indireta à colonização do séc. XVI.

Outro protagonista expansor desta envergadura histórica foi Marco Polo, quando trouxera consigo da Ásia o conhecimento da alquimia antiga e os segredos da manipulação e produção da pólvora que se tornou a base para artefatos explosivos e armamentícios, desencadeador de inúmeras disputas e guerras posteriores. Usado para intimidação nas conquistas posteriores das colonizações; tal como nos disparos de projéteis de armas e material combustível para diversos motores, utiliza-se, hoje, os propelentes para lançamento de foguetes astronáuticos, derivando, por conseguinte, daquele antigo "motor à explosão", usado corajosamente por Santos Dumont.

Tão logo Santos Dumont investira capital – aparentemente a pretexto de aventura – nos estudos práticos da navegação aérea, começou a sobrevoar com regularidade sob os céus de Paris e a aperfeiçoar variados modelos aerostáticos. Os diversos voos bem-sucedidos de balões autorizaram a existência de uma instituição que regrasse os diversos usos desses aparelhos sobre a metrópole; além de que já se formavam outros pretendentes à nova carreira. Logo, paralelamente, inaugura-se o Aeroclube de Paris, que sucederia, em importância, o conhecido e recente Automóvel Clube de Paris, do qual Dumont também fazia parte. Agora, por iniciativa do brasileiro, fez submeter a construção de aeróstatos com novos motores a gasolina, alguns de sua própria idealização, pois fazia regularmente ajustamentos técnicos. De modo que ele propiciou iniciar a nova fase do combustível negro, avançando-se nas possibilidades de projetos de experimentos aéreos. Eram tão frequentes as evoluções do aeronauta brasileiro em balões livres, e depois alongados, que o secretário do aeroclube, Emmanuel Aimé, chegou a dizer que, para ter uma experiência de ver esses grandiosos equipamentos flutuantes sobre os céus, não haveria outro lugar senão Paris. Muitas fotos e pinturas retratam isso (ao contrário dos mais de mil voos dos irmãos Wright, dos

---

[479] Lembramos os três grandes prêmios aeronáuticos da sua autoria para aviação: Prêmio Deutsch de la Meurthe (1900-1903), Grand Prix d'Aviation (1904-1908) e Coupe Deutsch de la Meurthe (1912-1936).

quais não há nenhum registro). De modo que todos os cartões postais do panorama da cidade, que continham fotos com dirigíveis ao fundo, eram quase todos veículos de Santos Dumont. Não se via despertar rivais da área técnica nessa época, porém os incentivava, todos, a segui-lo, mostrando-se em meio a todos sua praticidade.

A instituição do "Prêmio Deutsch de La Meurthe", feita por Henri Deutsch de La Meurthe, como membro do aeroclube francês, pretendendo bater o martelo sobre o problema da dirigibilidade dos balões, é importante, pois esta conquista deixaria de ser anseio ou objeto da particularidade de algum acaso natural ou pretenso "agente patenteador". Era visto não apenas para atender aos interesses do capital parisiense e internacional, mas, certamente, do científico também. O prêmio parecia espicaçar, a princípio, os engenheiros ou estudantes da matéria. Naquela época, andar ou navegar em balões não era usual. Ninguém se predispõe a tal aventura se não conhece sua mecânica, tenha coragem, muita boa vontade e fomentos para refazer os experimentos.

O Prêmio vigoraria por cinco anos ou até que viesse a conquistá-lo. Não houve ganhador no primeiro ano, mas, no segundo, Santos Dumont disputou e venceu. Tornou-se então um fato histórico, apesar de esse uso não ter a atenção ou perdurado seu valor como meio de transporte prático para nós hoje. A instituição do prêmio em caráter institucional, então, forçava os construtores de balões aéreos se voltarem à dirigibilidade - de manejo no comando. Houve, em Paris, antes de Santos Dumont, a elevação de outros balões alongados alcunhados depois de "dirigíveis", mas esta conceituação, ficou à mercê do que cada um atribuía a si mesmos, sem que demonstrassem de fato praticamente. A aviação atual foi fruto dessas primeiras conquistas, valendo-se da credibilidade de comandar um balão alongado num trajeto até então nunca realizado.

Voltando mais ao passado, Colombo recebe a negativa dos reis católicos, para empreender sua viagem, após o pedido de aguardar posicionamento real até a Capitulações de Santa Fé, na conquista de Granada, que demoraria quatro anos (1486-1492). Conquistada a cidade e terminados os prazos, diante de uma nova negativa, Colombo decide retirar-se da Espanha. Este fato, esta curta desilusão de se pôr em retirada é significativa, justamente para entrar em cena a personalidade de um judeu, articulador junto a Isabel de Castela, como financiador do "périplo mais transcendental da Espanha". Colombo na estrada, a caminho da França, foi alcançado com as boas novas, pois o empreendimento seria financiado pelo tesoureiro real, Luís Santangel, e Colombo comandaria a expedição. Dar o comando ao genovês foi dar a dirigibilidade da Espanha, numa amplitude jamais vista, pois, ao seu tempo, não havia ninguém com conhecimento prático, iniciativa, idealismo e coragem para enfrentar o desconhecido, saber se conduzir e retornar ao ponto de partida. Henry Deutsch de La Meurthe, criador do prêmio aéreo, tem o mérito de ter proporcionado que o aeronauta brasileiro obtivesse a consagração da dirigibilidade aérea, assim como Luis Sant'Angel teve o mérito de proporcionar que Colombo obtivesse a dirigibilidade naval, o comando do descobrimento e retornasse consagrando oficialmente sua glória maior. Os dois personagens políticos, *De La Meurthe* e *Luís San Ángel,* foram agentes coadjuvantes, actantes pró-protagonistas, que vieram dar sentido de oficialidade ao aconte-cimento que propunham nossos heróis. A questão da dirigibilidade de ir e retornar é o que confere o fenômeno da descoberta, pois alguns outros antes o fizeram, mas não puderam retornar; ou se o fizeram, não estavam sob alguma tutela oficial que a legitimasse.

A homenagem da sociedade francesa por ter Santos Dumont ganhado o prêmio Deutsch de La Meurthe e o Troféu Archdeacon está no monumento do Ícaro. O mitológico Ícaro grego, um homem alado, é em nossa cultura judaico-cristã um "anjo" ou um "santo anjo". Remetemos principalmente a Deutsche[480], esta imagem-ícone, pois, além de figurar como criador do prêmio, que notabilizou Dumont, está presente o fato de que ele "protegia os compositores desamparados e chegou até a executar trabalhos sinfônicos, como a ópera 'Icare', aplaudida na Academia Nacional de Música"[481].

No Ícaro de Santos Dumont, como um homem alado ou anjo, corresponde ao sobrenome do antigo tesoureiro espanhol, admirador de Cristóvão Colombo, Luís **Sant**'Ángel, que financiou a primeira viagem. A cumplicidade desta foto atesta que o merecimento de um foi devido à importante contribuição do outro, envolvendo os personagens. Então, espiritualmente, os dois afortunados (um magnata industrial, e um tesoureiro judeu) por direito fazem jus receberam, o retorno histórico a que fizeram jus.

72. **Retratos de Wilbur Wright e Américo Vespúcio**

Imagens 173 e 174

Fontes:
18/09/2023: https://www.biography.com/inventors/wilbur-wright
https://commons.wikimedia.org/wiki/File:Amerigo_Vespucci_%28with_turban%29_-_cropped.jpg

O humanismo renascentista estava apenas começando em Florença, de modo que seria difícil encontrarmos uma imagem-retrato identificadora ou precisa de um navegante do século XV ou XVI produzida na sua contemporaneidade – ou exatamente na oportunidade em que se sobressaiu historicamente. Para pretenso uso como ilustrações artísticas ou seguindo inspirações, os retratos pintavam modelos fantasiosos, de conformidade com suas épocas. Mais especificamente, nestas figuras, temos uma peculiaridade do desenho da boca, do nariz, da direção do olhar e dos entornos com atenção especial ao figurino da época. Vemos isto em outras fotografias do aviador Wilbur Wright, tal como Vespúcio teria também o "sulco nasogeniano" como expressão particular. O posicionamento identifica-se ao do navegador, na simetria comparativa como postura formal objetiva, consciente

Na primeira foto, Wilbur Wright propõe uma postura voltada à sua esquerda, ou o fotógrafo/ pintor intencionalmente o acolhe nessa posição. Digamos que o posicionamento que aparece apenas um lado da face não é tão recorrente em outros retratos de seu tempo. Mais difícil ainda é o olhar

---

[480] O Ernest Archdeacon (mentor do Prêmio do 14 Bis) não teria a mesma simpatia ao brasileiro, pois seria ele um dos primeiros a lançar certa dúvida sobre a primazia de Dumont ao escrever o artigo "Qui a volé le premier", trazendo o francês Clément Ader à discussão.

[481] JORGE, 1973, p. 96.

desviado, voltado para a esquerda, ou seja, como se fosse para trás. Essa notação se deve ao fato de no Ocidente escrevermos começando pela esquerda, onde está o sujeito, em direção ao objeto, à direita da escrita. Então a postura do retratado deveria voltar-se para o observador que (deve ser correspondida) e está à esquerda. A imagem totalmente voltada à direita seria como se a atenção estivesse voltada para trás, para si mesmo. Infere-se daí que ele busca ou olha para algo que poderia escapar ou que não é exatamente seu. É uma característica generalizante, pois há imagens em todas as poses, para todas as pessoas.

73. Renné II de Anjou e Cristóvão Colombo – um segredo!

Imagem 175

Fonte: https://statues.vanderkrogt.net/object.php?webpage=CO&record=frlo108

Abriremos um parêntese especial para uma narrativa para a compreensão da origem do nome do "América", de uma possível explicação que talvez não conste dos anais da historiografia oficial. Ao que tudo indica, não houve exclusividade unilateral do humanista e cartógrafo Martin Waldseemüller na denominação continental, como criticam vários compêndios. Havia mais uma mão invisível, como a do príncipe e duque de Lorena ou Renné II D'Anjou (1409 – 1480), supracitado, em comunhão, quiçá, com o próprio Américo Vespúcio, para quem dedicou seus escritos numa carta conhecida por "Lettera". A primeira publicação em que aparece o nome de *América* surgiu na cidade de Saint Dié, na França. Podemos considerar que está aqui a maior dívida "metafísica" contraída pela França para com Cristóvão Colombo, pois, no seu interior, pela primeira vez, urdiria uma impostação política dissociando o verdadeiro descobridor dos créditos de sua descoberta. O consentimento estabelecido para isto deve-se, no mínimo, ao descaso e à omissão ao rei espanhol Fernando de Aragão que, perante Colombo, validou a trama em que envolveu esse primeiro duque francês. Por conseguinte, mais tarde, no século XX, a França da *Belle Époque* faria restituir sua dívida para com o almirante o acolher Santos Dumont para a glória da origem da ciência aeronáutica.

Ocorre que, se voltarmos no tempo, veríamos que ao primeiro príncipe, o Renné I d'Anjou, aparece na mocidade de Colombo quase imperceptível. Mas segundo E. Gandia, consta que:

> [...] los genoveses estaban enemistados desde antiguo con Renato de Anjou. [...] Büdunger y De Lollis han demonstrado que en enero de 1479 hubo una gran tregua en estas luchas; pero que el rey Renato había quedado amigo de los genoveses desde el 17 de julio de 1561, en que intentó, inútilmente, apoderarse de Génova[482].

Nenhum biógrafo de Cristóvão Colombo perceberia a influência deste príncipe para determinação do nome continental. Pareceu-me um tanto ingênuo não o reconhecer politicamente na sua maior publicação cartográfica, a oportunidade de, justificando-a, nomear o Novo Mundo por uma expressa imposição lexical. Isto custou a Colombo a perda do maior domínio continental da face da Terra, o maior topônimo continental do mundo, a perda da nomeação de "Colúmbia" ou outro nome, às então Índias Ocidentais, e a perda de seus conhecidos privilégios.

Os fatos são os seguintes: Colombo, ainda no início de seu exercício como homem do mar, mais ou menos aos 22 anos, numa de suas andanças aventureiras, foi escalado pelo príncipe Renné I para comandar uma galé que se arriscaria cumprir um sequestro, uma tarefa corsária criminosa, por simples enlevo personalístico – na verdade, uma disputa de interesses políticos na região. Caberia a Colombo, enfim, comandar um navio consignado pelo príncipe, com o intuito de capturar o "Fernandina", uma galé veneziana pertencente ao rei de Aragão, D. João II[483]. Numa atitude arriscada, Colombo deveria sequestrar esta referida nau para o dito príncipe francês. O destemido genovês aceitou inicialmente a tarefa, embarcando para a realização de um assalto em batalha de homem do mar, a fim de ganhar consideração especial da nobreza francesa. Acontece que, chegando lá, próximo ao seu desiderato, Colombo divisou que duas outras caravelas o acompanhavam como segurança e "navio de conserva"; isto, a princípio, desmotivou a maruja que então se opusera. Não estavam paramentados suficientemente para obter a vitória pretendida. E talvez por esta cautela, e um misto de agravantes negativos, o nosso jovem capitão, temendo incitar a tripulação à abordagem temerária, não conseguiu demover a negativa da tripulação. Colombo, assim, numa rápida referência a seu passado, citou essa experiência e como terminou aquela pretensa abordagem clandestina:

> A mí acaeció que el rey Reinel, que Dios tiene, me envió a Túnez, para prender la galeaza Fernandina, y estando ya sobre la isla de San Pedro, en Cerdeña, me dijo una saetía que estaban con la dicha galeaza de los naos y una carraca; por lo qual se alteró la gente que iba conmigo, y determinaron de no seguir el viaje, salvo de se volver a Marsella por otra nao y más gente. Yo, visto que no podía sin algún arte forzar su voluntad, otorgué su demanda, y mudando el cebo del aguja, de la vela al tiempo que anochecía, y, otro día, al salir del sol, estábamos dentro del cabo de Cartagena, tenido todos ellos por cierto que íbamos a Marsella[484].

Colombo frustrou as intenções dele e da tripulação quanto a do rei Renné, tendo que voltar à Marcelha/França e devolver a embarcação. Dessa narrativa, não reconhecemos quaisquer outras repercussões conhecidas ou outra explicação deste episódio. Estas circunstâncias foram, inclusive,

---

[482]   GANDIA, Enrique de. Buenos Aires: Editorial Claridad, 1951, p. 134.

[483]   Se Colombo tivesse alcançado seu intento ou realizado seu serviço a contento para o duque de Lorena, e - se não tivesse morrido em luta, ele nunca chegaria a descobrir a América por meio da ajuda da Espanha, porque João II, o Grande (alvo de Renné I), era, justamente, o pai de Fernando, rei católico espanhol. Mas talvez a isso deva Fernando de Aragão nunca ter tido uma relação condescendente para com Colombo, que se comunicava com Isabel de Castela, que, detinha poderes iguais ao marido numa Espanha tradicionalmente dividida.

[484]   COLON, Hernando. 1947, p. 36.

revistas em algumas análises historiográficas como possíveis dados apócrifos. Entretanto, o fato foi narrado por Hernando Colón, filho do almirante, usando as próprias palavras do pai na sua mais autêntica biografia. Para o fato narrado, não apareceram retaliações, pois este primeiro duque morreria pouco tempo depois. Pareceu então, estar esquecido o relacionamento entre Colombo e Renné I. Todavia, para o seu neto sucessor, não! Empós Renné II d'Anjou – o novo duque de Lorena, se tornava o nobre continuador do seu avô materno a partir de 1480.

Renné II d'Anjou contava com a mesma idade de Cristóvão Colombo e Américo Vespúcio – todos os três nasceram em 1451. Nesta lógica, quando Colombo tratou com duque Renné I d'Anjou, o seu neto era adulto, estava na corte ao seu lado e ciente da situação. Esta ocorrência ou "malfeito" de Colombo não foi esquecida pelo nobre 30 anos depois.

Trinta anos depois, a localidade de Saint Dié, na França, era um centro de ciência sobre cosmografia, que divulgava periodicamente publicações científicas reconhecidas na Europa culta. Esta região era de domínio exclusivo de Renné II d'Anjou. O livro *Imago Mundi*, de Pierre D'Ailly, por exemplo, que induz a ideia da esfericidade da Terra, fora publicado ali, entre os canônicos ptolomaicos, matemáticos e livros culturais da Europa renascentista.

Aconteceu de ser o duque Renné II d'Anjou também o destinatário de uma dedicatória de Vespúcio, no qual dissimula certa intimidade, citando saudades de épocas da juventude, (que muitos historiadores descartam como descuido, pois fora copiado o mesmo teor para outra carta idêntica, ao florentino Soderini de Florença). Vimos estar nas mãos de Renné II, mandatário maior e alvo da nobre carta de Vespúcio, que ocultava promover-se às custas de alguma possível publicação em Saint Dié. Consequentemente, Martin Waldseemüller, o cosmógrafo latino sob ordens daquele, não só as publicou, como homologou, justificando o nome "América" ao continente recém-descoberto. Esta publicação, **Cosmographiae Introductio** de 1508, não só retirou a primazia de uma quiçá posterior "Colúmbia", mas glorificou aquelas ralinhas páginas epistolares de Vespúcio, como alta literatura para o mundo. Houve uma grandiosa e rápida divulgação desta publicação por todo continente europeu, uma vez que qualquer referência a novos lugares descobertos maravilhava as pessoas. Era o inusitado e desconhecido contracultural. Os famosos cartógrafos irmãos Mercator, depois, copiaram seus próprios e recentes mapeamentos, encetando os sobrescritos de "América", e aos poucos ratificando, portanto, o topônimo para sempre.

Porque Vespúcio escreveria ao tal duque Renné II de Lorena se não houvesse algum interesse? Esperto, envia-lhes as *"Quatuor Americi Vespucci Navigationes"* como material para publicação junto à *Cosmographiae Introduction* – em aparente cunho científico. E o oportuno está que pareceram elas conter informações recentes acerca da quarta parte do mundo. A controvertida dedicatória do florentino ao duque é oportunista por interesse perspicaz, valendo-se dum fato político para sua passagem à calçada da História da fama no cumprimento de um instante supremo da mais alta importância. Por descuido do destino, os historiadores não lhe imputaram qualquer "influência", nem se flagraram da associação do rei com estes fatos, e muito menos daquele jovem príncipe com o jovem Colombo do passado.

Assim, Martin Waldseemüller inaugurou cartograficamente o novo nome América, que o legitima, exaltando-o numa coleção de verve antológica, na qual vários autores irão discorrer sobre o novo planisfério e outros conhecimentos humanos auferidos das descobertas obtidas.[485]

---

[485] Igualmente nesse tempo, todo conselho editorial não usaria seu próprio nome natural, mas uma alcunha latina.

Waldseemüller, que aparentemente se encarregara da culpa como autor da nomeação, se vê, depois, contrariado, já que, passado o ano da publicação (o príncipe Renné II morreria no ano seguinte), então ele não mais voltaria a se referir ao continente com o nome que deu, mas como "Índias". Isso causou estranhamento ao escritor alemão Stefan Zweig, por exemplo, que acusará o florentino como raposa sagaz.

A História oficial não deu a devida atenção às ocorrências do passado entre Colombo e o primeiro duque de Lorena. Nada se receou nem houve qualquer revide o fato de não ter efetivado o "saque" que se encarregara de cumprir. Mas o duque D'Anjou II, naquele momento, um moço igual a Colombo, cumpriria sua "vingança", quase às portas da sepultura. O santo dia "D" chegou em "Saint Dié" para sempre, retirando do almirante genovês o que lhe marcou como o final mais injusto da história das grandes descobertas.

A fase da vida de Colombo que se refere às relações entre Colombo e o rei René prima pela falta de dados mais esclarecedores. Consideram-na, inclusive, uma narrativa apócrifa, historieta duvidosa. Porém, é fácil deduzir por quê! Contratar serviços de pirataria para "sequestrar" uma galé de outra nação, às escondidas, seria reconhecer um conflito internacional, uma traição, onde comprometiam-se a um atentado ilícito, criminoso. Nenhum estado se aventuraria a reconhecer um erro de ação traiçoeira e, principalmente quando o objetivo não fora alcançado! Colombo atestou aqui, moralmente, sob força das circunstâncias, ser incapaz de saques, assassinatos, roubo, vandalismo etc. Ainda que, o estigma da pirataria fosse comum em mar aberto, assaz depois de suas descobertas.

Por consultar a tripulação, e diante de uma ocasião que resultasse em prejuízo de si próprio e dos demais, resolveu declinar do compromisso do assalto à "Fernandina", rumando para Cartagena. Em síntese, Colombo "traiu" a confiança do rei Renné I, assim como, por sua vez, este traíra a confiança do rei da Espanha. Foi o expurgo de um erro para impedir um outro. Pareceu não ter sido importante para registro oficial nos anais da história, pois causaria mudanças orbitais e influência depreciativa nas relações internacionais. Não apenas isso, mas pela honradez e dissimulação exposta. Mais à frente, em 1492, para o jovem rei francês, fixou-se na traição humilhante à Colombo - agora ao lado da coroa espanhola que favoreceu sua ânsia de descoberta antes dos franceses, pelos quais o genovês houvera sido primeiramente atendido.

Um lugar obscuro de falsidade surgiria na vida do herói brasileiro. Santos Dumont se inscrevera nos EUA (e também na Inglaterra) para competir em concursos com seus balões. Nas duas oportunidades ele danificou os aparelhos contra si mesmo, como se fosse um vandalismo criminoso de rivais, mas culpou os norte-americanos pelo ato fraudulento[486]. Santos Dumont se comprometeu, mas, por medo ou por outras explicações, anulou sua participação por meio de um subterfúgio histérico – quando avariou, às escondidas, suas próprias aeronaves. Assim, acabou por causar um mal maior. O fato de ter interpretado falsamente o homem americano fez dele alguém do qual, da parte deles, não obteria o reconhecimento conquistado na França.

---

[486] FREIRE, Gilson Teixeira. *Ícaro redimido: a vida de Santos Dumont no plano espiritual.* 7. ed. Belo Horizonte: Inede, 2006).

74. **Aproximação entre René II d'Anjou, Duque de Lorena e Orville Loren Wright.**

Imagens 176 e 177

Fontes:
18/09/2023: https://www.orderofthefleurdelys.org.uk/order-history/rene-de-lorraine/
https://www.dvidshub.net/image/699188/orville-wright

Orville nasceu em Dayton, cidade de Ohio. Este topônimo na forma de anagrama remeterá à francesa cidade de "Saint Dié" – centro cultural do citado rei francês. Orville terá sua vida fixada em Dayton, cidade interiorana, que fez dela também seu túmulo. Esta função lógica implicativa de "vida e morte" é importante, porquanto tal permanência consagra a referência local como dados primordiais que irão concretizar-se em importante espaço físico para a história da aeronáutica americana.

Em função de uma melhor explicação, podemos agora distinguir Wilbur e Orville dos "Irmãos Wright" e pensarmos os dois atores – aeronautas americanos – em separado. De modo que as tríades **Colombo/Vespúcio/René** e **Dumont/Wilbur/Orville** confirmam, entre si, novamente, três actantes históricos concomitantes pela experiência reflexiva – tanto no eixo sintagmático (foco simultâneo/ mesma época) ou cada um deles no seu espaço isolado da tríade, quanto no eixo paradigmático (foco sucessivo /em distintas épocas), onde cada tríade se relacionaria internamente e externamente entre si. O primeiro trio se situa nas questões das descobertas e nomeação continentais; o outro grupo se situa nas questões relativas à navegação aérea, como sabemos.

Essa observação mais silente poderá alocar-nos em posicionamentos antagônicos, ou de propensão ideológica, no sentido de marcarmos posição com certa acuidade analítica que induza a uma romântica "quebra de braço". Acho que não deveria ser assim. Nós, homens imperfeitos e de uma vida fragmentária, nos entretemos e caímos frequentemente em egocentrismos irracionais e nacionalistas, e nisso poderíamos pôr a perder todo estudo. Tentaremos não radicalizar atributos opositivos de "vilão ou mocinho" na história como se maniqueisticamente tudo se distinguisse entre oito ou 80. Diríamos que, quando tencionamos conhecer o sucedido e mostrarmos os processos percorridos, não confrontaremos apenas o signo actancial do programa narrativo literário existente, e não o sujeito histórico real, que já se foi, e este é um discurso feito apenas por uma pessoa, a pessoa do autor. Então, não podemos cair em dissenções partidárias.

Na foto da imagem, observamos uma passageira semelhança plástica entre os dois retratos dos personagens estudados: René D'Anjou II, o duque de Lorena, e Orville Wright. Os dois expõem um mesmo *closed* facial de modo a percebermos as posições das narinas congruentes entre si, tanto quanto o olhar personalístico de expressão. Não conseguimos nenhuma outra imagem do rei francês que não fosse do seu avô ou na forma escultural; já do Orville, pudemos encontrar muitas. Mas estas bastariam para reconhecê-los entre si.

O nome completo de Orville é ***Orville Loren Wright***, onde o "Loren" identificaria de onde viria sua força, ao modo de "Anteu" – da terra, então de lá viria toda sua subliminar força argumentativa. René D'Anjou II, o *duque de Lorena*, era por certo um referencial histórico na principal região do Sudeste francês. O nome "Orville" também recebe uma característica especial da linguística francesa que valoriza o "ville", conquanto a vogal "i" se sobressai aos dois "ll", tornando-os mudos.

75. **Lorena e Estados Unidos da América: símbolos nacionais.**

Imagens 178 179

Fontes:
18/09/23: https://pt.m.wikipedia.org/wiki/Ficheiro:Flag_of_the_United_States.svg
https://oslorenas.blogspot.com/2010/01/o-duque-de-lorena-rene-ii-danjou.html

Aqui, apresentamos planos de cores e formas como sequência arbitrária de dois símbolos nacionais representativos em flâmula ou no estandarte. Neste caso, vemos a bandeira dos vários povos da região de Vosges/Lorena que abarcam de seis bandeirolas indicando cada região específica; e ao lado, temos a atual bandeira nacional dos Estados Unidos da América, com as representações das antigas 13 colônias (listras) e dos estados atuais (estrelas). Notadamente nesta bandeira dos EUA, observando bem, veremos simplificada a ideia do pontilhado equidistantes de estrelas sob um fundo azul e as listras brancas que se alternam com listras vermelhas. Na outra bandeira, do duque Renné, temos duas sequências de pontilhados equidistantes de cruzes distintas sob um fundo azul e duas sequências de listras onde a cor vermelha prevalece. O escudo central, diferentemente, tem um significado especial – representa Lorena propriamente dita, a que faremos referência.

A história registra que os reis de Anjou receberam uma nobre e profunda educação humanista, de modo a se expressarem bem no latim e terem um grande interesse pelas artes, letras e ciências geográficas. Neste sentido, suas contribuições permitiram que a histórica visão ptolomaica fosse aperfeiçoada ou substituída pela original distribuição do que seria o Novo Mundo, segundo os preceitos básicos descritivos que se voltavam a Vespúcio e outros. Mas ao final, em homenagem a quem lhe dedicou uma de suas epístolas, reciprocamente lhe devolve a cortesia, incluindo astuciosamente seu nome sobre o desenho do continente sul-americano, batizando-o com a denominação mais natural e a melhor homenagem que poderia ter feito. Porém, há registros de dados com respeito a "erros" cartográficos exarados, quiçá pelo nobre líder de Vosges. Sabemos, por estudos atuais, que, de forma indireta, Martin Waldssemüller redesenhou planos cartográficos da província de Lorena, estendendo-a a outros campos no mapa, alargando fronteiras além dos limites de *Lorraine*. Também copiava os mapas e os nomes de ponta-cabeça, de modo a inverter a visualização, pois quem acha que está por cima pretenderá avançar para baixo, e vice-versa. Eram comuns as competições esportivas e político- militares em torno de alcances territoriais.

Há singularidades entre a figura de Orville Wright e René II de Anjou, além das que ambos guardam, respectivamente, em relação a Santos Dumont e Cristóvão Colombo. Orville, até os seus últimos dias de vida, ajudou a projetar a imagem de Wilbur e sobressaltar-se como os irmãos Wright, para fazer prevalecer sua responsabilidade à invenção do aparelho aéreo – em detrimento de Santos Dumont, assim como, da mesma forma, antes havia se passado com rei René em relação a Vespúcio e Colombo. Esta projeção personalística fez-se por meio das publicações conhecidas. O duque Renné, em 1508, como já vimos, fizera publicar o *Introduction cosmografie*, como forma de divulgação, não apenas para publicizar o florentino, como um "navegador sábio", mas porque vinha junto aquela dedicatória à sua pessoa, fazendo obter algum grau de imortalidade nesta ostentação de oficialidade científica.

A seguir, temos dois ícones de poder político que encabeçam determinado mapa da região francesa "Westrich" de *Lorraine*, sob domínio de René, latinizado para "oeste" como um novo símbolo heráldico. É relevante também saber que, antes de qualquer ataque militar aos domínios de território vizinho, este político astuto já pré-definia a extensão topográfica alinhavada com os limites territoriais a seu favor, e, depois, mais aventureiramente ainda, formalizaria marcas heráldicas a serem assumidas como suas representações características locais, designando o que já era seu antes mesmo de ir para o campo de batalha.

76. Westrich (René d'Anjou II) e West Side News (Orville Wright).

Imagens 180 e 181

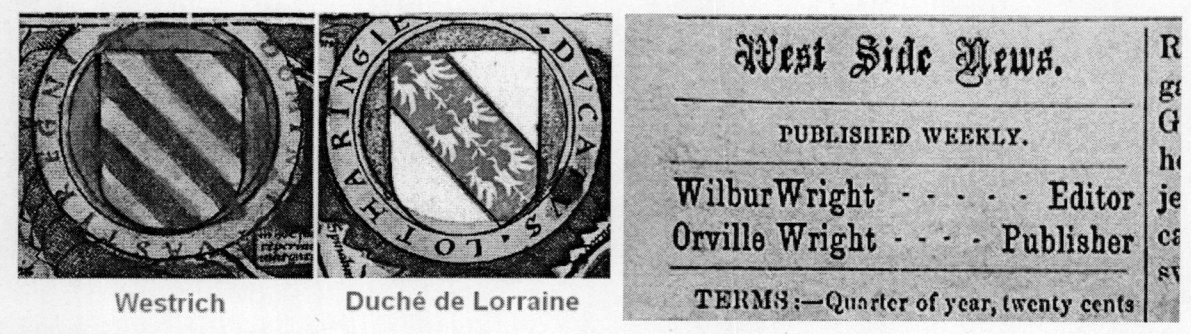

Westrich   Duché de Lorraine

Fontes:
19/09/2023: https://www.autour-du-mont-sainte-odile.fr/2019/03/la-carte-de-la-lorraine-de-martin-waldmuller-1513.html
https://www.linkedin.com/pulse/first-controlled-sustained-flight-powered-aircraft-17-jim/

Ao nos atermos às duas imagens, teremos dois "planos de expressão" simbólicos: a figura acima, à esquerda, em cuja base encontramos a denominação de *Westrich*, remete ao duque Renné de Lorraine (que antigamente, conforme a imagem, era conhecida por Lotharingia), e, na seguinte, vemos o recorte do periódico *West Side News* criado por Orville. Este remonta à sua história, quando atuou profissionalmente como gráfico, publicando este jornal homônimo com a colaboração de ter seu irmão mais velho como editor. Repetem-se neles a mesma inferência espacial "Oeste"[487]. Este vetorial no *plano do conteúdo,* ou o significado de direção ao qual nos servimos, fixará o retorno da mesma ideia básica no *plano da expressão,* explícito, como significante nominal idealizado. É o *Novus Mundus* de Américo Vespúcio.

O duque Renné fizera introduzir Américo Vespúcio como grande vulto, ainda que balofo, dispondo-o lado a lado da imensa figura cartográfica, com a envergadura de Ptolomeu. Assim, fez expressar no atlas mundi, num grafismo paralelo, os dois retratos dados como marca paradigmática de efeito contemplativo. No mais, ressalvando o espírito jornalístico de duque de Lorena, o aviador Orville igualmente formalizaria um periódico de notícias que atendia às principais motivações jornalísticas no sentido de ser um órgão de comunicação da comunidade citadina. Então, temos em Orville que, na primeira fase profissional de sua vida, mostrando-se interessado na atividade editorial, chegou a produzir em sua gráfica o semanário, que, numa menor escala, reproduz em seu íntimo a mesma virtualidade que outrora a publicação de Saint Dié conseguira. O nome "West Side News" era escrito em letras góticas bem ao sabor das escrituras alemãs e a seu tempo. Está aqui a corroboração de que tanto o latinizado "Renatus II" como "Orville Loren" detinham um interesse especial pelos fatos divulgados, de modo a atestá-lo como um interesse especial de identificação, como a lembrar que, antes da "América", havia o "West Side" dele, o lado ocidental das Índias, ou a "quarta parte".

Voltando à Saint Dié de Vosges, na França, entendemos que foi devido ao que podemos chamar "maquinação" de um nome, ainda em aberto, para as Índias Ocidentais, na França, que Colombo perdeu, para um florentino rival, a chance de nomeá-la. O *Gymnasium Vosagense* fora um meio de monopolizar a divulgação desta publicação acadêmica, antológica renascentista, das Geografia/ Cartografia – ciências aplicadas prósperas daquele século –, marcada por 60 edições que se espalharam por todo o mundo conhecido de então, fazendo do tema a publicidade necessária para, com a força da repetição, estender o quanto possível o nome batizado. Foi uma corrida e uma aposta, que sobreviveu a despeito de todos os valorosos argonautas de todos os tempos.

Observamos que o duque de Lorena usaria, como rei, e institucionalmente, o afamado Conselho do Centro de pesquisa de Saint Dié de Vosges, o reconhecido *Gymnasium Vosagense,* para seu intento, assim como, 400 anos depois, o americano Orville Wright, além talvez de seu citado periódico local, usaria o MIT (*Massachusetts Institute of Technology*) nos EUA, para referendar suas interpretações e vontades quanto à supremacia de seus nomes frente à invenção do voo em detrimento de Santos Dumont e até de Gustave Whitehead, deles conhecido.

O duque, ao deliberar nos bastidores, sob sua responsabilidade, a nomeação do continente americano como quis, ele afastou Colombo, recém-falecido, de sua primazia. Por outro lado, os Irmãos Wright, em continuação ao que ideologicamente se maquinou fazer, defenderam riscar o nome de Santos Dumont da prioridade aérea conseguida. A intenção lá atrás de liderar a divulgação

---

[487] Esta articulação expõe um referencial linguístico dêitico apontando a direção "oeste", e agora, numa embreagem do tempo, com outra significação intuitiva, faz ampliar sua ordem de valores aos desideratos da nova época. O nome *Osterreich* seria a fronteira do império carolíngio no século IX, como reino do Leste, império oriental ou a Áustria, em alemão.

de "América" como encaminhamento político deu muito certo, corroborando o malfeito aos poucos, sem maiores consequências e naturalmente. Conhecemos, pela história ou literatura, os inúmeros rebatimentos da tal injustiça contra o genovês, porém nada disso mudou ou fez a história assumir outra direção, pelo próprio direcionamento de quem produz o discurso histórico. Lá na frente, na aviação iniciante, eles, capciosamente, fingiram passar a ideia de casuais e indiferentes, contando que tudo se imporia naturalmente, sem precisar dar qualquer satisfação.

O referencial toponímico *América,* proclamado em 1508, depois, curiosamente, não veio mais a ser usado pelo próprio "criador" Martin Waldssemüller. Supomos, por isso, que aquela justificativa inicial fora marcada por um tom impositivo. Sabemos que, nesse ano de 1508, também ocorreria o falecimento do duque II d'Anjou, favorecendo talvez a ideia do afrouxamento nominal e deixando livre qualquer outra possível renomeação mais sensata. A Espanha nas mãos de Fernando, o católico, permaneceria difusa, entretanto se omitirá silenciosamente, sem retrucar qualquer posição sobre isto, certamente para não reconhecer privilégios aos descendentes de Colombo. Isabel de Castela há muito havia falecido (1504).

77. Referenciais toponímicos: "Kill Devil Hill", "Le Boule e La Roche du Diable"

Imagens 182, 183 e 184

Fontes:
18/09/2023: https://docsouth.unc.edu/commland/monument/111/
https://www.visugpx.com/UgUvJLF21w
http://www.chaletlespins.fr/que-faire-en-eacuteteacute.html

Assim como Orville escolheu experienciar os primeiros voos às escondidas no monte *Kill Devil Hill*, ou seja, em português *Colina Mate o Demônio*, poderíamos viajar mentalmente e chegar a uma outra não menos curiosa região sombria da *Lorraine* francesa. Lá encontramos várias colinas, estranhas conformações rochosas e um monte íngreme frente a um precipício conhecido por *La Roche du Diable*. Neste local, também localizamos a *Boule du diable* – uma imensa pedra solitária posta no chão. Estes topônimos geológicos são marcas implícitas de um estranho referencial que os acompanha aqui discretamente como signo do medo, um local aparentemente cheio de emoções.

A região *Kill Devil Hill*, na Carolina do Norte, é considerada hoje um dos locais mais importantes da aviação norte-americana e onde seguem homenageados os irmãos Wright, pelo registro ali, dos citados "primeiros voos". Há outra grande pedra-monumento com uma placa comemorativa encravada, na qual fazemos registro com a primeira fotografia acima. A propósito, vem-nos agora em mente que, nas antigas navegações portuguesas, se marcavam suas conquistas além-mar e descobertas territoriais por meio de um "padrão". Esta homenagem aos Wright não fica longe do que seria uma volta ao antigo padrão português. O tal material rochoso era uma imensa pedra ou "pedrão"[488] que agora equivalemos aqui à "Boule du diable" – de altura duas vezes maior, apresentando forma idêntica, com a designação da mesma personificação do mal do monte de Kitty Hawk.

Então voltamos aos relacionamentos metafísicos da semiótica básica em que podemos predicar aos "metatermos" Vida e Morte, num generalizador dos investimentos semânticos relativos ao confronto do Bem e Mal, Deus e Demônio, início e fim, claro e escuro etc. Os navegadores ou viajantes ao tempo das descobertas, quando se afastavam em alto-mar, diante do desconhecido na escuridão noturna, ou nas altas tempestades, naturalmente, urgiam o temor que avariassem seu navio e os levassem à morte. O medo ressurgido como angústia existencial trará ao homem o descobrimento de suas próprias limitações, sua pequenez diante do infinito, fazendo-o constantemente recorrer ou evocar o sobrenatural, os deuses, ou de forma humilhante, sujeitar-se a "pagar" difíceis promessas num comércio invisível do espírito em desespero como último recurso possível à vida. No século XV, descobriu-se o *Cabo Bojador*, conhecido melhor como o Cabo do Medo, pois acreditavam intransponível e ameaçador. Quando chegam a ultrapassá-lo, descobrem o *Cabo do Não*, trazendo novas preocupações supersticiosas. Dele saiu o receio "quien va al cabo de Non, o tornará o non". Temos o cabo nomeado, primeiramente, como *Cabo das Tormentas*[489] ou do Diabo, onde quem o descobriu ali depois morreu (seguindo a maldição lançada por Adamastor, em *Os Lusíadas*) etc. São vários os obstáculos aos quais se defrontavam os "corajosos" navegantes[490]. O próprio Oceano Atlântico era conhecido por *Mar Tenebroso*. Colombo, em sua primeira viagem à América, corroborando sempre maus presságios, encontra a principal ilha das Canárias, Tenerife, cuspindo fogo, em erupção. O historiador Sophus Ruge descreve-a dizendo que "esta atividade subterrânea era de longa data conhecida [...] O italiano que a descobriu chamou-a por isso Teneriffe, *isola del inferno*"[491].

Na região litorânea do estado da Carolina do Norte, onde os irmãos Wright se exercitavam na arte de voar, concentra-se um dos litorais mais traiçoeiros e acidentados dos EUA. Ali está o Cabo Hatteras, conhecido como "Cemitério do Atlântico". Há grande presença de bancos de areia, atóis e recifes ao longo da costa, registrando sempre muitos acidentes e naufrágios por toda sua extensão.

Como vimos coincidentemente, temos nossos aviadores corroborando um mesmo atavismo, quando associavam suas aventuras ao encontro do desconhecido com preocupações escatológicas estendendo, à natureza ou ao sobrenatural, a potencialidade de acerto ou danos. São elementos simbólicos que continuam a marcar certa característica psicológica e de fé, apesar de toda coragem que precisam valer-se para ir além dos próprios limites humanos. Também, em Santos Dumont, há muitas marcas supersticiosas.

---

[488] O termo "padrão", escrito originalmente em português, deriva de "pedrão", aumentativo de "pedra", e se caracteriza como monumento "sinal de propriedade" ou marco de posse de território.

[489] Bartolomeu Dias é seu descobridor e ali morreu quando de sua viagem junto à esquadra de Pedro Álvares Cabral, depois da descoberta do Brasil. Este cabo foi renomeado pelo rei D. João II como "da Boa Esperança".

[490] Temos, por outro lado, no sentido de amenizar e controlar o terror, pelo qual experimentavam, a urgência de nomear (principalmente os portugueses) todos os locais de acordo com o santo do dia. Alguns persistem até hoje, justificando, assim, as denominações toponímicas pela data de ocorrência da descoberta.

[491] RUGE, Sophus. *Colombo*: o quarto centenário do descobrimento de um Novo Mundo. Rio de Janeiro: Laemmert & C. Editores, 1893, p. 72, grifos do autor.

78. Alerion e Aileron em simbologia anagramática

Imagem 185 e 186

Fontes:
18/09/2023: https://educalingo.com/pt/dic-fr/alerion
https://oslorenas.blogspot.com/2009/12/nocoes-de-heraldica-brasoes-dos-duques.html

Algumas simbologias de Lorena. O que seria o antigo "alerion" francês? Para fazermos referência à simbologia heráldica, voltaremos à articulação comparativa. A simbologia do "alerion" traz um argumento importante na associação de Orville ao duque de Lorena. O alerion consiste na imagem de uma águia sem bico nem pés, sinalizada na heráldica. É sempre mostrada de cima em voo estendido. Esta denominação tem origem em "aliers", antiga lexia gaulesa que significa "ave de rapina". É derivada do latim "aquilario", diminutivo de "aquila", ou águia. Ela compõe um dos símbolos da região e, mais do que isto, do próprio duque, seu soberano. O brasão de Lorena é descrito minuciosamente por Pierre Eugène Marot[492], historiador de Vosges, como "escudo de ouro, para a banda Gules, carregada de três alerões de prata, colocada na direção da banda". O historiador acrescenta que a casa da Lorena adotou esse pássaro, porque a palavra "alerion" é também o anagrama de "Loreina", forma antiga usada para "Lorena". Assim, nessa linha, parece-nos oportuno lembrar do anagrama das sílabas trocadas: "Saint Dié", para "Dei tains", ou "Dayton". Assim como o duque usou "Loreina" para "alerion", também já alternava, quando convinha o francês "Renné" para o latino "Renatus". Assim procediam os conselheiros do Ginásio de Vosges.

No século XX, atualizando os anagramas, a mesma lexia sugere a palavra "aileron" – são peças da direção de navegação tal como o leme, e outros. Os irmãos Wright se gabavam de ter conseguido patenteá-lo primeiro, a fim de realizar as curvas em voo[493] e o próprio pouso. O aileron é uma lâmina das asas que, quando uma delas é estendida ou baixada, cria tal resistência ao ar que faz com que o avião gire em torno de si mesmo pela pressão exercida sobre o ar. E quando forem os dois ailerons acionados, sua resistência trava o aparelho, fazendo-o baixar e, conjugado ao arrefecimento do motor, pousar.

---

[492] Pierre Eugène Alexandre Marot (n. 1900 e m. 1992) foi um reconhecido historiador da França medieval. Exerceu o cargo de diretor da Escola Nacional de Chartres.

[493] Podemos visualizar, nas fotografias antigas, que Santos Dumont também possuía ailerons nas asas do aeroplano 14 Bis, entretanto não temos demonstração de voo em curva. Ele serviu ao contrário, para o veículo manobrado manter-se reto. Com relação ao aperfeiçoado *Demoiselle*, pode ser vista a filmagem de seu voo em curvas.

A proximidade dos significantes "alerion" e "aileron" estando diretamente ligados ao personagem Renato II e Orville, fez claro sentido. Alguns agentes simbólicos ainda contribuíram para uma intersecção cuja abrangência vale refletirmos. Um dado material pode tomar nosso psiquismo e impulsionar uma ação, não apenas na forma fonética-verbal, mas pelo seu conteúdo interno. Se tomarmos o alerion no aspecto em que destacamos heraldicamente – como um pássaro sem patas –, os *Flyers* dos Wright seriam também aparelhos voadores sem rodas, que provavelmente poderiam sacrificar o aparelho ao pousar. Mas esse não é o caso. O caso é que ele, dessa forma, não voaria! O alerion sem patas e os *Flyers* sem rodas nos asseguraria certa sincronicidade fenomênica. Referimo-nos neste aspecto em especial, porque nele pudemos equivaler outro momento muito curioso na literatura de bordo: o que consta no *Diário de navegação de Fernão de Magalhães*. Lá encontramos um registro como "Ave do Paraíso", como o escrivão Antônio Pigafetta descreveria o pássaro exótico. Esta passagem nos intrigou sobremaneira, como por inusitada correspondência que nos pareceu até profética.

Aponta a questão do voo como um tópico no *Diário de Bordo da viagem de Fernão de Magalhães* na viagem de 1519. Para tanto, tomamos o dia 17 de dezembro e o parágrafo do Diário que o escrivão Antônio Pigafetta registrou em 1521, quando descrevia suas ocorrências. Chamou-nos atenção àquele denominado "Aves do Paraíso", na tradução da editora "L & PM História":

> **Aves do Paraíso** – Nos deu também para levar ao rei da Espanha dois pássaros empalhados muito bonitos. Tinham o tamanho de um sabiá: a cabeça pequena, o bico comprido, as patas da grossura de uma pena de escrever, o rabo parecido com o do sabiá; sem asas, tendo em seu lugar longas plumas de diferentes cores. As demais plumas são escuras. Só voam quando tem vento. Dizem que vêm do paraíso terrestre e os chamam de "bolondinata", isto é "Pássaro de Deus".

Poderíamos explicar o acontecimento de 17 de dezembro[494] de 1903 como sendo produzidos por "dois pássaros empalhados muito bonitos" – os dois irmãos americanos. Mas eles não eram tudo o que se dizia deles, eram pequenos – "tinham o tamanho de um sabiá" –, não eram inteligentes – "a cabeça pequena" –, falavam demais e além da verdade – "bico comprido" –, e logo mais, relembrando o símbolo do "alerion", ele fala da existência de patas – "as patas da grossura de [...]" –, mas sobre isto há uma nota na mesma publicação, que diz o seguinte:

> O cavalheiro Pigafetta foi talvez o primeiro a mostrar aos europeus que a Ave do Paraíso (Avis paradisíaca, de Linneo) tem patas como as outras aves. Estavam tão convencidos de que não tinham patas (porque todos que as empanavam para vender as cortavam), que o naturalista Aldrovando (De Avibus, tomo I, p. 807) afronta nosso autor quando este as descreve com patas[495].

Em continuidade, Pigafetta compara estas asas a "uma pena de escrever", e "escrever" é o verbo inglês "writer", mesma fonética de "wright" sobrenome dos irmãos "yankees". Não pode voar a ave que não tem asas – "sem asas" –, como diz o texto. Depois assevera, tendo em seu lugar "longas plumas de diferentes cores", ou seja, induz à mistificação desta ação de voar. "As demais plumas são escuras", poderíamos entender algo negativo, maldoso, ou no mínimo de algo esquivo de difícil percepção. E acrescentando, explica-se "só voam quando tem vento", isto é, não voam por seus próprios meios, planam. E mais, "dizem que vêm do paraíso terrestre". A "América" tinha fama de "paraíso terrestre" desde sua descoberta como consta no *Diário de bordo* do descobridor[496]. E, ao evocá-los

---

[494] Dia e mês do primeiro voo defendido pelos irmãos Wright, em 1903.

[495] PIGAFETTA, Antonio. *A primeira viagem ao redor do mundo*: diário da expedição de Fernão de Magalhães. Porto Alegre: L&PM Editores Ltda., 1985.

[496] "O Paraíso terrestre está no fim do Oriente, pois essa é uma região temperada. E aquelas terras que ele acabava de descobrir são, segundo ele, o fim do Oriente" (21 de fevereiro de 1492). Colombo leu, no *Imago Mundi*, de Pierre d'Ailly, publicado em Saint Dié, que o paraíso terrestre devia estar localizado numa região temperada além do Equador.

como "pássaro de Deus", afirma-se o caráter dominador de serem superior ao "diabo que matariam no monte" de Kitty Hawk. Dessa forma, podemos nos servir de expedientes inauditos nessa análise literária qualificando determinado sentido, que produz certa estupefação, mormente aos enfoques dialéticos relacionados à invenção do aeroplano pelos americanos.

79. Um atlas mundi rígido e os dirigíveis *Zeppelin*

Imagens 187 e 188

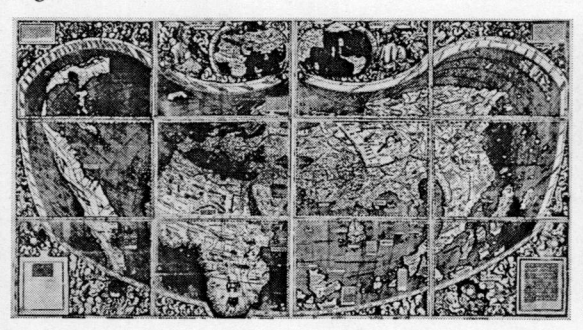 

Fontes:
https://www.bbc.com/portuguese/especial/170_novosmundos/page12.shtml
http://historiasylvio.blogspot.com/2012/05/acidentes-historicos-ar.html

Anteriormente, já exploramos o arquétipo da forma do orbe planetário implícito aos aeróstatos, quando o aeronauta construtor lhe fixava a identidade toponímica por sua designação. Nesta correlação, quando, num de seus modelos estruturais, Santos Dumont chegara a denominar, por exemplo, seu menor balão esférico de *Brasil* e o seu maior balão esférico de *Le Deux Amériques*, aproximando, como metalinguagem, o globo de ar ao orbe planetário ou parte dele.

Agora, vem-nos outra faceta do procedimento intuitivo. Em Saint Dié, quando foram reunidos os vários mapas cartográficos do Novo Mundo, eles o produziram ampliados em grandes placas impressas de acordo com a extensão que requeria uma apreciação que contivesse uma melhor discriminação desses lugares, como material-base à publicação. Agora, trocando da água para o vinho, quanto ao balão dirigível, a visão dele inflado, em posição de largada para voo, é uma fonte de significação igual ao construído em papel sobre um plano, tal como identificaríamos o material cartográfico com mundo descrito da realidade que ela representa. É caraterístico da folha de papel estar em plano estendido ou dobrado e ser dobrável e desdobrável. Articulamos os mapa-múndi rígido como similares a um dirigível rígido que não poderá ser desinflado, ou melhor – dobrado, para depois inflar-se ou desdobrar-se. Lembremos que Santos Dumont inventou o "hangar" para não desinflar os dirigíveis, já que podiam ficar guardados no hangar até uma próxima ascensão.

No caso dos dirigíveis *Zeppelin*, de balão rígido, é o início da linha de construção de dirigíveis de duralumínio pelo alemão Conde Ferdinand Von Zeppelin[497]. Esses dirigíveis prateados foram, para o mundo, uma espécie de identificação do avanço tecnológico alemão. Todos eram comumente chamados de *Zeppelin*.

---

[497] Curiosamente, na cidade de Saint Dié de Vosges há um memorial em homenagem ao Conde Zeppelin que pode ser acessado através deste link: https://www.aerosteles.net/steleen-stdiedesvosges-zeppelin.

Às folhas laminadas rígidas desse aparelho aéreo do Zeppelin, articulamos as folhas ou pranchas rígidas de madeira, das quais foram projetadas as placas do imenso atlas planisférico do mundo, chamado *"Universalis Cosmographia"* – criado em 1507, por Martin Waldseemüller. Este imenso planisfério, o primeiro a conter o nome *América*, está representado numa grandeza em escala jamais tentada: 36 pés ou 11 metros quadrados, distribuídos em três setores, cada um dos quais com quatro seções. O imenso mapa no total, **gravado em madeira**, tem 12 seções. Depois desta iniciativa, ele apenas fez outro, igualmente, de mesmas dimensões e rígido, na reprodução da *"Carta Marina Navigatoria"*, de 1516, com novos detalhes. Já fizemos equivalência de cartografias, orbes planetários, com aeróstatos em geral. Comparamos agora este singular registro cartográfico com a grandiosidade singular dos dirigíveis rígidos – os *Zeppelins*[498]. As dimensões exageradas estão na essência de precisarmos obter um objeto de dimensões inigualáveis, fortalecendo a ideia do domínio do homem sobre a natureza como propriedade.

80. Carimbo e assinatura: o reverso da intervenção espacial

Imagem 189 e 190

Fontes:
19/09/2023: https://fr.wikipedia.org/wiki/Planisph%C3%A8re_de_Waldseem%C3%BCller#/media/Fichier:CosmographiaeIntroductio2.jpg
https://es.wikipedia.org/wiki/Archivo:Zeppelin_LZ_4_with_stabilizers,_1908.jpg

O nome Conde ou "Graf" Zeppelin ficou muito associado aos dirigíveis (mesmo depois da sua morte, em 1917) mais-leves-que-o-ar projetados pelo engenheiro Ludwig Ferdinand Dürr, de modo que seus dirigíveis foram denominados com um "L" de Ludwig e um "Z" de Zeppelin, tendo como sequência numérica "LZ" 1, 2, 3, e 4. Depois da morte do Conde, em 1917, a companhia Zeppelin, passando a ser liderada por Ludwig Dürr, continuou a fabricá-los, perfazendo mais de 100 aeronaves ao todo. Também encontramos que a sigla "LZ 1" signifique "Luftschiff Zeppelin", ou seja, "Dirigível Zeppelin". Lá atrás, essa ambiguidade reapareceria, quando Martin Waldssemüller, junto do Gymnasium de Vosges, editava suas publicações – o carimbo da imagem acima. Sua marca singular

---

[498] O dirigível Hindenburg, projetado por Dürr, tinha 245 m de comprimento, 41,5 m de diâmetro, voava a 135 km/h, e foi construído na Alemanha pela companhia Zeppelin. É atualmente considerado o maior dirigível do mundo.

de impressão é este carimbo que aparece em destaque no *Cosmographiae Introductio,* que distinguia as iniciais dos nomes dos que participaram da confecção do Mapa-múndi. Podemos distinguir as abreviaturas **SD** como referência ao Sanctus Deodatus; **GL** para Gauthier Lud[499]; **NL** para Nicolas Lud; e, finalmente, **MI** para Martin Ilacomilus (Martin Waldssemüller). Tais significantes da simbologia contida na marca de impressão de Vautrin Lud do seu Gymnase Vosgien, século XVI – como vemos na imagem, constituem-se numa codificação afixada no verso do imenso planisfério (não aparece frontalmente). Na análise da outra foto do tópico, encontramos o signo similar aparecer atrás dos Zeppelins, com alguma pequena variação, perfazendo o mesmo motivo geral, a marca circular cortada vertical e horizontalmente com uma cruz cortada duas vezes. Acresce ao fato que as pontas das linhas horizontais do carimbo terminam na forma vetorial invertida, como a visão traseira dos Zeppelins.

Em Santos Dumont, surgiam traços assemelhados ao orbe terrestre (planisfério) com os aeróstatos. Os elementos arquetípicos distribuídos nas duas épocas são de um lado, o conde Zeppelin com o apoio de Ludwig Dürr – o maior construtor dos dirigíveis LZ –, e refletindo neste, voltando à era quinhentista, está a contribuição de Waldseemüller, "o mais notável cartógrafo da sua época" e o reconhecido Vautrin Lud, que disponibilizava infraestrutura logística, na função de secretário de Renné II, com todo paramento necessário à sua produção técnica.

81. Bartolomeu Dias e Clément Ader

Imagem 191

Fonte: By Rama, CC BY-SA 3.0 fr, https://commons.wikimedia.org/w/index.php?curid=69980215

Bartolomeu Dias encontrou o ponto mais austral do continente africano quando dobrou o Cabo da Boa Esperança, que havia chamado "das Tormentas" ou "Cabo do Diabo". Os problemas pelos quais passou em viagem numa rústica caravela fizeram com que retornassem e reprogramassem, quiçá, outra viagem mais fortalecido. Acredita-se que por força da tripulação que resolveu voltar a Portugal e minorar seus sofrimentos, salvando a maruja e a própria vida. Esta designação do Cabo poderia valer-lhe um grande desprendimento e coragem, mas não lhe valeu o nome, pois, logo a seguir, foi renomeado pelo rei de Cabo da Boa Esperança. Então, entre outros dissabores, surgiu uma sensação de discordância quanto à sua prerrogativa de nomear. A permuta do "das Tormentas" para "Boa Esperança" trouxe-lhe um teor contrário daquele que pressupunha em juízo. Na verdade, depois de sua descoberta, não obteve mais a comanda de esquadra alguma, apesar de ser capitão de uma das caravelas da esquadra de Pedro Álvares Cabral, quando da expedição de descoberta do Brasil, em 1500.

---

[499] Parece não existir um consenso sobre a grafia do prenome de Vautrin Lud, que poderia ser Gauthier, Gauthier, Gualterus, ou simplesmente Walther. O patronímico "Lud" é uma redução de "Ludwig". Neste sentido, é que aproximamos Wautrin Lud ao Ludwig Dürr.

Clément Ader se equipara a Bartolomeu Dias no sentido de que não conseguiu inventar o avião como haviam feito Santos Dumont, nem como os Wright, ou chegar às Índias como Colombo e Gama, mas Ader conseguiu chamar seu aparelho mais-pesado-que-o-ar de "Avion", em francês (também em espanhol, catalão, bósnio, croata e romeno), ou "Avião", em português, entre outros similares. O almirante Dias não conseguira fixar como "Cabo das Tormentas" o que havia nomeado, mas o Eng.º Ader legitimou a designação do aparelho voador que temos atualmente, bem como alguns derivados linguísticos propostos, como citamos em outro capítulo. Porém, prevaleceu ainda o antigo estigma místico no formato do design de sua aeronave como "morcegoides". Evidentemente, a ideia dos quirópteros constitui-se numa atualização animalesca dos voadores mamíferos noturnos, invocando medo e mistérios existentes diante da miraculosa, até então impossível, faculdade humana de voar.

A reversibilidade à sensação catastrófica que Bartolomeu Dias acabou sofrendo nas tempestades austrais apareceria igualmente nos aparelhos que Ader designou: Avion I, Avion II e Avion II. Cada um deles tem um subtítulo clássico indicando potestades dos vendavais da visão grega: o primeiro grande morcego chamava-se Éolo (deus dos ventos), o segundo morcego, *Zefir (vento oeste)*, e o terceiro morcego, *Aquilon (vento norte – frio e forte)*. Ao tempo que esse navegador chegou a Portugal, retornando de sua viagem de 1488, Colombo estava lá e o viu retornando sem cumprir, infelizmente, seu desiderato de alcançar as Índias. Algum tempo depois, em 1493, por sua vez, Dias veria, em Lisboa, Colombo retornar com sucesso de sua primeira viagem às Américas, e não quis, na hora, deixá-lo aportar.

Uma tempestade de vendavais em alto-mar foi a causa do naufrágio e da morte de Bartolomeu Dias, justamente no lugar onde descobrira para Portugal: no *Cabo das Tormentas*[500], ou *Cabo do Diabo* (hoje o que há é o Pico do Diabo), o segundo ponto mais austral da África, onde se pensava existir, na região dos antípodas, seres que viveriam do outro lado do globo, de ponta-cabeça, como os morcegos!

82. O significado de "Spirit of St. Louis"

Imagens 192 e 193

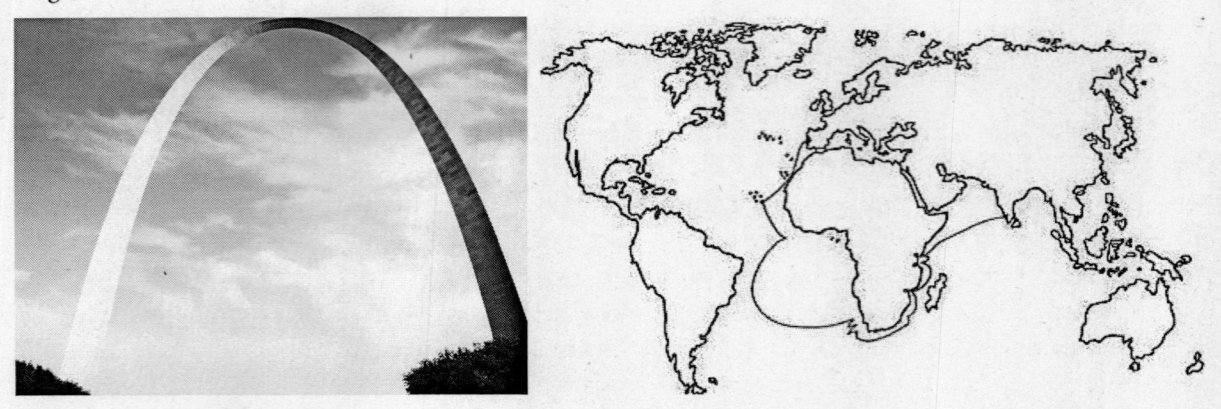

Fontes:
https://www.publicdomainpictures.net/pt/free-download.php?image=arch-monumento-gateway&id=149796
https://www.sutori.com/en/story/a-descoberta-do-caminho-maritimo-para-a-india--J9tnmfG66A1t4pUqRRoCWyom

---

[500] O Cabo descoberto por Bartolomeu Dias, *das Tormentas*, foi renomeado por El Rei João II para *Boa Esperança*, talvez a motivação de Dias para nomear negativamente fosse, justamente, para renomeá-lo, entretanto melhor seria se passasse para o seu nome, que não foi feito. O Clement Ader, igualmente, subnomea seus aparelhos dando os nomes dos ventos mitológicos dos vendavais.

O que significa "Spirit of St. Louis" – o nome do aeroplano de Charles Lindbergh? Em Saint Louis, cidade de Missouri/EUA, há um imenso Arco chamado "Gateway Arch", o maior arco do mundo que se tornou símbolo deste Estado dos EUA. Ele homenageia a brava conquista do Oeste americano. Assim também no Brasil, as "capitanias hereditárias" estavam confinadas à faixa de terras litorâneas a Leste do continente, fixadas pelo "Tratado de Tordesilhas" entre Portugal e Espanha; porém seus limites se ampliaram pelos bandeirantes em direção a oeste. Assim, reproduziu-se nos EUA. As Treze Colônias americanas iniciais expandiram-se por meio da "Conquista do Oeste", tracejando novos limites aos EUA. De modo que a região conhecida hoje por Saint Louis (antiga colônia francesa) serviu de passagem aos antigos colonizadores yankees, hoje consagrados no monumento "Gateway Arch": ultrapassar fronteiras, abrindo caminhos seguindo aquela rota de passagem ao Oeste americano é o que simboliza o "Gateway Arch".

Voltando à história, vemos que, para Vasco da Gama, o "Cabo da Boa Esperança", nomeado assim por D. João II, exprime um interesse comum de ultrapassar o ponto mais austral do continente africano, para alcançar às Índias. Tanto St. Louis quanto, outrora, a Cidade do Cabo - têm, nesta abordagem, o mesmo significado de mediar "o caminho para as Índias", como ao Oeste americano. Neste contexto, elas seriam espaços referenciais, se adotarmos este cenário de significação cartográfica.

O aeroplano "Spirit of St. Louis" – designação da aeronave de Lindbergh –, inconscientemente, faz alusão a este arco como também, diríamos, ao poeta maior português Luís Vaz de Camões, d'*Os Lusíadas*, quando, à moda de Homero, narraria a genialidade épica dos portugueses na Ásia. Esta grandiosa aventura poética lusa descreve, em versos faustosos, o maior périplo português – a viagem de Vasco da Gama. Diante disso, o almirante Vasco da Gama se tornou um dos maiores heróis portugueses. O aeroplano de Lindberg reflete ao nosso ver, a metalinguagem da superfície toponímica e histórica, retendo, em seu nome, não manifesto, o prenome de Luís de Camões, homenageando-o aqui, indiretamente.

No plano da expressão, o arco monumental – "Gateway Arch" – pretende ser um marco exponencial, o maior do mundo, restituindo a importância do desbravamento americano. Temos o arco na primeira imagem. A segunda imagem, em esquema gráfico, está o roteiro arqueado, concebido como estimativa do trajeto realizável, em embarcação a vela, para a transposição do ponto mais austral do continente africano.

Lindbergh se assemelha a Vasco da Gama, quando este chega a Calecute, na Índia, precisamente, no dia 20 de maio, já que foi nesse dia que Lindbergh faz a primeira viagem transatlântica-solo de Nova Iorque à Paris – desde então sua maior contribuição à aviação. O design das fachadas brancas das casas de Gama e Lindbergh retém equiparadas a mesma silhueta perspectiva, entre outros aspectos. Porém, tanto um como outro são personagens que vieram em decorrência dos feitos de Colombo (Mar) e Dumont (Ar). Há uma placa do monumento consagrado à passagem deste aviador americano em Portugal.

Cristóvão Colombo nunca se relaciona com Vasco da Gama. O genovês sai de Espanha, curiosamente até, em sua última viagem, com uma carta pronta para oferecê-lo, quando encontrarem-se nas Índias. Curiosamente, há uma ligação de títulos entre eles: ambos são "Vice-Reis das Índias": um é da ocidental, e o outro, da oriental.

83. Enforcamento: seu uso como relação de poder

Imagens 194

Fonte: GIARDINI, C., ORLANDI, E. Coleção "Colomb – Les Grands de Tous Les Temps". Editeur n. 460. 1966 – Arnoldo Mondadori. Dépôt legal: 1970, p. 54.

Poderíamos avaliar a conceituação de suicídio de duas formas. A primeira é a morte conscientemente provocada. Uma segunda definição traria outros aspectos, até inconscientes, por exemplo, ao se submeter a perigos que o levem a arriscar a vida, mas sem a intenção direta de provocá-la. A meu ver, são versões muito próximas às histórias aventureiras, principalmente da aviação, na qual encontramos verdadeiros "mártires".

Poderíamos refletir sobre se o voluntarioso descobridor, por oceanos afora, pôr-se-ia à prova de situações perigosas, como tantas da navegação aérea. Isto não seria uma espécie de suicídio indireto? Nem sempre podemos antever insucessos até que nos defrontamos com o problema. Abordar o desconhecido, como fizeram os Polos, Colombo e mesmo Santos Dumont, é mesmo tocar continuamente seus limites. Talvez seja exatamente por isso que voluntariosos desbravadores desenvolviam certo messianismo e um grande desprendimento de fé nas dificuldades. O fantástico é que a pretensa segurança quanto ao desconhecido pode ser ironicamente subestimada, e até chegar um que, superando os embates naturais da fatalidade, se declare vitorioso.

Nos primórdios dos assentamentos de Colombo no Novo Mundo, depois de sua segunda viagem às ilhas descobertas, temos a sensação de desordem causada pela própria imposição da conquista, pelo imediatismo do encontro ao que vieram buscar/usurpar: riquezas em metais, pedras preciosas, pérolas, especiarias, inúmeras matérias-primas. Contudo, a personalidade fleumática de Colombo pareceu insuficiente para encher os porões de provisões e mercadorias, mesmo à própria subsistência. Então os colonizadores espanhóis impunham à força o povo nativo, subjugando-os, estabelecendo o sofrimento cruel ao comando. Os seguidos desentendimentos mútuos deram lugar à estupidez e brutalidade numa terra aparentemente sem lei, longe da civilização, a tal ponto que Colombo, depois de repetidas intervenções, decidiu fazer valer sua posição de comando por meio do poder autoritário.

A sentença de morte por enforcamento a alguns espanhóis ocorreu, com certeza, contra sua vontade. Seria quase que uma decisão de conjunto, não unilateral. Em Colombo, veríamos todo um desagravo frente aos companheiros de jornada quando se insurgiram contra os nativos indígenas, de tal forma que, por mais que se opusesse e combatesse moralmente com justiça, acabou por sacrificar sua gente, – sacrificando-se, como única alternativa de freio aos desmandos. A morte por enforcamento ficaria marcada fortemente, subsumindo-a depois para si mesmo, somando-lhe a forte reação contrária da corte espanhola, a ponto de seus títulos se tornarem mera simbologia, e como extensão a isso, a perda de privilégios que, depois, tentaria recuperar. Já, o aeronauta procurou a morte como algo seu de si mesmo, a ser expiado, se assim pudermos expressar. Acreditava, de certo modo, que ele, como inventor do aeroplano, concorrera para o desencadeamento da morte coletiva de milhares de pessoas inocentes, tanto na Primeira Guerra Mundial, como na revolta civil brasileira, em julho de 1932.

Sabemos que os descobridores sustentavam a ideia dos nativos americanos como ingênuos e obrigá-los a comandos autoritários, com tratamento assaz cruel sobrevindo dos espanhóis. Infelizmente, a descoberta da América primou por dar início, diante de sua colonização, indiretamente, a um genocídio irrecuperável, ainda que não premeditado, na história americana, fazendo com que, em datas comemorativas, sempre ressoem a memória do sofrimento do povo, repercutindo posteriormente nas indescritíveis relações de poder envolvendo sacrifícios do povo.

Depreender-se-ia aqui uma espécie de combate ao anticristão. A intenção justa de ir contra o erro, o mal desgovernado, provocaria neles mesmos os sentimentos dos adversários pelo uso das armas[501]. Ao combatermos o homicídio desvairado com a mesma morte, criamos a ideia da "morte" – disjunção, para com o objeto-valor "vida" - conjunção. A versão do ato contrário reportar-se-ia a si mesmo; quando ajo aniquilando os meus é a mim mesmo que faço de modo a impedir a contravenção. Seria um retorno egocêntrico como condição ou causa da existência do problema (como descobridor/inventor). Ou seja, cria-se um sentimento de culpa, e por serem marcados como produtos de época, acreditam que, aos olhos externos, terão eles, no futuro, um reconhecimento favorável. Diante disso, a decisão moral de fazer enforcar ou enforcar-se tem em si um conteúdo egoístico, do culto à imagem, que se pretende a posteriori: a de ser vítima da situação, ainda que, neste ato, pudesse parecer por sair vitorioso e fortalecido[502]. Elaboramos um quadro lógico-comparativo entre "Colombo/Dumont", salientando os pontos convergentes:

1. Ambos se situam como desencadeadores de um fato social definido: autor de *descobertas* e autor de *invenções*;

2. Estão envoltos a uma situação social de desordem convulsiva e insatisfações, pois pouco se consegue negociar: o drama da revolta entre colonos e nativos gerou a desgovernança entre os próprios companheiros espanhóis, por um lado; e a revolta constitucionalista em São Paulo criou a divisão entre conterrâneos brasileiros, de outro lado;

3. Optou-se por agir contra os seus e a si mesmo (sentença de morte). A decisão de um estrangeiro genovês (mesmo almirante), frente aos cruéis "aliados" espanhóis, contraria, supomos, a legitimidade dos valores morais da autoridade investida;

---

[501] Como diz o provérbio: "Contra o mal de outrem me torno mal também".

[502] Santos Dumont toma essa atitude terminal de morrer para fazer valer a ideia de que ele foi o inventor responsável e não Wilbur Wright pela invenção do avião. Podemos verificar, da mesma forma, que Colombo esforçou-se para que na Europa acreditassem que havia chegado às Índias (Ásia) ou muito próximo delas, pela discordância entre a posse das infinitas terras, pelo indiscriminado apego territorial.

4. Os rebeldes espanhóis sofreram a pena por enforcamento. Depois, como Dumont, também sua morte resultou no enforcamento de si mesmo;

5. Colombo creu, primeiramente, que havia defrontado com o "paraíso terrenal", mas, depois, que descobrira o "inferno terrenal". Acresce-se aqui a ideia da perda total do sentido de humanidade, pela qual os personagens-foco são responsáveis. Com estas palavras em destaque, *Paraíso* e *Inferno* se intitularam dois capítulos do livro biográfico de Samuel Morison sobre Colombo. E o brasileiro, depois do advento da Primeira Guerra Mundial, lamentaria o aperfeiçoamento técnico dos aviões usados para se destruírem;

6. Pareceu-lhe justo morrer por se reconhecer como "alguém" que contribuiu para o surgimento da mais potente e destruidora arma de guerra já vista: o avião. Não houve o reconhecimento ampliado das questões relativas ao aspecto religioso, tão caro, primeiro, nas adversidades iminentes.

Significado metafísico do espaço da praia. Talvez não seja este o lugar mais propício para dizer o que vou dizer. Contudo, a morte é sempre um lugar de exploração metafísica, e vale dissertar aqui um pouco sobre ela. Não poderíamos perder o gancho de aquele suicídio ter se formalizado sobre a praia.

Sua morte se deu em 1932, na cidade de Santos. Esta cidade foi a que viu nascer o brasileiro inventor do aeróstato: Bartolomeu Lourenço de Gusmão. E é a cidade que carrega o sobrenome do nosso aviador: Santos. Talvez já fosse sua como a vida que tanto lhe segurou. Tal sacrifício de si mesmo deu-se em 23 de julho, num hotel de nome francês *Hôtel de La Plage*, frente à praia de Pitangueiras, hoje nobre bairro da cidade de Guarujá[503]. Mas todo seu dissabor não se deveu exatamente apenas ao uso do avião como arma, mas nele, no imo do seu ser, queremos crer, estava o genocídio dos povos americanos do qual inconscientemente se viu "tocado" nas visões inconscientes de sua descoberta.

Há certa instigação psíquica sobre a referência litorânea ou qualquer território em contato com o oceano, como já desenvolvemos noutro capítulo. As antigas navegações de cabotagem litorâneas utilizavam-se da visualização das terras no horizonte para se guiarem ou cartografar mapeando seus limites. Entretanto, há um profundo encantamento característico do "estar na praia" para Santos Dumont, como postura do espírito que se descobre no relativo. A praia é um fractal repetitivo física e espiritualmente; a própria linha limítrofe entre a terra, água e ar. O horizonte à frente é um infinito ao qual não se chega nunca, mas fisicamente é dado como visualidade e é tátil. Neste sentido, olharmos ao longe no horizonte é aproximar-se do infinito. Tocar nas marolas da água salgada da areia é tocar o infinito. Há muito tempo, os indígenas antigos tinham dos exploradores navegantes a sensação de deuses que viessem do céu, do universo, até eles. A areia, como faixa estreita da praia, é como uma barra entre a terra, o ar e a água. É o encontro com o grande Universo de Giordano Bruno[504], com Deus e sua prodigalidade irreproduzível nas contínuas e efusivas ondas em movimentos perpétuos e irrepetíveis saltados pelo acaso no movimento planetário. À noite, a escuridão do mar à frente, num espaço de 180º, tanto o céu como o mar ficam negros, desaparecendo na escuridão todo vestígio limítrofe. E ali no escuro indevassável é que nossa alma muito próxima chega ao firmamento.

---

[503]   Colombo também morreria numa pousada em Valladolid/Espanha.

[504]   Lembramo-nos do antigo filósofo romano Lucrécio, segundo o qual, para comprovar o infinito, deveríamos chegar até o limite do universo e lançarmos uma lança: se ela bater em algo, é sinal de que há uma continuação, porém, se ela prosseguir, também... É conhecida como "a lança de Lucrécio", para comprovação do infinito universal.

Temos, como discurso, uma sincronicidade semântica muito peculiar nas traduções lexicais. A forma "Plage", denominação do Hotel, "Hotel de la Plage", traz em francês a reiteração do significado de "praia", como também, num uso mais apropriado, a "margem", o "limite", a "faixa", que traduziriam como último deslumbramento espiritual do tal homem contrariado em si mesmo. Podemos dizer que nesta forma está, quando nos voltamos no recato do espírito, uma fenda, o limite espectral, que reúne a compreensão e comunicação religiosa possível. É um ponto de associação que já fizemos entre os actantes Terra (Marco Polo), Mar (Cristóvão Colombo) e Ar (Santos Dumont), conforme se fazem representar no eixo paradigmático da história, reproduzidos aqui.

O suicídio nada mais significa que o fim da busca de significatividade. E nesta atitude está a dificuldade da percepção da fé em Deus. Porque a crença da essência divina nos dá condições de justificar essa significatividade oculta. Se tudo pudesse ser conduzido pela dimensão psicológica, estariam certos da perspectiva da imensidão do eterno e infinito. Percebendo a existência do incomensurável e espiritual, abre-se espaço para o aspecto religioso, lugar onde o suicídio não se justifica.

84. Os escrínios e restos mortais de Colombo e Dumont

Imagens 195 e 196[505]

Fonte: https://br.thptnganamst.edu.vn/descobrir-32-imagem-coracao-de-santos-dumont/

Contornamos a lógica semiótica usando elementos que estão em nossa cultura com dados consensuais e intercambiáveis como referência. Nestes esquifes ou escrínios da imagem, estão partes do corpo de Santos Dumont e Cristóvão Colombo. Estas relíquias preservadas destes homens singulares da história pretendem sobrepujar a morte do corpo, ou dos indivíduos em si, torná-los parte suas permanentes. Cultuamos tais relíquias como um valor de objeto sagrado para além do

---

[505] GIARDINI, C., ORLANDI, E. Coleção "Colomb – Les Grands de Tous Les Temps". Editeur n. 460. 1966 – Arnoldo Mondadori. Dépôt legal: 1970, p. 73.

tempo presente, estendido e preservado. O primeiro contém um coração, e o segundo, resto de cinzas. Apesar da existência dos troféus *post mortem* destes personagens, comecemos por aproximá-los ao aspecto que os une. A legenda da imagem do escrínio de Cristóvão Colombo, da enciclopédia que apresenta esta imagem, cita aqui, conserva algo, enfim, de Colombo – ele que não teve um lugar definitivo enquanto vivo, ou enquanto morto.

A universalidade da imagem de "Atlas" carrega sua simbologia no esquife que envolve o coração de Santos Dumont. A abóbada celeste referente ao globo planetário é o próprio orbe, pois a designação "atlas" nos direciona ao conjunto mapográfico geral em torno dele como abóbada girando em torno da terra. Mais do que um brasileiro, Santos Dumont foi universal. A aviação une todos, independentemente dos limites fictícios/imaginários entre as nações.

O escrínio onde está depositado o coração de Santos Dumont não foi objeto de atenção do inventor, mas de outrem. Inserimos este tópico porque podemos aproximá-lo do navegador genovês, como objetos funerários, por uma injunção comparativa posterior à sua existência. Há quatro pontos sobre o escrínio de Santos Dumont, que poderíamos a ele associar:

1. O escultor, ou o idealizador, deste objeto funerário chama-se Américo, que, ironicamente, remete ao antigo rival florentino, compatriota de Colombo.

2. Temos ali a personificação grega do titã Atlas, que nomeia o Oceano Atlântico transpassado pelo almirante – *Vice-Rei do Mar Oceano*. Conta-se no mito grego que, depois da guerra dos titãs, saindo vencedores os deuses do Olimpo, coube a Atlas a pena eterna de carregar ao ombro a abóbada celeste que envolve o planeta.

3. Colombo, certa vez, se referiu ao Banco de São Jorge de Gênova dizendo que o seu coração está ainda ali – referindo-se à sua cidade natalícia –, ainda que o seu corpo esteja cá na Espanha: "Bien que el cuerpo ande acá, él coráçón está allí de contínuo", ou seja, reflete a separação poética entre o coração e o corpo, demostrando que ele nunca se desligou de Gênova.

4. Em Santos Dumont, esta separação física se consumou, literalmente, como uma relíquia *post mortem*. O escrínio sendo a imagem de um ser alado carregando o mundo às costas remete, outrossim, às potestades equivalentes aos *anjos atlantes*, muito comum na arquitetura barroca brasileira, principalmente nos capitéis das colunas centralizadas em altares. Todavia, além deste aporte arquitetural, o "carregar o mundo às costas" remete à parábola de São Cristóvão, que, ao levar um menino a atravessar um rio tomando a forma de Cristo, seu peso crescente equivaleria ao mundo inteiro às costas. Aqui, mais uma vez, retornamos a Colombo por intermédio de São Cristóvão: "No te maravilles Cristobal, replicó el Niño, porque tú has sostenido en tus hombros al mundo enterro".

A figura simbólica do escrínio, com o coração do herói brasileiro, oferece a interpretação histórico-transversal de um servidor que trabalha não apenas para si, mas para a felicidade do mundo. Ele soube fazer por merecer suas conquistas, humildemente brasileiro, sem parecer ter qualquer alcance supremo de perfeição.

A condução deste estudo e seu direcionamento continuam corroborando a articulação entre mesmas entidades paradigmáticas em várias abordagens, possibilitando infinitas injunções.

85. Leonardo da Vinci e Thomas Alva Edison

Imagem 197

Fonte: http://santosdumontvida.blogspot.com/2012/03/discussao-de-tom-edison-com-santos.html

Este cartão postal autografado pretende ser um elogio de Thomas Edison a Santos Dumont: de um inventor para outro, que se reconhecem. É um representativo pessoal daquele que, também um dia, propusera obter e desenvolver a capacidade de voar. O tal "souvenir" oferecido ao brasileiro é tornar-se idealizado e representativo como indivíduo. É o sinal surpreendente do mistério que o envolve, ou de quem ainda precisa ser descoberto. Mais do que descobrir, ou reproduzir, ele também é criador/inventor. A ideia de se inventar e de se reconhecer não foge muito à atitude do ato de se redescobrir no outro, porque também Santos Dumont é reconhecido como criador/inventor.

A propósito de uma visita aos Estados Unidos, no início do século XX, Santos Dumont se encontrou presencialmente com Thomas Edison. Sobre isto, o escritor brasileiro Raul de Polillo, em seu livro *Santos Dumont Gênio*, comparando esse inventor americano ao nosso aviador, descreve:

> Quando Santos Dumont quis fazer o seu primeiro balão dirigível, técnicos e cientistas demonstraram-lhe que nenhum propulsor, do tipo de hélice, resistiria à força dos ventos soprando em sentido contrário. Havia motores a vapor, eletricidade e a petróleo. A hélice tinha a sanção de **Leonardo da Vinci**; a escolha do motor a petróleo teve a aprovação de **Thomas Alva Edison**. Leonardo fora um "irregular"; Edison, outro. Num mundo de medíocres normais, todo ser superiormente inteligente é "irregular". Edison disse ao brasileiro: – Você fez bem em escolher o motor a petróleo; é o único com que um aeronauta possa sonhar, no estado atual da indústria.[506]

---

[506] POLILLO, 1950, grifos nosso.

Haverá muitas páginas das suas histórias que poderão realçar referências lógico-semânticas que percebemos com nossa pesquisa, ou que farão alguma correspondência significativa entre estes novos dois personagens muito conhecidos da historiografia popular. Aqui, desta vez, e para terminar o estudo, apenas referendamos os dois novos atores, objeto de outra pesquisa semelhante a esta, no estabelecimento das ligações emergentes biográficas prefigurando correspondências admiráveis entre a genialidade de da Vinci e de Thomas Edison com todos os devidos pressupostos paradigmáticos, que exemplificamos nestas páginas. Thomas Edison fora conterrâneo dos Wright, assim como Leonardo da Vinci, de Vespúcio, ambos também contemporâneos de Santos Dumont e Colombo. Praticamente obtivemos, da inspeção de uma dúzia de livros biográficos, um pequeno arsenal de exemplos figurativos, da mais alta segurança em termos de potencialidade virtual, para experienciações entre entidades tão prolíferas de conteúdos materiais e tão curiosas, que já valem outro olhar percuciente motivador a estimular as ciências humanas históricas. Neste sentido, é esperado que todo procedimento de pesquisa levada a cabo seriamente desencadeie, e com certeza ocorrerá, uma nova reestruturação historiográfica com formalidades metodológicas mais criativas, e não menos exigentes, abrindo possibilidades múltiplas para expansão ao enfrentamento das barreiras do ainda desconhecido ser humano.

À GUISA DE CONCLUSÃO

Os Flyers, em 1908, nos EUA e na França, não voavam, eram arremessados! Depois, conforme o acerto do equilíbrio pelos ailerons e movimentos nos quadris, há um período de sustentação como a de um planador motorizado para "cair" mais à frente sobre os seus esquis implantados. Isso aconteceu nos primeiros voos americanos, pois eram soltos no ar no "morro mate o demônio". Depois, em 1908, ficaram mais proficientes, porém sem sair diretamente do chão. Inclusive, quando, depois da primeira demonstração pública e da morte do "primeiro passageiro" junto a Orville Wright, momento em que registram recorde de voo, ainda premiam pelo uso da catapulta - "pylon", e esquis. Os Wright podem até dizer que não necessitavam do uso desses equipamentos, mas dizer é uma coisa, voar é outra. O que foi documentado na França, em 1908, foi a incapacidade dos irmãos Wright de voar por seus próprios meios: nem decolavam, nem aterrissavam.

Com esta pesquisa, vemos uma curiosa arquitetura genética literária circundando uma nova atmosfera, sob uma história estrutural paradigmática descritiva e desconhecida, indo além das liberdades humanas. Mais do que tratar o recontar dos fatos como uma análise semiótica da pessoalidade ou fazermos uma crítica a qualquer discurso vigente, o que nos move é compreender que não podemos conduzi-la inexoravelmente, porém não deixá-la-emos para sempre entregue à mercê dos ventos da "causalidade". Haveremos de reproduzi-la humanamente, mas, depois dessa produção e do registro convencional, veremos que ela não enrijece, e muito menos oculta sua verdade. Temos certeza de que, desta metodologia explorada aqui intuitivamente, deste conhecimento, transbordarão muitos outros associados para se descobrir os mais altos significados da vida – ainda tão mal compreendida! Até nesta costura que quer afinar-se, dessa liberdade de voz, existe o reconhecimento da inventividade produto da capacidade humana, bem como da justificação altruísta de um seu Ser maior Criador e da fatalidade que nós próprios causamos vindo propriamente como efeitos a corrigir ou desfrutar.

Finalizamos um trabalho de pesquisa em que três cavalheiros fizeram por cumprir suas obrigações, vivenciando seus vibrantes destinos. Cada um à sua maneira agiu de acordo com o seu tempo - produzindo e reproduzindo a cultura de sua época, avançando-a.

Vimos, primeiramente, lá no início, abordando a distinção lexicológica tal como estão no sistema linguístico e especificamente os lexemas voltados ao vocabulário especializado, sua quantificação lexicográfica e as articulações conjuntivas do discurso. Posteriormente, chegamos à enunciação prática da "palavra-ocorrência" na atualização narracional, evocando elementos da fonologia, etimologia, morfossintaxe, estilística e semântica. Após reduzirmos a especificidade do objeto-sígnico das duas navegações, como referenciais para o detalhamento dos agentes históricos específicos, reintroduzimos os elementos linguísticos sintáxico-semânticos como pontos correspondentes à construção das relações contrastivas. O exemplo do *Diário da Viagem da Descoberta* e *Os Meus Balões* foram analisados a contento, interativamente, possibilitando depreender, a partir do tecido construído, em cada idioma, uma envolvente intertextualidade de planificação semiótica da estrutura narrativa textual (descontínua/estática) ou no discurso construído resultante (contínuo/dinâmico).

O investimento semântico provocado pelo movimento das peças actantes persuadiu-nos a uma identificação semântica regular única, primeira dos atores principais (Marco Polo, Cristóvão Colombo e Santos Dumont) em correspondência linguístico-semiótica, como se depreendêssemos um do outro, num mesmo eixo sintagmático.

Depois da apuração transfrástica dos elementos discursivos dos dois textos determinados, suas elocuções repetitivas, fixações, acomodações, imitações, adaptações, entre outros, propusemos investigar tópicos e variáveis além do contexto sêmico-sintáxico: descobrimos as possibilidades lexemáticas da constituição dêitica por meio dos elementos nominais, denominativos, próprios da emulação designativa para descobertas e inventos. A seguir, semelhantemente, fizemos uma digressão sobre a característica dos elementos numerais e de como se dispõem os algarismos decodificados nas enunciações temporais (suas diacronicidades e sincronicidades), e importância para a contagem das durações entre acontecimentos amostrados e suas contingências. Pudemos, outrossim, absorver as correspondências entre alguns signos acidentais para uma análise contínua, despojada da volição comportamental condicional. Outrossim, foi necessário colocarmo-nos numa situação mais reticente, terminando por reconduzirmos dentro de uma *estrutura profunda* e *de superfície* aos contextos emergentes paralelos. Assim, formalizamos detalhadamente as tensões dialéticas entre vários aspectos integrantes do jogo discursivo para a reflexão de modelos relacionáveis, conforme cada lógica alética convencional fosse apresentando. Admitimos aqui, para efeito objetivo de ciência, que personagens não são pessoas físicas, mas actantes de um discurso comparado, como signo dialético, em sua fruição pedagógica investigativa.

Por ser a *ciência histórica – tempo* complementar à *ciência geográfica – espaço*, onde estão todas as condições aprioristicas de sustentação da realidade, propomos, em capítulo separado, uma incursão "linguístico-geográfica" na qual seus metatermos se instauram como figuras referenciais – denominativas de lugares, para a finalidade de compormos determinada causalidade fenomênica subjacente aos próprios atores, como protagonistas narrativos e desencadeadores de acontecimentos, nos seus entornos históricos, geográficos, geométricos e conscienciais.

Por fim, o complemento da intertextualidade trouxe-nos alguns exemplos de relações iconográficas dos agentes simbólicos idiossincráticos ao contexto. De forma que a análise dessa tal envergadura comporta elementos de teor gráfico extra ou paralinguísticos harmoniosamente em consonância com o argumento inicial idealizado das primeiras relações comparativas entre as navegações pela semiótica sincrética. Esta abrangência fenomenológica nos possibilitou a diversidade do olhar sobre o objeto-sígnico, instigando aventurarmos em paragens de conteúdo abissal, esotérico, psicológico, por exemplo, inferir que a permanência do espírito humano, com seu arcabouço de conteúdos latentes, seja ainda maior, ou superior a qualquer uma das nossas interlocuções convencionais do estudo amostrado, ultrapassando as fronteiras do conteúdo linguístico por si.

Fizemos uma grande imersão ao longo dessas linhas onde houve, com certeza, lugar para uma divagação introspectiva e espiritual, quase como por ter sido permitido enveredar nessas fronteiras transoceânicas não transitadas da consciência habitual. De modo que este estado de encontros mentais, e configuracionais em suas várias nuances, provocou-nos certa perplexidade; em grande medida, pela veia transcendental do espírito, que subjaz a tudo - aos fenômenos da sincronicidade entre fatos, pessoas, objetos, ditos apenas signos móveis entre afinidades ligadas ao afeto, às paixões pela vida, às descobertas e invenções, que agora poderão permanecer recolhidos em paz tal como irmãos de si mesmos.

Metassemiótica da história comparada. Nossos personagens históricos não são mais humanos, são avatares de um discurso a ser reconstruído, pois necessariamente sempre estivemos desconstruindo um pouco a velha história do tempo, principalmente quando fala de outro tempo. As observações analíticas deste estudo deveriam trazer a nós nova consciência sobre a própria condição humana e existência, concedendo-lhe valores inestimáveis que seria impensável traduzi-la sozinho. Se deduzirmos as ocorrências sofridas por um importante ator histórico por efeito existencial de pura sincronicidade, então poderíamos juntar uma gama de situações que se reproduzem indefinidamente, além da nossa competência de verificação e dos primeiros modestos motivos exarados para o estudo. Assim como um ator de teatro incorpora um personagem sem ser ele, também um pesquisador é este ator que fala e que tenta reconhecer o actante linguístico como se fosse ele mesmo.

Pudemos captar inúmeras combinações casuais de sincronicidade nos relacionamentos de alguns personagens-foco, ora numa época, ora em outra, entre outros personagens, associações figurativas e, muitas vezes, deduções lógicas comuns a partir dos desdobramentos das ocorrências. Intercambiamos os elementos de um, dois ou mais universos de discurso, proporcionando uma garantia de comparabilidade, e que não ficasse apenas nisso, mas sempre com a preocupação inicial de seguir uma linha racional e entender melhor suas causas, ainda que, a partir de certo número eventual, esse valor superando o número do acaso – exigisse, em consequência, alguma mínima justificativa visceral de compreensão do fenômeno, muitas vezes com várias soluções.

A semiótica como uma das novas áreas surgidas das ciências humanas, e principalmente da linguística atual, tende mais a evidenciá-la quando se aproxima das vizinhanças da filosofia. Os estudos realizados por meio destas comparações discursivas, não se prendem apenas à análise de um contexto linguístico rígido, mas almeja uma produção de faceta libertária tendendo a avançar a frente ante quaisquer preconceitos e discriminação não vendo barreiras que lhe impeçam o prosseguir. Precisamos apontar novos esquemas estruturais e proporcionar aberturas à ciência por si, para além de uma peça literária – pois não há barreiras para o pensamento, para o espírito. Temos nesta descrição o status obrigatório de manter esse fogo aceso para o despertar do novo – já que cada vez mais será permissível acessar novas formas ideais do trato epistemológico que talvez tenha faltado aqui em nossa lida pragmática.

Esta pesquisa sobre três alvos, separados em dialética histórica, amplifica-se na medida em que um interage em função do outro como continuidade orgânica planejada, ou seja, a ideia que nos chega primeiramente de três "personas", nos habilitam dar crédito ao espírito imortal caído no mundo da esfera física, num amplexo maior em que cada um deles é muito mais do que ele mesmo e do que sabemos dele. Viemos de um rol de possibilidades e acontecimentos que garantem certo propósito contextual de poder repercutir como efeito colateral no mundo natural: real e virtual. Abrir-se-á, futuramente, um portal maior, quiçá, com a abordagem de um pesquisador apaixonado, a fim de continuar o interesse pela descoberta deste arcabouço psíquico, ou da alma materializada em cada plano do cotidiano, na busca do novo "mar nunca dantes navegado", rumando por caminhos desconhecidos.

Poderemos nos fartar com a coleção de abordagens sincrônicas que nós abraçamos, pois o que precisamos no seio dessas contextualizações psíquicas, comportamentais e históricas, são reconhecer os entornos ou fatores externos que independem da ação direta de um indivíduo. Entender o que é isto, quem são os patrocinadores dessa organização massiva de elementos intuitivos, impostos a cada destino, será um próximo passo. Trouxemos uma nova alegoria de referenciais comparados, prováveis e afins. Muitas indagações ressurgirão por si mesmo, atestando um Novo Mundo espiritual como uma maravilhosa significatividade da vida. E esta pergunta retornará em meio aos agentes idealizadores do mundo prospectivo maior, que nos acompanha, a título de compreendermos melhor nós mesmos e de qual metal fomos cinzelados.

Pelo nosso entendimento, um medo, ou regozijo, se sobrelevará sobre todos nós ao descobrirmos a História com sua força vívida e, surpreendentemente, ativa. Ela não será apenas mais um registro no papel de um caso isolado no passado, mas um drama vivo sanguíneo, de fôlego, onde se voltará a ter conosco mesmos.

Poderíamos concluir ainda, ante um mundo físico objetal, que em tudo há um elemento forte de dignidade e justiça a cada instante de vida, e na vida de cada um, que urge respeitarmos. E fechando aqui este périplo do que conseguimos lavrar, mesmo sendo uma partícula mínima do que seria o mapeamento cosmográfico do Destino, não podemos, por estas conquistas, deixar de nos reportarmos ao seu Autor Maior com um sincero: "por tudo isso, Muito Obrigado!".

REFERÊNCIAS

ANDERSON, John D. *Fundamentos de Engenharia Aeronáutica*, 7ª ed., Porto Alegre/RS, AMGH Editora, 2015.

ANGELUCCI, Enzo. *Os aviões*. São Paulo: Companhia Melhoramentos, 1974.

ARAÚJO, Dilermando Osório. *Santos Dumont, um Voo para a Eternidade*. Do livro: "Santos Dumont e o Centenário do 14 Bis".

ARRUDÃO, Matias. *Pequena história da aviação*. São Paulo: Livraria Martins Editora S. A., 1948.

BARROS, Henrique Lins de. *Santos Dumont e a invenção do voo*. Rio de Janeiro: Jorge Zahar Editor, 2003.

BARTHES, Roland. *Mitologias*. Rio de Janeiro: DIFEL, 1978.

BETTMANN, Otto – *Arquivo Ilustrado da História do Mundo*. Ed. Tecnoprint, 1982

BIDERMAN, Maria Tereza Camargo. *Teoria linguística:* linguística quantitativa e computacional. Rio de Janeiro: LTC - Livros Técnicos e Científicos Editora S.A., 1978.

BLANQUER, Antonio García. *La conquista del aire*. Barcelona: Luis Miracle Editor, 1945.

BLOCH, Marc. *Apologia da história ou o ofício de historiador*. Rio de Janeiro: Jorge Zahar Editor, 2001.

MAYA, Rafael. *Colón y el destino*. Boletin de Historia y Antigüedades. Vol LXXIX (79). Bogotá: Ed. Kelly. 1992.

CÂMARA JR., J. Mattoso. *Dicionário de linguística e gramática*. 8. ed. Rio de Janeiro: Editora Vozes, 1978.

CANALI, João de. *Américo Vespúcio:* espião ou navegador? Rio de Janeiro: Livraria Antunes, [ca. 1960] ano aproximado.

CARACI, Giuseppe. Amérigo Vespucci e um moderno crítico argentino. São Paulo: *Revista de história*, São Paulo, n. 12, [ca. 1970] ano aproximado.

CHABROL, Claude. *Semiótica narrativa e textual*. São Paulo: Editora Cultrix, 1977.

CHOMSKY, Noam. *Lingüística cartesiana*. Rio de Janeiro: Editora Vozes/EDUSP, 1972.

COLLINS, Michael. *O fogo sagrado*: a jornada de um astronauta. Vol. II. Rio de Janeiro: Editora Artenova S.A., 1975.

COLOMBO, Cristóvão. *Diário do descobrimento da América*: as quatro viagens e o testamento. 2. ed. Porto Alegre: L&PM Editores Ltda., 1984.

COLÓN, Hernando. *Vida del almirante Don Cristóbal Colón*. México/Buenos Aires: Fondo de Cultura Económica, 1947.

COLÓN, Cristóbal. *Textos y documentos completos*. Relaciones de viajes, cartas y memoriales. Madrid/Espanha. Alianza Editorial, 2ª ed. 1984.

COSTA, Fernando Hippólyto da. *Alberto Santos Dumont: o pai da aviação*. Rio de Janeiro: Adler, 2006.

COSTA, Fernando Hippólyto da. *Santos Dumont: historiografia e iconografia.* Rio de Janeiro; Belo Horizonte: Incaer; Villa Rica, 1990.

COUBAND, Claude; FRIANG, Brigitte; LOPES, Norberto. *Descobridores e pioneiros do nosso tempo.* Lisboa: Amigo do Livro Editores Ltda., [ca. 1960] ano aproximado.

COUTINHO, Gago. *Como nasceu o aeroplano.* Coleção Taunay. Rio de janeiro; Biblioteca do Exército Editora (Bibliex), 1956.

CULTURA 10. *Edição comemorativa do centenário de nascimento de Alberto Santos Dumont.* Brasília, ano 3, abr./ set. 1973.

CUNHA, Antônio Geraldo. *Dicionário etimológico nova fronteira de língua portuguesa.* 2ª ed. Rio de Janeiro; Nova Fronteira. 1982.

DAMASCENO, José Ribeiro. *Introdução ao Estruturalismo em Linguística.* Petrópolis: Editora Vozes Ltda, 1972.

DUBOIS, Jean, GIACOMO, Mathée e outros. *Dicionário de Linguística.* São Paulo: Editora Cultrix, 1978, pág 362.

DUCROT, Oswald; TODOROV, Tzvetan. *Dicionário enciclopédico das ciências da linguagem.* 2. ed. São Paulo: Editora Perspectiva S.A., 1988.

DUMONT, Alberto Santos. *A conquista do ar pelo aeronauta brasileiro Santos=Dumont.* Paris, Aillaud & Cia, 1901.

DUMONT, Alberto Santos. *O que eu vi, o que nós veremos.* Petrópolis. Edição do autor, 1918.

DUMONT, Alberto Santos. *Os Meus Balões.* Biblioteca de Divulgação Aeronáutica. Vol. 12. 1938.

DUMONT, Alberto Santos. *My airships.* Nova York, Dover, 1973.

DYSON, John. *Columbus:* for gold, God and glory. Canada: Madison Press Book, 1991.

ENCICLOPEDIA CATTOLICA CITTÀ DEL VATICANO. Vol. II. Firenze, 1949.

ENCICLOPEDIA GEORAMA. São Paulo, Editora Códex Ltda.,1967.

FALCÃO, Edgard de Cerqueira. *O pioneirismo dos brasileiros na conquista do ar.* São Paulo: 1969.

FOLHA DIRIGIDA. *Santos-Dumont e o centenário do 14 Bis.* Brasília, 2006.

FONSECA, Manuel José Gondin da. *Santos Dumont.* Rio de Janeiro: Casa Editora Vecchi, 1940.

FREIRE, Gilson Teixeira. Ícaro redimido: *a vida de Santos Dumont no plano espiritual.* 7. ed. Belo Horizonte: Inede, 2006.

FREUD, Sigmund, BULLITT, William C. *Thomas Woodrow Wilson, um estudo psicológico.* 1. ed., Rio de Janeiro; Edições Graal Ltda, 1984.

GAIBROIS, Manuel Ballesteros. *História de América.* Madrid: Ediciones Pegaso, 1962.

GANDIA, Enrique de. *Historia de Colón. Analisis critico de las fuentes documentales y de los problemas colombinos.* Biblioteca de Obras Famosas, vol. 84. 2ª ed., Buenos Aires: Editorial Claridad, 1951.

GIARDINI, C., ORLANDI, E. *Colomb – Les Grands de Tous Les Temps.* Editeur n. 460. 1966 – Arnoldo Mondadori. Dépôt legal: 1970.

GIBBS-SMITH, Charles. *How Wilbur Wright taught Europe Po Fly*. American Heritage. New York/EUA: American Heritage Publishing Co., 1960.

Grande Enciclopédia Portuguesa e Brasileira. Vol. 37, Lisboa – Rio de Janeiro, 1957.

GREIMAS, Algirdas Julien. *Semiótica do discurso científico*: da modalidade. São Paulo: DIFEL/Difusão Editorial S.A., 1976.

GREIMAS Algidas J.; COURTÉS Joseph. *Dicionário de semiótica*. São Paulo: Editora Cultrix, 1979.

GUÉRIOS, Mansur. *Tabus linguísticos*. Rio de Janeiro: Organização Simões Editora, 1956.

HANKE, Lewis. *Bartolomé de Las Casas: Pensador Político, Historiador, Antropologo.* Buenos Aires: Editorial Universitária de Buenos Aires, 1968.

HILL, Archibald A. (org.). *Aspectos da linguística moderna*. São Paulo: Editora Cultrix Ltda., 1974.

HOFFMAN, Paul. *Asas da loucura*: a extraordinária vida de Santos Dumont. Rio de Janeiro: Editora Objetiva Ltda., 2003.

INLACH, Gladys M. *Cristóvão Colombo.* Rio de Janeiro: Editora Tecnoprint Ltda. [ca. 1970] ano aproximado.

JARAMILLO, Gabriel Giraldo. *Boletín de Historia y Antigüedades. In:* "América en el pensamiento europeo". Colômbia, 1952.

JORGE, Fernando. *As lutas, a glória, e o martírio de Santos Dumont.* 2. ed. São Paulo: Nova Época Editorial Ltda., 1973.

JORGE, Fernando. *As lutas, a glória, e o martírio de Santos Dumont.* 4. ed. São Paulo: T. A. Queiroz Editor, 2003.

JORNAL ESPÍRITA. César Burnier. São Paulo, 1983.

JUNG, Carl Gustav. *Sincronicidade.* 12. ed. Petrópolis: Editora Vozes, 2004.

KARDEC, Allan. *O livro dos Espíritos.* 3. ed. São Paulo: LAKE, 1996.

KEIL, Luís. *Jorge Álvares*: o primeiro português que foi à China, 1513. Macau: Instituto Cultural de Macau, 1990.

KOESTLER, Arthur. *As razões da coincidência.* Rio de Janeiro/Guanabara: Editora Nova Fronteira, 1973.

LEROY, Maurice. *As grandes correntes da linguística moderna.* São Paulo: Editora Cultrix, 1971.

LEVENSON, Jay A. *"Circa 1492. Art in the age of Exploration",* National Gallery of Art, Washington, impresso em Italy, 1991.

LUCCHESI, Cláudio; MORALEZ, João Paulo. *Os projetos aeronáuticos de Alberto Santos-Dumont.* São Paulo: C&R Editorial, 2005.

LUIZ, André. *Evolução em dois mundos.* 4ª ed. Rio de Janeiro: Dep. Editorial da FEB – Federação Espírita Brasileira, 1977.

MADARIAGA, Salvador de. *Vida del muy magnífico Señor Don Cristóbal Colón. 2ª. Ed. Buenos Aires, Editorial Sudamericana. 1942.*

MINISTÉRIO DA AERONÁUTICA. *Efemérides aeronáuticas brasileiras.* Brasília: ca. 1950] ano aproximado.

MONEGAL, Emir Rodríguez – *Noticias secretas y publicas de América*. Espanha, 1984.

MONTERO, Paula (coord.). *Entre o mito e a história*: o v centenário do descobrimento da América. Petrópolis: Vozes, 1996.

MORISON, Samuel Eliot. *El almirante de la Mar Océano*: la vida de Cristóbal Colón. Buenos Aires: Librería Hachete S. A., 1945.

NABUCO. Joaquim. *Obras Completas de Joaquim Nabuco XIV – Cartas a Amigos*, vol. II. Instituto Progresso Editorial S.A., São Paulo, p. 217. Agosto, 1949.

NAPOLEÃO, Aluízio. *Santos Dumont e a conquista do ar*. Coleção Aeronáutica, vol. 1. Belo Horizonte: Itatiaia e Inst. Histórico Cultural da Aeronáutica, 1988.

NEWLON, Clarke. *Pioneiros do espaço famosos*. s.l., Editora Lidador Ltda., 1963.

NOGUEIRA, João Carlos. *O inconsciente e a linguagem na compreensão do homem*. Coleção Educação Universitária. São Paulo: Cortez & Moraes Ltda., 1978.

OLIVEIRA, José Feliciano de. *Os precursores da aviação*: seus pais e seus avós. São Paulo: Fundação Santos-Dumont, 1966.

OVIEDO Y VALDEZ, Gonzalo Fernandez de. *História Geral e Natural das Índias, Ilhas e Terra-Firme del Mar Oceano.* Londres/Reino Unido; Forgotten Books, Livros Esquecidos, 2018.

PAIS, Cidmar Teodoro. *Ensaios Semióticos Linguísticos.* Petrópolis: Vozes Ltda., 1973.

PADRÓN, Francisco Morales. *Historia Del Descubrimiento Y Conquista de América*. Madrid: Editora Nacional, 1963.

PEHRSON, Randers, *História da Aviação.* National Aeronautics Council. Washington, ca. 1950, ano aproximado.

PIGAFETTA, Antonio. *A primeira viagem ao redor do mundo*: diário da expedição de Fernão de Magalhães. Porto Alegre: L&PM Editores Ltda., 1985.

PIMENTEL, Manuel. *Arte de navegar*. Lisboa: Junta de Investigações do Ultramar, 1969.

PINTO, J. Estêvão. *O infante D. Henrique.* Lisboa: Companhia Nacional Editora, 1960.

POLILLO, Raul de. *Santos Dumont gênio*. São Paulo: Companhia Editora Nacional, 1950.

POLO, Marco. *El libro de Marco Polo anotado por Cristóbal Colon*, e *El libro de Marco Polo de Rodrigo de Santaella*. Madrid: Alianza Universidad, Alianza Editorial, 1987.

POLO, Marco. *O livro das maravilhas:* a descrição do mundo. Porto Alegre: L&PM Editores Ltda., 1985.

QUEIROZ, T. A. *Estudos de filologia e linguística*. São Paulo: EDUSP, 1981.

Revolução na linguística. Biblioteca Salvat de Grandes Temas. Rio de Janeiro: Salvat, 1979.

ROBIN, Régine. *História e linguística*. São Paulo: Editora Cultrix, 1977.

RUGE, Sophus. *Colombo:* o quarto centenário do descobrimento de um Novo Mundo. Rio de Janeiro: Laemmert & C. Editores, 1893.

SALE, Kirkpatrick. *A conquista do paraíso:* Cristóvão Colombo e seu legado. Rio de Janeiro: Jorge Zahar Editor, 1992.

SEGRELLES, Vicente. *História ilustrada da aviação*. Barcelos, Portugal: Companhia Editora do Minho, 1985.

SILVA, Francisco Pereira da. *Santos Dumont*. Coleção: A vida dos grandes brasileiros, São Paulo: Editora Três Ltda., 2003.

SOUZA, Thomaz Oscar Marcondes. *Amerigo Vespucci e suas viagens*. Coleção Pasquale Petraccone. São Paulo: Instituto Cultural Ítalo Brasileiro, [ca. 1950] ano aproximado.

STEVENSON, Robert Louis. *A Ilha do tesouro*. Coleção: Obras primas universais. São Paulo: Companhia Melhoramentos, 1996.

STREHL, Rolf. *O céu não tem fronteiras: a grande aventura da aeronáutica*. São Paulo: Edições Melhoramentos, 1965.

TAUNAY, Afonso de E. *Bartolomeu de Gusmão: Inventor do aeróstato. A vida e obra do primeiro inventor americano*. São Paulo: Edições Leia, 1942.

TIBÓN, Gutiere. *Diccionario etimológico comparado de nombres propios de persona*. México; Fondo de Cultura Económica. 1988.

V CENTENARIO DEL DESCUBRIMIENTO DE AMERICA. Boletín de historia y antigüedades. Academia Colombiana de Historia. Bogotá, 1992.

VAILLANT, Pablo Valenzuela. *Chile*: paisajes del confín del mundo. 3. ed. Santiago, Chile: Errebe S.A., 1995.

VARELA, Consuelo; GIL, Juan. *Cartas de particulares a Colón y relaciones coetáneas*. Madrid: Alianza Editorial, 1984.

VARELA, Consuelo. *Colón y los florentinos*. Madrid: Alianza Editorial, 1988.

VERNE, Júlio. *Cristóvão Colombo*. São Paulo: Landy Livraria e Distribuidora Ltda., 2005.

VESPÚCIO, Américo. *Novo Mundo*. Porto Alegre: L&PM Editores, 1987.

VIGNAUD, Henry. *Histoire critique de la grande entreprise de Christophe Colomb*. Paris. H. Welter Éditeur. 1911.

VILLARES, Henrique Dumont. *Quem deu asas ao homem: Alberto Santos-Dumont, sua vida e sua glória*. Revista dos Tribunais Ltda., São Paulo, 1953.

VISONI, Rodrigo Moura. *Os balões de Santos-Dumont*. São Paulo: Capivara Editora, 2010.

WALDSSEMULLER, Martin. *Cosmographiae introductio*. Saint Dié, 1507.

WYKEHAM, Peter. *Santos-Dumont: o retrato de uma obsessão*. Rio de Janeiro: Editora Civilização Brasileira, 1966.

ZWEIG, Stefan. *Américo, uma comédia de erros na história. In*: Os caminhos da verdade. Rio de Janeiro: Editora Delta S.A., 1960.

ZWEIG, Stefan. *Fernão de Magalhães*. Rio de Janeiro: Editora Delta S.A., 1960.